U0941017

2020
中国证券期货统计年鉴

贰零 贰零 贰零 贰零 贰零 贰零 贰零 贰零

贰零
贰零

China Securities and Futures Statistical YEARBOOK

中国证券监督管理委员会 编
CHINA SECURITIES REGULATORY COMMISSION

中国统计出版社
China Statistics Press

图书在版编目（CIP）数据

中国证券期货统计年鉴. 2020 = China Securities and Futures Statistical Yearbook-2020 : 汉英对照 / 中国证券监督管理委员会编. -- 北京 : 中国统计出版社, 2020.11
ISBN 978-7-5037-9305-9

Ⅰ. ①中… Ⅱ. ①中… Ⅲ. ①证券市场－统计资料－中国－2020－年鉴－汉、英②期货交易－统计资料－中国－2020－年鉴－汉、英 Ⅳ. ①F832.5-66

中国版本图书馆 CIP 数据核字(2020)第 193975 号

中国证券期货统计年鉴-2020

作　　者/中国证券监督管理委员会
责任编辑/郭　栋
封面设计/张　冰
出版发行/中国统计出版社有限公司
通信地址/北京市丰台区西三环南路甲 6 号　邮政编码/100073
电　　话/邮购（010）63376909　书店（010）68783171
网　　址/ http://www.zgtjcbs.com
印　　刷/河北鑫兆源印刷有限公司
经　　销/新华书店
开　　本/880mm×1230mm　1/16
字　　数/1120 千字
印　　张/35.25
版　　别/2020 年 11 月第 1 版
版　　次/2020 年 11 月第 1 次印刷
定　　价/298.00 元

本书附同版本 CD-ROM 一张，光盘内容以书面文字为准。
如有印装差错，由本社发行部调换。

编 者 说 明

一、《中国证券期货统计年鉴-2020》（中英文）收录了2019年证券期货市场的统计数据以及与证券期货市场相关的部分宏观经济数据，是一部全面反映中华人民共和国证券期货市场发展情况的资料性年刊。

二、年鉴分为概况、股票、债券、基金、期货、上市和挂牌公司、证券期货经营机构7个篇章，另附世界主要国家的证券化率，世界主要交易所业务量排名，全球主要经济体资本市场业务量排名，全球期货及期权市场交易所排名，上市公司名录和退市公司名录，证券期货经营机构名录以及上海证券交易所、深圳证券交易所、全国股转系统收费标准。

三、年鉴数据主要来自中国证监会各业务部门、交易所和中国证监会下属单位；宏观经济数据主要来自国家统计局、中国人民银行、世界交易所联合会（WFE）。

四、与2019年版《中国证券期货统计年鉴》相比，本年鉴稍有调整，增加了私募基金、金融期权等内容。为方便读者使用，每章末附有“主要统计指标解释”。

五、年鉴中部分数据合计数由于单位取舍不同而产生的计算误差，均未作机械调整。

六、年鉴各表中，度量单位均在该表上方，对表中部分指标的注释、资料来源、汇率换算标准等内容注释在该表的下方。凡带续表的资料，对部分指标的注释一律在第一张表的下方。

七、年鉴各表中的“—”表示该统计指标数据不详或无该项数据。

八、本年鉴由中证数据有限责任公司负责编制。

编 者

2020年10月

目　录

CONTENTS

一、概　况
Summary

二、股　票
Stocks

三、债 券
Bonds

四、基 金
Funds

私募基金

五、期　货
Futures

六、上市和挂牌公司
Listed Companies

挂牌公司

七、证券期货经营机构
Securities and Futures Institutions

附 录
Appendix

贰零贰零

一. 概况
Summary

贰零贰零

2019 年证券期货市场综述

2019 年，中国证监会深入学习贯彻习近平新时代中国特色社会主义思想，认真贯彻落实党中央、国务院决策部署，在国务院金融委统一指挥协调下，坚持稳中求进工作总基调，贯彻新发展理念，紧扣深化金融供给侧结构性改革的主线，围绕“打造一个规范、透明、开放、有活力、有韧性的资本市场”的总目标，坚持市场化法治化方向，学习借鉴国际最佳实践，坚持“四个敬畏、一个合力”，资本市场改革发展稳定各项工作取得新进展。

一、服务实体经济情况

2019 年，证监会坚持服务实体经济发展的根本方向，主动服务国家战略，加大产品和制度供给，服务实体经济能力稳步提升。全年交易所市场共实现融资 8.45 万亿元，同比增加 23.84%。其中，201 家企业在沪深交易所首发上市（IPO），融资 2490 亿元，同比增加 80.70%，尤其是 70 只科创板股票实现融资 824 亿元；上市公司再融资 10049 亿元，同比增加 0.49%；交易所债券市场发行各类债券 7.20 万亿元，同比增加 26.56%。资本市场已成为并购重组主渠道，全年并购重组交易金额达 2 万亿元。

二、多层次资本市场建设情况

2019 年末，沪深两市上市公司 3777 家，全年净增 193 家，主板、中小板、创业板、科创板分别为 1973 家、943 家、791 家和 70 家。沪深两市总市值 59.29 万亿元，流通市值 48.35 万亿元，流通市值占总市值的 81.55%，主板、中小板、创业板、科创板总市值分别为 42.45 万亿元、9.87 万亿元、6.13 万亿元和 0.86 万亿元。境内总市值位居全球第二位，仅次于美国。

2019 年末，全国中小企业股份转让系统挂牌公司 8953 家，总股本 5616.29 亿股，总市值约 2.94 万亿元，创新层、基础层分别为 667 家和 8286 家。全年共有 600 家挂牌公司完成 637 次股票发行，融资 264.63 亿元。2019 年末，全国共设立 34 家区域性股权市场，共有挂牌企业 2.88 万家（其中股份公司 1.11 万家），展示企业 11.07 万家，全年累计为企业实现融资 2313 亿元。

稳步推进债券品种创新。2019 年，发行创新创业公司债 15 只，融资 31 亿元；发行绿色债券（含 ABS）86 只，融资 1009 亿元；发行可续期债券 155 只，融资 2248 亿元。

引导私募股权基金稳步发展。2019 年末，基金业协会备案私募基金 81710 只，管理基金规模 14.08 万亿元，较 2018 年末分别增加 9.49%和 10.83%。

三、市场交易情况

2019 年，上证综指上涨 22.30%，深证综指上涨 35.89%。沪深两市日均成交金额 5221.96 亿元，较 2018 年增加 40.72%；沪市、深市股票换手率较 2018 年分别上升 6.68 个百分点和 99.24 个百分点。

2019 年，交易所债券市场现券成交金额为 8.35 万亿元，较 2018 年增加 30.88%；回购成交金额为 244.06 万亿元，较 2018 年增加 4.37%。

2019 年，以单边计算，期货市场合计成交 39.21 亿手，较 2018 年增加 30.25%，成交金额 290.57 万亿元，较 2018 年增加 37.85%。商品期权市场合计成交 0.41 亿手，成交金额 333.27 亿元，较 2018 年分别增加 121.06%和 58.58%。

四、资本市场经营机构情况

2019 年末，133 家证券公司总资产 7.26 万亿元，净资产 2.02 万亿元，全年累计净利润 1194.51 亿元。149 家期货公司总资产 6452.46 亿元，净资产 1214.28 亿元，客户保证金 5070.36 亿元，全年累计净利润

60.55亿元。128家基金管理公司总资产2095.58亿元，净资产1634.26亿元，管理资产合计24.66万亿元，全年累计净利润235.55亿元。已登记的私募基金管理人有管理规模的共24471家，平均管理基金规模5.75亿元。共有84家证券投资咨询机构、40家证券资格会计师事务所、70家证券资格资产评估机构、11家证券评级机构。

五、对外开放情况

支持符合条件的境内企业境外上市融资。2019年，经中国证监会核准，32家境内企业实现境外融资（含可转债和GDR）约1048亿港元。其中，首发融资约490亿港元，再融资（含可转债和GDR）约558亿港元。2019年末，共有293家境内企业在境外上市，累计融资总额约29413亿港元。

深化两地市场互联互通。2019年，互联互通交易金额为119417亿元，沪港通、深港通交易金额分别为63656亿元和55761亿元。取消合格境外投资者（QFII/RQFII）投资额度限制，扩大金融市场对外开放。2019年，共批准22家境外机构的QFII、RQFII资格。2019年末，共批准316家境外机构QFII资格、247家境外机构RQFII资格。

1-1 证券期货市场概况
Overview of Securities and Futures Market

年份 Year	股票 Stock					
	沪深交易所 SSE and SZSE					
	股票只数（只） Number of Stocks (unit)	上市公司家数（家） Number of Listed Companies (unit)	上市公司股本（亿股） Share Capital of Listed Companies (100 million shares)	流通股本（亿股） Negotiable Shares (100 million shares)	股票市值（亿元） Market Capitalization of Shares (100 million yuan)	流通市值（亿元） Negotiable Market Capitalization (100 million yuan)
1992	71	53	73.22	8.55	1048.15	170.64
1993	218	183	328.68	81.62	3531.01	832.28
1994	345	291	641.01	185.63	3690.62	968.90
1995	381	323	770.08	224.98	3474.28	938.22
1996	599	530	1110.73	345.57	9842.58	2867.03
1997	821	745	1771.43	560.82	17529.24	5204.42
1998	932	852	2346.69	741.70	19514.03	5750.35
1999	1031	949	2911.49	953.65	26485.15	8221.11
2000	1174	1088	3616.26	1234.35	48121.51	16098.00
2001	1248	1160	4851.88	1487.66	43582.90	14488.82
2002	1311	1224	5464.19	1680.26	38338.79	12487.20
2003	1374	1287	6003.34	1899.05	42477.63	13185.13
2004	1463	1377	6714.74	2194.15	37080.95	11701.20
2005	1467	1381	7163.54	2498.89	32446.02	10638.01
2006	1520	1434	12683.99	3444.50	89441.35	25021.11
2007	1636	1550	17000.45	4933.64	327291.31	93140.66
2008	1711	1625	18900.13	6964.97	121541.05	45303.02
2009	1804	1718	20606.26	14200.19	244103.91	151342.07
2010	2149	2063	26984.49	19442.15	265422.59	193110.41
2011	2428	2342	29745.11	22499.86	214758.09	164921.30
2012	2579	2494	31833.62	24778.22	230357.62	181658.26
2013	2574	2489	33822.04	29997.12	239077.19	199579.54
2014	2696	2613	36795.10	32289.25	372546.96	315624.31
2015	2909	2827	43024.14	37043.37	531462.70	417914.95
2016	3134	3052	48750.29	41136.05	507685.88	393401.68
2017	3567	3485	53746.67	45044.87	567086.08	449298.15
2018	3666	3584	57581.03	49047.57	434924.03	353794.20
2019	3857	3777	61719.92	52487.62	592934.57	483461.26

注：1.表中债券数据为全国债券市场，包括银行间市场和交易所市场，具体债券品种详见3-1；其中兑付金额仅包含本金兑付，成交金额包含现券和回购。

2.期货账户数和投资者个数2012年之前为总账户数和总投资者个数，2012年之后为有效账户数和有效投资者个数；沪深交易所及新三板股票投资者个数历年均为有效投资者个数。

数据来源：本书各章相关表

Source: Relative Tables followed

1-1 续表 1 continued

年份 Year	股票 Stock						
	沪深交易所 SSE and SZSE						
	成交量（亿股） Trading Volume (100 million shares)	成交金额（亿元） Trading Turnover (100 million yuan)	印花税（亿元） Stamp Tax (100 million yuan)	印花税在中央财政收入中的比重(%) The Percentage of Stamp Tax from Central Revenue(%)	市盈率（倍） P/E Ratio (times)	换手率(%) Turnover Rate (%)	股票者个数（万个） Number of Stock Investors (10 thousand units)
1992	36.90	683.04	—	—	—	—	—
1993	226.56	3627.21	22.00	2.30	—	—	—
1994	1013.34	8127.63	48.77	1.68	—	—	—
1995	705.31	4036.45	24.22	0.74	—	—	—
1996	2533.14	21332.18	127.99	3.50	—	—	—
1997	2560.02	30721.83	250.76	5.93	—	—	—
1998	2154.11	23544.25	225.75	4.62	—	—	—
1999	2932.90	31322.37	248.07	4.28	—	—	—
2000	4759.45	60835.19	485.89	6.41	—	491.19	—
2001	3155.93	38325.39	291.44	3.40	81.92	227.07	—
2002	3017.14	27993.91	111.95	1.02	62.51	195.86	—
2003	4163.08	32115.27	128.35	1.08	45.89	237.04	—
2004	5827.73	42333.95	169.08	1.17	32.16	303.45	—
2005	6623.73	31664.78	66.35	0.40	28.59	295.11	—
2006	16145.23	90468.89	180.94	1.05	29.72	547.40	—
2007	36403.75	460556.23	2062.00	7.43	44.13	817.95	—
2008	24131.39	267112.66	927.68	2.84	19.29	402.29	—
2009	51107.00	535986.77	510.38	1.42	29.78	582.88	—
2010	42151.98	545633.54	545.65	1.28	20.32	344.34	—
2011	33956.57	421644.58	421.66	0.82	14.18	214.16	—
2012	32860.54	314583.27	314.59	0.56	15.04	180.55	—
2013	48372.68	468728.61	468.27	0.78	15.53	245.49	—
2014	73383.09	742385.26	742.38	1.15	20.83	317.71	7294.36
2015	171039.47	2550541.31	2550.55	1.00	18.94	612.50	9910.54
2016	95525.43	1277680.32	1274.40	1.74	25.29	348.43	11811.04
2017	87780.84	1124625.11	1124.63	1.39	24.85	265.86	13398.29
2018	82037.25	901739.40	901.75	1.06	15.38	217.51	14650.44
2019	126624.29	1274158.80	1274.15	0.67	20.63	288.81	15975.24

1-1 续表 2 continued

年份 Year	股票 Stock				
	新三板 NEEQ				
	股票只数（只） Number of Stocks (unit)	挂牌公司家数（家） Number of Listed Companies (unit)	挂牌公司股本（亿股） Share Capital of Listed Companies (100 million shares)	股票市值（亿元） Market Capitalization of Shares (100 million yuan)	成交量（亿股） Trading Volume (100 million shares)
1992	—	—	—	—	—
1993	—	—	—	—	—
1994	—	—	—	—	—
1995	—	—	—	—	—
1996	—	—	—	—	—
1997	—	—	—	—	—
1998	—	—	—	—	—
1999	—	—	—	—	—
2000	—	—	—	—	—
2001	—	—	—	—	—
2002	—	—	—	—	—
2003	—	—	—	—	—
2004	—	—	—	—	—
2005	—	—	—	—	—
2006	—	—	—	—	—
2007	—	—	—	—	—
2008	—	—	—	—	—
2009	—	—	—	—	—
2010	—	—	—	—	—
2011	—	—	—	—	—
2012	200	200	55.27	336.10	1.15
2013	356	356	97.17	553.06	2.02
2014	1572	1572	658.35	4591.42	22.82
2015	5129	5129	2959.51	24584.42	278.91
2016	10163	10163	5851.55	40558.11	363.63
2017	11630	11630	6756.73	49404.56	433.22
2018	10691	10691	6324.53	34487.26	236.29
2019	8953	8953	5616.29	29399.60	220.20

1-1 续表 3 continued

年份 Year	股票 Stock			
	新三板 NEEQ			
	成交金额（亿元）Trading Turnover (100 million yuan)	市盈率（倍）P/E Ratio (times)	换手率（%）Turnover Rate (%)	股票投资者个数（万个）Number of Stock Investors (10 thousand units)
1992	—	—	—	—
1993	—	—	—	—
1994	—	—	—	—
1995	—	—	—	—
1996	—	—	—	—
1997	—	—	—	—
1998	—	—	—	—
1999	—	—	—	—
2000	—	—	—	—
2001	—	—	—	—
2002	—	—	—	—
2003	—	—	—	—
2004	—	—	—	—
2005	—	—	—	—
2006	—	—	—	—
2007	—	—	—	—
2008	—	—	—	—
2009	—	—	—	—
2010	—	—	—	—
2011	—	—	—	—
2012	5.84	20.69	4.47	0.53
2013	8.14	21.44	4.47	0.85
2014	130.36	35.27	19.67	4.87
2015	1910.62	47.23	53.88	22.13
2016	1912.29	28.71	20.74	33.42
2017	2271.80	30.18	13.47	40.86
2018	888.01	20.86	5.31	43.38
2019	825.69	19.74	6.00	44.62

1-1 续表 4 continued

年份 Year	股票 Stock 区域性股权市场 Regional Equity Trading Platforms Market		债券 Bond			
	挂牌公司家数（家）Number of Listed Companies (unit)	成交金额（亿元）Trading Turnover (100 million yuan)	债券发行额（亿元）Value of Bonds Issued (100 million yuan)	兑付金额（亿元）Amount of Payments (100 million yuan)	债券成交金额（亿元）Bond Trading Turnover (100 million yuan)	年末托管额（亿元）Value of Bonds under Custody at the End of Year (100 million yuan)
1992	—	—	—	—	—	—
1993	—	—	—	—	—	—
1994	—	—	—	—	—	—
1995	—	—	—	—	—	—
1996	—	—	—	—	—	—
1997	—	—	2084.62	—	16481.26	984.59
1998	—	—	6203.73	—	21677.39	9199.16
1999	—	—	4369.50	410.16	22301.82	12878.71
2000	—	—	4414.50	1629.16	35374.40	16077.61
2001	—	—	5848.53	1859.97	61043.42	18931.81
2002	—	—	9943.90	2841.35	138292.59	24680.66
2003	—	—	17647.17	7886.44	208124.89	36524.29
2004	—	—	27295.66	12548.65	169718.85	50112.52
2005	—	—	42182.07	22531.33	245976.01	71194.88
2006	—	—	57096.11	38597.83	384712.67	71744.70
2007	—	—	80163.36	49931.98	624720.03	114769.32
2008	—	—	71732.16	48265.29	981119.88	143463.06
2009	—	—	87286.22	67282.32	1216107.43	164714.14
2010	—	—	96408.63	73205.88	1592579.40	195029.82
2011	—	—	77275.52	64819.78	1847311.25	214757.10
2012	—	—	80261.89	47625.00	2572526.57	253868.31
2013	—	—	89127.69	63093.04	2677160.68	288073.12
2014	—	—	119380.02	72904.38	3591269.28	355504.40
2015	—	—	234604.73	117608.31	6783173.38	479217.27
2016	—	—	361548.66	204425.19	9708152.80	642245.80
2017	—	—	408256.35	298390.64	9879660.63	750209.90
2018	—	—	435968.07	315793.99	11139562.45	864033.11
2019	28831	391.87	448538.22	326387.66	12807470.48	981459.24

1-1 续表 5 continued

年份 Year	基金 Fund					
	公募基金 Public Fund				私募基金 Private Fund	
	基金只数 (只) Number of Funds (unit)	基金份额 (亿份) Fund Units (100 million units)	基金资产规模 (亿元) Fund Asset Value (100 million yuan)	基金账户数 (万户) Number of Fund Accounts (10 thousand units)	已备案私募基金数量 (个) Number of Filed Private Fund (unit)	管理基金规模 (亿元) Managed Fund Size (100 million dollar)
1992	—	—	—	—	—	—
1993	—	—	—	—	—	—
1994	—	—	—	—	—	—
1995	—	—	—	—	—	—
1996	—	—	—	—	—	—
1997	—	—	—	—	—	—
1998	5	100.00	107.00	—	—	—
1999	16	505.00	577.00	—	—	—
2000	34	562.00	847.35	—	—	—
2001	51	804.23	809.24	—	—	—
2002	71	1318.85	1185.56	—	—	—
2003	95	1614.67	1699.22	—	—	—
2004	161	3308.79	3246.34	—	—	—
2005	218	4714.18	4691.38	—	—	—
2006	307	6220.67	8565.05	—	—	—
2007	346	22339.84	32762.32	—	—	—
2008	439	25741.78	19403.25	16846.00	—	—
2009	547	23518.55	26024.80	17480.00	—	—
2010	704	23955.33	25040.86	19672.00	—	—
2011	914	26510.37	21918.55	22987.00	—	—
2012	1173	31708.41	28661.81	22948.00	—	—
2013	1551	31167.18	30011.54	28773.46	—	—
2014	1899	42032.72	45374.30	46409.34	—	—
2015	2723	76674.13	83971.83	67917.87	—	—
2016	3873	88428.32	91595.16	94303.67	—	—
2017	4848	110182.12	115989.13	134903.95	66418	114992.53
2018	5580	128961.33	130339.08	212638.47	74629	127064.20
2019	6111	136937.42	147672.51	294432.51	81710	140829.62

1-1 续表 6 continued

年份 Year	期货及衍生品 Futures and Options 期货 Futures 品种数量（个） Number of Products (unit)	 持仓金额（亿元） Value of Positions (100 million yuan)	 成交金额（亿元） Trading Turnover (100 million yuan)	 期货投资者个数（万个） Number of Futures Investors (10 thousand units)
1992	—	—	—	—
1993	8	—	2761.00	—
1994	6	—	15800.71	—
1995	6	—	50282.65	—
1996	2	—	42059.58	—
1997	2	—	30885.33	—
1998	9	—	18483.62	—
1999	8	—	11171.51	—
2000	9	145.57	8041.14	—
2001	9	175.75	15071.76	—
2002	10	277.43	19745.30	—
2003	10	423.66	54194.67	—
2004	12	388.77	73465.27	—
2005	11	350.71	67224.19	—
2006	14	564.05	105023.16	24.46
2007	18	990.31	204861.23	39.55
2008	19	740.90	359570.98	61.64
2009	23	2775.49	652553.80	91.63
2010	24	3095.90	1545582.31	121.37
2011	27	2972.73	1375134.23	141.14
2012	32	4122.62	1711231.31	71.73
2013	40	6744.94	2674739.52	77.24
2014	46	6900.25	2919882.26	82.26
2015	51	6200.88	5542311.75	107.52
2016	51	7605.86	1956316.08	118.64
2017	53	8940.47	1878925.88	127.72
2018	57	8375.21	2107973.78	132.26
2019	64	15289.05	2905739.14	151.73

1-1 续表 7 continued

年份 Year	期货及衍生品 Futures and Options					
	期权 Options					
	成交金额（亿元）Trading Turnover (100 million yuan)	成交量（万手）Trading Volume (10 thousand lots)	持仓金额（亿元）Value of Positions (10 thousand lots)	持仓量（万手）Positions (10 thousand lots)	行权金额（亿元）Value of Delivery (100 million yuan)	行权量（万手）Delivery Quantity (10 thousand lots)
1992	—	—	—	—	—	—
1993	—	—	—	—	—	—
1994	—	—	—	—	—	—
1995	—	—	—	—	—	—
1996	—	—	—	—	—	—
1997	—	—	—	—	—	—
1998	—	—	—	—	—	—
1999	—	—	—	—	—	—
2000	—	—	—	—	—	—
2001	—	—	—	—	—	—
2002	—	—	—	—	—	—
2003	—	—	—	—	—	—
2004	—	—	—	—	—	—
2005	—	—	—	—	—	—
2006	—	—	—	—	—	—
2007	—	—	—	—	—	—
2008	—	—	—	—	—	—
2009	—	—	—	—	—	—
2010	—	—	—	—	—	—
2011	—	—	—	—	—	—
2012	—	—	—	—	—	—
2013	—	—	—	—	—	—
2014	—	—	—	—	—	—
2015	—	—	—	—	—	—
2016	—	—	—	—	—	—
2017	38.24	512.81	12.74	23.61	37.89	7.15
2018	210.16	1836.35	4.23	31.56	63.24	15.39
2019	346.29	4072.21	14.66	130.18	184.21	34.51

1-2 证券市场指数运行情况
Securities-Market Indexes

年份 Year	上证综指 SSE Composite Index					深证综指 SZSE Composite Index				
	开盘 Opening Price	最高 Highest	最低 Lowest	收盘 Closing Price	涨跌幅(%) Change Rate (%)	开盘 Opening Price	最高 Highest	最低 Lowest	收盘 Closing Price	涨跌幅(%) Change Rate (%)
1992	293.74	1429.01	292.76	780.39	165.67	110.53	312.21	107.08	241.21	118.23
1993	802.14	1558.95	750.46	833.80	6.84	241.21	359.44	203.91	238.28	-1.21
1994	837.70	1052.94	325.89	647.87	-22.30	238.28	242.06	96.56	140.63	-40.98
1995	637.72	926.41	524.43	555.29	-14.29	139.62	169.66	112.63	113.25	-19.47
1996	550.26	1258.69	512.83	917.02	65.14	112.85	473.02	105.34	327.34	189.04
1997	914.06	1510.18	870.18	1194.10	30.22	326.33	517.91	305.81	381.29	16.48
1998	1200.95	1422.98	1043.02	1146.70	-3.97	382.85	441.04	317.10	343.85	-9.82
1999	1144.89	1756.18	1047.83	1366.58	19.18	343.29	525.14	310.65	402.18	16.96
2000	1368.69	2125.72	1361.21	2073.48	51.73	402.71	654.37	414.69	635.73	58.07
2001	2077.08	2245.44	1514.86	1645.97	-20.62	636.62	664.85	439.36	475.94	-25.13
2002	1643.49	1748.89	1339.20	1357.65	-17.52	475.14	512.38	371.79	388.76	-18.32
2003	1347.43	1649.60	1307.40	1497.04	10.27	386.61	449.42	350.74	378.63	-2.61
2004	1492.72	1783.01	1259.43	1266.50	-15.40	377.93	470.55	315.17	315.81	-16.59
2005	1260.78	1328.53	998.23	1161.06	-8.33	313.81	333.28	237.18	278.75	-11.73
2006	1163.88	2698.90	1161.91	2675.47	130.43	278.99	552.93	278.99	550.59	97.52
2007	2728.19	6124.04	2541.53	5261.56	96.66	555.26	1567.74	547.89	1447.02	162.81
2008	5265.00	5522.78	1664.93	1820.81	-65.39	1450.33	1584.40	452.33	553.30	-61.76
2009	1849.02	3478.01	1844.09	3277.13	79.98	560.09	1240.64	557.68	1201.34	117.12
2010	3289.75	3306.75	2319.73	2808.07	-14.31	1207.33	1412.63	890.23	1290.86	7.45
2011	2825.33	3067.46	2134.02	2199.42	-21.68	1298.59	1316.18	828.83	866.65	-32.86
2012	2212.00	2478.38	1949.46	2269.13	3.17	871.93	1020.29	724.97	881.17	1.68
2013	2289.51	2444.80	1849.65	2115.98	-6.75	887.36	1106.27	815.89	1057.67	20.03
2014	2112.13	3239.36	1974.38	3234.68	52.87	1055.88	1504.48	1004.93	1415.19	33.80
2015	3258.63	5178.19	2850.71	3539.18	9.41	1419.44	3156.96	1408.99	2308.91	63.15
2016	3536.59	3538.69	2638.30	3103.64	-12.31	2304.48	2304.49	1618.12	1969.11	-14.72
2017	3105.31	3450.49	3016.53	3307.17	6.56	1972.55	2054.02	1753.53	1899.34	-3.54
2018	3314.03	3587.03	2449.20	2493.90	-24.59	1903.49	1966.15	1212.23	1267.87	-33.25
2019	2497.88	3288.45	2440.91	3050.12	22.30	1270.50	1799.10	1231.83	1722.95	35.89

注：1.指数最高、最低点为盘中最高最低点。

2.三板成指为静态指数，故不展示开盘、最高和最低。

数据来源：上海证券交易所、深圳证券交易所、全国中小企业股份转让系统

Source: SSE、SZSE、NEEQ

1-2 续表 1 continued

年份 Year	沪深300指数 CSI 300 Index					上证50指数 SSE 50 Index				
	开盘 Opening Price	最高 Highest	最低 Lowest	收盘 Closing Price	涨跌幅(%) Change Rate (%)	开盘 Opening Price	最高 Highest	最低 Lowest	收盘 Closing Price	涨跌幅(%) Change Rate (%)
1992	—	—	—	—	—	—	—	—	—	—
1993	—	—	—	—	—	—	—	—	—	—
1994	—	—	—	—	—	—	—	—	—	—
1995	—	—	—	—	—	—	—	—	—	—
1996	—	—	—	—	—	—	—	—	—	—
1997	—	—	—	—	—	—	—	—	—	—
1998	—	—	—	—	—	—	—	—	—	—
1999	—	—	—	—	—	—	—	—	—	—
2000	—	—	—	—	—	—	—	—	—	—
2001	—	—	—	—	—	—	—	—	—	—
2002	—	—	—	—	—	—	—	—	—	—
2003	—	—	—	—	—	—	—	—	—	—
2004	—	—	—	—	—	997.00	1141.99	833.09	842.73	-15.47
2005	984.66	1008.73	807.78	923.45	-7.65	836.99	889.98	693.53	796.40	-5.50
2006	926.56	2052.86	926.41	2041.05	121.02	801.41	1819.04	800.21	1805.31	126.69
2007	2073.25	5891.72	2030.76	5338.28	161.55	1842.63	4772.93	1791.64	4226.76	134.13
2008	5349.76	5756.92	1606.73	1817.72	-65.95	4230.81	4524.29	1269.29	1384.91	-67.24
2009	1848.33	3803.06	1837.84	3575.68	96.71	1411.08	2849.41	1402.05	2553.80	84.40
2010	3592.47	3597.75	2462.20	3128.26	-12.51	2565.11	2584.53	1771.49	1977.37	-22.57
2011	3155.56	3380.53	2267.11	2345.74	-25.01	1994.36	2214.84	1571.51	1617.61	-18.19
2012	2361.50	2717.83	2102.14	2522.95	7.55	1628.17	1877.43	1528.28	1857.68	14.84
2013	2551.81	2791.30	2023.17	2330.03	-7.65	1885.96	2088.45	1422.98	1574.78	-15.23
2014	2323.43	3542.34	2077.76	3533.71	51.66	1570.05	2590.09	1402.18	2581.57	63.93
2015	3566.09	5380.43	2952.01	3731.01	5.58	2612.85	3494.82	1874.22	2420.80	-6.23
2016	3725.86	3726.25	2821.22	3310.08	-11.28	2417.03	2455.43	1891.10	2286.90	-5.53
2017	3313.95	4260.64	3264.21	4030.85	21.78	2285.27	3038.28	2282.24	2860.44	25.08
2018	4045.21	4403.34	2964.88	3010.65	-25.31	2867.53	3202.47	2256.47	2293.10	-19.83
2019	3017.07	4126.09	2935.83	4096.58	36.07	2298.18	3065.93	2249.37	3063.22	33.58

1-2 续表 2 continued

年份 Year	深证成份指数 SZSE Component Index					上证国债指数 SSE T-Bond Index				
	开盘 Opening Price	最高 Highest	最低 Lowest	收盘 Closing Price	涨跌幅(%) Change Rate (%)	开盘 Opening Price	最高 Highest	最低 Lowest	收盘 Closing Price	涨跌幅(%) Change Rate (%)
1992	966.22	2918.09	917.37	2309.77	139.71	—	—	—	—	—
1993	2424.00	3422.22	1688.18	2225.38	-3.65	—	—	—	—	—
1994	2221.95	2271.39	944.02	1271.05	-42.88	—	—	—	—	—
1995	1257.65	1473.29	980.25	987.75	-22.29	—	—	—	—	—
1996	987.07	4522.39	924.33	3217.54	225.74	—	—	—	—	—
1997	3195.52	6103.62	2985.40	4184.84	30.06	—	—	—	—	—
1998	4199.51	4336.32	2902.44	2949.32	-29.52	—	—	—	—	—
1999	2945.24	4896.04	2521.08	3369.61	14.25	—	—	—	—	—
2000	3374.11	5062.29	3360.21	4752.75	41.05	—	—	—	—	—
2001	4756.18	5091.46	3124.57	3325.66	-30.03	—	—	—	—	—
2002	3319.21	3586.06	2661.91	2759.30	-17.03	—	—	—	—	—
2003	2743.21	3557.89	2673.25	3479.80	26.11	100.67	102.08	96.86	99.40	-1.27
2004	3473.35	4187.23	2996.08	3067.57	-11.85	99.39	99.42	91.10	95.61	-3.81
2005	3051.24	3481.44	2590.53	2863.61	-6.65	95.64	109.73	95.61	109.06	14.06
2006	2873.54	6687.28	2873.54	6647.14	132.12	109.11	111.63	109.07	111.39	2.14
2007	6730.12	19600.03	6585.06	17700.62	166.29	111.45	111.96	109.33	110.87	-0.46
2008	17731.84	19219.89	5577.23	6485.51	-63.36	110.92	121.53	110.73	121.30	9.40
2009	6557.42	14096.87	6514.49	13699.97	111.24	121.35	122.99	119.62	122.35	0.87
2010	13766.10	13936.88	8945.20	12458.55	-9.06	122.39	127.10	122.13	126.28	3.21
2011	12578.45	13233.02	8555.12	8918.82	-28.41	126.32	131.39	126.31	131.39	4.05
2012	8980.76	10616.28	7660.45	9116.48	2.22	131.45	135.82	131.44	135.79	3.35
2013	9204.11	10057.97	7045.60	8121.79	-10.91	135.84	139.91	135.84	139.52	2.75
2014	8083.77	11050.85	6959.25	11014.62	35.62	139.54	145.78	139.42	145.68	4.42
2015	11150.98	18211.76	9259.65	12664.89	14.98	145.75	154.67	145.75	154.54	6.09
2016	12650.72	12659.41	8986.52	10177.14	-19.64	154.61	160.86	154.58	159.79	3.39
2017	10205.14	11714.98	9482.84	11040.45	8.48	159.85	161.07	159.59	160.85	0.67
2018	11079.64	11633.46	7084.44	7239.79	-34.42	160.91	169.88	160.89	169.88	5.61
2019	7259.49	10541.19	7011.33	10430.77	44.08	169.97	177.28	169.96	177.27	4.35

1-2 续表 3 continued

年份 Year	上证企业债指数 SSE Corporate Bond Index					中证综合债指数 CSI Universal Bond Index				
	开盘 Opening Price	最高 Highest	最低 Lowest	收盘 Closing Price	涨跌幅(%) Change Rate (%)	开盘 Opening Price	最高 Highest	最低 Lowest	收盘 Closing Price	涨跌幅(%) Change Rate (%)
1992	—	—	—	—	—	—	—	—	—	—
1993	—	—	—	—	—	—	—	—	—	—
1994	—	—	—	—	—	—	—	—	—	—
1995	—	—	—	—	—	—	—	—	—	—
1996	—	—	—	—	—	—	—	—	—	—
1997	—	—	—	—	—	—	—	—	—	—
1998	—	—	—	—	—	—	—	—	—	—
1999	—	—	—	—	—	—	—	—	—	—
2000	—	—	—	—	—	—	—	—	—	—
2001	—	—	—	—	—	—	—	—	—	—
2002	—	—	—	—	—	—	—	—	—	—
2003	104.38	105.45	98.67	99.93	-4.27	99.91	102.66	99.87	101.34	1.34
2004	99.99	100.04	86.72	95.84	-4.09	100.95	101.34	97.75	100.38	-0.94
2005	95.84	118.98	90.90	118.92	24.08	100.43	108.90	100.43	108.68	8.26
2006	118.91	122.19	115.35	119.84	0.77	108.64	111.36	108.64	111.24	2.36
2007	119.84	121.65	112.68	113.27	-5.49	111.28	111.28	111.28	111.24	0.00
2008	113.27	132.80	112.25	132.64	17.11	—	—	—	124.50	11.92
2009	132.69	134.70	130.91	133.55	0.68	123.68	124.06	123.68	124.02	-0.39
2010	133.61	144.01	133.61	143.45	7.42	124.06	129.22	123.92	127.09	2.48
2011	143.52	148.51	143.24	148.48	3.50	127.23	134.14	126.60	134.14	5.54
2012	148.56	159.65	148.22	159.60	7.49	134.19	138.95	134.16	138.95	3.59
2013	159.70	167.41	159.63	166.56	4.36	138.92	142.58	137.71	138.36	-0.42
2014	166.61	181.54	166.05	181.10	8.73	138.33	152.34	138.18	151.84	9.74
2015	181.25	197.18	181.24	197.12	8.84	151.83	163.98	151.83	163.91	7.95
2016	197.24	209.43	197.23	209.03	6.04	163.85	170.75	163.70	167.39	2.12
2017	209.14	213.54	209.07	213.49	2.13	167.42	168.81	165.55	167.86	0.28
2018	213.61	225.78	213.61	225.75	5.74	168.00	181.49	167.99	181.49	8.12
2019	225.90	238.76	225.90	238.72	5.74	181.90	189.96	181.90	189.96	4.67

1-2 续表 4 continued

年份 Year	三板成指 NEEQ Component Index					三板做市 NEEQ Market Making Component Index				
	开盘 Opening Price	最高 Highest	最低 Lowest	收盘 Closing Price	涨跌幅(%) Change Rate (%)	开盘 Opening Price	最高 Highest	最低 Lowest	收盘 Closing Price	涨跌幅(%) Change Rate (%)
1992	—	—	—	—	—	—	—	—	—	—
1993	—	—	—	—	—	—	—	—	—	—
1994	—	—	—	—	—	—	—	—	—	—
1995	—	—	—	—	—	—	—	—	—	—
1996	—	—	—	—	—	—	—	—	—	—
1997	—	—	—	—	—	—	—	—	—	—
1998	—	—	—	—	—	—	—	—	—	—
1999	—	—	—	—	—	—	—	—	—	—
2000	—	—	—	—	—	—	—	—	—	—
2001	—	—	—	—	—	—	—	—	—	—
2002	—	—	—	—	—	—	—	—	—	—
2003	—	—	—	—	—	—	—	—	—	—
2004	—	—	—	—	—	—	—	—	—	—
2005	—	—	—	—	—	—	—	—	—	—
2006	—	—	—	—	—	—	—	—	—	—
2007	—	—	—	—	—	—	—	—	—	—
2008	—	—	—	—	—	—	—	—	—	—
2009	—	—	—	—	—	—	—	—	—	—
2010	—	—	—	—	—	—	—	—	—	—
2011	—	—	—	—	—	—	—	—	—	—
2012	—	—	—	—	—	—	—	—	—	—
2013	—	—	—	—	—	—	—	—	—	—
2014	—	—	—	—	—	—	—	—	—	—
2015	—	—	—	—	48.50	998.38	2673.17	991.47	1438.00	43.80
2016	—	—	—	—	-16.23	1438.00	1442.45	1073.47	1112.11	-22.66
2017	—	—	—	—	2.55	1112.11	1162.54	983.01	993.65	-10.65
2018	—	—	—	—	-25.13	993.65	993.65	713.01	718.94	-27.65
2019	—	—	—	—	-2.73	718.94	914.75	706.67	914.75	27.24

1-3 境内外证券市场筹资情况
Proceeds Raised in Domestic and Foreign Capital Markets

年份 Year	境内股票筹资 Proceeds Raised in Domestic Capital Market by Offering of Shares			
	沪深交易所 SSE and SZSE			
	发行量(亿股) Number of Shares (100 million shares)	筹资金额(亿元) Proceeds Raised through Offering Shares(100 million yuan)		
		合计 Total	首发筹资金额 Proceeds Raised by IPO	再筹资 Proceeds Raised by Subsequent Offerings of Shares
1992	10.65	68.91	68.91	0.00
1993	51.07	245.02	184.83	60.19
1994	48.64	213.63	154.44	59.19
1995	18.01	99.78	42.37	57.41
1996	66.54	308.04	241.32	66.71
1997	129.64	859.98	651.56	208.42
1998	81.37	787.44	412.22	375.22
1999	86.87	873.63	494.71	378.93
2000	122.17	1515.82	862.56	653.26
2001	84.57	1238.14	614.03	624.11
2002	117.34	720.05	498.75	221.29
2003	89.34	665.51	472.42	193.08
2004	56.13	650.53	361.05	289.47
2005	13.92	339.03	57.63	281.40
2006	377.89	2374.50	1341.70	1032.80
2007	430.63	7814.74	4770.83	3043.91
2008	114.96	3312.39	1034.38	2278.01
2009	244.47	4834.34	1878.98	2955.36
2010	553.95	9799.80	4882.59	4917.21
2011	163.99	7154.43	2824.43	4330.00
2012	78.86	4542.40	1034.32	3508.08
2013	0.00	4131.46	0.00	4131.46
2014	70.10	8498.26	668.89	7829.38
2015	151.52	16361.62	1576.39	14785.23
2016	137.47	20297.39	1496.07	18801.32
2017	224.20	15534.98	2301.08	13233.90
2018	129.20	11377.88	1378.15	9999.73
2019	337.83	12538.82	2489.81	10049.01

注：1.股票筹资包括首发筹资和再筹资，均按股份上市日统计；再筹资包含公开增发、定向增发、配股、权证和优先股，其中权证为2008年之后开展的业务，优先股为2014年之后开展的业务。
2.境外股票筹资指在港交所上市的H股股票筹资，不含可转债。
3.新三板股票筹资金额中不含优先股。

数据来源：中国证券监督管理委员会、上海证券交易所、深圳证券交易所、全国中小企业股份转让系统、中央国债登记结算有限责任公司、上海清算所

Source:CSRC、NBSC、SSE、SZSE、NEEQ、CCDC、SHCH

1-3 续表 1 continued

年份 Year	境内股票筹资 Proceeds Raised in Domestic Capital Market by Offering of Shares			
	新三板 NEEQ		区域性股权市场 Regional Equity Market	
	发行量 (亿股) Number of Shares (100 million shares)	筹资金额 (亿元) Proceeds Raised through Offering Shares (100 million yuan)	发行量 (亿股) Number of Shares (100 million shares)	筹资金额 (亿元) Proceeds Raised through Offering Shares (100 million yuan)
1992	—	—	—	—
1993	—	—	—	—
1994	—	—	—	—
1995	—	—	—	—
1996	—	—	—	—
1997	—	—	—	—
1998	—	—	—	—
1999	—	—	—	—
2000	—	—	—	—
2001	—	—	—	—
2002	—	—	—	—
2003	—	—	—	—
2004	—	—	—	—
2005	—	—	—	—
2006	—	—	—	—
2007	—	—	—	—
2008	—	—	—	—
2009	—	—	—	—
2010	—	—	—	—
2011	—	—	—	—
2012	1.93	8.59	—	—
2013	2.92	10.02	—	—
2014	26.52	132.09	—	—
2015	230.79	1216.17		—
2016	294.61	1390.89	—	—
2017	239.26	1336.25	—	—
2018	123.83	604.43	—	—
2019	73.73	264.63	—	2312.53

1-3 续表 2 continued

年份 Year	境内债券筹资 Proceeds Raised in Domestic Capital Market by Bond					
	全市场 Whole Market		银行间 Interbank Market		交易所 Stock Exchange	
	发行额（亿元）Value of Bonds Issued (100 million yuan)	兑付金额（亿元）Amount of Payments (100 million yuan)	发行额（亿元）Value of Bonds Issued (100 million yuan)	兑付金额（亿元）Amount of Payments (100 million yuan)	发行额（亿元）Value of Bonds Issued (100 million yuan)	兑付金额（亿元）Amount of Payments (100 million yuan)
1992	—	—	—	—	—	—
1993	—	—	—	—	—	—
1994	—	—	—	—	—	—
1995	—	—	—	—	—	—
1996	—	—	—	—	—	—
1997	2084.62	—	2084.62	—	—	—
1998	6203.73	—	6203.73	—	—	—
1999	4369.50	410.16	4369.50	410.16	—	—
2000	4414.50	1629.16	4414.50	1629.16	—	—
2001	5848.53	1859.97	5848.53	1859.97	—	—
2002	9943.90	2841.35	9943.90	2841.35	—	—
2003	17647.17	7886.44	17647.17	7886.44	—	—
2004	27295.66	12548.65	27295.66	12548.65	—	—
2005	42182.07	22531.33	42182.07	22531.33	—	—
2006	57096.11	38597.83	57096.11	38597.83	—	—
2007	80163.36	49931.98	79756.08	49931.98	407.28	—
2008	71732.16	48265.29	70734.11	48265.29	998.05	—
2009	87286.22	67282.32	86474.71	67282.32	811.51	—
2010	96408.63	73205.88	95088.33	73205.88	1320.30	—
2011	77275.52	64819.78	75501.82	64709.81	1773.70	109.97
2012	80261.89	47625.00	77474.98	47269.27	2786.91	355.73
2013	89127.69	63093.04	85248.00	62332.88	3879.69	760.16
2014	119380.02	72904.38	115112.62	71358.08	4267.40	1546.30
2015	234604.73	117608.31	210936.25	114140.25	23668.48	3468.07
2016	361548.66	204425.19	324880.30	199138.51	36668.36	5286.68
2017	408256.35	296374.85	369109.44	290020.83	39146.91	8369.81
2018	435968.07	310776.99	379090.36	302485.47	56877.70	13308.52
2019	448538.22	326387.66	376551.50	306774.83	71986.71	19612.84

1-3 续表 3 continued

年份 Year	境外股票筹资 Proceeds Raised in Foreign Capital Market by Offering of Shares			
	发行量 (亿股) Number of Shares (100 million shares)	筹资金额(亿元) Proceeds Raised through Offering Shares (100 million yuan)		
		合计 Total	首发筹资金额 Proceeds Raised by IPO	再筹资 Proceeds Raised by Subsequent Offerings of Shares
1992	—	—	—	—
1993	40.41	60.84	60.84	0.00
1994	69.89	188.75	188.75	0.00
1995	15.38	31.53	21.13	10.40
1996	31.77	100.57	72.94	27.63
1997	136.88	387.91	348.66	39.25
1998	12.86	37.83	22.10	15.73
1999	23.05	47.11	47.11	0.00
2000	359.26	562.08	562.08	0.00
2001	48.48	73.00	67.70	5.30
2002	157.54	192.28	191.12	1.16
2003	196.79	537.32	506.53	30.79
2004	171.51	647.72	433.44	214.28
2005	553.25	1666.25	1421.24	245.01
2006	936.66	3072.57	2925.30	147.27
2007	223.97	927.46	701.31	226.15
2008	65.38	311.38	259.92	51.46
2009	155.58	1067.66	999.51	68.15
2010	367.04	2343.11	1061.09	1282.02
2011	108.37	732.41	431.23	301.18
2012	220.95	997.83	515.54	482.29
2013	259.92	1060.24	691.57	368.67
2014	288.40	2253.40	914.51	1338.89
2015	444.15	7090.12	2053.15	5036.97
2016	—	1271.48	1091.46	180.02
2017	178.18	1829.19	487.26	1341.93
2018	652.67	1387.61	938.45	449.16
2019	119.82	781.65	449.40	332.24

1-4 证券期货市场投资者情况
Investor Accounts of Securities and Futures Market

年份 Year	股票 Stock					
	沪深交易所 SSE and SZSE					
	期末投资者个数(万个) Number of Investors at the End of the Year (10 thousand units)			新增投资者个数(万个) Number of New Investors (10 thousand units)		
	个人 Individual	机构 Institution	合计 Total	个人 Individual	机构 Institution	合计 Total
2003	—	—	—	—	—	—
2004	—	—	—	—	—	—
2005	—	—	—	—	—	—
2006	—	—	—	—	—	—
2007	—	—	—	—	—	—
2008	—	—	—	—	—	—
2009	—	—	—	—	—	—
2010	—	—	—	—	—	—
2011	—	—	—	—	—	—
2012	—	—	—	—	—	—
2013	—	—	—	—	—	—
2014	7270.95	23.42	7294.36	—	—	—
2015	9882.15	28.38	9910.54	2611.20	4.96	2616.18
2016	11778.42	32.62	11811.04	1896.27	4.24	1900.50
2017	13362.21	36.08	13398.30	1583.79	3.46	1587.26
2018	14615.11	35.33	14650.44	—	—	1252.14
2019	15937.22	38.02	15975.24	1322.11	2.69	1324.80

注：1.期末投资者数量指持有未注销、未休眠的A股、B股、信用账户、衍生品合约账户的一码通账户数量。
2.新增投资者数量=本期期末投资者数量-上期期末投资者数量。
3.2018年底，按照《关于加强私募投资基金等产品账户管理有关事项的通知》要求，部分历史遗留已到期账户集中完成了注销。
4.期货账户数和投资者个数2012年之前为总账户数和总投资者个数，2012年之后为有效账户数和有效投资者个数。
5.豁免投资者是指在企业来区域性股权市场挂牌前已经持有该企业股票或股权的投资者。该类投资者只能卖出所持公司股份或股权，如要参与其他其他公司股份买卖或其他产品买卖，须通过合格投资者适当性认可。

数据来源：中国证券监督管理委员会、中国证券登记结算公司、中国期货市场监控中心、全国中小企业股份转让系统
Source:CSRC、CSDC、CFMMC、NEEQ

1-4 续表 1 continued

年份 Year	股票 Stock					
	新三板 NEEQ					
	期末投资者个数(万个) Number of Investors at the End of the Year (10 thousand units)			新增投资者个数(万个) Number of New Investors (10 thousand units)		
	个人 Individual	机构 Institution	合计 Total	个人 Individual	机构 Institution	合计 Total
2003	—	—	—	—	—	—
2004	—	—	—	—	—	—
2005	—	—	—	—	—	—
2006	—	—	—	—	—	—
2007	—	—	—	—	—	—
2008	—	—	—	—	—	—
2009	—	—	—	—	—	—
2010	—	—	—	—	—	—
2011	—	—	—	—	—	—
2012	0.43	0.09	0.53	—	—	—
2013	0.74	0.11	0.85	0.31	0.02	0.33
2014	4.40	0.47	4.87	3.65	0.36	4.02
2015	19.86	2.27	22.13	15.46	1.80	17.26
2016	29.57	3.85	33.42	9.71	1.58	11.29
2017	35.74	5.12	40.86	6.17	1.27	7.44
2018	37.75	5.63	43.38	2.01	0.51	2.52
2019	38.73	5.89	44.62	0.98	0.26	1.24

1-4 续表 2 continued

年份 Year	股票 Stock 区域性股权市场 Regional Equity Trading Platforms Market 期末投资者数(万个) Number of Investors at the End of the Year (10 thousand units)				基金 Fund
	个人 Individual	机构 Institution	豁免投资者 Exempt	合计 Total	基金账户数(万户) Number of Fund Accounts (10 thousand units)
2003	—	—	—	—	—
2004	—	—	—	—	—
2005	—	—	—	—	—
2006	—	—	—	—	—
2007	—	—	—	—	—
2008	—	—	—	—	16846.00
2009	—	—	—	—	17480.00
2010	—	—	—	—	19672.00
2011	—	—	—	—	22987.00
2012	—	—	—	—	22948.00
2013	—	—	—	—	28773.46
2014	—	—	—	—	46409.34
2015	—	—	—	—	67917.87
2016	—	—	—	—	94303.67
2017	—	—	—	—	134903.95
2018	6.86	0.94	29.12	36.91	212638.47
2019	8.44	1.18	29.29	38.90	294432.51

1-4 续表 3 continued

年份 Year	期货 Futures			
	期货账户数(万户) Number of Futures Accounts (10 thousand units)	期货投资者个数(万个) Number of Futures Investors (10 thousand units)		
		个人 Individual	单位 Institution	合计 Total
2003	—	—	—	—
2004	—	—	—	—
2005	—	—	—	—
2006	27.74	—	—	24.46
2007	44.77	—	—	39.55
2008	71.28	59.54	2.10	61.64
2009	110.61	88.76	2.86	91.63
2010	150.55	117.82	3.55	121.37
2011	179.34	137.06	4.08	141.14
2012	89.69	69.74	1.99	71.73
2013	97.72	75.17	2.07	77.24
2014	99.35	79.52	2.74	82.26
2015	126.88	104.62	2.90	107.52
2016	138.53	115.06	3.58	118.64
2017	151.14	123.81	3.91	127.72
2018	158.70	128.34	3.92	132.26
2019	183.21	147.15	4.57	151.73

1-5 证券期货市场参与主体情况
Participant of Securities and Futures Market

年份 Year	上市公司 Listed Company		新三板挂牌公司 NEEQ		区域性股权市场挂牌公司 Regional Equity Trading Platforms Market
	家数(家) Number of Companies (unit)	总资产(亿元) Total Assets (100 million yuan)	家数(家) Number of Companies (unit)	总资产(亿元) Total Assets (100 million yuan)	家数(家) Number of Companies (unit)
1993	183	1821.00	—	—	—
1994	291	3309.00	—	—	—
1995	323	4301.61	—	—	—
1996	530	6346.68	—	—	—
1997	745	9681.16	—	—	—
1998	851	12404.86	—	—	—
1999	949	16174.41	—	—	—
2000	1088	21676.39	—	—	—
2001	1160	30457.30	—	—	—
2002	1224	41539.86	—	—	—
2003	1287	53302.61	—	—	—
2004	1377	63277.29	—	—	—
2005	1381	72769.33	—	—	—
2006	1434	221069.33	—	—	—
2007	1550	414286.97	—	—	—
2008	1625	487007.21	—	—	—
2009	1718	617738.72	—	—	—
2010	2063	862290.24	—	—	—
2011	2342	1028873.51	—	—	—
2012	2494	1193598.71	200	239.65	—
2013	2489	1330017.51	356	345.13	—
2014	2613	1501082.96	1572	3232.85	—
2015	2827	1724649.05	5129	11608.91	—
2016	3052	2019170.62	10163	28266.63	—
2017	3485	2205062.02	11630	30805.51	—
2018	3584	2412856.04	10691	28220.69	—
2019	3777	2807826.22	8953	26906.24	28831

注：1.证券公司、期货公司总资产包含客户资金。
2.新三板挂牌公司总资产统计样本为截至2020年6月30日披露2019年年报的8252家公司。
数据来源：中国证券监督管理委员会、上海证券交易所、深圳证券交易所、中国期货业协会、全国中小企业股份转让系统、中国证券投资基金业协会
Source:CSRC、SSE、SZSE、CFA、NEEQ、AMAC

1-5 续表 1 continued

年份 Year	证券公司 Securities Company		基金管理公司 Fund Management Company	
	家数(家) Number of Companies (unit)	总资产(亿元) Total Assets (100 million yuan)	家数(家) Number of Companies (unit)	总资产(亿元) Total Assets (100 million yuan)
1993	—	—	—	—
1994	91	—	—	—
1995	97	—	—	—
1996	94	—	—	—
1997	90	—	—	—
1998	90	—	6	—
1999	90	—	10	—
2000	100	—	10	—
2001	109	—	15	—
2002	127	—	21	—
2003	133	—	33	79.98
2004	133	—	44	79.95
2005	116	—	52	81.16
2006	104	—	57	128.66
2007	106	17313.39	58	366.53
2008	107	11912.23	60	365.96
2009	106	20286.91	60	442.29
2010	106	19686.13	63	486.72
2011	109	15722.53	69	493.73
2012	114	17209.32	77	536.63
2013	115	20803.46	89	655.86
2014	121	40340.65	95	1047.26
2015	125	64170.00	101	1177.39
2016	129	57934.47	109	1332.01
2017	131	61413.53	113	1659.93
2018	131	62648.96	120	1820.44
2019	133	72586.78	128	2095.58

1-5 续表 2 continued

年份 Year	期货公司 Futures Company		已登记私募基金管理人 Registered Private Fund Manager	
	家数(家) Number of Companies (unit)	总资产(亿元) Total Assets (100 million yuan)	家数(家) Number of Companies (unit)	总规模(亿元) Total Assets (100 million yuan)
1993	—	—	—	—
1994	—	—	—	—
1995	—	—	—	—
1996	329	—	—	—
1997	294	—	—	—
1998	278	—	—	—
1999	213	—	—	—
2000	178	—	—	—
2001	200	—	—	—
2002	179	—	—	—
2003	186	—	—	—
2004	188	—	—	—
2005	183	—	—	—
2006	183	—	—	—
2007	177	—	—	—
2008	171	—	—	—
2009	167	—	—	—
2010	163	—	—	—
2011	163	—	—	—
2012	161	2318.48	—	—
2013	156	2569.82	—	—
2014	152	3431.99	—	—
2015	150	4749.67	—	—
2016	149	5438.31	—	—
2017	149	5247.48	22446	114992.53
2018	149	5142.50	24448	127064.20
2019	149	6452.46	24471	140829.62

主要统计指标解释

Explanatory Notes on Main Statistical Indicators

上市公司家数 指在统计期末其发行的股票在沪、深交易所上市的股份有限公司的数量。以股票上市日进行统计，同时发行 A、B 股的上市公司，按一家计算。

上市公司股本 也称上市公司总股本，是指统计期末上市公司在境内发行的全部股份数量合计，包括 A 股股本、B 股股本和其他不流通的境内股本。

流通股本 也即非限售股本，计算公式为：上市公司股本-限售股本。

股票市值 指统计期末根据上市公司股票价格和对应股票数量计算的股权价值合计。具体统计口径和计算方法如下：如当日无交易价格，采用最后交易日的收盘价；暂停上市股票的价格以零计算；未股改公司的非流通股以流通 A 股价格计算市值；仅发行 B 股的上市公司，其非流通股不进行股票市值计算；对当日除权股票进行市值计算时需要包含在途股份（已登记未上市）的市值。

流通市值 指根据股票价格与其非限售股本计算出的股权价值合计，也即 A 股流通市值和 B 股流通市值的合计。

成交量 指统计期内全部股票成交数量的合计，包含竞价交易、协议交易（大宗交易）、盘后固定价格交易。

成交金额 指在统计期内全部股票成交金额合计，包含竞价交易和协议交易（大宗交易）、盘后固定价格交易。

市盈率（静态） 指上市公司每股股价与每股收益的比率，通常用上市公司股票市值与其对应的归属母公司股东净利润的比率进行计算。需要注意事项如下：每股收益和净利润数据在财务报告公告截止日的次日集中更新，且每股收益根据期末股本计算；如截止日未公布财务报告，在计算个股市盈率时采用向前追溯的净利润数据，在计算市场市盈率时剔除该股票；对单个股票计算市盈率时仅考虑每股收益为正的股票；对多个股票计算平均市盈率时通常采用上市公司股票市值合计与其对应的归属母公司股东的净利润合计的比率进行计算（一般情况下剔除净利润为负的上市公司股票和暂停上市公司股票）；对于发行多种类型股份的公司，根据各类性质股份股本按比例分配该公司归属母公司股东净利润。首发市盈率为股票首发价格与每股收益的比率，其中每股收益按照最新年度财务报告中对应的归属母公司股东净利润除以发行后总股本计算。

公式：市盈率（静态）=Σ股票市值/Σ该股份对应的归属母公司股东净利润

换手率（股本） 换手率可采用股票成交量/相应股票股本，通常称为股本换手率。对于某一区间换手率的计算，通常采用统计期内全部交易日的股本换手率合计进行计算。通常对单只股票采用股本换手率，对一组股票采用市值换手率；在计算一组股票换手率时，暂停上市股票不纳入计算。

公式：换手率（股本）=（当日成交股数/流通股本）×100%

换手率（市值） 换手率可采用股票成交金额/股票市值，通常称为市值换手率。对于某一区间换手率的计算，通常采用统计期内全部交易日的市值换手率合计进行计算。通常对单只股票采用股本换手率，对一组股票采用市值换手率；在计算一组股票换手率时，暂停上市股票不纳入计算。

公式：换手率（市值）=（当日成交金额/流通市值）×100%

股票投资者数 指统计期末持有未注销、未休眠的 A 股、B 股的一码通账户数量。

涨跌幅 指统计期内股票期末价格相对期初价格的变化幅度。统计区间如果包含上市首日则统计期内股票期末价格相对首发价格的变化幅度。指数涨跌幅参照股票涨跌幅处理；对股票区间涨跌幅的计算需要对股票价格进行复权处理，复权因素包括分红、送股、配股等，复权价格的公式为：复权价格=当前价格×（1+送股比例+配股比例）+每股红利-配股价格×配股比例，若统计期内存在多次分红、送股、配股事件，复权价格采用递归方式进行计算。在计算复权价时，通常采用区间分段涨跌幅连乘或复权因子连乘进行速算。

公式：涨跌幅=（期末收盘价/期初前收盘价-1）×100%

股票筹资金额 指统计期内通过发行股票筹集的资金总额，以股份上市日作为统计指标的计算日。

首发筹资金额 指统计期内首次公开发行股票（IPO）筹集的资金总额，计算公式：首发筹资金额=Σ（每股发行价格×发行股份数）；

其中，对于发行股份吸收合并已上市公司的筹资金额，计算公式为：首发筹资金额=每股发行价格×（发行股份数-换股股份数）；

对于存在超额配售权的IPO，根据超额配售权的实际行使情况对统计期内的IPO募集资金进行回溯调整。

再筹资金额 指统计期内上市公司通过增发（公开增发和定向增发）、配股、行权、优先股等方式筹集的资金总额。

其中增发筹资金额是指统计期内上市公司增发股份筹集的资金总额。

根据股份认购对象的不同，增发筹资金额指标可分为公开增发筹资金额和定向增发筹资金额。

根据增发时是否以现金认购，增发筹资金额指标可分为增发筹资金额（现金）和增发筹资金额（资产）；增发筹资金额=Σ增发每股价格×发行股份数。

配股筹资金额指统计期内上市公司通过向原股东配售股份筹集的资金总额；配股筹资金额=Σ配股价格×配售股份数=Σ配股价格×股份数量×配售比例。

行权筹资金额包括权证（期权）行权筹资金额和可转债转股金额；行权筹资金额=Σ行权价格×行权认购股份数+Σ转股价格×可转债转股数量。

优先股筹资金额包括统计期内通过发行优先股筹集的资金总额。

公式：再筹资金额=增发筹资金额+配股筹资金额+行权筹资金额+优先股筹资金额。

债券发行额 指统计期内各类债券发行票面金额合计。按发行首日口径计算。

债券兑付金额 指统计期内债券发行人按照约定向债券投资者偿还本金和支付利息的金额合计。

债券成交金额 指统计期内各类债券成交金额合计，包括债券现货成交金额和债券回购成交金额。

公式：现货成交金额=Σ（成交价格×成交量〔现货〕）；回购成交金额=Σ（成交量〔回购〕×1000）

债券托管额 指统计期末托管在债券登记结算机构的各类债券面额合计。

债券筹资金额 也即债券融资金额，是指统计期内债券发行所募集到的资金总额。通常统计范围包括中国证监会审批的公司债券（含证券交易所备案的中小企业私募债）；以发行首日计算。

基金只数 指统计期末基金市场上基金产品的只数。自基金合同生效日（基金成立日）纳入统计，自基金合同终止日从统计中剔除。一般根据证监会主代码（基金主合同）口径统计。

基金份额 指统计期末基金市场基金份额的合计。

基金资产规模 指在统计期末市场上基金产品资产的合计。对统一募集，自动拆分的分级基金统计基金资产规模时，只计母基金资产规模。对分开募集的分级基金统计基金资产规模时，同时统计不同子基金份额的资产规模。

基金账户数 基金账户通常称基金TA账户，基金账户数是指统计期末注册登记人为投资人建立的用于管理和记录基金持有的账户数量。

私募基金只数 指统计期末已在中国证券投资基金业协会备案的正在运作私募基金产品只数。

私募基金管理人家数 指统计期末在中国证券投资基金业协会登记的未注销从事私募基金管理人数量。

私募基金管理规模 指统计期末正在运作的私募基金净资产规模。

期货持仓金额 指统计期末未平仓期货合约的金额合计。除备注中注明双边口径外，其余均按单边口径统计。

期货成交金额 指统计期内全部期货合约成交金额合计。除备注中注明双边口径外，其余均按单边口径统计。

期货客户数 统计期末已在期货市场开户，按照

"客户全称相同且证件代码相同"原则合并的客户数量。

证券公司家数 统计期末已获得中国证监会颁发经营证券业务许可证的证券公司数量合计，以获得经营证券业务许可证为标准，已办理机构注销的证券公司从统计中剔除。

基金管理公司家数 统计期末经中国证监会批准，并获得基金管理资格证书的基金管理公司的数量合计，以获得基金管理资格证书为标准，已办理取消基金管理资格证书的基金管理公司从统计中剔除。

期货公司家数 统计期末经中国证监会批准，并获得中国证监会颁发经营期货业务许可证的期货公司的数量合计，以获得经营期货业务许可证为标准，已办理机构注销的期货公司从统计中剔除。

总资产 统计期末证券期货机构全部资产总额合计。

贰 零 贰 零

二· 股 票

Stocks

贰 零 贰 零

2019年股票市场综述

一、沪深交易所股票市场基本情况

市场规模。2019年末，沪深两市上市公司共3777家。其中，沪市1572家，深市2205家；主板1973家，中小企业板943家，创业板791家，科创板70家。全年净增上市公司193家，其中沪市净增122家，深市净增71家。沪深两市总市值59.29万亿元，流通市值48.35万亿元，流通市值占总市值的81.55%。沪市总市值、流通市值分别为35.55万亿元（科创板8638亿元）、30.13万亿元（科创板1288亿元）；深市分别为23.74万亿元、18.22万亿元。沪深两市总市值与2019年国内生产总值（GDP）的比例为59.83%，其中，沪市总市值与2019年GDP的比例为35.88%，深市总市值与2019年GDP的比例为23.96%。境内总市值位居全球第二位，仅次于美国。2019年末，世界交易所联合会（WFE）市值、成交金额和融资金额排名[1]中，上交所分列第4、第4、第2名，深交所分列第8、第3、第3名。

发行情况。2019年，沪深两市合计融资金额12539亿元，较2018年增加10.20%。首发融资2490亿元，再融资10049亿元，较2018年分别增加80.66%和0.49%。沪深两市发行A股股票201只，沪市发行股票123只，首发融资1843.93亿元，再融资5605.59亿元；深市发行股票78只，首发融资645.88亿元，再融资4443.40亿元。从再融资类型看，2019年，沪深两市公开增发融资89.50亿元，定向增发融资7275.64亿元（含资产认购5461.19亿元），配股融资133.88亿元，优先股融资2550.00亿元。

交易情况。2019年，上证综指上涨22.30%，深证成指上涨44.08%，中小板指上涨41.03%，创业板指上涨43.79%。电子、食品饮料行业涨幅居前，分别上涨73.77%和72.87%。沪深两市累计成交金额为127.42万亿元（日均5221.96亿元），较2018年增加41.30%。其中，主板71.86万亿元（日均2945.02亿元），中小板31.07万亿元（日均1273.18亿元），创业板23.16万亿元（日均949.20亿元），科创板1.33万亿元（日均119.94亿元）。沪市换手率157.59%，深市换手率456.16%，较2018年分别上升6.68个百分点和99.24个百分点。

估值情况。2019年末，沪市市盈率为14.55倍，深市市盈率为26.15倍，较2018年末分别上升16.49%和30.75%。

融资融券及转融通业务情况。2019年，沪深两市融资买入金额为113549.03亿元，融券卖出金额为2913.46亿元，较2018年分别增加49.93%和52.72%。2019年末，沪深两市融资余额为10060.28亿元，融券余额为137.38亿元，较2018年末分别增加34.23%和102.44%。2019年，沪深两市转融资交易金额为1252.07亿元，转融券交易金额为649.72亿元，较2018年分别减少28.07%和增加294.83%。2019年末，沪深两市转融资余额为721.71亿元，转融券余额为116.17亿元，较2018年末分别增加41.22%和1785.88%。

沪深港通情况。2019年，沪股通投资者净买入1566.33亿元，较2018年减少244.61亿元；港股通（沪市）投资者净买入1331.81亿元，较2018年增加1228.39亿元；深股通投资者净买入1951.10亿元，较2018年增加819.86亿元；港股通（深市）投资者净买入886.39亿元，较2018年增加319.32亿元。

二、科创板基本情况

设立科创板并试点注册制，是落实创新驱动发

[1] 排名剔除电子交易所BATS GLOBAL和CBOE EUROPE。

展战略、推动高质量发展、支持上海国际金融中心和科技创新中心建设的重大举措，是深化资本市场改革、完善基础制度、激发市场活力的重要安排。总的看，科创板开市以来运行平稳，符合预期，开局良好。作为资本市场改革的“试验田”，科创板在发行、定价等一系列关键制度上进行了市场化改革的突破，为存量市场的改革积累了经验，对全面深化资本市场改革具有重要探索意义。

受理及发行情况。2019 年 7 月 22 日，科创板开市，25 家公司集中上市交易。2019 年，共有 206 家企业提交科创板发行上市申请，受理 206 家、问询 182 家、审结 136 家、上市 70 家，融资 824 亿元，占 2019 年沪深两市首发融资的 33%。

交易情况。2019 年，科创板累计成交金额 1.33 万亿元，日均成交金额 119.94 亿元，累计换手率 1529%，日均换手率 13.77%，日均参与交易人数 13 万人。70 只科创板股票首日开盘价较发行价平均上涨 115.77%，首日平均涨幅 115.06%，首日平均换手率 76.00%。2019 年末，70 只股票收盘价较发行价平均上涨 82.39%。

估值情况。70 只科创板股票平均发行市盈率 59.33 倍。2019 年末，70 只股票平均市盈率 100.09 倍。

投资者情况。2019 年末，开通科创板交易权限账户数达 590 万户，涉及投资者 464 万人，占全市场投资者的 2.90%。

融资融券情况。2019 年末，科创板融资余额 55 亿元，占科创板流通市值的 4.30%，占全市场融资余额的 0.55%；融券余额 21 亿元，占科创板流通市值的 1.64%，占全市场融券余额的 15.29%。科创板融券余额与融资余额的比例为 1:2.62，而全市场融券余额与融资余额的比例为 1:73.07，科创板融券机制促进了多空平衡。

三、全国中小企业股份转让系统基本情况

市场规模。2019 年末，全国中小企业股份转让系统（以下简称“全国股转系统”）挂牌公司 8953 家（创新层公司 667 家、基础层公司 8286 家），总股本 5616.29 亿股，总市值 2.94 万亿元。

发行情况。2019 年，全国股转系统共有 600 家挂牌公司完成 637 次普通股发行，融资 264.63 亿元，平均单笔融资额 4154.32 万元。其中，现金认购比例[2]达 91.49%；非金融企业融资 248.02 亿元，占比 93.72%。2019 年，共有 11 家挂牌公司完成优先股发行，募集资金 3.60 亿元。

交易情况。2019 年，全国股转系统股票成交 220.20 亿股，成交金额 825.69 亿元。其中，做市股票成交 384.20 亿元，集合竞价股票成交 441.49 亿元，占比分别为 46.53%和 53.47%；创新层股票成交 382.23 亿元，基础层股票成交 443.46 亿元，占比分别为 46.29%和 53.71%。

投资者情况。2019 年末，投资者账户合计 44.62 万户，较上年末增加 1.25 万户。其中，个人和机构投资者分别为 38.73 万户和 5.89 万户，占比分别为 87%和 13%。有持股的合格投资者 9.94 万户，占合格投资者总数的 47%。有持股的合格机构投资者 1.46 万户，占合格机构投资者总数的 40%。

完善市场制度。全面优化业务规则体系，修改《全国中小企业股份转让系统有限责任公司业务规则制定办法（试行）》，配套完成对 20 多件业务规则的更名调整。完善市场分层制度，制定并发布《分层管理办法》，在基础层、创新层之上设立精选层。完善股票发行制度，起草《股票向不特定合格投资者公开发行并在精选层挂牌规则（试行）》《股票定向发行规则》并公开征求意见。优化交易及投资者适当性管理制度，修改并发布《股票交易规则》，配套发布《特定事项协议转让细则》《股票异常交易监控细则（试行）》，发布《投资者适当性管理办法》，结合市场分层设定差异化的投资者门槛。加强监督管理，提升挂牌公司质量，起草《挂牌公司治理规则》和《挂牌公司信息披露规则》并公开征求意见。

[2] 现金认购比例=现金认购金额/融资总额

四、区域性股权市场基本情况

2019 年末，全国 34 家区域性股权市场共有挂牌企业 2.88 万家（其中股份公司 1.11 万家），展示企业 11.07 万家，托管公司 43275 家；投资者 38.90 万户，其中合格投资者 9.61 万户，豁免投资者 29.29 万户。2019 年末，全国 34 家区域性股权市场累计实现各类融资 11294.90 亿元（2019 年为 2312.53 亿元），其中股权融资 2040.80 亿元，债券融资 3301.42 亿元，股权质押融资 3958.80 亿元，其他融资 1993.88 亿元。累计转让成交额 1468.19 亿元；挂牌企业中累计转沪深交易所上市的 10 家，转新三板挂牌的 513 家，被上市公司或新三板挂牌公司收购的 21 家，改制为股份公司的 3970 家。

2-1 股票市场概况
Overview of Stock Market

年份 Year	股票只数(只) Number of Stocks (unit)		上市公司家数(家) Number of Listed Companies(unit)		上市公司股本(亿股) Share Capital of Listed Companies(100 million shares)	
	上交所 SSE	深交所 SZSE	上交所 SSE	深交所 SZSE	上交所 SSE	深交所 SZSE
1992	38	33	29	24	46.94	26.28
1993	123	95	106	77	206.62	122.06
1994	203	142	171	120	419.06	221.95
1995	220	161	188	135	498.25	271.83
1996	329	270	293	237	671.19	439.54
1997	422	399	383	362	975.57	795.86
1998	477	455	438	414	1280.35	1066.34
1999	525	506	484	465	1580.15	1331.34
2000	614	560	572	516	2032.42	1583.84
2001	690	558	646	514	3164.44	1687.44
2002	759	552	715	509	3727.84	1736.35
2003	824	550	780	507	4170.39	1832.95
2004	881	582	837	540	4700.55	2014.19
2005	878	589	834	547	5023.05	2140.49
2006	886	634	842	592	10279.54	2404.45
2007	904	732	860	690	14173.10	2827.35
2008	908	803	864	761	15410.39	3489.74
2009	914	890	870	848	16659.96	3946.30
2010	938	1211	894	1169	21939.51	5044.98
2011	975	1453	931	1411	23466.65	6278.46
2012	998	1581	954	1540	24617.62	7216.00
2013	997	1577	953	1536	25751.69	8070.35
2014	1039	1657	995	1618	27085.17	9709.93
2015	1125	1784	1081	1746	30244.86	12779.28
2016	1226	1908	1182	1870	32707.76	16042.53
2017	1440	2127	1396	2089	35288.35	18458.32
2018	1494	2172	1450	2134	37708.96	19872.07
2019	1615	2242	1572	2205	40199.42	21520.50

注：存在同一家上市公司在A股、B股同时上市的情况。
数据来源：上海证券交易所、深圳证券交易所
Source:SSE、SZSE

2-1 续表 1 continued

年份 Year	流通股本(亿股) Negotiable Shares (100 million shares)		股票市值(亿元) Market Capitalization of Shares(100 million yuan)		流通市值(亿元) Negotiable Market Capitalization(100 million yuan)	
	上交所 SSE	深交所 SZSE	上交所 SSE	深交所 SZSE	上交所 SSE	深交所 SZSE
1992	—	8.55	558.40	489.75	—	170.64
1993	45.43	36.19	2195.69	1335.32	423.94	408.34
1994	108.06	77.57	2600.13	1090.49	586.96	381.94
1995	119.85	105.13	2525.66	948.62	587.00	351.22
1996	186.81	158.76	5478.01	4364.57	1408.74	1458.29
1997	285.76	275.06	9218.07	8311.17	2513.47	2690.95
1998	379.73	361.97	10625.91	8888.12	2947.45	2802.90
1999	494.41	459.24	14580.47	11904.68	4249.69	3971.42
2000	648.99	585.36	26930.86	21190.65	8481.33	7616.67
2001	837.53	650.13	27590.57	15992.33	8382.11	6106.71
2002	992.53	687.73	25363.72	12975.07	7467.30	5019.90
2003	1157.10	741.95	29804.92	12672.71	8201.14	4983.99
2004	1366.58	827.57	26014.34	11066.61	7350.88	4350.32
2005	1561.21	937.68	23096.13	9349.89	6754.61	3883.40
2006	2254.48	1190.02	71612.38	17828.97	16428.33	8592.78
2007	3399.30	1534.34	269838.87	57452.44	64532.17	28608.49
2008	4916.04	2048.93	97251.91	24289.14	32305.91	12997.11
2009	11578.56	2621.63	184655.23	59448.68	114805.00	36537.07
2010	16031.30	3410.85	179007.24	86415.35	142337.44	50772.97
2011	17993.80	4506.06	148376.22	66381.87	122851.36	42069.94
2012	19521.33	5256.89	158698.44	71659.18	134294.45	47363.81
2013	23731.13	6265.99	151165.27	87911.92	136526.38	63053.16
2014	24914.59	7374.66	243974.02	128572.94	220495.87	95128.44
2015	27417.77	9625.60	295386.90	236110.00	254117.39	163797.56
2016	29372.25	11763.80	284607.63	223078.25	240006.24	153395.44
2017	31119.45	13925.42	331324.82	235761.26	281365.67	167932.47
2018	33497.24	15550.33	269515.01	165409.02	232698.75	121095.45
2019	35170.22	17317.40	355519.70	237414.87	301254.52	182206.74

2-1 续表 2 continued

年份 Year	成交量(亿股) Trading Volume (100 million shares)		日均成交量(亿股) Average Daily Volume (100 million shares)		成交金额(亿元) Trading Turnover (100 million yuan)	
	上交所 SSE	深交所 SZSE	上交所 SSE	深交所 SZSE	上交所 SSE	深交所 SZSE
1992	17.78	19.12	0.07	0.07	248.96	434.08
1993	147.42	79.15	0.57	0.31	2340.54	1286.67
1994	656.76	356.58	2.61	1.41	5735.07	2392.56
1995	513.83	191.48	2.03	0.76	3103.46	932.99
1996	1101.88	1431.26	4.46	5.79	9114.82	12217.36
1997	1215.68	1344.34	5.00	5.53	13763.17	16958.66
1998	1127.95	1026.15	4.59	4.17	12386.11	11158.14
1999	1560.38	1372.52	6.53	5.74	16965.79	14356.58
2000	2437.65	2321.80	10.20	9.71	31373.86	29461.33
2001	1819.95	1335.97	7.58	5.57	22709.38	15616.01
2002	1781.10	1236.05	7.52	5.22	16959.09	11034.82
2003	2692.73	1470.36	11.17	6.10	20824.14	11291.13
2004	3607.74	2219.99	14.85	9.14	26470.60	15863.35
2005	3986.59	2637.14	16.47	10.90	19240.21	12424.57
2006	10283.93	5861.29	42.67	24.32	57816.60	32652.29
2007	24325.38	12078.37	100.52	49.91	305434.29	155121.94
2008	16311.60	7819.79	66.31	31.79	180429.95	86682.71
2009	33679.64	17427.36	138.03	71.42	346511.91	189474.86
2010	25964.43	16187.55	107.29	66.89	304312.01	241321.53
2011	21192.91	12763.66	86.86	52.31	237555.30	184089.28
2012	18928.43	13932.12	77.89	57.33	164460.86	150122.41
2013	26718.86	21653.82	112.26	90.98	230266.02	238462.58
2014	42567.36	30815.73	173.74	125.78	375634.40	366750.86
2015	101701.68	69337.80	413.42	284.17	1325590.45	1224950.01
2016	45718.62	49806.81	187.37	204.13	501700.42	775979.90
2017	43799.31	43981.53	179.51	180.25	507770.10	616855.01
2018	37234.65	44802.60	153.23	184.37	401965.01	499774.39
2019	53792.15	72832.14	220.46	298.49	543844.01	730314.79

2-1 续表 3 continued

年份 Year	日均成交金额(亿元) Average Daily Turnover (100 million yuan)		市值换手率(%) Turnover Ratio of Market Capitalization(%)		市盈率(倍) P/E Ratio (times)		股息率(%) Dividend Yield Ratio(%)	
	上交所 SSE	深交所 SZSE	上交所 SSE	深交所 SZSE	上交所 SSE	深交所 SZSE	上交所 SSE	深交所 SZSE
1992	0.97	1.69	—	329.78	—	33.81	—	—
1993	9.04	4.97	—	459.54	42.48	33.36	—	—
1994	22.76	9.49	1134.65	579.90	23.45	10.29	—	—
1995	12.27	3.69	528.72	241.55	15.70	9.48	—	—
1996	36.90	49.46	913.43	1173.86	31.32	34.85	—	—
1997	56.64	69.79	701.81	746.40	39.86	39.86	—	—
1998	50.35	45.36	453.63	379.34	34.38	30.62	—	—
1999	70.99	60.07	471.46	386.79	38.13	36.32	—	—
2000	131.27	123.27	498.80	483.10	58.22	56.03	—	0.44
2001	94.62	65.07	243.60	206.30	37.71	39.80	—	0.95
2002	71.56	46.56	202.68	186.14	34.43	36.99	—	1.02
2003	86.41	46.85	252.07	213.29	36.54	36.19	—	0.95
2004	108.93	65.28	304.69	301.36	24.23	24.64	—	1.41
2005	79.51	51.34	283.49	315.18	16.33	16.36	—	2.19
2006	239.90	135.49	544.39	552.01	33.30	32.72	—	1.09
2007	1262.13	641.00	817.72	818.67	59.24	69.75	—	0.46
2008	733.46	352.37	384.11	447.24	17.99	16.73	2.23	1.48
2009	1420.13	776.54	523.12	747.76	27.04	46.01	1.21	0.50
2010	1257.49	997.20	259.25	587.29	16.71	44.69	1.42	0.56
2011	973.59	754.46	163.75	353.48	12.08	23.11	2.18	1.01
2012	676.79	617.79	128.19	325.84	12.59	22.02	2.49	1.14
2013	967.50	1001.94	169.22	423.79	10.99	34.05	2.96	0.89
2014	1533.20	1496.94	242.01	471.99	15.99	41.91	2.04	0.91
2015	5388.58	5020.29	489.63	825.65	17.63	52.75	1.72	0.49
2016	2056.15	3180.25	158.43	541.76	15.94	41.21	1.79	0.72
2017	2081.02	2528.09	180.47	412.88	16.30	36.21	1.86	0.81
2018	1654.18	2056.68	150.91	356.92	12.49	20.00	2.69	1.47
2019	2228.87	2993.09	157.59	456.16	14.55	26.15	2.16	1.07

2-2 股票市场历史记录情况
Historical Records of Stock Market

年份 Year	日收市综合指数 Daily Closing Composite Index							
	最高 Highest				最低 Lowest			
	上证综指 SSE Composite Index	日期 Date	深证综指 SZSE Composite Index	日期 Date	上证综指 SSE Composite Index	日期 Date	深证综指 SZSE Composite Index	日期 Date
1992	1421.57	1992-05-25	312.21	1992-05-26	293.75	1992-01-02	107.08	1992-01-16
1993	1536.82	1993-02-15	359.44	1993-02-22	778.33	1993-10-27	203.91	1993-07-21
1994	1033.47	1994-09-13	242.06	1994-01-07	333.92	1994-07-29	96.56	1994-07-29
1995	897.42	1995-05-22	169.66	1995-05-22	532.49	1995-02-07	112.63	1995-12-28
1996	1247.66	1996-12-09	473.02	1996-12-11	516.46	1996-01-22	105.34	1996-01-22
1997	1500.40	1997-05-12	517.91	1997-05-12	876.50	1997-01-06	305.81	1997-01-06
1998	1420.00	1998-06-03	441.04	1998-06-03	1070.41	1998-08-17	317.10	1998-08-18
1999	1739.21	1999-06-29	525.14	1999-06-29	1059.87	1999-05-18	310.65	1999-05-18
2000	2119.44	2000-11-23	654.37	2000-11-23	1406.37	2000-01-04	414.69	2000-01-04
2001	2242.42	2001-06-13	664.85	2001-06-13	1520.67	2001-10-22	439.36	2001-10-22
2002	1732.93	2002-07-08	512.38	2002-06-24	1357.65	2002-12-31	371.79	2002-01-22
2003	1631.47	2003-04-15	449.42	2003-04-15	1316.56	2003-11-18	350.74	2003-11-18
2004	1777.52	2004-04-06	470.55	2004-04-07	1260.32	2004-09-13	315.17	2004-09-13
2005	1317.27	2005-03-08	333.28	2005-03-09	1011.50	2005-07-11	237.18	2005-07-18
2006	2675.47	2006-12-29	552.93	2006-12-29	1180.96	2006-01-04	278.99	2006-01-04
2007	6092.06	2007-10-16	1567.74	2007-10-08	2612.54	2007-02-05	547.89	2007-01-05
2008	5497.90	2008-01-14	1584.40	2008-01-15	1706.70	2008-11-04	452.33	2008-11-04
2009	3471.44	2009-08-04	1240.64	2009-12-04	1863.37	2009-01-13	557.69	2009-01-05
2010	3306.75	2010-01-05	1412.64	2010-11-11	2319.74	2010-07-05	890.24	2010-07-02
2011	3057.33	2011-04-18	1311.34	2011-03-09	2166.21	2011-12-27	849.76	2011-12-28
2012	2460.69	2012-03-02	1010.46	2012-03-13	1959.77	2012-12-03	734.28	2012-12-03
2013	2434.48	2013-02-06	1101.59	2013-10-21	1950.01	2013-06-27	877.76	2013-01-04
2014	3234.68	2014-12-31	1503.58	2014-12-16	1991.25	2014-01-20	1007.27	2014-04-28
2015	5166.35	2015-06-12	3140.66	2015-06-12	2927.29	2015-08-26	1428.37	2015-01-19
2016	3361.84	2016-01-06	2137.88	2016-11-22	2655.66	2016-01-28	1618.12	2016-01-27
2017	3447.84	2017-11-13	2046.74	2017-03-24	3052.79	2017-05-10	1773.61	2017-06-01
2018	3587.03	2018-01-29	1966.15	2018-01-25	2449.20	2018-10-19	1212.23	2018-10-19
2019	3270.80	2019-04-19	1799.10	2019-04-08	2464.36	2019-01-03	1231.83	2019-01-04

注：指数最高、最低价分别为收盘最高、最低价。
数据来源：上海证券交易所、深圳证券交易所
Source:SSE、SZSE

2-2 续表 1 continued

年份 Year	日收市综合指数 Daily Closing Composite Index							
	最大涨幅(%) Maximum Change of Increment(%)				最大跌幅(%) Maximum Change of Decrement(%)			
	上证综指 SSE Composite Index	日期 Date	深证综指 SZSE Composite Index	日期 Date	上证综指 SSE Composite Index	日期 Date	深证综指 SZSE Composite Index	日期 Date
1992	105.27	1992-05-21	12.02	1992-04-13	-11.18	1992-10-27	-10.04	1992-11-16
1993	16.44	1993-06-02	12.43	1993-08-24	-13.08	1993-12-20	-11.80	1993-08-17
1994	33.46	1994-08-01	31.29	1994-08-01	-12.68	1994-08-09	-12.66	1994-10-05
1995	30.99	1995-05-18	28.28	1995-05-18	-16.39	1995-05-23	-17.21	1995-05-23
1996	9.83	1996-12-02	11.04	1996-04-26	-9.91	1996-12-16	-10.00	1996-12-16
1997	7.58	1997-02-19	6.55	1997-06-20	-8.91	1997-02-18	-9.75	1997-02-18
1998	5.11	1998-08-19	5.87	1998-08-19	-8.36	1998-08-17	-8.32	1998-08-17
1999	6.59	1999-09-09	7.03	1999-07-20	-7.61	1999-07-01	-7.99	1999-07-01
2000	9.05	2000-02-14	9.07	2000-02-14	-4.40	2000-03-16	-4.75	2000-03-16
2001	9.86	2001-10-23	9.68	2001-10-23	-5.27	2001-07-30	-5.50	2001-07-30
2002	9.25	2002-06-24	9.05	2002-06-24	-6.33	2002-01-28	-6.59	2002-01-28
2003	5.81	2003-01-14	4.65	2003-01-14	-3.04	2003-05-13	-2.90	2003-05-13
2004	4.22	2004-09-15	4.68	2004-09-15	-3.88	2004-10-14	-4.99	2004-10-14
2005	8.21	2005-06-08	7.92	2005-06-08	-3.76	2005-08-18	-3.38	2005-08-18
2006	4.26	2006-05-12	4.42	2006-05-15	-5.34	2006-06-07	-5.79	2006-06-07
2007	5.33	2007-08-20	5.26	2007-01-15	-8.84	2007-02-27	-8.54	2007-02-27
2008	9.46	2008-09-19	8.89	2008-09-19	-7.73	2008-06-10	-8.02	2008-06-10
2009	6.12	2009-03-04	6.18	2009-03-04	-6.75	2009-08-31	-7.14	2009-08-31
2010	3.48	2010-05-24	4.28	2010-05-24	-5.16	2010-11-12	-6.12	2010-11-12
2011	3.04	2011-10-12	3.50	2011-10-12	-3.79	2011-08-08	-4.43	2011-08-08
2012	4.33	2012-12-14	5.14	2012-01-17	-2.73	2012-06-04	-4.09	2012-03-14
2013	3.39	2013-09-09	3.63	2013-01-14	-5.30	2013-06-24	-6.10	2013-06-24
2014	4.31	2014-12-04	3.50	2014-12-10	-5.43	2014-12-09	-4.31	2014-12-09
2015	5.76	2015-07-09	6.52	2015-09-16	-8.49	2015-08-24	-7.87	2015-06-26
2016	4.26	2016-03-02	4.70	2016-03-02	-7.04	2016-01-07	-8.24	2016-01-07
2017	1.83	2017-08-25	2.19	2017-06-07	-2.29	2017-11-23	-4.28	2017-07-17
2018	4.09	2018-10-22	4.90	2018-10-22	-5.22	2018-10-11	-6.45	2018-10-11
2019	5.60	2019-02-25	5.42	2019-02-25	-5.58	2019-05-06	-7.38	2019-05-06

2-2 续表 2 continued

年份 Year	日成交金额(亿元) Daily Turnover(100 million yuan)							
	最大 Maximum				最小 Minimum			
	上交所 SSE	日期 Date	深交所 SZSE	日期 Date	上交所 SSE	日期 Date	深交所 SZSE	日期 Date
1992	5.96	1992-12-08	5.06	1992-12-01	0.00	1992-01-15	0.11	1992-02-02
1993	38.24	1993-12-07	22.71	1993-11-18	0.98	1993-07-22	0.02	1993-07-17
1994	157.54	1994-09-06	74.49	1994-09-06	1.60	1994-07-12	0.03	1994-07-07
1995	114.30	1995-05-22	42.15	1995-05-22	1.14	1995-02-15	0.02	1995-06-17
1996	192.74	1996-12-03	189.57	1996-11-20	1.53	1996-02-09	0.51	1996-02-07
1997	159.83	1997-05-12	215.81	1997-05-07	11.51	1997-10-14	11.59	1997-10-07
1998	119.00	1998-04-09	101.37	1998-05-11	16.48	1998-12-21	14.77	1998-12-31
1999	404.43	1999-06-25	353.36	1999-06-25	11.62	1999-01-04	10.51	1999-01-04
2000	472.62	2000-02-17	408.34	2000-02-17	42.92	2000-09-27	46.73	2000-09-25
2001	234.13	2001-10-24	187.97	2001-03-23	27.27	2001-11-15	14.41	2001-11-15
2002	494.80	2002-06-24	325.87	2002-06-24	26.60	2002-10-08	16.15	2002-12-09
2003	330.15	2003-04-16	189.41	2003-04-16	27.24	2003-01-03	17.59	2003-09-22
2004	286.68	2004-09-24	185.24	2004-09-24	31.67	2004-09-07	17.45	2004-09-07
2005	221.57	2005-08-18	137.72	2005-08-18	36.75	2005-07-07	24.74	2005-01-04
2006	626.89	2006-12-06	341.23	2006-05-16	67.63	2006-03-13	37.05	2006-03-14
2007	2712.94	2007-05-30	1358.40	2007-05-30	502.08	2007-11-23	241.00	2007-11-23
2008	1896.84	2008-04-24	921.64	2008-01-08	217.96	2008-09-09	89.79	2008-11-03
2009	2969.29	2009-07-29	1781.92	2009-11-24	461.01	2009-01-05	246.16	2009-01-05
2010	3076.92	2010-11-02	2317.56	2010-11-02	432.14	2010-07-05	403.31	2010-07-05
2011	2080.93	2011-03-07	1459.64	2011-02-22	364.74	2011-12-29	307.93	2011-10-10
2012	1709.83	2012-03-14	1542.85	2012-03-14	331.30	2012-11-26	299.30	2012-11-26
2013	1954.28	2013-09-11	1590.18	2013-10-22	522.23	2013-07-09	525.53	2013-04-15
2014	7933.59	2014-12-09	4418.26	2014-12-09	482.99	2014-01-20	583.55	2014-05-19
2015	13107.85	2015-04-20	11150.06	2015-05-28	1565.69	2015-09-30	1672.18	2015-02-10
2016	3808.23	2016-03-21	5947.67	2016-03-21	799.82	2016-01-07	1577.30	2016-01-07
2017	3287.49	2017-04-11	4324.64	2017-09-12	1080.67	2017-02-03	1323.21	2017-02-03
2018	3190.81	2018-02-06	3608.24	2018-03-12	862.11	2018-12-24	1201.17	2018-09-17
2019	5261.03	2019-03-07	6601.46	2019-03-08	979.19	2019-01-02	1290.81	2019-01-02

2-3 股票市场分板块规模
Dimensions of Stock Market by Board

年份 Year	股票只数(只) Number of Stocks(unit)					上市公司家数(家) Number of Listed Companies(unit)				
	主板 Main Board	中小板 SME Board	创业板 ChiNext Board	科创板 STAR Market	总体 Total	主板 Main Board	中小板 SME Board	创业板 ChiNext Board	科创板 STAR Market	总体 Total
1992	71	—	—	—	71	53	—	—	—	53
1993	218	—	—	—	218	183	—	—	—	183
1994	345	—	—	—	345	291	—	—	—	291
1995	381	—	—	—	381	323	—	—	—	323
1996	599	—	—	—	599	530	—	—	—	530
1997	821	—	—	—	821	745	—	—	—	745
1998	932	—	—	—	932	852	—	—	—	852
1999	1031	—	—	—	1031	949	—	—	—	949
2000	1174	—	—	—	1174	1088	—	—	—	1088
2001	1248	—	—	—	1248	1160	—	—	—	1160
2002	1311	—	—	—	1311	1224	—	—	—	1224
2003	1374	—	—	—	1374	1287	—	—	—	1287
2004	1425	38	—	—	1463	1339	38	—	—	1377
2005	1417	50	—	—	1467	1331	50	—	—	1381
2006	1418	102	—	—	1520	1332	102	—	—	1434
2007	1434	202	—	—	1636	1348	202	—	—	1550
2008	1438	273	—	—	1711	1352	273	—	—	1625
2009	1441	327	36	—	1804	1355	327	36	—	1718
2010	1465	531	153	—	2149	1379	531	153	—	2063
2011	1501	646	281	—	2428	1415	646	281	—	2342
2012	1523	701	355	—	2579	1438	701	355	—	2494
2013	1518	701	355	—	2574	1433	701	355	—	2489
2014	1558	732	406	—	2696	1475	732	406	—	2613
2015	1641	776	492	—	2909	1559	776	492	—	2827
2016	1742	822	570	—	3134	1660	822	570	—	3052
2017	1954	903	710	—	3567	1872	903	710	—	3485
2018	2005	922	739	—	3666	1923	922	739	—	3584
2019	2053	943	791	70	3857	1973	943	791	70	3777

数据来源：上海证券交易所、深圳证券交易所
Source:SSE、SZSE

2-3 续表 1 continued

年份 Year	上市公司股本(亿股) Share Capital of Listed Companies (100 million shares)					流通股本(亿股) Negotiable Shares(100 million shares)				
	主板 Main Board	中小板 SME Board	创业板 ChiNext Board	科创板 STAR Market	总体 Total	主板 Main Board	中小板 SME Board	创业板 ChiNext Board	科创板 STAR Market	总体 Total
1992	—	—	—	—	—	—	—	—	—	—
1993	328.68	—	—	—	328.68	81.62	—	—	—	81.62
1994	641.01	—	—	—	641.01	185.63	—	—	—	185.63
1995	770.08	—	—	—	770.08	224.98	—	—	—	224.98
1996	1110.73	—	—	—	1110.73	345.57	—	—	—	345.57
1997	1771.43	—	—	—	1771.43	560.82	—	—	—	560.82
1998	2346.69	—	—	—	2346.69	741.70	—	—	—	741.70
1999	2911.49	—	—	—	2911.49	953.66	—	—	—	953.66
2000	3616.26	—	—	—	3616.26	1234.35	—	—	—	1234.35
2001	4851.88	—	—	—	4851.88	1487.66	—	—	—	1487.66
2002	5464.19	—	—	—	5464.19	1680.27	—	—	—	1680.27
2003	6003.34	—	—	—	6003.34	1899.05	—	—	—	1899.05
2004	6682.50	32.23	—	—	6714.74	2184.56	9.59	—	—	2194.15
2005	7107.40	56.14	—	—	7163.54	2476.69	22.20	—	—	2498.89
2006	12540.78	143.21	—	—	12683.99	3389.82	54.68	—	—	3444.50
2007	16660.81	339.64	—	—	17000.45	4806.99	126.66	—	—	4933.64
2008	18308.52	591.60	—	—	18900.13	6704.75	260.22	—	—	6964.97
2009	19777.53	794.13	34.60	—	20606.26	13813.22	380.49	6.48	—	14200.19
2010	25442.68	1366.74	175.06	—	26984.48	18686.62	705.15	50.38	—	19442.15
2011	27402.08	1943.50	399.53	—	29745.11	21232.99	1124.65	142.22	—	22499.86
2012	28822.47	2410.25	600.89	—	31833.62	23049.78	1486.39	242.05	—	24778.22
2013	30242.00	2818.48	761.56	—	33822.04	27514.12	2052.99	430.01	—	29997.12
2014	32247.25	3470.59	1077.26	—	36795.10	29049.51	2552.05	687.69	—	32289.25
2015	36329.75	4853.94	1840.45	—	43024.14	32373.83	3500.65	1168.89	—	37043.37
2016	39696.00	6423.69	2630.61	—	48750.30	34969.72	4465.89	1700.44	—	41136.05
2017	42875.95	7612.24	3258.49	—	53746.67	37276.99	5581.40	2186.49	—	45044.87
2018	45492.75	8360.10	3728.17	—	57581.03	40025.09	6375.03	2647.45	—	49047.57
2019	48058.99	9322.12	4097.12	241.69	61719.92	42223.57	7166.28	3061.87	35.91	52487.62

2-3 续表 2 continued

年份 Year	股票市值(亿元) Market Capitalization of Shares (100 million yuan)					流通市值(亿元) Negotiable Market Capitalization (100 million yuan)				
	主板 Main Board	中小板 SME Board	创业板 ChiNext Board	科创板 STAR Market	总体 Total	主板 Main Board	中小板 SME Board	创业板 ChiNext Board	科创板 STAR Market	总体 Total
1992	1048.15	—	—	—	1048.15	—	—	—	—	—
1993	3531.01	—	—	—	3531.01	832.28	—	—	—	832.28
1994	3690.62	—	—	—	3690.62	968.90	—	—	—	968.90
1995	3474.28	—	—	—	3474.28	938.23	—	—	—	938.23
1996	9842.58	—	—	—	9842.58	2867.03	—	—	—	2867.03
1997	17529.24	—	—	—	17529.24	5204.42	—	—	—	5204.42
1998	19514.03	—	—	—	19514.03	5750.35	—	—	—	5750.35
1999	26485.15	—	—	—	26485.15	8221.11	—	—	—	8221.11
2000	48121.51	—	—	—	48121.51	16098.00	—	—	—	16098.00
2001	43582.89	—	—	—	43582.89	14488.82	—	—	—	14488.82
2002	38338.80	—	—	—	38338.80	12487.20	—	—	—	12487.20
2003	42477.63	—	—	—	42477.63	13185.13	—	—	—	13185.13
2004	36667.51	413.43	—	—	37080.95	11581.24	119.96	—	—	11701.20
2005	31964.46	481.55	—	—	32446.02	10452.71	185.29	—	—	10638.01
2006	87426.06	2015.30	—	—	89441.35	24297.49	723.63	—	—	25021.11
2007	316644.48	10646.84	—	—	327291.31	89317.00	3823.66	—	—	93140.66
2008	115271.36	6269.68	—	—	121541.05	42630.34	2672.68	—	—	45303.02
2009	225621.27	16872.55	1610.08	—	244103.90	143539.53	7503.57	298.97	—	151342.07
2010	222692.76	35364.61	7365.22	—	265422.59	174954.45	16150.32	2005.64	—	193110.41
2011	179894.98	27429.32	7433.79	—	214758.10	148073.70	14343.52	2504.08	—	164921.30
2012	192822.39	28804.03	8731.21	—	230357.62	162078.83	16244.15	3335.29	—	181658.26
2013	186821.47	37163.74	15091.98	—	239077.19	165817.01	25543.70	8218.83	—	199579.54
2014	299637.81	51058.20	21850.95	—	372546.96	266533.42	36017.99	13072.90	—	315624.31
2015	371595.98	103950.47	55916.25	—	531462.70	316065.04	69737.04	32078.68	—	417880.76
2016	357317.41	98113.98	52254.50	—	507685.89	298776.00	64088.77	30536.90	—	393401.67
2017	411805.24	103992.02	51288.81	—	567086.08	347648.30	71155.07	30494.77	—	449298.14
2018	324342.44	70122.00	40459.59	—	434924.03	278772.38	50478.88	24542.95	—	353794.20
2019	424268.00	98681.32	61347.62	8637.64	592934.58	368280.20	73661.29	40231.74	1288.04	483461.27

2-4 股票市场分股份类型规模
Dimensions of Stock Market by Type of Share

年份 Year	股票只数(只) Number of Stocks (unit)		上市公司家数(家) Number of Listed Companies (unit)		
	A股 A-shares	B股 B-shares	发行A股上市公司家数 A-shares	发行B股上市公司家数 B-shares	同时发行A、B股上市公司家数 A-shares and B-shares
1992	53	18	53	18	18
1993	177	41	177	41	35
1994	287	58	287	58	54
1995	311	70	311	70	58
1996	514	85	514	85	69
1997	720	101	720	101	76
1998	826	106	826	106	80
1999	923	108	923	108	82
2000	1060	114	1060	114	86
2001	1136	112	1136	112	88
2002	1200	111	1200	111	87
2003	1263	111	1263	111	87
2004	1353	110	1353	110	86
2005	1358	109	1358	109	86
2006	1411	109	1411	109	86
2007	1527	109	1527	109	86
2008	1602	109	1602	109	86
2009	1696	108	1696	108	86
2010	2041	108	2041	108	86
2011	2320	108	2320	108	86
2012	2472	107	2472	107	85
2013	2468	106	2468	106	85
2014	2592	104	2592	104	83
2015	2808	101	2808	101	82
2016	3034	100	3034	100	82
2017	3467	100	3467	100	82
2018	3567	99	3567	99	82
2019	3760	97	3760	97	80

注：发A股公司包括既发A股又发B股的公司，发B股公司包括既发A股又发B股的公司。
数据来源：上海证券交易所、深圳证券交易所
Source:SSE、SZSE

2-4 续表 continued

年份 Year	上市公司股本(亿股) Share Capital of Listed Companies (100 million shares)		流通股本(亿股) Negotiable Shares (100 million shares)		股票市值(亿元) Market Capitalization of Shares (100 million yuan)		流通市值(亿元) Negotiable Market Capitalization (100 million yuan)	
	A股 A-shares	B股 B-shares	A股 A-shares	B股 B-shares	A股 A-shares	B股 B-shares	A股 A-shares	B股 B-shares
1992	—	—	—	—	—	—	—	—
1993	300.19	28.49	57.14	24.48	3318.67	212.35	653.68	178.60
1994	594.71	46.30	144.41	41.22	3516.04	174.58	813.88	155.02
1995	708.00	62.09	178.98	46.00	3310.58	163.71	790.94	147.28
1996	1025.24	85.49	267.15	78.42	9448.56	394.03	2514.02	353.02
1997	1646.13	125.30	443.25	117.58	17154.19	375.04	4856.09	348.34
1998	2205.30	141.38	607.78	133.92	19307.68	206.35	5554.78	195.58
1999	2760.52	150.97	811.77	141.89	26181.61	303.54	7944.61	276.50
2000	3442.26	174.00	1079.15	155.21	47486.10	635.41	15534.47	563.53
2001	4662.36	189.53	1320.37	167.30	42303.22	1279.68	13367.52	1121.31
2002	5284.85	179.34	1508.76	171.51	37536.23	802.57	11721.40	765.81
2003	5813.72	189.62	1719.66	179.39	41540.40	937.23	12312.53	872.60
2004	6505.83	208.91	1996.65	197.50	36334.72	746.22	11011.02	690.17
2005	6936.08	227.47	2280.84	218.05	31826.28	619.73	10035.93	602.08
2006	12445.65	238.34	3215.54	228.96	88151.42	1289.94	23748.73	1272.38
2007	16746.63	253.84	4682.77	250.87	324738.16	2553.15	90602.83	2537.83
2008	18629.78	270.35	6696.76	268.21	120741.17	799.88	44508.22	794.80
2009	20332.77	273.49	13928.71	271.48	242291.80	1812.11	149539.38	1802.69
2010	26701.52	282.97	19160.47	281.68	263220.54	2202.05	190917.10	2193.31
2011	29448.60	296.52	22204.54	295.32	213309.84	1448.26	163479.07	1442.24
2012	31551.24	282.38	24497.05	281.18	228775.33	1582.29	180082.94	1575.32
2013	33538.25	283.79	29714.53	282.59	237403.27	1673.92	197915.96	1663.57
2014	36517.75	277.35	32013.11	276.14	370823.17	1723.79	313910.42	1713.89
2015	42753.16	270.98	36773.67	269.70	529251.65	2211.05	415680.99	2199.76
2016	48468.16	282.13	40855.20	280.85	505772.76	1913.12	391498.97	1902.70
2017	53461.94	284.74	44761.43	283.45	565254.86	1831.21	447476.33	1821.82
2018	57290.35	291.08	48758.19	289.38	433547.91	1376.13	352428.06	1366.14
2019	61427.79	292.13	52196.79	290.83	591623.19	1311.38	482157.73	1303.53

2-5 股票市场分监管辖区规模
Dimensions of Stock Market by Regulatory Jurisdiction

辖区	Jurisdiction	上市公司家数(家) Number of Listed Companies (unit)		上市公司股本(亿股) Share Capital of Listed Companies (100 million shares)		股票市值(亿元) Market Capitalization of Shares (100 million yuan)	
		2018	2019	2018	2019	2018	2019
北京	Beijing	316	343	19554.21	20676.82	115448.73	138914.67
天津	Tianjin	51	53	628.15	673.89	4272.61	5618.19
河北	Hebei	56	58	900.64	962.86	5848.57	6805.45
山西	Shanxi	38	38	797.36	804.97	4292.54	5317.12
内蒙古	Inner Mongolia	26	26	953.33	960.94	4398.36	5098.85
辽宁	Liaoning	45	47	507.13	552.50	2674.06	3491.59
吉林	Jilin	41	42	440.81	449.93	2543.20	3405.00
黑龙江	Heilongjiang	36	37	498.39	506.40	2441.81	2755.24
上海	Shanghai	287	309	4749.65	4986.28	40249.49	53043.65
江苏	Jiangsu	401	428	3582.80	3854.10	31056.47	43762.84
浙江	Zhejiang	357	380	3084.69	3543.38	27943.76	39350.24
安徽	Anhui	103	105	1123.52	1197.68	7908.01	12809.69
福建	Fujian	86	89	1193.62	1287.60	11376.09	15019.02
江西	Jiangxi	43	44	353.61	360.33	3002.14	3913.28
山东	Shandong	166	173	1711.23	1755.31	12147.87	17632.38
河南	Henan	79	82	1004.38	1053.94	6811.10	9923.08
湖北	Hubei	102	106	1030.36	1165.26	8314.07	12430.84
湖南	Hunan	104	105	957.91	1018.45	7058.34	9857.92
广东	Guangdong	302	319	3084.54	3189.60	30351.94	43584.05
广西	Guangxi	37	38	409.55	434.60	2381.49	2735.37
海南	Hainan	31	31	491.61	498.61	2027.63	2291.99
重庆	Chongqing	50	55	701.69	817.57	4699.46	6304.93
四川	Sichuan	120	125	1267.65	1298.34	10695.89	17773.11
贵州	Guizhou	29	29	274.85	293.59	9378.53	16931.54
云南	Yunnan	33	36	573.90	630.86	3554.55	5743.70
西藏	Tibet	17	19	105.07	139.32	1129.72	1687.45
陕西	Shaanxi	49	54	689.21	764.34	4866.36	6784.84
甘肃	Gansu	33	34	420.89	471.76	1792.46	2242.82
青海	Qinghai	12	12	137.11	140.09	994.10	964.13
宁夏	Ningxia	13	14	103.00	202.31	466.20	1272.31
新疆	Xinjiang	55	55	925.25	938.35	5474.00	6108.56
深圳	Shenzhen	285	299	3535.44	4092.00	46017.85	70460.40
大连	Dalian	29	28	604.18	611.28	2893.75	3442.73
宁波	Ningbo	75	77	640.26	661.35	5151.97	7130.22
厦门	Xiamen	47	49	264.45	293.60	2771.53	3992.26
青岛	Qingdao	30	38	280.61	431.72	2489.36	4335.11

注：上市公司辖区按公司注册地划分，以沪深交易所股东大会公告为准。

数据来源：上海证券交易所、深圳证券交易所

Source:SSE、SZSE

2-6 境内股票市场筹资情况
Proceeds Raised in Domestic Stock Market

年份 Year	境内股票首发发行数量(亿股) Number of Initial Public Offerings in Domestic Capital Market (100 million shares)	境内股票筹资金额(亿元) Proceeds Raised in Domestic Capital Market by Offering of Shares (100 million yuan)					
		小计 Subtotal	首发筹资金额(IPO) Proceeds Raised by IPO	增发筹资金额 Proceeds Raised by Following on Offering	配股筹资金额 Proceeds Raised by Rights Issues	行权筹资金额 Proceeds Raised by Warrant Exercise	优先股 Proceeds Raised by Preference Stock
1992	10.65	68.91	68.91	0.00	0.00	—	—
1993	51.07	245.02	184.83	0.00	60.19	—	—
1994	48.64	213.63	154.44	7.68	51.51	—	—
1995	18.01	99.78	42.37	1.16	56.25	—	—
1996	66.54	308.04	241.32	0.00	66.71	—	—
1997	129.64	859.98	651.56	0.00	208.42	—	—
1998	81.37	787.44	412.22	30.46	344.76	—	—
1999	86.87	873.63	494.71	59.95	318.98	—	—
2000	122.17	1515.82	862.56	143.73	509.53	—	—
2001	84.57	1238.14	614.03	193.48	430.64	—	—
2002	117.34	720.05	498.75	164.68	56.61	—	—
2003	89.34	665.51	472.42	116.56	76.52	—	—
2004	56.13	650.53	361.05	184.71	104.77	—	—
2005	13.92	339.03	57.63	278.78	2.62	—	—
2006	377.89	2374.50	1341.70	1028.48	4.32	—	—
2007	430.63	7814.74	4770.83	2816.24	227.68	—	—
2008	114.96	3312.39	1034.38	2095.68	151.57	30.76	—
2009	244.47	4834.34	1878.98	2818.99	105.97	30.40	—
2010	553.95	9799.80	4882.59	3394.71	1438.22	84.28	—
2011	163.99	7154.43	2824.43	3878.54	421.96	29.49	—
2012	78.86	4542.40	1034.32	3387.07	121.00	0.00	—
2013	0.00	4131.46	0.00	3655.74	475.73	0.00	0.00
2014	70.10	8498.26	668.89	6661.41	137.97	0.00	1030.00
2015	151.52	16361.62	1576.39	12741.29	36.44	0.00	2007.50
2016	137.47	20297.39	1496.07	16879.80	298.51	0.00	1623.00
2017	224.20	15534.98	2301.08	12870.94	162.96	0.00	200.00
2018	129.20	11377.88	1378.15	8421.66	228.32	0.00	1349.76
2019	297.57	12538.83	2489.81	7365.14	133.88	0.00	2550.00

注：本表筹资情况包含首发上市及再筹资。再筹资包含公开增发、定向增发、配股、权证和优先股筹资，其中权证筹资仅指期权行权筹资(不包括可转债转股)，为2008年之后开展的业务，优先股为2014年之后开展的业务。
数据来源：上海证券交易所、深圳证券交易所
Source: SSE、SZSE

2-7 2019年股票市场分行业筹资情况
Summary of Stock Market Financing by Industry in 2019

单位：亿元 (100 million yuan)

行业 Industry	A股 A-Shares				
	主板 Main Board	中小板 SME Board	创业板 ChiNext Board	科创板 STAR Market	合计 Total
农、林、牧、渔 Agriculture, Forestry, Animal Husbandry and Fishery	2.68	50.00	18.22	0.00	70.90
采矿业 Mining	153.96	24.30	0.00	0.00	178.26
制造业 Manufacturing	3690.33	1167.31	573.67	616.70	6048.01
电力、热力、燃气及水生产和供应业 Production and Supply of Electricity, Gas and Water	85.44	125.79	0.00	0.00	211.22
建筑业 Construction	172.50	95.22	0.00	0.00	267.72
批发和零售业 Wholesale and Retail Trades	443.93	182.51	18.57	0.00	645.01
交通运输、仓储和邮政业 Transport, Storage and Post	258.14	1.40	0.00	0.00	259.54
住宿和餐饮业 Hotels and Catering Services	0.76	0.00	0.00	0.00	0.76
信息传输、软件和信息技术服务业 Information Transmission, Computer Services and Software	38.23	30.72	209.53	191.74	470.23
金融业 Financial Intermediation	3519.57	80.86	0.60	0.00	3601.04
房地产业 Real Estate	407.07	4.79	0.00	0.00	411.86
租赁和商务服务业 Leasing and Business Services	5.80	3.58	11.81	0.00	21.19
科学研究和技术服务业 Scientific Research, Technical Service	13.31	15.63	25.85	15.83	70.62
水利、环境和公共设施管理业 Management of Water Conservancy, Environment and Public Facilities	71.17	18.56	19.65	0.00	109.38
居民服务、修理和其他服务业 Resident Services, Repairs and Other Services	0.00	0.00	0.00	0.00	0.00
教育 Education	0.00	0.00	0.00	0.00	0.00
卫生和社会工作 Health and Social Works	0.00	20.81	10.75	0.00	31.56
文化、体育和娱乐业 Culture, Sports and Entertainment	8.26	105.24	27.94	0.00	141.44
综合 Others	0.08	0.00	0.00	0.00	0.08

注：1.本表筹资情况包含境内首发上市及再筹资。再筹资包含公开增发、定向增发、配股、权证和优先股筹资，其中权证筹资仅指期权行权筹资(不包括可转债转股)，为2008年之后开展的业务，优先股为2014年之后开展的业务。
2.募集资金以股票上市日口径统计。

数据来源：上海证券交易所、深圳证券交易所

Source:SSE、SZSE

2-8 2019年股票市场分监管辖区筹资情况

Summary of Stock Market Financing by Jurisdiction in 2019

单位：亿元 (100 million yuan)

辖区	Jurisdiction	A股 A-Shares				
		主板 Main Board	中小板 SME Board	创业板 ChiNext Board	科创板 STAR Market	合计 Total
北京	Beijing	3281.39	255.91	103.24	219.14	3859.67
天津	Tianjin	112.76	0.31	15.53	22.04	150.63
河北	Hebei	20.06	85.40	45.30	0.00	150.76
山西	Shanxi	27.95	3.20	2.25	0.00	33.40
内蒙古	Inner Mongolia	60.91	24.30	2.32	0.00	87.53
辽宁	Liaoning	22.00	4.80	7.61	5.66	40.07
吉林	Jilin	70.19	0.00	0.00	0.00	70.19
黑龙江	Heilongjiang	8.76	0.00	0.00	9.52	18.28
上海	Shanghai	610.06	1.87	39.62	154.46	806.01
江苏	Jiangsu	315.63	102.90	127.72	104.17	650.42
浙江	Zhejiang	453.22	438.06	70.60	56.52	1018.41
安徽	Anhui	52.00	223.05	31.55	0.00	306.61
福建	Fujian	383.71	13.15	24.59	22.66	444.12
江西	Jiangxi	12.94	10.28	5.86	0.00	29.08
山东	Shandong	547.78	0.21	35.82	40.92	624.73
河南	Henan	423.34	262.06	80.53	6.26	772.19
湖北	Hubei	791.99	22.25	20.08	7.17	841.50
湖南	Hunan	12.13	2.02	36.35	0.00	50.50
广东	Guangdong	192.64	51.23	117.78	43.15	404.80
广西	Guangxi	38.48	12.16	0.00	0.00	50.63
海南	Hainan	0.00	4.83	0.00	0.00	4.83
重庆	Chongqing	140.06	9.28	0.20	0.00	149.54
四川	Sichuan	102.31	9.74	9.48	0.00	121.53
贵州	Guizhou	13.59	11.73	0.00	0.00	25.32
云南	Yunnan	557.07	32.26	15.10	0.00	604.42
西藏	Tibet	0.00	10.53	5.75	0.00	16.28
陕西	Shaanxi	60.92	0.00	12.56	28.47	101.96
甘肃	Gansu	48.96	16.79	0.00	0.00	65.76
青海	Qinghai	0.00	0.00	0.00	0.00	0.00
宁夏	Ningxia	86.39	0.00	0.00	0.00	86.39
新疆	Xinjiang	15.42	38.63	19.19	0.00	73.24
深圳	Shenzhen	211.56	229.55	65.47	70.14	576.72
大连	Dalian	0.32	0.00	0.00	0.00	0.32
宁波	Ningbo	58.71	0.00	5.45	21.66	85.82
厦门	Xiamen	29.90	7.80	9.77	0.00	47.48
青岛	Qingdao	108.11	42.38	6.87	12.31	169.67

注：1.本表筹资情况包含境内首发上市及再筹资。再筹资包含公开增发、定向增发、配股、权证和优先股筹资，其中权证筹资仅指期权行权筹资(不包括可转债转股)，为2008年之后开展的业务，优先股为 2014年之后开展的业务。

2.募集资金以股票上市日口径统计。

3.上市公司辖区按公司注册地划分，以沪深交易所股东大会公告为准。

数据来源：上海证券交易所、深圳证券交易所

Source:SSE、SZSE

2-9 股票市场分板块首发筹资情况(IPO)
Statistics for Stock Market IPO Financing by Board

年份 Year	境内首发筹资公司家数(家) Number of Listed Companies Financing in Domestic Capital Market by IPO(unit)					境内首发筹资金额(IPO)(亿元) Proceeds Raised in Domestic Capital Market by IPO(100 million yuan)				
	主板 Main Board	中小板 SME Board	创业板 ChiNext Board	科创板 STAR Market	合计 Total	主板 Main Board	中小板 SME Board	创业板 ChiNext Board	科创板 STAR Market	合计 Total
1990	8	—	—	—	8	2.11	—	—	—	2.11
1991	5	—	—	—	5	1.03	—	—	—	1.03
1992	41	—	—	—	41	68.91	—	—	—	68.91
1993	134	—	—	—	134	184.83	—	—	—	184.83
1994	117	—	—	—	117	154.44	—	—	—	154.44
1995	36	—	—	—	36	42.37	—	—	—	42.37
1996	212	—	—	—	212	241.32	—	—	—	241.32
1997	222	—	—	—	222	651.56	—	—	—	651.56
1998	111	—	—	—	111	412.22	—	—	—	412.22
1999	100	—	—	—	100	494.71	—	—	—	494.71
2000	143	—	—	—	143	862.56	—	—	—	862.56
2001	79	—	—	—	79	614.03	—	—	—	614.03
2002	71	—	—	—	71	498.75	—	—	—	498.75
2003	67	—	—	—	67	472.42	—	—	—	472.42
2004	62	38	—	—	100	269.97	91.08	—	—	361.05
2005	3	12	—	—	15	28.55	29.09	—	—	57.63
2006	14	52	—	—	66	1180.23	161.46	—	—	1341.70
2007	26	100	—	—	126	4379.92	390.91	—	—	4770.83
2008	5	71	—	—	76	733.54	300.84	—	—	1034.38
2009	9	54	36	—	99	1251.25	423.64	204.09	—	1878.98
2010	26	204	117	—	347	1891.51	2027.73	963.34	—	4882.59
2011	39	115	128	—	282	1014.01	1018.95	791.47	—	2824.43
2012	25	55	74	—	154	333.57	349.25	351.49	—	1034.32
2013	0	0	0	—	0	0.00	0.00	0.00	—	0.00
2014	43	31	51	—	125	311.77	197.66	159.45	—	668.89
2015	89	44	86	—	219	1086.90	181.86	307.62	—	1576.39
2016	103	46	78	—	227	1017.23	221.21	257.64	—	1496.07
2017	214	81	141	—	436	1376.56	402.68	521.84	—	2301.08
2018	57	19	29	—	105	864.93	226.33	286.89	—	1378.15
2019	53	26	52	70	201	1019.66	344.67	301.21	824.27	2489.81

注：1.股票首发筹资以上市日口径统计。
2.对同一年份发行A股和B股的上市公司在主板算作1家；筹资金额包含A、B股首发筹资金额。
3.对不同年份发行A、B股的公司筹资家数和筹资金额分别计入当年筹资家数和筹资金额。

数据来源：上海证券交易所、深圳证券交易所

Source: SSE、SZSE

2-10 股票市场分股份类型首发筹资情况(IPO)
Statistics for Stock Market IPO Financing by Type of Shares

年份 Year	境内首发筹资公司家数(家) Number of Listed Companies Financing in Domestic Capital Market by IPO(unit)		境内首发筹资金额(IPO)(亿元) Proceeds Raised in Domestic Capital Market by IPO(100 million yuan)	
	发行A股的公司 Listed Companies Issued the A-shares	发行B股的公司 Listed Companies Issued the B-shares	A股 A-shares	B股 B-shares
1990	8	0	2.11	0.00
1991	5	0	1.03	0.00
1992	40	18	20.46	48.45
1993	124	23	143.50	41.34
1994	110	17	143.23	11.21
1995	24	12	21.90	20.47
1996	203	15	211.68	29.65
1997	206	16	613.97	37.59
1998	106	5	404.14	8.08
1999	98	2	494.20	0.51
2000	137	6	852.05	10.51
2001	79	0	614.03	0.00
2002	71	0	498.75	0.00
2003	67	0	472.42	0.00
2004	100	0	361.05	0.00
2005	15	0	57.63	0.00
2006	66	0	1341.70	0.00
2007	126	0	4770.83	0.00
2008	76	0	1034.38	0.00
2009	99	0	1878.98	0.00
2010	347	0	4882.59	0.00
2011	282	0	2824.43	0.00
2012	154	0	1034.32	0.00
2013	0	0	0.00	0.00
2014	125	0	668.89	0.00
2015	219	0	1576.39	0.00
2016	227	0	1496.07	0.00
2017	436	0	2301.08	0.00
2018	105	0	1378.15	0.00
2019	201	0	2489.81	0.00

注：1.股票首发筹资以上市日口径统计。

2.对A、B股同年首发的公司分别计入A、B股公司家数和筹资金额。

3.对不同年份发行A、B股的公司筹资家数和筹资金额分别计入当年筹资家数和筹资金额。

数据来源：上海证券交易所、深圳证券交易所

Source: SSE、SZSE

2-11 A股市场新股首发及上市首日情况

Issue-Day Statistics of the A-Share Market IPO

年份 Year	平均超募比率(%) Average Oversubscription Rate(%)					上市首日平均换手率(%) Average Turnover Ratio of Issue-day(%)				
	总体 Total	主板 Main Board	中小板 SME Board	创业板 ChiNext Board	科创板 STAR Market	总体 Total	主板 Main Board	中小板 SME Board	创业板 ChiNext Board	科创板 STAR Market
1995	0.00	0.00	0.00	0.00	—	31.57	31.57	0.00	0.00	—
1996	0.00	0.00	0.00	0.00	—	57.67	57.67	0.00	0.00	—
1997	0.00	0.00	0.00	0.00	—	58.53	58.53	0.00	0.00	—
1998	0.00	0.00	0.00	0.00	—	58.96	58.96	0.00	0.00	—
1999	0.00	0.00	0.00	0.00	—	58.84	58.84	0.00	0.00	—
2000	0.00	0.00	0.00	0.00	—	57.99	57.99	0.00	0.00	—
2001	0.00	0.00	0.00	0.00	—	64.31	64.31	0.00	0.00	—
2002	0.00	0.00	0.00	0.00	—	62.57	62.57	0.00	0.00	—
2003	0.00	0.00	0.00	0.00	—	51.99	51.99	0.00	0.00	—
2004	0.00	0.00	0.00	0.00	—	54.80	52.15	59.05	0.00	—
2005	0.00	0.00	0.00	0.00	—	58.03	72.35	55.64	0.00	—
2006	2.20	2.41	1.31	0.00	—	71.12	61.54	73.52	0.00	—
2007	67.70	84.29	9.64	0.00	—	65.59	58.28	66.71	0.00	—
2008	18.96	25.19	6.07	0.00	—	80.74	71.46	81.39	0.00	—
2009	56.42	35.46	96.09	144.88	—	79.31	73.02	76.44	85.18	—
2010	124.36	37.81	150.23	234.59	—	72.14	67.18	72.80	72.11	—
2011	93.88	57.99	96.48	154.23	—	68.42	61.31	68.32	70.62	—
2012	43.46	4.75	65.96	84.59	—	62.72	65.53	60.74	63.24	—
2013	0.00	0.00	0.00	0.00	—	0.00	0.00	0.00	0.00	—
2014	0.00	0.00	0.00	0.00	—	5.25	6.00	4.39	5.14	—
2015	0.00	0.00	0.00	0.00	—	0.07	0.08	0.09	0.05	—
2016	0.00	0.00	0.00	0.00	—	0.05	0.06	0.05	0.04	—
2017	0.00	0.00	0.00	0.00	—	0.04	0.04	0.04	0.03	—
2018	0.00	0.00	0.00	0.00	—	0.14	0.19	0.09	0.10	—
2019	0.00	0.00	0.00	0.00	0.00	27.42	3.09	0.28	0.30	76.06

注：1.股票首发以上市日口径统计。
2.以上数据除超募比率使用整体法计算外，其他均为算数平均。
3.首日破发指的是首日收盘破发。
4.首发市盈率指的摊薄后的市盈率。
数据来源：上海证券交易所、深圳证券交易所
Source:SSE、SZSE

2-11 续表 1 continued

年份 Year	首日破发率(%) the Ratio of Breaking Issue Price(%)					平均首发价格(元) Average IPO Price(yuan)				
	总体 Total	主板 Main Board	中小板 SME Board	创业板 ChiNext Board	科创板 STAR Market	总体 Total	主板 Main Board	中小板 SME Board	创业板 ChiNext Board	科创板 STAR Market
1995	11.11	11.11	0.00	0.00	—	4.06	4.06	0.00	0.00	—
1996	1.38	1.38	0.00	0.00	—	5.57	5.57	0.00	0.00	—
1997	1.35	1.35	0.00	0.00	—	5.87	5.87	0.00	0.00	—
1998	2.70	2.70	0.00	0.00	—	5.28	5.28	0.00	0.00	—
1999	0.00	0.00	0.00	0.00	—	6.15	6.15	0.00	0.00	—
2000	0.00	0.00	0.00	0.00	—	7.95	7.95	0.00	0.00	—
2001	0.00	0.00	0.00	0.00	—	9.49	9.49	0.00	0.00	—
2002	0.00	0.00	0.00	0.00	—	7.23	7.23	0.00	0.00	—
2003	0.00	0.00	0.00	0.00	—	7.33	7.33	0.00	0.00	—
2004	3.00	1.61	5.26	0.00	—	8.45	7.61	9.80	0.00	—
2005	0.00	0.00	0.00	0.00	—	6.87	5.03	7.18	0.00	—
2006	0.00	0.00	0.00	0.00	—	8.15	5.77	8.75	0.00	—
2007	0.00	0.00	0.00	0.00	—	11.47	12.17	11.40	0.00	—
2008	0.00	0.00	0.00	0.00	—	12.04	10.36	12.16	0.00	—
2009	0.00	0.00	0.00	0.00	—	23.32	10.77	23.56	26.11	—
2010	7.49	19.23	7.84	4.27	—	29.83	12.52	28.02	36.84	—
2011	27.40	39.47	27.83	23.44	—	26.33	19.87	25.96	28.58	—
2012	26.62	32.00	29.09	22.97	—	18.84	10.88	18.00	22.17	—
2013	0.00	0.00	0.00	0.00	—	0.00	0.00	0.00	0.00	—
2014	0.00	0.00	0.00	0.00	—	17.56	13.08	15.25	22.74	—
2015	0.00	0.00	0.00	0.00	—	14.05	12.53	13.90	15.70	—
2016	0.00	0.00	0.00	0.00	—	13.80	12.66	13.99	15.22	—
2017	0.00	0.00	0.00	0.00	—	14.45	13.49	15.29	15.43	—
2018	0.00	0.00	0.00	0.00	—	17.75	17.06	15.30	20.71	—
2019	0.50	0.00	0.00	0.00	1.43	22.84	14.45	16.40	21.78	32.36

2-11 续表 2 continued

年份 Year	首日平均涨跌幅(%) Average Price Change Rate on the First Trading Day of IPO (%)					平均网上发行中签率(%) Average Lot Winning Rate for Online Subscription(%)					平均首发市盈率(倍) Average IPO P/E Ratio(times)				
	总体 Total	主板 Main Board	中小板 SME Board	创业板 ChiNext Board	科创板 STAR Market	总体 Total	主板 Main Board	中小板 SME Board	创业板 ChiNext Board	科创板 STAR Market	总体 Total	主板 Main Board	中小板 SME Board	创业板 ChiNext Board	科创板 STAR Market
1995	102.99	102.99	0.00	0.00	—	0.00	0.00	0.00	0.00	—	0.00	0.00	0.00	0.00	—
1996	111.08	111.08	0.00	0.00	—	0.00	0.00	0.00	0.00	—	0.00	0.00	0.00	0.00	—
1997	151.59	151.59	0.00	0.00	—	2.05	2.05	0.00	0.00	—	0.00	0.00	0.00	0.00	—
1998	142.36	142.36	0.00	0.00	—	0.60	0.60	0.00	0.00	—	0.00	0.00	0.00	0.00	—
1999	110.97	110.97	0.00	0.00	—	0.71	0.71	0.00	0.00	—	0.00	0.00	0.00	0.00	—
2000	147.35	147.35	0.00	0.00	—	0.50	0.50	0.00	0.00	—	28.55	28.55	0.00	0.00	—
2001	137.43	137.43	0.00	0.00	—	0.58	0.58	0.00	0.00	—	30.54	30.54	0.00	0.00	—
2002	135.48	135.48	0.00	0.00	—	0.00	0.00	0.00	0.00	—	19.12	19.12	0.00	0.00	—
2003	72.03	72.03	0.00	0.00	—	0.00	0.00	0.00	0.00	—	17.92	17.92	0.00	0.00	—
2004	70.78	72.50	68.02	0.00	—	0.00	0.00	0.04	0.00	—	17.25	17.32	17.14	0.00	—
2005	47.53	106.42	37.72	0.00	—	0.00	0.00	0.06	0.00	—	20.69	20.83	20.67	0.00	—
2006	84.81	37.90	96.54	0.00	—	0.50	1.52	0.24	0.00	—	23.23	18.61	24.38	0.00	—
2007	191.09	113.40	209.05	0.00	—	0.34	0.87	0.21	0.00	—	30.10	38.36	28.33	0.00	—
2008	115.82	49.94	120.46	0.00	—	0.11	0.47	0.08	0.00	—	26.94	31.43	26.63	0.00	—
2009	74.15	55.95	64.83	92.67	—	0.56	1.05	0.35	0.73	—	51.73	46.45	45.37	62.60	—
2010	41.42	28.52	45.13	37.83	—	0.88	2.33	0.78	0.73	—	58.77	39.09	54.59	70.45	—
2011	20.91	16.10	20.65	22.59	—	2.27	4.52	2.27	1.61	—	47.40	39.35	43.85	52.98	—
2012	26.71	40.05	28.15	21.13	—	1.84	3.08	1.77	1.48	—	30.18	23.35	28.71	33.58	—
2013	0.00	0.00	0.00	0.00	—	0.00	0.00	0.00	0.00	—	0.00	0.00	0.00	0.00	—
2014	43.52	42.72	44.27	43.74	—	1.07	0.94	1.17	1.11	—	23.82	21.32	23.45	26.16	—
2015	44.00	44.00	44.00	44.00	—	0.49	0.57	0.42	0.43	—	21.87	22.13	21.87	21.62	—
2016	44.00	44.00	44.00	44.00	—	0.05	0.06	0.03	0.03	—	21.44	20.64	21.48	22.48	—
2017	44.00	44.00	44.00	44.00	—	0.03	0.04	0.02	0.02	—	27.57	25.22	29.84	29.84	—
2018	44.00	44.01	44.00	44.00	—	0.06	0.07	0.06	0.04	—	24.75	21.12	29.52	28.76	—
2019	65.06	42.07	44.00	44.00	115.06	0.07	0.11	0.08	0.03	0.05	33.73	20.32	19.21	20.18	59.33

2-12 2019年A股市场首发及上市首日表现

序号 Number	股票代码 Stock Code	股票简称 Stock Abbreviation	所属辖区 Jurisdiction	行业分类 Industry Classification	上市日期 Listing Date	首发数量（万股） Number of IPO Shares (10 thousand shares)
1	600928	紫金银行	江苏	金融业	2019-01-03	36608.89
2	600968	罗博特科	江苏	制造业	2019-01-08	2000.00
3	600989	华培动力	上海	制造业	2019-01-11	4500.00
4	601077	蔚蓝生物	山东	制造业	2019-01-16	3866.70
5	601236	青岛银行	山东	金融业	2019-01-16	45097.73
6	601298	苏州龙杰	江苏	制造业	2019-01-17	2973.50
7	601512	华林证券	西藏	金融业	2019-01-17	27000.00
8	601615	青岛港	山东	交通运输、仓储和邮政业	2019-01-21	45437.60
9	601658	宁水集团	浙江	制造业	2019-01-22	3909.00
10	601698	明阳智能	广东	制造业	2019-01-23	27590.00
11	601860	新乳业	四川	制造业	2019-01-25	8537.11
12	601865	康龙化成	北京	科学研究和技术服务业	2019-01-28	6563.00
13	601916	华致酒行	云南	批发和零售业	2019-01-29	5788.87
14	603053	威尔药业	江苏	制造业	2019-01-30	1666.67
15	603068	恒铭达	江苏	制造业	2019-02-01	3037.80
16	603093	福莱特	浙江	制造业	2019-02-15	15000.00
17	603109	立华股份	江苏	农、林、牧、渔业	2019-02-18	4128.00
18	603115	威派格	上海	制造业	2019-02-22	4259.61
19	603121	七彩化学	辽宁	制造业	2019-02-22	2668.00
20	603217	华阳国际	广东	科学研究和技术服务业	2019-02-26	4903.00
21	603236	西安银行	陕西	金融业	2019-03-01	44444.44
22	603256	奥美医疗	湖北	制造业	2019-03-11	4800.00
23	603267	上海瀚讯	上海	制造业	2019-03-14	3336.00
24	603279	金时科技	四川	制造业	2019-03-15	4500.00
25	603317	锦浪科技	浙江	制造业	2019-03-19	2000.00
26	603327	新诺威	河北	制造业	2019-03-22	5000.00
27	603332	每日互动	浙江	信息传输、软件和信息技术服务业	2019-03-25	4010.00
28	603351	永冠新材	上海	制造业	2019-03-26	4164.79
29	603379	青农商行	山东	金融业	2019-03-26	55555.56
30	603390	亚世光电	辽宁	制造业	2019-03-28	1826.00
31	603489	震安科技	云南	制造业	2019-03-29	2000.00
32	603530	三美股份	浙江	制造业	2019-04-02	5973.38
33	603610	迪普科技	浙江	信息传输、软件和信息技术服务业	2019-04-12	4001.00
34	603613	博通集成	上海	制造业	2019-04-15	3467.84
35	603662	德方纳米	广东	制造业	2019-04-15	1069.00
36	603681	天味食品	四川	制造业	2019-04-16	4132.00
37	603687	新媒股份	广东	信息传输、软件和信息技术服务业	2019-04-19	3210.00
38	603697	智莱科技	广东	制造业	2019-04-22	2500.00
39	603700	拉卡拉	北京	信息传输、软件和信息技术服务业	2019-04-25	4001.00

注：股票首发以上市日口径统计。
数据来源：上海证券交易所、深圳证券交易所
Source: SSE、SZSE

Issue-Day Statistics of IPO in the A-Share Stock Market in 2019

发行价格 (元) IPO Price (yuan)	首发筹资金额 (百万元) Proceeds Raised by IPO (million yuan)	上市首日涨跌幅 (%) Price Change Rate on Issue Day of IPO (%)	超募比例 (%) Oversubscription Rate(%)	网上发行 中签率(%) Lot Winning Rate for Online Subscription(%)	首发市盈率 (摊薄)(倍) IPO P/E Ratio (times)	上市交易所 Stock Exchange
3.14	1149.52	43.81	0.00	0.19	10.85	上海证券交易所
21.56	431.20	44.02	0.00	0.02	19.83	深圳证券交易所
11.79	530.55	44.02	0.00	0.04	22.98	上海证券交易所
10.19	394.02	43.96	0.00	0.04	22.99	上海证券交易所
4.52	2038.42	44.03	0.00	0.21	10.74	深圳证券交易所
19.44	578.05	43.98	0.00	0.04	18.95	上海证券交易所
3.62	977.40	43.92	0.00	0.14	21.05	深圳证券交易所
4.61	2094.67	43.81	0.00	0.22	10.51	上海证券交易所
16.63	650.07	43.56	0.00	0.04	22.98	上海证券交易所
4.75	1310.53	43.90	0.00	0.15	22.96	上海证券交易所
5.45	465.27	44.04	0.00	0.06	20.96	深圳证券交易所
7.66	502.73	43.99	0.00	0.06	21.76	深圳证券交易所
16.79	971.95	44.01	0.00	0.05	19.19	深圳证券交易所
35.50	591.67	43.73	0.00	0.02	22.99	上海证券交易所
18.72	568.68	44.02	0.00	0.03	23.00	深圳证券交易所
2.00	300.00	44.00	0.00	0.10	9.56	上海证券交易所
29.35	1211.57	43.99	0.00	0.05	15.00	深圳证券交易所
5.70	242.80	43.15	0.00	0.05	22.97	上海证券交易所
22.09	589.36	44.00	0.00	0.03	22.80	深圳证券交易所
10.51	515.31	43.96	0.00	0.04	20.37	深圳证券交易所
4.68	2080.00	43.64	0.00	0.21	10.28	上海证券交易所
11.03	529.44	43.97	0.00	0.04	19.91	深圳证券交易所
16.28	543.10	43.98	0.00	0.03	21.17	深圳证券交易所
9.94	447.30	43.96	0.00	0.04	20.58	深圳证券交易所
26.64	532.80	43.99	0.00	0.02	18.05	深圳证券交易所
24.47	1223.50	44.01	0.00	0.04	21.87	深圳证券交易所
13.08	524.51	44.04	0.00	0.04	21.03	深圳证券交易所
10.00	416.48	43.92	0.00	0.04	22.98	上海证券交易所
3.96	2200.00	43.94	0.00	0.19	10.29	深圳证券交易所
31.14	474.57	43.99	0.00	0.02	23.00	深圳证券交易所
19.19	383.80	43.98	0.00	0.02	13.42	深圳证券交易所
32.43	1937.17	44.00	0.00	0.05	13.06	上海证券交易所
11.23	449.31	43.99	0.00	0.04	22.33	深圳证券交易所
18.63	646.06	44.02	0.00	0.03	22.99	上海证券交易所
41.78	446.63	43.99	0.00	0.01	18.20	深圳证券交易所
13.46	556.17	40.60	0.00	0.04	22.99	上海证券交易所
36.17	1161.06	43.99	0.00	0.03	22.62	深圳证券交易所
30.24	756.00	44.01	0.00	0.03	14.31	深圳证券交易所
33.28	1331.53	43.99	0.00	0.04	22.20	深圳证券交易所

2-12 续表 1

序号 Number	股票代码 Stock Code	股票简称 Stock Abbreviation	所属辖区 Jurisdiction	行业分类 Industry Classification	上市日期 Listing Date	首发数量（万股） Number of IPO Shares (10 thousand shares)
40	603739	运达股份	浙江	制造业	2019-04-26	7349.00
41	603755	中创物流	山东	交通运输、仓储和邮政业	2019-04-29	6666.67
42	603786	有友食品	重庆	制造业	2019-05-08	7950.00
43	603815	日丰股份	广东	制造业	2019-05-09	4302.00
44	603863	新城市	广东	科学研究和技术服务业	2019-05-10	2000.00
45	603867	鸿远电子	北京	制造业	2019-05-15	4134.00
46	603915	宝丰能源	宁夏	制造业	2019-05-16	73336.00
47	603927	中简科技	江苏	制造业	2019-05-16	4001.00
48	603956	帝尔激光	湖北	制造业	2019-05-17	1653.60
49	603967	三角防务	陕西	制造业	2019-05-21	4955.00
50	603982	泉峰汽车	江苏	制造业	2019-05-22	5000.00
51	603983	惠城环保	山东	制造业	2019-05-22	2500.00
52	603992	福蓉科技	四川	制造业	2019-05-23	5100.00
53	603995	鸿合科技	北京	制造业	2019-05-23	3431.00
54	688001	德恩精工	四川	制造业	2019-05-31	3667.00
55	688002	因赛集团	广东	租赁和商务服务业	2019-06-06	2113.54
56	688003	国茂股份	江苏	制造业	2019-06-14	8438.00
57	688005	卓胜微	江苏	制造业	2019-06-18	2500.00
58	688006	西麦食品	广西	制造业	2019-06-19	2000.00
59	688007	元利科技	山东	制造业	2019-06-20	2276.00
60	688008	松炀资源	广东	制造业	2019-06-21	5147.40
61	688009	朗进科技	山东	制造业	2019-06-21	2222.67
62	688010	海油发展	北京	采矿业	2019-06-26	186510.42
63	688011	新化股份	浙江	制造业	2019-06-27	3500.00
64	688012	中国卫通	北京	信息传输、软件和信息技术服务业	2019-06-28	40000.00
65	688015	红塔证券	云南	金融业	2019-07-05	36400.00
66	688016	中信出版	北京	文化、体育和娱乐业	2019-07-05	4753.79
67	688018	三只松鼠	安徽	批发和零售业	2019-07-12	4100.00
68	688019	值得买	北京	信息传输、软件和信息技术服务业	2019-07-15	1333.33
69	688020	移远通信	上海	制造业	2019-07-16	2230.00
70	688021	宏和科技	上海	制造业	2019-07-19	8780.00
71	688022	华兴源创	江苏	制造业	2019-07-22	4010.00
72	688023	睿创微纳	山东	制造业	2019-07-22	6000.00
73	688025	天准科技	江苏	制造业	2019-07-22	4840.00
74	688028	容百科技	浙江	制造业	2019-07-22	4500.00
75	688029	杭可科技	浙江	制造业	2019-07-22	4100.00
76	688030	光峰科技	广东	制造业	2019-07-22	6800.00
77	688033	澜起科技	上海	制造业	2019-07-22	11298.14
78	688036	中国通号	北京	制造业	2019-07-22	180000.00
79	688037	福光股份	福建	制造业	2019-07-22	3880.00
80	688039	新光光电	黑龙江	制造业	2019-07-22	2500.00

continued

发行价格（元）IPO Price (yuan)	首发筹资金额（百万元）Proceeds Raised by IPO (million yuan)	上市首日涨跌幅(%) Price Change Rate on Issue Day of IPO (%)	超募比例(%) Oversubscription Rate(%)	网上发行中签率(%) Lot Winning Rate for Online Subscription(%)	首发市盈率(摊薄)(倍) IPO P/E Ratio (times)	上市交易所 Stock Exchange
6.52	479.15	44.02	0.00	0.04	15.94	深圳证券交易所
15.32	1021.33	43.99	0.00	0.04	22.24	上海证券交易所
7.87	625.67	43.96	0.00	0.05	13.92	上海证券交易所
10.52	452.57	44.01	0.00	0.03	15.65	深圳证券交易所
27.33	546.60	44.02	0.00	0.02	21.74	深圳证券交易所
20.24	836.72	44.02	0.00	0.03	16.50	上海证券交易所
11.12	8154.96	43.83	0.00	0.25	22.07	上海证券交易所
6.06	242.46	44.06	0.00	0.04	20.13	深圳证券交易所
57.71	954.29	44.00	0.00	0.01	22.73	深圳证券交易所
5.91	292.84	43.99	0.00	0.04	19.57	深圳证券交易所
9.79	489.50	44.00	0.00	0.04	22.98	上海证券交易所
13.59	339.75	44.00	0.00	0.03	21.33	深圳证券交易所
8.45	430.95	43.35	0.00	0.04	22.55	上海证券交易所
52.41	1798.19	44.00	0.00	0.03	21.39	深圳证券交易所
11.58	424.64	44.04	0.00	0.03	21.69	深圳证券交易所
16.53	349.37	43.98	0.00	0.03	21.27	深圳证券交易所
10.35	873.33	43.67	0.00	0.06	22.98	上海证券交易所
35.29	882.25	44.01	0.00	0.03	21.74	深圳证券交易所
36.66	733.20	44.00	0.00	0.02	21.43	深圳证券交易所
54.96	1250.89	43.99	0.00	0.03	20.72	上海证券交易所
9.95	512.17	43.64	0.00	0.04	22.69	上海证券交易所
19.02	422.75	44.01	0.00	0.03	22.17	深圳证券交易所
2.04	3804.81	43.79	0.00	0.61	22.93	上海证券交易所
16.29	570.15	44.01	0.00	0.03	14.18	上海证券交易所
2.72	1088.00	43.49	0.00	0.17	26.01	上海证券交易所
3.46	1259.44	43.79	0.00	0.15	35.56	上海证券交易所
14.85	705.94	43.97	0.00	0.04	13.66	深圳证券交易所
14.68	601.88	44.01	0.00	0.04	19.37	深圳证券交易所
28.42	378.93	43.98	0.00	0.01	15.83	深圳证券交易所
43.93	979.64	43.30	0.00	0.03	22.99	上海证券交易所
4.43	388.95	43.06	0.00	0.06	22.96	上海证券交易所
24.26	972.83	114.19	0.00	0.06	41.08	上海证券交易所
20.00	1200.00	128.35	0.00	0.06	79.09	上海证券交易所
25.50	1234.20	79.38	0.00	0.05	57.48	上海证券交易所
26.62	1197.90	67.77	0.00	0.05	58.21	上海证券交易所
27.43	1124.63	81.72	0.00	0.06	39.80	上海证券交易所
17.50	1190.00	96.15	0.00	0.06	47.89	上海证券交易所
24.80	2801.94	215.54	0.00	0.06	40.12	上海证券交易所
5.85	10530.00	80.72	0.00	0.23	18.80	上海证券交易所
25.22	978.54	80.21	0.00	0.05	49.39	上海证券交易所
38.09	952.25	69.84	0.00	0.05	58.32	上海证券交易所

2–12 续表 2

序号 Number	股票代码 Stock Code	股票简称 Stock Abbreviation	所属辖区 Jurisdiction	行业分类 Industry Classification	上市日期 Listing Date	首发数量（万股）Number of IPO Shares (10 thousand shares)
81	688058	中微公司	上海	制造业	2019-07-22	5348.62
82	688066	交控科技	北京	制造业	2019-07-22	4000.00
83	688068	心脉医疗	上海	制造业	2019-07-22	1800.00
84	688078	乐鑫科技	上海	信息传输、软件和信息技术服务业	2019-07-22	2000.00
85	688088	安集科技	上海	制造业	2019-07-22	1327.71
86	688089	方邦股份	广东	制造业	2019-07-22	2000.00
87	688098	瀚川智能	江苏	制造业	2019-07-22	2700.00
88	688099	沃尔德	北京	制造业	2019-07-22	2000.00
89	688101	南微医学	江苏	制造业	2019-07-22	3334.00
90	688108	天宜上佳	北京	制造业	2019-07-22	4788.00
91	688111	航天宏图	北京	信息传输、软件和信息技术服务业	2019-07-22	4150.00
92	688116	虹软科技	浙江	信息传输、软件和信息技术服务业	2019-07-22	4600.00
93	688118	西部超导	陕西	制造业	2019-07-22	4420.00
94	688122	铂力特	陕西	制造业	2019-07-22	2000.00
95	688123	嘉元科技	广东	制造业	2019-07-22	5780.00
96	688128	国林环保	山东	制造业	2019-07-23	1335.00
97	688138	丸美股份	广东	制造业	2019-07-25	4100.00
98	688139	大胜达	浙江	制造业	2019-07-26	5000.00
99	688166	科瑞技术	广东	制造业	2019-07-26	4100.00
100	688168	景津环保	山东	制造业	2019-07-29	4050.00
101	688188	国联股份	北京	信息传输、软件和信息技术服务业	2019-07-30	3521.00
102	688196	苏州银行	江苏	金融业	2019-08-02	33333.33
103	688198	神马电力	江苏	制造业	2019-08-05	4004.45
104	688199	柯力传感	浙江	制造业	2019-08-06	2985.01
105	688202	晶晨股份	上海	信息传输、软件和信息技术服务业	2019-08-08	4112.00
106	688218	柏楚电子	上海	信息传输、软件和信息技术服务业	2019-08-08	2500.00
107	688258	海星股份	江苏	制造业	2019-08-09	5200.00
108	688268	青鸟消防	河北	制造业	2019-08-09	6000.00
109	688288	微芯生物	广东	制造业	2019-08-12	5000.00
110	688299	海能实业	江西	制造业	2019-08-15	2122.00
111	688300	小熊电器	广东	制造业	2019-08-23	3000.00
112	688310	松霖科技	福建	制造业	2019-08-26	4100.00
113	688321	中国广核	广东	电力、热力、燃气及水生产和供应业	2019-08-26	504986.11
114	688333	日辰股份	山东	制造业	2019-08-28	2466.00
115	688357	唐源电气	四川	信息传输、软件和信息技术服务业	2019-08-28	1150.00
116	688358	南华期货	浙江	金融业	2019-08-30	7000.00
117	688363	瑞达期货	福建	金融业	2019-09-05	4500.00
118	688366	安博通	北京	信息传输、软件和信息技术服务业	2019-09-06	1279.50
119	688368	中科软	北京	信息传输、软件和信息技术服务业	2019-09-09	4240.00
120	688369	五方光电	湖北	制造业	2019-09-17	5040.00
121	688388	宇瞳光学	广东	制造业	2019-09-20	2858.00

continued

发行价格(元) IPO Price (yuan)	首发筹资金额(百万元) Proceeds Raised by IPO (million yuan)	上市首日涨跌幅(%) Price Change Rate on Issue Day of IPO (%)	超募比例(%) Oversubscription Rate(%)	网上发行中签率(%) Lot Winning Rate for Online Subscription(%)	首发市盈率(摊薄)(倍) IPO P/E Ratio (times)	上市交易所 Stock Exchange
29.01	1551.64	191.63	0.00	0.06	170.75	上海证券交易所
16.18	647.20	108.96	0.00	0.05	43.03	上海证券交易所
46.23	832.14	204.57	0.00	0.05	39.75	上海证券交易所
62.60	1252.00	105.96	0.00	0.05	56.67	上海证券交易所
39.19	520.33	304.78	0.00	0.05	48.26	上海证券交易所
53.88	1077.60	74.37	0.00	0.05	38.51	上海证券交易所
25.79	696.33	87.20	0.00	0.05	44.36	上海证券交易所
26.68	533.60	88.14	0.00	0.05	34.12	上海证券交易所
52.45	1748.68	103.71	0.00	0.05	39.92	上海证券交易所
20.37	975.32	76.55	0.00	0.05	35.32	上海证券交易所
17.25	715.88	141.84	0.00	0.05	46.15	上海证券交易所
28.88	1328.48	113.05	0.00	0.05	74.41	上海证券交易所
15.00	663.00	173.58	0.00	0.06	67.80	上海证券交易所
33.00	660.00	75.23	0.00	0.05	68.40	上海证券交易所
28.26	1633.43	85.80	0.00	0.05	37.41	上海证券交易所
26.02	347.37	44.00	0.00	0.01	22.80	深圳证券交易所
20.54	842.14	44.01	0.00	0.04	22.99	上海证券交易所
7.35	367.50	43.64	0.00	0.04	22.97	上海证券交易所
15.10	619.10	43.97	0.00	0.04	20.91	深圳证券交易所
13.56	549.18	44.03	0.00	0.04	22.98	上海证券交易所
15.13	532.73	43.55	0.00	0.03	22.98	上海证券交易所
7.86	2620.00	44.02	0.00	0.13	11.68	深圳证券交易所
5.94	237.86	43.94	0.00	0.04	22.98	上海证券交易所
19.83	591.93	44.02	0.00	0.03	22.98	上海证券交易所
38.50	1583.12	275.05	0.00	0.05	58.42	上海证券交易所
68.58	1714.50	257.58	0.00	0.05	50.19	上海证券交易所
10.18	529.36	44.01	0.00	0.04	15.44	上海证券交易所
17.34	1040.40	44.00	0.00	0.04	12.09	深圳证券交易所
20.43	1021.50	385.57	0.00	0.05	467.51	上海证券交易所
27.33	579.94	44.02	0.00	0.03	19.89	深圳证券交易所
34.25	1027.50	44.00	0.00	0.03	22.15	深圳证券交易所
13.54	555.14	44.02	0.00	0.04	22.99	上海证券交易所
2.49	12574.15	44.18	0.00	0.60	14.48	深圳证券交易所
15.70	387.16	44.01	0.00	0.03	22.98	上海证券交易所
35.58	409.17	44.01	0.00	0.01	19.57	深圳证券交易所
4.84	338.80	44.01	0.00	0.05	22.99	上海证券交易所
5.57	250.65	43.99	0.00	0.04	21.59	深圳证券交易所
56.88	727.78	230.01	0.00	0.04	48.52	上海证券交易所
16.18	686.03	43.94	0.00	0.04	21.54	上海证券交易所
14.39	725.26	43.99	0.00	0.03	21.04	深圳证券交易所
18.16	519.01	44.00	0.00	0.03	21.17	深圳证券交易所

2-12 续表 3

序号 Number	股票代码 Stock Code	股票简称 Stock Abbreviation	所属辖区 Jurisdiction	行业分类 Industry Classification	上市日期 Listing Date	首发数量（万股） Number of IPO Shares (10 thousand shares)
122	688389	天奈科技	江苏	制造业	2019-09-25	5796.45
123	688399	仙乐健康	广东	制造业	2019-09-25	2000.00
124	300757	壹网壹创	浙江	信息传输、软件和信息技术服务业	2019-09-27	2000.00
125	002948	山石网科	江苏	信息传输、软件和信息技术服务业	2019-09-30	4505.60
126	002945	传音控股	广东	制造业	2019-09-30	8000.00
127	002946	热景生物	北京	制造业	2019-09-30	1555.00
128	300759	晶丰明源	上海	信息传输、软件和信息技术服务业	2019-10-14	1540.00
129	300755	科博达	上海	制造业	2019-10-15	4010.00
130	002947	佳禾智能	广东	制造业	2019-10-18	4168.00
131	300761	交建股份	安徽	建筑业	2019-10-21	4990.00
132	300758	米奥兰特	浙江	租赁和商务服务业	2019-10-22	2504.10
133	002949	海尔生物	山东	制造业	2019-10-25	7926.79
134	002950	祥鑫科技	广东	制造业	2019-10-25	3768.00
135	300762	申联生物	上海	制造业	2019-10-28	5000.00
136	002951	豪尔赛	北京	建筑业	2019-10-28	3759.00
137	300763	渝农商行	重庆	金融业	2019-10-29	135700.00
138	300765	麒盛科技	浙江	制造业	2019-10-29	3758.32
139	300766	左江科技	北京	信息传输、软件和信息技术服务业	2019-10-29	1700.00
140	002958	赛诺医疗	天津	制造业	2019-10-30	5000.00
141	002952	昊海生科	上海	制造业	2019-10-30	1780.00
142	300767	杰普特	广东	制造业	2019-10-31	2309.21
143	300768	致远互联	北京	信息传输、软件和信息技术服务业	2019-10-31	1925.00
144	300769	宝兰德	北京	信息传输、软件和信息技术服务业	2019-11-01	1000.00
145	300770	钢研纳克	北京	科学研究和技术服务业	2019-11-01	6205.00
146	300771	安恒信息	浙江	信息传输、软件和信息技术服务业	2019-11-05	1851.85
147	300773	中国电研	广东	科学研究和技术服务业	2019-11-05	5000.00
148	300772	久日新材	天津	制造业	2019-11-05	2780.68
149	002953	美迪西	上海	科学研究和技术服务业	2019-11-05	1550.00
150	300778	普门科技	广东	制造业	2019-11-05	4300.00
151	300777	奥福环保	山东	制造业	2019-11-06	2000.00
152	300776	鸿泉物联	浙江	制造业	2019-11-06	2500.00
153	300775	长阳科技	浙江	制造业	2019-11-06	7064.22
154	300779	华熙生物	山东	制造业	2019-11-06	4956.26
155	002955	力合科技	湖南	制造业	2019-11-06	2000.00
156	300780	博瑞医药	江苏	制造业	2019-11-08	4100.00
157	300781	广电计量	广东	科学研究和技术服务业	2019-11-08	8267.00
158	300782	筑博设计	西藏	科学研究和技术服务业	2019-11-08	2500.00
159	002956	八方股份	江苏	制造业	2019-11-11	3000.00
160	300594	矩子科技	上海	制造业	2019-11-14	2500.00
161	300788	三达膜	陕西	制造业	2019-11-15	8347.00
162	300783	联瑞新材	江苏	制造业	2019-11-15	2149.34

continued

发行价格（元）IPO Price (yuan)	首发筹资金额（百万元）Proceeds Raised by IPO (million yuan)	上市首日涨跌幅(%) Price Change Rate on Issue Day of IPO (%)	超募比例(%) Oversubscription Rate(%)	网上发行中签率(%) Lot Winning Rate for Online Subscription(%)	首发市盈率(摊薄)(倍) IPO P/E Ratio (times)	上市交易所 Stock Exchange
16.00	927.43	203.65	0.00	0.05	57.07	上海证券交易所
54.73	1094.60	44.00	0.00	0.02	21.55	深圳证券交易所
38.30	766.00	43.99	0.00	0.02	18.84	深圳证券交易所
21.06	948.88	128.20	0.00	0.05	55.08	上海证券交易所
35.15	2812.00	68.98	0.00	0.05	42.78	上海证券交易所
29.46	458.10	172.23	0.00	0.05	48.85	上海证券交易所
56.68	872.87	81.82	0.00	0.05	46.90	上海证券交易所
26.89	1078.29	43.97	0.00	0.04	22.99	上海证券交易所
13.43	559.76	44.01	0.00	0.04	20.29	深圳证券交易所
5.14	256.49	43.97	0.00	0.05	22.99	上海证券交易所
14.27	357.34	44.01	0.00	0.03	20.89	深圳证券交易所
15.53	1231.03	94.97	0.00	0.05	89.05	上海证券交易所
19.89	749.46	43.99	0.00	0.03	21.27	深圳证券交易所
8.80	440.00	217.43	0.00	0.05	43.87	上海证券交易所
23.66	889.38	44.00	0.00	0.03	20.83	深圳证券交易所
7.36	9987.52	31.79	0.00	0.35	9.26	上海证券交易所
44.66	1678.47	43.89	0.00	0.03	22.99	上海证券交易所
21.48	365.16	43.99	0.00	0.02	22.66	深圳证券交易所
6.99	349.50	236.66	0.00	0.05	32.75	上海证券交易所
89.23	1588.29	51.14	0.00	0.04	42.20	上海证券交易所
43.86	1012.82	36.85	0.00	0.04	49.02	上海证券交易所
49.39	950.76	56.84	0.00	0.04	59.99	上海证券交易所
79.30	793.00	30.06	0.00	0.05	61.76	上海证券交易所
4.50	279.23	44.00	0.00	0.04	17.37	深圳证券交易所
56.50	1046.30	31.28	0.00	0.04	72.38	上海证券交易所
18.79	939.50	27.83	0.00	0.05	42.92	上海证券交易所
66.68	1854.16	7.32	0.00	0.04	42.16	上海证券交易所
41.50	643.25	71.26	0.00	0.04	48.61	上海证券交易所
9.10	391.30	127.56	0.00	0.05	74.65	上海证券交易所
26.17	523.40	23.91	0.00	0.04	46.62	上海证券交易所
24.99	624.75	29.57	0.00	0.04	46.26	上海证券交易所
13.71	968.50	31.48	0.00	0.05	48.72	上海证券交易所
47.79	2368.59	73.70	0.00	0.05	54.64	上海证券交易所
50.64	1012.80	44.00	0.00	0.02	22.42	深圳证券交易所
12.71	521.11	134.10	0.00	0.05	72.46	上海证券交易所
7.43	614.24	44.01	0.00	0.04	20.14	深圳证券交易所
22.69	567.25	43.98	0.00	0.03	18.99	深圳证券交易所
43.44	1303.20	43.88	0.00	0.03	22.99	上海证券交易所
22.04	551.00	44.01	0.00	0.03	22.22	深圳证券交易所
18.26	1524.16	32.27	0.00	0.05	34.96	上海证券交易所
27.28	586.34	54.16	0.00	0.04	41.70	上海证券交易所

2-12 续表 4

序号 Number	股票代码 Stock Code	股票简称 Stock Abbreviation	所属辖区 Jurisdiction	行业分类 Industry Classification	上市日期 Listing Date	首发数量（万股）Number of IPO Shares (10 thousand shares)
163	300785	贝斯美	浙江	制造业	2019-11-15	3030.00
164	300786	金山办公	北京	信息传输、软件和信息技术服务业	2019-11-18	10100.00
165	002957	指南针	北京	信息传输、软件和信息技术服务业	2019-11-18	5690.00
166	002966	清溢光电	广东	制造业	2019-11-20	6680.00
167	002960	卓越新能	福建	制造业	2019-11-21	3000.00
168	300787	电声股份	广东	租赁和商务服务业	2019-11-21	4233.00
169	002959	锦鸡股份	江苏	制造业	2019-11-22	4178.00
170	003816	通达电气	广东	制造业	2019-11-25	8792.18
171	300789	斯迪克	江苏	制造业	2019-11-25	2921.00
172	002961	浙商银行	浙江	金融业	2019-11-26	255000.00
173	002962	泰和科技	山东	制造业	2019-11-28	3000.00
174	300790	久量股份	广东	制造业	2019-11-29	4000.00
175	300791	嘉美包装	安徽	制造业	2019-12-02	9526.31
176	300792	迈得医疗	浙江	制造业	2019-12-03	2090.00
177	300793	祥生医疗	江苏	制造业	2019-12-03	2000.00
178	300795	新大正	重庆	房地产业	2019-12-03	1791.07
179	002965	普元信息	上海	信息传输、软件和信息技术服务业	2019-12-04	2385.00
180	002963	建龙微纳	河南	制造业	2019-12-04	1446.00
181	300799	华辰装备	江苏	制造业	2019-12-04	3923.00
182	300797	硕世生物	江苏	制造业	2019-12-05	1466.00
183	300800	中科海讯	北京	信息传输、软件和信息技术服务业	2019-12-06	1970.00
184	002967	佰仁医疗	北京	制造业	2019-12-09	2400.00
185	300564	卓易信息	江苏	信息传输、软件和信息技术服务业	2019-12-09	2173.92
186	300802	邮储银行	北京	金融业	2019-12-10	594798.82
187	300796	当虹科技	浙江	信息传输、软件和信息技术服务业	2019-12-11	2000.00
188	300803	江苏北人	江苏	制造业	2019-12-11	2934.00
189	300805	芯源微	辽宁	制造业	2019-12-16	2100.00
190	300798	成都燃气	四川	电力、热力、燃气及水生产和供应业	2019-12-17	8889.00
191	300806	锐明技术	广东	制造业	2019-12-17	2160.00
192	300801	嘉必优	湖北	制造业	2019-12-19	3000.00
193	300808	天迈科技	河南	制造业	2019-12-19	1700.00
194	002969	中新集团	江苏	房地产业	2019-12-20	14989.00
195	002968	聚辰股份	上海	制造业	2019-12-23	3021.05
196	300809	甬金股份	浙江	制造业	2019-12-24	5767.00
197	300810	华特气体	广东	制造业	2019-12-26	3000.00
198	002970	科安达	广东	制造业	2019-12-27	4408.00
199	300807	龙软科技	北京	信息传输、软件和信息技术服务业	2019-12-30	1769.00
200	002972	铂科新材	广东	制造业	2019-12-30	1440.00
201	300811	神驰机电	重庆	制造业	2019-12-31	3667.00

continued

发行价格 (元) IPO Price (yuan)	首发筹资金额 (百万元) Proceeds Raised by IPO (million yuan)	上市首日涨跌幅 (%) Price Change Rate on Issue Day of IPO (%)	超募比例 (%) Oversubscription Rate(%)	网上发行 中签率(%) Lot Winning Rate for Online Subscription(%)	首发市盈率 (摊薄)(倍) IPO P/E Ratio (times)	上市交易所 Stock Exchange
14.25	431.78	44.00	0.00	0.03	22.16	深圳证券交易所
45.86	4631.86	196.60	0.00	0.05	78.37	上海证券交易所
6.25	355.63	44.00	0.00	0.05	19.78	深圳证券交易所
8.78	586.50	121.08	0.00	0.05	42.01	上海证券交易所
42.93	1287.90	17.39	0.00	0.05	38.54	上海证券交易所
10.20	431.77	44.02	0.00	0.04	22.47	深圳证券交易所
5.53	231.04	43.94	0.00	0.04	22.12	深圳证券交易所
10.07	885.37	43.78	0.00	0.06	22.99	上海证券交易所
11.27	329.20	44.01	0.00	0.03	17.21	深圳证券交易所
4.94	12597.00	3.05	0.00	0.69	9.39	上海证券交易所
30.42	912.60	43.98	0.00	0.03	19.61	深圳证券交易所
11.04	441.60	44.02	0.00	0.03	19.86	深圳证券交易所
3.67	349.62	43.87	0.00	0.05	20.16	深圳证券交易所
24.79	518.11	25.76	0.00	0.05	42.21	上海证券交易所
50.53	1010.60	3.09	0.00	0.04	44.31	上海证券交易所
26.76	479.29	43.98	0.00	0.01	21.77	深圳证券交易所
26.90	641.57	44.33	0.00	0.04	57.02	上海证券交易所
43.28	625.83	-1.01	0.00	0.04	53.16	上海证券交易所
18.77	736.35	44.01	0.00	0.03	21.40	深圳证券交易所
46.78	685.79	16.88	0.00	0.04	49.21	上海证券交易所
24.60	484.62	43.98	0.00	0.02	22.57	深圳证券交易所
23.68	568.32	38.36	0.00	0.04	68.07	上海证券交易所
26.49	575.87	73.36	0.00	0.04	54.25	上海证券交易所
5.50	28446.90	1.59	0.00	1.26	9.58	上海证券交易所
50.48	1009.60	67.19	0.00	0.04	65.85	上海证券交易所
17.36	509.34	95.09	0.00	0.05	44.67	上海证券交易所
26.97	566.37	98.57	0.00	0.05	112.70	上海证券交易所
10.45	928.90	43.51	0.00	0.07	22.99	上海证券交易所
38.00	820.80	44.00	0.00	0.03	21.71	深圳证券交易所
23.90	717.00	91.57	0.00	0.05	43.12	上海证券交易所
17.68	300.56	44.00	0.00	0.02	20.58	深圳证券交易所
9.67	1449.44	43.64	0.00	0.09	17.34	上海证券交易所
33.25	1004.50	153.10	0.00	0.05	52.79	上海证券交易所
22.52	1298.73	43.49	0.00	0.04	16.24	上海证券交易所
22.16	664.80	134.64	0.00	0.04	42.89	上海证券交易所
11.49	506.48	44.04	0.00	0.04	21.28	深圳证券交易所
21.59	381.93	125.73	0.00	0.04	49.04	上海证券交易所
26.22	377.57	44.01	0.00	0.01	21.89	深圳证券交易所
18.38	673.99	43.78	0.00	0.04	22.21	上海证券交易所

2-13 股票市场分板块再筹资情况
Statistics for Stock Market Refinancing by Board

年份 Year	境内再筹资公司家数(家) Number of Listed Companies Financing in Domestic Capital Market by Subsequent Offerings of Shares(unit)					境内再筹资金额(亿元) Proceeds Raised in Domestic Capital Market by Subsequent Offerings of Shares (100 million yuan)				
	主板 Main Board	中小板 SME Board	创业板 ChiNext Board	科创板 STAR Market	合计 Total	主板 Main Board	中小板 SME Board	创业板 ChiNext Board	科创板 STAR Market	合计 Total
1992	0	—	—	—	0	0.00	—	—	—	0.00
1993	54	—	—	—	54	60.19	—	—	—	60.19
1994	53	—	—	—	53	59.19	—	—	—	59.19
1995	79	—	—	—	79	57.41	—	—	—	57.41
1996	40	—	—	—	40	66.71	—	—	—	66.71
1997	95	—	—	—	95	208.42	—	—	—	208.42
1998	167	—	—	—	167	375.22	—	—	—	375.22
1999	123	—	—	—	123	378.93	—	—	—	378.93
2000	177	—	—	—	177	653.26	—	—	—	653.26
2001	148	—	—	—	148	624.11	—	—	—	624.11
2002	50	—	—	—	50	221.29	—	—	—	221.29
2003	43	—	—	—	43	193.08	—	—	—	193.08
2004	36	0	—	—	36	289.47	0.00	—	—	289.47
2005	7	0	—	—	7	281.40	0.00	—	—	281.40
2006	55	3	—	—	58	1014.99	17.81	—	—	1032.80
2007	152	12	—	—	164	2986.24	57.67	—	—	3043.91
2008	129	17	—	—	146	2149.87	128.14	—	—	2278.01
2009	126	23	0	—	149	2801.88	153.48	0.00	—	2955.36
2010	140	45	0	—	185	4597.61	319.60	0.00	—	4917.21
2011	139	65	0	—	204	3874.16	455.84	0.00	—	4330.00
2012	119	39	4	—	162	3103.15	394.66	10.26	—	3508.08
2013	199	117	56	—	372	3510.18	536.64	84.64	—	4131.46
2014	252	190	103	—	545	5987.25	1501.52	340.61	—	7829.38
2015	330	245	195	—	770	10433.75	3094.98	1256.50	—	14785.23
2016	345	272	228	—	845	12336.78	4480.96	1983.58	—	18801.32
2017	320	238	210	—	768	9226.97	3033.60	973.33	—	13233.90
2018	285	173	196	—	654	7726.35	1573.87	699.51	—	9999.73
2019	233	121	150	0	504	7851.58	1582.05	615.38	0.00	10049.01

注：1.再筹资包含公开增发、定向增发、配股、权证和优先股筹资。其中权证筹资仅指期权行权筹资(不包括可转债转股)，为2008年之后开展的业务；优先股为2014年之后开展的业务。再筹资以上市日口径统计。

2.一家公司在当年以多种方式或多次进行再筹资的,相应筹资家数计为1，筹资金额为合计数。

数据来源：上海证券交易所、深圳证券交易所

Source: SSE、SZSE

2-14 股票市场分股份类型再筹资情况

Statistics for Stock Market Refinancing by Type of Shares

年份 Year	境内再筹资公司家数(家) Number of Listed Companies Financing in Domestic Capital Market by Subsequent Offerings of Shares(unit)				
	A股 A-shares				B股 B-shares
	增发公司家数 Number of Companies Financing by Following on Offering	配股公司家数 Number of Companies Financing by Rights Issues	行权筹资家数 Number of Companies Financing by Warrant Exercise	优先股家数 Number of Companies Financing by Preference Stock	
1992	0	0	—	—	0
1993	0	53	—	—	1
1994	1	51	—	—	1
1995	0	78	—	—	1
1996	0	40	—	—	1
1997	0	93	—	—	3
1998	7	160	—	—	0
1999	6	116	—	—	1
2000	16	161	—	—	0
2001	22	126	—	—	0
2002	28	22	—	—	0
2003	17	25	—	—	1
2004	11	23	—	—	2
2005	5	2	—	—	0
2006	56	2	—	—	0
2007	157	7	—	—	0
2008	135	9	2	—	0
2009	131	10	8	—	0
2010	160	18	7	—	0
2011	188	15	1	—	0
2012	155	7	0	—	0
2013	360	13	0	0	0
2014	528	13	0	5	0
2015	756	5	0	11	0
2016	827	11	0	8	0
2017	761	7	0	1	0
2018	633	15	0	7	0
2019	489	9	0	6	0

注：1.再筹资包含公开增发、定向增发、配股、权证和优先股筹资。其中权证筹资仅指期权行权筹资(不包括可转债转股)，为2008年之后开展的业务；优先股为2014年之后开展的业务。再筹资以上市日口径统计。

2.同年以多种方式或者多次进行再筹资的，A股公司分别计入当年相应筹资家数和金额；B股公司的筹资家数计为1，筹资金额为合计数。

数据来源：上海证券交易所、深圳证券交易所

Source:SSE、SZSE

2-14 续表 continued

年份 Year	境内再筹资金额(亿元) Proceeds Raised in Domestic Capital Market by Subsequent Offerings of Shares (100 million yuan)				
	A股 A-shares				B股 B-shares
	增发筹资金额 Proceeds Raised by Following on Offering	配股筹资金额 Proceeds Raised by Rights Issues	行权筹资金额 Proceeds Raised by Warrant Exercise	优先股 Proceeds Raised by Overview Preference Stock	
1992	0.00	0.00	—	—	0.00
1993	0.00	60.10	—	—	0.09
1994	7.68	51.36	—	—	0.15
1995	0.00	56.25	—	—	1.16
1996	0.00	64.64	—	—	2.07
1997	0.00	205.68	—	—	2.74
1998	30.46	344.76	—	—	0.00
1999	59.75	318.98	—	—	0.20
2000	143.73	509.53	—	—	0.00
2001	193.48	430.64	—	—	0.00
2002	164.68	56.61	—	—	0.00
2003	116.13	76.52	—	—	0.43
2004	159.73	104.77	—	—	24.98
2005	278.78	2.62	—	—	0.00
2006	1028.48	4.32	—	—	0.00
2007	2816.24	227.68	—	—	0.00
2008	2095.68	151.57	30.76	—	0.00
2009	2818.99	105.97	30.40	—	0.00
2010	3394.71	1438.22	84.28	—	0.00
2011	3878.54	421.96	29.49	—	0.00
2012	3387.07	121.00	0.00	—	0.00
2013	3655.74	475.73	0.00	0.00	0.00
2014	6661.41	137.97	0.00	1030.00	0.00
2015	12741.29	36.44	0.00	2007.50	0.00
2016	16879.80	298.51	0.00	1623.00	0.00
2017	12870.94	162.96	0.00	200.00	0.00
2018	8421.66	228.32	0.00	1349.76	0.00
2019	7365.13	133.88	0.00	2550.00	0.00

2-15 股票市场优先股情况
Overview of Preference Stock in Stock Market

年份 Year	A 股 A-Shares				
	证券代码 Stock Code	证券简称 Stock Abbreviation	上市日 Offering Day	优先股股本合计（万股） Share Capital of Preference Stock (10 thousand shares)	优先股筹资金额（亿元） Proceeds Raised (100 million yuan)
2014	360001.SH	农行优1	2014-11-28	40000.00	400.00
	360002.SH	中行优1	2014-12-08	32000.00	320.00
	360003.SH	浦发优1	2014-12-18	15000.00	150.00
	360005.SH	兴业优1	2014-12-19	13000.00	130.00
	360006.SH	康美优1	2014-12-30	3000.00	30.00
2015	360007.SH	中建优1	2015-03-20	15000.00	150.00
	360008.SH	浦发优2	2015-03-26	15000.00	150.00
	360009.SH	农行优2	2015-03-27	40000.00	400.00
	360010.SH	中行优2	2015-03-31	28000.00	280.00
	360012.SH	兴业优2	2015-07-17	13000.00	130.00
	360013.SH	光大优1	2015-07-21	20000.00	200.00
	360014.SH	中原优1	2015-08-10	3400.00	34.00
	360015.SH	中交优1	2015-09-22	9000.00	90.00
	360016.SII	电建优1	2015-10-26	2000.00	20.00
	360017.SH	中交优2	2015-11-06	5500.00	55.00
	360011.SH	工行优1	2015-12-11	45000.00	450.00
	140001.SZ	宁行优01	2015-12-09	4850.00	48.50
2016	360018.SH	北银优1	2016-01-04	4900.00	49.00
	360019.SH	南银优1	2016-01-11	4900.00	49.00
	360020.SH	华夏优1	2016-04-20	20000.00	200.00
	360023.SH	北银优2	2016-08-26	13000.00	130.00
	360022.SH	光大优2	2016-08-26	10000.00	100.00
	360024.SH	南银优2	2016-09-26	5000.00	50.00
	360021.SH	交行优1	2016-09-29	45000.00	450.00
	360025.SH	中信优1	2016-11-21	35000.00	350.00
	140002.SZ	平银优01	2016-03-25	20000.00	200.00
	140003.SZ	晨鸣优01	2016-04-08	2250.00	22.50
	140004.SZ	晨鸣优02	2016-09-12	1000.00	10.00
	140005.SZ	晨鸣优03	2016-10-24	1250.00	12.50
2017	360026.SH	苏银优1	2017-12-21	20000.00	200.00
2018	360027.SH	杭银优1	2018-01-04	10000.00	100.00
	360028.SH	招银优1	2018-01-12	27500.00	275.00
	360029.SH	上银优1	2018-01-12	20000.00	200.00
	360030.SH	建行优1	2018-01-15	60000.00	600.00
	360031.SH	贵银优1	2018-12-12	5000.00	50.00
	140006.SZ	牧原优01	2018-02-06	2475.93	24.76
	140007.SZ	宁行优02	2018-11-28	10000.00	100.00
2019	360032.SH	兴业优3	2019-04-26	30000.00	300.00
	360033.SH	中行优3	2019-07-17	73000.00	730.00
	360034.SH	光大优3	2019-08-05	35000.00	350.00
	360035.SH	中行优4	2019-09-17	27000.00	270.00
	360036.SH	工行优2	2019-10-16	70000.00	700.00
	360037.SH	民生优1	2019-11-08	20000.00	200.00

注：优先股以上市日口径统计。
数据来源：上海证券交易所、深圳证券交易所
Source:SSE、SZSE

2-16 股票市场分板块交易情况
Statistics for Stock Market Transaction by Board

年份 Year	交易天数 (天) Number of Trading Days (day)	成交量(亿股) Trading Volume(100 million shares)				
		主板 Main Board	中小板 SME Board	创业板 ChiNext Board	科创板 STAR Market	合计 Total
1992	257	36.90	—	—	—	36.90
1993	259	226.56	—	—	—	226.56
1994	252	1013.34	—	—	—	1013.34
1995	253	705.31	—	—	—	705.31
1996	247	2533.14	—	—	—	2533.14
1997	243	2560.02	—	—	—	2560.02
1998	246	2154.11	—	—	—	2154.11
1999	239	2932.90	—	—	—	2932.90
2000	239	4759.45	—	—	—	4759.45
2001	240	3155.93	—	—	—	3155.93
2002	237	3017.14	—	—	—	3017.14
2003	241	4163.08	—	—	—	4163.08
2004	243	5768.57	59.16	—	—	5827.73
2005	242	6493.43	130.30	—	—	6623.73
2006	241	15848.45	296.78	—	—	16145.23
2007	242	35588.19	815.56	—	—	36403.76
2008	246	22942.14	1189.26	—	—	24131.39
2009	244	47784.81	3283.65	38.55	—	51107.00
2010	242	37696.10	4055.35	400.53	—	42151.98
2011	244	29465.14	3729.74	761.69	—	33956.57
2012	243	26306.55	5075.85	1478.14	—	32860.54
2013	238	37090.93	8245.92	3035.84	—	48372.68
2014	245	58405.71	11313.55	4035.30	—	73754.56
2015	244	135690.64	25409.95	9938.88	—	171039.47
2016	244	64602.50	20578.13	9509.90	—	94690.53
2017	244	61541.52	17409.44	8829.88	—	87780.84
2018	243	52108.58	18286.37	11642.30	—	82037.25
2019	244	75338.20	31971.44	19009.23	305.42	126624.28

数据来源：上海证券交易所、深圳证券交易所
Source:SSE、SZSE

2-16 续表 1 continued

年份 Year	日均成交量 (亿股) Average Daily Volume (100 million shares)	成交金额(亿元) Trading Turnover(100 million yuan)				
		主板 Main Board	中小板 SME Board	创业板 ChiNext Board	科创板 STAR Market	合计 Total
1992	0.14	683.04	—	—	—	683.04
1993	0.87	3627.20	—	—	—	3627.21
1994	4.02	8127.63	—	—	—	8127.63
1995	2.79	4036.45	—	—	—	4036.45
1996	10.26	21332.17	—	—	—	21332.18
1997	10.54	30721.83	—	—	—	30721.83
1998	8.76	23527.31	—	—	—	23544.25
1999	12.27	31319.60	—	—	—	31322.37
2000	19.91	60826.65	—	—	—	60835.19
2001	13.15	38305.18	—	—	—	38325.39
2002	12.73	27990.46	—	—	—	27993.91
2003	17.27	32115.27	—	—	—	32115.27
2004	23.98	41511.32	822.63	—	—	42333.95
2005	27.37	30460.85	1203.92	—	—	31664.78
2006	66.99	87397.34	3071.55	—	—	90468.89
2007	150.43	444382.56	16173.66	—	—	460556.22
2008	98.10	250475.38	16637.28	—	—	267112.66
2009	209.45	485885.13	48273.52	1828.11	—	535986.76
2010	174.18	444083.25	85832.43	15717.87	—	545633.54
2011	139.17	333739.00	69026.46	18879.12	—	421644.58
2012	135.23	229387.19	61891.45	23304.63	—	314583.27
2013	203.25	317322.27	100224.40	51181.94	—	468728.61
2014	301.04	513705.37	152166.57	78041.34	—	743912.98
2015	700.98	1767632.33	497556.18	285352.81	—	2550541.31
2016	388.08	712848.18	344164.94	216831.62	—	1273844.74
2017	359.76	699223.72	259879.80	165521.59	—	1124625.11
2018	337.60	539251.39	203625.83	158862.19	—	901739.41
2019	518.95	718584.29	310656.51	231604.19	13313.81	1274158.80

2-16 续表 2 continued

年份 Year	日均成交金额（亿元） Average Daily Turnover (100 million yuan)	市值换手率(%) Turnover Ratio of Market Capitalization(%)			
		主板 Main Board	中小板 SME Board	创业板 ChiNext Board	科创板 STAR Market
1992	2.66	—	—	—	—
1993	14.00	—	—	—	—
1994	32.25	—	—	—	—
1995	15.95	—	—	—	—
1996	86.37	—	—	—	—
1997	126.43	—	—	—	—
1998	95.71	—	—	—	—
1999	131.06	—	—	—	—
2000	254.54	491.19	—	—	—
2001	159.69	227.07	—	—	—
2002	118.12	195.86	—	—	—
2003	133.26	237.04	—	—	—
2004	174.21	298.15	862.32	—	—
2005	130.85	287.77	811.53	—	—
2006	375.39	540.03	918.62	—	—
2007	1903.12	815.84	875.60	—	—
2008	1085.82	394.80	549.73	—	—
2009	2196.67	558.47	1030.48	723.60	—
2010	2254.68	302.98	789.10	1739.37	—
2011	1728.05	187.22	410.88	750.91	—
2012	1294.58	147.19	394.46	792.21	—
2013	1969.45	191.74	467.71	855.08	—
2014	3036.38	363.19	478.76	685.04	—
2015	10453.04	533.73	813.95	1068.84	—
2016	5220.68	254.45	567.69	760.10	—
2017	4609.12	215.32	417.91	590.07	—
2018	3710.86	167.04	351.20	574.12	—
2019	5221.96	210.69	470.37	690.32	1531.29

2-17 股票市场分股份类型交易情况

Statistics for Stock Market Transaction by Type of Shares

年份 Year	成交量(亿股) Trading Volume (100 million shares)		成交金额(亿元) Trading Turnover (100 million yuan)		市值换手率(%) Turnover Ratio of Market Capitalization (%)	
	A股 A-shares	B股 B-shares	A股 A-shares	B股 B-shares	A股 A-shares	B股 B-shares
1992	32.88	4.02	651.81	31.23	—	—
1993	209.17	17.40	3522.55	104.65	—	—
1994	988.02	25.32	8003.08	124.55	—	—
1995	681.07	24.24	3958.58	77.86	—	—
1996	2464.93	68.22	21052.29	279.87	—	—
1997	2471.30	88.72	30295.21	426.62	—	—
1998	2092.50	61.60	23417.72	126.52	—	—
1999	2810.26	122.64	31052.33	270.04	—	—
2000	4559.06	200.40	60287.20	547.97	501.50	133.27
2001	2466.14	689.79	33260.08	5063.13	211.54	438.72
2002	2860.21	156.94	27145.06	848.41	203.38	88.87
2003	3992.28	170.80	31269.96	845.30	131.25	40.94
2004	5672.91	154.83	41576.19	757.76	321.58	139.88
2005	6470.87	152.86	31099.38	565.40	309.87	79.86
2006	15808.62	336.61	89217.11	1251.78	572.37	135.48
2007	35683.93	719.82	454771.30	5784.93	840.22	264.98
2008	23912.78	218.62	265890.43	1222.23	409.26	85.70
2009	50648.91	458.09	533889.40	2097.37	589.30	153.54
2010	41806.42	345.56	543465.92	2167.63	347.12	114.48
2011	33748.72	207.85	420339.19	1305.40	215.62	67.23
2012	32681.93	178.61	313715.14	868.13	181.65	56.37
2013	47953.66	263.89	466632.02	1439.32	244.30	86.88
2014	73188.22	194.87	741378.07	1007.19	315.85	130.72
2015	170541.00	498.48	2546837.74	3703.57	612.68	167.69
2016	94480.50	210.03	1272358.71	1486.02	346.84	77.95
2017	87628.57	152.27	1123647.88	977.23	265.86	56.17
2018	81926.96	110.30	901103.16	636.24	217.50	40.70
2019	126508.50	115.79	1273572.03	586.78	288.90	41.00

数据来源：上海证券交易所、深圳证券交易所
Source:SSE、SZSE

2-18 上海证券交易所股票市场交易情况
Statistics of Stock Market Transaction of Shanghai Stock Exchange

年份 Year	成交量(亿股) Trading Volume(100 million shares)			日均成交量(亿股) Average Daily Volume (100 million yuan)
	A股 A-shares	B股 B-shares	合计 Total	
1992	15.21	2.56	17.78	0.07
1993	133.68	13.74	147.42	0.57
1994	634.33	22.43	656.76	2.61
1995	494.50	19.33	513.83	2.05
1996	1074.00	27.88	1101.88	4.46
1997	1166.01	49.67	1215.68	5.00
1998	1085.42	42.54	1127.95	4.59
1999	1488.25	72.13	1560.38	6.53
2000	2310.88	126.78	2437.65	10.20
2001	1429.69	390.26	1819.95	7.58
2002	1693.53	87.56	1781.10	7.52
2003	2632.63	60.09	2692.73	11.17
2004	3550.88	56.86	3607.74	14.85
2005	3926.89	59.70	3986.59	16.47
2006	10124.28	159.66	10283.93	42.67
2007	23931.39	393.99	24325.38	100.52
2008	16207.24	104.36	16311.60	66.31
2009	33476.72	202.92	33679.64	138.03
2010	25812.40	152.03	25964.43	107.29
2011	21078.72	114.19	21192.91	86.86
2012	18850.54	77.89	18928.43	77.90
2013	26432.16	131.57	26563.73	111.61
2014	42471.35	96.01	42567.36	173.74
2015	101396.17	305.51	101701.68	413.42
2016	44751.80	131.92	44883.72	183.95
2017	43719.05	80.26	43799.31	179.51
2018	37173.54	61.12	37234.65	153.23
2019	53726.50	65.65	53792.15	220.46

数据来源：上海证券交易所
Source:SSE

2-18 续表 continued

年份 Year	成交金额(亿元) Trading Turnover (100 million yuan)			日均成交金额 (亿元)	市值换手率(%) Turnover Ratio of Market Capitalization(%)		
	A股 A-shares	B股 B-shares	合计 Total	Average Daily Turnover (100 million yuan)	A股 A-shares	B股 B-shares	合计 Total
1992	234.37	14.60	248.96	0.97	—	—	—
1993	2261.68	78.86	2340.54	9.11	—	—	—
1994	5626.73	108.35	5735.07	22.76	—	—	—
1995	3042.63	60.83	3103.46	12.36	—	—	—
1996	9020.24	94.57	9114.82	36.90	—	—	—
1997	13550.24	212.93	13763.17	56.64	—	—	—
1998	12304.23	81.88	12386.11	50.35	—	—	—
1999	16826.20	139.59	16965.79	70.99	—	—	—
2000	31029.69	344.17	31373.86	131.27	509.34	145.34	498.80
2001	19876.84	2832.54	22709.38	94.62	228.79	447.12	243.60
2002	16441.71	517.38	16959.09	71.56	210.38	92.84	202.68
2003	20541.25	282.89	20824.14	86.41	262.82	63.31	252.07
2004	26229.30	241.30	26470.60	108.93	316.44	60.18	304.69
2005	19061.49	178.72	19240.21	79.51	292.40	65.93	283.49
2006	57245.11	571.49	57816.60	239.90	559.07	151.79	544.39
2007	301960.29	3473.99	305434.29	1262.13	830.76	333.62	817.72
2008	179762.44	667.51	180429.95	733.46	388.58	94.58	384.11
2009	345443.26	1068.65	346511.91	1420.13	526.69	165.31	523.12
2010	303215.93	1096.08	304312.01	1257.49	260.25	125.57	259.25
2011	236809.12	746.19	237555.30	973.59	164.28	80.88	163.75
2012	164047.38	413.48	164460.86	676.79	128.60	56.51	128.26
2013	228918.82	689.69	229608.51	964.74	169.72	84.70	169.22
2014	375149.95	480.70	375630.66	1533.19	235.59	63.46	234.76
2015	1323231.16	2359.28	1325590.45	5388.58	490.77	203.38	489.60
2016	496880.34	984.49	497864.83	2040.42	222.73	92.51	222.12
2017	507214.81	555.30	507770.10	2081.03	180.91	55.67	180.47
2018	401575.27	389.75	401965.02	1654.18	151.27	43.93	150.91
2019	543463.81	380.21	543844.01	2228.87	193.90	43.98	193.44

2-19 深圳证券交易所股票市场交易情况
Statistics of Stock Market Transaction of Shenzhen Stock Exchange

年份 Year	成交量(亿股) Trading Volume(100 million shares)			日均成交量 (亿股) Average Daily Volume (100 million shares)
	A股 A-shares	B股 B-shares	合计 Total	
1992	17.66	1.46	19.12	0.07
1993	75.49	3.66	79.15	0.32
1994	353.70	2.88	356.58	1.42
1995	186.57	4.91	191.48	0.79
1996	1390.93	40.33	1431.26	5.80
1997	1305.29	39.05	1344.34	5.53
1998	1007.08	19.07	1026.15	4.17
1999	1322.01	50.51	1372.52	5.74
2000	2248.18	73.62	2321.80	9.72
2001	1036.45	299.53	1335.97	5.57
2002	1166.68	69.37	1236.05	5.22
2003	1359.65	110.71	1470.36	6.10
2004	2122.03	97.96	2219.99	9.14
2005	2543.98	93.16	2637.14	10.90
2006	5684.34	176.95	5861.29	24.32
2007	11752.53	325.84	12078.37	49.91
2008	7705.54	114.26	7819.79	31.79
2009	17172.19	255.17	17427.36	71.42
2010	15994.02	193.52	16187.55	66.89
2011	12670.00	93.66	12763.66	52.31
2012	13831.39	100.72	13932.12	57.33
2013	21521.50	132.32	21653.82	90.98
2014	30716.87	98.86	30815.73	125.78
2015	69144.83	192.97	69337.80	281.86
2016	49728.70	78.11	49806.81	204.13
2017	43909.52	72.01	43981.53	180.25
2018	44753.42	49.18	44802.60	184.37
2019	72782.00	50.14	72832.14	298.49

数据来源：深圳证券交易所
Source:SZSE

2-19 续表 continued

年份 Year	成交金额(亿元) Trading Turnover(100 million yuan)			日均成交金额(亿元) Average Daily Turnover (100 million yuan)	市值换手率(%) Turnover Ratio of Market Capitalization(%)		
	A股 A-shares	B股 B-shares	合计 Total		A股 A-shares	B股 B-shares	合计 Total
1992	417.44	16.63	434.08	1.69	351.80	130.91	329.78
1993	1260.87	25.80	1286.67	5.13	494.01	86.80	459.54
1994	2376.35	16.20	2392.56	9.49	650.12	35.08	579.90
1995	915.96	17.04	932.99	3.82	268.10	37.28	241.55
1996	12032.05	185.30	12217.36	49.46	1295.32	139.26	1173.86
1997	16744.97	213.69	16958.66	69.79	813.95	99.88	746.40
1998	11113.50	44.65	11158.14	45.36	395.92	34.10	379.34
1999	14226.13	130.46	14356.58	60.07	398.52	86.63	386.79
2000	29257.50	203.83	29461.33	123.27	493.22	115.23	483.10
2001	13383.24	2232.77	15616.02	65.07	190.00	422.05	206.30
2002	10703.35	331.47	11034.82	46.56	193.41	83.13	186.14
2003	10728.72	562.41	11291.13	46.85	218.75	138.17	213.29
2004	15346.89	516.46	15863.35	65.28	319.76	110.57	301.36
2005	12037.89	386.68	12424.57	51.34	342.37	88.95	315.18
2006	31972.00	680.29	32652.29	135.49	596.64	124.10	552.01
2007	152811.01	2310.94	155121.94	641.00	859.48	203.27	818.67
2008	86127.99	554.72	86682.71	352.37	461.50	77.15	447.24
2009	188446.14	1028.72	189474.86	776.54	764.97	142.56	747.76
2010	240249.99	1071.55	241321.53	997.20	599.48	104.82	587.29
2011	183530.07	559.21	184089.28	754.46	359.38	55.06	353.48
2012	149667.76	454.65	150122.41	617.79	330.67	56.21	325.84
2013	237713.21	749.11	238462.31	1001.94	431.07	84.13	425.62
2014	366228.12	523.69	366751.81	1496.95	480.79	634.60	476.32
2015	1223606.58	1344.29	1224950.86	4979.48	829.30	163.77	852.02
2016	775478.37	501.53	775979.90	3180.25	508.36	59.00	505.87
2017	616433.07	421.94	616855.01	2528.09	414.78	53.82	412.88
2018	499527.90	246.49	499774.39	2056.68	358.41	37.92	356.93
2019	730108.22	206.57	730314.79	2993.09	457.61	37.13	456.16

2-20 股票分行业成交情况
Statistics for Stock Transaction by Industry

行业 Industry	成交量(百万股) Trading Volume(million shares)		成交金额(百万元) Trading Turnover(million yuan)	
	2018	2019	2018	2019
农、林、牧、渔业 Agriculture, Forestry, Animal Husbandry and Fishery	113791.93	192213.61	971439.49	2225051.49
采矿业 Mining	398000.77	478302.63	2948263.90	3003943.83
制造业 Manufacturing	4382156.88	7034628.51	52909172.74	75450117.61
电力、热力、燃气及水的生产和供应业 Production and Supply of Electricity, Gas and Water	236482.51	325231.85	1670002.20	1974399.69
建筑业 Construction	252935.52	342540.59	1943325.25	2321555.19
批发和零售业 Wholesale and Retail Trades	258953.92	412941.67	2566724.45	3398464.15
交通运输、仓储和邮政业 Transport, Storage and Post	248074.08	368298.68	2144374.91	2531965.04
住宿和餐饮业 Hotels and Catering Services	11329.34	11157.27	132084.08	107148.74
信息传输、软件和信息技术服务业 Information Transmission, Computer Services and Software	698914.33	1169527.12	8765801.94	14089089.25
金融业 Financial Intermediation	773281.56	1163413.21	8019228.73	12495653.02
房地产业 Real Estate	405004.65	467345.87	3450148.58	3604331.59
租赁和商务服务业 Leasing and Business Services	129560.65	205131.20	1252498.96	1495120.56
科学研究和技术服务业 Scientific Research, Technical Service	45497.64	69326.95	858911.38	1075031.78
水利、环境和公共设施管理业 Management of Water Conservancy, Environment and Public Facilities	64944.84	112977.80	696080.60	907375.87
居民服务、修理和其他服务业 Resident Services, Repairs and Other Services	566.44	718.79	17776.41	11193.31
教育 Education	1001.93	6319.71	21630.88	88179.70
卫生和社会工作业 Health and Social Works	13741.77	30020.99	339858.29	542598.35
文化、体育和娱乐业 Culture, Sports and Entertainment	112301.01	165884.09	1108714.34	1354429.44
综合 Others	57185.62	106448.14	357903.40	740231.67

数据来源：上海证券交易所、深圳证券交易所
Source:SSE、SZSE

2-21 股票按监管辖区成交情况
Statistics for Stock Transaction by Regulatory Jurisdiction

辖区	Jurisdiction	成交量(百万股) Trading Volume(million shares)		成交金额(百万元) Trading Turnover(million yuan)	
		2018	2019	2018	2019
北京	Beijing	1349166.20	1810284.06	12263151.62	16220172.70
天津	Tianjin	105954.28	146847.62	1186018.70	1361346.28
河北	Hebei	166167.10	216956.53	1768292.34	1800626.56
山西	Shanxi	134786.00	217722.61	1080640.97	1478261.00
内蒙古	InnerMongolia	121328.05	194396.12	1058613.22	1300207.56
辽宁	Liaoning	73364.08	109579.47	600402.76	924513.51
吉林	Jilin	90251.41	138625.61	816639.66	1092521.50
黑龙江	Heilongjiang	71978.84	135004.26	535925.75	875348.52
上海	Shanghai	608847.79	950624.23	6809034.98	10647210.71
江苏	Jiangsu	681579.26	1204414.27	7848678.91	12121215.99
浙江	Zhejiang	552305.17	1009771.06	7783522.42	11118957.08
安徽	Anhui	264465.31	334729.14	2418170.64	3036194.15
福建	Fujian	239010.36	349546.65	2493950.82	3311086.27
江西	Jiangxi	88384.41	142912.60	1179254.58	1731301.33
山东	Shandong	338635.34	533132.36	3795981.28	5445756.50
河南	Henan	200668.09	294344.22	1665454.82	2334394.65
湖北	Hubei	204499.97	336665.02	2312035.28	3714478.39
湖南	Hunan	194115.68	324676.80	2064079.91	2912157.26
广东	Guangdong	641356.43	1020142.86	7782914.98	10721735.44
广西	Guangxi	73436.09	113318.41	570135.27	729578.87
海南	Hainan	113045.07	134034.34	962492.85	868448.28
重庆	Chongqing	80799.95	150449.06	764588.42	1165669.69
四川	Sichuan	259608.17	375120.48	3176398.86	4632169.86
贵州	Guizhou	46468.48	76815.07	1367015.44	1564003.01
云南	Yunnan	94503.96	159075.59	769152.80	1348340.89
西藏	Tibet	23907.02	35709.50	350009.72	445521.42
陕西	Shaanxi	109594.87	185386.96	1033915.75	1732292.79
甘肃	Gansu	102370.74	156790.96	922644.30	998784.96
青海	Qinghai	26207.25	31856.19	253190.75	230832.73
宁夏	Ningxia	28921.89	49304.22	195086.22	348565.30
新疆	Xinjiang	134387.82	196783.16	1231834.61	1629877.17
深圳	Shenzhen	658091.46	1089198.43	10077849.29	15216371.75
大连	Dalian	65021.66	95435.51	427890.34	562191.31
宁波	Ningbo	127158.42	143754.65	1039692.70	1603710.93
厦门	Xiamen	73456.08	89766.56	982101.98	1071332.94
青岛	Qingdao	59882.68	109254.08	587177.59	1120702.98

注：上市公司辖区按公司注册地划分，以沪深交易所股东大会公告为准。
数据来源：上海证券交易所、深圳证券交易所
Source:SSE、SZSE

2-22　2019年A股总市值前50只股票交易情况

排名 Ranking	股票代码 Stock Code	股票简称 Stock Abbreviation	股票市值（百万元） Market Capitalization of Shares (million yuan)	占比(%) Proportion (%)	流通市值（百万元） Negotiable Market Capitalization (million yuan)
1	601398	工商银行	15853.20	2.68	15853.20
2	600519	贵州茅台	14860.82	2.51	14860.82
3	601288	农业银行	11780.11	1.99	10850.64
4	601857	中国石油	9440.06	1.60	9440.06
5	601318	中国平安	9257.60	1.56	9257.60
6	601988	中国银行	7777.25	1.31	7777.25
7	600036	招商银行	7752.36	1.31	7752.36
8	601628	中国人寿	7261.16	1.23	7261.16
9	000858	五粮液	5162.93	0.87	5048.74
10	600028	中国石化	4883.00	0.83	4883.00
11	601166	兴业银行	4113.29	0.70	3772.36
12	000333	美的集团	4061.01	0.69	3964.67
13	600900	长江电力	4043.60	0.68	4043.60
14	000651	格力电器	3945.12	0.67	3915.08
15	601658	邮储银行	3887.91	0.66	174.28
16	600276	恒瑞医药	3870.85	0.65	3854.31
17	600000	浦发银行	3630.85	0.61	3476.44
18	601138	工业富联	3627.48	0.61	335.95
19	000001	平安银行	3192.27	0.54	3192.25
20	000002	万科A	3129.25	0.53	3126.34
21	002415	海康威视	3059.56	0.52	2641.56
22	601088	中国神华	3009.61	0.51	3009.61
23	603288	海天味业	2903.17	0.49	2903.17
24	600104	上汽集团	2786.51	0.47	2743.57

注：1.按年末股票市值进行排名。

2.占比为个股市值占A股股票总市值的比重。

数据来源：上海证券交易所、深圳证券交易所

Source:SSE、SZSE

Statistics of Top 50 A-share Stock Transaction Ranked by Stock Market Capitalization in 2019

成交量 (百万股) Trading Volume (million shares)	成交金额 (百万元) Trading Turnover (million yuan)	市盈率 (倍) P/E Ratio (times)	市净率 (倍) P/B Ratio (times)	涨跌幅 (%) Price Change Rate (%)	股本换手率 (%) Turnover Ratio of Share Capital (%)
445.93	2529.87	7.04	0.90	15.89	16.54
9.75	9180.66	42.21	13.17	102.97	77.63
618.09	2259.10	6.37	0.77	7.33	21.02
178.13	1230.63	20.29	0.88	-16.81	11.00
155.93	12493.64	14.55	2.81	55.63	143.94
301.41	1125.32	6.03	0.67	7.31	14.30
121.50	4148.98	11.76	1.75	52.86	58.90
36.30	1060.76	86.49	3.10	71.80	17.43
79.42	8270.23	38.57	7.44	165.98	209.23
229.26	1258.59	9.81	0.86	8.71	23.99
191.23	3525.54	6.79	0.88	37.15	100.37
69.40	3536.69	19.13	4.11	62.22	104.93
49.14	860.12	17.88	2.84	20.03	28.52
110.35	5868.30	15.06	3.91	91.66	184.84
46.12	261.49	9.66	1.06	6.55	155.07
47.05	3368.98	95.21	19.62	99.51	112.10
95.47	1121.56	6.49	0.77	29.80	33.97
137.68	2071.34	21.46	5.02	58.75	999.89
249.98	3461.06	11.83	1.11	77.22	140.77
129.22	3641.19	10.52	2.17	40.54	133.00
127.30	3871.37	26.96	7.57	30.28	157.72
45.76	866.16	8.27	1.11	6.51	27.75
8.71	836.12	66.51	20.92	57.69	32.25
67.79	1740.91	7.74	1.19	-5.85	58.93

2-22 续表

排名 Ranking	股票代码 Stock Code	股票简称 Stock Abbreviation	股票市值（百万元）Market Capitalization of Shares (million yuan)	占比(%) Proportion (%)	流通市值（百万元）Negotiable Market Capitalization (million yuan)
25	601319	中国人保	2694.28	0.46	425.16
26	600030	中信证券	2489.16	0.42	2483.11
27	601601	中国太保	2378.89	0.40	2378.89
28	601668	中国建筑	2359.03	0.40	2312.13
29	300750	宁德时代	2349.74	0.40	1279.56
30	600016	民生银行	2237.66	0.38	2237.66
31	300760	迈瑞医疗	2211.34	0.37	907.93
32	601328	交通银行	2209.82	0.37	2209.82
33	600585	海螺水泥	2191.84	0.37	2191.84
34	601998	中信银行	2101.05	0.36	1968.55
35	002475	立讯精密	1958.02	0.33	1957.58
36	601066	中信建投	1941.15	0.33	262.77
37	600048	保利地产	1930.71	0.33	1930.71
38	002714	牧原股份	1919.55	0.32	1036.17
39	600887	伊利股份	1886.22	0.32	1827.50
40	600050	中国联通	1827.89	0.31	1248.48
41	300498	温氏股份	1784.87	0.30	1347.20
42	600309	万华化学	1763.60	0.30	799.72
43	601818	光大银行	1755.65	0.30	1755.65
44	601766	中国中车	1737.00	0.29	1636.32
45	601888	中国国旅	1736.73	0.29	1736.73
46	002304	洋河股份	1665.22	0.28	1380.08
47	002352	顺丰控股	1641.78	0.28	606.55
48	601360	三六零	1590.23	0.27	93.38
49	002142	宁波银行	1584.37	0.27	1582.47
50	001979	招商蛇口	1572.95	0.27	1572.86

continued

成交量 （百万股） Trading Volume (million shares)	成交金额 （百万元） Trading Turnover (million yuan)	市盈率 （倍） P/E Ratio (times)	市净率 （倍） P/B Ratio (times)	涨跌幅 (%) Price Change Rate (%)	股本换手率 (%) Turnover Ratio of Share Capital (%)
191.12	1604.88	24.96	2.20	41.93	1669.52
361.26	8282.90	32.65	2.00	60.21	368.09
57.05	2006.17	19.03	2.29	36.62	90.75
404.59	2392.64	6.17	0.97	1.54	98.35
25.30	2020.23	68.95	6.36	44.45	489.23
219.00	1365.28	5.49	0.66	16.14	61.75
8.55	1333.90	59.46	12.56	67.68	499.25
216.57	1296.65	5.68	0.60	2.42	55.18
59.88	2383.81	9.74	2.58	92.93	149.70
81.02	496.04	6.78	0.69	17.43	25.39
129.41	3339.21	71.71	10.66	238.20	270.53
141.35	3138.85	75.29	4.89	251.09	2641.98
199.28	2765.50	10.21	1.58	41.48	168.30
42.10	2850.38	369.04	10.35	209.09	366.93
123.69	3605.69	29.29	6.76	38.29	204.77
382.42	2412.18	44.79	1.30	14.96	180.41
75.38	2824.51	45.11	4.80	31.00	195.02
55.58	2342.69	16.62	5.22	107.82	367.43
249.69	1030.36	6.88	0.72	23.54	62.72
130.97	1110.71	18.13	1.60	-19.18	57.15
22.89	1777.02	56.12	10.70	48.67	117.25
17.60	1960.36	20.52	4.59	19.83	140.90
20.21	741.26	36.06	4.13	14.24	132.63
24.00	558.08	44.99	6.63	15.68	604.22
46.07	1071.14	13.11	1.63	76.59	93.16
44.12	917.40	10.51	2.06	18.73	143.11

2-23 2019年A股流通市值前50只股票交易情况

排名 Ranking	股票代码 Stock Code	股票简称 Stock Abbreviation	流通市值(百万元) Negotiable Market Capitalization (million yuan)	占比(%) Proportion (%)	股票市值(亿元) Market Capitalization of Shares (100 million yuan)
1	601398	工商银行	15853.20	3.29	15853.20
2	600519	贵州茅台	14860.82	3.08	14860.82
3	601288	农业银行	10850.64	2.25	11780.11
4	601857	中国石油	9440.06	1.96	9440.06
5	601318	中国平安	9257.60	1.92	9257.60
6	601988	中国银行	7777.25	1.61	7777.25
7	600036	招商银行	7752.36	1.61	7752.36
8	601628	中国人寿	7261.16	1.51	7261.16
9	000858	五粮液	5048.74	1.05	5162.93
10	600028	中国石化	4883.00	1.01	4883.00
11	600900	长江电力	4043.60	0.84	4043.60
12	000333	美的集团	3964.67	0.82	4061.01
13	000651	格力电器	3915.08	0.81	3945.12
14	600276	恒瑞医药	3854.31	0.80	3870.85
15	601166	兴业银行	3772.36	0.78	4113.29
16	600000	浦发银行	3476.44	0.72	3630.85
17	000001	平安银行	3192.25	0.66	3192.27
18	000002	万科A	3126.34	0.65	3129.25
19	601088	中国神华	3009.61	0.62	3009.61
20	603288	海天味业	2903.17	0.60	2903.17
21	600104	上汽集团	2743.57	0.57	2786.51
22	002415	海康威视	2641.56	0.55	3059.56
23	600030	中信证券	2483.11	0.51	2489.16

注：1.按年末股票流通市值进行排名。
2.占比为个股流通市值占A股股票总流通市值的比重。
数据来源：上海证券交易所、深圳证券交易所
Source:SSE、SZSE

Statistics of Top 50 A-share Stock Transaction Ranked by Stock Free Float Market Capitalization in 2019

成交量 (亿股) Trading Volume (100 million shares)	成交金额 (亿元) Trading Turnover (100 million yuan)	市盈率 (倍) P/E Ratio (times)	市净率 (倍) P/B Ratio (times)	涨跌幅 (%) Price Change Rate (%)	股本换手率 (%) Turnover Ratio of Share Capital (%)
445.93	2529.87	7.04	0.90	15.89	16.54
9.75	9180.66	42.21	13.17	102.97	77.63
618.09	2259.10	6.37	0.77	7.33	21.02
178.13	1230.63	20.29	0.88	-16.81	11.00
155.93	12493.64	14.55	2.81	55.63	143.94
301.41	1125.32	6.03	0.67	7.31	14.30
121.50	4148.98	11.76	1.75	52.86	58.90
36.30	1060.76	86.49	3.10	71.80	17.43
79.42	8270.23	38.57	7.44	165.98	209.23
229.26	1258.59	9.81	0.86	8.71	23.99
49.14	860.12	17.88	2.84	20.03	28.52
69.40	3536.69	19.13	4.11	62.22	104.93
110.35	5868.30	15.06	3.91	91.66	184.84
47.05	3368.98	95.21	19.62	99.51	112.10
191.23	3525.54	6.79	0.88	37.15	100.37
95.47	1121.56	6.49	0.77	29.80	33.97
249.98	3461.06	11.83	1.11	77.22	140.77
129.22	3641.19	10.52	2.17	40.54	133.00
45.76	866.16	8.27	1.11	6.51	27.75
8.71	836.12	66.51	20.92	57.69	32.25
67.79	1740.91	7.74	1.19	-5.85	58.93
127.30	3871.37	26.96	7.57	30.28	157.72
361.26	8282.90	32.65	2.00	60.21	368.09

2-23 续表

排名 Ranking	股票代码 Stock Code	股票简称 Stock Abbreviation	流通市值(百万元) Negotiable Market Capitalization (million yuan)	占比(%) Proportion (%)	股票市值(亿元) Market Capitalization of Shares (100 million yuan)
24	601601	中国太保	2378.89	0.49	2378.89
25	601668	中国建筑	2312.13	0.48	2359.03
26	600016	民生银行	2237.66	0.46	2237.66
27	601328	交通银行	2209.82	0.46	2209.82
28	600585	海螺水泥	2191.84	0.45	2191.84
29	601998	中信银行	1968.55	0.41	2101.05
30	002475	立讯精密	1957.58	0.41	1958.02
31	600048	保利地产	1930.71	0.40	1930.71
32	600887	伊利股份	1827.50	0.38	1886.22
33	601818	光大银行	1755.65	0.36	1755.65
34	601888	中国国旅	1736.73	0.36	1736.73
35	601766	中国中车	1636.32	0.34	1737.00
36	002142	宁波银行	1582.47	0.33	1584.37
37	001979	招商蛇口	1572.86	0.33	1572.95
38	000725	京东方A	1537.22	0.32	1537.35
39	601688	华泰证券	1494.33	0.31	1494.33
40	600031	三一重工	1435.21	0.30	1436.09
41	601211	国泰君安	1389.73	0.29	1389.73
42	002304	洋河股份	1380.08	0.29	1665.22
43	300498	温氏股份	1347.20	0.28	1784.87
44	600018	上港集团	1337.12	0.28	1337.12
45	300750	宁德时代	1279.56	0.27	2349.74
46	600019	宝钢股份	1268.60	0.26	1278.55
47	000568	泸州老窖	1265.62	0.26	1269.65
48	601229	上海银行	1258.54	0.26	1348.20
49	600837	海通证券	1251.04	0.26	1251.04
50	600050	中国联通	1248.48	0.26	1827.89

continued

成交量 (亿股) Trading Volume (100 million shares)	成交金额 (亿元) Trading Turnover (100 million yuan)	市盈率 (倍) P/E Ratio (times)	市净率 (倍) P/B Ratio (times)	涨跌幅 (%) Price Change Rate (%)	股本换手率 (%) Turnover Ratio of Share Capital (%)
57.05	2006.17	19.03	2.29	36.62	90.75
404.59	2392.64	6.17	0.97	1.54	98.35
219.00	1365.28	5.49	0.66	16.14	61.75
216.57	1296.65	5.68	0.60	2.42	55.18
59.88	2383.81	9.74	2.58	92.93	149.70
81.02	496.04	6.78	0.69	17.43	25.39
129.41	3339.21	71.71	10.66	238.20	270.53
199.28	2765.50	10.21	1.58	41.48	168.30
123.69	3605.69	29.29	6.76	38.29	204.77
249.69	1030.36	6.88	0.72	23.54	62.72
22.89	1777.02	56.12	10.70	48.67	117.25
130.97	1110.71	18.13	1.60	-19.18	57.15
46.07	1071.14	13.11	1.63	76.59	93.16
44.12	917.40	10.51	2.06	18.73	143.11
1926.52	7479.55	46.00	1.82	74.12	568.98
192.42	3918.28	36.63	1.78	27.22	310.92
209.66	2703.51	23.48	4.56	107.55	255.15
92.16	1700.17	24.55	1.33	22.49	122.62
17.60	1960.36	20.52	4.59	19.83	140.90
75.38	2824.51	45.11	4.80	31.00	195.02
102.88	715.16	13.01	1.77	14.36	44.40
25.30	2020.23	68.95	6.36	44.45	489.23
119.64	778.18	5.93	0.72	-4.00	54.14
31.36	2257.81	36.42	6.84	117.07	214.79
71.39	762.27	7.48	0.84	14.27	115.90
235.10	3242.08	34.12	1.51	77.39	290.53
382.42	2412.18	44.79	1.30	14.96	180.41

2-24 2019年A股成交金额前50股票交易情况

排名 Ranking	股票代码 Stock Code	股票简称 Stock Abbreviation	成交金额 (亿元) Trading Turnover (100 million yuan)	占比 (%) Proportion (%)	股票市值(亿元) Market Capitalization of Shares (100 million yuan)
1	601318	中国平安	12493.64	0.98	9257.60
2	600519	贵州茅台	9180.66	0.72	14860.82
3	600030	中信证券	8282.90	0.65	2489.16
4	000858	五粮液	8270.23	0.65	5162.93
5	300059	东方财富	7850.60	0.62	1059.05
6	000063	中兴通讯	7731.87	0.61	1228.74
7	000725	京东方A	7479.55	0.59	1537.35
8	000651	格力电器	5868.30	0.46	3945.12
9	600036	招商银行	4148.98	0.33	7752.36
10	600352	浙江龙盛	4090.14	0.32	470.76
11	601688	华泰证券	3918.28	0.31	1494.33
12	002415	海康威视	3871.37	0.30	3059.56
13	600536	中国软件	3821.11	0.30	354.55
14	002456	欧菲科技	3708.97	0.29	423.21
15	000002	万科A	3641.19	0.29	3129.25
16	600887	伊利股份	3605.69	0.28	1886.22
17	000333	美的集团	3536.69	0.28	4061.01
18	601166	兴业银行	3525.54	0.28	4113.29
19	600703	三安光电	3518.53	0.28	748.80
20	000001	平安银行	3461.06	0.27	3192.27
21	600276	恒瑞医药	3368.98	0.26	3870.85
22	002157	正邦科技	3354.36	0.26	397.84
23	600570	恒生电子	3345.51	0.26	624.29

注：1.按全年股票成交金额进行排名。

2.占比为个股成交金额占A股股票总成交金额的比重。

数据来源：上海证券交易所、深圳证券交易所

Source:SSE、SZSE

Statistics of Top 50 A-share Stock Transaction Ranked by Stock Trading Turnover in 2019

流通市值(亿元) Negotiable Market Capitalization (100 million yuan)	成交量(亿股) Trading Volume (100 million shares)	市盈率 (倍) P/E Ratio (times)	市净率 (倍) P/B Ratio (times)	涨跌幅 (%) Price Change Rate(%)	股本换手率(%) Turnover Ratio of Share Capital (%)
9257.60	155.93	14.55	2.81	55.63	143.94
14860.82	9.75	42.21	13.17	102.97	77.63
2483.11	361.26	32.65	2.00	60.21	368.09
5048.74	79.42	38.57	7.44	165.98	209.23
858.85	490.08	104.64	5.10	56.56	999.28
1228.56	256.04	0.00	5.34	80.65	743.14
1537.22	1926.52	46.00	1.82	74.12	568.98
3915.08	110.35	15.06	3.91	91.66	184.84
7752.36	121.50	11.76	1.75	52.86	58.90
470.76	237.90	11.45	2.36	52.54	731.25
1494.33	192.42	36.63	1.78	27.22	310.92
2641.56	127.30	26.96	7.57	30.28	157.72
354.55	68.66	319.97	16.14	242.86	1388.24
415.94	323.56	0.00	4.84	69.75	1213.00
3126.34	129.22	10.52	2.17	40.54	133.00
1827.50	123.69	29.29	6.76	38.29	204.77
3964.67	69.40	19.13	4.11	62.22	104.93
3772.36	191.23	6.79	0.88	37.15	100.37
748.80	256.32	26.46	3.52	64.10	628.49
3192.25	249.98	11.83	1.11	77.22	140.77
3854.31	47.05	95.21	19.62	99.51	112.10
359.31	201.34	203.77	5.27	205.77	919.06
624.29	43.81	96.73	19.62	95.02	610.21

2-24 续表

排名 Ranking	股票代码 Stock Code	股票简称 Stock Abbreviation	成交金额 (亿元) Trading Turnover (100 million yuan)	占比 (%) Proportion (%)	股票市值(亿元) Market Capitalization of Shares (100 million yuan)
24	002475	立讯精密	3339.21	0.26	1958.02
25	000977	浪潮信息	3287.70	0.26	388.06
26	600837	海通证券	3242.08	0.25	1251.04
27	002463	沪电股份	3225.33	0.25	383.06
28	300136	信维通信	3210.21	0.25	439.57
29	002230	科大讯飞	3144.81	0.25	758.07
30	601066	中信建投	3138.85	0.25	1941.15
31	000723	美锦能源	3091.22	0.24	386.56
32	000066	中国长城	3035.11	0.24	455.63
33	002600	领益智造	2991.05	0.23	740.74
34	600776	东方通信	2971.82	0.23	199.13
35	600547	山东黄金	2890.04	0.23	848.11
36	002714	牧原股份	2850.38	0.22	1919.55
37	300498	温氏股份	2824.51	0.22	1784.87
38	600048	保利地产	2765.50	0.22	1930.71
39	600031	三一重工	2703.51	0.21	1436.09
40	300033	同花顺	2633.29	0.21	586.58
41	000876	新希望	2569.25	0.20	841.10
42	600460	士兰微	2552.84	0.20	202.98
43	601398	工商银行	2529.87	0.20	15853.20
44	002049	紫光国微	2521.66	0.20	308.51
45	603019	中科曙光	2498.72	0.20	311.33
46	600050	中国联通	2412.18	0.19	1827.89
47	300017	网宿科技	2400.13	0.19	232.07
48	601668	中国建筑	2392.64	0.19	2359.03
49	600585	海螺水泥	2383.81	0.19	2191.84
50	002547	春兴精工	2346.61	0.18	92.73

continued

流通市值(亿元) Negotiable Market Capitalization (100 million yuan)	成交量(亿股) Trading Volume (100 million shares)	市盈率 (倍) P/E Ratio (times)	市净率 (倍) P/B Ratio (times)	涨跌幅 (%) Price Change Rate(%)	股本换手率(%) Turnover Ratio of Share Capital (%)
1957.58	129.41	71.71	10.66	238.20	270.53
388.06	129.51	58.93	4.05	89.50	1004.73
1251.04	235.10	34.12	1.51	77.39	290.53
374.97	191.89	67.16	8.03	212.69	1140.52
368.13	105.44	44.82	9.76	110.00	1300.23
638.12	94.45	139.99	6.76	40.34	515.31
262.77	141.35	75.29	4.89	251.09	2641.98
355.89	285.94	21.47	4.83	193.77	2337.93
387.56	261.52	46.28	7.28	229.97	1050.00
187.07	399.11	0.00	6.15	334.00	2404.67
199.13	126.71	205.34	8.51	82.13	1325.40
716.50	82.02	115.46	4.68	51.30	487.04
1036.17	42.10	369.04	10.35	209.09	366.93
1347.20	75.38	45.11	4.80	31.00	195.02
1930.71	199.28	10.21	1.58	41.48	168.30
1435.21	209.66	23.48	4.56	107.55	255.15
288.38	28.15	92.53	16.51	187.14	1065.91
837.82	151.03	49.34	3.49	174.49	359.88
202.98	166.10	119.07	5.92	91.01	1267.00
15853.20	445.93	7.04	0.90	15.89	16.54
308.21	54.84	88.66	7.43	76.17	904.53
311.33	60.37	72.30	8.15	35.32	749.14
1248.48	382.42	44.79	1.30	14.96	180.41
207.38	208.77	28.84	2.46	21.99	985.50
2312.13	404.59	6.17	0.97	1.54	98.35
2191.84	59.88	9.74	2.58	92.93	149.70
63.14	238.56	231.55	3.70	55.39	3167.65

2-25　2019年A股涨幅前50股票交易情况

排名 Ranking	股票代码 Stock Code	股票简称 Stock Abbreviation	涨幅(%) Price Increase Rate (%)	股票市值(亿元) Market Capitalization of Shares (100 million yuan)	流通市值(亿元) Negotiable Market Capitalization (100 million yuan)
1	300782	卓胜微	1065.92	410.37	102.59
2	300759	康龙化成	574.88	340.36	33.83
3	002961	瑞达期货	558.71	163.27	16.51
4	601865	福莱特	510.10	181.95	18.20
5	300803	指南针	506.08	153.41	21.55
6	300552	万集科技	486.36	92.79	47.00
7	300598	诚迈科技	477.75	100.54	60.78
8	300775	三角防务	466.35	165.35	16.53
9	603093	南华期货	456.82	156.31	18.87
10	300777	中简科技	409.57	123.52	12.36
11	300785	值得买	406.76	76.81	19.20
12	300526	中潜股份	400.44	95.57	95.25
13	603613	国联股份	400.13	106.55	26.64
14	002552	宝鼎科技	392.38	77.20	50.46
15	300799	左江科技	389.57	71.51	17.88
16	603501	韦尔股份	388.53	1238.49	201.53
17	601236	红塔证券	384.68	609.32	61.04
18	603068	博通集成	384.54	124.94	31.23
19	300661	圣邦股份	380.00	261.62	141.28
20	300223	北京君正	378.05	176.12	110.42
21	300797	钢研纳克	374.00	52.94	13.24
22	002351	漫步者	363.64	133.37	65.55
23	300792	壹网壹创	361.28	141.34	35.33
24	300573	兴齐眼药	338.61	60.47	43.82
25	300783	三只松鼠	338.49	258.12	26.39

数据来源：上海证券交易所、深圳证券交易所
Source:SSE、SZSE

Statistics of Top 50 A-share Stock Transaction Ranked by Stock Price Increase Rate in 2019

成交量 (亿股) Trading Volume (100 million shares)	成交金额 (亿元) Trading Turnover (100 million yuan)	市盈率 (倍) P/E Ratio (times)	市净率 (倍) P/B Ratio (times)	股本换手率(%) Turnover Ratio of Share Capital (%)
3.06	892.77	252.85	26.84	1225.40
11.82	495.75	99.71	13.67	1801.60
10.27	358.92	142.21	9.72	2281.72
45.42	567.71	58.07	6.45	3028.29
4.53	184.15	119.87	19.30	796.56
7.62	327.37	1381.34	10.39	1737.53
14.26	735.48	631.51	21.64	2947.39
17.86	653.35	110.50	9.40	3603.57
15.01	405.08	126.17	7.62	2143.77
10.68	376.55	102.59	13.46	2668.22
2.49	296.71	80.23	11.08	1866.08
7.34	178.60	422.96	16.93	962.29
5.18	292.94	113.52	24.39	1470.23
33.19	596.38	269.05	11.65	1658.08
1.33	159.45	110.93	29.95	779.78
12.20	924.99	892.23	75.72	868.14
83.38	1290.10	157.67	5.39	2290.55
9.62	731.11	100.83	28.76	2773.30
2.79	423.86	251.75	26.09	550.15
23.03	1031.35	1296.88	14.14	1831.62
6.16	150.02	82.36	11.69	993.15
47.57	696.21	250.84	7.29	1633.01
1.76	281.26	86.90	12.23	880.51
4.65	293.29	442.73	10.82	864.59
6.81	389.89	84.92	13.22	1660.13

2-25 续表

排名 Ranking	股票代码 Stock Code	股票简称 Stock Abbreviation	涨幅(%) Price Increase Rate (%)	股票市值(亿元) Market Capitalization of Shares (100 million yuan)	流通市值(亿元) Negotiable Market Capitalization (100 million yuan)
26	002291	星期六	338.08	129.59	78.20
27	600745	闻泰科技	337.77	1039.73	589.47
28	002600	领益智造	334.00	740.74	187.07
29	002967	广电计量	327.05	104.92	26.23
30	603927	中科软	316.69	285.86	28.59
31	601698	中国卫通	316.18	452.80	45.28
32	002945	华林证券	313.80	403.38	40.34
33	002869	金溢科技	313.75	78.73	30.05
34	603222	济民制药	305.16	176.00	176.00
35	300220	金运激光	300.94	49.24	48.91
36	300709	精研科技	270.90	86.67	55.25
37	300793	佳禾智能	260.76	80.76	20.19
38	300770	新媒股份	259.41	166.88	41.73
39	688111	金山办公	257.39	755.58	110.69
40	300806	斯迪克	255.63	46.83	11.71
41	601066	中信建投	251.09	1941.15	262.77
42	002947	恒铭达	247.81	78.69	19.67
43	603327	福蓉科技	245.44	117.05	14.89
44	300787	海能实业	245.01	80.03	20.01
45	300788	中信出版	243.43	96.98	24.24
46	600536	中国软件	242.86	354.55	354.55
47	002458	益生股份	242.25	163.59	102.16
48	603530	神马电力	240.57	80.93	8.10
49	002475	立讯精密	238.20	1958.02	1957.58
50	603815	交建股份	237.94	86.68	8.67

continued

成交量 (亿股) Trading Volume (100 million shares)	成交金额 (亿元) Trading Turnover (100 million yuan)	市盈率 (倍) P/E Ratio (times)	市净率 (倍) P/B Ratio (times)	股本换手率(%) Turnover Ratio of Share Capital (%)
22.58	198.03	1446.32	4.38	568.53
32.74	1859.92	1703.81	28.92	513.74
399.11	2991.05	0.00	6.15	2404.67
7.90	239.81	85.99	12.23	955.97
5.54	465.41	89.18	24.00	1306.05
72.97	878.35	108.26	4.64	1824.24
104.21	1537.57	116.99	7.75	3859.59
11.31	526.41	355.44	5.65	2485.94
4.47	148.83	548.90	21.74	139.74
5.34	145.97	689.24	18.52	426.60
4.17	254.78	231.07	6.29	736.53
5.99	348.75	73.19	12.17	1436.92
3.45	312.17	81.30	8.08	1076.22
1.49	212.08	243.21	63.66	221.04
1.26	56.48	61.19	6.20	431.40
141.35	3138.85	75.29	4.89	2641.98
12.21	597.77	62.45	6.75	4020.59
16.00	449.99	73.47	17.11	3137.20
3.22	182.99	68.62	7.26	1517.00
5.42	229.47	46.92	5.96	1139.88
68.66	3821.11	319.97	16.14	1388.24
63.71	1775.83	44.82	5.67	2003.87
9.09	217.17	66.58	10.91	2271.19
129.41	3339.21	71.71	10.66	270.53
8.17	164.42	71.56	11.14	1636.95

2–26 2019年A股跌幅前50股票交易情况

排名 Ranking	股票代码 Stock Code	股票简称 Stock Abbreviation	跌幅(%) Price Decrease Rate (%)	股票市值(亿元) Market Capitalization of Shares (100 million yuan)	流通市值(亿元) Negotiable Market Capitalization (100 million yuan)
1	600240	退市华业	-86.49	4.98	4.98
2	600401	退市海润	-82.76	—	—
3	600747	退市大控	-80.00	—	—
4	600485	*ST信威	-79.03	89.47	57.99
5	600891	*ST秋林	-77.88	9.26	5.76
6	300176	派生科技	-76.35	34.70	33.62
7	002359	*ST北讯	-74.42	22.83	14.88
8	002356	*ST赫美	-70.11	11.61	10.57
9	000820	*ST节能	-69.95	10.71	4.83
10	002711	*ST欧浦	-67.61	13.31	13.25
11	002210	*ST飞马	-64.85	21.32	21.30
12	002370	亚太药业	-61.15	34.50	29.78
13	002358	森源电气	-60.33	64.99	63.64
14	600518	ST康美	-59.27	185.53	164.45
15	600687	*ST刚泰	-58.07	25.90	25.90
16	002470	金正大	-57.91	87.41	75.45
17	601113	ST华鼎	-57.40	39.04	31.04
18	002089	*ST新海	-56.98	25.43	21.34
19	300431	暴风集团	-56.24	12.03	8.88
20	600614	*ST鹏起	-54.60	24.64	24.64
21	000150	宜华健康	-54.46	42.04	38.61
22	000760	*ST斯太	-54.41	11.58	9.82
23	600781	ST辅仁	-54.07	36.44	21.74
24	002450	*ST康得	-53.93	124.64	114.13
25	300156	神雾环保	-53.72	16.97	12.13

数据来源：上海证券交易所、深圳证券交易所
Source:SSE、SZSE

Statistics of Top 50 A-share Stock Transaction Ranked by Stock Price Decrease Rate in 2019

成交量 (亿股) Trading Volume (100 million shares)	成交金额 (亿元) Trading Turnover (100 million yuan)	市盈率 (倍) P/E Ratio (times)	市净率 (倍) P/B Ratio (times)	股本换手率(%) Turnover Ratio of Share Capital (%)
115.05	244.97	—	2.18	807.81
24.62	3.71	—	—	52.11
42.13	44.80	—	—	395.85
57.78	93.37	—	1.25	304.92
27.97	101.49	—	—	727.94
37.89	578.43	9.39	3.17	1026.16
69.77	481.13	—	0.54	984.73
32.34	254.61	—	0.00	673.35
35.72	143.77	—	22.92	1241.72
67.40	184.61	—	0.00	640.13
125.95	459.95	—	1.47	910.20
44.51	516.24	16.60	1.28	1056.09
33.21	440.77	23.10	1.30	364.75
229.21	1627.33	16.34	0.66	520.22
51.13	188.59	—	0.53	349.09
69.97	267.93	20.77	0.80	255.40
31.72	210.68	14.96	0.68	362.40
106.34	422.12	—	3.35	1094.76
51.30	335.33	—	0.00	2114.88
117.45	563.81	—	2.63	777.02
50.11	407.25	23.70	1.74	722.71
55.47	152.35	—	2.38	847.59
27.16	237.59	4.10	0.67	731.41
136.51	724.29	44.39	0.73	422.25
71.21	216.64	—	5.54	986.59

2-26 续表

排名 Ranking	股票代码 Stock Code	股票简称 Stock Abbreviation	跌幅(%) Price Decrease Rate (%)	股票市值(亿元) Market Capitalization of Shares (100 million yuan)	流通市值(亿元) Negotiable Market Capitalization (100 million yuan)
26	002716	ST金贵	-53.18	27.57	17.87
27	002341	新纶科技	-51.91	65.45	49.25
28	600242	中昌数据	-51.30	35.94	32.47
29	600462	*ST九有	-51.19	8.75	8.75
30	300280	紫天科技	-49.19	26.40	21.83
31	300362	天翔环境	-48.57	11.76	8.48
32	002290	*ST中科	-48.18	12.11	10.80
33	600652	*ST游久	-48.10	19.32	19.32
34	002113	ST天润	-47.73	30.04	18.11
35	600112	ST天成	-45.60	10.69	10.69
36	002354	天神娱乐	-45.42	26.66	20.01
37	603105	芯能科技	-44.89	35.75	22.04
38	300178	腾邦国际	-44.87	30.58	28.97
39	300742	越博动力	-43.71	17.36	9.49
40	300675	建科院	-43.38	21.24	11.68
41	002175	*ST东网	-43.36	14.47	14.47
42	002766	*ST索菱	-42.49	13.24	9.26
43	002220	ST天宝	-42.35	11.27	9.72
44	000806	ST银河	-41.75	24.86	15.78
45	002061	浙江交科	-41.74	80.75	45.24
46	300309	吉艾科技	-41.56	41.74	36.12
47	000040	东旭蓝天	-41.55	62.15	44.32
48	002592	八菱科技	-41.11	39.04	33.87
49	300100	双林股份	-41.09	27.30	22.79
50	000981	ST银亿	-41.03	74.12	47.37

continued

成交量 (亿股) Trading Volume (100 million shares)	成交金额 (亿元) Trading Turnover (100 million yuan)	市盈率 (倍) P/E Ratio (times)	市净率 (倍) P/B Ratio (times)	股本换手率(%) Turnover Ratio of Share Capital (%)
109.63	712.29	23.28	1.29	1761.06
75.91	595.31	21.74	1.27	1100.29
39.22	411.27	29.61	1.71	1116.50
36.97	74.64	—	69.30	692.52
11.80	267.61	33.64	1.54	913.05
56.74	246.71	—	0.00	1843.21
7.73	64.93	19.27	1.37	367.10
36.68	131.29	—	2.37	440.52
69.89	197.02	—	1.25	800.68
34.91	142.08	62.30	0.88	685.66
68.28	281.00	—	1.68	977.87
32.02	337.54	54.03	2.45	2138.56
38.71	277.67	18.22	1.13	662.50
3.99	132.52	81.83	1.65	1340.68
5.77	114.56	61.33	5.21	715.22
60.63	261.70	—	2.92	918.22
23.18	113.15	—	1.14	810.89
40.09	91.49	—	0.53	617.13
65.38	279.86	—	1.94	936.07
22.01	157.45	6.66	1.09	344.07
36.93	243.59	21.13	2.00	519.83
69.70	448.66	5.56	0.43	657.35
13.84	261.13	504.76	2.11	564.32
14.43	123.71	—	1.00	373.46
115.43	373.09	—	0.57	448.39

2-27　2019年B股总市值前50股票交易情况

排名 Ranking	股票代码 Stock Code	股票简称 Stock Abbreviation	股票市值(亿元) Market Capitalization of Shares (100 million yuan)	占比 (%) Proportion (%)	流通市值(亿元) Negotiable Market Capitalization (100 million yuan)
1	900933	华新B股	106.64	8.13	106.64
2	200596	古井贡B	76.23	5.81	76.23
3	900948	伊泰B股	75.17	5.73	75.17
4	900932	陆家B股	74.38	5.67	74.38
5	900905	老凤祥B	47.09	3.59	47.09
6	900947	振华B股	44.88	3.42	44.88
7	900926	宝信B	39.66	3.02	39.66
8	200625	长安B	38.03	2.90	38.03
9	200869	张裕B	32.28	2.46	32.28
10	900936	鄂资B股	25.62	1.95	25.62
11	200725	京东方B	25.61	1.95	25.61
12	200012	南玻B	24.58	1.87	24.58
13	900903	大众B股	24.57	1.87	24.57
14	900925	机电B股	22.41	1.71	22.41
15	200488	晨鸣B	21.80	1.66	21.80
16	200581	苏威孚B	20.71	1.58	20.71
17	900934	锦江B股	20.61	1.57	20.61
18	200771	杭汽轮B	20.07	1.53	20.06
19	200429	粤高速B	19.65	1.50	19.64
20	200726	鲁泰B	18.92	1.44	11.36
21	200550	江铃B	18.55	1.41	18.55
22	200016	深康佳B	17.83	1.36	17.83
23	900911	金桥B股	17.71	1.35	17.71

注：1.按年末股票市值进行排名。
　　2.占比为个股市值占B股股票总市值的比重。
数据来源：上海证券交易所、深圳证券交易所
Source:SSE、SZSE

Statistics of Top 50 B-share Stock Transaction Ranked by Stock Market Capitalization in 2019

成交量 (亿股) Trading Volume (100 million shares)	成交金额 (亿元) Trading Turnover (100 million yuan)	市盈率 (倍) P/E Ratio (times)	市净率 (倍) P/B Ratio (times)	涨跌幅(%) Price Change Rate (%)	股本换手率(%) Turnover Ratio of Share Capital (%)
4.18	61.68	5.78	1.80	80.57	66.83
0.50	26.20	18.43	3.73	86.98	42.04
4.64	33.41	4.39	0.55	-25.33	34.96
3.11	26.78	8.01	1.67	-3.15	30.88
0.74	17.42	9.78	1.90	5.77	36.01
2.18	5.55	27.00	0.79	0.67	11.20
3.01	40.93	22.38	2.26	49.17	116.24
5.76	19.61	29.07	0.46	35.51	63.85
0.49	7.14	8.93	0.96	9.13	21.29
0.65	3.77	9.29	0.94	1.91	15.44
8.00	20.46	27.09	1.10	35.88	85.50
2.11	4.92	15.04	0.72	12.39	20.26
1.71	5.90	8.10	0.83	0.31	21.33
0.48	5.66	8.23	0.97	-8.04	22.13
2.26	7.99	5.91	0.37	-11.33	32.02
0.65	8.42	4.94	0.74	8.33	37.81
0.47	6.61	11.52	0.99	-2.08	30.24
0.74	4.81	15.59	0.86	46.69	27.03
1.42	8.07	6.86	1.23	15.98	40.69
0.40	2.94	6.91	0.75	-17.47	20.95
0.36	2.49	47.89	0.44	-22.94	10.36
1.79	4.13	12.57	0.64	15.24	22.01
0.80	6.47	7.36	0.81	-12.59	29.34

2-27 续表

排名 Ranking	股票代码 Stock Code	股票简称 Stock Abbreviation	股票市值(亿元) Market Capitalization of Shares (100 million yuan)	占比 (%) Proportion (%)	流通市值(亿元) Negotiable Market Capitalization (100 million yuan)
24	200539	粤电力B	17.19	1.31	17.19
25	900912	外高B股	17.18	1.31	17.18
26	900908	氯碱B股	15.97	1.22	15.97
27	201872	招港B	14.78	1.13	14.78
28	200028	一致B	13.54	1.03	13.54
29	900942	黄山B股	13.51	1.03	13.51
30	900910	海立B股	13.46	1.03	13.46
31	900917	海欣B股	13.14	1.00	13.14
32	200055	方大B	13.10	1.00	13.10
33	900901	云赛B股	12.51	0.95	12.51
34	900902	市北B股	12.50	0.95	12.50
35	200152	山航B	11.48	0.88	11.48
36	900941	东信B股	11.22	0.86	11.22
37	900928	临港B股	10.93	0.83	10.93
38	900956	东贝B股	10.70	0.82	10.70
39	900920	上柴B股	10.67	0.81	10.67
40	900923	百联B股	10.62	0.81	10.62
41	200037	深南电B	10.60	0.81	10.60
42	900909	华谊B股	9.82	0.75	9.82
43	900914	锦投B股	9.82	0.75	9.82
44	900919	绿庭B股	8.98	0.68	8.98
45	900953	凯马B	8.02	0.61	8.02
46	200541	粤照明B	7.92	0.60	7.70
47	900924	上工B股	7.81	0.60	7.81
48	900929	锦旅B股	7.52	0.57	7.52
49	200553	安道麦B	7.34	0.56	7.34
50	200761	本钢板B	7.25	0.55	7.25

continued

成交量 (亿股) Trading Volume (100 million shares)	成交金额 (亿元) Trading Turnover (100 million yuan)	市盈率 (倍) P/E Ratio (times)	市净率 (倍) P/B Ratio (times)	涨跌幅(%) Price Change Rate (%)	股本换手率(%) Turnover Ratio of Share Capital (%)
1.46	3.35	23.26	0.45	-9.61	18.32
0.82	7.97	11.54	0.94	2.69	40.73
1.72	7.85	4.25	1.14	-6.25	42.31
0.59	4.97	14.56	0.48	0.30	32.97
0.17	4.22	8.52	0.85	6.98	30.82
0.71	5.57	7.71	1.10	-24.39	32.54
0.60	3.39	13.26	0.94	-16.10	21.01
1.13	3.54	24.63	0.97	-7.08	24.07
2.18	7.14	1.44	0.66	0.12	48.61
2.17	9.32	21.09	1.44	17.86	73.95
5.33	17.96	20.84	0.81	-8.55	114.34
0.52	4.64	9.22	0.61	-14.34	37.06
3.66	15.22	36.30	1.50	-1.86	121.98
0.91	9.75	48.52	3.10	0.46	84.99
0.54	4.71	19.57	1.71	17.86	46.55
0.76	3.03	19.80	0.71	-17.47	22.17
0.50	3.38	11.91	0.64	-9.61	27.68
0.91	3.48	123.08	1.22	65.31	34.37
0.81	4.71	4.63	0.46	-31.21	33.39
0.36	2.51	12.41	1.02	-5.29	22.32
1.71	4.74	28.09	2.79	-1.32	49.67
0.75	2.75	—	2.80	-6.46	31.35
0.41	1.24	8.90	0.79	-15.41	13.17
0.62	2.73	12.28	0.78	-32.25	25.58
0.20	2.41	23.43	1.73	-3.49	30.50
0.60	3.37	4.37	0.46	-20.82	35.66
1.15	2.21	6.62	0.36	-0.17	28.82

2-28 2019年B股成交金额前50股票交易情况

排名 Ranking	股票代码 Stock Code	股票简称 Stock Abbreviation	成交金额 (亿元) Trading Turnover (100 million yuan)	占比 (%) Proportion (%)	股票市值(亿元) Market Capitalization of Shares (100 million yuan)
1	900933	华新B股	61.68	10.51	106.64
2	900926	宝信B	40.93	6.98	39.66
3	900948	伊泰B股	33.41	5.69	75.17
4	900932	陆家B股	26.78	4.56	74.38
5	200596	古井贡B	26.20	4.46	76.23
6	200725	京东方B	20.46	3.49	25.61
7	200625	长安B	19.61	3.34	38.03
8	900902	市北B股	17.96	3.06	12.50
9	900905	老凤祥B	17.42	2.97	47.09
10	200418	小天鹅B	16.22	2.76	86.56
11	900941	东信B股	15.22	2.59	11.22
12	900928	临港B股	9.75	1.66	10.93
13	900901	云赛B股	9.32	1.59	12.51
14	200581	苏威孚B	8.42	1.44	20.71
15	900907	*ST鹏起B	8.18	1.39	1.69
16	200429	粤高速B	8.07	1.38	19.65
17	200488	晨鸣B	7.99	1.36	21.80
18	900912	外高B股	7.97	1.36	17.18
19	900908	氯碱B股	7.85	1.34	15.97
20	200055	方大B	7.14	1.22	13.10
21	200869	张裕B	7.14	1.22	32.28
22	900934	锦江B股	6.61	1.13	20.61
23	900911	金桥B股	6.47	1.10	17.71

注：1.按2019全年股票成交金额进行排名。
2.占比为个股成交金额占B股股票总成交金额的比重。
数据来源：上海证券交易所、深圳证券交易所
Source:SSE、SZSE

Statistics of Top 50 B-share Stock Transaction Ranked by Stock Trading Turnover in 2019

流通市值(亿元) Negotiable Market Capitalization (100 million yuan)	成交量 (亿股) Trading Volume (100 million shares)	市盈率 (倍) P/E Ratio (times)	市净率 (倍) P/B Ratio (times)	涨跌幅(%) Price Change Rate (%)	股本换手率(%) Turnover Ratio of Share Capital (%)
106.64	4.18	5.78	1.80	80.57	66.83
39.66	3.01	22.38	2.26	49.17	116.24
75.17	4.64	4.39	0.55	-25.33	34.96
74.38	3.11	8.01	1.67	-3.15	30.88
76.23	0.50	18.43	3.73	86.98	42.04
25.61	8.00	27.09	1.10	35.88	85.50
38.03	5.76	29.07	0.46	35.51	63.85
12.50	5.33	20.84	0.81	-8.55	114.34
47.09	0.74	9.78	1.90	5.77	36.01
86.56	0.39	15.37	3.21	44.47	20.53
11.22	3.66	36.30	1.50	-1.86	121.98
10.93	0.91	48.52	3.10	0.46	84.99
12.51	2.17	21.09	1.44	17.86	73.95
20.71	0.65	4.94	0.74	8.33	37.81
1.69	3.87	—	1.11	-74.42	160.47
19.64	1.42	6.86	1.23	15.98	40.69
21.80	2.26	5.91	0.37	-11.33	32.02
17.18	0.82	11.54	0.94	2.69	40.73
15.97	1.72	4.25	1.14	-6.25	42.31
13.10	2.18	1.44	0.66	0.12	48.61
32.28	0.49	8.93	0.96	9.13	21.29
20.61	0.47	11.52	0.99	-2.08	30.24
17.71	0.80	7.36	0.81	-12.59	29.34

2-28 续表

排名 Ranking	股票代码 Stock Code	股票简称 Stock Abbreviation	成交金额(亿元) Trading Turnover (100 million yuan)	占比(%) Proportion (%)	股票市值(亿元) Market Capitalization of Shares (100 million yuan)
24	900903	大众B股	5.90	1.01	24.57
25	200413	东旭B	5.84	1.00	4.82
26	900925	机电B股	5.66	0.96	22.41
27	900942	黄山B股	5.57	0.95	13.51
28	900947	振华B股	5.55	0.95	44.88
29	201872	招港B	4.97	0.85	14.78
30	200012	南玻B	4.92	0.84	24.58
31	900938	海科B	4.90	0.84	6.34
32	200771	杭汽轮B	4.81	0.82	20.07
33	900919	绿庭B股	4.74	0.81	8.98
34	900956	东贝B股	4.71	0.80	10.70
35	900909	华谊B股	4.71	0.80	9.82
36	200152	山航B	4.64	0.79	11.48
37	200028	一致B	4.22	0.72	13.54
38	200016	深康佳B	4.13	0.70	17.83
39	900936	鄂资B股	3.77	0.64	25.62
40	900917	海欣B股	3.54	0.60	13.14
41	200037	深南电B	3.48	0.59	10.60
42	900910	海立B股	3.39	0.58	13.46
43	900923	百联B股	3.38	0.58	10.62
44	200553	沙隆达B	3.37	0.57	7.34
45	200539	粤电力B	3.35	0.57	17.19
46	900957	凌云B股	3.30	0.56	7.15
47	900939	汇丽B	3.29	0.56	4.05
48	900927	物贸B股	3.25	0.55	3.74
49	900915	中路B股	3.22	0.55	3.66
50	200160	东沣B	3.21	0.55	4.68

continued

流通市值(亿元) Negotiable Market Capitalization (100 million yuan)	成交量 (亿股) Trading Volume (100 million shares)	市盈率 (倍) P/E Ratio (times)	市净率 (倍) P/B Ratio (times)	涨跌幅(%) Price Change Rate (%)	股本换手率(%) Turnover Ratio of Share Capital (%)
24.57	1.71	8.10	0.83	0.31	21.33
4.82	2.01	4.99	0.33	-30.34	80.31
22.41	0.48	8.23	0.97	-8.04	22.13
13.51	0.71	7.71	1.10	-24.39	32.54
44.88	2.18	27.00	0.79	0.67	11.20
14.78	0.59	14.56	0.48	0.30	32.97
24.58	2.11	15.04	0.72	12.39	20.26
6.34	2.11	92.05	0.42	-8.55	64.69
20.06	0.74	15.59	0.86	46.69	27.03
8.98	1.71	28.09	2.79	-1.32	49.67
10.70	0.54	19.57	1.71	17.86	46.55
9.82	0.81	4.63	0.46	-31.21	33.39
11.48	0.52	9.22	0.61	-14.34	37.06
13.54	0.17	8.52	0.85	6.98	30.82
17.83	1.79	12.57	0.64	15.24	22.01
25.62	0.65	9.29	0.94	1.91	15.44
13.14	1.13	24.63	0.97	-7.08	24.07
10.60	0.91	123.08	1.22	65.31	34.37
13.46	0.60	13.26	0.94	-16.10	21.01
10.62	0.50	11.91	0.64	-9.61	27.68
7.34	0.60	4.37	0.46	-20.82	35.66
17.19	1.46	23.26	0.45	-9.61	18.32
7.15	0.75	48.22	2.96	-9.74	40.52
4.05	0.60	604.59	11.32	-16.05	68.06
3.74	0.68	41.52	3.03	-17.79	67.76
3.66	0.57	273.80	2.18	-16.87	67.72
4.68	2.71	94.17	2.33	-0.88	58.75

2-29 股票市场估值水平概况
Level of Stock Market Valuation

单位：倍 (times)

	市盈率 P/E Ratio		市净率 P/B Ratio	
	2018	2019	2018	2019
主板 Main Board	11.65	13.84	1.26	1.44
中小板 SME Board	21.04	26.51	2.12	2.70
创业板 ChiNext Board	32.78	39.89	2.89	3.94
科创板 STAR Market	—	58.34	—	5.32
A股 A-Shares	13.33	16.31	1.43	1.70
B股 B-Shares	9.15	9.58	0.93	0.87
沪深300指数 CSI 300 Index	10.85	13.12	1.24	1.48
上证综指 SSE Composite Index	12.49	14.55	1.35	1.57
深证综指 SZSE Composite Index	20.00	26.15	1.73	2.38
深证成指 SZSE Component Index	17.27	23.96	1.70	2.53
中小板指 SZSE SME Price Index	20.30	27.03	1.81	3.06
创业板指 ChiNext Price Index	29.58	50.43	3.03	5.61
上证50指数 SSE 50 Index	9.89	11.78	1.16	1.35
上证180指数 SSE 180 Index	10.85	12.65	1.24	1.43

数据来源：上海证券交易所、深圳证券交易所、中证指数有限公司
Source:SSE、SZSE、CSINDEX

2-30 股票市场行业估值水平情况
Level of Stock Market Valuation by Industry

单位：倍 (times)

行业 Industry	A 股 A-Shares			
	市盈率 P/E Ratio		市净率 P/B Ratio	
	2018	2019	2018	2019
农、林、牧、渔业 Agriculture, Forestry, Animal Husbandry and Fishery	33.30	17.44	2.92	3.79
采矿业 Mining	14.82	15.67	1.10	1.06
制造业 Manufacturing	18.13	26.21	2.06	2.73
电力、热力、燃气及水的生产和供应业 Production and Supply of Electricity, Gas and Water	17.36	18.10	1.43	1.41
建筑业 Construction	9.65	8.50	1.02	0.86
批发和零售业 Wholesale and Retail Trades	13.82	16.71	1.35	1.51
交通运输、仓储和邮政业 Transport, Storage and Post	15.86	17.52	1.41	1.55
住宿和餐饮业 Hotels and Catering Services	22.66	25.34	1.86	2.09
信息传输、软件和信息技术服务业 Information Transmission, Computer Services and Software	33.12	44.36	2.48	3.54
金融业 Financial Intermediation	7.99	9.04	0.88	0.99
房地产业 Real Estate	8.28	9.06	1.20	1.34
租赁和商务服务业 Leasing and Business Services	19.20	25.43	2.04	2.29
科学研究和技术服务业 Scientific Research, Technical Service	31.20	40.38	3.10	3.92
水利、环境和公共设施管理业 Management of Water Conservancy, Environment and Public Facilities	20.26	22.18	1.74	1.65
居民服务、修理和其他服务业 Residential Services, Repairs and Other Services	67.47	—	4.52	5.24
教育 Education	43.77	60.89	5.14	11.14
卫生和社会工作业 Health and Social Works	32.99	69.97	5.38	8.61
文化、体育和娱乐业 Culture, Sports and Entertainment	20.31	24.73	1.92	2.17
综合 Others	37.87	27.40	1.57	1.89

注：1.行业分类使用2019年第四季度证监会行业分类结果。
2.市盈率和市净率计算剔除净利润为负的公司。
数据来源：中证指数有限公司
Source:CSINDEX

2-31 证券市场股息率情况
Dividend Yield Ratio of Security Market

单位：% (%)

年份 Year	主板 Main Board	中小板 SME Board	创业板 ChiNext Board	科创板 STAR Market	上证综指 SSE Composite Index	深证综指 SZSE Composite Index	上证50指数 SSE 50 Index	上证180指数 SSE 180 Index	深证成份指数 SZSE Component Index
2008	2.14	0.85	—	—	2.23	1.49	2.70	2.52	2.07
2009	1.08	0.48	—	—	1.21	0.50	1.59	1.43	0.67
2010	1.29	0.39	0.19	—	1.43	0.56	2.10	1.79	0.91
2011	1.99	0.99	0.73	—	2.18	1.02	2.73	2.58	1.39
2012	2.25	1.20	1.00	—	2.49	1.14	3.17	2.91	1.38
2013	2.62	0.92	0.54	—	2.96	0.89	4.06	3.66	1.68
2014	2.56	0.69	0.40	—	2.03	0.91	2.86	2.50	1.40
2015	1.53	0.41	0.19	—	1.73	0.48	2.93	2.41	0.68
2016	1.66	0.57	0.37	—	1.79	0.72	2.96	2.50	1.09
2017	2.05	1.98	0.47	—	1.86	0.81	2.58	2.25	0.99
2018	1.58	1.26	0.71	—	2.69	1.39	3.50	3.20	1.64
2019	2.08	1.04	0.55	0.00	2.16	1.07	2.79	2.62	1.23

数据来源：上海证券交易所、深圳证券交易所、中证指数有限公司
Source:SSE、SZSE、CSINDEX

2-32 融资融券业务情况

Statistics of Margin Transactions

年份 Year	标的证券数量(只) Number of Designated Securities for Margin Transactions(unit)			融资融券交易金额(亿元) Turnover of Margin Transactions (100 million yuan)		
	股票 Stock	ETF	合计 Total	股票 Stock	其中：融资买入额 Margin Purchase	其中：融券卖出额 Short Selling
2014	899	15	914	101824.43	92962.43	8862.01
2015	891	22	913	345664.31	319749.23	25915.08
2016	950	22	972	114825.92	114206.26	619.66
2017	949	21	970	103603.57	102066.28	1537.29
2018	949	45	994	74277.92	72782.17	1495.75
2019	1669	69	1738	111619.08	109269.26	2349.82

注：1.融资融券交易额=融资买入额+融券卖出额。
2.融券余额=融券余量*统计日收盘价格。
3.平均维持担保比例=全市场有融资融券负债的客户资产总额/全市场客户负债总额。
4.ETF自2011年12月开始被纳入融资融券标的证券。

数据来源：中国证券金融公司

Source:CSF

2-32 续表 1 continued

年份 Year	融资融券交易金额(亿元) Turnover of Margin Transactions (100 million yuan)					
	ETF	其中：融资买入额 Margin Purchase	其中：融券卖出额 Short Selling	合计 Total	其中：融资买入额 Margin Purchase	其中：融券卖出额 Short Selling
2014	4700.82	2295.28	2405.53	106525.25	95257.71	11267.54
2015	7316.31	4003.14	3313.17	352980.62	323752.37	29228.25
2016	822.10	605.56	216.53	115648.01	114811.82	836.19
2017	2182.36	1843.28	339.08	105785.93	103909.56	1876.37
2018	3365.20	2953.30	411.91	77643.12	75735.47	1907.66
2019	4843.41	4279.77	563.64	116462.49	113549.03	2913.46

2-32 续表 2 continued

年份 Year	融资融券余额(亿元) Outstanding Balance of Margin Transactions (100 million yuan)					
	股票 Stock	其中: 融资余额 Margin Purchase	其中: 融券余额 Short Selling	ETF	其中: 融资余额 Margin Purchase	其中: 融券余额 Short Selling
2014	9419.54	9369.43	50.11	854.02	822.41	31.61
2015	11220.55	11205.07	15.48	531.16	517.03	14.13
2016	9003.04	8980.41	22.62	395.15	382.92	12.23
2017	9431.11	9405.18	25.93	836.59	817.44	19.15
2018	6719.94	6693.17	26.77	842.56	801.47	41.09
2019	9020.03	8926.75	93.29	1177.63	1133.54	44.09

2-32 续表 3 continued

年份 Year	融资融券余额(亿元) Outstanding Balance of Margin Transactions (100 million yuan)			开展融资融券业务证券公司及营业部(家) Security Companies Operating Margin Transactions(unit)	
	合计 Total	其中: 融资余额 Margin Purchase	其中: 融券余额 Short Selling	证券公司数量 Number of Security Companies	营业部数量 Number of Branches
2014	10273.56	10191.84	81.72	91	5805
2015	11751.71	11722.11	29.60	93	7529
2016	9398.19	9363.33	34.85	93	8635
2017	10267.70	10222.62	45.08	93	10024
2018	7562.51	7494.64	67.86	94	10768
2019	10197.66	10060.28	137.38	93	11287

2-32 续表 4 continued

年份 Year	担保物(亿元) Margin(100 million yuan)					客户平均维持担保比例(%) Average Maintenance Ratio(%)
	证券市值 Market Value of Securities Used as Margin			现金 Cash	合计 Total	
	小计 Subtotal	股票 Stock	债券、基金及其它 Bond、Fund and Others			
2014	25974.51	25763.16	211.35	1339.27	27313.79	240.44
2015	35941.93	35798.53	143.40	2442.97	38384.90	277.30
2016	28712.68	28617.32	95.36	1394.26	30106.94	269.81
2017	30176.28	30013.99	162.29	1110.09	31286.37	261.84
2018	19855.74	19556.67	299.06	1060.33	20916.07	230.53
2019	31450.15	31056.44	393.71	1441.09	32891.25	276.56

2-33 转融通业务情况
Statistics of Refinancing Securities

项目 Items	指标 Index		2018	2019
借入人数量（家） Number of Borrowers(unit)	证券公司 Security Company		92	91
转融券标的证券数量（只）Number of Margin Securities（unit）			949	1669
交易金额（亿元） Turnover(100 million yuan)	转融资 Margin Funds	转融资交易金额 Margin Funds Loans	1740.58	1252.07
		其中：新合约融出 New Loans	1740.58	1252.07
		展期融出 Rollover	0.00	0.00
	转融券 Margin Securities	转融券交易金额 Margin Securities Loans	164.56	649.72
		其中：新合约融出 New Loans	164.02	510.52
		展期融出 Rollover	0.55	139.21
	合计 Total		1905.14	1901.79
归还金额（亿元） Redemption Value (100 million yuan)	转融资归还金额 Repaid Margin Funds Loans		2010.51	1041.42
	转融券归还金额 Returned Margin Securities Loans		164.28	391.78
	合计 Total		2174.79	1433.20
余额（亿元） Outstanding Loans (100 million yuan)	转融资余额 Outstanding Margin Funds Loans		511.06	721.71
	转融券余额 Outstanding Margin Securities Loans		6.16	116.17
	合计 Total		517.22	837.88
负债（亿元） Liability(100 million yuan)	转融资总负债 Total Liabilities of Margin Funds		520.11	733.72
	转融券总负债 Total Liabilities of Margin Securities		6.22	117.21
	合计 Total		526.33	850.93
保证金（亿元） Collateral Value (100 million yuan)	货币资金金额 Cash		105.11	117.03
	可充抵保证金证券价值 Securities		74.31	103.81
	合计 Total		179.42	220.84
保证金比例（%） Collateral Ratio（%）	市场平均 Average		34.09	27.15
	市场最低 Lowest		20.18	20.05
保证金比例分布（家） Distribution of Collateral Ratio(unit)	>=50%		10	11
	[24%，50%)		24	27
	[20%，24%)		12	24
	<20%		0	0

注：1.转融通交易额=转融资交易额+转融券交易额=转融资新合约融出额+转融资展期融出合约额+转融券新合约融出额+转融券展期融出合约额。

2.归还额是指归还转融通本金金额，不包含息费。

3.证券公司数量、转融资余额为截至12月31日数据。

4.可充抵保证金证券价值是指折算后的可充抵保证金证券市值。

5.市场平均保证金比例=有转融通余额的证券公司保证金总额/证券公司总负债。

6.保证金和保证金比例及分布以统计日（2019年12月31日）标的物为准，当日调出标的部分不在统计范围内。

7.转融资业务开始于2012年8月30日，转融券业务开始于2013年8月23日。

数据来源：中国证券金融公司

Source:CSF

2-34 开立信用证券账户的投资者情况
Investors with Credit Security Accounts

单位：万 (10,000)

	个人 Individual		机构 Institution	
	2018	2019	2018	2019
一、期初开立的信用证券账户的投资者数	454.11	470.70	1.41	1.72
Number of Investors with Credit Security Accounts, Beginning of Year				
二、本年新开信用证券账户的投资者数	19.05	40.08	0.49	0.73
Number of Investors with New Credit Security Accounts, Opening this Year				
三、本年新销信用证券账户的投资者数	2.46	3.13	0.19	0.2
Number of Investors with Credit Security Accounts, Closed this Year				
四、期末开立的信用证券账户的投资者数	470.70	507.65	1.72	2.25
Number of Investors with Credit Security Accounts, End of Year				

注：1.开立信用证券账户的投资者数以信用证券账户对应的一码通账户数统计。
2.信用证券账户不同于普通证券账户，是投资者为参与融资融券交易而向证券公司申请开立的证券账户。该账户是证券公司在我公司开立的“客户信用交易担保证券账户”的二级账户，用于记录投资者委托证券公司持有的担保证券的明细数据。

数据来源：中国证券登记结算公司
Source:CSDC

2-35 证券及股票期权投资者的资金余额及变动情况
Outstanding Fund and Its Change of Securities and Stock Options

年份 Year	资金类别 Type of Fund	资金余额(亿元) Outstanding Fund Value (100 million yuan)		投资者银证转账/银衍转账引起的资金变动金额(亿元) Change of Fund Caused by Bank-stock Transaction/Bank-derivative Transaction (100 million yuan)		
		期末金额 Ending Value	日平均金额 Daily Turnover	转入额 Input	转出额 Output	净转入额 Net Input
2014	证券交易结算资金 Securities Transaction Settlement Fund	10977.14	7387.01	138105.05	129501.48	8603.57
	股票期权保证金 Stock Option Margin	—	—	—	—	—
	融资融券担保资金 Collateral Value of Margin Transaction	—	—	—	—	—
2015	证券交易结算资金 Securities Transaction Settlement Fund	17648.83	22148.81	429831.51	402942.06	26889.45
	股票期权保证金 Stock Option Margin	—	—	—	—	—
	融资融券担保资金 Collateral Value of Margin Transaction	—	—	—	—	—

注：1.“证券交易结算资金”是指“证券市场交易结算资金监控系统”获取的有经纪业务的证券公司全部经纪业务客户(含部分采取证券公司结算模式的资产管理计划)从事证券交易等的人民币交易结算资金，不包括投资者从事B股交易、融资融券业务等的资金，也不包括证券公司自营、QFII以及采用托管人结算模式的证券公司资产管理计划和公开募集证券投资基金等从事证券交易的资金。

2.“股票期权保证金”是指“证券市场交易结算资金监控系统”获取的证券公司的客户用于证券交易所股票期权交易、行权结算和履约保证的资金(包括权利金、保证金及行权资金)，不包括证券公司自营及做市业务、QFII及采用托管人结算模式的证券公司资产管理计划和公开募集证券投资基金等从事股票期权交易、行权结算和履约保证的资金。

3.“银证转账”是指在客户交易结算资金第三方存管制度下投资者在银行结算账户和证券资金账户之间的资金划转方式，是引起“证券交易结算资金”变动的重要方式之一。“投资者银证转账引起的资金变动金额”项下的“转入额”是指投资者从银行结算账户转入资金账户的金额；“转出额”是指投资者从资金账户转出到银行结算账户的金额；“净转入(转出)额”=“转入额”-“转出额”，其中，正数为净转入，负数为净转出。

4.“银衍转账”是指投资者在银行结算账户和衍生品资金账户之间的资金划转方式，是引起“股票期权保证金”变动的重要方式之一。“投资者银衍转账引起的资金变动金额”项下的“转入额”是指投资者从银行结算账户转入衍生品资金账户的金额(入金)；“转出额”是指投资者从衍生品资金账户转出到银行结算账户的金额(出金)；“净转入(转出)额”(即出入金净额)=“转入额”-“转出额”,其中，正数为净转入，负数为净转出。

5.证券市场交易结算资金监控系统自2015年2月9日对股票期权保证金实施监控，自2015年9月11日对融资融券担保资金实施监控。

数据来源：中国证券投资者保护基金有限责任公司
Source:SIPF

2-35 续表 continued

年份 Year	资金类别 Type of Fund	资金余额(亿元) Outstanding Fund Value (100 million yuan)		投资者银证转账/银衍转账引起的资金变动金额(亿元) Change of Fund Caused by Bank-stock Transaction/ Bank-derivative Transaction (100 million yuan)		
		期末金额 Ending Value	日平均金额 Daily Turnover	转入额 Input	转出额 Output	净转入额 Net Input
2016	证券交易结算资金 Securities Transaction Settlement Fund	12678.46	15680.03	248810.27	248937.20	-126.93
	股票期权保证金 Stock Option Margin	47.56	38.45	248.94	214.92	34.02
	融资融券担保资金 Collateral Value of Margin Transaction	1392.32	2047.98	30346.46	33091.00	-2744.54
2017	证券交易结算资金 Securities Transaction Settlement Fund	9217.16	12347.80	226998.03	227630.27	-632.24
	股票期权保证金 Stock Option Margin	50.82	57.36	291.03	277.75	13.28
	融资融券担保资金 Collateral Value of Margin Transaction	1107.46	1459.59	22276.43	23876.18	-1599.75
2018	证券交易结算资金 Securities Transaction Settlement Fund	8048.41	10287.32	205626.82	210187.31	-4560.49
	股票期权保证金 Stock Option Margin	71.40	57.06	425.39	378.62	46.78
	融资融券担保资金 Collateral Value of Margin Transaction	1057.00	1333.57	18943.25	19433.90	-490.65
2019	证券交易结算资金 Security Transaction Settlement Fund	11201.26	11811.63	232217.38	240598.30	-8380.92
	股票期权保证金 Stock Option Margin	166.45	130.68	1179.36	1055.41	123.95
	融资融券担保资金 Collateral Value of Margin Transaction	1438.41	1657.98	25420.91	26125.38	-704.47

2-36 沪深港通情况
Statistics of Shanghai and Shenzhen-Hong Kong Stock Connect

年份 Year	标的股票数量(只) Number of Underlying Stocks (unit)			
	沪股通标的股 Underlying Stocks of Shanghai Stock Connect	港股通(沪市)标的股 Underlying Stocks of Hong Kong Stock Connect (Shanghai)	深股通标的股 Underlying Stocks of Shenzhen Stock Connect	港股通(深市)标的股 Underlying Stocks of Hong Kong Stock Connect (Shenzhen)
2014	569	273	—	—
2015	569	296	—	—
2016	574	316	881	418
2017	576	311	944	445
2018	577	323	859	479
2019	916	328	708	476

注：1.标的股依据年末时点划分。
2.买卖净额为全年净买卖金额。
3.市盈率和市净率计算剔除净利润、净资产为负的数据。
数据来源：上海证券交易所、深圳证券交易所
Source:SSE、SZSE

2-36 续表 1 continued

年份 Year	总市值(亿元) Market Capitalization of Shares (100 million yuan)			
	沪股通标的股 Underlying Stocks of Shanghai Stock Connect	港股通(沪市)标的股 Underlying Stocks of Hong Kong Stock Connect (Shanghai)	深股通标的股 Underlying Stocks of Shenzhen Stock Connect	港股通(深市)标的股 Underlying Stocks of Hong Kong Stock Connect (Shenzhen)
2014	220286.28	162323.13	—	—
2015	247931.89	164209.39	—	—
2016	229989.62	182001.69	161650.98	146.27
2017	275797.96	238803.66	175824.12	1983.83
2018	229521.23	212627.94	121840.23	213503.46
2019	322529.02	256990.22	177247.23	269025.42

2-36 续表 2 continued

年份 Year	流通市值(亿元) Negotiable Market Capitalization (100 million yuan)		市盈率(倍) P/E Ratio (times)	
	沪股通标的股 Underlying Stocks of Shanghai Stock Connect	深股通标的股 Underlying Stocks of Shenzhen Stock Connect	沪股通标的股 Underlying Stocks of Shanghai Stock Connect	深股通标的股 Underlying Stocks of Shenzhen Stock Connect
2014	202746.98	—	13.21	—
2015	221572.57	—	14.55	—
2016	206064.03	128133.03	13.25	34.64
2017	244770.84	132881.85	13.51	32.94
2018	202207.78	93986.54	11.63	17.98
2019	282579.56	138879.37	13.79	24.40

2-36 续表 3 continued

年份 Year	市净率(倍) P/B Ratio (times)		买卖净额(亿元) Net Amount of Buy and Sell Trade (100 million yuan)			
	沪股通标的股 Underlying Stocks of Shanghai Stock Connect	深股通标的股 Underlying Stocks of Shenzhen Stock Connect	沪股通投资者买卖净额(亿元) Shanghai Stock Connect	港股通(沪市)投资者买卖净额(亿元) Hong Kong Stock Connect (Shanghai)	深股通投资者买卖净额(亿元) Shenzhen Stock Connect	港股通(深市)投资者买卖净额(亿元) Hong Kong Stock Connect (Shenzhen)
2014	1.75	—	685.70	103.97	—	—
2015	1.65	—	185.29	1016.21	—	—
2016	1.39	2.81	455.11	2051.88	151.68	59.95
2017	1.50	2.68	629.73	1968.06	1367.64	978.78
2018	1.31	1.67	1810.94	103.42	1131.24	567.07
2019	1.50	2.49	1566.33	1331.81	1951.10	886.39

2-37 科创板公司概貌

序号 Number	股票代码 Stock Code	股票简称 Stock Abbreviation	上市日期 Listing Date	所属行业 Industry Classification	发行市盈率（倍） IPO P/E Ratio (times)	筹资金额（亿元） Proceeds Raised by IPO (100 million yuan)
1	688001	华兴源创	2019/7/22	制造业	41.08	9.73
2	688002	睿创微纳	2019/7/22	制造业	79.09	12.00
3	688003	天准科技	2019/7/22	制造业	57.48	12.34
4	688005	容百科技	2019/7/22	制造业	58.21	11.98
5	688006	杭可科技	2019/7/22	制造业	39.80	11.25
6	688007	光峰科技	2019/7/22	制造业	47.89	11.90
7	688008	澜起科技	2019/7/22	制造业	40.12	28.02
8	688009	中国通号	2019/7/22	制造业	18.80	105.30
9	688010	福光股份	2019/7/22	制造业	49.39	9.79
10	688011	新光光电	2019/7/22	制造业	58.32	9.52
11	688012	中微公司	2019/7/22	制造业	170.75	15.52
12	688015	交控科技	2019/7/22	制造业	43.03	6.47
13	688016	心脉医疗	2019/7/22	制造业	39.75	8.32
14	688018	乐鑫科技	2019/7/22	信息传输、软件和信息技术服务业	56.67	12.52
15	688019	安集科技	2019/7/22	制造业	48.26	5.20
16	688020	方邦股份	2019/7/22	制造业	38.51	10.78
17	688021	奥福环保	2019/11/6	制造业	46.62	5.23
18	688022	瀚川智能	2019/7/22	制造业	44.36	6.96
19	688023	安恒信息	2019/11/5	信息传输、软件和信息技术服务业	72.38	10.46
20	688025	杰普特	2019/10/31	制造业	49.02	10.13
21	688028	沃尔德	2019/7/22	制造业	34.12	5.34
22	688029	南微医学	2019/7/22	制造业	39.92	17.49
23	688030	山石网科	2019/9/30	信息传输、软件和信息技术服务业	55.08	9.49
24	688033	天宜上佳	2019/7/22	制造业	35.32	9.75
25	688036	传音控股	2019/9/30	制造业	42.78	28.12
26	688037	芯源微	2019/12/16	制造业	112.70	5.66
27	688039	当虹科技	2019/12/11	信息传输、软件和信息技术服务业	65.85	10.10
28	688058	宝兰德	2019/11/1	信息传输、软件和信息技术服务业	61.76	7.93
29	688066	航天宏图	2019/7/22	信息传输、软件和信息技术服务业	46.15	7.16
30	688068	热景生物	2019/9/30	制造业	48.85	4.58
31	688078	龙软科技	2019/12/30	信息传输、软件和信息技术服务业	49.04	3.82
32	688088	虹软科技	2019/7/22	信息传输、软件和信息技术服务业	74.41	13.29
33	688089	嘉必优	2019/12/19	制造业	43.12	7.17
34	688098	申联生物	2019/10/28	制造业	43.87	4.40
35	688099	晶晨股份	2019/8/8	信息传输、软件和信息技术服务业	58.42	15.83

数据来源：上海证券交易所
Source:SSE

Overview of STAR Market

上市首日涨跌幅(%) Price Change Rate on Issue Day of IPO(%)	上市以来日均换手率(%) Average Daily Turnover Rate (%)	总市值(亿元) Market Capitalization of Shares (100 million yuan)	流通市值(亿元) Negotiable Market Capitalization (100 million yuan)	总股本(亿股) Share Capital of Listed Companies (100 million shares)	流通股本(亿股) Negotiable Shares (100 million shares)	期末市盈率(倍) P/E Ratio (times)
128.77	1.35	177.56	16.78	4.01	0.38	72.99
151.00	1.46	169.50	19.93	4.45	0.52	135.42
85.88	2.67	56.80	13.05	1.94	0.44	60.13
86.06	1.17	147.48	14.13	4.43	0.42	69.28
99.13	1.18	159.32	14.87	4.01	0.37	55.66
121.94	1.62	125.08	15.95	4.52	0.58	70.68
202.10	0.63	809.06	53.74	11.30	0.75	109.80
109.74	1.06	596.57	90.27	86.21	13.04	21.50
92.98	3.95	64.14	14.97	1.54	0.36	70.18
84.22	3.02	41.97	9.66	1.00	0.23	57.75
179.32	1.06	494.21	46.14	5.35	0.50	543.88
134.24	2.94	52.96	11.00	1.60	0.33	79.76
242.42	2.26	105.78	22.14	0.72	0.15	116.69
106.25	3.53	134.22	30.41	0.80	0.18	142.96
400.15	2.84	70.15	16.15	0.53	0.12	156.01
87.64	2.79	72.58	16.70	0.80	0.18	61.96
26.90	3.64	28.06	6.74	0.77	0.19	60.01
94.61	3.64	47.48	11.02	1.08	0.25	67.58
39.93	2.86	103.70	23.09	0.74	0.16	134.90
33.74	2.39	38.93	8.95	0.92	0.21	41.70
109.90	5.31	50.90	11.97	0.80	0.19	76.77
110.70	2.44	214.14	50.97	1.33	0.32	111.13
112.73	3.50	74.41	15.27	1.80	0.37	107.98
96.76	1.15	121.25	11.89	4.49	0.44	46.08
64.44	0.88	365.04	33.34	8.00	0.73	55.53
139.15	9.03	61.56	13.73	0.84	0.19	202.00
54.08	5.63	66.40	15.93	0.80	0.19	103.92
26.36	3.76	39.66	9.35	0.40	0.09	77.10
175.94	3.54	63.57	14.66	1.66	0.38	99.96
140.63	2.74	29.19	6.78	0.62	0.14	60.63
126.49	15.18	36.15	8.68	0.71	0.17	116.07
126.97	1.35	191.84	18.49	4.06	0.39	121.76
93.18	6.30	44.66	10.26	1.20	0.28	46.05
318.30	1.63	68.71	7.75	4.10	0.46	78.45
272.36	0.90	221.96	20.93	4.11	0.39	78.56

2-37 续表

序号 Number	股票代码 Stock Code	股票简称 Stock Abbreviation	上市日期 Listing Date	所属行业 Industry Classification	发行市盈率(倍) IPO P/E Ratio (times)	筹资金额(亿元) Proceeds Raised by IPO (100 million yuan)
36	688101	三达膜	2019/11/15	制造业	34.96	15.24
37	688108	赛诺医疗	2019/10/30	制造业	32.75	3.50
38	688111	金山办公	2019/11/18	信息传输、软件和信息技术服务业	78.37	46.32
39	688116	天奈科技	2019/9/25	制造业	57.07	9.27
40	688118	普元信息	2019/12/4	信息传输、软件和信息技术服务业	57.02	6.42
41	688122	西部超导	2019/7/22	制造业	67.80	6.63
42	688123	聚辰股份	2019/12/23	制造业	52.79	10.05
43	688128	中国电研	2019/11/5	科学研究和技术服务业	42.92	9.40
44	688138	清溢光电	2019/11/20	制造业	42.01	5.87
45	688139	海尔生物	2019/10/25	制造业	89.05	12.31
46	688166	博瑞医药	2019/11/8	制造业	72.46	5.21
47	688168	安博通	2019/9/6	信息传输、软件和信息技术服务业	48.52	7.28
48	688188	柏楚电子	2019/8/8	信息传输、软件和信息技术服务业	50.19	17.15
49	688196	卓越新能	2019/11/21	制造业	38.54	12.88
50	688198	佰仁医疗	2019/12/9	制造业	68.07	5.68
51	688199	久日新材	2019/11/5	制造业	42.16	18.54
52	688202	美迪西	2019/11/5	科学研究和技术服务业	48.61	6.43
53	688218	江苏北人	2019/12/11	制造业	44.67	5.09
54	688258	卓易信息	2019/12/9	信息传输、软件和信息技术服务业	54.25	5.76
55	688268	华特气体	2019/12/26	制造业	42.89	6.65
56	688288	鸿泉物联	2019/11/6	制造业	46.26	6.25
57	688299	长阳科技	2019/11/6	制造业	48.72	9.69
58	688300	联瑞新材	2019/11/15	制造业	41.70	5.86
59	688310	迈得医疗	2019/12/3	制造业	42.21	5.18
60	688321	微芯生物	2019/8/12	制造业	467.51	10.22
61	688333	铂力特	2019/7/22	制造业	68.40	6.60
62	688357	建龙微纳	2019/12/4	制造业	53.16	6.26
63	688358	祥生医疗	2019/12/3	制造业	44.31	10.11
64	688363	华熙生物	2019/11/6	制造业	54.64	23.69
65	688366	昊海生科	2019/10/30	制造业	42.20	15.88
66	688368	晶丰明源	2019/10/14	信息传输、软件和信息技术服务业	46.90	8.73
67	688369	致远互联	2019/10/31	信息传输、软件和信息技术服务业	59.99	9.51
68	688388	嘉元科技	2019/7/22	制造业	37.41	16.33
69	688389	普门科技	2019/11/5	制造业	74.65	3.91
70	688399	硕世生物	2019/12/5	制造业	49.21	6.86

continued

上市首日涨跌幅(%) Price Change Rate on Issue Day of IPO(%)	上市以来日均换手率(%) Average Daily Turnover Rate (%)	总市值(亿元) Market Capitalization of Shares (100 million yuan)	流通市值(亿元) Negotiable Market Capitalization (100 million yuan)	总股本(亿股) Share Capital of Listed Companies (100 million shares)	流通股本(亿股) Negotiable Shares (100 million shares)	期末市盈率(倍) P/E Ratio (times)
48.96	2.81	66.68	15.30	3.34	0.77	36.77
217.74	1.57	66.67	7.53	4.10	0.46	74.74
175.51	1.01	755.58	110.69	4.61	0.68	243.21
221.19	2.86	75.01	17.88	2.32	0.55	110.98
60.78	8.52	38.34	9.19	0.95	0.23	79.83
266.60	1.13	148.58	14.10	4.41	0.42	110.09
139.19	7.41	86.62	20.27	1.21	0.28	113.80
43.27	1.68	78.96	8.95	4.05	0.46	38.16
122.67	4.92	45.28	10.71	2.67	0.63	72.26
96.20	3.02	91.57	21.20	3.17	0.73	80.35
140.83	0.97	130.26	12.39	4.10	0.39	177.94
216.53	2.72	52.72	12.45	0.51	0.12	85.66
255.61	1.93	157.22	36.55	1.00	0.23	112.88
18.50	3.11	48.96	11.71	1.20	0.29	36.62
49.41	5.31	40.46	8.74	0.96	0.21	121.15
6.42	2.17	68.85	16.04	1.11	0.26	39.14
71.08	2.98	36.18	7.43	0.62	0.13	59.53
84.74	5.29	32.09	7.05	1.17	0.26	66.36
108.38	7.00	74.92	17.98	0.87	0.21	145.26
134.66	10.79	52.62	12.60	1.20	0.29	77.56
25.09	4.22	32.12	6.94	1.00	0.22	56.23
30.27	4.32	48.86	11.68	2.83	0.68	54.97
61.29	4.26	39.07	9.11	0.86	0.20	66.95
25.17	5.01	24.22	5.81	0.84	0.20	43.24
366.52	1.22	230.01	23.89	4.10	0.43	738.06
94.94	4.37	44.17	10.16	0.80	0.18	77.24
-2.15	4.86	27.45	6.58	0.58	0.14	58.31
2.04	4.15	41.05	9.84	0.80	0.19	43.18
78.07	0.91	400.32	38.69	4.80	0.46	94.45
46.48	1.06	123.96	13.56	1.38	0.15	38.59
84.12	2.84	54.50	12.54	0.62	0.14	67.01
55.70	3.15	45.24	10.71	0.77	0.18	61.99
100.50	2.62	130.84	30.30	2.31	0.53	74.16
115.71	1.49	69.33	5.80	4.22	0.35	85.44
17.32	5.80	33.94	8.00	0.59	0.14	53.18

2-38　科创板融资融券情况
Margin Transactions of STAR Market

年份 Year	融资余额 (亿元) Outstanding Balance of Margin Trading (100 million yuan)	占市值比 (%) Proportion (%)	融券余额 (亿元) Outstanding Balance of Short Selling (100 million yuan)	占市值比 (%) Proportion (%)	日均融资买入 (亿元) Average Daily Margin Purchase (100 million yuan)	占比 (%) Proportion (%)	日均融券卖出 (亿元) Average Daily Short Sales (100 million yuan)	占比 (%) Proportion (%)
2019	55	4.30	21	1.64	765	5.75	256	1.92

数据来源：上海证券交易所
Source: SSE

2-39　2019年科创板开户情况
Account Opening of STAR Market in 2019

账户 Account	2019年新增(万个) New Additions in 2019 (10 thousand units)		日均新增(万个) Average Daily Increase (10 thousand units)		开户总数(万个) Number of Accounts at the End of 2019 (10 thousand units)	
	值 Unit	增幅(%) Growth Rate(%)	值 Unit	增幅(%) Growth Rate(%)	值 Unit	增幅(%) Growth Rate(%)
科创板权限账户 Number of Accounts	590	—	—	—	590	—
科创板权限一码通 Number of Investors	464	—	—	—	464	—

数据来源：上海证券交易所
Source: SSE

2-40　科创板市场估值分布
Valuation Distribution of STAR Market

年份 Year	市盈率分布 P/E Ratio Distribution			市净率分布 P/B Ratio Distribution		
	市盈率(倍) P/E Ratio (times)	股票数(只) Number of Stocks (units)	市值占比(%) Market Value Proportion (%)	市净率（倍） Book Value (times)	股票数(只) Number of Stocks (units)	市值占比(%) Market Value Proportion (%)
2019	0-10	—	—	0-1	—	—
	10-20	1	6.91	1-2	1	6.91
	20-30	4	6.36	2-3	—	—
	30-50	10	9.44	3-4	4	3.59
	50-100	32	39.16	4-6	17	18.16
	100以上	22	36.93	6以上	48	71.34
	亏损	1	1.20	负值	—	—

数据来源：上海证券交易所
Source: SSE

2-41 科创板市值前10位股票及行业
Top 10 Stocks and Industries of STAR Market

序号 Number	股票前十位 Top 10 Stocks			行业前十位 Top 10 Industries		
	股票名称 Stock Abbreviation	市价总值(亿元) Market Capitalization of Shares (100 million yuan)	占比(%) Proportion (%)	行业名称 Industry Name	市价总值 Market Capitalization of Shares (100 million yuan)	占比(%) Proportion (%)
1	澜起科技	809	9.37	新一代信息技术	4305	49.85
2	金山办公	756	8.75	生物医药	1726	19.98
3	中国通号	597	6.91	高端装备	1508	17.46
4	中微公司	494	5.72	新材料	664	7.69
5	华熙生物	400	4.63	新能源	147	1.71
6	传音控股	365	4.23	节能环保	144	1.66
7	微芯生物	230	2.66	其他	143	1.66
8	晶晨股份	222	2.57	—	—	—
9	南微医学	214	2.48	—	—	—
10	虹软科技	192	2.22	—	—	

数据来源：上海证券交易所
Source: SSE

2-42 科创板活跃股票
Active Stocks of STAR Market

序号 Number	成交额前10名 Top 10 Ranked by Trading Turnover		成交量前10名 Top 10 Ranked by Trading Volume	
	股票名称 Stock Abbreviation	成交额(亿元) Trading Turnover (100 million yuan)	股票名称 Stock Abbreviation	成交量(亿股) Trading Volume (100 million shares)
1	中国通号	1017	中国通号	101.0
2	澜起科技	578	光峰科技	8.1
3	中微公司	509	澜起科技	7.8
4	南微医学	501	睿创微纳	7.2
5	乐鑫科技	492	福光股份	6.7
6	沃 尔 德	473	嘉元科技	6.7
7	福光股份	452	航天宏图	6.5
8	嘉元科技	392	中微公司	6.3
9	虹软科技	377	虹软科技	6.1
10	睿创微纳	364	华兴源创	6.0

数据来源：上海证券交易所
Source: SSE

2-42 续表 continued

序号 Number	涨幅前10名 Top 10 Ranked by Price Increase Rate			跌幅前10名 Top 10 Ranked by Price Decrease Rate		
	股票名称 Stock Abbreviation	涨跌幅(%) Price Change Rate(%)	收盘价(元) Closing Price(yuan)	股票名称 Stock Abbreviation	涨跌幅(%) Price Change Rate(%)	收盘价(元) Closing Price(yuan)
1	金山办公	257.39	163.90	久日新材	-7.17	61.90
2	安集科技	237.02	132.08	卓越新能	-4.96	40.80
3	卓易信息	225.25	86.16	杰 普 特	-3.90	42.15
4	中微公司	218.51	92.40	—	—	—
5	心脉医疗	217.89	146.96	—	—	—
6	南微医学	206.20	160.60	—	—	—
7	澜起科技	188.75	71.61	—	—	—
8	微芯生物	174.60	56.10	—	—	—
9	芯源微	171.75	73.29	—	—	—
10	乐鑫科技	168.00	167.77	—	—	—

2-43 新三板市场概况

Overview of NEEQ Market

年份 Year	挂牌公司家数(家) Number of Listed NEEQ Companies (unit)	挂牌公司股本(亿股) Share Capital of Listed NEEQ Companies (100 million shares)	挂牌公司流通股本(亿股) Negotiable Shares (100 million shares)	挂牌公司股票市值(亿元) Market Capitalization of Shares (100 million yuan)
2012	200	55.27	23.40	336.10
2013	356	97.17	38.95	553.06
2014	1572	658.35	236.88	4591.42
2015	5129	2959.51	1023.63	24584.42
2016	10163	5851.55	2386.81	40558.11
2017	11630	6756.73	3416.92	49404.56
2018	10691	6324.53	3564.27	34487.26
2019	8953	5616.29	3365.26	29399.60

注：挂牌公司数量以挂牌日口径统计。
数据来源：全国中小企业股份转让系统
Source:NEEQ

2-43 续表 continued

年份 Year	成交量 (亿股) Trading Volume (100 million shares)	日均成交量 (亿股) Average Daily Volume (100 million shares)	成交金额 (亿元) Trading Turnover (100 million yuan)	日均成交金额 (亿元) Average Daily Turnover (100 million yuan)	市值换手率(%) Turnover Ratio of Market Capitalization (%)	市盈率 (倍) P/E Ratio (times)
2012	1.15	0.00	5.84	0.02	4.47	20.69
2013	2.02	0.01	8.14	0.03	4.47	21.44
2014	22.82	0.09	130.36	0.53	19.67	35.27
2015	278.91	1.14	1910.62	7.83	53.88	47.23
2016	363.63	1.49	1912.29	7.84	20.74	28.71
2017	433.22	1.78	2271.80	9.31	13.47	30.18
2018	236.29	0.97	888.01	3.65	5.31	20.86
2019	220.20	0.90	825.69	3.38	6.00	19.74

2-44 2019年新三板市场分行业规模情况
Dimensions of Listed Companies in NEEQ by Industry in 2019

行业 Industry	挂牌公司家数(家) Number of Listed NEEQ Companies (unit)	挂牌公司股本(亿股) Share Capital of Listed NEEQ Companies (100 million shares)	挂牌公司流通股本(亿股) Negotiable Shares (100 million shares)
农、林、牧、渔 Agriculture, Forestry, Animal Husbandry and Fishery	200	159.69	98.54
采矿业 Mining	32	38.64	31.09
制造业 Manufacturing	4409	2479.67	1346.56
电力、热力、燃气及水生产和供应业 Production and Supply of Electricity, Gas and Water	111	155.24	80.73
建筑业 Construction	304	208.04	107.15
批发和零售业 Wholesale and Retail Trades	400	199.25	105.29
交通运输、仓储和邮政业 Transport, Storage and Post	156	102.49	64.65
住宿和餐饮业 Hotels and Catering Services	28	11.79	7.32
信息传输、软件和信息技术服务业 Information Transmission, Computer Services and Software	1725	723.37	430.68
金融业 Financial Intermediation	115	776.24	638.59
房地产业 Real Estate	71	29.09	17.43
租赁和商务服务业 Leasing and Business Services	465	290.75	197.52
科学研究和技术服务业 Scientific Research, Technical Service	442	175.06	89.11
水利、环境和公共设施管理业 Management of Water Conservancy, Environment and Public Facilities	161	107.70	58.91
居民服务、修理和其他服务业 Residential Services, Repairing and Other Services	24	6.54	3.49
教育 Education	70	26.29	12.84
卫生和社会工作 Health and Social Works	38	17.89	10.34
文化、体育和娱乐业 Culture, Sports and Entertainment	202	108.53	65.03

注：挂牌公司数量以挂牌日口径统计。
数据来源：全国中小企业股份转让系统
Source:NEEQ

2-45 2019年新三板市场分辖区规模情况

Dimensions of Listed Companies in NEEQ by Jurisdiction in 2019

辖区	Jurisdiction	挂牌公司家数(家) Number of Listed NEEQ Companies(unit)	挂牌公司股本(亿股) Share Capital of Listed NEEQ Companies (100 million shares)	挂牌公司流通股本(亿股) Negotiable Shares (100 million shares)
北京	Beijing	1190	992.68	706.47
天津	Tianjin	162	71.27	36.46
河北	Hebei	216	144.10	76.54
山西	Shanxi	83	46.00	21.95
内蒙古	Inner Mongolia	54	44.47	25.93
辽宁	Liaoning	111	84.60	48.14
吉林	Jilin	70	40.66	23.41
黑龙江	Heilongjiang	77	51.95	28.82
上海	Shanghai	715	370.56	239.89
江苏	Jiangsu	1072	598.53	321.35
浙江	Zhejiang	671	362.47	204.95
安徽	Anhui	308	245.59	129.74
福建	Fujian	180	143.95	85.25
江西	Jiangxi	125	77.03	39.86
山东	Shandong	455	301.24	185.35
河南	Henan	309	205.67	113.99
湖北	Hubei	314	155.14	87.98
湖南	Hunan	179	115.39	72.04
广东	Guangdong	829	449.71	230.41
广西	Guangxi	66	49.85	31.75
海南	Hainan	31	36.17	30.22
重庆	Chongqing	112	71.59	43.47
四川	Sichuan	272	141.82	80.32
贵州	Guizhou	50	62.01	31.58
云南	Yunnan	79	62.11	42.79
西藏	Tibet	16	11.66	7.52
陕西	Shaanxi	143	92.71	47.12
甘肃	Gansu	32	37.33	29.14
青海	Qinghai	7	11.74	3.19
宁夏	Ningxia	54	33.89	21.16
新疆	Xinjiang	72	48.17	33.34
深圳	Shenzhen	490	249.95	153.30
大连	Dalian	72	32.08	19.83
宁波	Ningbo	115	91.98	66.54
厦门	Xiamen	130	48.80	27.23
青岛	Qingdao	92	33.44	18.24

注：1.挂牌公司数量以挂牌日口径统计。
2.辖区按挂牌公司注册地统计。
数据来源：全国中小企业股份转让系统
Source:NEEQ

2-46 新三板市场挂牌公司股票发行情况
Directional Issuance of Listed Companies in NEEQ

年份 Year	发行次数(次) Number of Issuance (times)	发行股数(亿股) Number of Shares Issued (100 million shares)	筹资金额(亿元) Proceeds Raised (100 million yuan)	均价(元) Average Price (yuan)
2012	24	1.93	8.59	4.45
2013	60	2.92	10.02	3.43
2014	329	26.52	132.09	4.98
2015	2565	230.79	1216.17	5.27
2016	2940	294.61	1390.89	4.72
2017	2725	239.26	1336.25	5.58
2018	1402	123.83	604.43	4.88
2019	637	73.73	264.63	3.59

注：发行统计中不包含优先股。
数据来源：全国中小企业股份转让系统
Source:NEEQ

2-47 2019年新三板市场挂牌公司分行业股票发行情况
Directional Issuance of Listed Companies in NEEQ by Industry in 2019

行业 Industry	发行次数(次) Number of Issuance (times)	发行股数(亿股) Number of Shares Issued (100 million shares)	筹资金额(亿元) Proceeds Raised (100 million yuan)	均价(元) Average Price (yuan)
农、林、牧、渔 Agriculture, Forestry, Animal Husbandry and Fishery	13	1.40	4.33	3.09
采矿业 Mining	1	0.08	0.14	1.70
制造业 Manufacturing	330	46.54	134.95	2.90
电力、热力、燃气及水生产和供应业 Production and Supply of Electricity, Gas and Water	12	0.99	3.78	3.82
建筑业 Construction	18	1.40	4.34	3.10
批发和零售业 Wholesale and Retail Trades	22	1.47	23.34	15.89
交通运输、仓储和邮政业 Transport, Storage and Post	10	0.44	2.35	5.38
住宿和餐饮业 Hotels and Catering Services	1	0.02	0.02	1.00
信息传输、软件和信息技术服务业 Information Transmission, Computer Services and Software	121	5.82	37.68	6.47
金融业 Financial Intermediation	7	8.21	16.61	2.02
房地产业 Real Estate	7	0.19	0.87	4.61
租赁和商务服务业 Leasing and Business Services	33	1.42	6.48	4.56
科学研究和技术服务业 Scientific Research, Technical Service	36	2.46	18.31	7.46
水利、环境和公共设施管理业 Management of Water Conservancy, Environment and Public Facilities	10	0.92	3.67	4.01
居民服务、修理和其他服务业 Residential Services, Repairing and Other Services	0	0.00	0.00	0.00
教育 Education	5	1.62	3.60	2.22
卫生和社会工作 Health and Social Works	4	0.16	0.67	4.24
文化、体育和娱乐业 Culture, Sports and Entertainment	7	0.60	3.49	5.79

注：发行统计中不包含优先股。
数据来源：全国中小企业股份转让系统
Source:NEEQ

2-48 2019年新三板市场挂牌公司分辖区股票发行情况
Directional Issuance of Listed Companies in NEEQ by Jurisdiction in 2019

辖区	Jurisdiction	发行次数(次) Number of Issuance (times)	发行股数(亿股) Number of Shares Issued (100 million shares)	筹资金额(亿元) Proceeds Raised (100 million yuan)	均价(元) Average Price (yuan)
北京	Beijing	78	7.58	40.87	5.39
天津	Tianjin	12	0.56	2.48	4.46
河北	Hebei	14	1.16	5.13	4.43
山西	Shanxi	3	0.51	1.30	2.54
内蒙古	Inner Mongolia	7	0.34	1.12	3.24
辽宁	Liaoning	13	0.99	6.12	6.15
吉林	Jilin	7	0.52	2.28	4.39
黑龙江	Heilongjiang	4	0.14	0.41	2.87
上海	Shanghai	53	2.51	14.31	5.71
江苏	Jiangsu	92	25.87	54.07	2.09
浙江	Zhejiang	48	3.21	13.28	4.14
安徽	Anhui	21	2.06	7.69	3.72
福建	Fujian	20	1.29	5.47	4.23
江西	Jiangxi	13	0.96	3.22	3.37
山东	Shandong	38	2.61	12.98	4.97
河南	Henan	24	2.20	8.81	4.01
湖北	Hubei	23	1.77	6.58	3.71
湖南	Hunan	12	0.65	1.81	2.77
广东	Guangdong	93	12.06	37.46	3.11
广西	Guangxi	6	0.51	3.94	7.68
海南	Hainan	2	0.28	0.99	3.57
重庆	Chongqing	10	0.55	2.03	3.70
四川	Sichuan	17	2.16	23.78	11.00
贵州	Guizhou	2	0.09	0.19	2.24
云南	Yunnan	2	0.85	2.17	2.56
西藏	Tibet	1	0.08	0.30	3.96
陕西	Shaanxi	11	0.58	2.64	4.58
甘肃	Gansu	4	0.50	1.58	3.19
青海	Qinghai	0	0.00	0.00	0.00
宁夏	Ningxia	2	0.15	0.36	2.51
新疆	Xinjiang	5	0.99	1.26	1.28
深圳	Shenzhen	0	0.00	0.00	0.00
大连	Dalian	0	0.00	0.00	0.00
宁波	Ningbo	0	0.00	0.00	0.00
厦门	Xiamen	0	0.00	0.00	0.00
青岛	Qingdao	0	0.00	0.00	0.00

注：1.发行统计中不包含优先股。
2.挂牌公司辖区按挂牌公司注册地划分。

数据来源：全国中小企业股份转让系统

Source：NEEQ

2-49 新三板市场优先股情况
Overview of Preference Stock in NEEQ

年份 Year	证券代码 Stock Code	证券简称 Stock Abbreviation	挂牌日 Offering Day	优先股股本合计(万股) Share Capital of Preference Stock (10 thousand shares)	优先股筹资金额(亿元) Proceeds Raised (100 million yuan)
2016	430508	中视文化	2016-08-08	10.00	0.10
	833584	高峰科特	2016-08-16	10.45	0.10
	832666	齐鲁银行	2016-11-14	2000.00	20.00
2017	837463	贝融股份	2017-01-23	15.00	0.15
	430508	中视文化	2017-03-21	10.00	0.10
	835445	钢泓科技	2017-03-23	20.00	0.20
	834146	时代电影	2017-05-22	7.50	0.08
	834433	晖速通信	2017-07-04	15.00	0.15
	834387	肇庆动力	2017-08-02	47.00	0.47
	838109	裕丰威禾	2017-10-09	24.00	0.24
	839336	通力定造	2017-10-17	10.00	0.10
	839092	中导光电	2017-12-29	22.00	0.22
	870555	海帝股份	2017-12-25	9.70	0.10
2018	870984	新荣昌	2018-01-29	18.00	0.18
	831663	云叶股份	2018-02-08	20.00	0.20
	833930	通海绒业	2018-06-22	30.00	0.30
	834387	肇庆动力	2018-08-07	61.00	0.61
	831818	鑫辉精密	2018-09-13	10.22	0.10
	835362	紫丁香	2018-09-12	10.00	0.10
	835233	美味源	2018-12-24	15.00	0.15
	872013	纬而视	2018-12-03	15.00	0.15
	834982	远东国兰	2018-12-17	80.00	0.80
2019	820026	顺兴优1	2019-01-09	37.00	0.37
	820024	绿湖优1	2019-01-11	30.00	0.30
	820027	晓鸣优1	2019-01-17	29.00	0.29
	820025	润生优1	2019-02-01	30.00	0.30
	820028	信友优1	2019-04-09	16.00	0.16
	820029	宝石优1	2019-06-25	26.00	0.26
	820032	安瑞优1	2019-07-16	80.00	0.80
	820031	航饮优1	2019-07-29	11.50	0.12
	820030	南海优1	2019-08-05	10.00	0.10
	820033	肇庆优3	2019-12-09	74.78	0.75
	820034	恒鑫优1	2019-12-31	16.00	0.16

注：优先股以挂牌日口径统计。
数据来源：全国中小企业股份转让系统
Source:NEEQ

2-50 新三板市场分行业股票成交情况
Stock Transaction of Listed Companies in NEEQ by Industry

行业 Industry	成交量(百万股) Trading Volume(million shares)		成交金额(百万元) Trading Turnover(million yuan)	
	2018	2019	2018	2019
农、林、牧、渔 Agriculture, Forestry, Animal Husbandry and Fishery	579.89	448.37	2323.91	1593.10
采矿业 Mining	62.84	50.87	309.40	123.10
制造业 Manufacturing	9821.21	9751.04	39551.37	43779.60
电力、热力、燃气及水生产和供应业 Production and Supply of Electricity, Gas and Water	182.76	202.15	669.61	541.36
建筑业 Construction	784.06	510.98	2476.82	1664.41
批发和零售业 Wholesale and Retail Trades	838.04	686.03	5248.56	3132.61
交通运输、仓储和邮政业 Transport, Storage and Post	404.84	447.89	1250.78	1671.47
住宿和餐饮业 Hotels and Catering Services	8.91	28.05	50.90	256.25
信息传输、软件和信息技术服务业 Information Transmission, Computer Services and Software	3454.48	3592.51	15442.65	15139.48
金融业 Financial Intermediation	4403.63	2919.92	9356.51	4429.09
房地产业 Real Estate	87.04	91.57	245.71	290.18
租赁和商务服务业 Leasing and Business Services	1339.01	1652.07	3369.64	3792.00
科学研究和技术服务业 Scientific Research, Technical Service	648.06	656.91	2725.66	2423.10
水利、环境和公共设施管理业 Management of Water Conservancy, Environment and Public Facilities	266.98	289.87	1540.24	1023.05
居民服务、修理和其他服务业 Residential Services, Repair and Other Services	54.64	32.75	179.85	105.86
教育 Education	60.70	153.98	396.72	255.90
卫生和社会工作 Health and Social Works	128.05	47.17	706.43	335.78
文化、体育和娱乐业 Culture, Sports and Entertainment	504.28	406.28	2956.41	1961.87
综合 Others	0.00	51.77	0.00	50.71

数据来源：全国中小企业股份转让系统
Source:NEEQ

2-51 新三板市场分辖区股票成交情况

Stock Transaction of Listed Companies in NEEQ by Jurisdiction

辖区	Jurisdiction	成交量(百万股) Trading Volume(million shares)		成交金额(百万元) Trading Turnover(million yuan)	
		2018	2019	2018	2019
北京	Beijing	5738.74	4788.89	17527.97	13431.01
天津	Tianjin	157.37	174.40	737.18	595.13
河北	Hebei	316.55	426.46	1192.28	946.25
山西	Shanxi	178.57	195.37	394.90	338.36
内蒙古	Inner Mongolia	217.81	301.72	845.11	748.03
辽宁	Liaoning	321.67	354.97	2942.16	6290.62
吉林	Jilin	81.75	55.37	241.94	355.60
黑龙江	Heilongjiang	306.61	163.26	752.91	497.14
上海	Shanghai	1610.42	2175.28	8146.39	14512.13
江苏	Jiangsu	1876.29	2046.52	8033.79	6347.66
浙江	Zhejiang	1525.06	1777.59	6006.58	6138.27
安徽	Anhui	417.34	459.61	1457.40	1712.48
福建	Fujian	1213.42	940.63	3477.82	2437.64
江西	Jiangxi	393.09	186.04	1567.90	709.06
山东	Shandong	1027.05	983.92	3811.05	4118.27
河南	Henan	702.52	721.61	2541.70	1924.96
湖北	Hubei	556.74	505.35	2579.18	1774.88
湖南	Hunan	412.39	221.33	1167.87	639.87
广东	Guangdong	2209.26	2118.75	7439.41	6221.22
广西	Guangxi	473.06	281.94	226.64	481.00
海南	Hainan	139.22	143.35	498.36	391.24
重庆	Chongqing	289.85	136.79	532.99	328.38
四川	Sichuan	364.70	333.65	1640.70	1814.97
贵州	Guizhou	61.82	197.01	122.58	369.51
云南	Yunnan	85.96	135.11	299.86	526.81
西藏	Tibet	33.94	49.72	158.63	137.48
陕西	Shaannxi	375.70	128.41	1857.71	539.96
甘肃	Gansu	196.98	61.72	665.77	101.26
青海	Qinghai	14.87	3.63	12.08	16.57
宁夏	Ningxia	175.87	132.09	571.43	173.36
新疆	Xinjiang	142.35	97.26	475.23	242.12
深圳	Shenzhen	1208.94	913.63	7815.16	4636.17
大连	Dalian	167.26	204.50	532.57	687.68
宁波	Ningbo	257.97	332.86	867.04	1336.55
厦门	Xiamen	217.62	167.75	927.37	648.42
青岛	Qingdao	160.66	103.72	733.49	398.85

注：挂牌公司辖区按挂牌公司注册地划分。
数据来源：全国中小企业股份转让系统
Source:NEEQ

2-52 新三板市场估值水平概况
Level of NEEQ Market Valuation

单位：倍 (times)

	市盈率 P/E Ratio		市净率 P/B Ratio	
	2018	2019	2018	2019
三板成指	22.85	23.04	2.62	2.41
三板做市	16.43	21.22	1.67	1.94

数据来源：全国中小企业股份转让系统
Source:NEEQ

2-53 2019年区域性股权市场概况
Overview of Regional Equity Trading Platforms Market in 2019

年份 Year	挂牌公司家数(家) Number of Listed Companies (unit)	筹资金额 (亿元) Proceeds Raised (100 million yuan)	成交金额 (亿元) Trading Turnover (100 million yuan)	日均成交金额 (亿元) Average Daily Turnover (100 million yuan)	期末投资者账户数 (万个) Number of Investors at the End of the Year (10 thousand units)
2018	24808	1783.88	133.04	0.55	36.91
2019	28831	2312.53	391.87	1.61	38.90

注：1.本表中的挂牌公司家数统计的是在各区域股权市场挂牌的公司家数。
2.本表中筹资及成交统计的是各区域股权市场中挂牌公司及部分托管公司的股票筹资及成交部分。

数据来源：中国证券监督管理委员会
Source:CSRC

2-54 2019年区域性股权市场分辖区股票情况

Statistics of Regional Equity Trading Platforms Market by Jurisdiction in 2019

辖区	Jurisdiction	挂牌公司家数 (家) Number of Listed Companies (unit)	成交金额 (亿元) Trading Turnover (100 million yuan)	筹资金额 (亿元) Proceeds Raised (100 million yuan)
北京	Beijing	272	108.25	65.60
天津	Tianjin	913	0.53	46.24
河北	Hebei	662	21.81	153.92
山西	Shanxi	479	11.76	31.52
内蒙古	Inner Mongolia	173	6.73	35.30
辽宁	Liaoning	1058	44.34	49.31
吉林	Jilin	40	0.95	0.00
黑龙江	Heilongjiang	0	0.00	40.37
上海	Shanghai	709	47.53	279.38
江苏	Jiangsu	122	8.29	48.30
浙江	Zhejiang	985	0.46	8.48
安徽	Anhui	5204	0.55	153.89
福建	Fujian	109	4.08	5.55
江西	Jiangxi	36	41.55	228.76
山东	Shandong	3837	8.59	86.06
河南	Henan	286	12.02	21.20
湖北	Hubei	5344	29.56	185.49
湖南	Hunan	342	9.86	90.24
广东	Guangdong	3048	0.02	23.39
广西	Guangxi	165	2.31	127.39
海南	Hainan	76	0.83	31.22
重庆	Chongqing	1338	2.10	102.32
四川	Sichuan	0	0.16	4.10
贵州	Guizhou	5	1.59	121.55
陕西	Shannxi	1076	5.40	23.93
甘肃	Gansu	219	8.76	92.03
青海	Qinghai	412	0.00	1.27
宁夏	Ningxia	5	0.01	2.24
新疆	Xinjiang	24	4.42	2.67
深圳	Shenzhen	0	6.71	206.12
大连	Dalian	6	0.00	0.00
宁波	Ningbo	33	0.00	3.23
厦门	Xiamen	118	1.72	2.30
青岛	Qingdao	1735	0.97	39.15

注：1.本表中的挂牌公司辖区按挂牌公司注册地划分。
2.本表中的挂牌公司家数统计的是在各区域股权市场挂牌的公司家数。
3.本表中筹资及成交统计的是各区域股权市场中挂牌公司及部分托管公司的股票筹资及成交部分。

数据来源：中国证券监督管理委员会

Source:CSRC

2-55　2019年区域性股权市场分辖区投资者情况
Investors in Regional Equity Trading Platforms Market by Jurisdiction in 2019

辖区	Jurisdiction	合格投资者账户数（个）Number of Accredited Investor Accounts (unit)	豁免投资者账户数（个）Number of Exempt Investor Accounts (unit)	合计投资者账户数（个）Number of Total Investor Accounts (unit)
北京	Beijing	608	245	853
天津	Tianjin	1455	13290	14745
河北	Hebei	403	30	433
山西	Shanxi	239	10	249
内蒙古	Inner Mongolia	353	6116	6469
辽宁	Liaoning	208	414	622
吉林	Jilin	0	0	0
黑龙江	Heilongjiang	0	0	0
上海	Shanghai	8152	5206	13358
江苏	Jiangsu	1256	72902	74158
浙江	Zhejiang	780	42561	43341
安徽	Anhui	4414	0	4414
福建	Fujian	56	341	397
江西	Jiangxi	61	0	61
山东	Shandong	177	15901	16078
河南	Henan	40	4	44
湖北	Hubei	2222	48328	50550
湖南	Hunan	33	1442	1475
广东	Guangdong	1315	10641	11956
广西	Guangxi	118	4414	4532
海南	Hainan	24203	453	24656
重庆	Chongqing	9300	36221	45521
四川	Sichuan	616	395	1011
贵州	Guizhou	37130	0	37130
陕西	Shaanxi	491	15898	16389
甘肃	Gansu	314	0	314
青海	Qinghai	494	0	494
宁夏	Ningxia	35	0	35
新疆	Xinjiang	537	8235	8772
深圳	Shenzhen	95	5444	5539
大连	Dalian	0	0	0
宁波	Ningbo	5	0	5
厦门	Xiamen	10	0	10
青岛	Qingdao	1062	4363	5425

注：豁免投资者是指满足《区域性股权市场监督管理试行办法》第十八条规定，且在区域性股权市场运营机构开立账户的投资者。该类投资者只能卖出所持公司股份或股权，如要参与其他其他公司股份买卖或其他产品买卖，须通过合格投资者适当性认可。

数据来源：中国证券监督管理委员会

Source: CSRC

主要统计指标解释

Explanatory Notes on Main Statistical Indicators

上市公司家数 指在统计期末其发行的股票在沪、深交易所上市的股份有限公司的数量。以股票上市日进行统计，同时发行 A、B 股的上市公司，按一家计算。

上市公司股本 也称上市公司总股本，是指统计期末上市公司在境内发行的全部股份数量合计，包括 A 股股本、B 股股本和其他不流通的境内股本。

流通股本 也即非限售股本，计算公式为：流通股本=上市公司股本-限售股本。

首发筹资公司家数 指在统计期内首次公开发行股份（IPO）进行筹资的公司数量。以吸收合并、分拆等方式且未公开发行新股筹资的公司，不计入首发筹资公司家数。

再筹资公司家数 指通过增发（公开增发和定向增发），配股，行权，优先股筹资等方式进行筹资的上市公司家数。以股份上市日期或发行日期作为统计指标的计算日；同一家公司在统计期内多次筹资时，筹资公司家数计为 1 家。

其中，增发公司家数是指统计期内通过增发股份进行筹资的上市公司数量。根据增发对象不同，增发公司家数可分为公开增发公司家数和定向增发公司家数两个指标。配股公司家数是指统计期内通过向原股东配售股份进行筹资的上市公司数量。行权筹资公司是指统计期内权证（期权）行权筹资的上市公司数量，这里的权证（期权）行权筹资是指权证（期权）持有人根据约定向上市公司认购股份从而增加上市公司股份的行为。优先股公司家数是指统计期末发行优先股筹资的上市公司数量。

股票筹资金额 指统计期内通过发行股票筹集的资金总额，以股份上市日作为统计指标的计算日。

首发筹资金额 指统计期内首次公开发行股票（IPO）筹集的资金总额，计算公式为：首发筹资金额=Σ（每股发行价格×发行股份数）。

其中，对于发行股份吸收合并已上市公司的筹资金额，计算公式为：首发筹资金额=每股发行价格×（发行股份数-换股股份数）。

对于存在超额配售权的 IPO，根据超额配售权的实际行使情况对统计期内的 IPO 募集资金进行回溯调整。

再筹资金额 指统计期内上市公司通过增发（公开增发和定向增发）、配股、行权、优先股等方式筹集的资金总额。以优先股方式筹集资金以股份发行日为统计指标的计算日，以其它方式筹集资金以股份上市日为统计指标的计算日。

其中，增发筹资金额是指统计期内上市公司增发股份筹集的资金总额，增发筹资金额=Σ（增发每股价格×发行股份数）。

根据股份认购对象的不同，增发筹资金额指标可分为公开增发筹资金额和定向增发筹资金额。

根据增发时是否以现金认购，增发筹资金额指标可分为增发筹资金额（现金）和增发筹资金额（资产）。

配股筹资金额指统计期内上市公司通过向原股东配售股份筹集的资金总额，配股筹资金额=Σ（配股价格×配售股份数）=Σ（配股价格×股份数量×配售比例）。

行权筹资金额指统计期内权证（期权）行权筹集的资金总额，行权筹资金额=Σ（行权价格×行权认购股份数）。

优先股筹资金额包括统计期内通过发行优先股筹集的资金总额。

公式：再筹资金额=增发筹资金额+配股筹资金额+行权筹资金额+优先股筹资金额。

股票市值 指统计期末根据上市公司股票价格和对应股票数量计算的股权价值合计。具体统计口径和计算方法如下：如当日无交易价格，采用最后交易日的收盘价；暂停上市股票的价格以零计算；未股改公司的非流通股以流通A股价格计算市值；仅发行B股的上市公司，其非流通股不进行股票市值计算；对当日除权股票进行市值计算时需要包含在途股份（已登记未上市）的市值。

流通市值 指根据股票价格与其流通股本计算出的股权价值合计，也即A股流通市值和B股流通市值的合计。

涨跌幅 指统计期内股票期末价格相对期初价格的变化幅度。统计区间如果包含上市首日则统计期内股票期末价格相对首发价格的变化幅度。指数涨跌幅参照股票涨跌幅处理。对股票区间涨跌幅的计算需要对股票价格进行复权处理，复权因素包括分红、送股、配股等，复权价格的公式为：复权价格=当前价格×（1+送股比例+配股比例）+每股红利-配股价格×配股比。若统计期内存在多次分红、送股、配股事件，复权价格采用递归方式进行计算。在计算复权价时，通常采用区间分段涨跌幅连乘或复权因子连乘进行速算。

公式：涨跌幅=（期末收盘价/期初前收盘价-1）×100%

振幅 指股票价格在统计期内的波动程度，采用区间内最大差价与最低价格的比率来进行计算 。

成交量 指统计期内全部股票成交数量的合计，包含竞价交易和协议交易（大宗交易）、盘后固定价格交易。

成交金额 指在统计期内全部股票成交金额合计，包含竞价交易和协议交易（大宗交易）、盘后固定价格交易。

换手率（股本） 指当日股票成交量与其流通股本的比率。对于某一区间换手率的计算，通常采用统计期内全部交易日的股本换手率合计进行计算。

公式：换手率（股本）=（当日成交股数/流通股本）×100%

换手率（市值） 指当日股票成交金额与其流通市值的比率。对于某一区间换手率的计算，通常采用统计期内全部交易日的市值换手率合计进行计算。通常对单只股票采用股本换手率，对一组股票采用市值换手率；在计算一组股票换手率时，暂停上市股票不纳入计算。

公式：换手率（市值）=（当日成交金额/流通市值）×100%

市盈率（静态） 指上市公司每股股价与每股收益的比率，通常用上市公司股票市值与其对应的归属母公司股东净利润的比率进行计算。需要注意事项如下：每股收益和净利润数据在财务报告公告截止日的次日集中更新，且每股收益根据期末股本计算；如截止日未公布财务报告，在计算个股市盈率时采用向前追溯的净利润数据，在计算市场市盈率时剔除该股票；对单个股票计算市盈率时仅考虑每股收益为正的股票；对多个股票计算平均市盈率时通常采用上市公司股票市值合计与其对应的归属母公司股东的净利润合计的比率进行计算（剔除暂停上市公司股票，含净利润为负的股票）；对于发行多种类型股份的公司，根据各类性质股份股本按比例分配该公司归属母公司股东净利润。首发市盈率为股票首发价格与每股收益的比率，其中每股收益按照最新年度财务报告中对应的归属母公司股东净利润除以发行后总股本计算。

公式：市盈率（静态）=Σ股票市值/Σ该股份对应的归属母公司股东净利润

市净率 指上市公司每股股价与每股净资产的比率，通常用股票市值与对应的归属母公司股东权益的比率进行计算。需要注意事项如下：每股净资产数据在财务报告公告截止日的次日集中更新；通常用最新财务报告中的每股净资产数据进行市净率计算；对单个股票计算市净率时仅考虑每股净资产为正的股票；对多个股票计算平均市净率时通常采用上市公司股票市值合计与其对应的归属母公司股东的权益合计的比率进行计算（剔除暂停上市公司股票，含权宜为负的股票）。

公式：市净率=Σ股票市值/Σ该股份对应的归属母公司股东权益

股息率 指每股现金分红与股票价格之间的比率，通常用对应的实际分红总额与期末股票市值的比率来计算。统计时剔出暂停上市公司；对一组股票的平均股息率通常用总体法计算。

公式：股息率=（Σ统计期内的对应现金分红合计/Σ样本股票期末市值）×100%

融资融券交易金额 指统计期内通过融资融券方式在市场上进行证券交易的金额。

公式：融资融券交易金额=融资买入金额+融券卖出金额

融资融券余额 指统计期末投资者未了结的融资交易和融券交易的金额。

公式：融资融券余额=融资余额+融券余额=Σ(融资买入额-融资偿还额)+Σ(融券卖出量-融券偿还量)×标的的证券统计日收盘价格

融资买入金额 指统计期内投资者从证券公司借入资金买入标的证券的金额。融资买入以交易系统中申报指令的标签为计算基准。

融券卖出金额 指统计期内投资者从证券公司借入证券并卖出的金额。融券卖出以交易系统中申报指令的标签为计算基准。

维持担保比例 指统计期末客户担保物价值与融资融券债务之间的比例。

计算公式为：

维持担保比例=担保物价值/融资融券业务负债×100%=（现金+Σ信用账户证券价值）/（融资余额+融券余额+利息和费用）×100%

转融通交易金额 指统计期内中国证券金融公司将自有或者依法筹集的资金和证券出借给证券公司的金额。

公式：转融通交易金额=转融资交易额+转融券交易额=转融资新合约融出额+转融资展期合约融出额+转融券新合约融出额+转融券展期合约融出额

转融通归还金额 指统计期内证券公司到期需归还给中国证券金融公司的转融通本金金额，不包含息费。

公式：转融通归还金额=转融资归还金额+转融券归还金额=转融资归还金额+Σ（转融券融出归还量×标的证券统计日收盘价）

转融通期末余额 指统计期末证券公司未了结的转融资合约和转融券合约的金额。

公式：转融通期末余额=转融资期末余额+转融券期末余额=Σ（业务开展以来转融资借入总额-业务开展以来转融资归还总额）+Σ（转融券融出量-转融券融出归还量+未了结转融券合约的权益补偿量）×标的证券统计日收盘价

转融通保证金余额 指统计期末借入人（证券公司）在中国证券金融公司交存的转融通担保物的余额。担保物包括资金和中国证券金融公司认可的证券。

公式：转融通保证金余额=现金+未到账现金权益+Σ可充抵保证金证券市值×证券转融通折算率+Σ未到账证券权益市值×证券转融通折算率

其中：

现金=转融通担保资金账户余额-被异常冻结的保证金+被临时使用的保证金等

可充抵保证金证券市值=(转融通担保证券账户余额-被异常冻结的证券+被临时使用的证券等）×证券最近成交价格或公允价格

平均超募比率 指统计期内全部 IPO 公司的超募资金与预计募集资金的比率。

平均首发价格 指统计期内 IPO 股票的平均发行价格。

平均网上发行中签率 指统计期内 IPO 股票的网上发行发行中签率的平均值。

新股破发率 指统计期内破发的 IPO 股票占全部 IPO 股票的比例。

证券交易结算资金 指有经纪业务的证券公司全部经纪业务客户（含部分采取证券公司结算模式的资产管理计划）从事证券交易等的人民币交易结算资金。

股票期权保证金 指统计期末，股票期权交易者按照规定标准缴纳的资金或者证券，用于结算和担保期权合约履行。

银证转账 指投资者在银行结算账户和证券资金账户之间的资金划转方式。“转入额”是指投资者从银行结算账户转入资金账户的金额；"转出额"是指投资者从资金账户转出到银行结算账户的金额；"转入（转出）额" = "转入额" - "转出额"，其中，正数为净转入，负数为净转出。

银行转账 指投资者在银行结算账户和衍生品资金账户之间的资金划转方式。"转入额"是指投资者从银行结算账户转入衍生品资金账户的金额（入金）；"转出额"是指投资者从衍生品资金账户转出到银行结算账户的金额（出金）；"净转入（转出）额"（即出入金净额）= "转入额" - "转出额"，其中，正数为净转入，负数为净转出。

挂牌公司家数 指统计期末其股票在全国股转公司挂牌的股份有限公司的数量。

挂牌公司股本 也称挂牌公司总股本，是指统计期末挂牌公司全部股份数量合计。

挂牌公司股票市值 指统计期末根据挂牌公司股票价格和总股本计算的股权价值合计。

挂牌公司股票发行次数 指统计期内挂牌公司在境内发行股票筹集资金的次数。

挂牌公司股票筹资金额 指统计期内挂牌公司通过在境内发行股票筹集的资金总额。

区域性股权市场 指为其所在省级行政区域内中小微企业证券非公开发行、转让及相关活动提供设施与服务的场所。

贰 零 贰 零

三. 债 券
Bonds

贰 零 贰 零

2019年债券市场综述

一、债券市场总体情况

市场规模。交易所债券市场规模稳步扩张，已成为支持实体经济融资的重要渠道。2019末，交易所债券市场托管面值达 12.70 万亿元，占全市场的13%。其中，交易所市场非金融公司债（包含公司债、可转债、可交换债，不含资产证券化产品和企业债）托管量为7.06万亿元，占全市场的36%。

融资情况。2019年，交易所债券市场累计发行各类债券（含公司债、资产证券化产品、地方政府债券和政策性金融债券）7.20 万亿元，累计净融资5.24万亿元，较2018年分别增加27%和20%。分品种看，交易所市场发行公司债券3.25万亿元，较2018年增加47%。其中，发行可转债2420亿元，发行可交换债819亿元，较2018年分别增加207%和100%。发行资产支持证券 1.00 万亿元，较 2018 年增加13%。地方政府债券发行2.83万亿元，较2018年增加11%。政策性金融债券发行1085亿元，较2018年增加352%。

成交情况。2019年，交易所债券市场累计现券成交额为8.35万亿元；累计回购金额244.06万亿元。

二、交易所债券市场发展情况

（一）深化债券市场服务实体经济能力

积极支持实体经济尤其是中小微企业融资。2019年，非金融企业在交易所发行债券及资产支持证券3.32万亿元，约占全市场33%。大力支持符合条件的中小微企业在交易所债券市场发行公司债券和资产支持证券融资。2019年，中小微企业共发行公司债券2920亿元；支持中小微企业借助核心企业信用发行供应链金融资产支持证券2685亿元。

纾解民营企业融资困境。为贯彻党中央、国务院关于拓宽民营企业融资途径、缓解民营企业融资难问题的决策部署，证监会积极推进信用保护工具和民营企业债券融资支持工具，以市场化方式支持民营企业债券融资。2019年，交易所市场共创设26单信用保护合约、5单信用保护凭证，支持16家民营企业债券融资228亿元。此外，为纾解民营企业融资困境，化解上市公司股票质押风险，交易所市场推出了纾困专项公司债。2019年，地方国有企业累计发行纾困专项债券491亿元，有效纾解了民营上市公司股权质押风险和流动性困难。

服务脱贫攻坚战略。证监会深入贯彻落实党的十九大关于坚决打赢脱贫攻坚战的决策部署，明确对注册地在贫困地区的企业发行公司债、资产支持证券的，实行“专人对接、专项审核”，适用“即报即审”政策。2019年末，交易所债券市场支持贫困地区企业累计发行公司债及资产支持证券共498亿元。

扩大创新品种试点，支持绿色金融发展。为贯彻落实党中央、国务院关于加强金融服务民营企业的部署，2019年8月，证监会指导上交所、深交所分别联合全国股转系统、中国结算发布了《非上市公司非公开发行可转换公司债券业务实施办法》，扩大创新创业公司债券试点范围，支持非上市公司非公开发行可转换公司债券。2019年发行创新创业公司债15只，融资金额31亿元；发行可续期债券155只，融资金额2248亿元。深化绿色公司债券发展，2019年发行绿色债券（含ABS）86只，融资金额1009亿元。

拓宽地方政府债券发行渠道。积极推进交易所市场地方政府债券发行，提升利率债在交易所市场占比。2019年，交易所市场发行地方政府债券2.83万亿元，15年期、20年期、30年期等长期限地方债已逐步常态化发行。

（二）推动债券市场改革

推动公募 REITs 业务试点。拟定了公募 REITs 试点方案，明确任务分工，并积极推动基础设施 REITs 试点。

稳妥发展资产证券化。一是大力发展供应链 ABS。有效支持中小微企业借助核心企业信用融资发展。二是收紧未来经营收入类资产支持证券发行准入要求。严格限定未来经营收入类资产支持证券的基础资产所属领域，强化特定原始权益人或者资产服务机构持续经营能力要求。三是完善 ABS 信息披露监管体系。指导沪深交易所发布临时信披指引，规定了 25 种临时报告事项具体披露格式。

（三）持续加强监管协作及互联互通

统一公司债券及 ABS 监管标准。依托部际协调机制，与人民银行、国家发展改革委成立了专项工作组，制定统一的公司信用类债券信息披露规则草案。联合人民银行、银保监会研究草拟 ABS 联合规章，拟统一监管标准，夯实 ABS 业务法律基础。

推动债券市场基础设施互联互通。已与人民银行积极沟通，拟明确两个市场相关基础设施连接事项，实现互联互通。

加强评级行业统一监管。一是统一评级行业监管标准，联合人民银行、财政部、国家发展改革委发布《信用评级业管理暂行办法》，促进信用评级机构规范发展。二是指导证券业协会会同交易商协会开展联合市场化评价工作。三是建立全市场评级机构业务运行及合规情况联合通报机制。

三、加强全面监管

（一）强化日常监管

组织开展中介机构现场检查。2019 年总计对公司债券承销、受托管理人及相关责任人采取行政监管措施 20 次；对资产证券化相关机构及相关责任人采取行政监管措施 20 次；对相关评级机构及其从业人员采取行政监管措施 3 次。加强公司债券发行人现场检查。2019 年现场检查 143 家发行人，各证监局采取行政监管措施 31 家次，日常监管措施 110 余次。组织开展公司债券发行人年报审核，推动年报质量和及时性稳步提升。加强科技监管，完成中央监管信息平台债券监管信息系统二期建设上线。对违法违规案件从严追责，加强债券市场稽查执法，2019 年推动对 3 家债券发行人立案稽查，对五洋建设案件中的发行人和中介机构出具行政处罚，推动 2 单私募债券欺诈发行案判决落地。

（二）压实中介机构责任

建立债券业务分类评价制度。指导证券业协会发布公司债券业务执业能力评价办法，定期公布评价结果，传递监管信号。指导沪深交易所发布“负面清单管理”相关自律规则，对存在负面清单事项的，明确“暂不受理或办理相关业务”的适用情形和实施程序。

惩治市场乱象。一是对以低于成本价格参与公司债券项目投标的 1 家证券公司采取责令改正的行政监管措施，指导证券业协会对 5 家次证券公司采取约谈的自律措施，发挥市场警示作用。二是指导证券业协会组织证券公司签署自律公约，对证券公司承销费率进行专项检查，加强行业自律约束，营造公平竞争的市场环境。三是针对市场上结构化发债的扰乱市场秩序行为，指导沪深交易所出具监管问答，明确发行人不得在发行环节直接或间接认购自己发行的债券，发行人关联方认购的需进行充分披露，要求各市场机构应积极稳妥处理存量，防范市场风险。

完善公司债券承销规则体系。指导证券业协会加强债券承销自律规则建设，制定《公司债券业务工作底稿目录》、修订完善《公司债券承销业务尽职调查指引》，明确债券承销机构尽职调查工作职责和执业标准。

（三）防范化解金融风险

加强债券违约风险全面排查监测，建立动态台账制度。不断完善风险处置机制，协调地方政府形成合力，支持市场机构运用信用增进、债务重组、破产重整等方式，分类施策化解风险个案。加强市场化的风险处置机制建设，推出特定债券转让机制，完善债券回售、转售、购回等制度，促进风险市场化出清。协同最高人民法院、人民银行、国家发展改革委召开审理债券纠纷案件座谈会，推动明确纠纷案件诉讼主体资格、受理管辖与诉讼方式，以及发行人和中介机构责任等问题，畅通债券违约司法救济渠道。

3-1 全国债券市场概况
Overview of Bond Market

年份 Year	发行金额(亿元) Value of Bonds Issued(100 million yuan)			兑付金额(亿元) Amount of Payments(100 million yuan)		
	全市场 Whole Market	银行间 Interbank Market	交易所 Stock Exchange	全市场 Whole Market	银行间 Interbank Market	交易所 Stock Exchange
1997	2084.62	2084.62	—	—	—	—
1998	6203.73	6203.73	—	—	—	—
1999	4369.50	4369.50	—	410.16	410.16	—
2000	4414.50	4414.50	—	1629.16	1629.16	—
2001	5848.53	5848.53	—	1859.97	1859.97	—
2002	9943.90	9943.90	—	2841.35	2841.35	—
2003	17647.17	17647.17	—	7886.44	7886.44	—
2004	27295.66	27295.66	—	12548.65	12548.65	—
2005	42182.07	42182.07	—	22531.33	22531.33	—
2006	57096.11	57096.11	—	38597.83	38597.83	—
2007	80163.36	79756.08	407.28	49931.98	49931.98	—
2008	71732.16	70734.11	998.05	48265.29	48265.29	—
2009	87286.22	86474.71	811.51	67282.32	67282.32	—
2010	96408.63	95088.33	1320.30	73205.88	73205.88	—
2011	77275.52	75501.82	1773.70	64819.78	64709.81	109.97
2012	80261.89	77474.98	2786.91	47625.00	47269.27	355.73
2013	89127.69	85248.00	3879.69	63093.04	62332.88	760.16
2014	119380.02	115112.62	4267.40	72904.38	71358.08	1546.30
2015	234604.73	210936.25	23668.48	117608.31	114140.25	3468.07
2016	361548.66	324880.30	36668.36	204425.19	199138.51	5286.68
2017	408256.35	369109.44	39146.91	298390.64	290020.83	8369.81
2018	435968.07	379090.36	56877.71	315793.99	302485.47	13308.52
2019	448538.22	376551.50	71986.72	326387.66	306774.83	19612.84

注：1.“发行金额”、“兑付金额”中的“交易所”统计数据包括由中国证监会审批或备案的公司债、可转债、可交换债、可分离债、企业资产支持证券，以及交易所招标发行的地方政府债、政策性金融债；“发行金额”、“兑付金额”中的“银行间”统计数据包括国债、央行票据、金融债券、企业债、短期融资券、超短期融资券、中期票据、中小企业集合票据、非公开定向债务融资工具和资产支持票据等；本章所有“发行额”均按照发行首日口径统计。

2.“兑付金额”仅包含本金兑付。

3.“成交金额”中的“交易所”统计数据包括在沪深交易所交易的债券成交金额，“银行间”统计数据包括在银行间市场交易的债券成交金额。

4.“托管金额”中的“银行间”统计数据包括柜台和其他市场，“发行金额”、“兑付金额”、“成交金额”均不包括柜台和其他市场。

5.自2019年起，将初步测算的企业资产支持证券兑付数据纳入统计，并对历史数据做追溯调整。

数据来源：上海证券交易所、深圳证券交易所、中国证券投资基金业协会、中国证券业协会、中央国债登记结算有限责任公司、上海清算所、中国证券登记结算有限公司

Source:SSE、SZSE、AMAC、SAC、CCDC、SHCH、CSDC

3-1 续表 continued

年份 Year	成交金额(亿元) Trading Turnover(100 million yuan)				托管金额(亿元) Value of Bonds under Custody(100 million yuan)		
	银行间现券 Interbank Market Spot Transaction	银行间回购 Interbank Market Repo Transaction	交易所现券 Stock Exchange Spot Transaction	交易所回购 Stock Exchange Repo Transaction	全市场 Whole Market	银行间 Interbank Market	交易所 Stock Exchange
1997	4.37	—	3600.82	12876.06	984.59	984.59	—
1998	15.62	—	6120.94	15540.84	9199.16	9199.16	—
1999	60.77	3956.93	5393.59	12890.53	12878.71	12878.71	—
2000	541.03	15714.21	4385.48	14733.68	16077.61	16077.61	—
2001	416.67	40208.99	4930.13	15487.64	18931.81	18931.81	—
2002	4098.47	100918.61	8852.71	24422.80	24680.66	24680.66	—
2003	29866.33	116122.20	6783.11	55353.25	36524.29	32436.51	4087.78
2004	22451.93	96943.42	3717.09	46606.41	50112.52	45326.44	4786.08
2005	58310.02	159297.65	3449.30	24919.05	71194.88	66483.70	4711.18
2006	100461.68	265914.42	2035.09	16301.48	71744.70	68277.56	3467.14
2007	156043.39	447951.18	2109.99	18615.47	114769.32	111355.62	3413.70
2008	371157.70	581331.15	4324.26	24306.77	143463.06	138972.54	4490.52
2009	472655.00	702779.16	4698.08	35975.19	164714.14	159766.72	4947.42
2010	640422.10	875936.00	5847.54	70373.76	195029.82	188751.50	6278.32
2011	636422.90	994534.80	6843.93	209509.62	214757.10	206328.71	8428.39
2012	751952.80	1417140.30	9882.53	393550.94	253868.31	241412.03	12456.28
2013	416106.00	1581639.00	17411.83	662003.84	288073.12	268618.45	19454.67
2014	403565.00	2244226.00	28191.38	915286.90	355504.40	329783.92	25720.48
2015	867370.20	4577637.50	34464.32	1303701.36	479217.27	439214.81	40002.46
2016	1270918.30	6013024.72	53294.20	2370915.58	642245.80	563329.21	78916.59
2017	1028351.73	6163673.24	55441.79	2632193.87	750209.90	654265.95	95943.95
2018	1507367.33	7226761.42	63821.94	2338353.38	864033.11	756752.74	107280.38
2019	2137448.26	8196298.22	83530.20	2440624.02	981459.24	854495.09	126964.15

3-2 交易所市场债券发行、兑付、余额情况
Statistics of Bond Issuance, Payment, Balance in Exchange Market

单位：亿元 (100 million yuan)

年份 Year	金融机构发行的债券 Financial Bonds								
	公司债(金融) Corporate Bonds(Financial)			可转债(金融) Convertible Bonds(Financial)			可交换债(金融) Exchangeable Corporate Bonds(Financial)		
	发行额 Value of Bonds Issued	兑付金额 Amount of Payments	期末余额 Ending Balance	发行额 Value of Bonds Issued	兑付金额 Amount of Payments	期末余额 Ending Balance	发行额 Value of Bonds Issued	兑付金额 Amount of Payments	期末余额 Ending Balance
2007	—	—	—	—	—	—	—	—	—
2008	—	—	—	—	—	—	—	—	—
2009	—	—	—	—	—	—	—	—	—
2010	—	—	—	650.00	—	—	—	—	—
2011	44.00	—	—	—	—	—	—	—	—
2012	—	—	—	—	—	—	—	—	—
2013	1663.96	376.86	1794.60	460.00	0.00	1018.04	—	—	—
2014	2184.25	428.67	3063.25	25.00	0.00	537.02	—	—	—
2015	12525.50	2288.23	8180.28	0.00	35.10	0.00	30.00	0.00	30.00
2016	5435.30	3053.70	12939.18	0.00	0.00	0.00	0.00	0.00	30.00
2017	6735.80	3966.58	15781.15	370.00	0.00	470.00	15.00	3.20	45.00
2018	5530.36	4147.44	15908.06	180.00	0.00	622.67	1.50	16.97	19.81
2019	5353.35	4367.47	16495.28	1395.00	3.87	1640.43	5.00	0.00	18.57

注：1.本表统计对象包括由中国证监会审批或备案，以及在交易所市场招标发行的债券。原中小企业私募债计入公司债。
2.本表的兑付金额仅含本金兑付。
3.由于债券发行、兑付与进入、退出结算系统之间存在时滞，增量数据与存量数据无法对应。
4.部分跨市场的债券种类未纳入本表统计，故本表期末余额合计与前表不一致。
5.自2019年起，将初步测算的企业资产支持证券兑付数据纳入统计，并对历史数据做追溯调整。

数据来源：上海证券交易所、深圳证券交易所、中国证券投资基金业协会、中国证券业协会
Source:SSE、SZSE、AMAC、SAC

3-2 续表 1 continued

单位：亿元 (100 million yuan)

年份 Year	金融机构发行的债券 Financial Bonds			非金融企业发行的债券 Non-financial Bonds					
	可分离债(金融) Warrant Bonds(Financial)			公司债(非金融) Corporate Bonds(Non-financial)			可转债(非金融) Convertible Bonds(Non-financial)		
	发行额 Value of Bonds Issued	兑付金额 Amount of Payments	期末余额 Ending Balance	发行额 Value of Bonds Issued	兑付金额 Amount of Payments	期末余额 Ending Balance	发行额 Value of Bonds Issued	兑付金额 Amount of Payments	期末余额 Ending Balance
2007	0.00	0.00	0.00	112.00	—	112.00	106.48	—	98.63
2008	0.00	0.00	0.00	288.00	—	400.00	77.20	—	139.20
2009	0.00	0.00	0.00	734.90	—	1134.90	46.61	—	—
2010	0.00	0.00	0.00	603.00	—	1641.40	67.30	—	1942.11
2011	0.00	0.00	0.00	1252.50	51.05	2842.85	445.20	58.92	2328.39
2012	0.00	0.00	0.00	2623.31	186.99	5532.71	163.60	42.05	636.62
2013	0.00	0.00	0.00	1670.92	191.40	6981.58	84.81	38.10	568.01
2014	0.00	0.00	0.00	1302.09	562.13	7543.04	295.99	1.29	586.73
2015	0.00	0.00	0.00	8890.24	889.55	15242.84	98.00	20.15	132.74
2016	0.00	0.00	0.00	25485.12	1194.61	41196.31	212.52	0.00	344.10
2017	0.00	0.00	0.00	10067.16	2363.35	48324.71	422.20	0.37	651.61
2018	0.00	0.00	0.00	15472.98	4053.99	55352.62	607.49	0.40	1254.37
2019	0.00	0.00	0.00	23936.50	8974.96	66217.26	1024.83	6.39	2083.69

3-2 续表 2 continued

单位：亿元 (100 million yuan)

年份 Year	非金融企业发行的债券 Non-financial Bonds						企业资产支持证券 Asset-based Securities		
	可交换债(非金融) Exchangeable Corporate Bonds(Non-financial)			可分离债(非金融) Warrant Bonds(Non-financial)					
	发行额 Value of Bonds Issued	兑付金额 Amount of Payments	期末余额 Ending Balance	发行额 Value of Bonds Issued	兑付金额 Amount of Payments	期末余额 Ending Balance	发行额 Value of Bonds Issued	兑付金额 Amount of Payments	期末余额 Ending Balance
2007	—	—	—	188.80	—	287.80	—	—	—
2008	—	—	—	632.85	—	920.65	—	—	—
2009	—	—	—	30.00	—	—	—	—	—
2010	—	—	—	0.00	—	—	—	—	—
2011	—	—	—	32.00	—	—	—	—	—
2012	—	—	—	0.00	126.69	752.15	—	—	—
2013	—	—	—	0.00	153.80	598.35	—	—	—
2014	40.00	0.00	40.00	0.00	500.35	98.00	120.07	53.86	337.09
2015	78.00	0.00	108.00	0.00	30.00	68.00	2046.74	205.04	1597.66
2016	579.81	16.42	771.06	0.00	68.00	0.00	4955.61	748.95	5419.11
2017	1033.84	20.52	1675.97	0.00	0.00	0.00	9460.93	2015.79	9482.87
2018	408.20	72.72	1829.88	0.00	0.00	0.00	8869.18	5016.99	13708.68
2019	813.64	150.59	2267.43	0.00	0.00	0.00	10034.93	5765.77	18014.78

3-2 续表 3 continued

单位：亿元 (100 million yuan)

年份 Year	地方政府债 Local Treasury Bonds			政策性金融债 Policy Bank Bond			总计 Total		
	发行额 Value of Bonds Issued	兑付金额 Amount of Payments	期末余额 Ending Balance	发行额 Value of Bonds Issued	兑付金额 Amount of Payments	期末余额 Ending Balance	发行额 Value of Bonds Issued	兑付金额 Amount of Payments	期末余额 Ending Balance
2007	—	—	—	—	—	—	407.28	—	498.43
2008	—	—	—	—	—	—	998.05	—	1459.85
2009	—	—	—	—	—	—	811.51	—	1134.90
2010	—	—	—	—	—	—	1320.30	—	3583.51
2011	—	—	—	—	—	—	1773.70	109.97	5171.24
2012	—	—	—	—	—	—	2786.91	355.73	6921.48
2013	0.00	—	16.70	—	—	—	3879.69	760.16	10977.28
2014	0.00	—	17.10	300.00	0.00	300.00	4267.40	1546.30	12522.23
2015	0.00	—	367.16	0.00	0.00	95.00	23668.48	3468.07	25821.68
2016	0.00	—	2283.08	0.00	205.00	95.00	36668.36	5286.68	63077.84
2017	10241.98	—	2482.69	800.00	0.00	895.00	39146.91	8369.81	79809.00
2018	25567.99	—	3753.27	240.00	0.00	858.30	56877.70	13308.51	93307.66
2019	28338.46	—	4603.67	1085.00	343.80	1479.50	71986.71	19612.85	112820.61

3-3 交易所市场债券发行额按监管辖区分布

单位：亿元

辖区	Jurisdiction	合计 Total	公司债 Corporate Bonds	可转债 Convertible Bonds
安徽	Anhui	1815.10	336.50	53.80
北京	Beijing	9689.59	5756.67	512.21
大连	Dalian	200.58	52.00	0.00
福建	Fujian	1583.36	797.59	22.70
甘肃	Gansu	757.15	125.50	0.00
广东	Guangdong	3411.73	1398.57	72.19
广西	Guangxi	733.30	316.15	0.00
贵州	Guizhou	2106.20	660.11	23.90
海南	Hainan	342.71	144.19	0.00
河北	Hebei	2163.20	524.70	0.00
河南	Henan	2096.27	664.00	39.06
黑龙江	Heilongjiang	965.94	171.70	3.08
湖北	Hubei	1756.06	581.40	34.63
湖南	Hunan	2676.95	790.23	15.37
吉林	Jilin	779.70	222.37	0.00
江苏	Jiangsu	5164.63	3301.10	335.00
江西	Jiangxi	1543.56	418.00	8.55
辽宁	Liaoning	854.77	65.00	10.00
内蒙古	Inner Mongolia	750.21	134.85	0.00
宁波	Ningbo	386.90	230.00	6.30
宁夏	Ningxia	343.41	5.00	0.00
青岛	Qingdao	877.31	503.50	0.00
青海	Qinghai	439.26	52.30	0.00
厦门	Xiamen	528.66	300.20	5.96
山东	Shandong	3186.57	1501.72	41.18
山西	Shanxi	1071.20	579.20	0.00
陕西	Shaanxi	1410.94	424.40	3.40
上海	Shanghai	5125.35	2087.75	581.62
深圳	Shenzhen	4889.42	2027.20	346.75
四川	Sichuan	2937.33	916.70	108.40
天津	Tianjin	2207.24	761.30	50.00
西藏	Tibet	60.27	30.00	17.27
新疆	Xinjiang	663.50	350.80	8.76
云南	Yunnan	1826.79	333.10	6.03
浙江	Zhejiang	3283.18	1872.60	110.68
重庆	Chongqing	3288.38	798.45	3.00
其他	Others	70.00	55.00	0.00

注：“其他”包含熊猫债以及无法判断辖区的债券。
数据来源：上海证券交易所、深圳证券交易所、中国证券投资基金业协会、中国证券业协会
Source:SSE、SZSE、AMAC、SAC

Regulatory Jurisdiction Distribution of Exchange Market Bond Issuance

(100 million yuan)

可分离债 Warrant Bonds	可交换债 Exchangeable Corporate Bonds	政策性金融债 Policy Bank Bonds	地方政府债 Local Treasury Bonds	企业资产支持证券 Asset-based Securities
0.00	3.00	0.00	1387.82	33.98
0.00	490.06	1085.00	0.00	1845.65
0.00	0.00	0.00	121.58	27.00
0.00	2.30	0.00	673.44	87.33
0.00	0.00	0.00	625.25	6.40
0.00	38.84	0.00	1369.84	532.29
0.00	0.00	0.00	387.37	29.78
0.00	0.00	0.00	1346.32	75.87
0.00	0.00	0.00	189.82	8.70
0.00	15.00	0.00	1571.41	52.09
0.00	15.00	0.00	1363.83	14.38
0.00	0.00	0.00	785.26	5.90
0.00	12.37	0.00	1041.30	86.36
0.00	22.00	0.00	1820.36	29.00
0.00	0.00	0.00	557.33	0.00
0.00	4.00	0.00	1248.30	276.24
0.00	45.00	0.00	909.09	162.93
0.00	5.00	0.00	765.89	8.88
0.00	0.00	0.00	587.36	28.00
0.00	0.00	0.00	110.62	39.99
0.00	0.00	0.00	338.41	0.00
0.00	2.00	0.00	300.50	71.31
0.00	0.00	0.00	386.96	0.00
0.00	0.00	0.00	163.00	59.50
0.00	10.00	0.00	1516.49	117.18
0.00	0.00	0.00	467.47	24.53
0.00	0.00	0.00	889.16	93.98
0.00	52.19	0.00	350.50	2053.29
0.00	16.40	0.00	284.00	2215.07
0.00	0.00	0.00	1804.35	107.88
0.00	0.00	0.00	957.23	438.71
0.00	13.00	0.00	0.00	0.00
0.00	8.56	0.00	270.96	24.42
0.00	0.00	0.00	1376.56	111.10
0.00	48.92	0.00	1117.40	133.57
0.00	0.00	0.00	1253.30	1233.63
0.00	15.00	0.00	0.00	0.00

3-4 交易所市场债券现券交易情况

成交量(亿张)

年份 Year	合计 Total	国债 T-Bonds	地方政府债 Local Treasury Bonds	公司债 Corporate Bonds	企业债 Enterprise Bonds
1996	44.19	44.17	—	—	0.01
1997	32.77	32.61	—	—	0.15
1998	46.30	45.97	—	—	0.15
1999	38.84	38.21	—	—	0.22
2000	39.99	38.02	—	—	0.35
2001	46.46	45.47	—	—	0.50
2002	85.28	83.96	—	—	0.64
2003	66.66	57.39	—	—	3.44
2004	38.15	31.36	—	—	1.16
2005	34.53	28.21	—	—	1.49
2006	20.03	15.35	—	—	0.90
2007	20.25	12.73	—	0.04	0.58
2008	46.18	21.26	—	3.91	1.12
2009	46.32	20.56	0.01	6.03	6.28
2010	56.50	16.42	0.00	8.58	11.30
2011	67.75	12.57	0.00	13.07	15.54
2012	97.98	9.04	0.00	31.91	29.47
2013	169.32	8.03	0.01	44.28	64.88
2014	269.71	12.64	0.00	58.68	123.78
2015	313.28	41.00	2.13	101.22	101.67
2016	525.85	56.67	20.02	346.84	73.65
2017	562.47	17.66	7.48	422.26	66.81
2018	646.42	12.46	13.80	481.80	48.31
2019	812.05	16.15	8.29	561.56	42.29

数据来源：上海证券交易所、深圳证券交易所
Source: SSE、SZSE

Bond Trading in Exchange Market

Trading Volume(100 million units)

可转债 Convertible Bonds	可交换债 Exchange Corporate Bonds	可分离债 Warrant Bonds	政策性银行债 Policy Bank Bonds	企业资产支持证券 Asset-based Securities
—	—	—	—	—
—	—	—	—	—
0.18	—	—	—	—
0.41	—	—	—	—
1.62	—	—	—	—
0.48	—	—	—	—
0.69	—	—	—	—
5.83	—	—	—	—
5.63	—	—	—	—
4.82	—	—	—	0.01
2.37	—	0.82	—	0.59
2.42	—	3.88	—	0.61
3.83	—	15.72	—	0.34
4.79	—	8.26	—	0.40
13.44	—	6.60	—	0.16
20.67	—	5.85	—	0.04
22.14	—	5.34	—	0.07
45.65	0.01	6.22	—	0.24
67.68	0.23	2.75	2.38	1.56
53.84	2.73	1.23	4.55	4.92
11.10	4.63	0.58	0.31	12.06
19.79	9.79	0.00	2.72	15.96
41.02	13.39	0.00	11.05	24.59
116.28	13.06	0.00	22.48	31.94

3-4 续表

年份 Year	成交金额(亿元)				
	合计 Total	国债 T-Bonds	地方政府债 Local Treasury Bonds	公司债 Corporate Bonds	企业债 Enterprise Bonds
1996	5030.70	5029.24	—	—	1.46
1997	3600.82	3582.75	—	—	18.08
1998	6120.94	6059.95	—	—	18.40
1999	5393.59	5300.87	—	—	26.58
2000	4385.48	4157.49	—	—	40.49
2001	4930.13	4815.60	—	—	57.25
2002	8852.71	8708.68	—	—	70.33
2003	6783.11	5756.11	—	—	363.61
2004	3717.09	2966.46	—	—	113.36
2005	3449.30	2780.63	—	—	154.71
2006	2035.09	1540.71	—	—	94.44
2007	2109.99	1267.28	—	3.74	58.12
2008	4324.26	2122.52	—	404.41	113.60
2009	4698.08	2085.11	0.60	631.31	639.55
2010	5847.54	1661.64	0.01	877.51	1164.67
2011	6843.93	1252.93	0.21	1301.81	1538.71
2012	9882.53	914.18	0.01	3217.86	2970.10
2013	17411.83	803.75	0.50	4422.74	6602.34
2014	28191.38	1260.27	0.00	5751.53	12511.63
2015	34464.32	4134.49	213.19	10239.97	10339.95
2016	53294.20	5794.89	2015.36	35053.72	7335.84
2017	55441.79	1747.87	731.25	41858.83	5986.00
2018	63821.55	1225.39	1369.90	47874.95	4076.64
2019	83530.18	1606.99	837.06	56339.84	3497.14

continued

Trading Turnover(100 million yuan)

可转债 Convertible Bonds	可交换债 Exchange Corporate Bonds	可分离债 Warrant Bonds	政策性银行债 Policy Bank Bonds	企业资产支持证券 Asset-based Securities
—	—	—	—	—
—	—	—	—	—
42.59	—	—	—	—
66.14	—	—	—	—
187.50	—	—	—	—
57.28	—	—	—	—
73.70	—	—	—	—
663.39	—	—	—	—
637.26	—	—	—	—
513.46	—	—	—	0.50
274.50	—	68.19	—	57.25
409.24	—	313.37	—	58.25
442.13	—	1212.06	—	29.54
636.41	—	666.90	—	38.21
1560.61	—	567.83	—	15.27
2217.95	—	528.29	—	4.03
2275.32	—	498.11	—	6.96
4960.13	1.11	597.05	—	24.22
7972.97	28.11	265.88	243.88	157.11
8093.92	365.21	120.09	467.84	489.65
1317.03	500.88	57.82	34.20	1184.46
2261.29	1037.62	0.00	272.23	1546.69
4473.82	1374.38	0.00	1107.97	2318.50
14510.18	1373.26	0.00	2271.77	3093.95

3-5 上海证券交易所债券现券交易情况

成交量(亿张)

年份 Year	合计 Total	国债 T-Bonds	地方政府债 Local Treasury Bonds	公司债 Corporate Bonds	企业债 Enterprise Bonds
1996	43.55	43.54	—	—	0.01
1997	31.65	31.52	—	—	0.13
1998	46.03	45.86	—	—	0.07
1999	38.29	37.99	—	—	0.21
2000	33.86	33.07	—	—	0.34
2001	41.85	41.23	—	—	0.50
2002	61.51	60.83	—	—	0.45
2003	61.72	54.84	—	—	2.99
2004	35.26	31.31	—	—	0.98
2005	32.37	28.13	—	—	1.20
2006	18.08	15.32	—	—	0.72
2007	17.76	12.68	—	0.04	0.45
2008	40.71	20.79	—	2.36	0.68
2009	38.68	20.25	0.01	4.16	3.65
2010	47.88	15.70	0.00	5.78	8.85
2011	60.65	12.47	0.00	9.67	13.71
2012	83.78	8.95	0.00	21.27	27.50
2013	148.58	7.70	0.01	27.95	62.70
2014	242.42	12.51	0.00	37.10	121.79
2015	279.18	40.84	2.13	74.05	100.52
2016	433.89	56.54	19.79	262.44	73.05
2017	453.99	17.58	7.31	324.32	66.32
2018	523.04	12.41	13.42	389.14	47.93
2019	637.35	16.11	7.74	468.43	41.80

数据来源：上海证券交易所
Source: SSE

Bond Trading in Shanghai Stock Exchange

Trading Volume(100 million units)

可转债 Convertible Bonds	可交换债 Exchange Corporate Bonds	可分离债 Warrant Bonds	政策性银行债 Policy Bank Bonds	企业资产支持证券 Asset-based Securities
—	—	—	—	—
—	—	—	—	—
0.10	—	—	—	—
0.09	—	—	—	—
0.45	—	—	—	—
0.11	—	—	—	—
0.23	—	—	—	—
3.89	—	—	—	—
2.97	—	—	—	—
3.04	—	—	—	—
1.46	—	0.58	—	—
1.33	—	3.26	—	—
2.64	—	14.24	—	—
3.11	—	7.51	—	—
11.57	—	5.99	—	—
19.30	—	5.51	—	—
21.23	—	4.83	—	—
44.21	—	5.96	—	0.05
65.08	0.18	2.75	2.38	0.63
50.32	2.60	1.23	4.55	2.93
8.80	3.80	0.58	0.31	8.58
16.27	7.47	0.00	1.60	13.13
21.22	11.50	0.00	8.76	18.67
59.23	11.03	0.00	13.56	19.45

3-5 续表

年份 Year	合计 Total	国债 T-Bonds	地方政府债 Local Treasury Bonds	公司债 Corporate Bonds	企业债 Enterprise Bonds
	成交金额(亿元)				
1996	4963.54	4962.38	—	—	1.16
1997	3483.90	3468.40	—	—	15.50
1998	6078.02	6046.70	—	—	9.03
1999	5322.62	5276.77	—	—	24.43
2000	3748.61	3657.06	—	—	39.13
2001	4451.06	4383.06	—	—	56.40
2002	6454.69	6380.83	—	—	51.04
2003	6261.71	5500.36	—	—	316.04
2004	3395.92	2961.50	—	—	95.88
2005	3219.36	2772.79	—	—	124.88
2006	1831.03	1537.40	—	—	76.69
2007	1790.45	1262.20	—	3.74	44.90
2008	3783.86	2075.90	—	243.81	67.65
2009	3877.09	2054.90	0.60	435.57	365.56
2010	4896.84	1590.03	0.01	585.43	909.13
2011	6093.58	1242.90	0.21	960.61	1352.62
2012	8442.99	905.56	0.01	2141.16	2770.67
2013	15312.48	771.10	0.50	2792.32	6378.26
2014	25446.42	1247.47	0.00	3632.44	12309.55
2015	30681.10	4117.52	213.19	7473.93	10223.31
2016	43823.28	5780.50	1992.51	26399.60	7275.06
2017	44431.20	1740.33	713.48	31959.14	5937.67
2018	51252.14	1220.33	1331.83	38552.95	4038.10
2019	64086.85	1602.53	781.04	46928.42	3447.82

continued

Trading Turnover(100 million yuan)

可转债 Convertible Bonds	可交换债 Exchange Corporate Bonds	可分离债 Warrant Bonds	政策性银行债 Policy Bank Bonds	企业资产支持证券 Asset-based Securities
—	—	—	—	—
—	—	—	—	—
22.29	—	—	—	—
21.41	—	—	—	—
52.43	—	—	—	—
11.60	—	—	—	—
22.82	—	—	—	—
445.31	—	—	—	—
338.55	—	—	—	—
321.68	—	—	—	—
169.03	—	47.92	—	—
211.83	—	267.77	—	—
301.59	—	1094.92	—	—
418.32	—	602.13	—	—
1300.20	—	512.04	—	—
2041.14	—	496.10	—	—
2177.36	—	448.24	—	—
4793.97	—	571.53	—	4.80
7661.18	22.78	265.88	243.88	63.25
7426.80	351.94	120.09	467.84	286.47
1034.95	415.02	57.82	34.20	833.64
1858.70	795.55	0.00	160.06	1266.27
2314.82	1180.23	0.00	878.58	1735.29
6967.13	1129.34	0.00	1374.06	1856.52

3-6 深圳证券交易所债券现券交易情况

成交量(亿张)

年份 Year	合计 Total	国债 T-Bonds	地方政府债 Local Treasury Bonds	公司债 Corporate Bonds	企业债 Enterprise Bonds
1996	0.64	0.64	—	—	—
1997	1.12	1.10	—	—	0.02
1998	0.28	0.12	—	—	0.08
1999	0.55	0.22	—	—	0.02
2000	6.13	4.94	—	—	0.01
2001	4.61	4.24	—	—	0.01
2002	23.77	23.12	—	—	0.18
2003	4.94	2.55	—	—	0.45
2004	2.89	0.05	—	—	0.18
2005	2.16	0.08	—	—	0.29
2006	1.95	0.03	—	—	0.17
2007	2.49	0.05	—	—	0.13
2008	5.47	0.47	—	1.55	0.44
2009	7.64	0.30	—	1.87	2.63
2010	8.62	0.72	—	2.81	2.45
2011	7.10	0.10	—	3.40	1.84
2012	14.20	0.09	—	10.64	1.98
2013	20.74	0.33	—	16.32	2.18
2014	27.29	0.13	—	21.59	1.99
2015	34.10	0.17	—	27.16	1.14
2016	91.96	0.14	0.23	84.40	0.60
2017	108.48	0.08	0.18	97.95	0.49
2018	123.37	0.05	0.38	92.67	0.38
2019	174.70	0.04	0.55	93.13	0.49

数据来源：深圳证券交易所
Source: SZSE

Bond Trading in Shenzhen Stock Exchange

Trading Volume(100 million units)

可转债 Convertible Bonds	可交换债 Exchange Corporate Bonds	可分离债 Warrant Bonds	政策性银行债 Policy Bank Bonds	企业资产支持证券 Asset-based Securities
—	—	—	—	—
—	—	—	—	—
0.08	—	—	—	—
0.31	—	—	—	—
1.17	—	—	—	—
0.37	—	—	—	—
0.46	—	—	—	—
1.94	—	—	—	—
2.66	—	—	—	—
1.79	—	—	—	0.01
0.91	—	0.24	—	0.59
1.08	—	0.62	—	0.61
1.19	—	1.48	—	0.34
1.69	—	0.75	—	0.40
1.87	—	0.61	—	0.16
1.37	—	0.35	—	0.04
0.92	—	0.51	—	0.07
1.44	0.01	0.26	—	0.19
2.60	0.05	0.00	—	0.93
3.51	0.13	0.00	—	1.99
2.30	0.82	0.00	—	3.48
3.52	2.32	0.00	—	2.82
19.80	1.89	0.00	—	5.92
57.05	2.03	0.00	8.92	12.49

3-6 续表

成交金额(亿元)

年份 Year	合计 Total	国债 T-Bonds	地方政府债 Local Treasury Bonds	公司债 Corporate Bonds	企业债 Enterprise Bonds
1996	67.17	66.87	—	—	0.30
1997	116.92	114.35	—	—	2.58
1998	42.92	13.25	—	—	9.37
1999	70.98	24.09	—	—	2.15
2000	636.87	500.43	—	—	1.37
2001	479.07	432.55	—	—	0.84
2002	2398.02	2327.85	—	—	19.29
2003	521.40	255.75	—	—	47.57
2004	321.16	4.96	—	—	17.49
2005	229.94	7.84	—	—	29.83
2006	204.05	3.31	—	—	17.74
2007	319.54	5.08	—	—	13.22
2008	540.39	46.63	—	160.61	45.95
2009	820.99	30.20	—	195.74	273.98
2010	950.70	71.61	—	292.09	255.54
2011	750.35	10.02	—	341.20	186.09
2012	1439.54	8.62	—	1076.69	199.44
2013	2099.35	32.65	—	1630.42	224.08
2014	2744.96	12.80	—	2119.10	202.08
2015	3783.22	16.96	—	2766.04	116.65
2016	9470.92	14.39	22.86	8654.11	60.78
2017	11010.59	7.55	17.77	9899.69	48.33
2018	12569.41	5.06	38.07	9321.99	38.54
2019	19443.33	4.46	56.02	9411.42	49.32

continued

Trading Turnover(100 million yuan)

可转债 Convertible Bonds	可交换债 Exchange Corporate Bonds	可分离债 Warrant Bonds	政策性银行债 Policy Bank Bonds	企业资产支持证券 Asset-based Securities
0.00	—	—	—	—
0.00	—	—	—	—
20.30	—	—	—	—
44.73	—	—	—	—
135.07	—	—	—	—
45.68	—	—	—	—
50.88	—	—	—	—
218.08	—	—	—	—
298.72	—	—	—	—
191.78	—	—	—	0.50
105.47	—	20.28	—	57.25
197.40	—	45.60	—	58.25
140.54	—	117.13	—	29.54
218.08	—	64.77	—	38.21
260.41	—	55.79	—	15.27
176.81	—	32.19	—	4.03
97.96	—	49.87	—	6.96
166.16	1.11	25.51	—	19.42
311.79	5.34	0.00	—	93.85
667.12	13.27	0.00	—	203.18
282.08	85.87	0.00	—	350.82
402.59	242.08	0.00	—	280.43
2159.00	194.15	0.00	—	583.21
7543.05	243.92	0.00	897.70	1237.43

3-7　2019年上海证券交易所国债预发行情况
Bond Pre Issuance in Shanghai Stock Exchange in 2019

债券简称 Bond Name	交易起始日 Initial Trading Date	交易截止日 Trading Deadline	基准价格 Bench Mark Price	收益率 Yield
18国债23	2019/3/7	2019/3/12	102.30	—
18国债23	2019/2/14	2019/2/19	102.98	—
18国债27	2019/1/10	2019/1/15	101.51	—
18国债27	2019/4/11	2019/4/16	101.01	—
18国债27	2019/3/14	2019/3/19	101.90	—
18国债27	2019/2/21	2019/2/26	101.97	—
18国债28	2019/2/28	2019/3/5	101.35	—
18国债28	2019/4/30	2019/5/7	99.83	—
19国债01	2019/1/10	2019/1/15	—	2.355
19国债01	2019/2/21	2019/2/26	100.22	—
19国债01	2019/4/11	2019/4/16	100.49	—
19国债01	2019/3/14	2019/3/19	100.28	—
19国债03	2019/4/30	2019/5/7	99.52	—
19国债03	2019/2/28	2019/3/5	—	2.772
19国债03	2019/5/30	2019/6/4	99.84	—
19国债04	2019/8/8	2019/8/13	102.32	—
19国债04	2019/9/5	2019/9/10	102.37	—
19国债04	2019/7/4	2019/7/9	101.33	—
19国债04	2019/6/5	2019/6/11	101.01	—
19国债04	2019/5/9	2019/5/14	100.37	—
19国债05	2019/5/16	2019/5/21	—	2.668
19国债05	2019/7/11	2019/7/16	100.40	—
19国债05	2019/8/15	2019/8/20	100.72	—
19国债05	2019/6/13	2019/6/18	100.10	—

数据来源：上海证券交易所
Source:SSE

3-7 续表 continued

债券简称 Bond Name	交易起始日 Initial Trading Date	交易截止日 Trading Deadline	基准价格 Bench Mark Price	收益率 Yield
19国债06	2019/10/17	2019/10/22	102.34	—
19国债06	2019/6/13	2019/6/18	100.53	—
19国债06	2019/8/15	2019/8/20	103.06	—
19国债06	2019/9/12	2019/9/17	103.23	—
19国债06	2019/5/16	2019/5/21	—	3.283
19国债06	2019/7/11	2019/7/16	101.44	—
19国债07	2019/10/31	2019/11/5	101.19	—
19国债07	2019/8/29	2019/9/3	101.73	—
19国债07	2019/5/30	2019/6/4	—	3.356
19国债07	2019/8/1	2019/8/6	100.86	—
19国债11	2019/8/29	2019/9/3	100.08	—
19国债11	2019/8/1	2019/8/6	—	2.897
19国债11	2019/11/28	2019/12/3	100.70	—
19国债11	2019/10/31	2019/11/5	100.44	—
19国债12	2019/10/17	2019/10/22	100.10	—
19国债12	2019/12/12	2019/12/17	100.45	—
19国债12	2019/11/14	2019/11/19	100.21	—
19国债12	2019/9/12	2019/9/17	—	2.630
19国债13	2019/11/7	2019/11/12	99.55	—
19国债13	2019/10/11	2019/10/15	—	2.997
19国债13	2019/12/5	2019/12/10	100.13	—
19国债15	2019/12/12	2019/12/17	99.62	—
19国债15	2019/11/14	2019/11/19	—	3.257
19国债16	2019/11/28	2019/12/3	—	3.155

3-8 交易所市场债券回购交易情况
Repo Trading in Exchange Market

年份 Year	成交金额(亿元) Trading Turnover(100 million yuan)					
	合计 Total	质押式回购 Pledge-style Repo	报价回购 Quotation-based Repo	约定式购回 Pre-arranged Repo	质押式协议回购 Pledge Agreement Repo	三方回购 Tri-party Repo
1996	13008.64	13008.64	—	—	—	—
1997	12876.06	12876.06	—	—	—	—
1998	15540.84	15540.84	—	—	—	—
1999	12890.53	12890.53	—	—	—	—
2000	14733.68	14733.68	—	—	—	—
2001	15487.64	15487.64	—	—	—	—
2002	24422.80	24422.80	—	—	—	—
2003	55353.25	55353.25	—	—	—	—
2004	46606.41	46606.41	—	—	—	—
2005	24919.05	24919.05	—	—	—	—
2006	16301.48	16301.48	—	—	—	—
2007	18615.47	18615.47	—	—	—	—
2008	24306.77	24306.77	—	—	—	—
2009	35975.19	35521.81	453.39	—	—	—
2010	70373.76	66233.95	4139.81	—	—	—
2011	209509.62	204469.83	5039.77	0.02	—	—
2012	393550.94	368535.82	25012.26	2.87	—	—
2013	662003.84	630720.85	31069.18	213.81	—	—
2014	915286.90	878705.94	36484.69	96.28	—	—
2015	1303701.36	1250959.55	52512.09	68.83	160.90	—
2016	2370915.58	2297358.03	60832.98	36.71	12687.86	—
2017	2632193.87	2551470.62	48986.37	36.22	31700.66	—
2018	2338353.38	2259882.18	44161.52	20.09	32069.43	2220.16
2019	2440624.02	2331849.26	76365.60	15.64	24296.54	8096.98

数据来源：上海证券交易所、深圳证券交易所
Source: SSE、SZSE

3-9 上海证券交易所债券回购交易情况
Repo Trading in Shanghai Stock Exchange

年份 Year	成交金额(亿元) Trading Turnover(100 million yuan)					
	合计 Total	质押式回购 Pledge-style Repo	报价回购 Quotation-based Repo	约定式购回 Pre-arranged Repo	质押式协议回购 Pledge agreement Repo	三方回购 Tri-party Repo
1996	12439.16	12439.16	—	—	—	—
1997	11912.16	11912.16	—	—	—	—
1998	15188.54	15188.54	—	—	—	—
1999	12124.12	12124.12	—	—	—	—
2000	13147.21	13147.21	—	—	—	—
2001	15342.98	15342.98	—	—	—	—
2002	24422.35	24422.35	—	—	—	—
2003	55334.68	55334.68	—	—	—	—
2004	46601.81	46601.81	—	—	—	—
2005	24919.05	24919.05	—	—	—	—
2006	16299.25	16299.25	—	—	—	—
2007	18608.92	18608.92	—	—	—	—
2008	24306.77	24306.77	—	—	—	—
2009	35929.25	35475.87	453.39	—	—	—
2010	70017.59	65877.79	4139.81	—	—	—
2011	204621.29	199581.50	5039.77	0.02	—	—
2012	371375.86	346360.74	25012.26	2.87	—	—
2013	610526.93	580224.78	30294.00	8.15	—	—
2014	841402.16	812941.84	28457.36	2.96	—	—
2015	1197852.61	1166704.67	30986.49	0.56	160.90	—
2016	2203351.93	2164883.84	26214.35	0.00	12253.74	—
2017	2428986.63	2378286.19	20535.74	0.00	30164.70	—
2018	2118206.00	2067540.25	17120.28	0.00	31325.44	2220.04
2019	2153748.51	2096845.92	25950.65	0.35	22854.61	8096.98

数据来源：上海证券交易所
Source: SSE

3–10 深圳证券交易所债券回购交易情况

Repo Trading in Shenzhen Stock Exchange

年份 Year	成交金额(亿元) Trading Turnover(100 million yuan)					
	合计 Total	质押式回购 Pledge-style Repo	报价回购 Quotation-based Repo	约定式购回 Pre-arranged Repo	质押式协议回购 Pledge Agreement Repo	三方回购 Tri-party Repo
1996	569.48	569.48	—	—	—	—
1997	963.91	963.91	—	—	—	—
1998	352.30	352.30	—	—	—	—
1999	766.41	766.41	—	—	—	—
2000	1586.47	1586.47	—	—	—	—
2001	144.66	144.66	—	—	—	—
2002	0.45	0.45	—	—	—	—
2003	18.58	18.58	—	—	—	—
2004	4.60	4.60	—	—	—	—
2005	0.00	0.00	—	—	—	—
2006	2.23	2.23	—	—	—	—
2007	6.54	6.54	—	—	—	—
2008	0.00	0.00	—	—	—	—
2009	45.94	45.94	—	—	—	—
2010	356.16	356.16	—	—	—	—
2011	4888.34	4888.34	—	—	—	—
2012	22175.08	22175.08	—	—	—	—
2013	51476.91	50496.07	775.18	205.66	—	—
2014	73884.74	65764.09	8027.32	93.32	—	—
2015	105848.75	84254.88	21525.60	68.27	—	—
2016	167563.66	132474.19	34618.63	36.71	434.12	—
2017	203207.24	173184.43	28450.62	36.22	1535.96	—
2018	220147.37	192341.93	27041.24	20.09	743.99	0.12
2019	286875.51	235003.34	50414.95	15.29	1441.93	0.00

数据来源：深圳证券交易所
Source: SZSE

主要统计指标解释

Explanatory Notes on Main Statistical Indicators

债券发行额 指统计期内各类债券发行票面金额合计。按发行首日口径计算。

债券兑付金额 指统计期内债券发行人按照约定向债券投资者偿还本金和支付利息的金额合计。

债券成交金额 指统计期内各类债券成交金额合计，包括债券现货成交金额和债券回购成交金额。

公式：现券成交金额=Σ[成交价格×成交量(现货)]；回购成交金额=Σ[成交量(回购)×1000]。

债券回购交易 是指债券交易的双方在进行债券交易的同时，约定在将来某一日期以约定的价格，由债券的卖方向买方再次购回该笔债券的交易行为。

债券托管额 指统计期末托管在债券登记结算机构的各类债券面额合计。

债券成交量 指统计期内各类债券成交数量合计，包括债券现货成交数量和债券回购成交数量。

国债 指国家为筹集财政资金，以其信用为基础，通过向社会筹集资金所形成的债权债务关系。

地方政府债 指地方政府、地方公共机构发行的债券，一般以当地政府的税收能力和其他收入作为还本付息的担保。

政策性银行金融债 指政策性银行（国家开发银行、中国农业发展银行和中国进出口银行）为筹集信贷资金，经国务院批准向银行金融机构及其他机构发行的金融债券。

公司债券 指公司依照法定程序发行，约定在一定期限内还本付息的有价证券。2020年3月，新《证券法》修订实施，明确公司债券公开发行实施注册制。国务院办公厅发布《国务院办公厅关于贯彻实施修订后的证券法有关工作的通知》（国办发[2020]5号），明确公开发行公司债券由证监会负责作出注册决定，证监会指定的交易所负责受理、审核。据此，公司债券发行按照公募债和私募债进行分类审核。

企业债 指根据《企业债券管理条例》的规定，企业依照法定程序发行、约定在一定期限内还本付息的有价证券，由国家发展和改革委员会作为主管机关负责发行核准工作。

可转债 指在一定时间内可以按照既定的转股价格转换为指定股票的债券。

可交换债 指上市公司的股东依法发行、在一定期限内依据约定的条件可以交换成该股东所持有的上市公司股份的债券品种。

资产支持证券 指以基础资产所产生的现金流作为偿付支持，通过结构化等方式进行信用增级，在此基础上发行的证券。

短期融资券 指具有法人资格的非金融企业在银行间债券市场发行的，约定在1年内还本付息的债务融资工具。

超短期融资券 指具有法人资格、信用评级较高的非金融企业在银行间债券市场发行的，期限在270天以内的短期融资券。

中期票据 指具有法人资格的非金融企业在银行间市场按照计划分期发行的，约定在一定期限内还本付息的债务融资工具。

非公开定向债务融资工具 指具有法人资格的非金融企业在银行间债券市场发行的、约定在一定期限内还本付息的、向银行间市场特定机构投资人发行的有价证券。

中小企业集合票据 指国家相关法律法规及政策界定为中小企业的非金融企业在银行间债券市场以统一产品设计、统一券种冠名、统一信用增进、统一发行注册方式共同发行的，约定在一定期限内还本付息的债务融资工具。

资产支持票据 指非金融企业在银行间债券市场发行的，由基础资产所产生的现金流作为还款支持的，约定在一定期限内还本付息的债务融资工具。

国债预发行 指以即将发行的记账式国债为标的进行的债券买卖行为。

贰 零 贰 零

四. 基金

Funds

贰 零 贰 零

2019 年基金情况综述

一、公募基金发展概况

2019 年末，公募基金资产规模合计 14.77 万亿元。其中，封闭式基金、开放式基金规模分别为 1.60 万亿元和 13.16 万亿元。开放式基金中，股票型基金、混合型基金、债券型基金、货币基金、QDII 基金规模分别为 1.30 万亿元、1.89 万亿元、2.77 万亿元、7.12 万亿元和 0.09 万亿元。已比照公募基金规范的证券公司大集合规模为 327.50 亿元。

公募基金产品结构逐步优化。2019 年末，开放式基金中股票型、混合型基金规模较 2018 年末分别增加 57.12%和 39.60%，合计规模占比从 2018 年末的 17.91%上升到 24.22%。专业机构投资者作用进一步发挥。2019 年末，公募基金持有 A 股市值 2.47 万亿元，较 2018 年末增加了 69.37%，占 A 股总市值的 4.17%。产品创新持续深化，推出科创主题基金、国企一带一路 ETF、粤港澳大湾区主题基金、国企改革 ETF、逐笔计提业绩报酬权益类基金、市场中性策略基金等新型产品，并稳步推进养老目标基金发展。普惠金融作用进一步发挥，服务个人投资者超过 6 亿人。推出公募基金投资顾问业务试点，提升基金行业服务居民财富管理需求能力。

二、私募基金发展概况

2019 年末，中国证券投资基金业协会已备案私募基金 81710 只，私募基金规模 14.08 万亿元，较 2018 年末分别增长 9.49%和 10.83%。其中，私募证券投资基金、私募股权投资基金、创业投资基金、其他私募投资基金规模分别为 2.56 万亿元、8.87 万亿元、1.21 万亿元和 1.44 万亿元。

私募基金登记备案改革深化。2019 年，中国证券投资基金业协会落实新版《私募基金管理人登记须知》，优化机构登记办理流程；发布新版《私募投资基金备案须知》，推进行业优胜劣汰；探索推出“分道制+抽查制”改革试点，对持续合规运行、信用状况良好的私募基金管理人，试点先备案后抽查。

4-1 公募基金概况
Overview of Public Funds

年份 Year	基金只数(只) Number of Funds(unit)			基金份额(亿份) Fund Units (100 million units)		
	合计 Total	封闭式 Close-ended Funds	开放式 Open-ended Funds	合计 Total	封闭式 Close-ended Funds	开放式 Open-ended Funds
1998	5	5	—	100.00	100.00	—
1999	16	16	—	505.00	505.00	—
2000	34	34	—	562.00	562.00	—
2001	51	48	3	804.23	686.73	117.50
2002	71	54	17	1318.85	817.00	501.85
2003	95	54	41	1614.67	817.00	797.67
2004	161	54	107	3308.79	817.00	2491.79
2005	218	54	164	4714.18	817.00	3897.18
2006	307	53	254	6220.67	812.00	5408.67
2007	346	36	310	22339.84	844.14	21495.70
2008	439	33	406	25741.78	890.32	24851.46
2009	547	31	516	23518.55	945.02	22573.53
2010	704	39	665	23955.33	1119.80	22835.53
2011	914	57	857	26510.37	1371.32	25139.05
2012	1173	68	1105	31708.41	1424.85	30283.56
2013	1551	130	1421	31167.18	1953.94	29213.24
2014	1899	135	1764	42032.72	1256.71	40776.00
2015	2723	164	2559	76674.13	1669.54	75004.59
2016	3873	304	3569	88428.32	6181.24	82247.08
2017	4848	479	4369	110182.12	5862.57	104319.55
2018	5580	662	4918	128961.33	8707.02	120254.31
2019	6111	779	5332	136937.42	15214.30	121723.12

注：1.本章公募基金是指公开募集证券投资基金，不包括社保基金、基金专户等。
2.本表中封闭式基金分类以截至统计时点的基金运作模式划分，开放式基金以设立时点的基金运作模式划分。
数据来源：中国证券监督管理委员会、上海证券交易所、深圳证券交易所
Source: CSRC、SSE、SZSE

4-1 续表 continued

年份 Year	基金资产规模(亿元) Fund Asset Value (100 million yuan)			上市基金成交份额(亿份) Trading Volume of Listed Funds (100 million units)			上市基金成交金额(亿元) Trading Turnover of Listed Funds(100 million yuan)		
	合计 Total	封闭式 Close-ended Funds	开放式 Open-ended Funds	合计 Total	上交所 SSE	深交所 SZSE	合计 Total	上交所 SSE	深交所 SZSE
1998	107.00	107.00	—	555.33	329.58	225.75	1016.89	605.28	411.61
1999	577.00	577.00	—	1623.12	827.95	795.17	2485.48	1365.82	1119.66
2000	847.35	847.35	—	2180.62	995.32	1185.30	2801.84	1334.18	1467.66
2001	809.24	691.15	118.09	2208.62	1148.35	1060.27	2561.88	1348.92	1212.96
2002	1185.56	717.06	468.50	1218.60	573.69	644.91	1166.62	556.77	609.85
2003	1699.22	862.00	837.22	849.18	441.62	407.56	682.65	362.16	320.49
2004	3246.34	809.71	2436.63	589.72	297.78	291.94	479.47	249.10	230.37
2005	4691.38	822.17	3869.21	1098.41	778.73	319.68	773.15	576.78	196.37
2006	8565.05	1623.64	6941.41	2058.16	1042.85	1015.31	2002.65	1024.35	978.30
2007	32762.32	2442.17	30320.15	4330.52	1981.36	2349.16	8620.09	4298.24	4321.85
2008	19403.25	758.95	18644.30	3742.28	2001.43	1740.85	5831.05	3700.23	2130.82
2009	26024.80	1238.78	24786.02	6531.40	3690.94	2840.46	10340.02	6549.06	3790.96
2010	25040.86	1299.00	23741.86	6582.01	3580.37	3001.64	8996.44	4771.71	4224.73
2011	21918.55	1234.15	20684.40	6125.90	2370.84	3755.06	6365.81	2901.41	3464.40
2012	28661.81	1413.01	27248.80	9374.61	2540.73	6833.88	8123.61	3171.12	4952.49
2013	30011.54	1987.56	28023.98	11280.60	3743.85	7536.75	14785.47	8988.79	5796.68
2014	45374.30	1366.81	44007.49	13742.58	4547.41	9195.17	47230.89	37477.49	9753.40
2015	83971.83	1947.72	82024.11	50423.73	12103.62	38320.11	152684.59	103799.88	48884.71
2016	91595.16	6342.22	85252.94	24609.83	4577.78	20032.05	111444.32	89359.23	22085.09
2017	115989.13	6097.29	109891.84	13626.64	5773.00	7853.64	98051.89	78169.57	19882.32
2018	130339.08	8986.26	121352.82	17941.63	8897.92	9043.70	102704.59	71651.46	31053.13
2019	147672.51	16024.48	131648.03	25140.94	14364.59	10776.35	91679.38	68589.58	23089.80

4-2 公募基金规模
Dimensions of Public Funds

基金类型	Type of Funds	基金只数(只) Number of Funds (unit)		基金份额(亿份) Fund Units (100 million units)		基金资产规模(亿元) Fund Asset Value (100 million yuan)	
		2018	2019	2018	2019	2018	2019
封闭式基金合计	Close-ended Funds	662	779	8707.02	15214.30	8986.26	16024.48
开放式基金合计	Open-ended Funds	4918	5332	120254.31	121723.12	121352.82	131648.03
其中：股票型	Thereinto:Equity Funds	925	1079	7712.98	9309.22	8241.08	12948.40
混合型	Blend Funds	2352	2408	14115.40	14821.86	13565.62	18937.41
其中：FOF	Thereinto:Fund of Funds	24	82	111.99	361.48	108.07	381.84
债券型	Bond Funds	1162	1358	21588.24	25687.88	22665.45	27660.83
货币市场型	Money Market Funds	345	333	76150.97	71110.11	76178.14	71170.56
QDII	Qualified Domestic Institutional Investor	134	154	686.76	794.05	702.54	930.83
合计	Total	5580	6111	128961.33	136937.42	130339.08	147672.51

注：本表中封闭式基金分类以截至统计时点的基金运作模式划分，开放式基金以设立时点的基金运作模式划分。
数据来源：中国证券监督管理委员会
Source: CSRC

4-3 QFII、RQFII及QDII情况
Statistics of QFII, RQFII and QDII

年份 Year	QFII Qualified Foreign Institutional Investor					
	累计批准额度(亿美元) Cumulative Approved Quota (100 million USD)	基金资产规模(亿美元) Fund Asset Value(100 million USD)				
		合计 Total	股票 Stock	债券 Bond	现金 Cash	其他 Other
2003	17.00	—	—	—	—	—
2004	34.75	37.00	11.30	11.20	11.00	3.50
2005	56.95	47.80	28.90	7.80	3.70	7.40
2006	90.95	62.75	48.76	0.69	7.88	5.42
2007	99.45	296.22	157.34	5.63	113.30	19.96
2008	133.43	261.58	118.36	28.54	108.27	6.41
2009	165.70	424.57	311.22	24.88	77.40	11.07
2010	197.20	448.66	357.66	33.81	47.36	9.83
2011	216.40	401.56	282.13	57.60	49.98	11.84
2012	360.43	525.81	393.11	67.15	46.74	18.82
2013	497.01	693.64	496.39	100.05	70.55	26.65
2014	669.23	1027.89	723.63	95.32	134.10	74.84
2015	810.68	1049.07	626.52	124.99	154.90	142.66
2016	873.09	785.54	571.03	84.28	78.33	51.91
2017	971.59	997.12	794.90	82.52	63.05	56.64
2018	1010.56	787.26	567.19	75.00	70.41	74.66
2019	-	1014.75	774.02	84.88	57.94	97.90

注：1.RQFII统计中“债券”定义为固定收益类资产。
2.RQFII基金资产规模数据中，不含证券公司香港子公司数据。
3.2019年9月，国家外汇管理局发布通知取消QFII/RQFII投资额度限制。
4.2019年QFII基金资产规模按照汇率6.9632计算。
数据来源：中国证券监督管理委员会、国家外汇管理局
Source: CSRC、SAFE

4-3 续表 1 continued

年份 Year	RQFII RMB Qualified Foreign Institutional Investor 累计批准额度(亿元) Cumulative Approved Quota (100 million yuan)	基金资产规模(亿元) Fund Asset Value (100 million yuan) 合计 Total	股票 Stock	债券 Bond	现金 Cash	其他 Other
2003	—	—	—	—	—	—
2004	—	—	—	—	—	—
2005	—	—	—	—	—	—
2006	—	—	—	—	—	—
2007	—	—	—	—	—	—
2008	—	—	—	—	—	—
2009	—	—	—	—	—	—
2010	—	—	—	—	—	—
2011	107.00	0.00	0.00	0.00	0.00	0.00
2012	670.00	507.00	443.52	109.85	21.43	3.62
2013	1575.00	532.26	430.53	74.01	8.96	18.76
2014	2997.00	2195.40	1058.06	785.57	181.73	170.04
2015	4443.25	1735.44	715.27	649.63	218.86	151.68
2016	5284.75	1489.43	864.17	460.27	119.48	45.50
2017	6050.62	1673.07	1204.24	312.93	74.61	81.30
2018	6481.72	1340.52	932.63	298.55	74.79	34.55
2019	—	1920.06	1257.21	501.48	105.68	55.69

4-3 续表 2 continued

年份 Year	QDII Qualified Domestic Institutional Investor 成立的产品数量(只) Number of Products (unit)	累计批准额度(亿美元) Cumulative Approved Quota (100 million USD)	基金资产规模(亿元) Fund Asset Value (100 million yuan) 合计 Total	股票 Stock	债券 Bond	其他 Other
2003	—	—	—	—	—	—
2004	—	98.90	—	—	—	—
2005	—	98.90	—	—	—	—
2006	1	206.65	—	—	—	—
2007	4	523.66	1081.73	799.56	0.00	282.17
2008	9	551.21	522.41	319.86	71.35	131.20
2009	10	668.00	742.24	542.07	4.93	195.24
2010	27	759.17	735.50	546.84	11.68	176.98
2011	51	783.97	576.02	358.83	9.51	207.68
2012	67	828.77	632.02	422.87	33.61	175.54
2013	83	842.32	597.60	390.70	28.73	178.17
2014	90	833.23	495.54	342.61	41.13	111.80
2015	101	899.93	662.53	412.46	38.98	211.09
2016	120	899.93	947.70	550.05	195.54	202.11
2017	142	899.93	913.59	499.21	144.63	269.75
2018	152	1032.33	705.73	549.00	75.55	81.18
2019	154	1039.83	930.83	708.37	135.71	86.75

4-4 交易所基金市场指数情况
Fund Indexes

年份 Year	上交所 SSE 上证基金指数 SSE Fund Index					
	开市 Open	最高 Highest	最低 Lowest	收市 Close	涨跌幅(%) Change Rate(%)	振幅(%) Amplitude(%)
2000	996.69	1121.71	968.70	1121.71	12.17	15.80
2001	1133.17	1367.37	1077.73	1183.13	5.48	26.88
2002	1168.82	1237.98	934.54	942.33	-20.35	32.47
2003	933.96	1057.46	889.81	1016.96	7.92	18.84
2004	1012.37	1101.88	836.81	872.01	-14.25	31.68
2005	866.93	866.93	706.53	840.19	-3.65	22.70
2006	837.92	2091.30	837.82	2090.52	148.82	149.61
2007	2132.24	5112.83	2041.89	5070.79	142.56	150.40
2008	5088.47	5525.57	2214.27	2512.49	-50.45	149.54
2009	2541.64	4813.13	2528.83	4765.75	89.68	90.33
2010	4785.96	5038.23	3752.78	4557.66	-4.37	34.25
2011	4580.40	4854.30	3516.42	3592.26	-21.18	38.05
2012	3603.59	4014.86	3347.34	3921.09	9.15	19.94
2013	3956.37	4319.18	3398.71	3880.27	-1.04	27.08
2014	3874.76	5557.49	3624.31	5550.63	43.05	53.34
2015	5578.87	7670.68	5114.16	5904.92	6.38	49.99
2016	5901.84	5927.80	5443.92	5733.60	-2.90	8.89
2017	5732.11	6389.99	5704.18	6220.06	8.48	12.02
2018	6222.93	6502.37	5465.12	5499.31	-11.59	18.98
2019	5503.54	6482.18	5454.86	6425.03	16.83	18.83

数据来源：上海证券交易所、深圳证券交易所
Source:SSE、SZSE

4-4 续表 1 continued

年份 Year	深交所 SZSE 乐富基金指数 SZSE Lefu Fund Index					
	开市 Open	最高 Highest	最低 Lowest	收市 Close	涨跌幅(%) Change Rate(%)	振幅(%) Amplitude(%)
2000	—	—	—	—	—	—
2001	—	—	—	—	—	—
2002	—	—	—	—	—	—
2003	—	—	—	—	—	—
2004	—	—	—	—	—	—
2005	978.19	1011.17	834.20	1001.46	2.38	21.21
2006	1010.88	2536.73	990.67	2536.73	154.38	156.06
2007	2570.95	6251.41	2452.55	6251.41	146.44	154.89
2008	6364.67	6734.29	2817.53	3144.08	-49.71	139.01
2009	3198.83	5396.12	3198.83	5329.45	69.51	68.69
2010	5280.03	6023.94	4385.37	5597.02	5.02	37.36
2011	5651.64	5831.13	4223.39	4333.89	-22.57	38.07
2012	4349.06	4807.29	3988.10	4574.63	5.55	20.54
2013	4604.92	4948.94	4052.24	4470.05	-2.29	22.13
2014	4460.73	6154.83	4054.64	6152.11	37.63	51.80
2015	6174.36	9178.71	5353.76	6678.31	8.55	71.44
2016	6684.64	6685.60	5143.23	5856.94	-12.30	29.99
2017	5858.10	6405.68	5513.37	6032.25	2.99	16.18
2018	6035.82	6365.74	4547.49	4632.10	-23.21	39.98
2019	4639.35	6337.57	4530.98	6335.13	36.77	39.87

4-4 续表 2 continued

年份 Year	深交所 SZSE 深证ETF指数 SZSE ETF Index					
	开市 Open	最高 Highest	最低 Lowest	收市 Close	涨跌幅(%) Change Rate(%)	振幅(%) Amplitude(%)
2000	—	—	—	—	—	—
2001	—	—	—	—	—	—
2002	—	—	—	—	—	—
2003	—	—	—	—	—	—
2004	—	—	—	—	—	—
2005	—	—	—	—	—	—
2006	—	—	—	—	—	—
2007	—	—	—	—	—	—
2008	—	—	—	—	—	—
2009	—	—	—	—	—	—
2010	—	—	—	—	—	—
2011	1015.92	1045.28	663.34	690.36	-32.05	57.58
2012	694.11	814.51	612.29	729.70	5.70	33.03
2013	735.94	808.34	609.10	712.86	-2.31	32.71
2014	711.10	1045.12	640.67	1044.36	46.50	63.13
2015	1049.50	1646.03	919.03	1191.12	14.05	79.10
2016	1188.69	1189.60	897.41	1038.69	-12.80	32.56
2017	1038.92	1264.01	1006.60	1202.39	15.76	25.57
2018	1203.92	1288.05	898.75	908.97	-24.40	43.32
2019	911.05	1253.97	884.88	1253.54	37.91	41.71

4-5 上市基金成交情况

Transaction Data of Listed Fund

年份 Year	交易天数(天) Trading Days (day)	封闭式基金 Close-ended Funds			ETF		
		成交份额(亿份) Trading Volume (100 million units)	成交金额(亿元) Trading Turnover (100 million yuan)	日均成交金额(亿元) Daily Average Turnover (100 million yuan)	成交份额(亿份) Trading Volume (100 million units)	成交金额(亿元) Trading Turnover (100 million yuan)	日均成交金额(亿元) Daily Average Turnover (100 million yuan)
2005	242	562.07	341.10	1.41	525.01	420.92	1.98
2006	241	1723.59	1626.36	6.75	306.21	339.97	1.41
2007	242	3100.51	6027.21	24.91	475.87	1544.61	6.38
2008	246	1624.12	1986.23	8.07	1411.49	3178.58	12.92
2009	244	1803.58	1613.68	6.61	3452.19	7652.13	31.36
2010	242	1095.05	1136.12	4.69	4020.85	6450.80	26.66
2011	244	447.46	451.15	1.85	3933.13	4213.25	17.27
2012	243	363.60	284.34	1.17	4766.86	4781.75	19.68
2013	238	489.02	433.16	1.82	5976.80	11012.74	46.89
2014	245	403.47	383.45	1.57	6148.76	40388.83	164.85
2015	244	815.73	981.84	4.02	12705.32	113160.86	463.77
2016	244	303.67	327.15	1.34	5017.87	96495.94	395.48
2017	244	134.64	144.59	0.59	6460.75	92890.39	380.70
2018	243	87.60	89.06	0.37	13485.83	99448.25	409.25
2019	244	72.64	75.17	0.61	20102.74	87147.57	357.16

注：ETF中包含交易型货币基金；LOF中包含分级基金。
数据来源：上海证券交易所、深圳证券交易所
Source: SSE、SZSE

4-5 续表 continued

年份 Year	LOF			合计 Total		
	成交份额(亿份) Trading Volume (100 million units)	成交金额(亿元) Trading Turnover (100 million yuan)	日均成交金额(亿元) Daily Average Turnover (100 million yuan)	成交份额(亿份) Trading Volume (100 million units)	成交金额(亿元) Trading Turnover (100 million yuan)	日均成交金额(亿元) Daily Average Turnover (100 million yuan)
2005	11.33	11.14	0.05	1098.40	773.15	3.43
2006	28.36	36.32	0.15	2058.17	2002.65	8.31
2007	701.87	989.68	4.09	4278.26	8561.50	35.38
2008	608.24	600.59	2.44	3643.84	5765.40	23.44
2009	1146.95	992.94	4.07	6402.72	10258.75	42.04
2010	1383.12	1338.94	5.53	6499.03	8925.86	36.88
2011	1682.48	1643.30	6.73	6063.07	6307.70	25.85
2012	4212.16	3032.54	12.48	9342.62	8098.63	33.33
2013	4811.85	3336.90	14.02	11277.67	14782.80	62.73
2014	7190.35	6458.60	26.36	13742.58	47230.89	192.78
2015	36902.67	38541.90	160.40	50423.73	152684.60	628.20
2016	19288.29	14621.23	59.92	24609.83	111444.31	456.74
2017	7031.25	5016.90	20.56	13626.65	98051.88	401.85
2018	4368.20	3167.28	13.03	17941.63	102704.59	422.65
2019	4965.55	4456.65	18.26	25140.94	91679.38	375.73

4-6 私募基金概况
Overview of Private Funds

年份 Year	已登记私募基金管理人家数(个) Number of Registered Private Fund Managers(unit)				
	合计 Total	私募证券投资基金管理人 Private Security Investment Fund Managers	私募股权、创业投资基金管理人 Private Equity Investment and Venture Capital Fund Managers	其他私募投资基金管理人 Other Private Investment Fund Managers	私募资产配置类管理人 Private Asset Allocation Fund Managers
2017	22446	8467	13200	779	—
2018	24448	8989	14683	776	—
2019	24471	8857	14882	727	5

注：私募基金是指在中国证券投资基金业协会备案的以非公开方式向投资者募集资金设立的投资基金。
数据来源：中国证券投资基金业协会
Source:AMAC

4-6 续表 1 continued

年份 Year	已备案私募基金数量(个) Number of Filed Private Funds(unit)					
	合计 Total	私募证券投资基金 Private Security Investment Funds	私募股权投资基金 Private Equity Investment Funds	创业投资基金 Venture Capital Funds	其他私募投资基金 Other Private Investment Funds	私募资产配置基金 Private Asset Allocation Funds
2017	66417	34097	21827	4372	6121	—
2018	74629	35675	27175	6508	5271	—
2019	81710	41392	28477	7978	3858	5

4-6 续表 2 continued

年份 Year	管理基金规模(亿元) Managed Fund Size(100 million dollar)					
	合计 Total	私募证券投资基金 Private Security Investment Funds	私募股权投资基金 Private Equity Investment Funds	创业投资基金 Venture Capital Funds	其他私募投资基金 Other Private Investment Funds	私募资产配置基金 Private Asset Allocation Funds
2017	114992.53	25671.95	62910.99	6076.68	20332.91	—
2018	127064.20	21385.06	78014.08	9094.61	18570.44	—
2019	140829.62	25610.41	88713.18	12088.26	14412.29	5.48

4-7　2019年私募基金按监管辖区分布概况

Regulatory Jurisdiction Distribution of Private Fund

辖区	Jurisdiction	管理人数量(家) Number of Private Fund Managers(unit)	管理基金数量(只) Number of Private Investment Funds(unit)	管理基金规模(亿元) Managed Fund Size (100 million yuan)
北京	Beijing	4367	14079	32557.75
天津	Tianjin	474	1691	6545.25
河北	Hebei	134	251	481.29
山西	Shanxi	61	116	269.33
内蒙古	Inner Mongolia	45	94	366.38
辽宁	Liaoning	73	111	83.28
吉林	Jilin	76	111	303.51
黑龙江	Heilongjiang	64	95	85.11
上海	Shanghai	4709	22474	30224.02
江苏	Jiangsu	1126	3166	7305.70
浙江	Zhejiang	2056	6712	8473.79
安徽	Anhui	211	791	3150.25
福建	Fujian	228	821	1501.33
江西	Jiangxi	255	641	1551.81
山东	Shandong	316	647	1358.20
河南	Henan	137	290	621.16
湖北	Hubei	373	702	1482.64
湖南	Hunan	253	571	656.13
广东	Guangdong	1698	5399	7711.77
广西	Guangxi	86	169	468.53
海南	Hainan	53	102	216.07
重庆	Chongqing	211	498	1364.90
四川	Sichuan	430	851	1920.90
贵州	Guizhou	83	202	1309.32
云南	Yunnan	91	157	1081.23
西藏	Tibet	219	1225	2767.78
陕西	Shaanxi	241	485	979.89
甘肃	Gansu	34	48	177.70
青海	Qinghai	15	36	136.38
宁夏	Ningxia	58	129	282.63
新疆	Xinjiang	154	362	1456.79
深圳	Shenzhen	4566	14252	18265.41
大连	Dalian	91	249	125.11
宁波	Ningbo	853	2649	3893.12
厦门	Xiamen	359	982	792.14
青岛	Qingdao	271	552	863.02

数据来源：中国证券投资基金业协会
Source:AMAC

主要统计指标解释

Explanatory Notes on Main Statistical Indicators

基金只数 指统计期内基金市场上基金产品的只数。自基金合同生效日（基金成立日）纳入统计，自基金合同终止日从统计中剔除。一般根据中国证监会代码（基金主合同）口径统计。

基金份额 指统计期末基金市场基金份额的合计。

基金资产规模 指在统计期末市场上基金产品资产的合计。对统一募集、自动拆分的分级基金统计基金资产规模时，只计母基金资产规模。对分开募集的分级基金统计基金资产规模时，同时统计不同子基金份额的资产规模。

上市基金成交金额 指统计期内在交易所上市的各类基金成交金额合计。

QFII 额度 指统计期末国家外汇管理局批准合格境外机构投资者投资境内证券市场的投资额度。

RQFII 额度 指统计期末国家外汇管理局批准人民币合格境外机构投资者投资境内证券市场的投资额度。

QDII 额度 指统计期末国家外汇管理局批准合格境内机构投资者进行境外证券投资的投资额度。

封闭式基金 采用封闭式运作方式的基金，是指经核准的基金份额总额在基金合同期限内固定不变，基金份额可以在依法设立的证券交易所交易，但基金份额持有人不得申请赎回的基金。

开放式基金 采用开放式运作方式的基金，是指基金份额总额不固定，基金份额可以在基金合同约定的时间和场所申购或者赎回的基金。

交易型货币市场基金 指符合上交所上市条件并在上交所交易系统以竞价方式进行交易，以基金净值申购或者赎回的货币市场基金，基金份额总额不固定且永久存续。

私募基金只数 指统计期末已在中国证券投资基金业协会备案的正在运作私募基金产品只数。

私募基金管理人家数 指统计期末在中国证券投资基金业协会登记的未注销从事私募基金管理人数量。

私募基金管理规模 指统计期末正在运作的私募基金净资产规模。

贰 零 贰 零

五. 期 货

Futures

贰 零 贰 零

2019年期货市场综述

一、市场保持平稳运行

2019年，我国期货市场成交量39.21亿手，成交金额为290.57万亿元，较2018年分别增加30.25%和37.85%。其中，商品期货成交量38.55亿手，占全市场的98.31%，成交金额220.95万亿元，占全市场的76.04%；金融期货成交量0.66亿手，占全市场的1.69%，成交金额69.62万亿元，占全市场的23.96%。商品期权成交量0.41亿手，成交金额333.27亿元，较2018年分别增加121.06%和58.58%。

二、产品业务体系不断优化

2019年，证监会持续优化品种上市制度，加强与国家部委和行业协会的沟通协调，推出满足实体经济风险管理需要的新品种新工具。上市了红枣、尿素、20号胶、粳米、不锈钢、苯乙烯、纯碱等7个期货品种和天然橡胶、棉花、玉米、铁矿石、PTA、甲醇、黄金、沪深300股指等8个期权品种。初步形成了商品金融、期货期权、场内场外、境内境外协同发展的局面。

三、市场运行质量持续提升

2019年，证监会不断优化期货品种功能评估指标，促进交易所持续完善交易机制，降低交易成本，增强市场流动性，提高市场套保效率。在各交易所的努力下，全市场持仓量稳步增长，各主要品种保持了较高的流动性，活跃合约连续性不断提高，期货市场服务实体经济的能力不断增强。做市商制度得到进一步推广，镍、动力煤、棉花等品种的活跃合约连续性改善显著。交易所业务规则优化为产业客户参与期货市场打下制度基础。

四、市场对外开放水平不断提高

2019年，期货市场国际化进程进一步加快。以特定品种方式开放的范围稳步扩大，20号胶期货上市后，共有4个期货品种直接向国际投资者开放交易，特定品种对外开放的路径基本成型。境外参与者稳步增加，其交易量和持仓量在部分品种里达到了10%。国际化期货品种价格的国际影响力正在提升，交易所国际合作成果丰硕。

5-1　期货交易品种名录
List of Futures Products

	交易品种 Futures Products
农产品 Agricultural Products	强麦、普麦、棉花、白糖、菜籽油、早籼稻、晚籼稻、油菜籽、菜籽粕、粳稻、棉纱、苹果、红枣、天然橡胶、玉米、玉米淀粉、黄大豆1号、黄大豆2号、豆粕、豆油、棕榈油、鸡蛋、胶合板、纤维板、粳米
能源、化工及其他 Energy & Chemical Products & Others	甲醇、PTA、玻璃、动力煤、尿素、纯碱、原油、燃料油、石油沥青、20号胶、纸浆、聚乙烯、聚氯乙烯、聚丙烯、焦炭、焦煤、乙二醇、苯乙烯
金属 Metal Products	硅铁、锰硅、铜、铝、锌、铅、镍、锡、黄金、白银、螺纹钢、线材、热轧卷板、不锈钢、铁矿石
金融 Financial Futures	沪深300股指期货(IF)、中证500股指期货(IC)、上证50股指期货(IH)、2年期国债期货(TS)、5年期国债期货(TF)、10年期国债期货(T)

数据来源：上海期货交易所、郑州商品交易所、大连商品交易所、中国金融期货交易所
Source：SHFE、ZCE、DCE、CFFEX

5-2　期货市场规模概况
Dimensions of Futures Market

年份 Year	市场资金 (亿元) Market Funds (100 million yuan)	期货账户数 (户) Number of Futures Accounts (unit)	客户数(个) Number of Futures Investors (unit)		
			个人 Individual Customers	单位 Corporate	合计 Total
2006	214.42	277390	—	—	244590
2007	395.40	447720	—	—	395533
2008	457.22	712773	595434	21001	616435
2009	1113.73	1106099	887627	28634	916261
2010	1696.31	1505530	1178225	35483	1213708
2011	1594.24	1793448	1370577	40804	1411381
2012	1904.68	896934	697442	19868	717310
2013	2069.06	977185	751665	20743	772408
2014	2923.84	993527	795210	27409	822619
2015	4138.50	1268765	1046190	29017	1075207
2016	4787.89	1385277	1150649	35771	1186420
2017	4441.88	1511380	1238117	39111	1277228
2018	4338.73	1587012	1283397	39161	1322558
2019	5561.49	1832128	1471541	45743	1517284

注：期货账户数和投资者个数2012年之前为总账户数和总投资者个数，2012年之后为有效账户数和有效投资者个数。
数据来源：中国期货市场监控中心有限责任公司
Source：CFMMC

5-3 期货会员机构数情况
Number of Futures Exchange Members

单位：家 (unit)

年份 Year	上海期货交易所 SHFE			上海国际能源交易中心 INE		
	合计 Total	期货公司会员 Members of Futures Companies	非期货公司会员 Non-Members of Futures Companies	合计 Total	期货公司会员 Members of Futures Companies	非期货公司会员 Non-Members of Futures Companies
1999	206	153	53	—	—	—
2000	216	165	51	—	—	—
2001	225	171	54	—	—	—
2002	215	178	37	—	—	—
2003	219	185	34	—	—	—
2004	224	184	40	—	—	—
2005	215	175	40	—	—	—
2006	209	172	37	—	—	—
2007	213	172	41	—	—	—
2008	207	167	40	—	—	—
2009	210	167	43	—	—	—
2010	209	164	45	—	—	—
2011	208	163	45	—	—	—
2012	208	161	47	—	—	—
2013	206	157	49	—	—	—
2014	203	151	52	—	—	—
2015	201	150	51	—	—	—
2016	199	149	50	—	—	—
2017	196	149	47	—	—	—
2018	197	149	48	155	149	6
2019	198	149	49	157	149	8

注：交易所合计会员数量中存在冻结会员账户。
数据来源：上海期货交易所、郑州商品交易所、大连商品交易所、中国金融期货交易所、上海国际能源交易中心
Source: SHFE、ZCE、DCE、CFFEX、INE

5-3 续表 1 continued

单位：家 (unit)

年份 Year	郑州商品交易所 ZCE 合计 Total	郑州商品交易所 ZCE 期货公司会员 Members of Futures Companies	郑州商品交易所 ZCE 非期货公司会员 Non-Members of Futures Companies	大连商品交易所 DCE 合计 Total	大连商品交易所 DCE 期货公司会员 Members of Futures Companies	大连商品交易所 DCE 非期货公司会员 Non-Members of Futures Companies
1999	—	—	—	—	—	—
2000	—	—	—	164	150	14
2001	208	159	49	185	170	15
2002	212	166	46	195	180	15
2003	218	176	42	199	186	13
2004	219	185	44	199	186	13
2005	222	179	43	196	181	15
2006	226	180	46	196	180	16
2007	226	183	43	193	177	16
2008	215	172	43	193	175	18
2009	215	173	42	189	173	16
2010	215	173	42	189	173	16
2011	213	171	42	187	172	15
2012	209	167	42	178	163	15
2013	205	163	42	175	160	15
2014	198	157	41	170	155	15
2015	196	155	41	168	152	16
2016	196	149	47	166	151	15
2017	164	149	15	165	150	15
2018	164	149	15	165	150	15
2019	164	149	15	163	149	14

5-3 续表 2 continued

单位：家 (unit)

年份 Year	中国金融期货交易所 CFFEX 合计 Total	期货公司会员 Members of Futures Companies 合计 Total	期货公司会员 全面结算会员 Full Clearing Members	期货公司会员 交易结算会员 Limited Clearing Members	期货公司会员 交易会员 Trading Members	非期货公司会员 Non-Members of Futures Companies
1999	—	—	—	—	—	—
2000	—	—	—	—	—	—
2001	—	—	—	—	—	—
2002	—	—	—	—	—	—
2003	—	—	—	—	—	—
2004	—	—	—	—	—	—
2005	—	—	—	—	—	—
2006	—	—	—	—	—	—
2007	—	—	—	—	—	—
2008	—	—	—	—	—	—
2009	—	—	—	—	—	—
2010	133	133	15	61	57	0
2011	146	146	15	61	70	0
2012	146	146	15	61	70	0
2013	150	150	15	68	67	0
2014	146	146	24	76	46	0
2015	146	146	25	78	43	0
2016	147	147	26	83	38	0
2017	147	147	26	88	33	0
2018	147	147	26	88	33	0
2019	147	147	27	89	31	0

5-4 期货交易概况
Overview of Futures Transaction

年份 Year	成交金额(亿元) Trading Turnover (100 million yuan)			成交量(万手) Trading Volume (10 thousand lots)			持仓金额(亿元) Value of Positions (100 million yuan)		
	合计 Total	商品期货 Commodity Futures	金融期货 Financial Futures	合计 Total	商品期货 Commodity Futures	金融期货 Financial Futures	合计 Total	商品期货 Commodity Futures	金融期货 Financial Futures
2000	8041.14	8041.14	—	2730.54	2730.54	—	145.57	145.57	—
2001	15071.76	15071.76	—	6022.54	6022.54	—	175.75	175.75	—
2002	19745.30	19745.30	—	6971.50	6971.50	—	277.43	277.43	—
2003	54194.67	54194.67	—	13993.32	13993.32	—	423.66	423.66	—
2004	73465.27	73465.27	—	15283.27	15283.27	—	388.77	388.77	—
2005	67224.19	67224.19	—	16142.38	16142.38	—	350.71	350.71	—
2006	105023.16	105023.16	—	22473.70	22473.70	—	564.05	564.05	—
2007	204861.23	204861.23	—	36421.34	36421.34	—	990.31	990.31	—
2008	359570.98	359570.98	—	68194.36	68194.36	—	740.90	740.90	—
2009	652553.80	652553.80	—	107871.49	107871.49	—	2775.49	2775.49	—
2010	1545582.31	1134883.54	410698.77	156676.46	152089.14	4587.33	3095.90	2812.04	283.86
2011	1375134.23	937475.68	437658.55	105408.87	100367.68	5041.19	2972.73	2629.90	342.83
2012	1711231.31	952824.54	758406.78	145046.24	134540.06	10506.18	4122.62	3279.94	842.68
2013	2674739.52	1264673.31	1410066.21	206177.33	186822.39	19354.93	6744.94	5867.87	877.07
2014	2919882.26	1279712.53	1640169.73	250585.57	228827.45	21758.11	6900.25	4356.81	2543.44
2015	5542311.75	1364707.05	4177604.71	357791.06	323704.12	34086.93	6200.88	4828.81	1372.07
2016	1956316.08	1774124.99	182191.10	413776.83	411943.25	1833.59	7605.86	5845.66	1760.20
2017	1878925.88	1633003.86	245922.02	307102.17	304642.57	2459.59	8940.47	6922.67	2017.79
2018	2107973.78	1846750.81	261222.97	301055.65	298334.65	2721.01	8375.21	6096.13	2279.08
2019	2905739.14	2209542.00	696197.14	392135.56	385507.22	6628.34	15289.05	10008.54	5280.52

注：1.表中数据均按单边口径统计。
2.交割金额、交割量中包含期转现。
3.上海期货交易所数据包含上海国际能源交易中心。
数据来源：上海期货交易所、郑州商品交易所、大连商品交易所、中国金融期货交易所
Source：SHFE、ZCE、DCE、CFFEX

5-4 续表 continued

年份 Year	持仓量(万手) Positions (10 thousand lots)			交割金额(亿元) Delivery Amount (100 million yuan)			交割量(万手) Delivery Quantity (10 thousand lots)		
	合计 Total	商品期货 Commodity Futures	金融期货 Financial Futures	合计 Total	商品期货 Commodity Futures	金融期货 Financial Futures	合计 Total	商品期货 Commodity Futures	金融期货 Financial Futures
2000	111.67	111.67	—	65.16	65.16	—	8.40	8.40	—
2001	134.47	134.47	—	59.63	59.63	—	16.34	16.34	—
2002	101.58	101.58	—	100.99	100.99	—	23.32	23.32	—
2003	91.88	91.88	—	130.94	130.94	—	32.10	32.10	—
2004	106.95	106.95	—	183.21	183.21	—	32.70	32.70	—
2005	160.05	160.05	—	213.37	213.37	—	30.71	30.71	—
2006	345.31	345.31	—	225.47	225.47	—	30.66	30.66	—
2007	355.20	355.20	—	283.73	283.73	—	42.76	42.76	—
2008	162.55	162.55	—	339.26	339.26	—	54.94	54.94	—
2009	649.34	649.34	—	284.72	284.72	—	50.34	50.34	—
2010	580.63	577.65	2.98	586.49	516.89	69.60	74.04	73.25	0.80
2011	603.38	598.54	4.84	632.50	490.15	142.35	66.58	64.93	1.65
2012	757.68	746.64	11.04	695.48	528.04	167.44	61.30	58.96	2.34
2013	736.98	724.66	12.32	749.90	465.25	284.65	60.68	56.79	3.89
2014	909.94	886.24	23.70	712.29	451.58	260.70	67.19	63.50	3.69
2015	1178.32	1165.36	12.96	1426.65	641.76	784.89	122.14	115.36	6.78
2016	1190.48	1172.54	17.94	1478.12	783.34	694.78	136.23	129.19	7.04
2017	1194.06	1174.54	19.51	1528.47	881.94	646.53	130.69	124.51	6.18
2018	1168.73	1142.87	25.87	1767.47	1018.52	748.95	144.22	136.52	7.70
2019	1914.23	1866.18	48.04	2641.41	1055.55	1585.86	163.82	148.44	15.39

5-5 期货品种交易情况

交易所 Exchange	交易品种	Product	成交金额(亿元) Trading Turnover (100 million yuan)		成交量(万手) Trading Volume (10 thousand lots)	
			2018	2019	2018	2019
上海期货交易所 SHFE	铜	Copper	129767.96	87250.76	5124.71	3652.01
	铝	Aluminum	33556.71	22746.05	4661.84	3275.76
	锌	Zinc	104116.65	72001.40	9234.88	7106.65
	铅	Lead	9605.47	6358.73	1020.38	771.02
	黄金	Gold	44248.00	149962.34	1612.39	4620.86
	白银	Silver	23232.43	89385.28	4225.06	14282.37
	螺纹钢	Steel Rebar	201709.80	169469.55	53097.66	46517.18
	线材	Steel Wire Rod	58.04	68.34	15.73	17.41
	热轧卷板	Hot Rolled Coils	33055.64	25440.30	8681.64	7041.17
	燃料油	Fuel Oil	12048.20	42709.89	3926.88	17671.94
	石油沥青	Bitumen	21963.91	32733.31	6980.21	10290.88
	天然橡胶	Natural Rubber	73625.11	64482.89	6184.55	5385.04
	锡	Tin	4043.73	4541.48	274.16	324.61
	镍	Nickel	119696.29	183878.90	11481.87	16044.41
	纸浆	Woodpulp	4606.30	17867.81	897.53	3634.54
	原油	Crude Oil	127383.47	154760.15	2650.94	3464.44
	20号胶	TSR 20	—	997.30	—	94.31
	不锈钢	Stainless Steel	—	439.38	—	59.08
	合计	Total	942717.72	1125093.86	120070.43	144253.66
郑州商品交易所 ZCE	强麦	Wheat WH	55.33	6.03	10.69	1.24
	普麦	Wheat PM	0.36	0.08	0.03	0.01
	棉花	Cotton No.1	49271.71	43616.42	5847.12	6381.15
	白糖	White Sugar	33193.50	59494.28	6397.04	11249.61
	菜籽油	Rapeseed Oil	23262.07	26958.04	3508.05	3778.50
	早籼稻	Early Rice	19.60	1.41	3.82	0.29
	甲醇	Methanol	46842.35	61001.50	16389.63	26509.42
	玻璃	Glass	7069.44	8830.09	2514.36	3091.66
	油菜籽	Rapeseed	0.73	25.43	0.14	6.36
	菜籽粕	Rapeseed Meal	25418.61	32013.33	10436.13	13808.54
	动力煤	Thermal Coal	30197.56	15956.72	4886.92	2749.32
	粳稻	Japonica Rice	7.69	1.58	1.26	0.27
	晚籼稻	Late Indica Rice	307.84	10.04	53.78	1.88

注：1.表中数据均按单边口径统计。
2.交割金额、交割量中包含期转现。
3.上海期货交易所数据包含上海国际能源交易中心。

数据来源：上海期货交易所、郑州商品交易所、大连商品交易所、中国金融期货交易所

Source：SHFE、ZCE、DCE、CFFEX

Statistics for Futures Transaction by Futures Products

持仓金额(亿元) Value of Positions (100 million yuan)		持仓量(万手) Positions (10 thousand lots)		交割金额(亿元) Delivery Amount (100 million yuan)		交割量(万手) Delivery Quantity (10 thousand lots)	
2018	2019	2018	2019	2018	2019	2018	2019
583.83	776.74	24.25	31.48	254.49	185.07	10.03	7.68
218.30	245.83	31.98	34.89	215.82	131.40	30.30	18.93
230.79	205.29	22.52	22.82	32.76	57.89	2.75	5.57
43.32	45.54	4.80	6.02	21.07	24.56	2.22	2.96
440.83	758.46	15.37	21.94	12.84	6.96	0.47	0.22
199.07	507.29	36.11	76.70	18.14	26.14	3.32	4.37
476.00	635.37	140.79	178.89	3.37	10.90	0.79	2.93
0.94	0.00	0.27	0.00	0.00	0.00	0.00	0.00
115.74	130.53	34.70	36.37	10.73	9.40	2.54	2.59
49.89	102.21	20.85	46.20	0.00	5.31	0.00	1.95
69.82	86.73	26.57	27.03	4.90	3.95	1.66	1.15
246.20	339.72	21.74	26.17	26.07	26.52	2.23	2.35
32.59	61.29	2.27	4.50	12.97	11.58	0.91	0.81
229.56	446.87	26.07	39.94	40.03	80.17	3.92	6.78
39.56	62.25	7.97	13.53	0.00	3.22	0.00	0.71
113.17	142.98	2.99	2.94	12.30	79.19	0.28	1.76
—	46.13	—	4.25	—	0.00	—	0.00
—	15.28	—	2.12	—	0.00	—	0.00
3089.63	4608.50	419.24	575.80	665.48	662.27	61.42	60.74
0.25	0.07	0.05	0.01	0.50	0.00	0.10	0.00
0.02	0.00	0.00	0.00	0.00	0.00	0.00	0.00
181.14	490.38	24.46	70.14	88.99	148.83	11.58	21.61
139.39	218.87	29.60	39.17	43.07	14.15	7.68	2.69
119.92	99.64	18.63	12.91	26.19	30.30	4.07	4.50
0.00	0.00	0.00	0.00	0.05	0.00	0.01	0.00
131.67	193.26	55.23	87.78	2.62	7.11	0.80	3.30
21.58	56.53	8.39	19.09	1.49	0.45	0.51	0.16
0.00	0.01	0.00	0.00	0.00	0.25	0.00	0.07
69.61	76.86	33.17	33.00	3.23	0.68	1.37	0.30
120.57	127.36	21.34	22.91	29.78	22.39	4.58	3.80
0.17	0.00	0.03	0.00	0.00	0.00	0.00	0.00
1.17	0.00	0.22	0.00	0.00	0.06	0.00	0.01

5-5 续表

交易所 Exchange	交易品种	Product	成交金额(亿元) Trading Turnover (100 million yuan) 2018	2019	成交量(万手) Trading Volume (10 thousand lots) 2018	2019
郑州商品交易所 ZCE	PTA	PTA	55861.95	88820.21	17084.57	31247.02
	硅铁	Ferrosilicon	7093.55	2767.99	2155.69	930.70
	锰硅	Manganese Silicon	7537.40	3941.38	1885.41	1117.18
	棉纱	Cotton Yarn	2016.31	1810.38	153.36	169.92
	苹果	Apple	94013.15	33654.86	9995.64	3746.16
	尿素	Urea	—	1630.46	—	469.35
	纯碱	Soda Ash	—	507.65	—	156.48
	红枣	Chinese Jujube	—	14245.68	—	2773.40
	合计	Total	382169.14	395293.57	81323.64	108188.47
大连商品交易所 DCE	玉米	Corn	12323.20	18841.46	6681.27	9911.91
	玉米淀粉	Corn Starch	5102.69	3808.21	2261.31	1656.38
	黄大豆1号	No.1 Soybean	8078.74	6422.06	2211.17	1845.05
	黄大豆2号	No.2 Soybean	8337.06	5499.39	2447.67	1779.19
	豆粕	Soybean Meal	73500.23	76030.12	23816.24	27286.97
	豆油	Soybean Oil	31020.30	52511.92	5413.56	8754.32
	棕榈油	RBD Palm Oil	21635.13	71298.20	4434.46	13550.42
	鸡蛋	Egg	7846.56	15673.15	1991.85	3713.00
	胶合板	Blockboard	0.48	0.29	0.07	0.04
	纤维板	Fiberboard	13.02	234.56	2.96	117.18
	粳米	Polished Round-grained Rice	0.00	149.78	0.00	41.36
	聚乙烯	LLDPE	17105.07	24492.19	3673.55	6343.87
	聚氯乙烯	PVC	12192.10	11246.44	3636.28	3379.29
	聚丙烯	PP	23008.76	38902.25	4934.92	9370.77
	焦炭	Coke	149675.47	111372.18	6907.18	5568.01
	焦煤	Coking Coal	35478.22	17763.06	4646.53	2287.46
	乙二醇	Ethylene Glycol	1266.19	34736.26	232.39	7410.20
	苯乙烯	Ethenylbenzene	0.00	1441.65	0.00	395.87
	铁矿石	Iron Ore	115280.73	198731.40	23649.16	29653.80
	合计	Total	521863.95	689154.57	96940.58	133065.09
中国金融期货交易所 CFFEX	2年期国债期货	2-Year Treasury Bond Futures	678.35	39847.11	3.41	198.76
	5年期国债期货	5-Year Treasury Bond Futures	17965.14	17907.74	184.29	179.83
	10年期国债期货	10-Year Treasury Bond Futures	85175.79	90403.39	898.87	924.62
	沪深300股指期货	CSI 300 Index Futures	78277.77	267071.61	748.68	2363.85
	上证50股指期货	SSE 50 Index Futures	35243.28	82176.45	451.73	966.90
	中证500股指期货	CSI 500 Index Futures	43882.65	198790.84	434.02	1994.38
	合计	Total	261222.97	696197.14	2721.01	6628.34
全国期货市场 Forward Market	合计	Total	2107973.78	2905739.14	301055.65	392135.56

continued

持仓金额(亿元) Value of Positions (100 million yuan)		持仓量(万手) Positions (10 thousand lots)		交割金额(亿元) Delivery Amount (100 million yuan)		交割量(万手) Delivery Quantity (10 thousand lots)	
2018	2019	2018	2019	2018	2019	2018	2019
206.19	229.12	72.32	91.89	47.36	41.97	15.54	13.85
14.40	16.70	5.03	5.71	4.38	5.07	1.32	1.71
17.63	27.33	4.76	8.54	4.57	2.42	1.10	0.62
0.09	8.90	0.01	0.81	0.09	0.01	0.01	0.00
149.33	77.00	13.39	9.94	0.63	0.82	0.06	0.08
—	19.91	—	5.79	—	0.00	—	0.00
—	14.05	—	4.28	—	0.00	—	0.00
—	18.95	—	3.48	—	0.05	—	0.01
1173.11	1674.93	286.64	415.44	252.96	274.57	48.73	52.71
145.88	225.05	78.10	118.12	16.50	27.78	9.18	15.24
22.53	20.23	9.68	8.90	1.27	1.61	0.57	0.70
31.44	37.61	9.33	9.82	13.40	8.96	3.97	2.71
29.89	15.23	10.10	4.60	0.42	2.51	0.14	0.82
269.29	817.14	102.10	292.52	6.17	4.24	1.93	1.51
222.30	544.26	41.46	80.22	28.50	32.96	5.10	6.03
109.99	562.12	24.53	88.84	3.59	7.15	0.73	1.63
29.88	139.87	8.38	39.47	0.21	0.33	0.05	0.08
0.00	0.00	0.00	0.00	0.00	0.00	0.00	0.00
0.01	1.85	0.07	1.28	0.00	0.36	0.00	0.10
0.00	2.92	0.00	0.87	0.00	0.00	0.00	0.00
117.33	153.56	27.41	41.80	2.71	2.33	0.56	0.61
49.22	85.60	15.29	26.26	2.51	5.28	0.75	1.50
108.45	132.55	25.36	34.92	2.75	3.26	0.59	0.74
331.86	342.68	17.58	18.33	8.88	4.18	0.41	0.20
92.46	63.24	12.91	9.04	3.59	1.55	0.45	0.18
37.31	96.93	7.30	21.04	0.00	7.75	0.00	1.78
0.00	31.49	0.00	8.62	0.00	0.00	0.00	0.00
235.26	452.77	47.38	70.28	9.64	8.46	1.96	1.15
1833.10	3725.11	436.98	874.94	100.15	118.71	26.39	34.98
20.71	329.43	0.10	1.64	6.42	24.58	0.03	0.12
149.17	344.49	1.50	3.45	62.65	42.46	0.63	0.42
625.50	787.96	6.40	8.03	24.33	24.34	0.25	0.25
687.89	1548.70	7.63	12.56	311.62	672.61	2.94	5.91
232.60	529.74	3.38	5.74	158.28	293.59	2.04	3.44
563.21	1740.19	6.85	16.63	185.67	528.28	1.81	5.25
2279.08	5280.52	25.87	48.04	748.95	1585.86	7.70	15.39
8374.93	15289.05	1168.73	1914.23	1767.54	2641.41	144.24	163.82

5-6 按监管辖区划分的商品期货交易情况
Statistics for Futures Transaction by Regulatory Jurisdiction

辖区	Jurisdiction	成交金额(亿元) Trading Turnover (100 million yuan)		成交量(万手) Trading Volume (10 thousand lots)		持仓金额(亿元) Value of Positions (100 million yuan)	
		2018	2019	2018	2019	2018	2019
北京	Beijing	492273.83	510639.29	88994.55	93504.82	2190.01	2981.24
天津	Tianjin	27216.93	55609.83	4811.95	10438.00	173.34	448.78
河北	Hebei	1257.45	1712.63	253.10	317.73	2.52	5.43
山西	Shanxi	22101.86	18877.78	3863.41	3304.96	51.06	41.33
内蒙古	Inner Mongolia	0.00	0.00	0.00	0.00	0.00	0.00
辽宁	Liaoning	10760.05	4441.70	1731.56	839.21	26.04	17.75
吉林	Jilin	4474.52	13534.86	766.55	1793.69	7.81	13.38
黑龙江	Heilongjiang	1465.21	1357.32	314.09	281.71	3.05	6.14
上海	Shanghai	1296938.50	1785896.27	199672.25	309751.47	3298.02	6453.78
江苏	Jiangsu	140774.74	135816.72	25247.32	26582.59	373.83	613.99
浙江	Zhejiang	272796.27	304365.97	49547.79	57969.02	1737.31	2787.09
安徽	Anhui	173308.88	217844.85	31715.31	41241.17	259.44	480.84
福建	Fujian	48399.96	106547.28	7719.67	18595.09	161.49	372.79
江西	Jiangxi	5604.14	9885.99	1021.56	1388.61	13.14	24.83
山东	Shandong	85650.99	66325.53	12907.14	12153.92	278.54	438.07
河南	Henan	40173.62	24887.64	7965.79	5177.94	131.80	122.61
湖北	Hubei	52829.26	58755.35	9491.88	10801.59	138.29	237.13
湖南	Hunan	26751.53	34250.22	4237.78	4966.49	56.04	124.43
广东	Guangdong	276577.16	410794.59	43178.22	62847.65	757.72	1564.70
广西	Guangxi	0.00	0.00	0.00	0.00	0.00	0.00
海南	Hainan	26125.94	12851.45	4797.20	2313.82	30.16	39.31
重庆	Chongqing	53314.56	80427.04	9408.94	15143.02	149.63	293.38
四川	Sichuan	46224.26	43982.25	7890.88	8341.73	125.19	163.33
贵州	Guizhou	0.00	0.00	0.00	0.00	0.00	0.00
云南	Yunnan	4984.08	6264.19	752.08	955.06	82.57	87.01
西藏	Tibet	0.00	0.00	0.00	0.00	0.00	0.00
陕西	Shaanxi	59827.52	56916.84	11175.71	9721.22	116.12	148.41
甘肃	Gansu	3005.80	2287.58	516.67	440.52	11.27	9.42
青海	Qinghai	1446.75	743.82	265.56	174.82	87.90	25.98
宁夏	Ningxia	0.00	0.14	0.00	0.02	0.00	0.00
新疆	Xinjiang	3577.81	4917.43	651.64	915.83	17.52	25.67
深圳	Shenzhen	333131.10	398515.63	55322.42	61556.38	1422.22	2052.40
大连	Dalian	5118.22	2412.38	938.67	691.64	23.83	2.07
宁波	Ningbo	12007.51	6537.26	1948.82	807.11	87.47	37.51
厦门	Xiamen	33901.20	41684.19	6371.04	7997.59	227.75	398.23
青岛	Qingdao	2780.00	0.00	507.03	0.00	13.15	0.00

注：1.成交金额、成交量、持仓金额、持仓量按双边口径统计。交割金额、交割量为买交割与卖交割之和。交割金额、交割量中包含期转现。

2.上海期货交易所数据包含上海国际能源交易中心。

3.期货公司按总部注册地所属的监管辖区划分。

数据来源：上海期货交易所、郑州商品交易所、大连商品交易所

Source: SHFE、ZCE、DCE

5-6 续表 continued

辖区	Jurisdiction	持仓量(万手) Positions (10 thousand lots)		交割金额(亿元) Delivery Amount (100 million yuan)		交割量(万手) Delivery Quantity (10 thousand lots)	
		2018	2019	2018	2019	2018	2019
北京	Beijing	448.13	678.97	384.42	443.41	62.22	69.42
天津	Tianjin	31.07	93.14	38.87	72.87	4.77	10.35
河北	Hebei	0.56	1.20	0.00	0.00	0.00	0.00
山西	Shanxi	9.58	7.95	2.00	1.26	0.08	0.05
内蒙古	Inner Mongolia	0.00	0.00	0.00	0.00	0.00	0.00
辽宁	Liaoning	5.95	3.67	6.30	0.89	0.81	0.43
吉林	Jilin	1.89	2.66	0.00	0.00	0.00	0.00
黑龙江	Heilongjiang	0.76	1.31	0.11	0.00	0.04	0.00
上海	Shanghai	575.46	1098.46	468.86	670.23	64.88	85.41
江苏	Jiangsu	78.44	118.12	42.45	40.92	8.51	8.24
浙江	Zhejiang	367.19	542.48	171.59	177.04	30.07	30.77
安徽	Anhui	59.77	91.70	13.77	14.87	3.35	3.25
福建	Fujian	31.19	72.75	13.89	23.06	2.28	3.87
江西	Jiangxi	2.85	4.43	0.15	0.01	0.04	0.00
山东	Shandong	51.29	93.41	39.72	26.32	6.02	3.83
河南	Henan	29.08	25.88	59.14	12.65	9.11	2.27
湖北	Hubei	27.34	43.15	13.34	16.19	1.54	1.44
湖南	Hunan	8.38	21.31	19.03	15.00	2.32	1.87
广东	Guangdong	149.97	292.82	68.22	61.77	8.97	11.11
广西	Guangxi	0.00	0.00	0.00	0.00	0.00	0.00
海南	Hainan	5.86	10.32	1.43	0.35	0.14	0.04
重庆	Chongqing	27.01	56.01	12.32	14.69	1.23	1.52
四川	Sichuan	28.73	30.79	5.11	10.20	0.95	1.12
贵州	Guizhou	0.00	0.00	0.00	0.00	0.00	0.00
云南	Yunnan	6.06	9.70	28.23	59.48	3.07	7.08
西藏	Tibet	0.00	0.00	0.00	0.00	0.00	0.00
陕西	Shaanxi	18.62	25.96	23.64	11.19	1.92	1.24
甘肃	Gansu	1.32	1.27	1.65	0.21	0.08	0.01
青海	Qinghai	15.92	6.47	0.00	0.00	0.00	0.00
宁夏	Ningxia	0.00	0.00	0.00	0.00	0.00	0.00
新疆	Xinjiang	3.02	4.46	3.49	1.72	0.47	0.30
深圳	Shenzhen	236.36	323.67	401.09	328.43	35.80	38.29
大连	Dalian	4.65	0.58	3.20	5.26	0.50	0.83
宁波	Ningbo	13.07	6.24	18.33	8.64	1.77	1.38
厦门	Xiamen	39.60	63.51	174.16	93.83	21.27	12.63
青岛	Qingdao	2.93	0.00	0.00	0.00	0.00	0.00

5-7 2019年农产品期货交易情况

Futures Transaction of Agricultural Products in 2019

交易品种 Product	上市交易所 Listed Exchange	合约 Contract	年开盘价(元/吨) Opening Price of the Year (yuan/ton)	年最高价(元/吨) Highest Price of the Year (yuan/ton)	最高价日 Highest Day	年最低价(元/吨) Lowest Price of the Year (yuan/ton)	最低价日 Lowest Day	成交金额(万元) Trading Turnover (10 thousand yuan)	交易天数(天) Trading Days (day)	日均成交金额(万元) Daily Trading Turnover (10 thousand yuan)
玉米 Corn	DCE	c1901	1733.00	1850.00	20190102	1733.00	20190102	6977.64	10	697.76
		c1903	1860.00	1866.00	20190103	1680.00	20190228	1076047.82	47	22894.63
		c1905	1865.00	1955.00	20190517	1780.00	20190225	21797602.82	89	244916.89
		c1907	1881.00	1995.00	20190520	1806.00	20190225	5639675.97	128	44059.97
		c1909	1885.00	2021.00	20190520	1807.00	20190830	59281904.52	173	342669.97
		c1911	1902.00	2050.00	20190529	1769.00	20190930	5361863.06	211	25411.67
		c2001	1898.00	2085.00	20190529	1806.00	20191231	64364588.82	234	275062.35
		c2003	—	2098.00	20190529	1835.00	20191008	4832754.33	197	24531.75
		c2005	2076.00	2145.00	20190530	1873.00	20191220	23351609.59	155	150655.55
		c2007	2062.00	2085.00	20190716	1903.00	20191220	118655.92	116	1022.90
		c2009	1970.00	2015.00	20191031	1917.00	20191220	2516769.02	71	35447.45
		c2011	1978.00	2000.00	20191119	1932.00	20191220	66194.89	33	2005.91
玉米淀粉 Corn Starch	DCE	cs1901	2360.00	2360.00	20190102	2265.00	20190114	6799.12	10	679.91
		cs1903	2303.00	2381.00	20190104	2230.00	20190220	161.30	47	3.43
		cs1905	2330.00	2380.00	20190517	2210.00	20190225	10237325.13	89	115026.13
		cs1907	—	2526.00	20190313	2132.00	20190628	297.32	128	2.32
		cs1909	2351.00	2477.00	20190520	2240.00	20190830	13285764.22	173	76796.32
		cs1911	—	2456.00	20190618	2197.00	20191011	317.97	211	1.51
		cs2001	2311.00	2509.00	20190520	2126.00	20191231	12296562.82	234	52549.41
		cs2003	—	2538.00	20190527	2175.00	20191220	902.60	197	4.58
		cs2005	2521.00	2548.00	20190529	2226.00	20191220	2213370.44	155	14279.81
		cs2007	—	2485.00	20190731	2277.00	20191118	2416.08	116	20.83
		cs2009	2331.00	2392.00	20191031	2268.00	20191225	38129.40	71	537.03
		cs2011	—	2389.00	20191216	2332.00	20191225	7.08	33	0.21
黄大豆1号 No.1 Soybean	DCE	a1901	3166.00	3255.00	20190103	3156.00	20190102	9832.13	10	983.21
		a1903	3258.00	3449.00	20190215	3067.00	20190102	11329.09	47	241.04
		a1905	3415.00	3534.00	20190211	3251.00	20190430	14412774.87	89	161941.29
		a1907	—	3692.00	20190529	3306.00	20190426	7457.94	128	58.27
		a1909	3471.00	3754.00	20190529	3302.00	20190802	20288778.86	173	117276.18
		a1911	3502.00	3647.00	20190529	3210.00	20191031	8229.97	211	39.00
		a2001	3490.00	3677.00	20190529	3296.00	20191231	20596102.27	244	84410.26
		a2003	—	3618.00	20190604	3305.00	20191008	7535.01	197	38.25
		a2005	3600.00	3953.00	20191210	3482.00	20190702	8552301.33	155	55176.14
		a2007	—	3964.00	20191210	3485.00	20190718	5719.83	116	49.31
		a2009	3700.00	3984.00	20191210	3633.00	20190925	319709.27	71	4502.95
		a2011	—	3856.00	20191204	3695.00	20191121	830.79	33	25.18
黄大豆2号 No.2 Soybean	DCE	b1901	2692.00	3314.00	20190108	2632.00	20190102	2695.13	10	269.51
		b1902	—	2889.00	20190118	2889.00	20190118	2.89	32	0.09
		b1903	—	3222.00	20190212	2799.00	20190228	1359.90	47	28.93
		b1904	—	3164.00	20190212	2873.00	20190129	21.24	68	0.31
		b1905	2950.00	3002.00	20190212	2519.00	20190506	9595631.07	89	107816.08

注：年开盘价和年最高价以自然年为统计周期。

数据来源：上海期货交易所、郑州商品交易所、大连商品交易所

Source：SHFE、ZCE、DCE

5-7 续表 1 continued

交易品种 Product	上市交易所 Listed Exchange	合约 Contract	年开盘价(元/吨) Opening Price of the Year (yuan/ton)	年最高价(元/吨) Highest Price of the Year (yuan/ton)	最高价日 Highest Day	年最低价(元/吨) Lowest Price of the Year (yuan/ton)	最低价日 Lowest Day	成交金额(万元) Trading Turnover (10 thousand yuan)	交易天数(天) Trading Days (day)	日均成交金额(万元) Daily Trading Turnover (10 thousand yuan)
黄大豆2号 No.2 Soybean	DCE	b1906	—	3216.00	20190529	2676.00	20190506	2391436.48	109	21939.78
		b1907	—	3527.00	20190701	2753.00	20190508	4371344.37	128	34151.13
		b1908	—	3238.00	20190604	2737.00	20190731	3377566.12	151	22367.99
		b1909	3020.00	3900.00	20190910	2816.00	20190506	11942407.41	173	69031.26
		b1910	—	3459.00	20190902	2911.00	20190320	4711867.43	193	24413.82
		b1911	3080.00	3900.00	20191104	2883.00	20190401	4653530.54	211	22054.65
		b1912	—	3480.00	20190904	2929.00	20190514	4092632.72	232	17640.66
		b2001	3094.00	3787.00	20191231	2931.00	20190506	5282489.33	234	22574.74
		b2002	—	3357.00	20191105	2960.00	20190318	4152896.58	212	19589.13
		b2003	—	3350.00	20191024	3058.00	20190916	125211.72	197	635.59
		b2004	—	3569.00	20190606	2974.00	20190624	178.91	176	1.02
		b2005	2980.00	3320.00	20191023	2957.00	20190524	283096.41	155	1826.43
		b2006	—	3364.00	20190619	3050.00	20190705	135.01	135	1.00
		b2007	—	3350.00	20191224	3058.00	20190802	3323.61	116	28.65
		b2008	—	—	—	—	—	0.00	93	0.00
		b2009	3260.00	3368.00	20191022	3155.00	20190930	5986.80	71	84.32
		b2010	—	3278.00	20191220	3188.00	20191220	6.47	51	0.13
		b2011	—	3385.00	20191125	3108.00	20191125	64.67	33	1.96
		b2012	—	—	—	—	—	0.00	12	0.00
豆粕 Soybean Meal	DCE	m1901	2835.00	2869.00	20190104	2691.00	20190104	15604.30	10	1560.43
		m1903	2739.00	2860.00	20190107	2346.00	20190311	6392790.18	47	136016.81
		m1905	2625.00	2717.00	20190516	2322.00	20190506	99882463.26	89	1122274.87
		m1907	2628.00	2991.00	20190604	2381.00	20190506	9707938.66	128	75843.27
		m1908	2686.00	3026.00	20190604	2525.00	20190430	2860471.14	151	18943.52
		m1909	2663.00	3164.00	20190902	2537.00	20190430	273356287.90	173	1580094.15
		m1911	2693.00	3106.00	20191022	2567.00	20190430	9979576.68	211	47296.57
		m1912	—	3138.00	20191021	2585.00	20190131	3273252.99	232	14108.85
		m2001	2639.00	3086.00	20191022	2613.00	20190430	214518113.06	234	916744.07
		m2003	2691.00	3007.00	20191021	2610.00	20190514	6115603.44	197	31043.67
		m2005	2650.00	2957.00	20191023	2585.00	20190524	113852445.93	155	734531.91
		m2007	2755.00	2979.00	20191023	2693.00	20190802	51793.36	116	446.49
		m2008	—	3024.00	20191025	2726.00	20190816	2273.31	93	24.44
		m2009	2815.00	3010.00	20191023	2758.00	20191205	20283437.60	71	285682.22
		m2011	—	2900.00	20191231	2771.00	20191205	7717.02	33	233.85
		m2012	—	2929.00	20191231	2822.00	20191217	1432.79	12	119.40
豆油 Soybean Oil	DCE	y1901	4856.00	5200.00	20190111	4846.00	20190102	17592.95	10	1759.30
		y1903	5038.00	5584.00	20190219	5038.00	20190102	1423.37	47	30.28
		y1905	5376.00	5872.00	20190304	5092.00	20190506	61905521.77	89	695567.66
		y1907	—	5840.00	20190218	5218.00	20190515	1626.37	128	12.71
		y1908	—	5830.00	20190221	5186.00	20190731	2293.39	151	15.19
		y1909	5470.00	6226.00	20190906	5266.00	20190506	105478805.06	173	609704.08
		y1911	—	6398.00	20191031	5386.00	20190429	1456.43	211	6.90
		y1912	—	6430.00	20191111	5416.00	20190625	6033.83	232	26.01

5-7 续表 2 continued

交易品种 Product	上市交易所 Listed Exchange	合约 Contract	年开盘价(元/吨) Opening Price of the Year (yuan/ton)	年最高价(元/吨) Highest Price of the Year (yuan/ton)	最高价日 Highest Day	年最低价(元/吨) Lowest Price of the Year (yuan/ton)	最低价日 Lowest Day	成交金额(万元) Trading Turnover (10 thousand yuan)	交易天数(天) Trading Days (day)	日均成交金额(万元) Daily Trading Turnover (10 thousand yuan)
豆油 Soybean Oil	DCE	y2001	5688.00	6790.00	20191231	5406.00	20190506	225149939.40	234	962179.23
		y2003	—	6816.00	20191230	5526.00	20190430	9189.99	197	46.65
		y2005	5760.00	6856.00	20191231	5578.00	20190524	125577993.02	155	810180.60
		y2007	—	6620.00	20191226	5722.00	20190801	14816.38	116	127.73
		y2008	—	6618.00	20190826	5980.00	20190924	148.19	93	1.59
		y2009	6160.00	6712.00	20191231	5978.00	20190930	6950928.63	71	97900.40
		y2011	—	6542.00	20191227	6176.00	20191203	1382.78	33	41.90
		y2012	—	6584.00	20191225	6372.00	20191225	12.96	12	1.08
棕榈油 RBD Palm Oil	DCE	p1901	4040.00	4498.00	20190111	3868.00	20190102	17925.09	10	1792.51
		p1902	4362.00	4614.00	20190108	4156.00	20190130	180.67	32	5.65
		p1903	—	4828.00	20190225	4414.00	20190103	79.15	47	1.68
		p1904	—	4856.00	20190125	4330.00	20190401	64.81	68	0.95
		p1905	4494.00	4860.00	20190128	4092.00	20190506	58744282.07	89	660048.11
		p1906	—	4860.00	20190128	4076.00	20190531	1874.69	109	17.20
		p1907	—	4878.00	20190321	3866.00	20190628	1313.47	128	10.26
		p1908	—	4814.00	20190410	4118.00	20190711	482.19	151	3.19
		p1909	4572.00	4956.00	20190826	4164.00	20190712	88532673.52	173	511749.56
		p1910	—	5078.00	20190920	4200.00	20190708	4428.63	193	22.95
		p1911	4744.00	5050.00	20190926	4288.00	20190719	2221.67	211	10.53
		p1912	—	5602.00	20191128	4480.00	20190627	2459.61	232	10.60
		p2001	4690.00	6540.00	20191231	4382.00	20190722	315266206.01	234	1347291.48
		p2002	—	6596.00	20191231	4444.00	20190625	9963.60	212	47.00
		p2003	—	6532.00	20191231	4632.00	20190516	9559.24	197	48.52
		p2004	—	6504.00	20191231	4442.00	20190722	1092.06	176	6.20
		p2005	4820.00	6404.00	20191231	4618.00	20190715	245821261.93	155	1585943.63
		p2006	—	6280.00	20191230	4722.00	20190701	3037.76	135	22.50
		p2007	—	6226.00	20191231	4774.00	20190805	10657.12	116	91.87
		p2008	—	5982.00	20191227	5000.00	20190925	77.35	93	0.83
		p2009	5158.00	6066.00	20191231	4970.00	20190930	4551210.98	71	64101.56
		p2010	—	5990.00	20191227	5140.00	20191024	224.22	51	4.40
		p2011	—	5948.00	20191230	5430.00	20191203	632.39	33	19.16
		p2012	5778.00	6070.00	20191231	5642.00	20191218	46.68	12	3.89
鸡蛋(元/500千克) Egg (yuan/500kg)	DCE	jd1901	4270.00	4370.00	20190117	4100.00	20190128	5240.22	19	275.80
		jd1902	3580.00	3655.00	20190108	2909.00	20190225	23731.30	34	697.98
		jd1903	3442.00	3534.00	20190114	2921.00	20190308	56736.37	55	1031.57
		jd1904	3460.00	3670.00	20190419	3112.00	20190304	22060.74	76	290.27
		jd1905	3460.00	4303.00	20190516	3260.00	20190211	12776820.09	96	133091.88
		jd1906	3454.00	3996.00	20190516	3277.00	20190211	308610.57	115	2683.57
		jd1907	3535.00	4863.00	20190718	3462.00	20190211	1205994.51	138	8739.09
		jd1908	4135.00	5400.00	20190718	4110.00	20190211	1513608.28	160	9460.05
		jd1909	3939.00	5100.00	20190923	3870.00	20190211	38631875.53	180	214621.53
		jd1910	3590.00	5360.00	20191023	3571.00	20190115	1101285.08	198	5562.05
		jd1911	3595.00	5635.00	20191030	3459.00	20190122	768612.35	219	3509.65

5-7 续表 3 continued

交易品种 Product	上市交易所 Listed Exchange	合约 Contract	年开盘价(元/吨) Opening Price of the Year (yuan/ton)	年最高价(元/吨) Highest Price of the Year (yuan/ton)	最高价日 Highest Day	年最低价(元/吨) Lowest Price of the Year (yuan/ton)	最低价日 Lowest Day	成交金额(万元) Trading Turnover (10 thousand yuan)	交易天数(天) Trading Days (day)	日均成交金额(万元) Daily Trading Turnover (10 thousand yuan)
鸡蛋(元/500千克) Egg (yuan/500kg)	DCE	jd1912	3709.00	5608.00	20191030	3685.00	20190122	3672404.93	241	15238.19
		jd2001	3748.00	4925.00	20191028	3070.00	20191231	65263633.83	225	290060.59
		jd2002	3572.00	4593.00	20191030	3050.00	20191231	2008402.89	210	9563.82
		jd2003	3360.00	4580.00	20191101	3103.00	20191230	2154854.43	189	11401.35
		jd2004	3455.00	4468.00	20191101	3164.00	20191230	280210.09	168	1667.92
		jd2005	3608.00	4463.00	20191104	3529.00	20191230	24612272.67	148	166299.14
		jd2006	3602.00	4270.00	20191104	3325.00	20191230	126532.84	129	980.87
		jd2007	3808.00	4239.00	20191104	3371.00	20191230	157855.15	106	1489.20
		jd2008	4142.00	4646.00	20190917	3811.00	20191226	382423.30	84	4552.66
		jd2009	4180.00	4593.00	20191104	3988.00	20191230	1572835.08	64	24575.55
		jd2010	4145.00	4225.00	20191104	3671.00	20191226	71409.26	46	1552.38
		jd2011	3900.00	3934.00	20191206	3641.00	20191225	13194.83	25	527.79
		jd2012	3815.00	3815.00	20191227	3711.00	20191230	872.75	3	290.92
纤维板(元/张) Fiberboard (yuan/piece)	DCE	fb1901	105.00	107.00	20190102	66.00	20190115	247.59	10	24.76
		fb1902	76.00	82.00	20190104	59.00	20190129	4542.00	32	141.94
		fb1903	74.00	84.00	20190104	41.00	20190305	242348.86	47	5156.36
		fb1904	76.00	82.00	20190326	60.00	20190301	265671.87	68	3906.94
		fb1905	73.00	76.00	20190103	56.00	20190506	247124.82	89	2776.68
		fb1906	—	69.00	20190326	52.00	20190610	48102.98	109	441.31
		fb1907	—	67.00	20190306	43.00	20190702	54757.69	128	427.79
		fb1908	—	72.00	20190306	58.00	20190621	84257.97	151	558.00
		fb1909	—	66.00	20190715	55.00	20190829	11674.44	173	67.48
		fb1910	—	114.00	20191014	58.00	20190828	30921.62	193	160.22
		fb1911	—	110.00	20191111	60.00	20190924	108733.50	211	515.32
		fb1912	—	73.00	20191011	73.00	20191011	7.30	232	0.03
		fb2001	—	1660.00	20191202	55.00	20190213	3871.26	234	16.54
		fb2002	—	1640.00	20191203	1351.00	20191230	95.60	212	0.45
		fb2003	—	—	—	—	—	0.00	197	0.00
		fb2004	—	1499.00	20191220	1499.00	20191220	1.50	176	0.01
		fb2005	—	1600.00	20191202	56.00	20190620	1243101.76	155	8020.01
		fb2006	—	67.00	20190906	61.00	20190906	19.25	135	0.14
		fb2007	—	—	—	—	—	0.00	116	0.00
		fb2008	—	—	—	—	—	0.00	93	0.00
		fb2009	—	1487.00	20191225	1328.00	20191205	80.46	71	1.13
		fb2010	—	—	—	—	—	0.00	22	0.00
		fb2011	—	1490.00	20191203	1338.00	20191204	78.12	22	3.55
		fb2012	—	—	—	—	—	0.00	12	0.00
胶合板(元/张) Blockboard (yuan/piece)	DCE	bb1901	—	—	—	—	—	0.00	10	0.00
		bb1902	—	—	—	—	—	0.00	32	0.00
		bb1903	135.00	158.00	20190228	128.00	20190107	1040.33	47	22.13
		bb1904	—	178.00	20190329	147.00	20190306	125.05	68	1.84
		bb1905	—	133.00	20190130	130.00	20190118	13.15	89	0.15
		bb1906	—	—	—	—	—	0.00	109	0.00

5-7 续表 4 continued

交易品种 Product	上市交易所 Listed Exchange	合约 Contract	年开盘价(元/吨) Opening Price of the Year (yuan/ton)	年最高价(元/吨) Highest Price of the Year (yuan/ton)	最高价日 Highest Day	年最低价(元/吨) Lowest Price of the Year (yuan/ton)	最低价日 Lowest Day	成交金额(万元) Trading Turnover (10 thousand yuan)	交易天数(天) Trading Days (day)	日均成交金额(万元) Daily Trading Turnover (10 thousand yuan)
胶合板(元/张) Blockboard (yuan/piece)	DCE	bb1907	—	—	—	—	—	0.00	128	0.00
		bb1908	—	—	—	—	—	0.00	151	0.00
		bb1909	—	170.00	20190322	155.00	20190401	24.01	173	0.14
		bb1910	—	185.00	20190930	143.00	20190617	1542.36	193	7.99
		bb1911	—	—	—	—	—	0.00	211	0.00
		bb1912	—	—	—	—	—	0.00	232	0.00
		bb2001	—	171.00	20190909	148.00	20190910	55.52	234	0.24
		bb2002	—	—	—	—	—	0.00	212	0.00
		bb2003	—	181.00	20191024	157.00	20191024	83.17	197	0.42
		bb2004	—	—	—	—	—	0.00	176	0.00
		bb2005	—	—	—	—	—	0.00	155	0.00
		bb2006	—	—	—	—	—	0.00	135	0.00
		bb2007	—	—	—	—	—	0.00	116	0.00
		bb2008	—	—	—	—	—	0.00	93	0.00
		bb2009	—	—	—	—	—	0.00	71	0.00
		bb2010	—	—	—	—	—	0.00	51	0.00
		bb2011	—	—	—	—	—	0.00	33	0.00
		bb2012	—	—	—	—	—	0.00	12	0.00
粳米 Polished Round-grained Rice	DCE	rr2001	3600.00	3756.00	20191119	3091.00	20191231	1311204.66	92	14252.22
		rr2002	3630.00	3709.00	20190816	3215.00	20191231	1526.98	92	16.60
		rr2003	3500.00	3704.00	20190925	3220.00	20191230	1000.17	92	10.87
		rr2004	3600.00	3657.00	20190816	3337.00	20191219	1025.41	92	11.15
		rr2005	3600.00	3672.00	20190816	3277.00	20191225	175315.36	92	1905.60
		rr2006	3600.00	3695.00	20190816	3302.00	20191223	617.34	92	6.71
		rr2007	3625.00	3625.00	20190816	3585.00	20190909	39.62	92	0.43
		rr2008	3520.00	3794.00	20190816	3300.00	20191231	5841.81	92	63.50
		rr2009	—	3585.00	20191119	3400.00	20191227	1111.08	71	15.65
		rr2010	—	3565.00	20191119	3535.00	20191119	17.74	51	0.35
		rr2011	—	3594.00	20191217	3391.00	20191211	41.69	33	1.26
		rr2012	—	3415.00	20191219	3349.00	20191225	13.53	12	1.13
棉花 Cotton No.1	ZCE	CF901	14600.00	15000.00	20190115	14050.00	20190103	195510.96	10	19551.10
		CF903	14375.00	14995.00	20190201	14215.00	20190228	6953.67	47	147.95
		CF905	14835.00	15690.00	20190415	13380.00	20190514	51417597.44	89	577725.81
		CF907	15080.00	15850.00	20190415	12310.00	20190712	187341.35	128	1463.60
		CF909	15305.00	16225.00	20190415	11715.00	20190826	157433371.03	173	910019.49
		CF911	15540.00	16480.00	20190415	11625.00	20190930	5375770.92	211	25477.59
		CF001	15815.00	16810.00	20190415	11970.00	20190930	155236984.36	234	663405.92
		CF003	15540.00	16745.00	20190415	12200.00	20190930	3508582.25	197	17810.06
		CF005	15000.00	15390.00	20190701	12420.00	20190930	60487054.35	155	390239.06
		CF007	14200.00	14650.00	20190729	12565.00	20190930	62482.55	116	538.64
		CF009	13825.00	14505.00	20191230	12825.00	20190930	2224819.03	71	31335.48
		CF011	14100.00	14850.00	20191230	13575.00	20191118	27736.66	33	840.50

5-7 续表 5 continued

交易品种 Product	上市交易所 Listed Exchange	合约 Contract	年开盘价(元/吨) Opening Price of the Year (yuan/ton)	年最高价(元/吨) Highest Price of the Year (yuan/ton)	最高价日 Highest Day	年最低价(元/吨) Lowest Price of the Year (yuan/ton)	最低价日 Lowest Day	成交金额(万元) Trading Turnover (10 thousand yuan)	交易天数(天) Trading Days (day)	日均成交金额(万元) Daily Trading Turnover (10 thousand yuan)
粳稻 Japonica Rice	ZCE	JR901	—	—	—	—	—	—	10	—
		JR903	—	—	—	—	—	—	47	—
		JR905	—	—	—	—	—	—	89	—
		JR907	2860.00	3042.00	20190628	2772.00	20190603	13973.59	128	109.17
		JR909	3180.00	3441.00	20190830	2969.00	20190814	1257.42	173	7.27
		JR911	3172.00	3172.00	20190307	2946.00	20190325	154.13	211	0.73
		JR001	3152.00	3152.00	20190315	2711.00	20190315	341.60	234	1.46
		JR003	—	—	—	—	—	—	197	—
		JR005	2883.00	3210.00	20190926	2883.00	20190926	36.54	155	0.24
		JR007	2801.00	3009.00	20190820	2801.00	20190820	52.84	116	0.46
		JR009	—	—	—	—	—	—	71	—
		JR011	—	—	—	—	—	—	33	—
晚籼稻 Late Indica Rice	ZCE	LR901	—	—	—	—	—	—	10	—
		LR903	2633.00	2844.00	20190215	2518.00	20190227	93948.30	47	1998.90
		LR905	2651.00	2702.00	20190214	2333.00	20190418	2670.73	89	30.01
		LR907	2812.00	2812.00	20190123	2200.00	20190628	1921.79	128	15.01
		LR909	2678.00	2737.00	20190214	2390.00	20190625	175.76	173	1.02
		LR911	2650.00	2816.00	20190925	2441.00	20190402	1180.26	211	5.59
		LR001	2451.00	2826.00	20191205	2451.00	20190802	196.65	234	0.84
		LR003	2867.00	2867.00	20190827	2707.00	20190827	11.15	197	0.06
		LR005	2749.00	2803.00	20191016	2594.00	20190815	209.77	155	1.35
		LR007	2894.00	2894.00	20190828	2736.00	20190828	55.49	116	0.48
菜籽油 Rapeseed Oil	ZCE	OI901	5978.00	6605.00	20190115	5978.00	20190102	48159.05	10	4815.91
		OI903	6324.00	6760.00	20190128	6287.00	20190104	465.38	47	9.90
		OI905	6431.00	7256.00	20190311	6405.00	20190115	62104106.20	89	697798.95
		OI907	6748.00	7288.00	20190308	6644.00	20190117	15573.02	128	121.66
		OI909	6608.00	7496.00	20190827	6573.00	20190115	83405362.89	173	482111.92
		OI911	6748.00	7475.00	20190829	6606.00	20190117	55476.48	211	262.92
		OI001	6744.00	7827.00	20191220	6642.00	20190701	96200027.64	234	411111.23
		OI003	7141.00	7859.00	20191227	6812.00	20190506	34493.45	197	175.09
		OI005	6950.00	7770.00	20191231	6667.00	20190701	26874570.10	155	173384.32
		OI007	7490.00	7575.00	20191105	7219.00	20191025	1090.36	116	9.40
		OI009	7392.00	7642.00	20191231	7150.00	20190930	840585.36	71	11839.23
		OI011	7159.00	7383.00	20191209	7159.00	20191126	511.68	33	15.51
普麦 Wheat PM	ZCE	PM901	2310.00	2403.00	20190115	2310.00	20190114	47.60	10	4.76
		PM903	—	—	—	—	—	—	47	—
		PM905	2295.00	2295.00	20190109	2158.00	20190415	268.92	89	3.02
		PM907	2389.00	2389.00	20190513	2131.00	20190701	124.62	128	0.97
		PM909	2591.00	2591.00	20190319	2055.00	20190802	86.46	173	0.50
		PM911	2527.00	2527.00	20190429	2331.00	20190429	36.23	211	0.17
		PM001	—	—	—	—	—	—	234	—
		PM003	2250.00	2280.00	20190520	2250.00	20190520	226.50	197	1.15
		PM005	—	—	—	—	—	—	155	—
		PM007	2398.00	2398.00	20190826	2230.00	20190920	47.12	116	0.41
		PM009	—	—	—	—	—	—	71	—
		PM011	—	—	—	—	—	—	33	—

5-7 续表 6 continued

交易品种 Product	上市交易所 Listed Exchange	合约 Contract	年开盘价(元/吨) Opening Price of the Year (yuan/ton)	年最高价(元/吨) Highest Price of the Year (yuan/ton)	最高价日 Highest Day	年最低价(元/吨) Lowest Price of the Year (yuan/ton)	最低价日 Lowest Day	成交金额(万元) Trading Turnover (10 thousand yuan)	交易天数(天) Trading Days (day)	日均成交金额(万元) Daily Trading Turnover (10 thousand yuan)
早籼稻 Early Rice	ZCE	RI901	—	—	—	—	—	—	10	—
		RI903	—	—	—	—	—	—	47	—
		RI905	2052.00	2287.00	20190312	2052.00	20190301	56.79	89	0.64
		RI907	—	—	—	—	—	—	128	—
		RI909	2390.00	2723.00	20190902	2240.00	20190523	13360.71	173	77.23
		RI911	2210.00	2550.00	20190227	2210.00	20190227	38.98	211	0.18
		RI001	—	—	—	—	—	—	234	—
		RI003	—	—	—	—	—	—	197	—
		RI005	2980.00	2980.00	20191009	2530.00	20191126	597.25	155	3.85
		RI007	—	—	—	—	—	—	116	—
		RI009	—	—	—	—	—	—	71	—
		RI011	—	—	—	—	—	—	33	—
菜籽粕 Rapeseed Meal	ZCE	RM901	1990.00	2130.00	20190107	1990.00	20190102	3403.70	10	340.37
		RM903	2053.00	2221.00	20190312	1976.00	20190222	25097.97	47	534.00
		RM905	2093.00	2255.00	20190311	2045.00	20190506	65052485.10	89	730926.80
		RM907	2121.00	2665.00	20190619	2086.00	20190116	49530.75	128	386.96
		RM908	2149.00	2740.00	20190625	2114.00	20190116	83312.29	151	551.74
		RM909	2135.00	2735.00	20190905	2105.00	20190116	147295210.62	173	851417.40
		RM911	2116.00	2556.00	20190604	2080.00	20190116	132983.91	211	630.26
		RM001	2100.00	2441.00	20190826	2042.00	20190116	83654017.14	234	357495.80
		RM003	2132.00	2429.00	20191022	2105.00	20190506	50461.55	197	256.15
		RM005	2139.00	2449.00	20191022	2118.00	20190520	22206770.20	155	143269.49
		RM007	2308.00	2450.00	20191021	2233.00	20191115	9085.85	116	78.33
		RM008	2538.00	2538.00	20190830	2288.00	20190830	101.51	93	1.09
		RM009	2312.00	2464.00	20191022	2251.00	20191115	1535486.66	71	21626.57
		RM011	2228.00	2330.00	20191211	2227.00	20191115	35367.25	33	1071.73
油菜籽 Rapeseed	ZCE	RS907	5101.00	5101.00	20190220	3665.00	20190618	268.20	128	2.10
		RS908	5415.00	5500.00	20190121	3789.00	20190708	798.29	151	5.29
		RS909	5006.00	5344.00	20190220	3420.00	20190912	101013.91	173	583.90
		RS911	4725.00	5507.00	20190114	3204.00	20191028	151213.66	211	716.65
		RS007	3482.00	4524.00	20191126	3482.00	20190902	899.33	116	7.75
		RS008	3780.00	4520.00	20191105	3551.00	20190904	66.47	93	0.71
		RS009	3889.00	4290.00	20191029	3889.00	20190920	41.25	71	0.58
		RS011	—	—	—	—	—	—	33	—
白糖 White Sugar	ZCE	SR901	4730	4920	20190110	4710	20190102	26248.15	10	2624.81
		SR903	4715	5214	20190212	4690	20190104	18069.11	47	384.45
		SR905	4680	5370	20190415	4668	20190103	79527973.11	89	893572.73
		SR907	4687	5407	20190415	4670	20190103	43964.67	128	343.47
		SR909	4696	5656	20190814	4696	20190102	218627978.88	173	1263745.54
		SR911	4787	5888	20191104	4737	20190103	3911440.71	211	18537.63

5-7 续表 7 continued

交易品种 Product	上市交易所 Listed Exchange	合约 Contract	年开盘价(元/吨) Opening Price of the Year (yuan/ton)	年最高价(元/吨) Highest Price of the Year (yuan/ton)	最高价日 Highest Day	年最低价(元/吨) Lowest Price of the Year (yuan/ton)	最低价日 Lowest Day	成交金额(万元) Trading Turnover (10 thousand yuan)	交易天数(天) Trading Days (day)	日均成交金额(万元) Daily Trading Turnover (10 thousand yuan)
白糖 White Sugar	ZCE	SR001	4799	5800	20191107	4788	20190116	239244872.87	234	1022413.99
		SR003	5170	5718	20191105	4778	20190527	4226539.64	197	21454.52
		SR005	5148	5655	20191105	4648	20190527	46371971.40	155	299174.01
		SR007	5053	5653	20191105	4921	20190719	59368.62	116	511.80
		SR009	5433	5675	20191105	5272	20190923	2883922.05	71	40618.62
		SR011	5404	5610	20191231	5404	20191115	485.00	33	14.70
强麦 Wheat WH	ZCE	WH901	2406.00	2500.00	20190109	2406.00	20190102	375.71	10	37.57
		WH903	2400.00	2400.00	20190104	2400.00	20190104	4.80	47	0.10
		WH905	2413.00	2856.00	20190507	2365.00	20190311	24358.27	89	273.69
		WH907	—	—	—	—	—	—	128	—
		WH909	2505.00	2610.00	20190425	2088.00	20190904	28236.64	173	163.22
		WH911	2599.00	2904.00	20190308	2350.00	20190401	128.62	211	0.61
		WH001	2421.00	2626.00	20190422	2289.00	20191231	5653.71	234	24.16
		WH003	2340.00	2607.00	20191128	2171.00	20191023	1070.45	197	5.43
		WH005	2467.00	2615.00	20190705	2435.00	20190923	345.65	155	2.23
		WH007	2350.00	2554.00	20190826	2229.00	20190923	43.11	116	0.37
		WH009	2018.00	2650.00	20190924	2018.00	20190924	38.17	71	0.54
		WH011	—	—	—	—	—	—	33	—
棉纱 Cotton Yarn	ZCE	CY901	23600.00	23600.00	20190102	21840.00	20190111	123.50	10	12.35
		CY902	—	—	—	—	—	—	32	—
		CY903	—	—	—	—	—	—	47	—
		CY904	22360.00	25000.00	20190329	22360.00	20190327	47.06	68	0.69
		CY905	23640.00	25260.00	20190212	19300.00	20190506	121964.83	89	1370.39
		CY906	24600.00	24600.00	20190107	20445.00	20190514	196.77	109	1.81
		CY907	21710.00	21900.00	20190529	21000.00	20190529	450.81	128	3.52
		CY908	24010.00	25360.00	20190418	20595.00	20190722	958.00	151	6.34
		CY909	25000.00	26030.00	20190219	20445.00	20190806	8798.03	173	50.86
		CY910	25330.00	25330.00	20190304	21210.00	20190626	1064.09	193	5.51
		CY911	25550.00	25550.00	20190305	22460.00	20191016	72.28	211	0.34
		CY912	24960.00	24960.00	20190429	20005.00	20190611	397.93	232	1.72
		CY001	22775.00	25640.00	20190415	19000.00	20191231	16537981.26	234	70675.13
		CY002	21380.00	21445.00	20191213	20185.00	20191125	52.02	212	0.25
		CY003	21700.00	22500.00	20190529	19905.00	20191024	194.05	197	0.99
		CY004	21100.00	22600.00	20190529	19620.00	20191016	195.11	176	1.11
		CY005	23120.00	23185.00	20190702	20415.00	20191202	1431057.78	155	9232.63
		CY006	23990.00	23990.00	20190715	19780.00	20191022	63.44	135	0.47
		CY007	20355.00	20355.00	20191016	20355.00	20191016	10.18	116	0.09
		CY008	19700.00	22140.00	20191128	19700.00	20191016	41.83	93	0.45
		CY009	21685.00	22835.00	20191017	21685.00	20190925	89.37	71	1.26
		CY010	—	—	—	—	—	—	51	—
		CY011	—	—	—	—	—	—	33	—
		CY012	—	—	—	—	—	—	12	—

5-7 续表 8 continued

交易品种 Product	上市交易所 Listed Exchange	合约 Contract	年开盘价(元/吨) Opening Price of the Year (yuan/ton)	年最高价(元/吨) Highest Price of the Year (yuan/ton)	最高价日 Highest Day	年最低价(元/吨) Lowest Price of the Year (yuan/ton)	最低价日 Lowest Day	成交金额(万元) Trading Turnover (10 thousand yuan)	交易天数(天) Trading Days (day)	日均成交金额(万元) Daily Trading Turnover (10 thousand yuan)
苹果 Apple	ZCE	AP901	11378.00	11497.00	20190102	10000.00	20190115	6642.82	10	664.28
		AP903	11448.00	11448.00	20190102	10590.00	20190114	273881.25	47	5827.26
		AP905	11310.00	14534.00	20190517	10476.00	20190114	47523125.86	89	533967.71
		AP907	11496.00	16680.00	20190701	10455.00	20190114	2820969.96	128	22038.83
		AP910	7715.00	10190.00	20190524	7447.00	20190925	169438802.71	193	877921.26
		AP911	7612.00	9869.00	20190527	7168.00	20190924	1827901.96	211	8663.04
		AP912	7653.00	9877.00	20190527	7239.00	20190930	2069728.20	232	8921.24
		AP001	8079.00	9942.00	20190527	7335.00	20190930	91527182.05	234	391141.80
		AP003	8148.00	9822.00	20190527	7276.00	20190930	2106367.72	197	10692.22
		AP005	8896.00	9920.00	20190527	7415.00	20190930	18409491.17	155	118770.91
		AP007	8938.00	9289.00	20190715	7524.00	20191008	276336.55	116	2382.21
		AP010	8000.00	8293.00	20191111	7426.00	20191230	176691.07	51	3464.53
		AP011	8157.00	8157.00	20191115	7466.00	20191231	58248.91	33	1765.12
		AP012	7827.00	8050.00	20191217	7460.00	20191230	33278.61	12	2773.22
红枣 Chinese Jujube	ZCE	CJ912	8900.00	11980.00	20191202	8545.00	20190507	122042054.66	154	792480.87
		CJ001	9000.00	11480.00	20190905	8465.00	20190507	13890837.40	166	83679.74
		CJ003	8650.00	11350.00	20190905	8385.00	20190430	196417.06	166	1183.24
		CJ005	8600.00	11345.00	20190905	8230.00	20190430	6225765.12	166	37504.61
		CJ007	10185.00	11295.00	20191115	9900.00	20191018	30607.83	116	263.86
		CJ009	10050.00	11415.00	20191115	9970.00	20191018	70465.98	71	992.48
		CJ012	11055.00	11205.00	20191224	10750.00	20191224	665.77	12	55.48
天然橡胶 Natural Rubber	SHFE	ru1901	10975.00	11680.00	20190107	10910.00	20190102	255095.95	10	25509.60
		ru1903	11120.00	12790.00	20190304	11075.00	20190102	3922.45	32	122.58
		ru1904	11745.00	12705.00	20190225	10625.00	20190411	2474.06	35	70.69
		ru1905	11280.00	12960.00	20190304	10950.00	20190430	113432876.52	88	1289009.96
		ru1906	11375.00	13025.00	20190304	11055.00	20190430	39025.17	102	382.60
		ru1907	11460.00	12935.00	20190301	10330.00	20190710	20083.82	109	184.26
		ru1908	11550.00	13275.00	20190308	10140.00	20190805	27845.53	131	212.56
		ru1909	11600.00	13220.00	20190304	10230.00	20190805	234263553.30	174	1346342.26
		ru1910	11910.00	13160.00	20190225	10010.00	20190730	31320.02	166	188.67
		ru1911	11685.00	13300.00	20190304	10380.00	20190805	1031018.42	213	4840.46
		ru2001	12410.00	14320.00	20190304	11120.00	20190802	192990080.29	235	821234.38
		ru2003	13290.00	13500.00	20190319	11255.00	20190805	11279.74	129	87.44
		ru2004	12730.00	13595.00	20190522	11460.00	20190802	7596.96	107	71.00
		ru2005	13190.00	13635.00	20190612	11400.00	20190802	99094030.55	157	631172.17
		ru2006	13030.00	13500.00	20191213	11515.00	20190802	3997.13	75	53.30
		ru2007	11790.00	13550.00	20191209	11620.00	20190805	3694.84	53	69.71
		ru2008	11790.00	13500.00	20191212	11740.00	20190927	3110.91	44	70.70
		ru2009	12400.00	13600.00	20191213	11730.00	20190927	6590168.63	71	92819.28
		ru2010	12375.00	13125.00	20191122	12350.00	20191115	368.30	9	40.92
		ru2011	12460.00	13695.00	20191209	12315.00	20191118	5674.70	30	189.16

5-8 2019年金属期货交易情况

Futures Transaction of Metal Products in 2019

交易品种 Product	上市交易所 Listed Exchange	合约 Contract	年开盘价(元/吨) Opening Price of the Year (yuan/ton)	年最高价(元/吨) Highest Price of the Year (yuan/ton)	最高价日 Highest Day	年最低价(元/吨) Lowest Price of the Year (yuan/ton)	最低价日 Lowest Day	成交金额(万元) Trading Turnover (10 thousand yuan)	交易天数(天) Trading Days (day)	日均成交金额(万元) Daily Trading Turnover (10 thousand yuan)
铜 Copper	SHFE	cu1901	47950.00	48130.00	20190102	46330.00	20190104	2414072.00	10	241407.20
		cu1902	47980.00	48430.00	20190211	46250.00	20190104	19603495.77	28	700124.85
		cu1903	47960.00	50580.00	20190304	46210.00	20190104	67734171.70	48	1411128.58
		cu1904	47990.00	50810.00	20190304	46220.00	20190104	74230749.08	68	1091628.66
		cu1905	48000.00	50780.00	20190304	46260.00	20190104	88496798.02	88	1005645.43
		cu1906	47970.00	50700.00	20190304	45830.00	20190606	77288023.68	110	702618.40
		cu1907	48050.00	50660.00	20190304	45600.00	20190710	71629126.89	130	550993.28
		cu1908	48050.00	50660.00	20190304	45620.00	20190710	70301481.76	153	459486.81
		cu1909	48090.00	50670.00	20190304	45640.00	20190710	77302655.96	174	444268.14
		cu1910	48130.00	50700.00	20190304	45680.00	20190710	69794773.59	190	367340.91
		cu1911	48090.00	50660.00	20190304	45720.00	20190710	59054809.30	213	277252.63
		cu1912	48180.00	50660.00	20190304	45760.00	20190710	61688525.11	234	263626.18
		cu2001	47090.00	50580.00	20190304	45810.00	20190904	59432707.63	235	252905.14
		cu2002	48500.00	50450.00	20190225	45920.00	20190710	53970053.07	216	249861.36
		cu2003	49270.00	50130.00	20190418	45940.00	20190904	18413751.77	196	93947.71
		cu2004	49500.00	50030.00	20191226	46000.00	20190904	3510040.43	176	19943.41
		cu2005	47930.00	50070.00	20191226	45930.00	20190618	2333681.80	157	14864.22
		cu2006	45850.00	50070.00	20191226	45850.00	20190618	396881.45	135	2939.86
		cu2007	47470.00	50090.00	20191226	46320.00	20190904	117398.96	112	1048.21
		cu2008	47000.00	50130.00	20191226	46260.00	20190904	72132.45	89	810.48
		cu2009	47540.00	50200.00	20191226	47000.00	20191009	51695.04	68	760.22
		cu2010	47410.00	50210.00	20191226	47140.00	20191017	32570.93	55	592.20
		cu2011	47620.00	50170.00	20191226	47520.00	20191118	18414.79	32	575.46
		cu2012	49920.00	50600.00	20191226	49670.00	20191231	3371.22	10	337.12
铝 Aluminum	SHFE	al1901	13490.00	13495.00	20190102	13145.00	20190115	522530.14	10	52253.01
		al1902	13555.00	13565.00	20190102	13200.00	20190115	5023082.12	28	179395.79
		al1903	13635.00	13995.00	20190315	13230.00	20190115	15805992.22	48	329291.50
		al1904	13695.00	13895.00	20190412	13265.00	20190115	13506566.08	68	198625.97
		al1905	13750.00	14350.00	20190515	13300.00	20190115	26357439.93	88	299516.36
		al1906	13705.00	14390.00	20190517	13330.00	20190116	21138984.09	110	192172.58
		al1907	13770.00	14420.00	20190517	13370.00	20190116	19047695.55	130	146520.74
		al1908	13745.00	14400.00	20190517	13415.00	20190116	18316537.56	153	119715.93
		al1909	13875.00	14660.00	20190909	13300.00	20190211	17248698.17	174	99130.45
		al1910	13925.00	14680.00	20190909	13525.00	20190116	22601343.00	186	121512.60
		al1911	13965.00	14675.00	20190909	13585.00	20190116	18909958.46	208	90913.26
		al1912	14005.00	14585.00	20190909	13600.00	20191011	16932451.05	230	73619.35
		al2001	13785.00	14540.00	20190909	13615.00	20190618	15705229.17	223	70427.04
		al2002	13835.00	14485.00	20190909	13225.00	20191115	12169840.99	184	66140.44
		al2003	14080.00	14670.00	20190925	13650.00	20190618	3847356.39	181	21256.11
		al2004	14130.00	14430.00	20190909	13660.00	20190618	1383750.11	145	9543.10
		al2005	14385.00	14535.00	20190909	13660.00	20191120	633239.41	133	4761.20

注：年开盘价和年最高价以自然年为统计周期。

数据来源：上海期货交易所、郑州商品交易所、大连商品交易所

Source: SHFE、ZCE、DCE

5-8 续表 1 continued

交易品种 Product	上市交易所 Listed Exchange	合约 Contract	年开盘价(元/吨) Opening Price of the Year (yuan/ton)	年最高价(元/吨) Highest Price of the Year (yuan/ton)	最高价日 Highest Day	年最低价(元/吨) Lowest Price of the Year (yuan/ton)	最低价日 Lowest Day	成交金额(万元) Trading Turnover (10 thousand yuan)	交易天数(天) Trading Days (day)	日均成交金额(万元) Daily Trading Turnover (10 thousand yuan)
铝 Aluminum	SHFE	al2006	13700.00	14440.00	20190912	13670.00	20191120	159696.59	115	1388.67
		al2007	14180.00	14465.00	20190911	13700.00	20191209	53706.20	91	590.18
		al2008	14395.00	14495.00	20190916	13705.00	20191209	5581.12	70	79.73
		al2009	14280.00	14390.00	20190919	13530.00	20191016	5132.97	58	88.50
		al2010	13985.00	14150.00	20191030	13750.00	20191206	4664.00	48	97.17
		al2011	13835.00	14100.00	20191224	13795.00	20191206	1111.49	16	69.47
		al2012	13890.00	14125.00	20191224	13890.00	20191218	502.61	6	83.77
锌 Zinc	SHFE	zn1901	21205.00	21550.00	20190115	20485.00	20190104	581138.51	10	58113.85
		zn1902	20780.00	22600.00	20190201	19965.00	20190104	22495837.89	28	803422.78
		zn1903	20460.00	22740.00	20190315	19660.00	20190104	75292026.34	48	1568583.88
		zn1904	20100.00	23410.00	20190401	19410.00	20190104	55918095.48	68	822324.93
		zn1905	19905.00	23280.00	20190408	19185.00	20190104	87381047.92	88	992966.45
		zn1906	19695.00	23000.00	20190408	18980.00	20190104	83229705.83	110	756633.69
		zn1907	19500.00	22765.00	20190408	18220.00	20190715	76820418.14	130	590926.29
		zn1908	19650.00	22540.00	20190408	18460.00	20190812	66377286.27	153	433838.47
		zn1909	19390.00	22360.00	20190408	18250.00	20190828	58681629.56	174	337250.74
		zn1910	19245.00	22150.00	20190408	18270.00	20190826	48036055.09	190	252821.34
		zn1911	19085.00	22000.00	20190408	18205.00	20190826	36078845.87	213	169384.25
		zn1912	19030.00	21840.00	20190408	17540.00	20191203	36008476.39	234	153882.38
		zn2001	18800.00	21715.00	20190408	17675.00	20191202	37362926.60	235	158991.18
		zn2002	20050.00	21610.00	20190408	17570.00	20191204	28918602.45	212	136408.50
		zn2003	20440.00	21490.00	20190408	17530.00	20191204	7662129.80	195	39292.97
		zn2004	21240.00	21240.00	20190416	17525.00	20191204	1631058.05	168	9708.68
		zn2005	20215.00	20215.00	20190516	17530.00	20191204	1546282.25	157	9848.93
		zn2006	19100.00	19550.00	20190730	17545.00	20191204	198832.52	128	1553.38
		zn2007	19145.00	19520.00	20190730	17565.00	20191204	11234.24	101	111.23
		zn2008	18515.00	19480.00	20190916	17615.00	20191204	4994.46	82	60.91
		zn2009	18950.00	19530.00	20191106	17585.00	20191212	12939.21	67	193.12
		zn2010	19100.00	19490.00	20191029	17465.00	20191203	4668.31	49	95.27
		zn2011	18405.00	18520.00	20191118	17650.00	20191204	2105.12	26	80.97
		zn2012	18045.00	18110.00	20191226	17740.00	20191226	974.22	10	97.42
铅 Lead	SHFE	pb1901	18580.00	18615.00	20190102	17410.00	20190114	85321.60	10	8532.16
		pb1902	18000.00	18140.00	20190102	16510.00	20190213	2700452.26	28	96444.72
		pb1903	17770.00	17885.00	20190102	16510.00	20190213	3884109.97	48	80918.96
		pb1904	17685.00	17850.00	20190301	16265.00	20190415	3849944.57	68	56616.83
		pb1905	17525.00	18380.00	20190306	15840.00	20190514	4014527.19	88	45619.63
		pb1906	17130.00	17695.00	20190301	15790.00	20190514	4417549.75	105	42071.90
		pb1907	17290.00	17780.00	20190325	15300.00	20190711	4838226.63	125	38705.81
		pb1908	16770.00	17600.00	20190301	15655.00	20190709	4787490.27	140	34196.36
		pb1909	16900.00	17665.00	20190912	15665.00	20190709	7197473.10	160	44984.21
		pb1910	16980.00	17590.00	20190906	15685.00	20190710	7092243.72	172	41233.98
		pb1911	16740.00	17590.00	20190301	15725.00	20190710	5597570.63	182	30755.88
		pb1912	16455.00	17530.00	20190304	14945.00	20191206	4674963.16	202	23143.38

5-8 续表 2 continued

交易品种 Product	上市交易所 Listed Exchange	合约 Contract	年开盘价(元/吨) Opening Price of the Year (yuan/ton)	年最高价(元/吨) Highest Price of the Year (yuan/ton)	最高价日 Highest Day	年最低价(元/吨) Lowest Price of the Year (yuan/ton)	最低价日 Lowest Day	成交金额(万元) Trading Turnover (10 thousand yuan)	交易天数(天) Trading Days (day)	日均成交金额(万元) Daily Trading Turnover (10 thousand yuan)
铅 Lead	SHFE	pb2001	16500.00	17570.00	20190301	14805.00	20191224	5826129.05	179	32548.21
		pb2002	16780.00	17540.00	20190301	14750.00	20191218	3889392.91	146	26639.68
		pb2003	16740.00	17205.00	20190828	14745.00	20191218	788465.08	111	7103.29
		pb2004	16460.00	17100.00	20190903	14760.00	20191218	79221.58	103	769.14
		pb2005	15925.00	17100.00	20190828	14760.00	20191218	38173.51	102	374.25
		pb2006	16195.00	17160.00	20190828	14765.00	20191218	7574.46	87	87.06
		pb2007	16390.00	17085.00	20190906	14800.00	20191218	5316.55	74	71.85
		pb2008	16555.00	17010.00	20190906	14790.00	20191218	1476.38	42	35.15
		pb2009	16475.00	16630.00	20191014	14800.00	20191218	2179.14	46	47.37
		pb2010	16540.00	16625.00	20191028	14830.00	20191204	1077.10	37	29.11
		pb2011	15835.00	15835.00	20191118	14800.00	20191218	2319.37	30	77.31
		pb2012	14935.00	15265.00	20191230	14780.00	20191218	261.62	9	29.07
黄金(元/克) Gold (yuan/g)	SHFE	au1901	286.25	292.45	20190107	278.85	20190107	1200.18	2	600.09
		au1902	286.40	293.50	20190131	277.25	20190131	2847.16	22	129.42
		au1903	289.80	292.15	20190225	280.40	20190121	856.05	10	85.61
		au1904	286.55	293.35	20190220	276.60	20190410	8642879.58	62	139401.28
		au1905	291.40	294.35	20190220	279.05	20190425	17606.44	47	374.61
		au1906	287.55	309.95	20190617	277.80	20190418	199527241.65	110	1813884.02
		au1907	279.95	321.00	20190703	278.70	20190425	7592.78	40	189.82
		au1908	291.00	345.00	20190808	278.85	20190418	39613513.96	148	267658.88
		au1909	298.95	366.90	20190829	298.95	20190618	31956.26	55	581.02
		au1910	290.75	363.40	20190830	270.85	20190424	36878009.92	174	211942.59
		au1911	350.70	362.90	20190904	337.25	20191017	12921.39	39	331.32
		au1912	291.10	363.85	20190904	280.65	20190418	959148698.09	234	4098926.06
		au2001	339.90	349.00	20191231	328.58	20191213	62581.38	54	1158.91
		au2002	287.60	365.20	20190904	282.45	20190418	152762049.62	193	791513.21
		au2003	336.44	342.74	20191227	335.62	20191218	406.30	5	81.26
		au2004	290.30	366.55	20190904	282.85	20190424	30281241.06	167	181324.80
		au2006	293.75	367.45	20190904	290.15	20190522	73551622.10	156	471484.76
		au2008	325.30	369.50	20190904	322.75	20190726	1672580.18	104	16082.50
		au2010	353.80	364.75	20190925	330.02	20191216	49979.69	53	943.01
		au2012	332.60	351.24	20191231	332.60	20191118	278691.42	32	8709.11
白银(元/千克) Silver (yuan/kg)	SHFE	ag1901	3631.00	3755.00	20190104	3494.00	20190111	2343.93	9	260.44
		ag1902	3640.00	3739.00	20190130	3568.00	20190124	1784.89	24	74.37
		ag1903	3653.00	3761.00	20190221	3545.00	20190305	4546.25	45	101.03
		ag1904	3690.00	3777.00	20190104	3481.00	20190329	12617.39	62	203.51
		ag1905	3691.00	3796.00	20190104	3475.00	20190425	33771.84	85	397.32
		ag1906	3700.00	3810.00	20190104	3468.00	20190424	85956966.26	110	781426.97
		ag1907	3712.00	3790.00	20190221	3450.00	20190529	9145.80	98	93.32
		ag1908	3780.00	4333.00	20190813	3498.00	20190529	7376.88	107	68.94
		ag1909	3730.00	4784.00	20190906	3505.00	20190529	149256.02	174	857.79
		ag1910	3776.00	4805.00	20190905	3517.00	20190529	44023.05	160	275.14
		ag1911	3754.00	4839.00	20190905	3546.00	20190522	19356.78	165	117.31

5-8 续表 3 continued

交易品种 Product	上市交易所 Listed Exchange	合约 Contract	年开盘价(元/吨) Opening Price of the Year (yuan/ton)	年最高价(元/吨) Highest Price of the Year (yuan/ton)	最高价日 Highest Day	年最低价(元/吨) Lowest Price of the Year (yuan/ton)	最低价日 Lowest Day	成交金额(万元) Trading Turnover (10 thousand yuan)	交易天数(天) Trading Days (day)	日均成交金额(万元) Daily Trading Turnover (10 thousand yuan)
白银(元/千克) Silver (yuan/kg)	SHFE	ag1912	3790.00	4843.00	20190905	3528.00	20190424	575534108.92	234	2459547.47
		ag2001	3775.00	4854.00	20190905	3490.00	20190710	865434.45	226	3829.36
		ag2002	3671.00	4871.00	20190905	3579.00	20190424	174823651.66	173	1010541.34
		ag2003	3692.00	4875.00	20190905	3580.00	20190529	23013.59	177	130.02
		ag2004	3616.00	4890.00	20190905	3611.00	20190522	17381968.28	151	115112.37
		ag2005	3692.00	4886.00	20190905	3627.00	20190522	31969.48	142	225.14
		ag2006	3699.00	4903.00	20190905	3688.00	20190619	38599324.23	135	285920.92
		ag2007	3801.00	4907.00	20190905	3801.00	20190716	898412.80	107	8396.38
		ag2008	4353.00	4948.00	20190905	4146.00	20191112	132000.36	91	1450.55
		ag2009	4488.00	4747.00	20190924	4166.00	20191209	6168.31	68	90.71
		ag2010	4411.00	4599.00	20191028	4180.00	20191112	3994.86	52	76.82
		ag2011	4252.00	4528.00	20191231	4188.00	20191209	1721.59	25	68.86
		ag2012	4287.00	4549.00	20191231	4270.00	20191219	14625.77	11	1329.62
螺纹钢 Steel Rebar	SHFE	rb1901	3842.00	3875.00	20190103	3601.00	20190115	119852.23	10	11985.22
		rb1902	3530.00	3989.00	20190131	3513.00	20190103	30847.72	27	1142.51
		rb1903	3491.00	3961.00	20190211	3470.00	20190103	92199.63	46	2004.34
		rb1904	3479.00	4120.00	20190412	3450.00	20190103	40824.09	64	637.88
		rb1905	3398.00	4400.00	20190515	3366.00	20190103	367347414.90	88	4174402.44
		rb1906	3356.00	4057.00	20190430	3316.00	20190103	106324.05	107	993.68
		rb1907	3345.00	4039.00	20190522	3310.00	20190102	59423.09	128	464.24
		rb1908	3352.00	4199.00	20190725	3300.00	20190102	91086.91	144	632.55
		rb1909	3256.00	4190.00	20190702	3235.00	20190102	1093781.45	172	6359.19
		rb1910	3177.00	4148.00	20190701	3149.00	20190102	701189542.83	190	3690471.28
		rb1911	3183.00	3970.00	20190701	3133.00	20190103	66609.15	204	326.52
		rb1912	3123.00	4240.00	20191212	3104.00	20190102	61397.16	228	269.29
		rb2001	3200.00	3834.00	20190701	3195.00	20190116	479974531.56	235	2042444.82
		rb2002	3263.00	3692.00	20191225	3149.00	20191018	156521.14	217	721.30
		rb2003	3283.00	3683.00	20191230	3052.00	20190930	117178.78	197	594.82
		rb2004	3500.00	3669.00	20190709	3120.00	20191024	30660.97	175	175.21
		rb2005	3334.00	3653.00	20190701	3140.00	20190828	145357933.11	157	925846.71
		rb2006	3325.00	3609.00	20190702	3066.00	20191018	92360.39	135	684.15
		rb2007	3743.00	3743.00	20190716	3060.00	20191018	72843.56	115	633.42
		rb2008	3366.00	3483.00	20191231	3097.00	20191021	17993.38	92	195.58
		rb2009	3222.00	3462.00	20191212	3110.00	20191021	120721.89	71	1700.31
		rb2010	3137.00	3421.00	20191212	3067.00	20191018	7236855.64	55	131579.19
		rb2011	3160.00	3385.00	20191212	3102.00	20191120	24762.72	32	773.84
		rb2012	3372.00	3372.00	20191217	3281.00	20191218	4884.79	11	444.07
不锈钢 Stainless Steel	SHFE	ss2002	15575.00	15935.00	20190926	13765.00	20191205	4072055.85	65	62647.01
		ss2003	15600.00	15760.00	20190926	13855.00	20191129	2380.60	21	113.36
		ss2004	15320.00	15905.00	20190930	13770.00	20191205	372.67	8	46.58
		ss2005	15090.00	15565.00	20191014	13595.00	20191209	165066.66	65	2539.49
		ss2006	15625.00	15625.00	20190925	13730.00	20191205	147785.72	29	5096.06
		ss2007	15535.00	15535.00	20190925	13665.00	20191205	1165.55	17	68.56

5-8 续表 4 continued

交易品种 Product	上市交易所 Listed Exchange	合约 Contract	年开盘价(元/吨) Opening Price of the Year (yuan/ton)	年最高价(元/吨) Highest Price of the Year (yuan/ton)	最高价日 Highest Day	年最低价(元/吨) Lowest Price of the Year (yuan/ton)	最低价日 Lowest Day	成交金额(万元) Trading Turnover (10 thousand yuan)	交易天数(天) Trading Days (day)	日均成交金额(万元) Daily Trading Turnover (10 thousand yuan)
不锈钢 Stainless Steel	SHFE	ss2008	15120.00	15845.00	20190925	13670.00	20191205	250.77	10	25.08
		ss2009	15585.00	15705.00	20190927	13715.00	20191205	4511.01	57	79.14
		ss2010	14795.00	14795.00	20191017	13835.00	20191129	149.75	14	10.70
		ss2011	14255.00	14255.00	20191120	13605.00	20191205	76.15	8	9.52
		ss2012	—	—	20191217	—	20191217	0.00	0	0.00
线材 Steel Wire Rod	SHFE	wr1903	3579	3579	20190215	3579	20190215	3.58	1	3.58
		wr1904	3101	3816	20190129	3101	20190123	53.44	2	26.72
		wr1905	3515	4843	20190510	3492	20190102	611503.87	85	7194.16
		wr1906	3575	4012	20190418	3575	20190418	15.17	2	7.59
		wr1907	3360.00	4814.00	20190701	3355.00	20190104	28997.88	87	333.31
		wr1908	—	—	20190102	—	20190102	0.00	0	0.00
		wr1909	3523	4345	20190704	3523	20190509	342.44	18	19.02
		wr1910	3980	4488	20190712	3686	20190513	4947.15	72	68.71
		wr1911	—	—	20190102	—	20190102	0.00	0	0.00
		wr1912	4564	4564	20190830	3912	20190830	45.57	3	15.19
		wr2001	3612	4595	20190920	3577	20191101	49087.24	65	755.19
		wr2002	4700.00	4700.00	20191111	3856.00	20191111	8.56	1	8.56
		wr2003	3529	3630	20190906	3432	20190906	42.60	2	21.30
		wr2004	—	—	20190416	—	20190416	0.00	0	0.00
		wr2005	3498.00	4103.00	20191216	3498.00	20190916	343.86	15	22.92
		wr2006	—	—	20190618	—	20190618	0.00	0	0.00
		wr2007	3749.00	4050.00	20191118	3749.00	20191118	15.59	1	15.59
		wr2008	3688.00	3688.00	20191105	3588.00	20191105	72.76	1	72.76
		wr2009	3600.00	4050.00	20191211	3403.00	20191030	122.21	4	30.55
		wr2010	3929	3939	20191212	3849	20191226	23.47	3	7.82
		wr2011	—	—	20191118	—	20191118	0.00	0	0.00
		wr2012	—	—	20191217	—	20191217	0.00	0	0.00
热轧卷板 Hot Rolled Coils	SHFE	hc1901	3670.00	3727.00	20190108	3581.00	20190115	37882.39	10	3788.24
		hc1902	3592.00	3838.00	20190129	3506.00	20190115	2051.84	17	120.70
		hc1903	3483.00	3931.00	20190227	3450.00	20190116	226.26	5	45.25
		hc1904	3421.00	3887.00	20190327	3421.00	20190103	981.29	26	37.74
		hc1905	3330.00	4148.00	20190510	3282.00	20190102	63498036.03	87	729862.48
		hc1906	3303.00	4141.00	20190508	3290.00	20190103	6573.12	80	82.16
		hc1907	3335.00	3956.00	20190506	3335.00	20190107	62.52	9	6.95
		hc1908	3261.00	4096.00	20190701	3261.00	20190103	7259.89	103	70.48
		hc1909	3226.00	4072.00	20190701	3184.00	20190102	124157.59	172	721.85
		hc1910	3171.00	4049.00	20190701	3118.00	20190102	109527872.23	190	576462.49
		hc1911	3214.00	4025.00	20190701	3214.00	20190108	4469.27	90	49.66
		hc1912	3322.00	3876.00	20190626	3300.00	20190215	3525.89	65	54.24
		hc2001	3197.00	3814.00	20190701	3167.00	20190116	62666736.89	235	266666.97
		hc2002	3345.00	3795.00	20191231	3245.00	20190329	7780.39	132	58.94
		hc2003	3270.00	3719.00	20190627	3216.00	20191022	6279.18	121	51.89
		hc2004	3407.00	3687.00	20191231	3236.00	20191017	1386.90	66	21.01

5-8 续表 5 continued

交易品种 Product	上市交易所 Listed Exchange	合约 Contract	年开盘价(元/吨) Opening Price of the Year (yuan/ton)	年最高价(元/吨) Highest Price of the Year (yuan/ton)	最高价日 Highest Day	年最低价(元/吨) Lowest Price of the Year (yuan/ton)	最低价日 Lowest Day	成交金额(万元) Trading Turnover (10 thousand yuan)	交易天数(天) Trading Days (day)	日均成交金额(万元) Daily Trading Turnover (10 thousand yuan)
热轧卷板 Hot Rolled Coils	SHFE	hc2005	3300.00	3635.00	20190701	3150.00	20191018	18701166.20	157	119115.71
		hc2006	3436.00	3580.00	20190717	3159.00	20191016	1380.00	58	23.79
		hc2007	3411.00	3554.00	20191212	3164.00	20191017	639.01	43	14.86
		hc2008	3347.00	3354.00	20190927	3250.00	20190927	36.15	3	12.05
		hc2009	3317.00	3495.00	20191216	3105.00	20191017	4117.21	66	62.38
		hc2010	3125.00	3440.00	20191212	3061.00	20191018	778494.03	55	14154.44
		hc2011	3266.00	3425.00	20191216	3221.00	20191122	82.54	10	8.25
		hc2012	—	—	20191217	—	20191217	0.00	0	0.00
锡 Tin	SHFE	sn1901	141420.00	151980.00	20190114	141420.00	20190102	56881.42	10	5688.14
		sn1902	145920.00	146440.00	20190131	143290.00	20190109	318.81	4	79.70
		sn1903	147950.00	150160.00	20190121	144990.00	20190111	88.74	3	29.58
		sn1904	148590.00	148590.00	20190307	147880.00	20190328	59.30	2	29.65
		sn1905	143500.00	153490.00	20190225	142510.00	20190102	9056472.43	88	102914.46
		sn1906	150220.00	152900.00	20190301	139870.00	20190531	1528.12	25	61.12
		sn1907	150410.00	150410.00	20190121	141090.00	20190610	1018.25	17	59.90
		sn1908	144960.00	147910.00	20190529	132900.00	20190731	550.03	16	34.38
		sn1909	144970.00	154500.00	20190225	127780.00	20190703	12789519.56	174	73502.99
		sn1910	150000.00	150500.00	20190314	126120.00	20190821	5901.52	37	159.50
		sn1911	151980.00	151980.00	20190225	130220.00	20190830	4672.58	42	111.25
		sn1912	144010.00	147870.00	20190426	130940.00	20190819	2847.76	37	76.97
		sn2001	150040.00	154550.00	20190225	127700.00	20190826	20463625.89	228	89752.75
		sn2002	133830.00	145740.00	20191204	128320.00	20190830	3991.14	36	110.87
		sn2003	129820.00	140420.00	20191209	129820.00	20190821	285.73	4	71.43
		sn2004	—	—	20190416	—	20190416	0.00	0	—
		sn2005	148680.00	149280.00	20190614	128620.00	20190828	2179488.50	120	18162.40
		sn2006	139200.00	139200.00	20190809	134010.00	20191230	930791.29	7	132970.18
		sn2007	139720	139730	20190809	133990	20191230	30418.73	5	6083.75
		sn2008	141930.00	146500.00	20190905	133650.00	20190927	1027.24	8	128.41
		sn2009	137200.00	140280.00	20191219	132200.00	20191119	9572.37	38	251.90
		sn2010	135480	138580	20191022	135480	20191022	68.50	2	34.25
		sn2011	137500.00	137600.00	20191128	137500.00	20191125	220.08	2	110.04
		sn2012	138500.00	138500.00	20191230	134450.00	20191230	27.30	1	27.30
镍 Nickel	SHFE	ni1901	87200.00	92200.00	20190114	85060.00	20190102	172660.51	10	17266.05
		ni1902	87950.00	98970.00	20190130	86710.00	20190103	3159.30	23	137.36
		ni1903	87590.00	108010.00	20190307	86300.00	20190103	6711423.80	48	139821.33
		ni1904	87430.00	107690.00	20190307	86000.00	20190103	3742790.69	68	55041.04
		ni1905	87530.00	106780.00	20190307	86080.00	20190103	180118825.76	88	2046804.84
		ni1906	87710.00	106300.00	20190307	86270.00	20190103	118099812.85	110	1073634.66
		ni1907	88020.00	108800.00	20190712	86560.00	20190103	117274708.48	130	902113.14
		ni1908	86830.00	126610.00	20190809	86830.00	20190103	138843225.36	144	964189.07
		ni1909	88100.00	147670.00	20190905	86640.00	20190103	49819832.59	174	286320.88
		ni1910	86860.00	148920.00	20190903	86860.00	20190103	245193252.27	159	1542095.93
		ni1911	87000.00	149190.00	20190903	86990.00	20190102	332713031.92	207	1607309.33

5-8 续表 6 continued

交易品种 Product	上市交易所 Listed Exchange	合约 Contract	年开盘价(元/吨) Opening Price of the Year (yuan/ton)	年最高价(元/吨) Highest Price of the Year (yuan/ton)	最高价日 Highest Day	年最低价(元/吨) Lowest Price of the Year (yuan/ton)	最低价日 Lowest Day	成交金额(万元) Trading Turnover (10 thousand yuan)	交易天数(天) Trading Days (day)	日均成交金额(万元) Daily Trading Turnover (10 thousand yuan)
镍 Nickel	SHFE	ni1912	92870.00	148960.00	20190903	92870.00	20190116	196188740.22	185	1060479.68
		ni2001	93410.00	148800.00	20190903	93410.00	20190117	68435833.57	233	293716.02
		ni2002	99990.00	148550.00	20190903	94980.00	20190513	286223421.91	167	1713912.71
		ni2003	101040.00	147800.00	20190903	94420.00	20190510	82399829.23	155	531611.80
		ni2004	95970.00	148160.00	20190903	95500.00	20190514	8293573.32	130	63796.72
		ni2005	97540.00	147660.00	20190903	94170.00	20190606	10768269.99	157	68587.71
		ni2006	97670.00	146970.00	20190903	96670.00	20190703	797684.36	132	6043.06
		ni2007	106340.00	146500.00	20190903	103500.00	20191204	390474.26	115	3395.43
		ni2008	125840.00	146380.00	20190903	103720.00	20191204	70644.79	88	802.78
		ni2009	137080.00	138100.00	20190923	103600.00	20191204	77957.37	71	1097.99
		ni2010	129170.00	129170.00	20191017	103910.00	20191204	17414.62	54	322.49
		ni2011	116650.00	117360.00	20191118	102810.00	20191209	21550.70	32	673.46
		ni2012	109380	118500	20191223	109380	20191219	556.05	8	69.51
铁矿石 Iron Ore	DCE	i1901	549.50	580.00	20190111	534.00	20190102	31146.37	10	3114.64
		i1902	—	618.00	20190201	501.50	20190110	289.71	32	9.05
		i1903	528.00	702.50	20190211	517.50	20190102	14748482.19	47	313797.49
		i1904	—	699.00	20190411	510.00	20190110	586.68	68	8.63
		i1905	496.50	790.00	20190517	488.00	20190102	304514911.93	89	3421515.86
		i1906	489.00	874.00	20190528	482.50	20190102	9192378.13	109	84333.74
		i1907	480.00	1010.00	20190703	475.00	20190103	17303471.00	128	135183.37
		i1908	—	990.00	20190731	490.50	20190108	10874808.54	151	72018.60
		i1909	470.00	924.50	20190716	464.00	20190103	713907005.82	173	4126630.09
		i1910	—	891.50	20190716	478.00	20190114	19422583.46	193	100635.15
		i1911	461.00	864.50	20190716	460.00	20190103	5402527.29	211	25604.39
		i1912	—	837.50	20190716	513.50	20190129	7009375.67	232	30212.83
		i2001	472.50	816.50	20190716	472.50	20190116	704685095.45	234	3011474.77
		i2002	—	792.50	20190716	524.00	20190326	10466124.62	212	49368.51
		i2003	537.00	766.50	20190716	514.50	20190321	1579243.57	197	8016.46
		i2004	583.00	744.50	20190716	531.00	20190828	2960978.45	176	16823.74
		i2005	603.00	755.00	20190704	526.00	20190828	157809158.43	155	1018123.60
		i2006	606.50	709.00	20190703	521.00	20190828	25388.40	135	188.06
		i2007	651.50	718.50	20190717	516.00	20190828	235253.16	116	2028.04
		i2008	564.50	630.00	20191210	509.00	20190828	10768.61	93	115.79
		i2009	555.00	621.50	20191216	504.00	20190920	7079154.43	71	99706.40
		i2010	511.50	617.00	20191212	511.50	20191022	3566.37	51	69.93
		i2011	521.00	600.00	20191216	521.00	20191115	48572.30	33	1471.89
		i2012	587.50	608.00	20191216	564.50	20191219	3169.85	12	264.15
硅铁 Ferrosilicon	ZCE	SF901	5800.00	5828.00	20190114	5580.00	20190102	11481.33	10	1148.13
		SF902	5410.00	5742.00	20190110	5410.00	20190110	5.58	32	0.17
		SF903	—	—	—	—	—	—	47	—
		SF904	5860.00	5880.00	20190329	5840.00	20190415	14.66	68	0.22
		SF905	5730.00	6280.00	20190307	5492.00	20190508	7224017.88	89	81168.74
		SF906	5870.00	6418.00	20190311	5276.00	20190528	553.45	109	5.08

5-8 续表 7 continued

交易品种 Product	上市交易所 Listed Exchange	合约 Contract	年开盘价(元/吨) Opening Price of the Year (yuan/ton)	年最高价(元/吨) Highest Price of the Year (yuan/ton)	最高价日 Highest Day	年最低价(元/吨) Lowest Price of the Year (yuan/ton)	最低价日 Lowest Day	成交金额(万元) Trading Turnover (10 thousand yuan)	交易天数(天) Trading Days (day)	日均成交金额(万元) Daily Trading Turnover (10 thousand yuan)
硅铁 Ferrosilicon	ZCE	SF907	5588.00	6200.00	20190627	5588.00	20190604	42.21	128	0.33
		SF908	5842.00	6360.00	20190621	5618.00	20190527	222.94	151	1.48
		SF909	5642.00	6456.00	20190719	5600.00	20190102	11432089.20	173	66081.44
		SF910	6100.00	6498.00	20190722	5588.00	20190426	141.69	193	0.73
		SF911	5878.00	6514.00	20190308	5596.00	20190214	183.16	211	0.87
		SF912	5880.00	6470.00	20190716	5674.00	20191023	9005.49	232	38.82
		SF001	5814.00	6238.00	20190627	5624.00	20191112	7985500.06	234	34126.07
		SF002	6080.00	6100.00	20190805	5558.00	20190527	9167.08	212	43.24
		SF003	5696.00	5858.00	20191010	5696.00	20190531	28.97	197	0.15
		SF004	5660.00	5788.00	20190917	5660.00	20190531	17.20	176	0.10
		SF005	5826.00	6178.00	20190627	5640.00	20191112	994404.66	155	6415.51
		SF006	5886.00	5886.00	20191106	5540.00	20191107	5.71	135	0.04
		SF007	6236.00	6236.00	20190923	5998.00	20190923	6.12	116	0.05
		SF008	—	—	—	—	—	—	93	—
		SF009	5872.00	5894.00	20190918	5650.00	20191113	13055.47	71	183.88
		SF010	—	—	—	—	—	—	51	—
		SF011	—	—	—	—	—	—	33	—
		SF012	—	—	—	—	—	—	12	—
锰硅 Manganese Silicon	ZCE	SM901	8000.00	8200.00	20190111	7690.00	20190114	20210.68	10	2021.07
		SM902	8050.00	8050.00	20190121	8050.00	20190121	8.05	32	0.25
		SM903	8400.00	8400.00	20190222	8400.00	20190222	4.20	47	0.09
		SM904	7696.00	8192.00	20190320	7450.00	20190131	654.41	68	9.62
		SM905	7288.00	7968.00	20190312	7110.00	20190517	11866367.58	89	133329.97
		SM906	7014.00	7850.00	20190315	6954.00	20190516	81.18	109	0.74
		SM907	—	—	—	—	—	—	128	—
		SM908	7640.00	7848.00	20190712	7138.00	20190603	52.89	151	0.35
		SM909	6984.00	7896.00	20190627	6888.00	20190102	13202073.00	173	76312.56
		SM910	6896.00	7758.00	20190722	6896.00	20190315	2887.38	193	14.96
		SM911	7500.00	7770.00	20190704	7030.00	20190522	3336.90	211	15.81
		SM912	7196.00	7594.00	20190306	5852.00	20191111	28968.80	232	124.87
		SM001	7000.00	7650.00	20190628	5866.00	20191113	11215683.47	234	47930.27
		SM002	7526.00	7526.00	20190402	6920.00	20190514	3661.97	212	17.27
		SM003	7160.00	7700.00	20190715	5932.00	20191108	559.58	197	2.84
		SM004	7274.00	7274.00	20190514	6190.00	20191119	211.58	176	1.20
		SM005	7002.00	7398.00	20190628	5844.00	20191113	3014916.04	155	19451.07
		SM006	7380.00	7380.00	20190726	6010.00	20191111	116.07	135	0.86
		SM007	—	—	—	—	—	—	116	—
		SM008	—	—	—	—	—	—	93	—
		SM009	6730.00	6730.00	20190917	5860.00	20191112	53991.68	71	760.45
		SM010	6300.00	6300.00	20191107	5940.00	20191107	12.24	51	0.24
		SM011	6546.00	6546.00	20191122	6208.00	20191122	25.35	33	0.77
		SM012	—	—	—	—	—	—	12	—

5-9 2019年能源、化工及其他期货交易情况
Futures Transaction of Energy & Chemical Products & Others in 2019

交易品种 Product	上市交易所 Listed Exchange	合约 Contract	年开盘价(元/吨) Opening Price of the Year (yuan/ton)	年最高价(元/吨) Highest Price of the Year (yuan/ton)	最高价日 Highest Day	年最低价(元/吨) Lowest Price of the Year (yuan/ton)	最低价日 Lowest Day	成交金额(万元) Trading Turnover (10 thousand yuan)	交易天数(天) Trading Days (day)	日均成交金额(万元) Daily Trading Turnover (10 thousand yuan)
聚乙烯 LLDPE	DCE	l1901	8910.00	9070.00	20190102	8485.00	20190109	13989.83	10	1398.98
		l1902	—	—	—	—	—	0.00	32	0.00
		l1903	—	8450.00	20190228	8450.00	20190228	4.23	47	0.09
		l1904	—	—	—	—	—	0.00	68	0.00
		l1905	8620.00	8830.00	20190121	7560.00	20190515	32272639.12	89	362613.92
		l1906	—	8830.00	20190211	7475.00	20190515	653.95	109	6.00
		l1907	—	8625.00	20190220	7400.00	20190611	435.59	128	3.40
		l1908	—	8550.00	20190220	7385.00	20190812	928.42	151	6.15
		l1909	8390.00	8650.00	20190304	6995.00	20190829	91331074.58	173	527925.29
		l1910	—	8580.00	20190416	7020.00	20190830	1210.52	193	6.27
		l1911	—	8500.00	20190118	7000.00	20191031	2538.77	211	12.03
		l1912	—	8500.00	20190409	6930.00	20191114	1302.41	232	5.61
		l2001	8320.00	8530.00	20190304	7010.00	20191114	93504282.14	234	399590.95
		l2002	—	8290.00	20190422	7100.00	20190902	3343.05	212	15.77
		l2003	—	8560.00	20190412	7145.00	20190827	928.67	197	4.71
		l2004	—	7865.00	20190520	7130.00	20191112	210.05	176	1.19
		l2005	7760.00	7910.00	20190521	7010.00	20191118	26587438.51	155	171531.86
		l2006	—	7760.00	20190710	7050.00	20191120	2159.17	135	15.99
		l2007	—	7740.00	20190917	7110.00	20191018	6639.01	116	57.23
		l2008	—	7710.00	20190917	7240.00	20190829	81.70	93	0.88
		l2009	7320.00	7615.00	20190917	7040.00	20191118	1191839.11	71	16786.47
		l2010	—	7555.00	20191230	7155.00	20191115	137.38	51	2.69
		l2011	—	7460.00	20191225	7130.00	20191118	58.61	33	1.78
		l2012	—	7550.00	20191226	7475.00	20191226	7.51	12	0.63
聚氯乙烯 PVC	DCE	v1901	6700.00	7120.00	20190110	6550.00	20190109	5684.62	10	568.46
		v1902	—	6865.00	20190128	6700.00	20190131	10.18	32	0.32
		v1903	—	6580.00	20190220	5400.00	20190304	148.14	47	3.15
		v1904	—	—	—	—	—	0.00	68	0.00
		v1905	6450.00	7510.00	20190506	6225.00	20190318	18734351.61	89	210498.33
		v1906	6370.00	7230.00	20190531	6245.00	20190114	372.69	109	3.42
		v1907	—	7200.00	20190704	6465.00	20190610	95.52	128	0.75
		v1908	—	7150.00	20190717	6420.00	20190315	165.23	151	1.09
		v1909	6375.00	7160.00	20190506	6250.00	20190104	51571682.95	173	298102.21
		v1910	—	7055.00	20190424	5720.00	20191008	1225.13	193	6.35
		v1911	—	7105.00	20190704	6080.00	20191101	1226.39	211	5.81
		v1912	—	6840.00	20191128	6255.00	20191008	101.99	232	0.44
		v2001	6280.00	6955.00	20190506	6185.00	20190116	32627587.88	234	139434.14
		v2002	—	6745.00	20191128	6370.00	20191213	3366.49	212	15.88
		v2003	—	6855.00	20190415	6170.00	20191101	86.38	197	0.44
		v2004	—	6890.00	20190515	6280.00	20190926	525.87	176	2.99

注：年开盘价和年最高价以自然年为统计周期。
数据来源：上海期货交易所、郑州商品交易所、大连商品交易所
Source：SHFE、ZCE、DCE

5-9 续表 1 continued

交易品种 Product	上市交易所 Listed Exchange	合约 Contract	年开盘价(元/吨) Opening Price of the Year (yuan/ton)	年最高价(元/吨) Highest Price of the Year (yuan/ton)	最高价日 Highest Day	年最低价(元/吨) Lowest Price of the Year (yuan/ton)	最低价日 Lowest Day	成交金额(万元) Trading Turnover (10 thousand yuan)	交易天数(天) Trading Days (day)	日均成交金额(万元) Daily Trading Turnover (10 thousand yuan)
聚氯乙烯 PVC	DCE	v2005	6565.00	6800.00	20190520	6200.00	20191017	8984351.72	155	57963.56
		v2006	—	6725.00	20190627	6360.00	20191009	124.02	135	0.92
		v2007	—	6660.00	20191210	6200.00	20190903	5874.24	116	50.64
		v2008	—	—	—	—	—	0.00	93	0.00
		v2009	6395.00	6555.00	20191212	6200.00	20191017	527356.34	71	7427.55
		v2010	—	—	—	—	—	0.00	51	0.00
		v2011	—	6460.00	20191225	6300.00	20191225	63.80	33	1.93
		v2012	—	—	—	—	—	0.00	12	0.00
聚丙烯 PP	DCE	pp1901	9168.00	9839.00	20190115	8800.00	20190115	29830.92	10	2983.09
		pp1902	—	9505.00	20190118	8936.00	20190118	133.62	32	4.18
		pp1903	—	9598.00	20190220	8842.00	20190222	692.04	47	14.72
		pp1904	8583.00	9329.00	20190129	8548.00	20190322	456.39	68	6.71
		pp1905	8605.00	9051.00	20190408	8275.00	20190509	65361663.55	89	734400.71
		pp1906	8494.00	9284.00	20190408	8035.00	20190102	5288.20	109	48.52
		pp1907	—	8829.00	20190308	7888.00	20190618	244.98	128	1.91
		pp1908	—	9460.00	20190812	7960.00	20190613	1426.16	151	9.44
		pp1909	8278.00	8994.00	20190703	7811.00	20190606	154240530.24	173	891563.76
		pp1910	—	8974.00	20190709	7880.00	20190606	3353.71	193	17.38
		pp1911	—	8974.00	20190408	7966.00	20190611	1196.41	211	5.67
		pp1912	—	9847.00	20191213	7714.00	20190605	7394.74	232	31.87
		pp2001	8202.00	8602.00	20190415	7479.00	20190606	139590387.12	234	596540.12
		pp2002	—	8484.00	20190917	7501.00	20191224	6490.70	212	30.62
		pp2003	—	8439.00	20190425	7612.00	20191231	1399.94	197	7.11
		pp2004	—	8413.00	20190425	7515.00	20191121	4397.88	176	24.99
		pp2005	7916.00	8250.00	20190703	7419.00	20190829	28816197.98	155	185910.95
		pp2006	—	8088.00	20190917	7350.00	20191225	2469.60	135	18.29
		pp2007	—	8062.00	20190726	7471.00	20191120	7757.25	116	66.87
		pp2008	—	8037.00	20190918	7641.00	20191022	19.51	93	0.21
		pp2009	7848.00	7902.00	20190917	7342.00	20191120	941107.43	71	13255.03
		pp2010	—	7581.00	20191104	7406.00	20191212	52.46	51	1.03
		pp2011	—	7578.00	20191210	7442.00	20191213	15.04	33	0.46
		pp2012	—	7607.00	20191230	7443.00	20191219	7.53	12	0.63
焦炭 Coke	DCE	j1901	2291.00	2349.00	20190102	1952.00	20190110	66141.74	10	6614.17
		j1902	—	2300.00	20190124	2041.00	20190109	4672.35	32	146.01
		j1903	2068.00	2358.00	20190225	2056.00	20190110	802.48	47	17.07
		j1904	—	2459.00	20190412	1902.00	20190328	3740.79	68	55.01
		j1905	1890.00	2230.00	20190517	1840.00	20190103	293356608.58	89	3296141.67
		j1906	—	2448.00	20190531	1917.00	20190321	11162.97	109	102.41
		j1907	—	2278.00	20190527	1928.00	20190315	22794.33	128	178.08
		j1908	—	2334.00	20190527	1884.00	20190111	4993.92	151	33.07
		j1909	1788.00	2362.00	20190527	1740.00	20190103	412962361.10	173	2387065.67
		j1910	1788.00	2344.00	20190527	1667.00	20191017	44106.80	193	228.53

5-9 续表 2 continued

交易品种 Product	上市交易所 Listed Exchange	合约 Contract	年开盘价(元/吨) Opening Price of the Year (yuan/ton)	年最高价(元/吨) Highest Price of the Year (yuan/ton)	最高价日 Highest Day	年最低价(元/吨) Lowest Price of the Year (yuan/ton)	最低价日 Lowest Day	成交金额(万元) Trading Turnover (10 thousand yuan)	交易天数(天) Trading Days (day)	日均成交金额(万元) Daily Trading Turnover (10 thousand yuan)
焦炭 Coke	DCE	j1911	1780.00	2187.00	20190704	1662.00	20191029	4040.70	211	19.15
		j1912	—	2298.00	20190527	1645.00	20191111	6840.60	232	29.49
		j2001	1954.00	2278.00	20190527	1686.00	20191111	334544085.46	234	1429675.58
		j2002	—	2244.00	20190717	1698.00	20191111	16851.79	212	79.49
		j2003	—	2073.00	20190513	1732.00	20191105	3733.22	197	18.95
		j2004	—	2202.00	20190527	1712.00	20191122	566.71	176	3.22
		j2005	2028.00	2178.00	20190729	1650.00	20191112	71176356.21	155	459202.30
		j2006	—	2141.00	20190730	1696.00	20191105	3211.14	135	23.79
		j2007	1930.00	2132.00	20190729	1656.00	20191104	43280.45	116	373.11
		j2008	—	1856.00	20191230	1694.00	20191105	161.81	93	1.74
		j2009	1901.00	1901.00	20190917	1640.00	20191112	1444462.15	71	20344.54
		j2010	—	1858.00	20191231	1650.00	20191111	590.58	51	11.58
		j2011	—	1840.00	20191213	1664.00	20191118	208.90	33	6.33
		j2012	—	1850.00	20191223	1850.00	20191223	18.50	12	1.54
焦煤 Coking Coal	DCE	jm1901	1440.00	1480.00	20190111	1397.00	20190103	20305.46	10	2030.55
		jm1902	—	1490.00	20190121	1322.00	20190131	67.18	32	2.10
		jm1903	—	1350.00	20190218	1214.00	20190121	236.85	47	5.04
		jm1904	—	1338.00	20190322	1216.00	20190122	75.93	68	1.12
		jm1905	1171.00	1324.00	20190211	1135.00	20190510	56250993.69	89	632033.64
		jm1906	—	1364.00	20190508	1202.00	20190114	2443.40	109	22.42
		jm1907	1274.00	1514.00	20190627	1258.00	20190103	61219.65	128	478.28
		jm1908	—	1498.00	20190725	1299.00	20190410	1082.09	151	7.17
		jm1909	1260.00	1700.00	20190916	1232.00	20190102	67671005.57	173	391161.88
		jm1910	—	1488.00	20190917	1270.00	20190312	5711.67	193	29.59
		jm1911	—	1402.00	20190521	1260.00	20191107	143.62	211	0.68
		jm1912	—	1432.00	20190726	1220.00	20191017	1344.66	232	5.80
		jm2001	1259.00	1412.00	20190718	1194.00	20191224	46428618.79	234	198412.90
		jm2002	—	1406.00	20190711	1200.00	20191104	9472.64	212	44.68
		jm2003	—	1356.00	20190529	1196.00	20191226	6473.28	197	32.86
		jm2004	—	1360.00	20190805	1160.00	20191213	223.01	176	1.27
		jm2005	1300.00	1359.00	20190726	1100.00	20191104	7001202.19	155	45169.05
		jm2006	—	1344.00	20190702	1133.00	20191115	266.73	135	1.98
		jm2007	—	1372.00	20190718	1148.00	20191129	2372.17	116	20.45
		jm2008	—	—	—	—	—	0.00	93	0.00
		jm2009	1251.00	1258.00	20190917	1102.00	20191105	165471.24	71	2330.58
		jm2010	—	1236.00	20191127	1124.00	20191128	69.29	51	1.36
		jm2011	—	1182.00	20191220	1152.00	20191223	921.99	33	27.94
		jm2012	—	1240.00	20191223	1146.00	20191224	875.04	12	72.92
乙二醇 Ethylene Glycol	DCE	eg1906	5105.00	5457.00	20190122	4009.00	20190617	65633205.65	115	570723.53
		eg1907	5077.00	5504.00	20190305	3966.00	20190701	1328.72	138	9.63
		eg1908	—	5374.00	20190304	4155.00	20190717	923.95	160	5.77
		eg1909	5044.00	5483.00	20190306	4150.00	20190710	96109710.74	180	533942.84

5-9 续表 3 continued

交易品种 Product	上市交易所 Listed Exchange	合约 Contract	年开盘价(元/吨) Opening Price of the Year (yuan/ton)	年最高价(元/吨) Highest Price of the Year (yuan/ton)	最高价日 Highest Day	年最低价(元/吨) Lowest Price of the Year (yuan/ton)	最低价日 Lowest Day	成交金额(万元) Trading Turnover (10 thousand yuan)	交易天数(天) Trading Days (day)	日均成交金额(万元) Daily Trading Turnover (10 thousand yuan)
乙二醇 Ethylene Glycol	DCE	eg1910	—	5440.00	20190306	4254.00	20190718	5312.58	198	26.83
		eg1911	5017.00	5480.00	20190306	4259.00	20190710	15561.66	219	71.06
		eg1912	—	5580.00	20190307	4268.00	20190805	9399.32	241	39.00
		eg2001	—	5510.00	20190307	4275.00	20190805	152072531.95	225	675877.92
		eg2002	—	5369.00	20190918	4369.00	20190717	1966.34	210	9.36
		eg2003	—	5089.00	20190918	4407.00	20190716	1501.02	189	7.94
		eg2004	—	4999.00	20190925	4411.00	20190710	1304.52	168	7.76
		eg2005	4748.00	4998.00	20190917	4371.00	20190805	33196660.65	148	224301.76
		eg2006	4693.00	4938.00	20190917	4270.00	20190715	30842.67	129	239.09
		eg2007	—	5039.00	20190917	4409.00	20191107	20265.49	106	191.18
		eg2008	—	4909.00	20190917	4555.00	20191205	134.65	84	1.60
		eg2009	4815.00	4815.00	20190926	4439.00	20191111	261922.17	64	4092.53
		eg2010	—	4734.00	20191213	4420.00	20191108	31.66	46	0.69
		eg2011	—	4650.00	20191225	4599.00	20191206	13.89	25	0.56
		eg2012	4644.00	4644.00	20191227	4644.00	20191227	4.64	3	1.55
苯乙烯 Ethenylbenzene	DCE	eb2004	8100.00	8216.00	20190926	6884.00	20191114	281797.56	64	4403.09
		eb2005	8100.00	8160.00	20190926	6872.00	20191114	14042834.30	64	219419.29
		eb2006	7800.00	8024.00	20190926	6921.00	20191120	775.12	64	12.11
		eb2007	7604.00	7900.00	20190926	7022.00	20191111	888.56	64	13.88
		eb2008	7850.00	7867.00	20191009	7327.00	20191017	134.72	64	2.11
		eb2009	7818.00	7863.00	20190926	6950.00	20191120	90047.78	64	1407.00
		eb2010	—	7421.00	20191209	7106.00	20191108	14.47	46	0.31
		eb2011	—	—	—	—	—	0.00	25	0.00
		eb2012	—	—	—	—	—	0.00	3	0.00
甲醇 Methanol	ZCE	MA901	2290.00	2430.00	20190115	2278.00	20190102	17796.80	10	1779.68
		MA902	2398.00	2635.00	20190114	2294.00	20190129	470.70	32	14.71
		MA903	2491.00	2635.00	20190304	2276.00	20190226	589.32	47	12.54
		MA904	2457.00	2689.00	20190306	2287.00	20190329	1430.99	68	21.04
		MA905	2390.00	2694.00	20190304	2196.00	20190508	172245720.91	89	1935345.18
		MA906	2508.00	2693.00	20190304	2250.00	20190524	7012.68	109	64.34
		MA907	2479.00	2717.00	20190304	2220.00	20190626	19316.43	128	150.91
		MA908	2470.00	2653.00	20190122	1981.00	20190730	23653.03	151	156.64
		MA909	2422.00	2737.00	20190304	1978.00	20190830	199507016.49	173	1153219.75
		MA910	2478.00	2725.00	20190304	2030.00	20190830	56347.82	193	291.96
		MA911	2468.00	2771.00	20190304	1850.00	20191113	17615629.42	211	83486.40
		MA912	2466.00	2776.00	20190304	1778.00	20191121	180982.34	232	780.10
		MA001	2580.00	2788.00	20190304	1891.00	20191119	178389101.37	234	762346.59
		MA002	2819.00	2819.00	20190306	1942.00	20191119	7936.44	212	37.44
		MA003	2671.00	2718.00	20190321	1964.00	20191119	1446751.27	197	7343.92
		MA004	2454.00	2606.00	20190520	2020.00	20191120	7090.40	176	40.29
		MA005	2463.00	2525.00	20190522	2010.00	20191202	39955558.13	155	257777.79
		MA006	2418.00	2463.00	20190621	2054.00	20191202	5832.25	135	43.20

5-9 续表 4 continued

交易品种 Product	上市交易所 Listed Exchange	合约 Contract	年开盘价(元/吨) Opening Price of the Year (yuan/ton)	年最高价(元/吨) Highest Price of the Year (yuan/ton)	最高价日 Highest Day	年最低价(元/吨) Lowest Price of the Year (yuan/ton)	最低价日 Lowest Day	成交金额(万元) Trading Turnover (10 thousand yuan)	交易天数(天) Trading Days (day)	日均成交金额(万元) Daily Trading Turnover (10 thousand yuan)
甲醇 Methanol	ZCE	MA007	2280.00	2359.00	20190917	2070.00	20191202	24318.50	116	209.64
		MA008	2297.00	2362.00	20190917	2090.00	20191202	13728.24	93	147.62
		MA009	2328.00	2399.00	20190917	2103.00	20191202	465940.65	71	6562.54
		MA010	2182.00	2275.00	20191023	2109.00	20191203	9214.40	51	180.67
		MA011	2208.00	2229.00	20191218	2135.00	20191122	13542.05	33	410.37
		MA012	—	—	—	—	—	—	12	—
PTA	ZCE	TA901	5850.00	6588.00	20190110	5820.00	20190102	113381.57	10	11338.16
		TA902	5708.00	6742.00	20190213	5674.00	20190102	2201.38	32	68.79
		TA903	5694.00	6936.00	20190307	5620.00	20190102	1652877.15	47	35167.60
		TA904	5676.00	6900.00	20190307	5652.00	20190102	529.40	68	7.79
		TA905	5622.00	6848.00	20190307	5560.00	20190102	231967918.76	89	2606381.11
		TA906	5570.00	6724.00	20190510	5452.00	20190604	12925.23	109	118.58
		TA907	5596.00	7190.00	20190703	5236.00	20190606	16377445.98	128	127948.80
		TA908	5776.00	6780.00	20190703	5002.00	20190806	6253.90	151	41.42
		TA909	5522.00	6612.00	20190703	5016.00	20190912	374070129.90	173	2162255.09
		TA910	5492.00	6440.00	20190417	4970.00	20191017	82919.38	193	429.63
		TA911	5480.00	6356.00	20190307	4602.00	20191112	22299235.76	211	105683.58
		TA912	5500.00	6264.00	20190306	4664.00	20191112	112622.26	232	485.44
		TA001	5820.00	6254.00	20190307	4648.00	20191112	190510383.05	234	814146.94
		TA002	6116.00	6198.00	20190307	4670.00	20191112	6097.30	212	28.76
		TA003	5754.00	5786.00	20190318	4678.00	20191112	9105873.01	197	46222.71
		TA004	5726.00	5732.00	20190417	4712.00	20191112	7925.93	176	45.03
		TA005	5246.00	5382.00	20190703	4726.00	20191112	40450303.19	155	260969.70
		TA006	5168.00	5338.00	20190702	4756.00	20191118	1011.57	135	7.49
		TA007	5148.00	5330.00	20190917	4768.00	20191112	439340.41	116	3787.42
		TA008	5040.00	5306.00	20190917	4790.00	20191112	1366.33	93	14.69
		TA009	5196.00	5328.00	20190917	4812.00	20191112	945705.04	71	13319.79
		TA010	4866.00	5044.00	20191217	4816.00	20191119	140.92	51	2.76
		TA011	4840.00	5160.00	20191231	4840.00	20191121	35484.31	33	1075.28
		TA012	5068.00	5106.00	20191231	5040.00	20191231	10.16	12	0.85
动力煤 Thermal Coal	ZCE	ZC901	575.20	610.00	20190104	560.00	20190107	22013.08	5	4402.62
		ZC902	580.60	598.60	20190102	551.60	20190111	51.11	27	1.89
		ZC903	573.80	623.80	20190304	569.60	20190103	1201989.63	42	28618.80
		ZC904	569.00	626.40	20190320	556.60	20190111	41.72	63	0.66
		ZC905	563.00	640.00	20190430	555.20	20190103	41462215.96	84	493597.81
		ZC906	576.20	644.40	20190516	561.00	20190111	1078.21	104	10.37
		ZC907	572.00	622.00	20190430	565.20	20190103	12539473.62	123	101946.94
		ZC908	578.20	629.60	20190430	557.20	20190215	3152.64	146	21.59
		ZC909	568.20	616.60	20190430	562.40	20190103	41840610.48	168	249051.25
		ZC910	564.80	605.60	20190513	554.80	20190111	1437.93	188	7.65
		ZC911	572.00	608.00	20190624	539.00	20191107	16205097.02	206	78665.52
		ZC912	575.20	613.60	20190516	542.60	20191113	6233.91	227	27.46

5-9 续表 5 continued

交易品种 Product	上市交易所 Listed Exchange	合约 Contract	年开盘价(元/吨) Opening Price of the Year (yuan/ton)	年最高价(元/吨) Highest Price of the Year (yuan/ton)	最高价日 Highest Day	年最低价(元/吨) Lowest Price of the Year (yuan/ton)	最低价日 Lowest Day	成交金额(万元) Trading Turnover (10 thousand yuan)	交易天数(天) Trading Days (day)	日均成交金额(万元) Daily Trading Turnover (10 thousand yuan)
动力煤 Thermal Coal	ZCE	ZC001	565.80	607.20	20190430	538.20	20191106	28941824.18	239	121095.50
		ZC002	560.20	594.40	20190905	538.20	20190814	488.47	217	2.25
		ZC003	572.20	591.20	20190430	534.40	20191106	7758873.56	202	38410.27
		ZC004	587.80	587.80	20190521	535.60	20191216	55.03	181	0.30
		ZC005	566.20	578.20	20190514	533.40	20191127	8997072.36	160	56231.70
		ZC006	553.00	587.60	20190722	528.00	20191105	202.81	140	1.45
		ZC007	585.40	585.40	20190710	536.20	20191213	251904.35	121	2081.85
		ZC008	556.40	556.40	20191022	540.80	20191112	49.24	98	0.50
		ZC009	561.00	565.00	20190916	538.20	20191212	314132.45	76	4133.32
		ZC010	552.00	555.00	20191108	533.00	20191108	59.77	56	1.07
		ZC011	564.00	564.00	20191108	538.20	20191129	19157.83	38	504.15
		ZC012	—	—	—	—	—	—	17	—
玻璃 Glass	ZCE	FG901	1317.00	1381.00	20190103	1295.00	20190102	6036.07	10	603.61
		FG902	1348.00	1359.00	20190110	1281.00	20190115	70.86	32	2.21
		FG903	1335.00	1370.00	20190131	1283.00	20190109	34.78	47	0.74
		FG904	1306.00	1358.00	20190130	1236.00	20190322	17.98	68	0.26
		FG905	1298.00	1424.00	20190517	1265.00	20190319	11408508.87	89	128185.49
		FG906	1311.00	1420.00	20190531	1241.00	20190320	391.56	109	3.59
		FG907	1340.00	1370.00	20190131	1266.00	20190313	42.76	128	0.33
		FG908	1306.00	1540.00	20190626	1306.00	20190111	489.03	151	3.24
		FG909	1292.00	1561.00	20190916	1263.00	20190319	27148144.43	173	156925.69
		FG910	1307.00	1687.00	20191008	1278.00	20190325	1703.81	193	8.83
		FG911	1270.00	1700.00	20191022	1258.00	20190320	66492.08	211	315.13
		FG912	1240.00	1650.00	20191212	1240.00	20190102	129237.04	232	557.06
		FG001	1280.00	1523.00	20191023	1234.00	20190319	41716272.63	234	178274.67
		FG002	1252.00	1521.00	20191225	1219.00	20190328	5219.11	212	24.62
		FG003	1254.00	1518.00	20191225	1231.00	20190328	28254.87	197	143.43
		FG004	1300.00	1468.00	20191213	1300.00	20190424	6130.25	176	34.83
		FG005	1350.00	1495.00	20191231	1300.00	20190604	7380861.40	155	47618.46
		FG006	1362.00	1483.00	20191230	1335.00	20190830	482.84	135	3.58
		FG007	1347.00	1470.00	20191226	1335.00	20190807	249.85	116	2.15
		FG008	1405.00	1438.00	20191209	1380.00	20190926	64.79	93	0.70
		FG009	1403.00	1477.00	20191231	1344.00	20190924	401694.16	71	5657.66
		FG010	1423.00	1467.00	20191224	1330.00	20191122	424.50	51	8.32
		FG011	1350.00	1476.00	20191231	1332.00	20191122	64.52	33	1.96
		FG012	1385.00	1484.00	20191231	1385.00	20191216	57.24	12	4.77
尿素 Urea	ZCE	UR001	1745.00	1843.00	20190904	1582.00	20191119	14325736.82	97	147688.01
		UR002	1750.00	1830.00	20190904	1592.00	20191119	12239.27	97	126.18
		UR003	1745.00	1871.00	20190904	1665.00	20191120	5172.56	97	53.33
		UR004	1772.00	1820.00	20190809	1694.00	20191230	874.98	97	9.02
		UR005	1790.00	1883.00	20190904	1687.00	20191119	1912124.44	97	19712.62
		UR006	1850.00	1871.00	20190916	1705.00	20191108	940.97	97	9.70

5-9 续表 6 continued

交易品种 Product	上市交易所 Listed Exchange	合约 Contract	年开盘价(元/吨) Opening Price of the Year (yuan/ton)	年最高价(元/吨) Highest Price of the Year (yuan/ton)	最高价日 Highest Day	年最低价(元/吨) Lowest Price of the Year (yuan/ton)	最低价日 Lowest Day	成交金额(万元) Trading Turnover (10 thousand yuan)	交易天数(天) Trading Days (day)	日均成交金额(万元) Daily Trading Turnover (10 thousand yuan)
尿素 Urea	ZCE	UR007	1839.00	1839.00	20190809	1661.00	20191209	20629.31	97	212.67
		UR008	1768.00	1785.00	20191010	1687.00	20191108	103.61	93	1.11
		UR009	1750.00	1775.00	20191122	1679.00	20191224	26597.18	71	374.61
		UR010	1770.00	1777.00	20191029	1660.00	20191224	136.83	51	2.68
		UR011	—	—	—	—	—	—	33	—
		UR012	1671.00	1746.00	20191219	1670.00	20191219	34.05	12	2.84
纯碱 Soda Ash	ZCE	SA005	1580.00	1674.00	20191211	1546.00	20191206	4955350.93	18	275297.27
		SA006	1576.00	1706.00	20191212	1547.00	20191206	48.94	18	2.72
		SA007	1586.00	1676.00	20191231	1570.00	20191209	152.45	18	8.47
		SA008	1581.00	1664.00	20191216	1564.00	20191209	124.36	18	6.91
		SA009	1566.00	1698.00	20191231	1552.00	20191206	117305.70	18	6516.98
		SA010	1616.00	1675.00	20191211	1578.00	20191206	358.26	18	19.90
		SA011	1597.00	1673.00	20191216	1534.00	20191206	3182.76	18	176.82
		SA012	1572.00	1641.00	20191225	1572.00	20191225	16.13	12	1.34
燃料油 Fuel Oil	SHFE	fu1902	2231.00	2680.00	20190121	2196.00	20190102	438.91	12	36.58
		fu1903	2253.00	2942.00	20190220	2253.00	20190102	504.02	23	21.91
		fu1904	2620.00	3058.00	20190313	2553.00	20190116	1037.73	24	43.24
		fu1905	2400.00	3058.00	20190425	2358.00	20190102	99911730.73	80	1248896.63
		fu1906	2437.00	3129.00	20190325	2374.00	20190102	12693.35	96	132.22
		fu1907	2355.00	3042.00	20190425	2355.00	20190103	2277.36	85	26.79
		fu1908	2493.00	3112.00	20190712	2493.00	20190109	791.75	53	14.94
		fu1909	2324.00	3184.00	20190830	2296.00	20190102	120143518.17	164	732582.43
		fu1910	2361.00	3110.00	20190712	2350.00	20190103	9068.19	149	60.86
		fu1911	2356.00	3038.00	20190711	2302.00	20190102	2917.31	134	21.77
		fu1912	2676.00	2906.00	20190425	1748.00	20191126	5504.00	157	35.06
		fu2001	2420.00	2784.00	20190425	1714.00	20191115	135443943.72	238	569092.20
		fu2002	2772.00	2772.00	20190212	1751.00	20191118	6048.01	91	66.46
		fu2003	2811.00	2811.00	20190325	1735.00	20191121	7440952.36	146	50965.43
		fu2004	2720.00	2788.00	20190422	1760.00	20191115	2336981.98	138	16934.65
		fu2005	2553.00	2665.00	20190520	1816.00	20191120	59574321.36	165	361056.49
		fu2006	2435.00	2446.00	20190711	1847.00	20191120	1747555.94	96	18203.71
		fu2007	2367.00	2466.00	20190731	1876.00	20191115	863755.32	101	8552.03
		fu2008	2283.00	2366.00	20191226	1949.00	20191120	82149.89	75	1095.33
		fu2009	2242.00	2332.00	20190917	1963.00	20191120	419644.89	81	5180.80
		fu2010	2102.00	2337.00	20191231	1918.00	20191119	2393.71	52	46.03
		fu2011	2201.00	2284.00	20191230	2014.00	20191120	352.15	26	13.54
		fu2012	2238.00	2317.00	20191231	2145.00	20191210	404.16	14	28.87
		fu2101	2260.00	2336.00	20191231	2161.00	20191224	1538.14	6	256.36
纸浆 Woodpulp	SHFE	sp1906	5044.00	5686.00	20190222	4394.00	20190612	65442966.01	110	594936.05
		sp1907	5046.00	5640.00	20190222	4336.00	20190624	2583.02	80	32.29
		sp1908	5074.00	5650.00	20190222	4306.00	20190621	2166.94	76	28.51
		sp1909	4888.00	5664.00	20190225	4366.00	20190912	51057759.54	174	293435.40

5-9 续表 7 continued

交易品种 Product	上市交易所 Listed Exchange	合约 Contract	年开盘价(元/吨) Opening Price of the Year (yuan/ton)	年最高价(元/吨) Highest Price of the Year (yuan/ton)	最高价日 Highest Day	年最低价(元/吨) Lowest Price of the Year (yuan/ton)	最低价日 Lowest Day	成交金额(万元) Trading Turnover (10 thousand yuan)	交易天数(天) Trading Days (day)	日均成交金额(万元) Daily Trading Turnover (10 thousand yuan)
纸浆 Woodpulp	SHFE	sp1910	4888.00	5682.00	20190225	4390.00	20191008	11977.34	159	75.33
		sp1911	4952.00	5668.00	20190225	4280.00	20191113	6168.19	140	44.06
		sp1912	5160.00	5712.00	20190225	4280.00	20191204	5515.98	139	39.68
		sp2001	5106.00	5736.00	20190225	4378.00	20191204	56050918.42	235	238514.55
		sp2002	5526.00	5662.00	20190225	4398.00	20191204	3919.41	116	33.79
		sp2003	4690.00	4868.00	20190919	4476.00	20191205	578.78	28	20.67
		sp2004	5182.00	5182.00	20190507	4444.00	20191205	561.61	48	11.70
		sp2005	5106.00	5106.00	20190516	4512.00	20191204	6387333.23	154	41476.19
		sp2006	4788.00	5088.00	20190704	4556.00	20191202	2772.65	65	42.66
		sp2007	4768.00	4924.00	20190919	4556.00	20191203	508.57	27	18.84
		sp2008	4790.00	4936.00	20190924	4574.00	20191202	250.11	27	9.26
		sp2009	4886.00	5008.00	20190920	4622.00	20191202	21670.44	71	305.22
		sp2010	4776.00	4776.00	20191118	4754.00	20191119	9.53	2	4.76
		sp2011	4752.00	4752.00	20191121	4658.00	20191203	23.48	5	4.70
		sp2012	4702.00	4702.00	20191218	4702.00	20191218	4.70	1	4.70
原油 Crude Oil	INE	sc1902	376.00	429.00	20190123	366.00	20190102	151129.54	14	10794.97
		sc1903	380.80	475.70	20190218	369.40	20190102	265139812.33	37	7165940.87
		sc1904	383.70	473.10	20190321	373.10	20190103	133540818.31	58	2302427.90
		sc1905	387.40	518.10	20190424	376.60	20190103	136875684.20	80	1710946.05
		sc1906	389.60	525.00	20190523	379.10	20190103	144696093.93	100	1446960.94
		sc1907	436.70	520.00	20190515	391.30	20190627	142077947.73	103	1379397.55
		sc1908	436.30	514.20	20190520	393.20	20190730	171640452.83	110	1560367.75
		sc1909	390.10	510.80	20190520	385.70	20190830	132501338.01	137	967163.05
		sc1910	444.00	531.70	20190918	402.80	20190808	89730781.91	107	838605.44
		sc1911	452.80	498.80	20190516	403.00	20190808	120736557.65	113	1068465.11
		sc1912	409.80	503.70	20190517	404.00	20190808	87662166.32	181	484321.36
		sc2001	457.50	499.90	20191218	404.50	20190808	67368546.05	125	538948.37
		sc2002	426.70	494.20	20191231	412.60	20190904	57639103.15	91	633396.74
		sc2003	428.40	492.20	20191231	415.10	20190807	3954482.74	113	34995.42
		sc2004	455.50	487.60	20191231	418.30	20190705	667492.98	69	9673.81
		sc2005	430.70	484.00	20191231	418.20	20190620	208615.55	49	4257.46
		sc2006	415.00	489.90	20190517	406.00	20190808	37943.21	101	375.68
		sc2007	460.00	474.20	20191227	421.00	20191017	8204.59	46	178.36
		sc2008	407.20	445.80	20190910	407.20	20190827	128.08	2	64.04
		sc2009	409.70	481.00	20190516	409.70	20190102	9419.28	61	154.41
		sc2010	447.20	455.70	20191225	436.10	20191030	222.90	3	74.30
		sc2011	442.20	452.30	20191126	418.20	20191112	740.61	6	123.44
		sc2012	464.10	497.70	20190514	409.70	20190809	6467.62	50	129.35
		sc2101	—	—	20191223	—	20191223	0.00	0	—
		sc2103	420.00	479.00	20190515	402.50	20190604	1979.51	26	76.14
		sc2106	418.70	485.50	20190411	418.00	20191120	942.21	12	78.52
		sc2109	432.70	501.50	20190215	413.80	20190603	2930.46	32	91.58

5-9 续表 8 continued

交易品种 Product	上市交易所 Listed Exchange	合约 Contract	年开盘价(元/吨) Opening Price of the Year (yuan/ton)	年最高价(元/吨) Highest Price of the Year (yuan/ton)	最高价日 Highest Day	年最低价(元/吨) Lowest Price of the Year (yuan/ton)	最低价日 Lowest Day	成交金额(万元) Trading Turnover (10 thousand yuan)	交易天数(天) Trading Days (day)	日均成交金额(万元) Daily Trading Turnover (10 thousand yuan)
原油 Crude Oil	INE	sc2112	426.40	492.30	20190219	406.80	20190606	4011.62	34	117.99
		sc2203	466.40	482.30	20190315	412.60	20191021	4008.88	41	97.78
		sc2206	444.20	447.30	20190916	411.40	20190826	4352.31	33	131.89
		sc2209	453.50	456.70	20190917	413.10	20191209	1716.47	20	85.82
		sc2212	415.80	444.10	20191231	410.40	20191210	464.57	5	92.91
20号胶 TSR 20	INE	nr2002	9805.00	11370.00	20191209	9600.00	20191008	3379738.55	96	35205.61
		nr2003	9700.00	11640.00	20191125	9570.00	20191008	4169055.86	67	62224.71
		nr2004	9705.00	11545.00	20191209	9705.00	20190812	1657882.05	71	23350.45
		nr2005	9855.00	11600.00	20191209	9855.00	20190812	560066.75	96	5834.03
		nr2006	9750.00	12250.00	20191216	9750.00	20190812	205702.39	33	6233.41
		nr2007	9800.00	10750.00	20191120	9800.00	20190812	275.09	11	25.01
		nr2008	9825.00	11160.00	20191122	9825.00	20190826	61.62	2	30.81
		nr2009	10685.00	11370.00	20191122	10135.00	20191009	207.26	8	25.91
		nr2010	—	—	20191016	—	20191016	0.00	0	—
		nr2011	—	—	20191118	—	20191118	0.00	0	—
		nr2012	—	—	20191217	—	20191217	0.00	0	—
石油沥青 Bitumen	SHFE	bu1901	2696.00	2942.00	20190109	2538.00	20190111	1211.83	8	151.48
		bu1902	2544.00	3428.00	20190213	2502.00	20190103	2034.88	20	101.74
		bu1903	2500.00	3934.00	20190304	2500.00	20190102	3296.60	43	76.67
		bu1904	2886.00	3694.00	20190404	2794.00	20190114	381.13	20	19.06
		bu1905	2658.00	3700.00	20190515	2564.00	20190103	438416.21	86	5097.86
		bu1906	2636.00	3684.00	20190517	2558.00	20190103	104578998.06	110	950718.16
		bu1907	2932.00	3644.00	20190426	2868.00	20190117	1713.91	57	30.07
		bu1908	3192.00	3626.00	20190425	2996.00	20190620	666.94	45	14.82
		bu1909	2642.00	3668.00	20190426	2574.00	20190103	2203817.11	173	12738.83
		bu1910	3340.00	3654.00	20190731	2952.00	20190606	6688.51	107	62.51
		bu1911	3490.00	3566.00	20190521	2894.00	20191022	1678.69	64	26.23
		bu1912	2630.00	3680.00	20190426	2560.00	20190103	195113332.70	234	833817.66
		bu2001	3296.00	3388.00	20190722	2744.00	20191118	182582.72	113	1615.78
		bu2002	3044.00	3140.00	20190910	2830.00	20191015	825.31	34	24.27
		bu2003	2614.00	3526.00	20190426	2606.00	20190103	2415.00	119	20.29
		bu2004	2780.00	3086.00	20191213	2780.00	20191118	35.98	2	17.99
		bu2005	2854.00	3254.00	20191231	2768.00	20191118	15960.23	31	514.85
		bu2006	2630.00	3520.00	20190425	2578.00	20190102	25567005.22	245	104355.12
		bu2009	2618.00	3426.00	20190426	2592.00	20190103	89071.31	245	363.56
		bu2012	2612.00	3422.00	20190426	2582.00	20190102	249616.25	245	1018.84
		bu2103	2896.00	3448.00	20190426	2736.00	20190613	1273.62	75	16.98
		bu2106	2770.00	3100.00	20191231	2668.00	20191118	24690.17	135	182.89
		bu2109	2900.00	3066.00	20191231	2734.00	20191021	871.90	53	16.45
		bu2112	2892.00	3090.00	20191231	2892.00	20191217	623.29	10	62.33

5-10 2019年金融期货交易情况
Futures Transaction of Financial Futures in 2019

交易品种 Product	上市交易所 Listed Exchange	合约 Contract	年开盘价(元) Opening Price of the Year (yuan)	年最高价(元) Highest Price of the Year (yuan)	最高价日 Highest Day	年最低价(元) Lowest Price of the Year (yuan)	最低价日 Lowest Day	成交金额(亿元) Trading Turnover (100 million yuan)	交易天数(天) Trading Days (day)	日均成交金额(亿元) Daily Trading Turnover (100 million yuan)
2年期国债期货 2-Year Treasury Bond Futures	CFFEX	TS1903	100.25	101.00	20190228	100.23	20190211	76.86	43	1.79
		TS1906	100.75	100.75	20190110	99.75	20190417	95.91	108	0.89
		TS1909	100.30	100.51	20190826	99.68	20190528	2569.06	173	14.85
		TS1912	99.81	100.54	20191122	99.60	20190603	17222.04	189	91.12
		TS2003	99.77	100.45	20191226	99.71	20190701	18738.84	136	137.79
		TS2006	100.06	100.27	20191226	99.64	20191030	1047.67	71	14.76
		TS2009	99.91	100.09	20191226	99.84	20191218	96.73	12	8.06
5年期国债期货 5-Year Treasury Bond Futures	CFFEX	TF1903	99.42	100.20	20190220	98.60	20190123	1586.50	43	36.90
		TF1906	99.55	99.98	20190212	98.34	20190417	3548.86	108	32.86
		TF1909	99.20	100.54	20190829	98.16	20190417	3803.53	173	21.99
		TF1912	98.92	100.38	20190815	98.39	20190528	5773.37	189	30.55
		TF2003	99.00	100.07	20190813	98.65	20190701	3136.71	136	23.06
		TF2006	99.52	99.70	20191226	98.65	20191030	56.36	71	0.79
		TF2009	99.15	99.41	20191226	98.96	20191217	2.40	12	0.20
10年期国债期货 10-Year Treasury Bond Futures	CFFEX	T1903	97.83	98.89	20190228	97.21	20190306	12428.72	43	289.04
		T1906	97.85	98.39	20190108	95.82	20190417	23948.34	108	221.74
		T1909	98.00	99.98	20190830	95.40	20190424	20585.92	173	118.99
		T1912	97.16	99.49	20190815	95.17	20190424	22175.37	189	117.33
		T2003	96.95	99.11	20190829	96.40	20190626	11059.92	136	81.32
		T2006	98.08	98.08	20190917	96.30	20191030	188.33	71	2.65
		T2009	97.16	97.60	20191226	96.80	20191218	16.79	12	1.40
沪深300股指期货 CSI 300 Index Futures	CFFEX	IF1901	3012.40	3160.00	20190118	2942.20	20190104	5437.32	13	418.26
		IF1902	3014.00	3417.80	20190213	2945.00	20190104	6646.81	28	237.39
		IF1903	3009.00	3893.00	20190304	2945.80	20190104	21792.93	48	454.02
		IF1904	3385.00	4135.00	20190408	3383.60	20190218	23823.05	44	541.43
		IF1905	3768.80	4140.60	20190419	3564.40	20190510	21755.15	41	530.61
		IF1906	3008.00	4146.80	20190408	2940.40	20190104	41256.35	113	365.10
		IF1907	3594.80	3927.00	20190701	3497.20	20190527	21857.50	44	496.76
		IF1908	3812.00	3920.20	20190701	3572.80	20190806	17552.88	40	438.82
		IF1909	3167.20	4131.60	20190408	3115.20	20190124	34582.99	164	210.87
		IF1910	3710.40	3988.60	20191014	3692.00	20190819	12930.39	39	331.55
		IF1911	3921.00	4039.80	20191105	3791.80	20190930	15942.73	35	455.51
		IF1912	4123.00	4123.00	20190422	3485.00	20190606	29771.44	165	180.43

注：年开盘价和年最高价以自然年为统计周期；出现相同最值，提供最值出现的第一个交易日；若自然年首个交易日无交易，则使用第一个交易日的开盘价作为年开盘价。

数据来源：中国金融期货交易所

Source：CFFEX

5-10 续表 continued

交易品种 Product	上市交易所 Listed Exchange	合约 Contract	年开盘价（元） Opening Price of the Year (yuan)	年最高价（元） Highest Price of the Year (yuan)	最高价日 Highest Day	年最低价（元） Lowest Price of the Year (yuan)	最低价日 Lowest Day	成交金额（亿元） Trading Turnover (100 million yuan)	交易天数（天） Trading Days (day)	日均成交金额（亿元） Daily Trading Turnover (100 million yuan)
沪深300股指期货 CSI 300 Index Futures	CFFEX	IF2001	3879.00	4116.20	20191231	3807.00	20191129	8431.15	32	263.47
		IF2002	4035.20	4124.60	20191231	3981.60	20191223	75.67	7	10.81
		IF2003	3795.60	4130.00	20191231	3562.20	20190806	4363.04	111	39.31
		IF2006	3839.40	4125.60	20191231	3790.20	20191129	852.21	52	16.39
上证50股指期货 SSE 50 Index Futures	CFFEX	IH1901	2297.80	2412.60	20190118	2250.80	20190102	1868.04	13	143.70
		IH1902	2305.40	2593.40	20190213	2256.80	20190102	2463.20	28	87.97
		IH1903	2313.00	2920.00	20190304	2260.00	20190104	7198.01	48	149.96
		IH1904	2556.00	3053.60	20190419	2554.60	20190218	7737.86	44	175.86
		IH1905	2780.00	3068.80	20190419	2682.20	20190509	7096.25	41	173.08
		IH1906	2319.60	3060.40	20190419	2265.00	20190104	12194.60	113	107.92
		IH1907	2704.80	2997.20	20190701	2624.00	20190527	6512.53	44	148.01
		IH1908	2911.40	3000.00	20190701	2718.60	20190806	4929.04	40	123.23
		IH1909	2423.80	3049.80	20190419	2380.00	20190124	10376.11	164	63.27
		IH1910	2821.80	3044.40	20191016	2800.00	20190819	3991.13	39	102.34
		IH1911	2951.40	3071.40	20191105	2884.20	20190930	4779.30	35	136.55
		IH1912	3041.80	3069.40	20191105	2633.60	20190527	8832.08	165	53.53
		IH2001	2951.00	3078.00	20191230	2873.00	20191203	2160.60	32	67.52
		IH2002	3032.40	3082.40	20191230	2982.00	20191225	31.72	7	4.53
		IH2003	2905.40	3087.60	20191231	2721.80	20190806	1672.60	111	15.07
		IH2006	2945.00	3084.40	20191231	2866.00	20191203	333.39	52	6.41
中证500股指期货 CSI 500 Index Futures	CFFEX	IC1901	4135.00	4373.00	20190116	4058.00	20190104	2897.55	13	222.89
		IC1902	4116.00	4561.40	20190214	4034.20	20190104	3624.15	28	129.43
		IC1903	4097.60	5598.60	20190312	4010.00	20190104	12737.17	48	265.36
		IC1904	4530.20	5935.00	20190408	4530.20	20190218	17068.65	44	387.92
		IC1905	5343.00	5932.20	20190408	4749.20	20190506	14540.58	41	354.65
		IC1906	4043.60	5902.00	20190408	3947.60	20190104	27919.08	113	247.07
		IC1907	4800.00	5081.60	20190701	4540.00	20190610	14694.51	44	333.97
		IC1908	4976.20	5034.00	20190701	4536.20	20190806	11733.05	40	293.33
		IC1909	4230.00	5888.20	20190408	4029.60	20190131	25356.72	164	154.61
		IC1910	4694.40	5254.40	20190916	4673.00	20190819	11746.87	39	301.20
		IC1911	5113.80	5185.80	20190924	4812.40	20191112	13006.99	35	371.63
		IC1912	5653.00	5653.00	20190422	4340.60	20190610	27134.96	165	164.45
		IC2001	4790.00	5279.00	20191231	4765.00	20191118	7482.19	32	233.82
		IC2002	5189.00	5261.60	20191231	5048.20	20191223	105.35	7	15.05
		IC2003	4595.40	5248.40	20191218	4284.40	20190809	6338.93	111	57.11
		IC2006	4698.00	5193.60	20191218	4568.40	20191112	2404.07	52	46.23

5-11 2019年期货市场主力合约情况
Statistics of Dominate Contract in 2019

交易所 Exchange	交易品种	Product	持仓量（手） Positions (lot)	上年末最后交易日结算价（元/吨） Last Trading Day Clearing Price of Last Year (yuan/ton)	本年末最后交易日结算价（元/吨） Last Trading Day Clearing Price of This Year (yuan/ton)	涨跌幅（%） Range of Fluctuation (%)
上海期货交易所 SHFE	铜	Copper	119727	48170.00	49280.00	2.30
	铝	Aluminum	119180	13605.00	14090.00	3.56
	锌	Zinc	77759	20715.00	18020.00	-13.01
	铅	Lead	29534	18005.00	15115.00	-16.05
	黄金(元/克)	Gold(yuan/g)	127722	287.05	346.54	20.72
	白银（元/千克）	Silver(yuan/kg)	382106	3674.00	4432.00	20.63
	螺纹钢	Steel Rebar	1474179	3400.00	3558.00	4.65
	线材	Steel Wire Rod	5	3514.00	3857.00	9.76
	热轧卷板	Hot Rolled Coils	299108	3344.00	3590.00	7.36
	燃料油	Fuel Oil	307850	2413.00	2210.00	-8.41
	石油沥青	Bitumen	260168	2628.00	3212.00	22.22
	天然橡胶	Natural Rubber	221596	11290.00	12970.00	14.88
	锡	Tin	19523	143880.00	134950.00	-6.21
	镍	Nickel	136485	88030.00	112070.00	27.31
	不锈钢	Stainless Steel	13466	—	14350.00	—
	原油	Crude Oil	11859	377.90	488.10	29.16
	20号胶	TSR 20	17796	—	10815.00	—
	纸浆	Woodpulp	124480	4984	4612.00	-7.46
郑州商品交易所 ZCE	强麦	Wheat WH	86	2407.00	2359.00	-1.99
	普麦	Wheat PM	3	2286.00	2230.00	-2.45
	棉花	Cotton No.1	583393	14830.00	13985.00	-5.70
	白糖	White Sugar	279731	4703.00	5582.00	18.69
	菜籽油	Rapeseed Oil	114518	6433.00	7732.00	20.19
	早籼稻	Early Rice	1	2430.00	2626.00	8.07
	甲醇	Menthanol	778501	2384.00	2203.00	-7.59
	玻璃	Glass	171764	1286.00	1482.00	15.24
	油菜籽	Rapeseed	7	5411.00	4435.00	-18.04
	菜籽粕	Rapeseed Meal	261465	2094.00	2323.00	10.94

注：1.主力合约选用统计期末各期限合约中持仓量最大的合约，如持仓量相同则选取成交量最大合约为主力合约。
2.持仓量为2019年年末数据。
3.自2019年12月02日起，纤维板报价单位由元/张改为元/立方米。
4.上海期货交易所数据包含上海国际能源交易中心。
5.上年末最后交易日结算价指的是上年末最后交易日按持仓量最大来选取的主力合约结算价，本年末最后交易日结算价指的是本年末最后交易日按持仓量最大来选取的主力合约的结算价。

数据来源：上海期货交易所、郑州商品交易所、大连商品交易所、中国金融期货交易所
Source: SHFE、ZCE、DCE、CFFEX

5-11 续表 continued

交易所 Exchange	交易品种	Product	持仓量（手） Positions (lot)	上年末最后交易日结算价（元/吨） Last Trading Day Clearing Price of Last Year (yuan/ton)	本年末最后交易日结算价（元/吨） Last Trading Day Clearing Price of This Year (yuan/ton)	涨跌幅（%） Range of Fluctuation (%)
郑州商品交易所 ZCE	动力煤	Thermal Coal	141641	562.00	557.40	-0.82
	粳稻	Japonica Rice	0	2851.00	2970.00	4.17
	晚籼稻	Late Indica Rice	4	2630.00	2720.00	3.42
	PTA	PTA	671242	5690.00	4992.00	-12.27
	硅铁	Ferrosilicon	43747	5724.00	5844.00	2.10
	锰硅	Manganese Silicon	73949	7300.00	6402.00	-12.30
	棉纱	Cotton Yarn	7919	23815.00	22125.00	-7.10
	苹果	Apple	78068	11382.00	7751.00	-31.90
	尿素	Urea	52734	—	1722.00	—
	纯碱	Soda Ash	36698	—	1635.00	—
	红枣	Chinese Jujube	29786	—	10895.00	—
大连商品交易所 DCE	玉米	Corn	720738	1864.00	1911.00	2.52
	玉米淀粉	Corn Starch	85406	2326.00	2273.00	-2.28
	黄大豆1号	No.1 Soybean	78223	3398.00	3863.00	13.68
	黄大豆2号	No.2 Soybean	35277	2936.00	3315.00	12.91
	豆粕	Soybean Meal	1692856	2620.00	2773.00	5.84
	豆油	Soybean Oil	667496	5374.00	6808.00	26.68
	棕榈油	RBD Palm Oil	808123	4486.00	6352.00	41.60
	鸡蛋(元/500千克)	Egg(yuan/500kg)	245662	3473.00	3586.00	3.25
	胶合板(元/张)	Blockboard(yuan/piece)	0	131.85	158.00	19.83
	纤维板(元/立方米)	Fiberboard(yuan/cubic metres)	12748	100.55	1442.00	—
	粳米	Polished Round-grained Rice	7584	—	3363.00	—
	聚乙烯	LLDPE	366144	8580.00	7345.00	-14.39
	聚氯乙烯	PVC	232624	6450.00	6520.00	1.09
	聚丙烯	PP	305419	8563.00	7594.00	-11.32
	焦炭	Coke	165132	1884.50	1871.50	-0.69
	焦煤	Coking Coal	77805	1175.00	1164.00	-0.94
	铁矿石	Iron Ore	599424	492.50	646.50	31.27
	乙二醇	Ethylene Glycol	190522	5122.00	4603.00	-10.13
	苯乙烯	Ethenylbenzene	80802	—	7304.00	—
中国金融期货交易所 CFFEX	2年期国债期货	2-Year Treasury Bond Futures	13858	100.26	100.42	0.16
	5年期国债期货	5-Year Treasury Bond Futures	32372	99.38	99.95	0.57
	10年期国债期货	10-Year Treasury Bond Futures	75155	97.71	98.16	0.46
	沪深300股指期货	CSI 300 Index Futures	73026	3003.60	4105.00	36.67
	上证50股指期货	SSE 50 Index Futures	27232	2292.60	3070.60	33.94
	中证500股指期货	CSI 500 Index Futures	73075	4131.00	5266.80	27.49

5-12 2019年农产品期货持仓情况
Positions of Agricultural Products Futures in 2019

交易品种 Product	上市交易所 Listed Exchange	合约 Contract	最高持仓量（手）Highest Positions (lot)	最高持仓日期 Highest Positions Day	最后持仓量（手）Last Positions (lot)	最后持仓日期 Last Positions Day	年末持仓量（手）Positions at the End of the Year (lot)
玉米 Corn	DCE	c1901	11115	20190102	918	20190114	—
		c1903	16137	20190130	—	20190313	—
		c1905	644047	20190115	2852	20190516	—
		c1907	209080	20190425	—	20190711	—
		c1909	692288	20190425	—	20190912	—
		c1911	184927	20190730	1000	20191113	—
		c2001	693311	20191101	7116	20191231	7116
		c2003	314226	20191210	297118	20191231	297118
		c2005	728258	20191226	720738	20191231	720738
		c2007	5412	20191210	4645	20191231	4645
		c2009	150187	20191231	150187	20191231	150187
		c2011	3221	20191226	1418	20191231	1418
玉米淀粉 Corn Starch	DCE	cs1901	4130	20190102	3035	20190114	—
		cs1903	17	20190228	7	20190313	—
		cs1905	133393	20190115	3710	20190516	—
		cs1907	19	20190425	—	20190711	—
		cs1909	113075	20190722	440	20190912	—
		cs1911	5	20191011	—	20191113	—
		cs2001	132565	20190920	1493	20191231	1493
		cs2003	109	20191216	3	20191231	3
		cs2005	91507	20191220	85406	20191231	85406
		cs2007	500	20190906	—	20191231	—
		cs2009	2121	20191231	2121	20191231	2121
		cs2011	2	20191225	2	20191231	2
黄大豆1号 No.1 Soybean	DCE	a1901	2101	20190102	115	20190114	—
		a1903	1162	20190102	—	20190313	—
		a1905	82701	20190116	285	20190516	—
		a1907	459	20190529	—	20190711	—
		a1909	85927	20190430	1	20190912	—
		a1911	263	20190904	—	20191113	—
		a2001	119994	20191028	6472	20191231	6472
		a2003	1179	20191231	1179	20191231	1179
		a2005	91669	20191206	78223	20191231	78223
		a2007	207	20190904	28	20191231	28
		a2009	12223	20191231	12223	20191231	12223
		a2011	79	20191231	79	20191231	79
黄大豆2号 No.2 Soybean	DCE	b1901	600	20190104	600	20190114	—
		b1902	1	20190102	—	20190220	—
		b1903	365	20190103	—	20190313	—
		b1904	1	20190102	—	20190412	—
		b1905	120184	20190326	3958	20190516	—
		b1906	104633	20190425	—	20190614	—

数据来源：上海期货交易所、郑州商品交易所、大连商品交易所
Source: SHFE、ZCE、DCE

5-12 续表 1 continued

交易品种 Product	上市交易所 Listed Exchange	合约 Contract	最高持仓量（手） Highest Positions (lot)	最高持仓日期 Highest Positions Day	最后持仓量（手） Last Positions (lot)	最后持仓日期 Last Positions Day	年末持仓量（手） Positions at the End of the Year (lot)
黄大豆2号 No.2 Soybean	DCE	b1907	98914	20190515	103	20190711	—
		b1908	120908	20190617	100	20190813	—
		b1909	130505	20190708	200	20190912	—
		b1910	133661	20190823	100	20191018	—
		b1911	121314	20190911	606	20191113	—
		b1912	127453	20191022	901	20191212	—
		b2001	164082	20191114	52	20191231	52
		b2002	185710	20191218	35277	20191231	35277
		b2003	3486	20191231	3486	20191231	3486
		b2004	2	20190606	—	20191231	—
		b2005	6833	20191231	6833	20191231	6833
		b2006	4	20191031	2	20191231	2
		b2007	500	20190906	7	20191231	7
		b2008	—	20190815	—	20191231	—
		b2009	369	20191217	354	20191231	354
		b2010	—	20191022	—	20191231	—
		b2011	4	20191203	2	20191231	2
		b2012	—	20191216	—	20191231	—
豆粕 Soybean Meal	DCE	m1901	5910	20190102	1174	20190114	—
		m1903	92601	20190116	—	20190313	—
		m1905	1161321	20190304	778	20190516	—
		m1907	129916	20190517	—	20190711	—
		m1908	94707	20190619	199	20190813	—
		m1909	1215793	20190529	1019	20190912	—
		m1911	155333	20190902	—	20191113	—
		m1912	127893	20191021	350	20191212	—
		m2001	1230544	20191022	9861	20191231	9861
		m2003	276856	20191231	276856	20191231	276856
		m2005	1692856	20191231	1692856	20191231	1692856
		m2007	2507	20191014	1770	20191231	1770
		m2008	103	20191226	88	20191231	88
		m2009	943459	20191231	943459	20191231	943459
		m2011	613	20191216	263	20191231	263
		m2012	93	20191231	93	20191231	93
豆油 Soybean Oil	DCE	y1901	21566	20190102	4706	20190114	—
		y1903	105	20190102	—	20190313	—
		y1905	373128	20190129	3020	20190516	—
		y1907	9	20190102	—	20190711	—
		y1908	36	20190411	—	20190813	—
		y1909	418871	20190605	971	20190912	—
		y1911	14	20190808	—	20191113	—
		y1912	35	20190823	—	20191212	—
		y2001	506870	20190826	3912	20191231	3912

5-12 续表 2 continued

交易品种 Product	上市交易所 Listed Exchange	合约 Contract	最高持仓量（手） Highest Positions (lot)	最高持仓日期 Highest Positions Day	最后持仓量（手） Last Positions (lot)	最后持仓日期 Last Positions Day	年末持仓量（手） Positions at the End of the Year (lot)
豆油 Soybean Oil	DCE	y2003	449	20191227	417	20191231	417
		y2005	667496	20191231	667496	20191231	667496
		y2007	763	20190906	416	20191231	416
		y2008	1	20191112	—	20191231	—
		y2009	130285	20191217	129717	20191231	129717
		y2011	211	20191230	211	20191231	211
		y2012	—	20191216	—	20191231	—
棕榈油 RBD Palm Oil	DCE	p1901	6155	20190102	4194	20190114	—
		p1902	16	20190102	—	20190220	—
		p1903	7	20190102	—	20190313	—
		p1904	10	20190125	—	20190412	—
		p1905	307963	20190319	7825	20190516	—
		p1906	34	20190125	—	20190614	—
		p1907	37	20190403	—	20190711	—
		p1908	10	20190403	—	20190813	—
		p1909	354909	20190624	4496	20190912	—
		p1910	28	20190724	—	20191018	—
		p1911	50	20190110	—	20191113	—
		p1912	50	20190315	—	20191212	—
		p2001	442308	20191106	9106	20191231	9106
		p2002	511	20191210	281	20191231	281
		p2003	395	20191231	395	20191231	395
		p2004	17	20191231	17	20191231	17
		p2005	819482	20191230	808123	20191231	808123
		p2006	16	20191230	16	20191231	16
		p2007	802	20190906	307	20191231	307
		p2008	7	20191223	7	20191231	7
		p2009	70113	20191231	70113	20191231	70113
		p2010	4	20191108	4	20191231	4
		p2011	11	20191203	9	20191231	9
		p2012	2	20191230	2	20191231	2
鸡蛋 Egg	DCE	jd1901	581	20190102	28	20190125	—
		jd1902	1606	20190107	35	20190222	—
		jd1903	2404	20190212	—	20190325	—
		jd1904	733	20190305	7	20190424	—
		jd1905	96976	20190128	9	20190527	—
		jd1906	4527	20190424	22	20190624	—
		jd1907	17940	20190515	—	20190725	—
		jd1908	18259	20190625	—	20190826	—
		jd1909	119327	20190709	32	20190924	—
		jd1910	9133	20190829	—	20191025	—
		jd1911	6901	20190924	21	20191125	—
		jd1912	21713	20191101	8	20191225	—

5-12 续表 3 continued

交易品种 Product	上市交易所 Listed Exchange	合约 Contract	最高持仓量（手） Highest Positions (lot)	最高持仓日期 Highest Positions Day	最后持仓量（手） Last Positions (lot)	最后持仓日期 Last Positions Day	年末持仓量（手） Positions at the End of the Year (lot)
鸡蛋 Egg	DCE	jd2001	156298	20190920	1305	20191231	1305
		jd2002	27794	20191226	26103	20191231	26103
		jd2003	46572	20191230	45243	20191231	45243
		jd2004	11249	20191231	11249	20191231	11249
		jd2005	252040	20191230	245662	20191231	245662
		jd2006	5433	20191226	5341	20191231	5341
		jd2007	6081	20191231	6081	20191231	6081
		jd2008	10668	20191231	10668	20191231	10668
		jd2009	40221	20191231	40221	20191231	40221
		jd2010	2373	20191204	2029	20191231	2029
		jd2011	736	20191230	719	20191231	719
		jd2012	107	20191231	107	20191231	107
胶合板 Blockboard	DCE	bb1901	—	20190102	—	20190114	—
		bb1902	—	20190102	—	20190220	—
		bb1903	7	20190108	—	20190313	—
		bb1904	3	20190307	—	20190412	—
		bb1905	1	20190118	—	20190516	—
		bb1906	—	20190102	—	20190614	—
		bb1907	—	20190102	—	20190711	—
		bb1908	—	20190102	—	20190813	—
		bb1909	1	20190322	—	20190912	—
		bb1910	8	20190321	—	20191018	—
		bb1911	—	20190102	—	20191113	—
		bb1912	—	20190102	—	20191212	—
		bb2001	2	20190909	—	20191231	—
		bb2002	—	20190222	—	20191231	—
		bb2003	—	20190315	—	20191231	—
		bb2004	—	20190416	—	20191231	—
		bb2005	—	20190520	—	20191231	—
		bb2006	—	20190618	—	20191231	—
		bb2007	—	20190715	—	20191231	—
		bb2008	—	20190815	—	20191231	—
		bb2009	—	20190917	—	20191231	—
		bb2010	—	20191022	—	20191231	—
		bb2011	—	20191115	—	20191231	—
		bb2012	—	20191216	—	20191231	—
纤维板 Fiberboard	DCE	fb1901	138	20190102	122	20190114	—
		fb1902	267	20190107	132	20190220	—
		fb1903	1293	20190213	161	20190313	—
		fb1904	2516	20190325	164	20190412	—
		fb1905	1219	20190411	180	20190516	—
		fb1906	562	20190507	43	20190614	—
		fb1907	577	20190617	92	20190711	—

5-12 续表 4 continued

交易品种 Product	上市交易所 Listed Exchange	合约 Contract	最高持仓量（手） Highest Positions (lot)	最高持仓日期 Highest Positions Day	最后持仓量（手） Last Positions (lot)	最后持仓日期 Last Positions Day	年末持仓量（手） Positions at the End of the Year (lot)
纤维板 Fiberboard	DCE	fb1908	503	20190703	48	20190813	—
		fb1909	177	20190805	32	20190912	—
		fb1910	384	20190926	24	20191018	—
		fb1911	832	20191028	76	20191113	—
		fb1912	1	20191011	—	20191212	—
		fb2001	147	20191230	58	20191231	58
		fb2002	7	20191209	5	20191231	5
		fb2003	—	20190315	—	20191231	—
		fb2004	1	20191220	1	20191231	1
		fb2005	12748	20191231	12748	20191231	12748
		fb2006	—	20190618	—	20191231	—
		fb2007	—	20190715	—	20191231	—
		fb2008	—	20190815	—	20191231	—
		fb2009	16	20191206	12	20191231	12
		fb2010	—	20191202	—	20191231	—
		fb2011	10	20191205	9	20191231	9
		fb2012	—	20191216	—	20191231	—
粳米 Polished Round-grained Rice	DCE	rr2001	16561	20190909	743	20191231	743
		rr2002	121	20191118	21	20191231	21
		rr2003	107	20190822	81	20191231	81
		rr2004	124	20190830	8	20191231	8
		rr2005	7837	20191226	7584	20191231	7584
		rr2006	71	20190820	5	20191231	5
		rr2007	5	20190819	—	20191231	—
		rr2008	282	20190829	275	20191231	275
		rr2009	139	20191104	13	20191231	13
		rr2010	2	20191121	2	20191231	2
		rr2011	3	20191212	3	20191231	3
		rr2012	2	20191225	2	20191231	2
粳稻 Japonica Rice	ZCE	JR901	—	—	—	20190114	—
		JR903	—	—	—	20190313	—
		JR905	—	—	—	20190516	—
		JR907	329	20190319	—	20190711	—
		JR909	6	20190816	—	20190912	—
		JR911	10	20190307	—	20191113	—
		JR001	4	20190821	—	20191231	—
		JR003	—	—	—	20191231	—
		JR005	—	—	—	20191231	—
		JR007	1	20190820	—	20191231	—
		JR009	—	—	—	20191231	—
		JR011	—	—	—	20191231	—

5-12　续表 5　continued

交易品种 Product	上市交易所 Listed Exchange	合约 Contract	最高持仓量（手）Highest Positions (lot)	最高持仓日期 Highest Positions Day	最后持仓量（手）Last Positions (lot)	最后持仓日期 Last Positions Day	年末持仓量（手）Positions at the End of the Year (lot)
棉花 Cotton No.1	ZCE	CF901	27368	20190102	7857	20190114	—
		CF903	369	20190115	208	20190313	—
		CF905	261245	20190222	21571	20190516	—
		CF907	4847	20190612	2821	20190711	—
		CF909	346832	20190415	16748	20190912	—
		CF911	24003	20190923	3999	20191113	—
		CF001	382838	20191030	41209	20191231	41209
		CF003	29578	20191122	16665	20191231	16665
		CF005	583393	20191231	583393	20191231	583393
		CF007	3669	20191204	3243	20191231	3243
		CF009	64555	20191230	54349	20191231	54349
		CF011	3003	20191217	2517	20191231	2517
晚籼稻 Late Indica Rice	ZCE	LR901	—	—	—	20190114	—
		LR903	2323	20190110	82	20190313	—
		LR905	84	20190329	28	20190516	—
		LR907	38	20190410	—	20190711	—
		LR909	5	20190510	—	20190912	—
		LR911	33	20190416	—	20191113	—
		LR001	6	20190926	—	20191231	—
		LR003	1	20190827	1	20191231	1
		LR005	7	20190806	1	20191231	1
		LR007	4	20190828	4	20191231	4
菜籽油 Rapeseed Oil	ZCE	OI901	23610	20190102	21248	20190114	—
		OI903	13	20190104	—	20190313	—
		OI905	185533	20190311	12400	20190516	—
		OI907	876	20190117	—	20190711	—
		OI909	148242	20190529	9466	20190912	—
		OI911	2128	20190529	—	20191113	—
		OI001	181474	20190826	1837	20191231	1837
		OI003	2177	20190704	707	20191231	707
		OI005	121044	20191226	114518	20191231	114518
		OI007	2	20190814	1	20191231	1
		OI009	12091	20191230	11990	20191231	11990
		OI011	6	20191213	3	20191231	3
普麦 Wheat PM	ZCE	PM901	4	20190102	3	20190114	—
		PM903	—	—	—	20190313	—
		PM905	9	20190115	—	20190516	—
		PM907	4	20190102	—	20190711	—
		PM909	1	20190319	—	20190912	—
		PM911	—	—	—	20191113	—
		PM001	—	—	—	20191231	—
		PM003	—	—	—	20191231	—
		PM005	—	—	—	20191231	—
		PM007	3	20190826	3	20191231	3
		PM009	—	—	—	20191231	—
		PM011	—	—	—	20191231	—

5-12 续表 6 continued

交易品种 Product	上市交易所 Listed Exchange	合约 Contract	最高持仓量（手） Highest Positions (lot)	最高持仓日期 Highest Positions Day	最后持仓量（手） Last Positions (lot)	最后持仓日期 Last Positions Day	年末持仓量（手） Positions at the End of the Year (lot)
早籼稻 Early Rice	ZCE	RI901	—	—	—	20190114	—
		RI903	—	—	—	20190313	—
		RI905	1	20190301	—	20190516	—
		RI907	—	—	—	20190711	—
		RI909	232	20190610	—	20190912	—
		RI911	1	20190227	—	20191113	—
		RI001	—	—	—	20191231	—
		RI003	—	—	—	20191231	—
		RI005	10	20191120	1	20191231	1
		RI007	—	—	—	20191231	—
		RI009	—	—	—	20191231	—
		RI011	—	—	—	20191231	—
菜籽粕 Rapeseed Meal	ZCE	RM901	1417	20190102	442	20190114	—
		RM903	6901	20190102	59	20190313	—
		RM905	372258	20190301	1269	20190516	—
		RM907	11849	20190118	38	20190711	—
		RM908	12925	20190220	—	20190813	—
		RM909	407826	20190625	1758	20190912	—
		RM911	11540	20190220	33	20191113	—
		RM001	269223	20190911	1133	20191231	1133
		RM003	5820	20190731	836	20191231	836
		RM005	275880	20191226	261465	20191231	261465
		RM007	1599	20191111	1437	20191231	1437
		RM008	7	20191216	4	20191231	4
		RM009	62376	20191231	62376	20191231	62376
		RM011	4067	20191212	2703	20191231	2703
油菜籽 Rapeseed	ZCE	RS907	16	20190417	11	20190711	—
		RS908	10	20190305	—	20190813	—
		RS909	1496	20190618	500	20190912	—
		RS911	1477	20190920	182	20191113	—
		RS007	17	20191104	7	20191231	7
		RS008	4	20191105	3	20191231	3
		RS009	3	20191029	3	20191231	3
		RS011	—	—	—	20191231	—
白糖 White Sugar	ZCE	SR901	5409	20190102	1486	20190114	—
		SR903	305	20190125	108	20190313	—
		SR905	255239	20190103	3622	20190516	—
		SR907	2204	20190320	220	20190711	—
		SR909	405758	20190416	2535	20190912	—
		SR911	19619	20190814	795	20191113	—

5-12 续表 7 continued

交易品种 Product	上市交易所 Listed Exchange	合约 Contract	最高持仓量（手） Highest Positions (lot)	最高持仓日期 Highest Positions Day	最后持仓量（手） Last Positions (lot)	最后持仓日期 Last Positions Day	年末持仓量（手） Positions at the End of the Year (lot)
白糖 White Sugar	ZCE	SR001	426804	20191031	1627	20191231	1627
		SR003	20747	20191022	16781	20191231	16781
		SR005	283510	20191230	279731	20191231	279731
		SR007	1691	20191204	874	20191231	874
		SR009	92722	20191231	92722	20191231	92722
		SR011	15	20191227	12	20191231	12
强麦 Wheat WH	ZCE	WH901	56	20190102	—	20190114	—
		WH903	1	20190102	—	20190313	—
		WH905	396	20190107	—	20190516	—
		WH907	—	—	—	20190711	—
		WH909	703	20190604	46	20190912	—
		WH911	1	20190308	—	20191113	—
		WH001	139	20191023	86	20191231	86
		WH003	69	20191127	48	20191231	48
		WH005	14	20191217	10	20191231	10
		WH007	1	20190826	—	20191231	—
		WH009	—	—	—	20191231	—
		WH011	—	—	—	20191231	—
苹果 Apple	ZCE	AP901	282	20190102	100	20190114	—
		AP903	6697	20190102	30	20190313	—
		AP905	115330	20190103	46	20190516	—
		AP907	17564	20190430	23	20190711	—
		AP910	89330	20190708	248	20191018	—
		AP911	11362	20190328	52	20191113	—
		AP912	11917	20191016	32	20191212	—
		AP001	93303	20190923	283	20191231	283
		AP003	9594	20191105	6907	20191231	6907
		AP005	78068	20191231	78068	20191231	78068
		AP007	2899	20191231	2899	20191231	2899
		AP010	5569	20191230	5475	20191231	5475
		AP011	3762	20191230	3363	20191231	3363
		AP012	2781	20191230	2384	20191231	2384
棉纱 Cotton Yarn	ZCE	CY901	12	20190102	8	20190114	—
		CY902	—	—	—	20190220	—
		CY903	—	—	—	20190313	—
		CY904	1	20190327	—	20190412	—
		CY905	329	20190305	—	20190516	—
		CY906	6	20190513	—	20190614	—
		CY907	2	20190102	—	20190711	—
		CY908	2	20190417	—	20190813	—
		CY909	53	20190513	—	20190912	—
		CY910	20	20190306	—	20191018	—

5-12 续表 8 continued

交易品种 Product	上市交易所 Listed Exchange	合约 Contract	最高持仓量（手） Highest Positions (lot)	最高持仓日期 Highest Positions Day	最后持仓量（手） Last Positions (lot)	最后持仓日期 Last Positions Day	年末持仓量（手） Positions at the End of the Year (lot)
棉纱 Cotton Yarn	ZCE	CY911	1	20190305	—	20191113	—
		CY912	4	20190507	—	20191212	—
		CY001	16040	20191017	135	20191231	135
		CY002	1	20191125	—	20191231	—
		CY003	1	20191024	1	20191231	1
		CY004	—	—	—	20191231	—
		CY005	8178	20191213	7919	20191231	7919
		CY006	1	20190715	1	20191231	1
		CY007	1	20191016	1	20191231	1
		CY008	—	—	—	20191231	—
		CY009	2	20191231	2	20191231	2
		CY010	—	—	—	20191231	—
		CY011	—	—	—	20191231	—
		CY012	—	—	—	20191231	—
红枣 Chinese Jujube	ZCE	CJ912	89429	20190524	49	20191212	—
		CJ001	43163	20191114	119	20191231	119
		CJ003	2565	20190527	2071	20191231	2071
		CJ005	32480	20191224	29786	20191231	29786
		CJ007	974	20191118	606	20191231	606
		CJ009	2131	20191231	2131	20191231	2131
		CJ012	56	20191231	56	20191231	56
天然橡胶 Natural Rubber	SHFE	ru1901	13499	20190102	4420	20190115	—
		ru1903	79	20190104	48	20190315	—
		ru1904	36	20190212	20	20190415	—
		ru1905	182916	20190121	8945	20190515	—
		ru1906	400	20190429	98	20190617	—
		ru1907	163	20190506	85	20190715	—
		ru1908	201	20190522	89	20190815	—
		ru1909	235425	20190429	8133	20190916	—
		ru1910	151	20190603	46	20191015	—
		ru1911	7486	20190830	1204	20191115	—
		ru2001	186088	20190904	6878	20191231	6878
		ru2003	48	20191210	37	20191231	37
		ru2004	53	20190927	39	20191231	39
		ru2005	224176	20191230	221596	20191231	221596
		ru2006	29	20190717	23	20191231	23
		ru2007	18	20191209	18	20191231	18
		ru2008	28	20190927	25	20191231	25
		ru2009	32913	20191231	32913	20191231	32913
		ru2010	12	20191225	12	20191231	12
		ru2011	142	20191231	142	20191231	142

5-13 2019年金属期货持仓情况

Positions of Metal Products Futures in 2019

交易品种 Product	上市交易所 Listed Exchange	合约 Contract	最高持仓量(手) Highest Positions (lot)	最高持仓日期 Highest Positions Day	最后持仓量(手) Last Positions (lot)	最后持仓日期 Last Positions Day	年末持仓量(手) Positions at the End of the Year (lot)
铜 Copper	SHFE	cu1901	22915	20190102	1075	20190115	—
		cu1902	71102	20190102	12535	20190215	—
		cu1903	105949	20190114	19065	20190315	—
		cu1904	128940	20190225	11305	20190415	—
		cu1905	121499	20190312	7805	20190515	—
		cu1906	95796	20190417	2850	20190617	—
		cu1907	119935	20190530	2495	20190715	—
		cu1908	124553	20190618	3865	20190815	—
		cu1909	149091	20190719	3470	20190916	—
		cu1910	127256	20190826	5750	20191015	—
		cu1911	112140	20190920	3645	20191115	—
		cu1912	118298	20191017	2915	20191216	—
		cu2001	111363	20191127	35574	20191231	35574
		cu2002	143011	20191217	119727	20191231	119727
		cu2003	105381	20191231	105381	20191231	105381
		cu2004	26131	20191230	25835	20191231	25835
		cu2005	21883	20191231	21883	20191231	21883
		cu2006	3924	20191231	3924	20191231	3924
		cu2007	935	20191231	935	20191231	935
		cu2008	661	20191231	661	20191231	661
		cu2009	520	20191227	515	20191231	515
		cu2010	283	20191108	189	20191231	189
		cu2011	152	20191210	111	20191231	111
		cu2012	67	20191231	67	20191231	67
铝 Aluminum	SHFE	al1901	43295	20190102	17705	20190115	—
		al1902	105872	20190102	19000	20190215	—
		al1903	141106	20190115	30885	20190315	—
		al1904	120440	20190225	30085	20190415	—
		al1905	166448	20190304	29485	20190515	—
		al1906	168747	20190425	14410	20190617	—
		al1907	130309	20190520	5785	20190715	—
		al1908	134386	20190621	7150	20190815	—
		al1909	123057	20190719	10580	20190916	—
		al1910	181660	20190821	9025	20191015	—
		al1911	141566	20190912	12530	20191115	—
		al1912	120974	20191022	2610	20191216	—
		al2001	116981	20191118	48156	20191231	48156
		al2002	130969	20191219	119180	20191231	119180
		al2003	94264	20191231	94264	20191231	94264
		al2004	47475	20191231	47475	20191231	47475
		al2005	27660	20191231	27660	20191231	27660

注：最后持仓量为交割日前一天的持仓量。
数据来源：上海期货交易所、郑州商品交易所、大连商品交易所
Source: SHFE、ZCE、DCE

5-13 续表 1 continued

交易品种 Product	上市交易所 Listed Exchange	合约 Contract	最高持仓量(手) Highest Positions (lot)	最高持仓日期 Highest Positions Day	最后持仓量(手) Last Positions (lot)	最后持仓日期 Last Positions Day	年末持仓量(手) Positions at the End of the Year (lot)
铝 Aluminum	SHFE	al2006	7301	20191231	7301	20191231	7301
		al2007	3877	20191231	3877	20191231	3877
		al2008	292	20191216	249	20191231	249
		al2009	294	20191216	264	20191231	264
		al2010	297	20191230	297	20191231	297
		al2011	121	20191231	121	20191231	121
		al2012	46	20191231	46	20191231	46
锌 Zinc	SHFE	zn1901	13965	20190102	540	20190115	—
		zn1902	82283	20190102	4870	20190215	—
		zn1903	125549	20190118	9820	20190315	—
		zn1904	120778	20190221	7060	20190415	—
		zn1905	155442	20190328	5300	20190515	—
		zn1906	150734	20190424	10960	20190617	—
		zn1907	184564	20190523	5675	20190715	—
		zn1908	166509	20190621	3530	20190815	—
		zn1909	135357	20190716	2665	20190916	—
		zn1910	115641	20190809	2785	20191015	—
		zn1911	106504	20190925	1815	20191115	—
		zn1912	107249	20191025	485	20191216	—
		zn2001	129832	20191121	15624	20191231	15624
		zn2002	111239	20191211	77759	20191231	77759
		zn2003	67656	20191231	67656	20191231	67656
		zn2004	31733	20191231	31733	20191231	31733
		zn2005	26941	20191227	25501	20191231	25501
		zn2006	8859	20191231	8859	20191231	8859
		zn2007	310	20191230	310	20191231	310
		zn2008	126	20191231	126	20191231	126
		zn2009	426	20191231	426	20191231	426
		zn2010	109	20191218	99	20191231	99
		zn2011	76	20191231	76	20191231	76
		zn2012	36	20191226	35	20191231	35
铅 Lead	SHFE	pb1901	8800	20190102	4965	20190115	—
		pb1902	30669	20190108	2370	20190215	—
		pb1903	23626	20190125	1695	20190315	—
		pb1904	24015	20190228	1760	20190415	—
		pb1905	22640	20190411	1205	20190515	—
		pb1906	29242	20190429	1745	20190617	—
		pb1907	27885	20190528	3315	20190715	—
		pb1908	28257	20190709	2215	20190815	—
		pb1909	34147	20190726	1730	20190916	—
		pb1910	37528	20190828	1870	20191015	—
		pb1911	31214	20190924	4340	20191115	—
		pb1912	30799	20191105	2180	20191216	—

5-13 续表 2 continued

交易品种 Product	上市交易所 Listed Exchange	合约 Contract	最高持仓量（手） Highest Positions (lot)	最高持仓日期 Highest Positions Day	最后持仓量（手） Last Positions (lot)	最后持仓日期 Last Positions Day	年末持仓量（手） Positions at the End of the Year (lot)
铅 Lead	SHFE	pb2001	43568	20191127	8555	20191231	8555
		pb2002	35197	20191217	29534	20191231	29534
		pb2003	17496	20191231	17496	20191231	17496
		pb2004	2505	20191231	2505	20191231	2505
		pb2005	1397	20191231	1397	20191231	1397
		pb2006	266	20191220	232	20191231	232
		pb2007	289	20191223	260	20191231	260
		pb2008	55	20191223	53	20191231	53
		pb2009	84	20191231	84	20191231	84
		pb2010	44	20191224	37	20191231	37
		pb2011	63	20191209	55	20191231	55
		pb2012	18	20191224	18	20191231	18
黄金 (元/克) Gold (yuan/g)	SHFE	au1901	6	20190102	0	20190115	—
		au1902	39	20190102	0	20190215	—
		au1903	3	20190110	0	20190315	—
		au1904	26458	20190102	219	20190415	—
		au1905	24	20190311	0	20190515	—
		au1906	167926	20190220	252	20190617	—
		au1907	20	20190603	0	20190715	—
		au1908	65568	20190313	1254	20190815	—
		au1909	25	20190807	3	20190916	—
		au1910	58035	20190614	27	20191015	—
		au1911	22	20190916	0	20191115	—
		au1912	304793	20190829	318	20191216	—
		au2001	170	20191126	0	20191231	0
		au2002	76650	20191204	30080	20191231	30080
		au2003	3	20191223	3	20191231	3
		au2004	46902	20191231	46902	20191231	46902
		au2006	127722	20191231	127722	20191231	127722
		au2008	9696	20191231	9696	20191231	9696
		au2010	1127	20191231	1127	20191231	1127
		au2012	3862	20191231	3862	20191231	3862
白银 (元/千克) Silver (yuan/kg)	SHFE	ag1901	400	20190102	370	20190115	—
		ag1902	190	20190213	190	20190215	—
		ag1903	251	20190102	110	20190315	—
		ag1904	633	20190315	488	20190415	—
		ag1905	331	20190328	192	20190515	—
		ag1906	402427	20190220	8666	20190617	—
		ag1907	200	20190509	118	20190715	—
		ag1908	175	20190606	64	20190815	—
		ag1909	856	20190606	368	20190916	—
		ag1910	464	20190925	406	20191015	—
		ag1911	202	20190910	162	20191115	—

5-13 续表 3 continued

交易品种 Product	上市 交易所 Listed Exchange	合约 Contract	最高持仓量 (手) Highest Positions (lot)	最高持仓日期 Highest Positions Day	最后持仓量 (手) Last Positions (lot)	最后持仓日期 Last Positions Day	年末持仓量 (手) Positions at the End of the Year (lot)
白银 (元/千克) Silver (yuan/kg)	SHFE	ag1912	711182	20190829	32210	20191216	—
		ag2001	1972	20191115	940	20191231	940
		ag2002	318789	20191125	193513	20191231	193513
		ag2003	312	20191104	200	20191231	200
		ag2004	146409	20191231	146409	20191231	146409
		ag2005	396	20191231	396	20191231	396
		ag2006	382106	20191231	382106	20191231	382106
		ag2007	37172	20191231	37172	20191231	37172
		ag2008	5279	20191231	5279	20191231	5279
		ag2009	97	20191107	94	20191231	94
		ag2010	102	20191212	84	20191231	84
		ag2011	52	20191219	48	20191231	48
		ag2012	785	20191231	785	20191231	785
螺纹钢 Steel Rebar	SHFE	rb1901	19680	20190102	3510	20190115	—
		rb1902	4602	20190103	1980	20190215	—
		rb1903	6627	20190124	1710	20190315	—
		rb1904	2279	20190222	810	20190415	—
		rb1905	1425312	20190125	2670	20190515	—
		rb1906	4852	20190328	1440	20190617	—
		rb1907	2983	20190524	1080	20190715	—
		rb1908	3250	20190220	150	20190815	—
		rb1909	4962	20190701	1770	20190916	—
		rb1910	1372679	20190801	13710	20191015	—
		rb1911	2036	20190719	420	20191115	—
		rb1912	834	20190904	30	20191216	—
		rb2001	1706585	20191024	84858	20191231	84858
		rb2002	8439	20191211	7402	20191231	7402
		rb2003	8497	20191212	8231	20191231	8231
		rb2004	1518	20191216	1473	20191231	1473
		rb2005	1474179	20191231	1474179	20191231	1474179
		rb2006	5370	20191219	4611	20191231	4611
		rb2007	4256	20191125	3135	20191231	3135
		rb2008	1206	20191111	1004	20191231	1004
		rb2009	4368	20191022	2146	20191231	2146
		rb2010	206721	20191230	200536	20191231	200536
		rb2011	1303	20191218	881	20191231	881
		rb2012	484	20191230	484	20191231	484
不锈钢 Stainless Steel	SHFE	ss2002	10679	20190925	5720	20191231	5720
		ss2003	29	20190925	14	20191231	14
		ss2004	8	20191111	7	20191231	7
		ss2005	2195	20191230	1935	20191231	1935
		ss2006	13466	20191231	13466	20191231	13466
		ss2007	45	20191231	45	20191231	45

5-13 续表 4 continued

交易品种 Product	上市交易所 Listed Exchange	合约 Contract	最高持仓量(手) Highest Positions (lot)	最高持仓日期 Highest Positions Day	最后持仓量(手) Last Positions (lot)	最后持仓日期 Last Positions Day	年末持仓量(手) Positions at the End of the Year (lot)
不锈钢 Stainless Steel	SHFE	ss2008	4	20191204	4	20191231	4
		ss2009	68	20191205	49	20191231	49
		ss2010	7	20191225	7	20191231	7
		ss2011	2	20191202	2	20191231	2
		ss2012	0	20191217	0	20191231	0
线材 Steel Wire Rod	SHFE	wr1903	1	20190102	0	20190315	—
		wr1904	5	20190123	0	20190415	—
		wr1905	3272	20190115	0	20190515	—
		wr1906	0	20190102	0	20190617	—
		wr1907	211	20190528	0	20190715	—
		wr1908	0	20190102	0	20190815	—
		wr1909	6	20190717	0	20190916	—
		wr1910	69	20190729	0	20191015	—
		wr1911	0	20190102	0	20191115	—
		wr1912	1	20191114	0	20191216	—
		wr2001	333	20191111	1	20191231	1
		wr2002	0	20190218	0	20191231	0
		wr2003	2	20190906	0	20191231	0
		wr2004	0	20190416	0	20191231	0
		wr2005	9	20191216	1	20191231	1
		wr2006	0	20190618	0	20191231	0
		wr2007	0	20190716	0	20191231	0
		wr2008	0	20190816	0	20191231	0
		wr2009	0	20190917	0	20191231	0
		wr2010	5	20191226	5	20191231	5
		wr2011	0	20191118	0	20191231	0
		wr2012	0	20191217	0	20191231	0
热轧卷板 Hot Rolled Coils	SHFE	hc1901	8220	20190102	4170	20190115	—
		hc1902	285	20190117	240	20190215	—
		hc1903	3	20190102	0	20190315	—
		hc1904	45	20190322	30	20190415	—
		hc1905	353137	20190118	3630	20190515	—
		hc1906	411	20190222	0	20190617	—
		hc1907	4	20190315	0	20190715	—
		hc1908	741	20190701	720	20190815	—
		hc1909	2498	20190816	2160	20190916	—
		hc1910	446034	20190626	14700	20191015	—
		hc1911	210	20191114	210	20191115	—
		hc1912	103	20190919	30	20191216	—
		hc2001	337193	20191111	29022	20191231	29022
		hc2002	569	20191101	299	20191231	299
		hc2003	546	20191016	380	20191231	380
		hc2004	132	20190904	124	20191231	124

5-13 续表 5 continued

交易品种 Product	上市交易所 Listed Exchange	合约 Contract	最高持仓量(手) Highest Positions (lot)	最高持仓日期 Highest Positions Day	最后持仓量(手) Last Positions (lot)	最后持仓日期 Last Positions Day	年末持仓量(手) Positions at the End of the Year (lot)
热轧卷板 Hot Rolled Coils	SHFE	hc2005	299108	20191231	299108	20191231	299108
		hc2006	126	20191126	82	20191231	82
		hc2007	25	20191017	11	20191231	11
		hc2008	1	20190902	0	20191231	0
		hc2009	367	20191018	137	20191231	137
		hc2010	36856	20191225	34530	20191231	34530
		hc2011	5	20191121	5	20191231	5
		hc2012	0	20191217	0	20191231	0
锡 Tin	SHFE	sn1901	4180	20190102	2636	20190115	—
		sn1902	7	20190107	2	20190215	—
		sn1903	1	20190102	0	20190315	—
		sn1904	2	20190102	0	20190415	—
		sn1905	19241	20190115	3454	20190515	—
		sn1906	6	20190318	0	20190617	—
		sn1907	3	20190516	0	20190715	—
		sn1908	5	20190618	0	20190815	—
		sn1909	24658	20190702	1988	20190916	—
		sn1910	25	20190820	6	20191015	—
		sn1911	32	20190919	6	20191115	—
		sn1912	9	20191031	0	20191216	—
		sn2001	22149	20190905	7597	20191231	7597
		sn2002	20	20190830	8	20191231	8
		sn2003	1	20191209	0	20191231	0
		sn2004	0	20190416	0	20191231	0
		sn2005	17867	20191230	17336	20191231	17336
		sn2006	19523	20191231	19523	20191231	19523
		sn2007	239	20191231	239	20191231	239
		sn2008	7	20190905	1	20191231	1
		sn2009	309	20191230	302	20191231	302
		sn2010	2	20191023	2	20191231	2
		sn2011	8	20191125	0	20191231	0
		sn2012	0	20191217	0	20191231	0
镍 Nickel	SHFE	ni1901	8148	20190102	2946	20190115	—
		ni1902	130	20190102	24	20190215	—
		ni1903	57582	20190102	2532	20190315	—
		ni1904	24657	20190221	1464	20190415	—
		ni1905	186493	20190102	2796	20190515	—
		ni1906	147939	20190423	8196	20190617	—
		ni1907	148986	20190523	9144	20190715	—
		ni1908	125326	20190620	7092	20190815	—
		ni1909	97598	20190717	4008	20190916	—
		ni1910	238702	20190816	10020	20191015	—
		ni1911	233857	20190830	17610	20191115	—

5-13 续表 6 continued

交易品种 Product	上市交易所 Listed Exchange	合约 Contract	最高持仓量（手） Highest Positions (lot)	最高持仓日期 Highest Positions Day	最后持仓量（手） Last Positions (lot)	最后持仓日期 Last Positions Day	年末持仓量（手） Positions at the End of the Year (lot)
镍 Nickel	SHFE	ni1912	187838	20191022	1968	20191216	—
		ni2001	124699	20191101	15750	20191231	15750
		ni2002	205416	20191205	92551	20191231	92551
		ni2003	136485	20191231	136485	20191231	136485
		ni2004	57104	20191231	57104	20191231	57104
		ni2005	64047	20191227	61955	20191231	61955
		ni2006	21115	20191231	21115	20191231	21115
		ni2007	11316	20191231	11316	20191231	11316
		ni2008	1272	20191231	1272	20191231	1272
		ni2009	1270	20191231	1270	20191231	1270
		ni2010	212	20191225	206	20191231	206
		ni2011	323	20191231	323	20191231	323
		ni2012	19	20191227	17	20191231	17
铁矿石 Iron Ore	DCE	i1901	4824	20190102	4133	20190114	—
		i1902	7	20190102	6	20190220	—
		i1903	99222	20190110	504	20190313	—
		i1904	5	20190130	—	20190412	—
		i1905	605685	20190218	2831	20190516	—
		i1906	52959	20190422	3114	20190614	—
		i1907	93409	20190514	16	20190711	—
		i1908	52293	20190624	410	20190813	—
		i1909	972842	20190620	5245	20190912	—
		i1910	67668	20190827	923	20191018	—
		i1911	67087	20190920	900	20191113	—
		i1912	63736	20191021	1201	20191212	—
		i2001	885105	20191018	8674	20191231	8674
		i2002	73033	20191129	22687	20191231	22687
		i2003	9927	20191205	9147	20191231	9147
		i2004	342	20190527	143	20191231	143
		i2005	684484	20191216	599424	20191231	599424
		i2006	660	20190904	166	20191231	166
		i2007	5644	20191118	1218	20191231	1218
		i2008	338	20191018	139	20191231	139
		i2009	65793	20191111	55315	20191231	55315
		i2010	67	20191107	40	20191231	40
		i2011	5664	20191231	5664	20191231	5664
		i2012	210	20191231	210	20191231	210
硅铁 Ferrosilicon	ZCE	SF901	3771	20190102	1142	20190114	—
		SF902	—	—	—	20190220	—
		SF903	—	—	—	20190313	—
		SF904	1	20190102	1	20190412	—
		SF905	65483	20190314	2224	20190516	—
		SF906	40	20190404	15	20190614	—

5-13 续表 7 continued

交易品种 Product	上市交易所 Listed Exchange	合约 Contract	最高持仓量(手) Highest Positions (lot)	最高持仓日期 Highest Positions Day	最后持仓量(手) Last Positions (lot)	最后持仓日期 Last Positions Day	年末持仓量(手) Positions at the End of the Year (lot)
硅铁 Ferrosilicon	ZCE	SF907	3	20190627	—	20190711	—
		SF908	14	20190806	7	20190813	—
		SF909	95472	20190626	3765	20190912	—
		SF910	4	20190722	—	20191018	—
		SF911	12	20190715	3	20191113	—
		SF912	1101	20190716	—	20191212	—
		SF001	81395	20191113	11365	20191231	11365
		SF002	1130	20191017	530	20191231	530
		SF003	3	20191010	1	20191231	1
		SF004	2	20190916	—	20191231	—
		SF005	43747	20191231	43747	20191231	43747
		SF006	1	20191106	—	20191231	—
		SF007	1	20190923	1	20191231	1
		SF008	—	—	—	20191231	—
		SF009	1843	20191224	1503	20191231	1503
		SF010	—	—	—	20191231	—
		SF011	—	—	—	20191231	—
		SF012	—	—	—	20191231	—
锰硅 Manganese Silicon	ZCE	SM901	6994	20190102	4515	20190114	—
		SM902	2	20190102	—	20190220	—
		SM903	1	20190102	—	20190313	—
		SM904	120	20190102	—	20190412	—
		SM905	90490	20190313	1831	20190516	—
		SM906	5	20190102	—	20190614	—
		SM907	—	—	—	20190711	—
		SM908	1	20190419	—	20190813	—
		SM909	87779	20190626	748	20190912	—
		SM910	114	20190821	—	20191018	—
		SM911	452	20190522	—	20191113	—
		SM912	3454	20190128	—	20191212	—
		SM001	120732	20191113	5841	20191231	5841
		SM002	250	20190805	—	20191231	—
		SM003	70	20190510	—	20191231	—
		SM004	26	20191119	1	20191231	1
		SM005	86415	20191220	73949	20191231	73949
		SM006	19	20191111	17	20191231	17
		SM007	—	—	—	20191231	—
		SM008	—	—	—	20191231	—
		SM009	5599	20191231	5599	20191231	5599
		SM010	—	—	—	20191231	—
		SM011	2	20191122	—	20191231	—
		SM012	—	—	—	20191231	—

5-14　2019年能源、化工及其他期货持仓情况

Positions of Energy & Chemical Products & Others in 2019

交易品种 Product	上市 交易所 Listed Exchange	合约 Contract	最高持仓量 （手） Highest Positions (lot)	最高持仓 日期 Highest Positions Day	最后持仓量 （手） Last Positions (lot)	最后持仓 日期 Last Positions Day	年末持仓量 （手） Positions at the End of the Year (lot)
聚乙烯 LLDPE	DCE	l1901	1976	20190102	609	20190114	—
		l1902	—	20190102	—	20190220	—
		l1903	1	20190102	—	20190313	—
		l1904	—	20190102	—	20190412	—
		l1905	249789	20190103	2967	20190516	—
		l1906	5	20190125	1	20190614	—
		l1907	4	20190605	2	20190711	—
		l1908	23	20190510	1	20190813	—
		l1909	371415	20190605	3952	20190912	—
		l1910	12	20190621	—	20191018	—
		l1911	85	20190523	60	20191113	—
		l1912	26	20190828	—	20191212	—
		l2001	505549	20190829	4807	20191231	4807
		l2002	309	20191223	187	20191231	187
		l2003	23	20191216	23	20191231	23
		l2004	8	20191217	4	20191231	4
		l2005	381652	20191226	366144	20191231	366144
		l2006	203	20191125	3	20191231	3
		l2007	780	20190906	291	20191231	291
		l2008	5	20190903	3	20191231	3
		l2009	46474	20191231	46474	20191231	46474
		l2010	10	20191227	10	20191231	10
		l2011	8	20191211	6	20191231	6
		l2012	2	20191226	2	20191231	2
聚氯乙烯 PVC	DCE	v1901	847	20190102	281	20190114	—
		v1902	1	20190102	—	20190220	—
		v1903	20	20190102	3	20190313	—
		v1904	—	20190102	—	20190412	—
		v1905	171774	20190318	7684	20190516	—
		v1906	10	20190429	—	20190614	—
		v1907	4	20190610	—	20190711	—
		v1908	1	20190102	—	20190813	—
		v1909	275080	20190507	7244	20190912	—
		v1910	3	20190627	1	20191018	—
		v1911	55	20190725	—	20191113	—
		v1912	3	20190809	—	20191212	—
		v2001	215022	20191202	9403	20191231	9403
		v2002	335	20191203	183	20191231	183
		v2003	5	20191101	3	20191231	3
		v2004	21	20191220	9	20191231	9

注：上海期货交易所数据包含上海国际能源交易中心。
数据来源：上海期货交易所、郑州商品交易所、大连商品交易所
Source：SHFE、ZCE、DCE

5-14 续表 1 continued

交易品种 Product	上市交易所 Listed Exchange	合约 Contract	最高持仓量（手） Highest Positions (lot)	最高持仓日期 Highest Positions Day	最后持仓量（手） Last Positions (lot)	最后持仓日期 Last Positions Day	年末持仓量（手） Positions at the End of the Year (lot)
聚氯乙烯 PVC	DCE	v2005	234446	20191230	232624	20191231	232624
		v2006	6	20190701	4	20191231	4
		v2007	760	20190906	280	20191231	280
		v2008	—	20190815	—	20191231	—
		v2009	23134	20191206	20046	20191231	20046
		v2010	—	20191022	—	20191231	—
		v2011	—	20191115	—	20191231	—
		v2012	—	20191216	—	20191231	—
聚丙烯 PP	DCE	pp1901	5439	20190102	3015	20190114	—
		pp1902	1	20190118	—	20190220	—
		pp1903	3	20190102	—	20190313	—
		pp1904	24	20190114	—	20190412	—
		pp1905	249933	20190118	3798	20190516	—
		pp1906	90	20190411	1	20190614	—
		pp1907	18	20190308	—	20190711	—
		pp1908	14	20190613	1	20190813	—
		pp1909	358421	20190605	3544	20190912	—
		pp1910	34	20190614	—	20191018	—
		pp1911	25	20190731	—	20191113	—
		pp1912	550	20190919	2	20191212	—
		pp2001	401878	20190829	5262	20191231	5262
		pp2002	356	20191122	40	20191231	40
		pp2003	98	20191127	95	20191231	95
		pp2004	528	20191231	528	20191231	528
		pp2005	355928	20191218	305419	20191231	305419
		pp2006	208	20190904	17	20191231	17
		pp2007	770	20190906	262	20191231	262
		pp2008	1	20190918	—	20191231	—
		pp2009	38841	20191225	37525	20191231	37525
		pp2010	—	20191022	—	20191231	—
		pp2011	1	20191210	1	20191231	1
		pp2012	2	20191230	2	20191231	2
焦炭 Coke	DCE	j1901	2170	20190102	913	20190114	—
		j1902	7	20190104	—	20190220	—
		j1903	4	20190218	—	20190313	—
		j1904	14	20190320	8	20190412	—
		j1905	205684	20190118	1366	20190516	—
		j1906	23	20190322	—	20190614	—
		j1907	243	20190528	200	20190711	—
		j1908	14	20190402	—	20190813	—
		j1909	187503	20190527	725	20190912	—
		j1910	37	20190509	8	20191018	—

5-14 续表 2 continued

交易品种 Product	上市交易所 Listed Exchange	合约 Contract	最高持仓量（手） Highest Positions (lot)	最高持仓日期 Highest Positions Day	最后持仓量（手） Last Positions (lot)	最后持仓日期 Last Positions Day	年末持仓量（手） Positions at the End of the Year (lot)
焦炭 Coke	DCE	j1911	13	20190104	—	20191113	—
		j1912	17	20191029	10	20191212	—
		j2001	213244	20191030	2086	20191231	2086
		j2002	264	20191105	1	20191231	1
		j2003	5	20191205	2	20191231	2
		j2004	5	20191216	4	20191231	4
		j2005	168651	20191219	165132	20191231	165132
		j2006	6	20191230	6	20191231	6
		j2007	764	20190906	517	20191231	517
		j2008	2	20191105	—	20191231	—
		j2009	15852	20191226	15579	20191231	15579
		j2010	10	20191231	10	20191231	10
		j2011	3	20191121	2	20191231	2
		j2012	1	20191223	1	20191231	1
焦煤 Coking Coal	DCE	jm1901	2661	20190102	1508	20190114	—
		jm1902	2	20190102	—	20190220	—
		jm1903	4	20190125	—	20190313	—
		jm1904	2	20190102	—	20190412	—
		jm1905	167501	20190131	—	20190516	—
		jm1906	19	20190425	—	20190614	—
		jm1907	1163	20190225	501	20190711	—
		jm1908	4	20190410	—	20190813	—
		jm1909	131816	20190611	382	20190912	—
		jm1910	104	20190423	—	20191018	—
		jm1911	3	20190430	—	20191113	—
		jm1912	10	20191113	—	20191212	—
		jm2001	127673	20191016	6116	20191231	6116
		jm2002	513	20190906	7	20191231	7
		jm2003	604	20191127	353	20191231	353
		jm2004	7	20190527	5	20191231	5
		jm2005	92419	20191226	77805	20191231	77805
		jm2006	6	20191205	3	20191231	3
		jm2007	152	20190903	4	20191231	4
		jm2008	—	20190815	—	20191231	—
		jm2009	6496	20191227	6124	20191231	6124
		jm2010	8	20191227	8	20191231	8
		jm2011	3	20191220	3	20191231	3
		jm2012	4	20191224	4	20191231	4
乙二醇 Ethylene Glycol	DCE	eg1906	228127	20190416	—	20190624	—
		eg1907	40	20190319	—	20190725	—
		eg1908	23	20190516	—	20190826	—
		eg1909	280896	20190605	—	20190924	—

5-14 续表 3 continued

交易品种 Product	上市 交易所 Listed Exchange	合约 Contract	最高持仓量(手) Highest Positions (lot)	最高持仓日期 Highest Positions Day	最后持仓量(手) Last Positions (lot)	最后持仓日期 Last Positions Day	年末持仓量(手) Positions at the End of the Year (lot)
乙二醇 Ethylene Glycol	DCE	eg1910	46	20190613	—	20191025	—
		eg1911	635	20190701	—	20191125	—
		eg1912	225	20190218	—	20191225	—
		eg2001	254023	20190925	4250	20191231	4250
		eg2002	12	20190910	2	20191231	2
		eg2003	23	20191125	19	20191231	19
		eg2004	61	20191016	59	20191231	59
		eg2005	236984	20191225	190522	20191231	190522
		eg2006	1713	20191129	767	20191231	767
		eg2007	1263	20191129	263	20191231	263
		eg2008	3	20190916	1	20191231	1
		eg2009	14743	20191230	14477	20191231	14477
		eg2010	2	20191115	2	20191231	2
		eg2011	1	20191206	1	20191231	1
		eg2012	1	20191227	1	20191231	1
苯乙烯 Ethenylbenzene	DCE	eb2004	6122	20190926	1218	20191231	1218
		eb2005	96642	20191202	80802	20191231	80802
		eb2006	29	20190926	19	20191231	19
		eb2007	54	20190926	18	20191231	18
		eb2008	12	20191009	9	20191231	9
		eb2009	4310	20191226	4171	20191231	4171
		eb2010	1	20191108	1	20191231	1
		eb2011	—	20191127	—	20191231	—
		eb2012	—	20191227	—	20191231	—
甲醇 Methanol	ZCE	MA901	6860	20190102	3217	20190114	—
		MA902	29	20190118	10	20190220	—
		MA903	29	20190201	10	20190313	—
		MA904	27	20190118	4	20190412	—
		MA905	903221	20190328	1891	20190516	—
		MA906	251	20190520	226	20190614	—
		MA907	1155	20190218	2	20190711	—
		MA908	4006	20190116	9	20190813	—
		MA909	1149216	20190726	10137	20190912	—
		MA910	9058	20190214	18	20191018	—
		MA911	118467	20190731	3737	20191113	—
		MA912	17360	20190214	—	20191212	—
		MA001	1195820	20191119	7957	20191231	7957
		MA002	812	20190726	21	20191231	21
		MA003	28223	20191220	25207	20191231	25207
		MA004	1118	20191018	24	20191231	24
		MA005	847318	20191218	778501	20191231	778501
		MA006	834	20191023	14	20191231	14

5-14 续表 4 continued

交易品种 Product	上市交易所 Listed Exchange	合约 Contract	最高持仓量(手) Highest Positions (lot)	最高持仓日期 Highest Positions Day	最后持仓量(手) Last Positions (lot)	最后持仓日期 Last Positions Day	年末持仓量(手) Positions at the End of the Year (lot)
甲醇 Methanol	ZCE	MA007	3154	20191230	3146	20191231	3146
		MA008	3105	20191119	102	20191231	102
		MA009	56800	20191231	56800	20191231	56800
		MA010	2006	20191115	10	20191231	10
		MA011	6039	20191231	6039	20191231	6039
		MA012	—	—	—	—	—
PTA	ZCE	TA901	45616	20190102	18119	20190114	—
		TA902	115	20190102	23	20190220	—
		TA903	74464	20190102	19528	20190313	—
		TA904	32	20190412	32	20190412	—
		TA905	603264	20190306	59699	20190516	—
		TA906	1005	20190510	4	20190614	—
		TA907	116421	20190426	12029	20190711	—
		TA908	304	20190703	86	20190813	—
		TA909	929557	20190702	18017	20190912	—
		TA910	8085	20190108	32	20191018	—
		TA911	284425	20190802	16076	20191113	—
		TA912	9713	20190116	35	20191212	—
		TA001	862611	20191114	61167	20191231	61167
		TA002	482	20190725	14	20191231	14
		TA003	133319	20191227	110192	20191231	110192
		TA004	1168	20190517	109	20191231	109
		TA005	773793	20191230	671242	20191231	671242
		TA006	49	20190724	24	20191231	24
		TA007	29604	20191210	14283	20191231	14283
		TA008	258	20191225	256	20191231	256
		TA009	61546	20191231	61546	20191231	61546
		TA010	15	20191022	5	20191231	5
		TA011	6977	20191211	56	20191231	56
		TA012	2	20191224	2	20191231	2
动力煤 Thermal Coal	ZCE	ZC901	5922	20190102	—	20190114	—
		ZC902	4	20190102	—	20190220	—
		ZC903	22899	20190102	—	20190313	—
		ZC904	2	20190301	—	20190412	—
		ZC905	194816	20190305	—	20190516	—
		ZC906	15	20190329	—	20190614	—
		ZC907	60357	20190425	—	20190711	—
		ZC908	21	20190102	—	20190813	—
		ZC909	158859	20190531	—	20190912	—
		ZC910	21	20190404	—	20191018	—
		ZC911	94289	20190906	—	20191113	—
		ZC912	512	20190514	—	20191212	—

5-14 续表 5 continued

交易品种 Product	上市交易所 Listed Exchange	合约 Contract	最高持仓量(手) Highest Positions (lot)	最高持仓日期 Highest Positions Day	最后持仓量(手) Last Positions (lot)	最后持仓日期 Last Positions Day	年末持仓量(手) Positions at the End of the Year (lot)
动力煤 Thermal Coal	ZCE	ZC001	190976	20191031	24205	20191231	24205
		ZC002	6	20190530	—	20191231	—
		ZC003	47074	20191121	40467	20191231	40467
		ZC004	1	20190521	—	20191231	—
		ZC005	149470	20191224	141641	20191231	141641
		ZC006	3	20191107	1	20191231	1
		ZC007	10970	20191213	9194	20191231	9194
		ZC008	1	20191022	1	20191231	1
		ZC009	13531	20191231	13531	20191231	13531
		ZC010	4	20191107	—	20191231	—
		ZC011	1724	20191223	64	20191231	64
		ZC012	—	—	—	20191231	—
玻璃 Glass	ZCE	FG901	1400	20190102	488	20190114	0
		FG902	5	20190109	—	20190220	—
		FG903	—	—	—	20190313	—
		FG904	2	20190110	—	20190412	—
		FG905	112873	20190319	1062	20190516	0
		FG906	13	20190103	—	20190614	—
		FG907	3	20190416	—	20190711	—
		FG908	52	20190718	51	20190813	—
		FG909	184624	20190626	1512	20190912	—
		FG910	57	20190620	—	20191018	—
		FG911	3735	20190212	—	20191113	—
		FG912	9481	20190228	—	20191212	—
		FG001	381238	20191024	1209	20191231	2418
		FG002	623	20190726	325	20191231	650
		FG003	3902	20190510	572	20191231	1144
		FG004	1100	20190516	2	20191231	4
		FG005	187896	20191218	171764	20191231	343528
		FG006	62	20191231	62	20191231	124
		FG007	15	20191108	1	20191231	2
		FG008	5	20191119	1	20191231	2
		FG009	19093	20191227	16911	20191231	33822
		FG010	34	20191217	33	20191231	66
		FG011	6	20191217	6	20191231	12
		FG012	4	20191230	4	20191231	8
尿素 Urea	ZCE	UR001	65184	20190813	782	20191231	782
		UR002	294	20190809	103	20191231	103
		UR003	184	20190809	21	20191231	21
		UR004	22	20190809	7	20191231	7
		UR005	52734	20191231	52734	20191231	52734
		UR006	107	20191119	13	20191231	13

5-14 续表 6 continued

交易品种 Product	上市交易所 Listed Exchange	合约 Contract	最高持仓量（手） Highest Positions (lot)	最高持仓日期 Highest Positions Day	最后持仓量（手） Last Positions (lot)	最后持仓日期 Last Positions Day	年末持仓量（手） Positions at the End of the Year (lot)
尿素 Urea	ZCE	UR007	2571	20191206	2345	20191231	2345
		UR008	8	20191108	6	20191231	6
		UR009	1926	20191230	1864	20191231	1864
		UR010	8	20191106	4	20191231	4
		UR011	—	—	—	20191231	—
		UR012	1	20191219	1	20191231	1
纯碱 Soda Ash	ZCE	SA005	44016	20191225	36698	20191231	36698
		SA006	2	20191212	2	20191231	2
		SA007	23	20191230	23	20191231	23
		SA008	10	20191216	3	20191231	3
		SA009	5226	20191231	5226	20191231	5226
		SA010	18	20191206	5	20191231	5
		SA011	821	20191231	821	20191231	821
		SA012	1	20191227	1	20191231	1
燃料油 Fuel Oil	SHFE	fu1902	13	20190102	7	20190125	—
		fu1903	13	20190107	3	20190228	—
		fu1904	8	20190227	7	20190329	—
		fu1905	184811	20190102	14010	20190430	—
		fu1906	247	20190307	164	20190531	—
		fu1907	52	20190604	3	20190628	—
		fu1908	25	20190716	18	20190731	—
		fu1909	168009	20190614	479	20190830	—
		fu1910	110	20190719	0	20190923	—
		fu1911	54	20190711	0	20191031	—
		fu1912	58	20190621	0	20191129	—
		fu2001	461178	20191115	9844	20191220	—
		fu2002	204	20191121	177	20191231	177
		fu2003	127023	20191125	29151	20191231	29151
		fu2004	69023	20191205	22913	20191231	22913
		fu2005	386374	20191202	307850	20191231	307850
		fu2006	49908	20191202	47890	20191231	47890
		fu2007	48693	20191218	38090	20191231	38090
		fu2008	7332	20191231	7332	20191231	7332
		fu2009	9657	20191206	8435	20191231	8435
		fu2010	90	20191118	24	20191231	24
		fu2011	13	20191204	8	20191231	8
		fu2012	27	20191219	12	20191231	12
		fu2101	200	20191230	167	20191231	167
纸浆 Woodpulp	SHFE	sp1906	97257	20190222	2492	20190617	—
		sp1907	31	20190102	6	20190715	—
		sp1908	27	20190103	8	20190815	—
		sp1909	172860	20190628	4210	20190916	—

5-14 续表 7 continued

交易品种 Product	上市交易所 Listed Exchange	合约 Contract	最高持仓量（手） Highest Positions (lot)	最高持仓日期 Highest Positions Day	最后持仓量（手） Last Positions (lot)	最后持仓日期 Last Positions Day	年末持仓量（手） Positions at the End of the Year (lot)
纸浆 Woodpulp	SHFE	sp1910	201	20190718	98	20191015	—
		sp1911	178	20190718	136	20191115	—
		sp1912	103	20191118	100	20191216	—
		sp2001	192143	20190919	9488	20191231	9488
		sp2002	95	20191211	33	20191231	33
		sp2003	24	20190819	8	20191231	8
		sp2004	25	20191209	18	20191231	18
		sp2005	129078	20191226	124480	20191231	124480
		sp2006	43	20190802	11	20191231	11
		sp2007	23	20191203	20	20191231	20
		sp2008	26	20191210	26	20191231	26
		sp2009	1167	20191231	1167	20191231	1167
		sp2010	2	20191119	2	20191231	2
		sp2011	3	20191212	2	20191231	2
		sp2012	1	20191218	1	20191231	1
20号胶 TSR 20	INE	nr2002	15544	20191112	4457	20191231	4457
		nr2003	27618	20191206	17796	20191231	17796
		nr2004	15792	20191211	15324	20191231	15324
		nr2005	4437	20191231	4437	20191231	4437
		nr2006	489	20191230	470	20191231	470
		nr2007	8	20190819	4	20191231	4
		nr2008	5	20191122	5	20191231	5
		nr2009	6	20191121	2	20191231	2
		nr2010	0	20191016	0	20191231	0
		nr2011	0	20191118	0	20191231	0
		nr2012	0	20191217	0	20191231	0
原油 Crude Oil	INE	sc1902	1517	20190102	42	20190125	—
		sc1903	26110	20190115	1793	20190228	—
		sc1904	23820	20190225	1263	20190329	—
		sc1905	24488	20190321	2503	20190430	—
		sc1906	26119	20190423	2812	20190531	—
		sc1907	19393	20190523	446	20190628	—
		sc1908	25272	20190620	893	20190731	—
		sc1909	25436	20190719	745	20190830	—
		sc1910	20336	20190820	2102	20190923	—
		sc1911	20870	20190919	303	20191031	—
		sc1912	21023	20191021	2203	20191129	—
		sc2001	17849	20191120	3342	20191220	—
		sc2002	20617	20191220	11859	20191231	11859
		sc2003	11819	20191231	11819	20191231	11819
		sc2004	4416	20191231	4416	20191231	4416
		sc2005	968	20191231	968	20191231	968

5-14 续表 8 continued

交易品种 Product	上市 交易所 Listed Exchange	合约 Contract	最高持仓量 (手) Highest Positions (lot)	最高持仓 日期 Highest Positions Day	最后持仓量 (手) Last Positions (lot)	最后持仓 日期 Last Positions Day	年末持仓量 (手) Positions at the End of the Year (lot)
原油 Crude Oil	INE	sc2006	110	20191231	110	20191231	110
		sc2007	41	20191209	25	20191231	25
		sc2008	1	20190827	0	20191231	0
		sc2009	72	20190516	37	20191231	37
		sc2010	1	20191030	1	20191231	1
		sc2011	3	20191126	2	20191231	2
		sc2012	36	20190510	31	20191231	31
		sc2101	0	20191223	0	20191231	0
		sc2103	21	20190916	20	20191231	20
		sc2106	6	20190102	5	20191231	5
		sc2109	13	20191209	10	20191231	10
		sc2112	19	20190102	12	20191231	12
		sc2203	25	20191218	23	20191231	23
		sc2206	44	20191205	43	20191231	43
		sc2209	22	20191230	22	20191231	22
		sc2212	7	20191231	7	20191231	7
石油沥青 Bitumen	SHFE	bu1901	154	20190102	0	20190115	—
		bu1902	127	20190110	0	20190215	—
		bu1903	101	20190212	92	20190315	—
		bu1904	4	20190125	0	20190415	—
		bu1905	1742	20190301	909	20190515	—
		bu1906	386716	20190320	4366	20190617	—
		bu1907	11	20190430	0	20190715	—
		bu1908	12	20190425	0	20190815	—
		bu1909	16835	20190621	5503	20190916	—
		bu1910	56	20190528	0	20191015	—
		bu1911	36	20190731	0	20191115	—
		bu1912	372012	20190829	646	20191216	—
		bu2001	3412	20191011	1091	20191231	1091
		bu2002	25	20191223	20	20191231	20
		bu2003	117	20191206	30	20191231	30
		bu2004	0	20191016	0	20191231	0
		bu2005	181	20191231	181	20191231	181
		bu2006	297475	20191227	260168	20191231	260168
		bu2009	3900	20191231	3900	20191231	3900
		bu2012	4314	20191231	4314	20191231	4314
		bu2103	25	20190612	18	20191231	18
		bu2106	625	20191022	491	20191231	491
		bu2109	42	20191211	39	20191231	39
		bu2112	53	20191231	53	20191231	53

5-15 2019年金融期货持仓情况
Positions of Financial Futures in 2019

交易品种 Product	上市交易所 Futures Exchange	合约 Contract	最高持仓量(手) Highest Positions (lot)	最高持仓日期 Highest Positions Day	最后持仓量(手) Last Positions (lot)	最后持仓日期 Last Positions Day	年末持仓量(手) Positions at the End of the Year (lot)
2年期国债期货 2-Year Treasury Bond Futures	CFFEX	TS1903	990	20190102	108	20190307	—
		TS1906	953	20190522	298	20190613	—
		TS1909	5549	20190802	48	20190912	—
		TS1912	13366	20191029	156	20191212	—
		TS2003	13972	20191230	13858	20191231	13858
		TS2006	2577	20191126	2108	20191231	2108
		TS2009	442	20191231	442	20191231	442
5年期国债期货 5-Year Treasury Bond Futures	CFFEX	TF1903	18148	20190122	15	20190307	—
		TF1906	20993	20190424	17	20190613	—
		TF1909	25575	20190712	41	20190912	—
		TF1912	36359	20191028	3168	20191212	—
		TF2003	32372	20191231	32372	20191231	32372
		TF2006	1928	20191231	1928	20191231	1928
		TF2009	176	20191231	176	20191231	176
10年期国债期货 10-Year Treasury Bond Futures	CFFEX	T1903	64530	20190102	770	20190307	—
		T1906	69309	20190412	233	20190613	—
		T1909	75498	20190712	563	20190912	—
		T1912	88382	20191029	79	20191212	—
		T2003	82803	20191218	75155	20191231	75155
		T2006	4115	20191231	4115	20191231	4115
		T2009	1031	20191231	1031	20191231	1031
沪深300股指期货 CSI 300 Index Futures	CFFEX	IF1901	52650	20190104	14572	20190117	—
		IF1902	39556	20190129	11323	20190214	—
		IF1903	71644	20190227	22050	20190314	—
		IF1904	70047	20190404	17313	20190418	—
		IF1905	80972	20190510	24293	20190516	—
		IF1906	101233	20190527	24826	20190620	—
		IF1907	87831	20190701	22176	20190718	—
		IF1908	75544	20190806	21365	20190815	—
		IF1909	102605	20190827	22343	20190919	—
		IF1910	73391	20190924	20107	20191017	—
		IF1911	72215	20191105	18472	20191114	—
		IF1912	101847	20191122	25147	20191219	—
		IF2001	82058	20191230	73026	20191231	73026

注：最后持仓量为交割日前一天的持仓量。
数据来源：中国金融期货交易所
Source：CFFEX

5-15 续表 continued

交易品种 Product	上市交易所 Futures Exchange	合约 Contract	最高持仓量(手) Highest Positions (lot)	最高持仓日期 Highest Positions Day	最后持仓量(手) Last Positions (lot)	最后持仓日期 Last Positions Day	年末持仓量(手) Positions at the End of the Year (lot)
沪深300股指期货 CSI 300 Index Futures	CFFEX	IF2002	2391	20191231	2391	20191231	2391
		IF2003	37665	20191227	36116	20191231	36116
		IF2006	14050	20191231	14050	20191231	14050
上证50股指期货 SSE 50 Index Futures	CFFEX	IH1901	25760	20190102	8709	20190117	—
		IH1902	21083	20190129	6872	20190214	—
		IH1903	35294	20190304	14122	20190314	—
		IH1904	32376	20190320	10484	20190418	—
		IH1905	39474	20190506	13602	20190516	—
		IH1906	46780	20190527	14507	20190620	—
		IH1907	43088	20190701	13226	20190718	—
		IH1908	33135	20190806	11740	20190815	—
		IH1909	43027	20190827	10528	20190919	—
		IH1910	32040	20191011	10348	20191017	—
		IH1911	31207	20191105	10009	20191114	—
		IH1912	46063	20191122	11360	20191219	—
		IH2001	29979	20191227	27232	20191231	27232
		IH2002	1215	20191231	1215	20191231	1215
		IH2003	23095	20191227	22262	20191231	22262
		IH2006	6707	20191231	6707	20191231	6707
中证500股指期货 CSI 500 Index Futures	CFFEX	IC1901	40862	20190103	10593	20190117	—
		IC1902	30595	20190124	7696	20190214	—
		IC1903	62841	20190221	16994	20190314	—
		IC1904	61383	20190325	16196	20190418	—
		IC1905	66393	20190429	21993	20190516	—
		IC1906	87716	20190603	21820	20190620	—
		IC1907	77065	20190621	19430	20190718	—
		IC1908	74063	20190806	19035	20190815	—
		IC1909	105002	20190819	22553	20190919	—
		IC1910	81436	20190924	20745	20191017	—
		IC1911	72664	20191025	20220	20191114	—
		IC1912	121602	20191122	23147	20191219	—
		IC2001	81170	20191223	73075	20191231	73075
		IC2002	3306	20191231	3306	20191231	3306
		IC2003	56255	20191230	54707	20191231	54707
		IC2006	35497	20191225	35176	20191231	35176

5-16 2019年农产品期货合约月末结算价

单位：元/吨

交易品种 Product	上市交易所 Listed Exchange	合约 Contract	1月 Jan.	2月 Feb.	3月 Mar.	4月 Apr.
玉米 Corn	DCE	c1901	1823.00	—	—	—
		c1903	1825.00	1741.00	1758.00	—
		c1905	1861.00	1807.00	1813.00	1859.00
		c1907	1884.00	1828.00	1827.00	1902.00
		c1909	1891.00	1835.00	1839.00	1913.00
		c1911	1909.00	1861.00	1869.00	1922.00
		c2001	1916.00	1875.00	1894.00	1927.00
		c2003	—	—	1901.00	1938.00
		c2005	—	—	—	—
		c2007	—	—	—	—
		c2009	—	—	—	—
		c2011	—	—	—	—
玉米淀粉 Corn Starch	DCE	cs1901	2336.00	—	—	—
		cs1903	2324.00	2284.00	2284.00	—
		cs1905	2329.00	2253.00	2272.00	2261.00
		cs1907	2311.00	2282.00	2335.00	2301.00
		cs1909	2353.00	2280.00	2300.00	2372.00
		cs1911	2368.00	2315.00	2312.00	2377.00
		cs2001	2371.00	2310.00	2334.00	2386.00
		cs2003	—	—	2358.00	2363.00
		cs2005	—	—	—	—
		cs2007	—	—	—	—
		cs2009	—	—	—	—
		cs2011	—	—	—	—
黄大豆1号 No.1 Soybean	DCE	a1901	3205.00	—	—	—
		a1903	3257.00	3299.00	3277.00	—
		a1905	3407.00	3389.00	3327.00	3262.00
		a1907	3449.00	3457.00	3392.00	3318.00
		a1909	3435.00	3442.00	3416.00	3361.00
		a1911	3404.00	3447.00	3440.00	3368.00
		a2001	3419.00	3353.00	3360.00	3373.00
		a2003	—	—	3358.00	3395.00
		a2005	—	—	—	—
		a2007	—	—	—	—
		a2009	—	—	—	—
		a2011	—	—	—	—
黄大豆2号 No.2 Soybean	DCE	b1901	2747.00	—	—	—
		b1902	2889.00	2889.00	—	—
		b1903	3010.00	2799.00	2799.00	—
		b1904	3016.00	2813.00	3071.00	3071.00
		b1905	2933.00	2846.00	2795.00	2678.00
		b1906	2980.00	2892.00	2863.00	2728.00
		b1907	3014.00	2991.00	2922.00	2789.00
		b1908	3028.00	3023.00	2950.00	2864.00
		b1909	3042.00	2967.00	2921.00	2844.00

注：1.如果该合约在月中交割，则该月的月末结算价为最后一个交易日的结算价。
2.自2019年12月02日起，纤维板报价单位由元/张改为元/立方米。
数据来源：上海期货交易所、郑州商品交易所、大连商品交易所
Source：SHFE、ZCE、DCE

Clearing Price of Agricultural Products Futures Contracts in 2019

(yuan/ton)

5月 May	6月 June	7月 July	8月 Aug.	9月 Sept.	10月 Oct.	11月 Nov.	12月 Dec.
—	—	—	—	—	—	—	—
—	—	—	—	—	—	—	—
1872.00	—	—	—	—	—	—	—
1939.00	1900.00	1896.00	—	—	—	—	—
1978.00	1948.00	1926.00	1815.00	1821.00	—	—	—
2018.00	1975.00	1950.00	1845.00	1792.00	1839.00	1837.00	—
2040.00	2005.00	1976.00	1875.00	1819.00	1881.00	1820.00	1814.00
2063.00	2022.00	1995.00	1894.00	1846.00	1903.00	1845.00	1863.00
2106.00	2071.00	2038.00	1934.00	1894.00	1955.00	1891.00	1911.00
—	—	2060.00	1944.00	1920.00	1979.00	1924.00	1939.00
—	—	—	—	1953.00	2003.00	1950.00	1964.00
—	—	—	—	—	—	1967.00	1976.00
—	—	—	—	—	—	—	—
—	—	—	—	—	—	—	—
2276.00	—	—	—	—	—	—	—
2343.00	2236.00	2236.00	—	—	—	—	—
2426.00	2384.00	2360.00	2258.00	2263.00	—	—	—
2407.00	2431.00	2347.00	2261.00	2282.00	2260.00	2260.00	—
2468.00	2436.00	2390.00	2276.00	2184.00	2231.00	2190.00	2147.00
2489.00	2478.00	2435.00	2298.00	2229.00	2276.00	2224.00	2232.00
2508.00	2479.00	2435.00	2317.00	2257.00	2304.00	2251.00	2273.00
—	—	2470.00	2362.00	2287.00	2300.00	2299.00	2308.00
—	—	—	—	2337.00	2382.00	2317.00	2335.00
—	—	—	—	—	—	2358.00	2346.00
—	—	—	—	—	—	—	—
—	—	—	—	—	—	—	—
3353.00	—	—	—	—	—	—	—
3561.00	3385.00	3380.00	—	—	—	—	—
3611.00	3439.00	3384.00	3429.00	3498.00	—	—	—
3523.00	3471.00	3423.00	3486.00	3357.00	3271.00	3276.00	—
3582.00	3442.00	3396.00	3519.00	3346.00	3393.00	3366.00	3352.00
3592.00	3434.00	3465.00	3544.00	3363.00	3425.00	3440.00	3406.00
3626.00	3526.00	3525.00	3711.00	3646.00	3656.00	3675.00	3863.00
—	—	3522.00	3717.00	3650.00	3720.00	3733.00	3930.00
—	—	—	—	3700.00	3730.00	3757.00	3913.00
—	—	—	—	—	—	3782.00	3795.00
—	—	—	—	—	—	—	—
—	—	—	—	—	—	—	—
—	—	—	—	—	—	—	—
—	—	—	—	—	—	—	—
2818.00	—	—	—	—	—	—	—
3052.00	3062.00	—	—	—	—	—	—
3111.00	3297.00	3228.00	—	—	—	—	—
3106.00	3099.00	2822.00	3058.00	—	—	—	—
3117.00	3101.00	3059.00	3325.00	3861.00	—	—	—

5-16 续表 1

单位：元/吨

交易品种 Product	上市交易所 Listed Exchange	合约 Contract	1月 Jan.	2月 Feb.	3月 Mar.	4月 Apr.
黄大豆2号 No.2 Soybean	DCE	b1910	3037.00	3000.00	2969.00	2925.00
		b1911	3036.00	3040.00	2934.00	2940.00
		b1912	3162.00	3171.00	3072.00	3013.00
		b2001	3145.00	3085.00	3019.00	2970.00
		b2002	—	3080.00	3049.00	3004.00
		b2003	—	—	3080.00	3040.00
		b2004	—	—	—	3027.00
		b2005	—	—	—	—
		b2006	—	—	—	—
		b2007	—	—	—	—
		b2008	—	—	—	—
		b2009	—	—	—	—
		b2010	—	—	—	—
		b2011	—	—	—	—
		b2012	—	—	—	—
豆粕 Soybean Meal	DCE	m1901	2837.00	—	—	—
		m1903	2597.00	2439.00	2444.00	—
		m1905	2570.00	2482.00	2505.00	2470.00
		m1907	2577.00	2525.00	2524.00	2506.00
		m1908	2600.00	2560.00	2567.00	2546.00
		m1909	2620.00	2560.00	2579.00	2555.00
		m1911	2647.00	2586.00	2605.00	2583.00
		m1912	2628.00	2641.00	2645.00	2622.00
		m2001	2678.00	2642.00	2649.00	2633.00
		m2003	—	—	2651.00	2627.00
		m2005	—	—	—	—
		m2007	—	—	—	—
		m2008	—	—	—	—
		m2009	—	—	—	—
		m2011	—	—	—	—
		m2012	—	—	—	—
豆油 Soybean Oil	DCE	y1901	5038.00	—	—	—
		y1903	5340.00	5234.00	5266.00	—
		y1905	5750.00	5676.00	5394.00	5208.00
		y1907	5786.00	5734.00	5508.00	5344.00
		y1908	5682.00	5836.00	5604.00	5328.00
		y1909	5816.00	5762.00	5554.00	5362.00
		y1911	5860.00	5848.00	5664.00	5426.00
		y1912	5868.00	5894.00	5770.00	5632.00
		y2001	5922.00	5870.00	5674.00	5510.00
		y2003	—	—	5790.00	5594.00
		y2005	—	—	—	—
		y2007	—	—	—	—
		y2008	—	—	—	—
		y2009	—	—	—	—
		y2011	—	—	—	—
		y2012	—	—	—	—

continued

(yuan/ton)

5月 May	6月 June	7月 July	8月 Aug.	9月 Sept.	10月 Oct.	11月 Nov.	12月 Dec.
3163.00	3177.00	3058.00	3326.00	3075.00	3148.00	—	—
3145.00	3128.00	3064.00	3322.00	3160.00	3396.00	3862.00	—
3185.00	3180.00	3097.00	3339.00	3174.00	3382.00	3191.00	3129.00
3195.00	3182.00	3084.00	3319.00	3161.00	3338.00	3166.00	3705.00
3210.00	3154.00	3102.00	3248.00	3084.00	3265.00	3166.00	3315.00
3098.00	3189.00	3107.00	3213.00	3110.00	3319.00	3160.00	3299.00
3250.00	3080.00	3046.00	3171.00	2998.00	3280.00	3074.00	3264.00
3091.00	3076.00	3042.00	3174.00	3145.00	3261.00	3157.00	3289.00
—	3189.00	3062.00	3175.00	3212.00	3260.00	3178.00	3360.00
—	—	3053.00	3178.00	3207.00	3214.00	3183.00	3284.00
—	—	—	3230.00	3144.00	3218.00	3169.00	3256.00
—	—	—	—	3180.00	3320.00	3212.00	3351.00
—	—	—	—	—	3347.00	3285.00	3289.00
—	—	—	—	—	—	3177.00	3296.00
—	—	—	—	—	—	—	3243.00
—	—	—	—	—	—	—	—
—	—	—	—	—	—	—	—
2523.00	—	—	—	—	—	—	—
2883.00	2798.00	2786.00	—	—	—	—	—
2921.00	2862.00	2788.00	2788.00	—	—	—	—
2921.00	2884.00	2794.00	2988.00	3007.00	—	—	—
2948.00	2921.00	2805.00	3015.00	2909.00	2982.00	2982.00	—
2961.00	2917.00	2811.00	2989.00	2906.00	3021.00	2808.00	2777.00
2960.00	2921.00	2815.00	2953.00	2871.00	2982.00	2837.00	2646.00
2879.00	2834.00	2755.00	2881.00	2844.00	2922.00	2778.00	2693.00
2766.00	2750.00	2724.00	2765.00	2755.00	2884.00	2754.00	2773.00
—	—	2727.00	2759.00	2762.00	2900.00	2776.00	2801.00
—	—	—	2782.00	2797.00	2908.00	2804.00	2842.00
—	—	—	—	2794.00	2931.00	2813.00	2861.00
—	—	—	—	—	—	2827.00	2883.00
—	—	—	—	—	—	—	2914.00
—	—	—	—	—	—	—	—
—	—	—	—	—	—	—	—
5228.00	—	—	—	—	—	—	—
5464.00	5330.00	5330.00	—	—	—	—	—
5460.00	5212.00	5338.00	5338.00	—	—	—	—
5498.00	5402.00	5562.00	5962.00	5974.00	—	—	—
5600.00	5472.00	5650.00	6164.00	6078.00	6334.00	6334.00	—
5750.00	5556.00	5678.00	6054.00	5894.00	6218.00	6122.00	6122.00
5652.00	5554.00	5722.00	6092.00	5882.00	6252.00	6260.00	6736.00
5692.00	5638.00	5770.00	6182.00	5900.00	6274.00	6368.00	6744.00
5742.00	5672.00	5794.00	6060.00	5946.00	6206.00	6270.00	6808.00
—	—	5750.00	6180.00	6036.00	6220.00	6270.00	6684.00
—	—	—	6314.00	5924.00	6136.00	6234.00	6622.00
—	—	—	—	6014.00	6160.00	6218.00	6668.00
—	—	—	—	—	—	6280.00	6568.00
—	—	—	—	—	—	—	6630.00

5-16 续表 2

单位：元/吨

交易品种 Product	上市交易所 Listed Exchange	合约 Contract	1月 Jan.	2月 Feb.	3月 Mar.	4月 Apr.
棕榈油 RBD Palm Oil	DCE	p1901	4188.00	—	—	—
		p1902	4260.00	4600.00	—	—
		p1903	4756.00	4714.00	4714.00	—
		p1904	4802.00	4676.00	4600.00	4330.00
		p1905	4784.00	4552.00	4334.00	4226.00
		p1906	4846.00	4692.00	4568.00	4426.00
		p1907	4866.00	4670.00	4648.00	4496.00
		p1908	4810.00	4638.00	4598.00	4370.00
		p1909	4828.00	4672.00	4594.00	4496.00
		p1910	4896.00	4724.00	4680.00	4574.00
		p1911	4838.00	4778.00	4768.00	4638.00
		p1912	4960.00	4794.00	4788.00	4754.00
		p2001	4874.00	4722.00	4680.00	4654.00
		p2002	—	4826.00	4766.00	4716.00
		p2003	—	—	4808.00	4708.00
		p2004	—	—	—	4780.00
		p2005	—	—	—	—
		p2006	—	—	—	—
		p2007	—	—	—	—
		p2008	—	—	—	—
		p2009	—	—	—	—
		p2010	—	—	—	—
		p2011	—	—	—	—
		p2012	—	—	—	—
鸡蛋 (元/500千克) Egg (yuan/500kg)	DCE	jd1901	4207.00	—	—	—
		jd1902	3249.00	3118.00	—	—
		jd1903	3162.00	3097.00	3310.00	—
		jd1904	3205.00	3190.00	3423.00	3658.00
		jd1905	3333.00	3363.00	3432.00	3792.00
		jd1906	3322.00	3335.00	3341.00	3624.00
		jd1907	3505.00	3505.00	3539.00	3684.00
		jd1908	4151.00	4241.00	4291.00	4526.00
		jd1909	3929.00	4050.00	4060.00	4261.00
		jd1910	3600.00	3664.00	3588.00	3730.00
		jd1911	3555.00	3686.00	3608.00	3747.00
		jd1912	3752.00	3902.00	3818.00	3964.00
		jd2001	3772.00	3908.00	3793.00	3960.00
		jd2002	—	3425.00	3331.00	3421.00
		jd2003	—	—	3231.00	3375.00
		jd2004	—	—	—	3398.00
		jd2005	—	—	—	—
		jd2006	—	—	—	—
		jd2007	—	—	—	—
		jd2008	—	—	—	—
		jd2009	—	—	—	—
		jd2010	—	—	—	—
		jd2011	—	—	—	—
		jd2012	—	—	—	—

continued

(yuan/ton)

5月 May	6月 June	7月 July	8月 Aug.	9月 Sept.	10月 Oct.	11月 Nov.	12月 Dec.
—	—	—	—	—	—	—	—
—	—	—	—	—	—	—	—
—	—	—	—	—	—	—	—
—	—	—	—	—	—	—	—
4184.00	—	—	—	—	—	—	—
4076.00	4076.00	—	—	—	—	—	—
4466.00	4000.00	4000.00	—	—	—	—	—
4496.00	4174.00	4270.00	4270.00	—	—	—	—
4476.00	4280.00	4352.00	4672.00	4712.00	—	—	—
4550.00	4390.00	4410.00	4704.00	4880.00	4880.00	—	—
4678.00	4474.00	4362.00	4772.00	4914.00	4990.00	4990.00	—
4656.00	4480.00	4592.00	4778.00	4742.00	5132.00	5500.00	5500.00
4618.00	4480.00	4534.00	4804.00	4684.00	5242.00	5536.00	6484.00
4662.00	4478.00	4620.00	4912.00	4810.00	5264.00	5624.00	6528.00
4814.00	4604.00	4748.00	4946.00	4876.00	5410.00	5632.00	6500.00
4736.00	4670.00	4714.00	4952.00	4916.00	5420.00	5652.00	6440.00
4784.00	4688.00	4724.00	4976.00	4956.00	5476.00	5728.00	6352.00
—	4722.00	4692.00	5048.00	5132.00	5446.00	5708.00	6240.00
—	—	4710.00	5070.00	4976.00	5404.00	5700.00	6188.00
—	—	—	5094.00	4976.00	5314.00	5682.00	6116.00
—	—	—	—	5024.00	5354.00	5566.00	6024.00
—	—	—	—	—	5370.00	5670.00	6018.00
—	—	—	—	—	—	5658.00	5974.00
—	—	—	—	—	—	—	5992.00
—	—	—	—	—	—	—	—
—	—	—	—	—	—	—	—
—	—	—	—	—	—	—	—
—	—	—	—	—	—	—	—
4132.00	—	—	—	—	—	—	—
3641.00	3615.00	—	—	—	—	—	—
3847.00	3865.00	4726.00	—	—	—	—	—
4817.00	4629.00	4401.00	4389.00	—	—	—	—
4483.00	4348.00	4468.00	4047.00	4657.00	—	—	—
4001.00	3923.00	4086.00	4073.00	4486.00	4855.00	—	—
4002.00	3934.00	4112.00	4103.00	4406.00	5460.00	4679.00	—
4278.00	4107.00	4390.00	4439.00	4520.00	5462.00	4539.00	4171.00
4199.00	4020.00	4324.00	4390.00	4335.00	4794.00	4330.00	3148.00
3654.00	3566.00	3710.00	3750.00	3711.00	4477.00	3775.00	3089.00
3585.00	3476.00	3603.00	3642.00	3586.00	4413.00	3820.00	3148.00
3613.00	3499.00	3605.00	3639.00	3591.00	4308.00	3869.00	3230.00
3706.00	3649.00	3802.00	3835.00	3777.00	4264.00	4022.00	3586.00
—	3615.00	3698.00	3691.00	3634.00	4109.00	3889.00	3399.00
—	—	3832.00	3838.00	3740.00	4087.00	3889.00	3444.00
—	—	—	4502.00	4329.00	4510.00	4440.00	3897.00
—	—	—	—	4296.00	4457.00	4380.00	4053.00
—	—	—	—	—	4065.00	3876.00	3724.00
—	—	—	—	—	—	3853.00	3704.00
—	—	—	—	—	—	—	3737.00

5-16 续表 3

单位：元/吨

交易品种 Product	上市交易所 Listed Exchange	合约 Contract	1月 Jan.	2月 Feb.	3月 Mar.	4月 Apr.
胶合板 (元/张) Blockboard (yuan/piece)	DCE	bb1901	142.00	—	—	—
		bb1902	139.00	142.00	—	—
		bb1903	140.00	158.00	158.00	—
		bb1904	135.00	140.00	178.00	178.00
		bb1905	133.00	157.00	180.00	180.00
		bb1906	139.00	165.00	189.00	189.00
		bb1907	142.00	167.00	167.00	167.00
		bb1908	139.00	165.00	182.00	182.00
		bb1909	139.00	165.00	162.00	155.00
		bb1910	139.00	165.00	156.00	151.00
		bb1911	139.00	165.00	156.00	156.00
		bb1912	139.00	165.00	163.00	159.00
		bb2001	139.00	165.00	164.00	160.00
		bb2002	—	165.00	164.00	160.00
		bb2003	—	—	164.00	160.00
		bb2004	—	—	—	160.00
		bb2005	—	—	—	—
		bb2006	—	—	—	—
		bb2007	—	—	—	—
		bb2008	—	—	—	—
		bb2009	—	—	—	—
		bb2010	—	—	—	—
		bb2011	—	—	—	—
		bb2012	—	—	—	—
纤维板 (元/立方米) Fiberboard (yuan/cubic metres)	DCE	fb1901	92.00	—	—	—
		fb1902	60.00	61.00	—	—
		fb1903	62.00	55.00	44.00	—
		fb1904	66.00	63.00	69.00	71.00
		fb1905	65.00	63.00	67.00	59.00
		fb1906	64.00	62.00	63.00	61.00
		fb1907	62.00	60.00	61.00	60.00
		fb1908	62.00	64.00	67.00	65.00
		fb1909	62.00	60.00	64.00	64.00
		fb1910	62.00	60.00	61.00	61.00
		fb1911	62.00	60.00	61.00	61.00
		fb1912	62.00	60.00	61.00	61.00
		fb2001	62.00	64.00	72.00	67.00
		fb2002	—	64.00	66.00	63.00
		fb2003	—	—	66.00	63.00
		fb2004	—	—	—	63.00
		fb2005	—	—	—	—
		fb2006	—	—	—	—
		fb2007	—	—	—	—
		fb2008	—	—	—	—
		fb2009	—	—	—	—
		fb2010	—	—	—	—
		fb2011	—	—	—	—
		fb2012	—	—	—	—

continued

(yuan/ton)

5月 May	6月 June	7月 July	8月 Aug.	9月 Sept.	10月 Oct.	11月 Nov.	12月 Dec.
—	—	—	—	—	—	—	—
—	—	—	—	—	—	—	—
—	—	—	—	—	—	—	—
—	—	—	—	—	—	—	—
180.00	—	—	—	—	—	—	—
189.00	189.00	—	—	—	—	—	—
167.00	167.00	131.00	—	—	—	—	—
182.00	182.00	182.00	133.00	—	—	—	—
155.00	155.00	155.00	155.00	155.00	—	—	—
150.00	156.00	153.00	159.00	180.00	180.00	—	—
154.00	159.00	161.00	167.00	185.00	185.00	134.00	—
158.00	163.00	166.00	158.00	167.00	167.00	167.00	136.00
159.00	164.00	167.00	173.00	165.00	165.00	165.00	158.00
159.00	164.00	167.00	173.00	164.00	159.00	159.00	159.00
159.00	164.00	167.00	173.00	168.00	166.00	166.00	166.00
159.00	164.00	167.00	173.00	168.00	166.00	165.00	160.00
159.00	164.00	167.00	173.00	168.00	166.00	166.00	166.00
—	164.00	167.00	173.00	168.00	166.00	166.00	166.00
—	—	167.00	173.00	168.00	166.00	166.00	166.00
—	—	—	173.00	168.00	166.00	166.00	166.00
—	—	—	—	168.00	166.00	166.00	166.00
—	—	—	—	—	166.00	166.00	166.00
—	—	—	—	—	—	166.00	166.00
—	—	—	—	—	—	—	166.00
—	—	—	—	—	—	—	—
—	—	—	—	—	—	—	—
—	—	—	—	—	—	—	—
—	—	—	—	—	—	—	—
58.00	—	—	—	—	—	—	—
55.00	55.00	—	—	—	—	—	—
57.00	51.00	44.00	—	—	—	—	—
64.00	62.00	66.00	65.00	—	—	—	—
63.00	61.00	65.00	56.00	60.00	—	—	—
60.00	58.00	62.00	58.00	73.00	93.00	—	—
60.00	58.00	62.00	53.00	64.00	86.00	95.00	—
60.00	58.00	62.00	53.00	63.00	91.00	96.00	96.00
70.00	68.00	70.00	66.00	65.00	86.00	1550.00	1354.00
66.00	63.00	70.00	63.00	70.00	94.00	1550.00	1383.00
66.00	63.00	70.00	63.00	70.00	94.00	1550.00	1279.00
66.00	63.00	70.00	63.00	70.00	94.00	1550.00	1372.00
66.00	61.00	64.00	58.00	65.00	85.00	1550.00	1442.00
—	64.00	67.00	61.00	64.00	84.00	1550.00	1414.00
—	—	67.00	61.00	66.00	88.00	1550.00	1418.00
—	—	—	61.00	66.00	88.00	1550.00	1427.00
—	—	—	—	66.00	88.00	1550.00	1367.00
—	—	—	—	—	—	—	1416.00
—	—	—	—	—	—	—	1380.00
—	—	—	—	—	—	—	1338.00

5-16 续表 4

单位：元/吨

交易品种 Product	上市交易所 Listed Exchange	合约 Contract	1月 Jan.	2月 Feb.	3月 Mar.	4月 Apr.
粳米 Polished Round-grained Rice	DCE	rr2001	—	—	—	—
		rr2002	—	—	—	—
		rr2003	—	—	—	—
		rr2004	—	—	—	—
		rr2005	—	—	—	—
		rr2006	—	—	—	—
		rr2007	—	—	—	—
		rr2008	—	—	—	—
		rr2009	—	—	—	—
		rr2010	—	—	—	—
		rr2011	—	—	—	—
		rr2012	—	—	—	—
棉花 Cotton NO.1	ZCE	CF901	14790.00	—	—	—
		CF903	14810.00	14620.00	14480.00	—
		CF905	15280.00	15230.00	15055.00	15080.00
		CF907	15440.00	15370.00	15195.00	15210.00
		CF909	15630.00	15680.00	15510.00	15530.00
		CF911	15860.00	15835.00	15600.00	15885.00
		CF001	15965.00	16115.00	15950.00	16115.00
		CF003	—	—	15900.00	16400.00
		CF005	—	—	—	—
		CF007	—	—	—	—
		CF009	—	—	—	—
		CF011	—	—	—	—
粳稻 Japonica Rice	ZCE	JR901	2781.00	—	—	—
		JR903	2885.00	2907.00	3095.00	—
		JR905	2984.00	3007.00	3116.00	3140.00
		JR907	2838.00	2860.00	2856.00	2877.00
		JR909	2908.00	2946.00	2946.00	3106.00
		JR911	2908.00	2937.00	2937.00	3070.00
		JR001	2919.00	2919.00	2834.00	2961.00
		JR003	—	—	2919.00	2919.00
		JR005	—	—	—	—
		JR007	—	—	—	—
		JR009	—	—	—	—
		JR011	—	—	—	—
晚籼稻 Late Indica Rice	ZCE	LR901	2641.00	—	—	—
		LR903	2644.00	2578.00	2593.00	—
		LR905	2637.00	2586.00	2494.00	2415.00
		LR907	2620.00	2604.00	2587.00	2468.00
		LR909	2681.00	2636.00	2547.00	2473.00
		LR911	2624.00	2633.00	2462.00	2565.00
		LR001	2658.00	2658.00	2658.00	2658.00
		LR003	—	—	2658.00	2658.00
		LR005	—	—	—	—
		LR007	—	—	—	—
菜籽油 Rapeseed Oil	ZCE	OI901	6315.00	—	—	—
		OI903	6699.00	6412.00	6676.00	—
		OI905	6715.00	6611.00	6957.00	6952.00

continued

(yuan/ton)

5月 May	6月 June	7月 July	8月 Aug.	9月 Sept.	10月 Oct.	11月 Nov.	12月 Dec.
—	—	—	3626.00	3645.00	3631.00	3568.00	3153.00
—	—	—	3542.00	3562.00	3549.00	3452.00	3215.00
—	—	—	3528.00	3596.00	3588.00	3579.00	3220.00
—	—	—	3566.00	3590.00	3592.00	3500.00	3144.00
—	—	—	3581.00	3551.00	3540.00	3502.00	3363.00
—	—	—	3550.00	3556.00	3556.00	3556.00	3348.00
—	—	—	3450.00	3584.00	3581.00	3543.00	3382.00
—	—	—	3585.00	3462.00	3515.00	3499.00	3342.00
—	—	—	—	3540.00	3555.00	3519.00	3400.00
—	—	—	—	—	3587.00	3502.00	3341.00
—	—	—	—	—	—	3493.00	3338.00
—	—	—	—	—	—	—	3311.00
—	—	—	—	—	—	—	—
—	—	—	—	—	—	—	—
13870.00	—	—	—	—	—	—	—
13220.00	13435.00	12335.00	—	—	—	—	—
13510.00	13765.00	13095.00	11950.00	12485.00	—	—	—
13735.00	14070.00	13430.00	12260.00	11740.00	12775.00	12625.00	—
14005.00	14335.00	13700.00	12500.00	12085.00	13130.00	12785.00	13470.00
14170.00	14515.00	13860.00	12660.00	12245.00	13385.00	13035.00	13790.00
14400.00	14835.00	14195.00	12925.00	12530.00	13620.00	13265.00	13985.00
—	—	14295.00	13075.00	12620.00	13750.00	13405.00	14115.00
—	—	—	—	12925.00	14025.00	13710.00	14375.00
—	—	—	—	—	—	13935.00	14685.00
—	—	—	—	—	—	—	—
—	—	—	—	—	—	—	—
3142.00	—	—	—	—	—	—	—
2885.00	2952.00	2952.00	—	—	—	—	—
3117.00	3068.00	3068.00	3441.00	3539.00	—	—	—
3081.00	3031.00	3031.00	3400.00	3665.00	3659.00	3659.00	—
2971.00	2922.00	2922.00	2900.00	3066.00	2868.00	2836.00	2801.00
2917.00	2868.00	2868.00	2902.00	3045.00	2848.00	2817.00	2782.00
2917.00	2868.00	2868.00	2912.00	3047.00	3042.00	3008.00	2970.00
—	—	2868.00	2934.00	3017.00	3012.00	2979.00	2943.00
—	—	—	—	3017.00	2935.00	3006.00	3006.00
—	—	—	—	—	—	3062.00	3024.00
—	—	—	—	—	—	—	—
—	—	—	—	—	—	—	—
2349.00	—	—	—	—	—	—	—
2407.00	2218.00	2186.00	—	—	—	—	—
2429.00	2479.00	2402.00	2551.00	2601.00	—	—	—
2537.00	2536.00	2498.00	2545.00	2750.00	2640.00	2640.00	—
2658.00	2596.00	2661.00	2770.00	2700.00	2757.00	2718.00	2699.00
2658.00	2596.00	2661.00	2890.00	2695.00	2587.00	2550.00	2532.00
2749.00	2693.00	2593.00	2733.00	2695.00	2642.00	2605.00	2586.00
—	—	2697.00	2797.00	2720.00	2720.00	2720.00	2720.00
—	—	—	—	—	—	—	—
—	—	—	—	—	—	—	—
6906.00	—	—	—	—	—	—	—

5-16 续表 5

单位：元/吨

交易品种 Product	上市交易所 Listed Exchange	合约 Contract	1月 Jan.	2月 Feb.	3月 Mar.	4月 Apr.
菜籽油 Rapeseed Oil	ZCE	OI907	6876.00	6905.00	6998.00	6842.00
		OI909	6854.00	6801.00	6921.00	6818.00
		OI911	6889.00	6829.00	6900.00	6869.00
		OI001	6948.00	6925.00	6896.00	6804.00
		OI003	—	—	6970.00	6856.00
		OI005	—	—	—	—
		OI007	—	—	—	—
		OI009	—	—	—	—
		OI011	—	—	—	—
普麦 Wheat PM	ZCE	PM901	2403.00	—	—	—
		PM903	2365.00	2365.00	2365.00	—
		PM905	2266.00	2266.00	2266.00	2148.00
		PM907	2284.00	2284.00	2280.00	2253.00
		PM909	2491.00	2491.00	2591.00	2469.00
		PM911	2437.00	2437.00	2535.00	2415.00
		PM001	2437.00	2437.00	2535.00	2415.00
		PM003	—	—	2535.00	2415.00
		PM005	—	—	—	—
		PM007	—	—	—	—
		PM009	—	—	—	—
		PM011	—	—	—	—
早籼稻 Early Rice	ZCE	RI901	2198.00	—	—	—
		RI903	2397.00	2341.00	2338.00	—
		RI905	2281.00	2228.00	2201.00	2201.00
		RI907	2442.00	2385.00	2356.00	2356.00
		RI909	2400.00	2344.00	2341.00	2341.00
		RI911	2400.00	2344.00	2341.00	2341.00
		RI001	2400.00	2357.00	2328.00	2328.00
		RI003	—	—	2328.00	2328.00
		RI005	—	—	—	—
		RI007	—	—	—	—
		RI009	—	—	—	—
		RI011	—	—	—	—
菜籽粕 Rapeseed Meal	ZCE	RM901	2103.00	—	—	—
		RM903	2142.00	2021.00	2150.00	—
		RM905	2122.00	2079.00	2172.00	2151.00
		RM907	2149.00	2108.00	2187.00	2185.00
		RM908	2166.00	2140.00	2210.00	2205.00
		RM909	2159.00	2139.00	2187.00	2174.00
		RM911	2131.00	2113.00	2164.00	2151.00
		RM001	2101.00	2110.00	2119.00	2099.00
		RM003	—	—	2137.00	2111.00
		RM005	—	—	—	—
		RM007	—	—	—	—
		RM008	—	—	—	—
		RM009	—	—	—	—
		RM011	—	—	—	—

continued

(yuan/ton)

5月 May	6月 June	7月 July	8月 Aug.	9月 Sept.	10月 Oct.	11月 Nov.	12月 Dec.
7065.00	6978.00	6897.00	—	—	—	—	—
7075.00	6916.00	6948.00	7367.00	7155.00	—	—	—
7039.00	6863.00	7023.00	7420.00	7023.00	7522.00	7562.00	—
7013.00	6919.00	6992.00	7461.00	7098.00	7421.00	7652.00	7730.00
7043.00	6891.00	6995.00	7443.00	7169.00	7342.00	7550.00	7806.00
6974.00	6914.00	6978.00	7402.00	7077.00	7315.00	7466.00	7732.00
—	—	6863.00	7464.00	7306.00	7390.00	7412.00	7622.00
—	—	—	—	7169.00	7310.00	7397.00	7603.00
—	—	—	—	—	—	7274.00	7539.00
—	—	—	—	—	—	—	—
—	—	—	—	—	—	—	—
2280.00	—	—	—	—	—	—	—
2185.00	2220.00	2220.00	—	—	—	—	—
2372.00	2220.00	2141.00	2294.00	2294.00	—	—	—
2343.00	2364.00	2279.00	2387.00	2309.00	2309.00	2309.00	—
2265.00	2286.00	2204.00	2398.00	2320.00	2320.00	2320.00	2320.00
2265.00	2286.00	2204.00	2309.00	2234.00	2234.00	2234.00	2234.00
2265.00	2286.00	2204.00	2220.00	2220.00	2220.00	2220.00	2220.00
—	—	2204.00	2305.00	2230.00	2230.00	2230.00	2230.00
—	—	—	—	2230.00	2230.00	2230.00	2230.00
—	—	—	—	—	—	2230.00	2230.00
—	—	—	—	—	—	—	—
—	—	—	—	—	—	—	—
2201.00	—	—	—	—	—	—	—
2340.00	2353.00	2331.00	—	—	—	—	—
2325.00	2338.00	2404.00	2618.00	2723.00	—	—	—
2325.00	2376.00	2458.00	2722.00	2831.00	2788.00	2788.00	—
2312.00	2325.00	2405.00	2662.00	2769.00	2727.00	2643.00	2656.00
2312.00	2325.00	2405.00	2662.00	2769.00	2727.00	2643.00	2656.00
2312.00	2325.00	2405.00	2662.00	2769.00	2687.00	2605.00	2626.00
—	—	2405.00	2662.00	2769.00	2727.00	2643.00	2656.00
—	—	—	—	2769.00	2727.00	2631.00	2631.00
—	—	—	—	—	—	2631.00	2643.00
—	—	—	—	—	—	—	—
—	—	—	—	—	—	—	—
2250.00	—	—	—	—	—	—	—
2451.00	2511.00	2419.00	—	—	—	—	—
2568.00	2652.00	2498.00	2561.00	—	—	—	—
2519.00	2564.00	2402.00	2413.00	2294.00	—	—	—
2479.00	2425.00	2269.00	2340.00	2198.00	2213.00	2165.00	—
2357.00	2330.00	2241.00	2374.00	2274.00	2315.00	2189.00	2207.00
2347.00	2320.00	2242.00	2361.00	2283.00	2320.00	2206.00	2239.00
2313.00	2297.00	2258.00	2344.00	2297.00	2364.00	2264.00	2323.00
—	—	2274.00	2342.00	2303.00	2370.00	2269.00	2334.00
—	—	—	2413.00	2309.00	2387.00	2291.00	2366.00
—	—	—	—	2294.00	2386.00	2281.00	2360.00
—	—	—	—	—	—	2259.00	2316.00

5-16 续表 6

单位：元/吨

交易品种 Product	上市交易所 Listed Exchange	合约 Contract	1月 Jan.	2月 Feb.	3月 Mar.	4月 Apr.
油菜籽 Rapeseed	ZCE	RS907	5271.00	5054.00	4612.00	4350.00
		RS908	5304.00	5054.00	4200.00	4398.00
		RS909	5337.00	4941.00	4452.00	4390.00
		RS911	5383.00	5054.00	4653.00	4491.00
		RS007	—	—	—	—
		RS008	—	—	—	—
		RS009	—	—	—	—
		RS011	—	—	—	—
白糖 White Sugar	ZCE	SR901	4868.00	—	—	—
		SR903	4985.00	5094.00	5119.00	—
		SR905	5020.00	5162.00	5052.00	5127.00
		SR907	4978.00	5139.00	5066.00	5132.00
		SR909	4983.00	5151.00	5018.00	5154.00
		SR911	4991.00	5144.00	5043.00	5181.00
		SR001	4909.00	5138.00	5057.00	5210.00
		SR003	—	—	5087.00	5227.00
		SR005	—	—	—	—
		SR007	—	—	—	—
		SR009	—	—	—	—
		SR011	—	—	—	—
强麦 Wheat WH	ZCE	WH901	2460.00	—	—	—
		WH903	2464.00	2472.00	2529.00	—
		WH905	2410.00	2422.00	2464.00	2701.00
		WH907	2477.00	2489.00	2535.00	2780.00
		WH909	2391.00	2419.00	2408.00	2454.00
		WH911	2547.00	2547.00	2443.00	2339.00
		WH001	2500.00	2432.00	2447.00	2501.00
		WH003	—	—	2435.00	2435.00
		WH005	—	—	—	—
		WH007	—	—	—	—
		WH009	—	—	—	—
		WH011	—	—	—	—
棉纱 Cotton Yarn	ZCE	CY901	21880.00	—	—	—
		CY902	21895.00	22045.00	—	—
		CY903	22145.00	22220.00	22315.00	—
		CY904	21475.00	21560.00	24700.00	23560.00
		CY905	24390.00	24470.00	24455.00	20730.00
		CY906	24670.00	24700.00	24705.00	22500.00
		CY907	23655.00	23730.00	23725.00	21405.00
		CY908	23380.00	23460.00	23440.00	24860.00
		CY909	24940.00	25215.00	25320.00	24900.00
		CY910	24460.00	24355.00	24325.00	24750.00
		CY911	25325.00	25210.00	25590.00	25785.00
		CY912	24795.00	24665.00	24790.00	24500.00
		CY001	24745.00	24855.00	24805.00	24940.00
		CY002	—	24855.00	24855.00	25105.00
		CY003	—	—	24855.00	24765.00
		CY004	—	—	—	24855.00
		CY005	—	—	—	—

continued

(yuan/ton)

5月 May	6月 June	7月 July	8月 Aug.	9月 Sept.	10月 Oct.	11月 Nov.	12月 Dec.
4294.00	4160.00	3751.00	—	—	—	—	—
4354.00	4100.00	3880.00	3786.00	—	—	—	—
4368.00	4157.00	3970.00	3766.00	3480.00	—	—	—
4472.00	4258.00	4200.00	3858.00	3838.00	3510.00	3680.00	—
—	—	4200.00	4200.00	3745.00	4184.00	4399.00	4435.00
—	—	—	4200.00	4189.00	4259.00	4183.00	4186.00
—	—	—	—	4014.00	4216.00	4300.00	4300.00
—	—	—	—	—	—	4300.00	4300.00
—	—	—	—	—	—	—	—
—	—	—	—	—	—	—	—
5121.00	—	—	—	—	—	—	—
4977.00	4950.00	5153.00	—	—	—	—	—
4951.00	5018.00	5318.00	5474.00	5645.00	—	—	—
4941.00	5009.00	5325.00	5409.00	5617.00	5676.00	5858.00	—
4937.00	5029.00	5351.00	5364.00	5515.00	5697.00	5551.00	5581.00
4929.00	5015.00	5275.00	5320.00	5468.00	5618.00	5474.00	5602.00
4807.00	4905.00	5216.00	5268.00	5418.00	5533.00	5404.00	5582.00
—	—	5172.00	5247.00	5406.00	5527.00	5411.00	5584.00
—	—	—	—	5419.00	5550.00	5448.00	5600.00
—	—	—	—	—	—	5455.00	5600.00
—	—	—	—	—	—	—	—
—	—	—	—	—	—	—	—
2860.00	—	—	—	—	—	—	—
2868.00	2816.00	2810.00	—	—	—	—	—
2387.00	2345.00	2322.00	2287.00	2210.00	—	—	—
2434.00	2437.00	2415.00	2368.00	2360.00	2428.00	2440.00	—
2492.00	2495.00	2434.00	2349.00	2360.00	2368.00	2384.00	2359.00
2435.00	2435.00	2435.00	2276.00	2187.00	2290.00	2577.00	2562.00
2463.00	2502.00	2524.00	2526.00	2434.00	2485.00	2522.00	2542.00
—	—	2504.00	2369.00	2389.00	2428.00	2773.00	2791.00
—	—	—	—	2416.00	2425.00	2599.00	2553.00
—	—	—	—	—	—	2477.00	2469.00
—	—	—	—	—	—	—	—
—	—	—	—	—	—	—	—
—	—	—	—	—	—	—	—
—	—	—	—	—	—	—	—
21155.00	—	—	—	—	—	—	—
19890.00	19635.00	—	—	—	—	—	—
21125.00	22610.00	21885.00	—	—	—	—	—
21860.00	21495.00	20495.00	19810.00	—	—	—	—
21660.00	23070.00	22590.00	21560.00	22705.00	—	—	—
22225.00	21465.00	23060.00	22735.00	22155.00	22720.00	—	—
21695.00	21790.00	23530.00	23325.00	22730.00	23970.00	23770.00	—
21080.00	21250.00	22940.00	22390.00	21805.00	22300.00	21880.00	22335.00
21740.00	21880.00	21355.00	20285.00	20040.00	21155.00	20765.00	19355.00
22120.00	22500.00	22205.00	21060.00	20800.00	21960.00	20795.00	19565.00
22060.00	22090.00	21560.00	20505.00	20250.00	20650.00	20080.00	19565.00
21520.00	21665.00	21145.00	20090.00	19850.00	20280.00	19735.00	19230.00
22425.00	22925.00	21870.00	20940.00	21715.00	21585.00	21270.00	22125.00

5-16 续表 7

单位：元/吨

交易品种 Product	上市交易所 Listed Exchange	合约 Contract	1月 Jan.	2月 Feb.	3月 Mar.	4月 Apr.
棉纱 Cotton Yarn	ZCE	CY006	—	—	—	—
		CY007	—	—	—	—
		CY008	—	—	—	—
		CY009	—	—	—	—
		CY010	—	—	—	—
		CY011	—	—	—	—
		CY012	—	—	—	—
苹果 Apple	ZCE	AP901	10196.00	—	—	—
		AP903	10933.00	10856.00	11017.00	—
		AP905	10854.00	11005.00	11570.00	12451.00
		AP907	10742.00	11309.00	11695.00	12555.00
		AP910	7839.00	8353.00	7873.00	8126.00
		AP911	7742.00	8321.00	7833.00	7994.00
		AP912	7815.00	8423.00	7883.00	7945.00
		AP001	7991.00	8527.00	7892.00	7920.00
		AP003	—	—	7897.00	7772.00
		AP005	—	—	—	—
		AP007	—	—	—	—
		AP010	—	—	—	—
		AP011	—	—	—	—
		AP012	—	—	—	—
红枣 Chinese Jujube	ZCE	CJ912	—	—	—	8830.00
		CJ001	—	—	—	8870.00
		CJ003	—	—	—	8510.00
		CJ005	—	—	—	8400.00
		CJ007	—	—	—	—
		CJ009	—	—	—	—
		CJ012	—	—	—	—
天然橡胶 Natural Rubber	SHFE	ru1901	11230.00	—	—	—
		ru1903	11285.00	12250.00	11740.00	—
		ru1904	11265.00	12410.00	11395.00	11280.00
		ru1905	11325.00	12505.00	11220.00	11165.00
		ru1906	11435.00	12555.00	11335.00	11355.00
		ru1907	11600.00	12675.00	11340.00	11430.00
		ru1908	11640.00	12770.00	11470.00	11555.00
		ru1909	11595.00	12775.00	11530.00	11510.00
		ru1910	11735.00	12800.00	11540.00	11395.00
		ru1911	11735.00	12880.00	11670.00	11675.00
		ru2001	12670.00	13935.00	12740.00	12635.00
		ru2003	—	—	12815.00	12575.00
		ru2004	—	—	—	12765.00
		ru2005	—	—	—	—
		ru2006	—	—	—	—
		ru2007	—	—	—	—
		ru2008	—	—	—	—
		ru2009	—	—	—	—
		ru2010	—	—	—	—
		ru2011	—	—	—	—

continued

(yuan/ton)

5月 May	6月 June	7月 July	8月 Aug.	9月 Sept.	10月 Oct.	11月 Nov.	12月 Dec.
—	22540.00	23195.00	22195.00	22920.00	20650.00	20880.00	21950.00
—	—	22305.00	21480.00	21145.00	20595.00	20760.00	21595.00
—	—	—	21815.00	21405.00	20950.00	21530.00	22080.00
—	—	—	—	22000.00	21960.00	21935.00	22610.00
—	—	—	—	—	21350.00	21370.00	21790.00
—	—	—	—	—	—	21135.00	22090.00
—	—	—	—	—	—	—	22195.00
—	—	—	—	—	—	—	—
—	—	—	—	—	—	—	—
14217.00	—	—	—	—	—	—	—
14222.00	15388.00	16133.00	—	—	—	—	—
9666.00	9247.00	9321.00	9479.00	8101.00	9616.00	—	—
9353.00	8853.00	8838.00	8789.00	7274.00	8904.00	9204.00	—
9345.00	8814.00	8671.00	8572.00	7310.00	8391.00	8177.00	8435.00
9405.00	8888.00	8725.00	8621.00	7403.00	7966.00	8039.00	8611.00
9340.00	8753.00	8668.00	8541.00	7343.00	7856.00	7812.00	7945.00
9375.00	8846.00	8799.00	8615.00	7485.00	7937.00	7806.00	7751.00
—	—	8829.00	8672.00	7572.00	8061.00	7953.00	7868.00
—	—	—	—	—	8190.00	7945.00	7630.00
—	—	—	—	—	—	7806.00	7479.00
—	—	—	—	—	—	—	7471.00
10440.00	10445.00	10280.00	10785.00	10245.00	10640.00	11090.00	11310.00
10490.00	10490.00	10290.00	10695.00	10230.00	10695.00	10925.00	11110.00
10385.00	10420.00	10125.00	10530.00	10160.00	10655.00	10935.00	10960.00
10365.00	10380.00	10115.00	10550.00	10150.00	10645.00	10965.00	10895.00
—	—	10070.00	10490.00	10155.00	10625.00	10925.00	10905.00
—	—	—	—	10165.00	10495.00	10905.00	10920.00
—	—	—	—	—	—	—	11030.00
—	—	—	—	—	—	—	—
—	—	—	—	—	—	—	—
—	—	—	—	—	—	—	—
11410.00	—	—	—	—	—	—	—
11975.00	11700.00	—	—	—	—	—	—
12050.00	11240.00	10475.00	—	—	—	—	—
12170.00	11445.00	10565.00	10300.00	—	—	—	—
12180.00	11470.00	10670.00	10625.00	11115.00	—	—	—
12205.00	11540.00	10655.00	10730.00	10650.00	10600.00	—	—
12325.00	11560.00	10740.00	10770.00	10685.00	11115.00	11090.00	—
13145.00	12475.00	11505.00	11755.00	11475.00	12005.00	12390.00	12610.00
13290.00	12585.00	11755.00	11840.00	11735.00	12195.00	12490.00	12790.00
13370.00	12570.00	11855.00	11925.00	11730.00	12025.00	12545.00	12920.00
13320.00	12645.00	11770.00	11935.00	11660.00	12145.00	12570.00	12970.00
—	12860.00	11940.00	12000.00	11925.00	12215.00	12610.00	13055.00
—	—	11915.00	12000.00	11835.00	12285.00	12850.00	13060.00
—	—	—	12080.00	11885.00	12295.00	12860.00	13095.00
—	—	—	—	11870.00	12275.00	12685.00	13140.00
—	—	—	—	—	12160.00	12975.00	13050.00
—	—	—	—	—	—	12790.00	13260.00

5-17 2019年金属期货合约月末结算价

单位：元/吨

交易品种 Product	上市交易所 Listed Exchange	合约 Contract	1月 Jan.	2月 Feb.	3月 Mar.	4月 Apr.
铜 Copper	SHFE	cu1901	46880.00	—	—	—
		cu1902	47890.00	48000.00	—	—
		cu1903	48040.00	50050.00	49660.00	—
		cu1904	48110.00	50260.00	48540.00	49300.00
		cu1905	48000.00	50220.00	48640.00	48880.00
		cu1906	47960.00	50140.00	48740.00	48920.00
		cu1907	48010.00	50100.00	48770.00	48950.00
		cu1908	47980.00	50090.00	48830.00	48980.00
		cu1909	48000.00	50110.00	48860.00	49010.00
		cu1910	47990.00	50100.00	48880.00	49020.00
		cu1911	47950.00	50150.00	48900.00	49030.00
		cu1912	47970.00	50110.00	48940.00	49040.00
		cu2001	48080.00	50140.00	48970.00	49060.00
		cu2002	—	50080.00	48960.00	49100.00
		cu2003	—	—	49050.00	49080.00
		cu2004	—	—	—	49060.00
		cu2005	—	—	—	—
		cu2006	—	—	—	—
		cu2007	—	—	—	—
		cu2008	—	—	—	—
		cu2009	—	—	—	—
		cu2010	—	—	—	—
		cu2011	—	—	—	—
		cu2012	—	—	—	—
铝 Aluminum	SHFE	al1901	13190.00	—	—	—
		al1902	13460.00	13335.00	—	—
		al1903	13505.00	13640.00	13830.00	—
		al1904	13545.00	13690.00	13655.00	13825.00
		al1905	13535.00	13690.00	13695.00	14175.00
		al1906	13555.00	13705.00	13735.00	14180.00
		al1907	13590.00	13745.00	13775.00	14180.00
		al1908	13630.00	13795.00	13815.00	14180.00
		al1909	13680.00	13850.00	13860.00	14170.00
		al1910	13725.00	13880.00	13900.00	14180.00
		al1911	13780.00	13960.00	13940.00	14185.00
		al1912	13830.00	13985.00	13980.00	14180.00
		al2001	13755.00	14025.00	14000.00	14230.00
		al2002	—	14055.00	14005.00	14285.00
		al2003	—	—	14045.00	14215.00
		al2004	—	—	—	14220.00
		al2005	—	—	—	—
		al2006	—	—	—	—
		al2007	—	—	—	—
		al2008	—	—	—	—
		al2009	—	—	—	—
		al2010	—	—	—	—
		al2011	—	—	—	—
		al2012	—	—	—	—

注：如果该合约在月中交割，则该月的月末结算价为最后一个交易日的结算价。
数据来源：上海期货交易所、郑州商品交易所、大连商品交易所
Source：SHFE、ZCE、DCE

Clearing Price of Metal Products Futures Contracts in 2019

(yuan/ton)

5月 May	6月 June	7月 July	8月 Aug.	9月 Sept.	10月 Oct.	11月 Nov.	12月 Dec.
—	—	—	—	—	—	—	—
—	—	—	—	—	—	—	—
—	—	—	—	—	—	—	—
—	—	—	—	—	—	—	—
47480.00	—	—	—	—	—	—	—
46370.00	46040.00	—	—	—	—	—	—
46360.00	46970.00	46570.00	—	—	—	—	—
46390.00	47000.00	46800.00	46250.00	—	—	—	—
46420.00	47050.00	46850.00	46650.00	47730.00	—	—	—
46450.00	47070.00	46910.00	46740.00	47140.00	46900.00	—	—
46540.00	47140.00	46960.00	46770.00	47110.00	47240.00	46790.00	—
46520.00	47170.00	47000.00	46780.00	47130.00	47370.00	47200.00	48620.00
46560.00	47240.00	47030.00	46800.00	47140.00	47430.00	47280.00	49150.00
46620.00	47330.00	47090.00	46840.00	47170.00	47510.00	47360.00	49280.00
46660.00	47290.00	47160.00	46850.00	47250.00	47600.00	47430.00	49420.00
46640.00	47310.00	47250.00	46940.00	47390.00	47680.00	47520.00	49480.00
46670.00	47410.00	47310.00	46950.00	47370.00	47790.00	47630.00	49480.00
—	47510.00	47360.00	46950.00	47440.00	47850.00	47690.00	49510.00
—	—	47410.00	46970.00	47370.00	47920.00	47780.00	49530.00
—	—	—	46920.00	47420.00	47970.00	47860.00	49590.00
—	—	—	—	47450.00	48030.00	47890.00	49620.00
—	—	—	—	—	48090.00	47930.00	49610.00
—	—	—	—	—	—	48020.00	49670.00
—	—	—	—	—	—	—	49700.00
—	—	—	—	—	—	—	—
—	—	—	—	—	—	—	—
—	—	—	—	—	—	—	—
—	—	—	—	—	—	—	—
14330.00	—	—	—	—	—	—	—
14160.00	13905.00	—	—	—	—	—	—
14150.00	13840.00	13830.00	—	—	—	—	—
14135.00	13830.00	13895.00	14195.00	—	—	—	—
14115.00	13810.00	13910.00	14260.00	14495.00	—	—	—
14110.00	13805.00	13895.00	14250.00	13990.00	13760.00	—	—
14130.00	13815.00	13885.00	14230.00	13955.00	13880.00	14345.00	—
14125.00	13810.00	13890.00	14195.00	13925.00	13825.00	13900.00	13950.00
14140.00	13840.00	13915.00	14180.00	13940.00	13800.00	13825.00	14345.00
14160.00	13840.00	13930.00	14190.00	13985.00	13810.00	13780.00	14090.00
14220.00	13885.00	13945.00	14200.00	13980.00	13835.00	13795.00	14040.00
14240.00	13830.00	13950.00	14210.00	14015.00	13855.00	13805.00	14020.00
14250.00	13890.00	14050.00	14250.00	14040.00	13900.00	13820.00	14005.00
—	13875.00	13985.00	14260.00	14050.00	13910.00	13820.00	13990.00
—	—	14100.00	14225.00	14055.00	13945.00	13825.00	13985.00
—	—	—	14335.00	14165.00	13965.00	13815.00	14020.00
—	—	—	—	14225.00	13950.00	13850.00	13990.00
—	—	—	—	—	13990.00	13865.00	13975.00
—	—	—	—	—	—	13830.00	13955.00
—	—	—	—	—	—	—	13955.00

5-17 续表 1

单位：元/吨

交易品种 Product	上市交易所 Listed Exchange	合约 Contract	1月 Jan.	2月 Feb.	3月 Mar.	4月 Apr.
锌 Zinc	SHFE	zn1901	21490.00	—	—	—
		zn1902	22040.00	21395.00	—	—
		zn1903	21920.00	21830.00	22375.00	—
		zn1904	21725.00	21810.00	22655.00	22685.00
		zn1905	21405.00	21520.00	22555.00	21890.00
		zn1906	21160.00	21300.00	22265.00	21795.00
		zn1907	20960.00	21120.00	21990.00	21555.00
		zn1908	20790.00	20975.00	21800.00	21355.00
		zn1909	20600.00	20830.00	21635.00	21160.00
		zn1910	20435.00	20710.00	21475.00	21025.00
		zn1911	20330.00	20645.00	21240.00	20845.00
		zn1912	20245.00	20475.00	21095.00	20795.00
		zn2001	20175.00	20480.00	20960.00	20730.00
		zn2002	—	20285.00	20890.00	20685.00
		zn2003	—	—	20810.00	20615.00
		zn2004	—	—	—	20395.00
		zn2005	—	—	—	—
		zn2006	—	—	—	—
		zn2007	—	—	—	—
		zn2008	—	—	—	—
		zn2009	—	—	—	—
		zn2010	—	—	—	—
		zn2011	—	—	—	—
		zn2012	—	—	—	—
铅 Lead	SHFE	pb1901	17805.00	—	—	—
		pb1902	17435.00	16770.00	—	—
		pb1903	17495.00	17285.00	17495.00	—
		pb1904	17500.00	17295.00	16695.00	16380.00
		pb1905	17405.00	17250.00	16740.00	16705.00
		pb1906	17300.00	17210.00	16745.00	16695.00
		pb1907	17175.00	17235.00	16760.00	16635.00
		pb1908	17135.00	17265.00	16745.00	16575.00
		pb1909	17000.00	17235.00	16770.00	16520.00
		pb1910	17095.00	17215.00	16805.00	16575.00
		pb1911	16965.00	17065.00	16865.00	16530.00
		pb1912	16880.00	17255.00	16715.00	16545.00
		pb2001	16680.00	17200.00	16815.00	16525.00
		pb2002	—	17060.00	16815.00	16485.00
		pb2003	—	—	16755.00	16395.00
		pb2004	—	—	—	16515.00
		pb2005	—	—	—	—
		pb2006	—	—	—	—
		pb2007	—	—	—	—
		pb2008	—	—	—	—
		pb2009	—	—	—	—
		pb2010	—	—	—	—
		pb2011	—	—	—	—
		pb2012	—	—	—	—

continued

(yuan/ton)

5月 May	6月 June	7月 July	8月 Aug.	9月 Sept.	10月 Oct.	11月 Nov.	12月 Dec.
—	—	—	—	—	—	—	—
—	—	—	—	—	—	—	—
—	—	—	—	—	—	—	—
—	—	—	—	—	—	—	—
21260.00	—	—	—	—	—	—	—
21045.00	20560.00	—	—	—	—	—	—
20725.00	20040.00	19180.00	—	—	—	—	—
20340.00	19855.00	19480.00	18665.00	—	—	—	—
20105.00	19725.00	19515.00	18775.00	19255.00	—	—	—
19905.00	19615.00	19480.00	18765.00	18730.00	18925.00	—	—
19765.00	19505.00	19425.00	18675.00	18730.00	18940.00	18495.00	—
19640.00	19410.00	19395.00	18590.00	18705.00	18980.00	18150.00	18365.00
19590.00	19315.00	19340.00	18535.00	18680.00	19000.00	17985.00	18060.00
19475.00	19305.00	19350.00	18475.00	18665.00	19015.00	17905.00	18020.00
19475.00	19215.00	19340.00	18465.00	18650.00	19040.00	17880.00	17975.00
19405.00	19310.00	19325.00	18435.00	18670.00	19055.00	17895.00	17965.00
19320.00	19110.00	19305.00	18435.00	18660.00	19080.00	17910.00	17955.00
—	19075.00	19440.00	18445.00	18660.00	19085.00	17890.00	17950.00
—	—	19385.00	18445.00	18660.00	19055.00	17930.00	17935.00
—	—	—	18420.00	18625.00	19105.00	17935.00	17940.00
—	—	—	—	18620.00	19120.00	17940.00	17995.00
—	—	—	—	—	19075.00	17990.00	17965.00
—	—	—	—	—	—	17850.00	18015.00
—	—	—	—	—	—	—	18005.00
—	—	—	—	—	—	—	—
—	—	—	—	—	—	—	—
—	—	—	—	—	—	—	—
—	—	—	—	—	—	—	—
15960.00	—	—	—	—	—	—	—
16095.00	16015.00	—	—	—	—	—	—
16060.00	16010.00	15990.00	—	—	—	—	—
15955.00	16030.00	16540.00	16495.00	—	—	—	—
15885.00	16035.00	16610.00	17250.00	17295.00	—	—	—
15835.00	16035.00	16565.00	17295.00	17005.00	16850.00	—	—
15940.00	16030.00	16575.00	17145.00	16945.00	16600.00	15880.00	—
15835.00	16030.00	16510.00	17090.00	16835.00	16610.00	15650.00	15270.00
15840.00	16140.00	16580.00	17110.00	16770.00	16595.00	15495.00	15100.00
15710.00	16035.00	16510.00	17080.00	16745.00	16575.00	15425.00	15115.00
15710.00	16100.00	16800.00	17045.00	16795.00	16600.00	15410.00	15135.00
15700.00	16185.00	16540.00	17090.00	16745.00	16630.00	15400.00	15150.00
15805.00	16035.00	16530.00	17040.00	16600.00	16535.00	15345.00	15155.00
—	16085.00	16515.00	16980.00	16705.00	16605.00	15340.00	15155.00
—	—	16605.00	16980.00	16640.00	16490.00	15265.00	15175.00
—	—	—	16905.00	16575.00	16635.00	15290.00	15165.00
—	—	—	—	16555.00	16500.00	15370.00	15185.00
—	—	—	—	—	16625.00	15290.00	15130.00
—	—	—	—	—	—	15260.00	15130.00
—	—	—	—	—	—	—	15160.00

5-17 续表 2

单位：元/吨

交易品种 Product	上市交易所 Listed Exchange	合约 Contract	1月 Jan.	2月 Feb.	3月 Mar.	4月 Apr.
黄金(元/克) Gold (yuan/g)	SHFE	au1901	285.65	—	—	—
		au1902	283.70	289.00	—	—
		au1903	283.25	283.25	283.25	—
		au1904	286.80	286.55	281.70	281.65
		au1905	—	286.85	283.55	281.00
		au1906	287.10	287.20	283.50	281.10
		au1907	—	—	—	283.00
		au1908	287.55	288.40	284.50	282.20
		au1909	—	—	—	—
		au1910	288.05	289.20	285.40	283.30
		au1911	—	—	—	—
		au1912	290.05	290.20	285.90	284.25
		au2001	—	—	—	—
		au2002	287.85	293.45	286.70	286.30
		au2003	—	—	—	—
		au2004	—	—	290.90	285.65
		au2006	—	—	—	—
		au2008	—	—	—	—
		au2010	—	—	—	—
		au2012	—	—	—	—
白银(元/千克) Silver (yuan/kg)	SHFE	ag1901	3662.00	—	—	—
		ag1902	3704.00	3670.00	—	—
		ag1903	3712.00	3673.00	3622.00	—
		ag1904	3742.00	3694.00	3514.00	3517.00
		ag1905	3736.00	3682.00	3533.00	3522.00
		ag1906	3740.00	3686.00	3541.00	3531.00
		ag1907	3754.00	3728.00	3551.00	3537.00
		ag1908	3765.00	3700.00	3561.00	3545.00
		ag1909	3782.00	3720.00	3581.00	3565.00
		ag1910	3777.00	3705.00	3590.00	3564.00
		ag1911	3792.00	3714.00	3604.00	3594.00
		ag1912	3789.00	3730.00	3603.00	3585.00
		ag2001	3809.00	3744.00	3612.00	3598.00
		ag2002	—	3804.00	3611.00	3631.00
		ag2003	—	—	3656.00	3643.00
		ag2004	—	—	—	3646.00
		ag2005	—	—	—	—
		ag2006	—	—	—	—
		ag2007	—	—	—	—
		ag2008	—	—	—	—
		ag2009	—	—	—	—
		ag2010	—	—	—	—
		ag2011	—	—	—	—
		ag2012	—	—	—	—
螺纹钢 Steel Rebar	SHFE	rb1901	3611.00	—	—	—
		rb1902	3821.00	3721.00	—	—
		rb1903	3751.00	3797.00	3837.00	—
		rb1904	3795.00	3810.00	3732.00	4120.00
		rb1905	3696.00	3733.00	3727.00	4192.00
		rb1906	3624.00	3673.00	3630.00	4041.00

continued

(yuan/ton)

5月 May	6月 June	7月 July	8月 Aug.	9月 Sept.	10月 Oct.	11月 Nov.	12月 Dec.
—	—	—	—	—	—	—	—
—	—	—	—	—	—	—	—
—	—	—	—	—	—	—	—
—	—	—	—	—	—	—	—
281.00	—	—	—	—	—	—	—
288.85	307.45	—	—	—	—	—	—
290.05	318.25	314.65	—	—	—	—	—
290.75	314.65	319.50	343.90	—	—	—	—
—	315.40	320.20	356.95	342.50	—	—	—
291.20	316.45	320.45	358.30	342.75	348.55	—	—
—	—	—	357.60	343.50	339.15	339.15	—
292.20	317.55	321.50	357.95	345.25	341.20	331.35	332.00
—	—	—	—	—	342.20	332.80	346.22
294.00	318.80	322.55	359.30	346.60	343.35	332.80	342.84
—	—	—	—	—	—	—	342.54
295.05	319.90	323.65	360.45	347.75	344.85	334.10	344.38
295.40	320.10	324.60	361.75	349.35	346.45	335.40	346.54
—	—	324.45	363.65	351.20	348.30	336.35	347.90
—	—	—	—	351.80	349.20	338.05	349.56
—	—	—	—	—	—	338.90	350.02
—	—	—	—	—	—	—	—
—	—	—	—	—	—	—	—
—	—	—	—	—	—	—	—
—	—	—	—	—	—	—	—
3525.00	—	—	—	—	—	—	—
3515.00	3594.00	—	—	—	—	—	—
3518.00	3660.00	3605.00	—	—	—	—	—
3532.00	3673.00	3934.00	4170.00	—	—	—	—
3539.00	3668.00	3935.00	4530.00	4391.00	—	—	—
3539.00	3681.00	3954.00	4538.00	4222.00	4301.00	—	—
3556.00	3684.00	3969.00	4570.00	4267.00	4302.00	4111.00	—
3570.00	3696.00	3972.00	4573.00	4290.00	4360.00	4107.00	4094.00
3583.00	3698.00	3987.00	4582.00	4301.00	4376.00	4123.00	4365.00
3595.00	3718.00	3998.00	4604.00	4309.00	4390.00	4137.00	4368.00
3620.00	3723.00	3999.00	4602.00	4357.00	4402.00	4156.00	4378.00
3604.00	3735.00	4020.00	4621.00	4329.00	4414.00	4163.00	4394.00
3652.00	3755.00	4005.00	4597.00	4339.00	4423.00	4179.00	4422.00
—	3761.00	4035.00	4628.00	4351.00	4437.00	4192.00	4432.00
—	—	4045.00	4623.00	4383.00	4434.00	4203.00	4440.00
—	—	—	4633.00	4381.00	4472.00	4221.00	4456.00
—	—	—	—	4405.00	4468.00	4233.00	4463.00
—	—	—	—	—	4483.00	4255.00	4503.00
—	—	—	—	—	—	4248.00	4504.00
—	—	—	—	—	—	—	4517.00
—	—	—	—	—	—	—	—
—	—	—	—	—	—	—	—
—	—	—	—	—	—	—	—
—	—	—	—	—	—	—	—
4186.00	—	—	—	—	—	—	—
3834.00	3719.00	—	—	—	—	—	—

5-17 续表 3

单位：元/吨

交易品种 Product	上市交易所 Listed Exchange	合约 Contract	1月 Jan.	2月 Feb.	3月 Mar.	4月 Apr.
螺纹钢 Steel Rebar	SHFE	rb1907	3619.00	3670.00	3630.00	4009.00
		rb1908	3617.00	3667.00	3638.00	4013.00
		rb1909	3568.00	3621.00	3543.00	3911.00
		rb1910	3477.00	3527.00	3432.00	3811.00
		rb1911	3405.00	3455.00	3403.00	3723.00
		rb1912	3381.00	3430.00	3364.00	3618.00
		rb2001	3318.00	3363.00	3260.00	3529.00
		rb2002	—	3308.00	3228.00	3461.00
		rb2003	—	—	3235.00	3452.00
		rb2004	—	—	—	3454.00
		rb2005	—	—	—	—
		rb2006	—	—	—	—
		rb2007	—	—	—	—
		rb2008	—	—	—	—
		rb2009	—	—	—	—
		rb2010	—	—	—	—
		rb2011	—	—	—	—
		rb2012	—	—	—	—
线材 Steel Wire Rod	SHFE	wr1903	3677.00	3579.00	3579.00	—
		wr1904	3807.00	3705.00	3705.00	3705.00
		wr1905	3835.00	3855.00	3897.00	4338.00
		wr1906	3420.00	3436.00	3473.00	3889.00
		wr1907	3672.00	3743.00	3719.00	4097.00
		wr1908	3657.00	3706.00	3705.00	4039.00
		wr1909	3620.00	3608.00	3610.00	3974.00
		wr1910	3786.00	3838.00	3715.00	3806.00
		wr1911	3786.00	3838.00	3835.00	4252.00
		wr1912	3786.00	3838.00	3835.00	4252.00
		wr2001	3714.00	3763.00	3761.00	4141.00
		wr2002	—	3763.00	3820.00	4238.00
		wr2003	—	—	3761.00	4151.00
		wr2004	—	—	—	4184.00
		wr2005	—	—	—	—
		wr2006	—	—	—	—
		wr2007	—	—	—	—
		wr2008	—	—	—	—
		wr2009	—	—	—	—
		wr2010	—	—	—	—
		wr2011	—	—	—	—
		wr2012	—	—	—	—
不锈钢 Stainless Steel	SHFE	ss2002	—	—	—	—
		ss2003	—	—	—	—
		ss2004	—	—	—	—
		ss2005	—	—	—	—
		ss2006	—	—	—	—
		ss2007	—	—	—	—
		ss2008	—	—	—	—
		ss2009	—	—	—	—
		ss2010	—	—	—	—
		ss2011	—	—	—	—
		ss2012	—	—	—	—

continued

(yuan/ton)

5月 May	6月 June	7月 July	8月 Aug.	9月 Sept.	10月 Oct.	11月 Nov.	12月 Dec.
3863.00	3780.00	3742.00	—	—	—	—	—
3950.00	4080.00	4064.00	3990.00	—	—	—	—
3877.00	4083.00	3981.00	3625.00	3803.00	—	—	—
3769.00	4044.00	3907.00	3621.00	3691.00	3612.00	—	—
3659.00	3905.00	3784.00	3427.00	3613.00	3494.00	3700.00	—
3594.00	3834.00	3748.00	3409.00	3555.00	3459.00	3938.00	3985.00
3511.00	3752.00	3671.00	3318.00	3485.00	3374.00	3618.00	3796.00
3397.00	3572.00	3522.00	3215.00	3326.00	3247.00	3521.00	3643.00
3378.00	3582.00	3519.00	3217.00	3318.00	3243.00	3510.00	3632.00
3404.00	3601.00	3573.00	3234.00	3362.00	3270.00	3466.00	3601.00
3366.00	3583.00	3518.00	3191.00	3296.00	3227.00	3424.00	3558.00
—	3536.00	3489.00	3155.00	3203.00	3126.00	3312.00	3464.00
—	—	3486.00	3157.00	3198.00	3114.00	3314.00	3437.00
—	—	—	3166.00	3252.00	3167.00	3340.00	3475.00
—	—	—	—	3231.00	3149.00	3323.00	3447.00
—	—	—	—	—	3111.00	3275.00	3401.00
—	—		—	—	—	3225.00	3359.00
—	—	—	—	—	—	—	3358.00
—	—	—	—	—	—	—	—
—	—	—	—	—	—	—	—
4843.00	—	—	—	—	—	—	—
4161.00	4161.00	—	—	—	—	—	—
4187.00	4544.00	4525.00	—	—	—	—	—
4263.00	4489.00	4469.00	4469.00	—	—	—	—
4024.00	4051.00	4232.00	4009.00	4009.00	—	—	—
4035.00	4231.00	4114.00	3894.00	4128.00	4128.00	—	—
4184.00	4516.00	4446.00	4197.00	4442.00	4442.00	4442.00	—
4184.00	4516.00	4446.00	4158.00	4400.00	4400.00	3948.00	3948.00
4073.00	4400.00	4332.00	4050.00	4045.00	3662.00	3992.00	4194.00
4146.00	4473.00	4401.00	4116.00	4338.00	3927.00	3957.00	3984.00
3774.00	4072.00	4007.00	3819.00	3651.00	3569.00	3973.00	4139.00
4119.00	4449.00	4380.00	4095.00	3854.00	3483.00	3935.00	4047.00
4093.00	4419.00	4232.00	3959.00	3731.00	3378.00	3923.00	3931.00
—	4419.00	4352.00	4069.00	3876.00	3511.00	3955.00	4035.00
—	—	4426.00	4140.00	3901.00	3532.00	4067.00	4157.00
—	—	—	4239.00	3994.00	3616.00	4071.00	4161.00
—	—	—	—	3995.00	3549.00	4048.00	3992.00
—	—	—	—	—	3428.00	3883.00	3857.00
—	—	—	—	—	—	3831.00	3989.00
—	—	—	—	—	—	—	4017.00
—	—	—	—	15695.00	15015.00	14060.00	14480.00
—	—	—	—	15495.00	14905.00	13970.00	14465.00
—	—	—	—	15615.00	14790.00	14230.00	14440.00
—	—	—	—	15390.00	14805.00	13970.00	14345.00
—	—	—	—	15390.00	14800.00	14130.00	14350.00
—	—	—	—	15245.00	14605.00	14060.00	14190.00
—	—	—	—	15370.00	14735.00	13955.00	14050.00
—	—	—	—	15165.00	14695.00	13940.00	14230.00
—	—	—	—	—	14740.00	13835.00	14290.00
—	—	—	—	—	—	14095.00	14105.00
—	—	—	—	—	—	—	14075.00

5-17 续表 4

单位：元/吨

交易品种 Product	上市交易所 Listed Exchange	合约 Contract	1月 Jan.	2月 Feb.	3月 Mar.	4月 Apr.
热轧卷板 Hot Rolled Coils	SHFE	hc1901	3594.00	—	—	—
		hc1902	3700.00	3800.00	—	—
		hc1903	3587.00	3871.00	3871.00	—
		hc1904	3705.00	3682.00	3753.00	3753.00
		hc1905	3594.00	3748.00	3707.00	4053.00
		hc1906	3545.00	3723.00	3745.00	4094.00
		hc1907	3545.00	3635.00	3622.00	3798.00
		hc1908	3468.00	3632.00	3616.00	3938.00
		hc1909	3503.00	3640.00	3546.00	3873.00
		hc1910	3420.00	3526.00	3414.00	3774.00
		hc1911	3352.00	3452.00	3432.00	3668.00
		hc1912	3345.00	3433.00	3427.00	3645.00
		hc2001	3294.00	3361.00	3257.00	3551.00
		hc2002	—	3349.00	3271.00	3533.00
		hc2003	—	—	3275.00	3515.00
		hc2004	—	—	—	3436.00
		hc2005	—	—	—	—
		hc2006	—	—	—	—
		hc2007	—	—	—	—
		hc2008	—	—	—	—
		hc2009	—	—	—	—
		hc2010	—	—	—	—
		hc2011	—	—	—	—
		hc2012	—	—	—	—
锡 Tin	SHFE	sn1901	146570.00	—	—	—
		sn1902	146440.00	146440.00	—	—
		sn1903	148160.00	150010.00	150010.00	—
		sn1904	148650.00	150500.00	147880.00	147880.00
		sn1905	147970.00	150460.00	147740.00	146460.00
		sn1906	149000.00	150970.00	147630.00	146100.00
		sn1907	149430.00	151480.00	148290.00	148580.00
		sn1908	149630.00	151360.00	148390.00	147470.00
		sn1909	149540.00	151770.00	149820.00	148090.00
		sn1910	148700.00	149250.00	150360.00	147970.00
		sn1911	145350.00	151660.00	150370.00	148210.00
		sn1912	148280.00	151820.00	149630.00	147870.00
		sn2001	150780.00	152350.00	150130.00	149150.00
		sn2002	—	150750.00	150750.00	150750.00
		sn2003	—	—	152420.00	152420.00
		sn2004	—	—	—	151990.00
		sn2005	—	—	—	—
		sn2006	—	—	—	—
		sn2007	—	—	—	—
		sn2008	—	—	—	—
		sn2009	—	—	—	—
		sn2010	—	—	—	—
		sn2011	—	—	—	—
		sn2012	—	—	—	—

continued

(yuan/ton)

5月 May	6月 June	7月 July	8月 Aug.	9月 Sept.	10月 Oct.	11月 Nov.	12月 Dec.
—	—	—	—	—	—	—	—
—	—	—	—	—	—	—	—
—	—	—	—	—	—	—	—
—	—	—	—	—	—	—	—
4053.00	—	—	—	—	—	—	—
3945.00	3945.00	—	—	—	—	—	—
3848.00	3755.00	3755.00	—	—	—	—	—
3851.00	3955.00	3902.00	3800.00	—	—	—	—
3734.00	3975.00	3856.00	3602.00	3760.00	—	—	—
3633.00	3934.00	3816.00	3607.00	3599.00	3507.00	—	—
3613.00	3896.00	3795.00	3583.00	3577.00	3463.00	3550.00	—
3517.00	3794.00	3691.00	3494.00	3520.00	3514.00	3519.00	3519.00
3455.00	3721.00	3649.00	3383.00	3480.00	3369.00	3553.00	3774.00
3423.00	3690.00	3603.00	3362.00	3432.00	3323.00	3467.00	3762.00
3389.00	3683.00	3575.00	3330.00	3389.00	3317.00	3381.00	3704.00
3434.00	3650.00	3593.00	3378.00	3419.00	3311.00	3434.00	3679.00
3313.00	3553.00	3509.00	3274.00	3341.00	3246.00	3408.00	3590.00
—	3517.00	3498.00	3260.00	3387.00	3225.00	3391.00	3563.00
—	—	3487.00	3258.00	3339.00	3208.00	3386.00	3536.00
—	—	—	3300.00	3352.00	3217.00	3381.00	3442.00
—	—	—	—	3282.00	3172.00	3329.00	3460.00
—	—	—	—	—	3144.00	3285.00	3423.00
—	—	—	—	—	—	3240.00	3411.00
—	—	—	—	—	—	—	3424.00
—	—	—	—	—	—	—	—
—	—	—	—	—	—	—	—
—	—	—	—	—	—	—	—
—	—	—	—	—	—	—	—
144360.00	—	—	—	—	—	—	—
141930.00	143500.00	—	—	—	—	—	—
145900.00	145630.00	138340.00	—	—	—	—	—
143750.00	141480.00	132900.00	132900.00	—	—	—	—
143140.00	143460.00	134100.00	130430.00	136590.00	—	—	—
144000.00	143450.00	136040.00	129470.00	132950.00	135490.00	—	—
144230.00	144840.00	135640.00	130640.00	136000.00	137630.00	135950.00	—
144920.00	144890.00	134850.00	129890.00	134110.00	138870.00	136650.00	136650.00
144530.00	144870.00	135370.00	129300.00	134180.00	138230.00	138400.00	140420.00
150250.00	150020.00	136390.00	128960.00	135090.00	138880.00	136740.00	137560.00
150070.00	149840.00	133640.00	130320.00	135260.00	138000.00	137350.00	138170.00
150070.00	149520.00	141050.00	134650.00	138330.00	138330.00	138710.00	138570.00
145460.00	147060.00	138230.00	129800.00	134140.00	137980.00	135670.00	135770.00
—	147420.00	140190.00	134650.00	136980.00	137980.00	135950.00	134950.00
—	—	142680.00	134700.00	139430.00	136840.00	137490.00	134550.00
—	—	—	135790.00	136260.00	139440.00	135190.00	136030.00
—	—	—	—	137100.00	138870.00	135980.00	134070.00
—	—	—	—	—	136720.00	137480.00	137710.00
—	—	—	—	—	—	137600.00	137980.00
—	—	—	—	—	—	—	136470.00

5–17 续表 5

单位：元/吨

交易品种 Product	上市交易所 Listed Exchange	合约 Contract	1月 Jan.	2月 Feb.	3月 Mar.	4月 Apr.
镍 Nickel	SHFE	ni1901	91600.00	—	—	—
		ni1902	96760.00	96990.00	—	—
		ni1903	98400.00	102600.00	102420.00	—
		ni1904	98450.00	102750.00	100060.00	101510.00
		ni1905	97850.00	102200.00	100190.00	97920.00
		ni1906	97710.00	101970.00	99900.00	98100.00
		ni1907	97810.00	102010.00	99970.00	97760.00
		ni1908	97700.00	102020.00	99970.00	97630.00
		ni1909	97750.00	102120.00	99970.00	97510.00
		ni1910	97200.00	102090.00	100600.00	97210.00
		ni1911	97940.00	102290.00	100050.00	97400.00
		ni1912	97080.00	101820.00	100720.00	97590.00
		ni2001	98050.00	102450.00	99870.00	97430.00
		ni2002	—	102070.00	100700.00	97390.00
		ni2003	—	—	100500.00	97480.00
		ni2004	—	—	—	98420.00
		ni2005	—	—	—	—
		ni2006	—	—	—	—
		ni2007	—	—	—	—
		ni2008	—	—	—	—
		ni2009	—	—	—	—
		ni2010	—	—	—	—
		ni2011	—	—	—	—
		ni2012	—	—	—	—
铁矿石 Iron Ore	DCE	i1901	551.00	—	—	—
		i1902	594.00	614.50	—	—
		i1903	632.50	647.50	652.00	—
		i1904	592.50	619.00	623.00	679.50
		i1905	584.50	603.00	621.00	712.50
		i1906	575.50	594.50	603.50	695.00
		i1907	564.00	580.00	603.50	685.00
		i1908	564.00	566.00	585.50	651.50
		i1909	547.00	564.50	576.00	634.50
		i1910	543.50	554.50	560.50	621.00
		i1911	535.00	553.00	559.00	610.50
		i1912	531.00	569.00	550.50	599.50
		i2001	523.00	541.00	541.50	585.50
		i2002	—	556.00	536.00	577.50
		i2003	—	—	531.00	571.50
		i2004	—	—	—	570.00
		i2005	—	—	—	—
		i2006	—	—	—	—
		i2007	—	—	—	—
		i2008	—	—	—	—
		i2009	—	—	—	—
		i2010	—	—	—	—
		i2011	—	—	—	—
		i2012	—	—	—	—

continued

(yuan/ton)

5月 May	6月 June	7月 July	8月 Aug.	9月 Sept.	10月 Oct.	11月 Nov.	12月 Dec.
—	—	—	—	—	—	—	—
—	—	—	—	—	—	—	—
—	—	—	—	—	—	—	—
—	—	—	—	—	—	—	—
96560.00	—	—	—	—	—	—	—
98450.00	99970.00	—	—	—	—	—	—
98540.00	101800.00	105370.00	—	—	—	—	—
98470.00	101820.00	112080.00	122980.00	—	—	—	—
98370.00	101570.00	112280.00	129170.00	139450.00	—	—	—
98390.00	101350.00	112480.00	128900.00	137150.00	134300.00	—	—
98470.00	101130.00	112590.00	129210.00	136950.00	137080.00	129920.00	—
98610.00	101130.00	112700.00	129100.00	137050.00	133910.00	111070.00	111260.00
98360.00	101070.00	112880.00	128950.00	136900.00	131830.00	110730.00	111280.00
98190.00	100490.00	112920.00	128870.00	136550.00	130510.00	110590.00	111710.00
98210.00	100300.00	113490.00	129080.00	136300.00	129570.00	110490.00	112070.00
98350.00	101000.00	112620.00	128480.00	136310.00	128780.00	110440.00	112060.00
98540.00	100690.00	113060.00	128220.00	135860.00	128210.00	110360.00	111980.00
—	100550.00	113030.00	128090.00	135780.00	127590.00	109450.00	111670.00
—	—	113120.00	128000.00	135340.00	126860.00	110460.00	111420.00
—	—	—	128430.00	135130.00	126400.00	110510.00	111330.00
—	—	—	—	135080.00	126110.00	110220.00	111770.00
—	—	—	—	—	124750.00	110410.00	111640.00
—	—	—	—	—	—	110260.00	111730.00
—	—	—	—	—	—	—	111570.00
—	—	—	—	—	—	—	—
—	—	—	—	—	—	—	—
—	—	—	—	—	—	—	—
—	—	—	—	—	—	—	—
720.00	—	—	—	—	—	—	—
836.00	790.00	—	—	—	—	—	—
804.50	945.00	963.50	—	—	—	—	—
775.00	888.00	972.00	870.00	—	—	—	—
734.50	833.50	904.50	719.50	761.00	—	—	—
718.00	808.00	861.00	661.50	792.50	803.00	—	—
708.00	782.50	832.00	630.50	753.50	674.00	683.00	—
692.50	759.50	802.00	616.00	706.50	655.50	663.00	666.50
671.50	733.00	775.50	594.50	652.00	621.50	645.50	695.00
660.50	715.00	746.00	574.00	625.50	593.00	633.00	677.50
655.00	698.00	717.00	565.00	613.50	590.00	619.00	673.00
644.50	677.50	691.50	558.50	594.00	578.00	600.00	658.50
628.50	657.00	674.50	550.00	574.50	568.00	596.50	646.50
—	642.50	661.00	542.50	551.50	557.00	589.50	636.50
—	—	650.00	539.00	550.00	550.00	576.50	622.00
—	—	—	533.50	538.50	540.00	565.00	613.00
—	—	—	—	527.00	530.00	558.00	600.50
—	—	—	—	—	525.00	554.00	583.50
—	—	—	—	—	—	542.00	579.50
—	—	—	—	—	—	—	573.50

5-17 续表 6

单位：元/吨

交易品种 Product	上市交易所 Listed Exchange	合约 Contract	1月 Jan.	2月 Feb.	3月 Mar.	4月 Apr.
硅铁 Ferrosilicon	ZCE	SF901	5762.00	—	—	—
		SF902	5694.00	5706.00	—	—
		SF903	5744.00	5780.00	5948.00	—
		SF904	5438.00	5472.00	5868.00	5840.00
		SF905	6012.00	6040.00	5794.00	5848.00
		SF906	6032.00	6128.00	5794.00	5956.00
		SF907	6356.00	6464.00	5994.00	6190.00
		SF908	6376.00	6482.00	5926.00	5964.00
		SF909	5900.00	5986.00	5908.00	6038.00
		SF910	6100.00	6198.00	5904.00	5750.00
		SF911	5882.00	5976.00	6072.00	5876.00
		SF912	6080.00	6186.00	6124.00	5954.00
		SF001	5822.00	5908.00	5890.00	5992.00
		SF002	—	5908.00	5962.00	5922.00
		SF003	—	—	5892.00	5976.00
		SF004	—	—	—	5948.00
		SF005	—	—	—	—
		SF006	—	—	—	—
		SF007	—	—	—	—
		SF008	—	—	—	—
		SF009	—	—	—	—
		SF010	—	—	—	—
		SF011	—	—	—	—
		SF012	—	—	—	—
锰硅 Manganese Silicon	ZCE	SM901	7722.00	—	—	—
		SM902	7948.00	8196.00	—	—
		SM903	8292.00	8356.00	8690.00	—
		SM904	7450.00	7506.00	7612.00	7456.00
		SM905	7406.00	7582.00	7656.00	7338.00
		SM906	7236.00	7324.00	7378.00	7374.00
		SM907	7906.00	8100.00	8126.00	7884.00
		SM908	7052.00	7230.00	7308.00	7398.00
		SM909	7136.00	7298.00	7468.00	7282.00
		SM910	7218.00	7386.00	7310.00	7304.00
		SM911	7394.00	7568.00	7544.00	7404.00
		SM912	7134.00	7370.00	7508.00	7300.00
		SM001	6916.00	7098.00	7188.00	7092.00
		SM002	—	7076.00	7234.00	7052.00
		SM003	—	—	7180.00	7160.00
		SM004	—	—	—	7304.00
		SM005	—	—	—	—
		SM006	—	—	—	—
		SM007	—	—	—	—
		SM008	—	—	—	—
		SM009	—	—	—	—
		SM010	—	—	—	—
		SM011	—	—	—	—
		SM012	—	—	—	—

continued

(yuan/ton)

5月 May	6月 June	7月 July	8月 Aug.	9月 Sept.	10月 Oct.	11月 Nov.	12月 Dec.
—	—	—	—	—	—	—	—
—	—	—	—	—	—	—	—
—	—	—	—	—	—	—	—
—	—	—	—	—	—	—	—
5742.00	—	—	—	—	—	—	—
5496.00	5546.00	—	—	—	—	—	—
5690.00	6200.00	6156.00	—	—	—	—	—
5916.00	6098.00	5948.00	5774.00	—	—	—	—
5886.00	6192.00	5994.00	6092.00	6064.00	—	—	—
5990.00	6148.00	5970.00	6020.00	6028.00	5658.00	—	—
5986.00	6132.00	6022.00	5860.00	5820.00	5732.00	5600.00	—
5938.00	6246.00	5984.00	5972.00	5954.00	5816.00	5744.00	5664.00
5868.00	6070.00	6006.00	5786.00	5842.00	5772.00	5818.00	5854.00
5662.00	5994.00	6046.00	5830.00	5780.00	5760.00	5736.00	5768.00
5696.00	6082.00	5736.00	5546.00	5496.00	5746.00	5830.00	5838.00
5660.00	6040.00	5692.00	5502.00	5772.00	6034.00	6040.00	6078.00
5850.00	6050.00	5902.00	5738.00	5820.00	5716.00	5748.00	5844.00
—	6050.00	5852.00	5738.00	5698.00	5698.00	5570.00	5700.00
—	—	5754.00	5650.00	5794.00	5670.00	5890.00	5970.00
—	—	—	5616.00	6012.00	5884.00	5774.00	5888.00
—	—	—	—	5794.00	5708.00	5738.00	5806.00
—	—	—	—	—	5754.00	5720.00	5748.00
—	—	—	—	—	—	5770.00	5824.00
—	—	—	—	—	—	—	5824.00
—	—	—	—	—	—	—	—
—	—	—	—	—	—	—	—
—	—	—	—	—	—	—	—
—	—	—	—	—	—	—	—
7110.00	—	—	—	—	—	—	—
7312.00	7404.00	—	—	—	—	—	—
7816.00	8182.00	7978.00	—	—	—	—	—
7476.00	7578.00	7648.00	7460.00	—	—	—	—
7422.00	7764.00	7474.00	7484.00	7318.00	—	—	—
7174.00	7508.00	7082.00	7282.00	7074.00	6896.00	—	—
7338.00	7770.00	7540.00	7296.00	7008.00	6480.00	6336.00	—
7194.00	7500.00	6542.00	6970.00	6686.00	6220.00	6104.00	6338.00
7208.00	7522.00	7348.00	6916.00	6696.00	6184.00	6048.00	6418.00
7108.00	7562.00	7406.00	7128.00	6710.00	6198.00	5966.00	6268.00
7170.00	7546.00	7442.00	7098.00	6734.00	6346.00	6186.00	6388.00
7438.00	7770.00	7836.00	7440.00	7012.00	6516.00	6198.00	6428.00
7060.00	7256.00	7140.00	6764.00	6564.00	6082.00	5964.00	6402.00
—	7282.00	7280.00	6878.00	6740.00	6168.00	6084.00	6422.00
—	—	7220.00	7060.00	6888.00	6402.00	6220.00	6472.00
—	—	—	6912.00	6696.00	5954.00	5816.00	6566.00
—	—	—	—	6526.00	6074.00	5954.00	6346.00
—	—	—	—	—	6122.00	5932.00	6214.00
—	—	—	—	—	—	6330.00	6284.00
—	—	—	—	—	—	—	6482.00

5-18　2019年能源、化工及其他期货合约月末结算价

单位：元/吨

交易品种 Product	上市交易所 Listed Exchange	合约 Contract	1月 Jan.	2月 Feb.	3月 Mar.	4月 Apr.
聚乙烯 LLDPE	DCE	l1901	9015.00	—	—	—
		l1902	8840.00	8840.00	—	—
		l1903	8875.00	8450.00	8450.00	—
		l1904	8625.00	8625.00	8625.00	9195.00
		l1905	8770.00	8590.00	8360.00	8335.00
		l1906	8665.00	8575.00	8560.00	8440.00
		l1907	9115.00	8530.00	8355.00	8265.00
		l1908	8630.00	8530.00	8490.00	8380.00
		l1909	8565.00	8425.00	8195.00	8295.00
		l1910	8485.00	8525.00	8295.00	8345.00
		l1911	8705.00	8400.00	8145.00	8330.00
		l1912	8375.00	8385.00	8115.00	8245.00
		l2001	8425.00	8340.00	8100.00	8205.00
		l2002	—	8400.00	8280.00	8260.00
		l2003	—	—	8280.00	8150.00
		l2004	—	—	—	8300.00
		l2005	—	—	—	—
		l2006	—	—	—	—
		l2007	—	—	—	—
		l2008	—	—	—	—
		l2009	—	—	—	—
		l2010	—	—	—	—
		l2011	—	—	—	—
		l2012	—	—	—	—
聚氯乙烯 PVC	DCE	v1901	6650.00	—	—	—
		v1902	6700.00	6800.00	—	—
		v1903	6485.00	6520.00	5400.00	—
		v1904	6520.00	6555.00	6035.00	6665.00
		v1905	6525.00	6410.00	6500.00	7085.00
		v1906	6470.00	6315.00	6500.00	6990.00
		v1907	6285.00	6350.00	6535.00	6785.00
		v1908	6705.00	6485.00	6600.00	7120.00
		v1909	6475.00	6395.00	6515.00	6990.00
		v1910	6405.00	6300.00	6395.00	7110.00
		v1911	6505.00	6355.00	6450.00	7210.00
		v1912	6515.00	6365.00	6460.00	7120.00
		v2001	6365.00	6315.00	6425.00	6830.00
		v2002	—	6320.00	6430.00	6835.00
		v2003	—	—	6430.00	7015.00
		v2004	—	—	—	6915.00
		v2005	—	—	—	—
		v2006	—	—	—	—
		v2007	—	—	—	—
		v2008	—	—	—	—

注：1.如果该合约在月中交割，则该月的月末结算价为最后一个交易日的结算价。
　　2.上海期货交易所数据包含上海国际能源交易中心。
数据来源：上海期货交易所、郑州商品交易所、大连商品交易所
Source：SHFE、ZCE、DCE

Clearing Price of Energy & Chemical Products & Others Futures Contracts in 2019

(yuan/ton)

5月 May	6月 June	7月 July	8月 Aug.	9月 Sept.	10月 Oct.	11月 Nov.	12月 Dec.
—	—	—	—	—	—	—	—
—	—	—	—	—	—	—	—
—	—	—	—	—	—	—	—
—	—	—	—	—	—	—	—
8055.00	—	—	—	—	—	—	—
8070.00	7900.00	—	—	—	—	—	—
8295.00	7685.00	7685.00	—	—	—	—	—
7785.00	7770.00	7470.00	7445.00	—	—	—	—
7805.00	7825.00	7695.00	7050.00	7120.00	—	—	—
7835.00	7790.00	7660.00	7075.00	7455.00	7455.00	—	—
7630.00	7585.00	7610.00	6965.00	7290.00	7000.00	7100.00	—
7785.00	7645.00	7445.00	6970.00	7525.00	7185.00	7185.00	7185.00
7725.00	7655.00	7600.00	7100.00	7495.00	7275.00	7265.00	7190.00
7750.00	7665.00	7580.00	7170.00	7585.00	7380.00	7295.00	7165.00
7925.00	7965.00	7935.00	7100.00	7460.00	7275.00	7215.00	7315.00
7910.00	7660.00	7570.00	7050.00	7445.00	7275.00	7225.00	7320.00
7695.00	7580.00	7515.00	7090.00	7320.00	7180.00	7205.00	7345.00
—	7665.00	7690.00	7290.00	7455.00	7210.00	7250.00	7350.00
—	—	7530.00	7385.00	7430.00	7265.00	7270.00	7450.00
—	—	—	7255.00	7460.00	7410.00	7400.00	7460.00
—	—	—	—	7265.00	7170.00	7200.00	7390.00
—	—	—	—	—	7235.00	7285.00	7500.00
—	—	—	—	—	—	7165.00	7410.00
—	—	—	—	—	—	—	7510.00
—	—	—	—	—	—	—	—
—	—	—	—	—	—	—	—
—	—	—	—	—	—	—	—
—	—	—	—	—	—	—	—
7345.00	—	—	—	—	—	—	—
7090.00	7090.00	—	—	—	—	—	—
6845.00	7050.00	7200.00	—	—	—	—	—
6895.00	6920.00	6975.00	6975.00	—	—	—	—
6830.00	6780.00	6785.00	6685.00	6695.00	—	—	—
6725.00	6725.00	6805.00	6695.00	6280.00	5950.00	—	—
6820.00	6900.00	6930.00	6795.00	6340.00	6460.00	6200.00	—
6735.00	6510.00	6675.00	6655.00	6610.00	6315.00	6780.00	6780.00
6660.00	6595.00	6620.00	6375.00	6440.00	6370.00	6850.00	6640.00
6665.00	6600.00	6625.00	6490.00	6435.00	6375.00	6670.00	6470.00
6845.00	6675.00	6500.00	6390.00	6465.00	6415.00	6310.00	6365.00
6570.00	6400.00	6470.00	6375.00	6355.00	6225.00	6175.00	6340.00
6560.00	6490.00	6535.00	6305.00	6320.00	6225.00	6545.00	6520.00
—	6650.00	6645.00	6505.00	6415.00	6360.00	6595.00	6450.00
—	—	6445.00	6320.00	6455.00	6195.00	6520.00	6465.00
—	—	—	6420.00	6420.00	6405.00	6430.00	6355.00

5-18 续表 1

单位：元/吨

交易品种 Product	上市交易所 Listed Exchange	合约 Contract	1月 Jan.	2月 Feb.	3月 Mar.	4月 Apr.
聚氯乙烯 PVC	DCE	v2009	—	—	—	—
		v2010	—	—	—	—
		v2011	—	—	—	—
		v2012	—	—	—	—
聚丙烯 PP	DCE	pp1901	9232.00	—	—	—
		pp1902	9430.00	9430.00	—	—
		pp1903	9189.00	9069.00	9069.00	—
		pp1904	8839.00	9039.00	9144.00	9144.00
		pp1905	8860.00	8664.00	8584.00	8835.00
		pp1906	8813.00	8716.00	8665.00	8762.00
		pp1907	8657.00	8595.00	8523.00	8705.00
		pp1908	8766.00	8544.00	8398.00	8785.00
		pp1909	8566.00	8414.00	8288.00	8637.00
		pp1910	8493.00	8503.00	8361.00	8651.00
		pp1911	8673.00	8484.00	8521.00	8796.00
		pp1912	8692.00	8429.00	8216.00	8477.00
		pp2001	8361.00	8278.00	8109.00	8367.00
		pp2002	—	8353.00	8207.00	8370.00
		pp2003	—	—	8128.00	8570.00
		pp2004	—	—	—	8544.00
		pp2005	—	—	—	—
		pp2006	—	—	—	—
		pp2007	—	—	—	—
		pp2008	—	—	—	—
		pp2009	—	—	—	—
		pp2010	—	—	—	—
		pp2011	—	—	—	—
		pp2012	—	—	—	—
焦炭 Coke	DCE	j1901	2202.00	—	—	—
		j1902	2232.00	2212.00	—	—
		j1903	2154.00	2190.00	2242.00	—
		j1904	2112.00	2186.00	2106.00	2357.00
		j1905	2042.00	2120.00	1976.00	2052.00
		j1906	2028.00	2104.00	1943.00	2078.00
		j1907	2018.00	2062.00	1952.00	2060.00
		j1908	1985.00	2055.00	1927.00	2048.00
		j1909	1981.00	2048.00	1940.00	2038.00
		j1910	1975.00	2078.00	1922.00	2050.00
		j1911	1969.00	2040.00	1942.00	2046.00
		j1912	1954.00	2034.00	1920.00	2030.00
		j2001	1920.00	1986.00	1887.00	2001.00
		j2002	—	1974.00	1881.00	2009.00
		j2003	—	—	1892.00	2002.00
		j2004	—	—	—	1984.00
		j2005	—	—	—	—
		j2006	—	—	—	—
		j2007	—	—	—	—
		j2008	—	—	—	—

continued

(yuan/ton)

5月 May	6月 June	7月 July	8月 Aug.	9月 Sept.	10月 Oct.	11月 Nov.	12月 Dec.
—	—	—	—	6270.00	6215.00	6445.00	6470.00
—	—	—	—	—	6205.00	6310.00	6315.00
—	—	—	—	—	—	6240.00	6400.00
—	—	—	—	—	—	—	6360.00
—	—	—	—	—	—	—	—
—	—	—	—	—	—	—	—
—	—	—	—	—	—	—	—
—	—	—	—	—	—	—	—
8751.00	—	—	—	—	—	—	—
8590.00	8590.00	—	—	—	—	—	—
8478.00	8123.00	8123.00	—	—	—	—	—
8421.00	8477.00	8719.00	8713.00	—	—	—	—
8237.00	8386.00	8632.00	8483.00	8618.00	—	—	—
8321.00	8335.00	8604.00	8497.00	8603.00	8603.00	—	—
8321.00	8301.00	8398.00	7992.00	8535.00	8410.00	8410.00	—
8139.00	8128.00	8531.00	7740.00	8119.00	8043.00	8330.00	8916.00
7951.00	7947.00	8232.00	7885.00	8160.00	7967.00	8054.00	7639.00
8023.00	7801.00	8354.00	7954.00	8217.00	7945.00	7942.00	7671.00
7955.00	8029.00	8234.00	7729.00	8201.00	7830.00	7806.00	7647.00
7910.00	7984.00	8126.00	7630.00	7989.00	7713.00	7743.00	7614.00
7825.00	7745.00	7893.00	7528.00	7806.00	7641.00	7562.00	7594.00
—	7809.00	8055.00	7602.00	7908.00	7848.00	7475.00	7583.00
—	—	8107.00	7676.00	7943.00	7731.00	7389.00	7585.00
—	—	—	7514.00	7785.00	7621.00	7333.00	7553.00
—	—	—	—	7645.00	7531.00	7448.00	7574.00
—	—	—	—	—	7550.00	7511.00	7448.00
—	—	—	—	—	—	7490.00	7495.00
—	—	—	—	—	—	—	7582.00
—	—	—	—	—	—	—	—
—	—	—	—	—	—	—	—
—	—	—	—	—	—	—	—
—	—	—	—	—	—	—	—
2138.00	—	—	—	—	—	—	—
2364.00	2364.00	—	—	—	—	—	—
2126.00	2066.00	2038.00	—	—	—	—	—
2196.00	2114.00	2231.00	2231.00	—	—	—	—
2183.00	2066.00	2150.00	1892.00	1884.00	—	—	—
2142.00	2069.00	2164.00	1964.00	1736.00	1714.00	—	—
2156.00	2104.00	2184.00	1938.00	1830.00	1699.00	1699.00	—
2172.00	2128.00	2194.00	1916.00	1872.00	1726.00	1744.00	1826.00
2136.00	2087.00	2195.00	1882.00	1884.00	1741.00	1858.00	1950.00
2094.00	2102.00	2125.00	1877.00	1898.00	1763.00	1820.00	1904.00
2134.00	2066.00	2184.00	1941.00	1860.00	1758.00	1834.00	1895.00
2144.00	2042.00	2196.00	1900.00	1745.00	1742.00	1810.00	1894.00
2012.00	1962.00	2140.00	1832.00	1821.00	1710.00	1792.00	1872.00
—	1970.00	2141.00	1826.00	1830.00	1745.00	1779.00	1852.00
—	—	2119.00	1809.00	1826.00	1736.00	1772.00	1842.00
—	—	—	1838.00	1820.00	1738.00	1750.00	1854.00

5-18 续表 2

单位：元/吨

交易品种 Product	上市交易所 Listed Exchange	合约 Contract	1月 Jan.	2月 Feb.	3月 Mar.	4月 Apr.
焦炭 Coke	DCE	j2009	—	—	—	—
		j2010	—	—	—	—
		j2011	—	—	—	—
		j2012	—	—	—	—
焦煤 Coking Coal	DCE	jm1901	1446.00	—	—	—
		jm1902	1322.00	1322.00	—	—
		jm1903	1240.00	1321.00	1321.00	—
		jm1904	1222.00	1294.00	1258.00	1258.00
		jm1905	1238.00	1292.00	1230.00	1208.00
		jm1906	1236.00	1312.00	1222.00	1310.00
		jm1907	1334.00	1398.00	1356.00	1392.00
		jm1908	1318.00	1374.00	1334.00	1338.00
		jm1909	1324.00	1390.00	1322.00	1352.00
		jm1910	1311.00	1362.00	1272.00	1332.00
		jm1911	1301.00	1364.00	1315.00	1329.00
		jm1912	1274.00	1348.00	1308.00	1308.00
		jm2001	1301.00	1355.00	1286.00	1315.00
		jm2002	—	1334.00	1292.00	1302.00
		jm2003	—	—	1292.00	1292.00
		jm2004	—	—	—	1293.00
		jm2005	—	—	—	—
		jm2006	—	—	—	—
		jm2007	—	—	—	—
		jm2008	—	—	—	—
		jm2009	—	—	—	—
		jm2010	—	—	—	—
		jm2011	—	—	—	—
		jm2012	—	—	—	—
乙二醇 Ethylene Glycol	DCE	eg1906	5266.00	5184.00	4863.00	4632.00
		eg1907	5271.00	5211.00	4866.00	4674.00
		eg1908	5233.00	5199.00	4926.00	4753.00
		eg1909	5301.00	5263.00	4952.00	4732.00
		eg1910	5283.00	5207.00	5050.00	4796.00
		eg1911	5255.00	5263.00	5019.00	4758.00
		eg1912	5300.00	5195.00	5026.00	4797.00
		eg2001	5205.00	5256.00	5032.00	4829.00
		eg2002	—	5247.00	5174.00	4816.00
		eg2003	—	—	5174.00	4897.00
		eg2004	—	—	—	4970.00
		eg2005	—	—	—	—
		eg2006	—	—	—	—
		eg2007	—	—	—	—
		eg2008	—	—	—	—
		eg2009	—	—	—	—
		eg2010	—	—	—	—
		eg2011	—	—	—	—
		eg2012	—	—	—	—

continued

(yuan/ton)

5月 May	6月 June	7月 July	8月 Aug.	9月 Sept.	10月 Oct.	11月 Nov.	12月 Dec.
—	—	—	—	1794.00	1694.00	1764.00	1834.00
—	—	—	—	—	1711.00	1764.00	1858.00
—	—	—	—	—	—	1776.00	1825.00
—	—	—	—	—	—	—	1850.00
—	—	—	—	—	—	—	—
—	—	—	—	—	—	—	—
—	—	—	—	—	—	—	—
—	—	—	—	—	—	—	—
1178.00	—	—	—	—	—	—	—
1286.00	1363.00	—	—	—	—	—	—
1418.00	1441.00	1398.00	—	—	—	—	—
1381.00	1413.00	1466.00	1466.00	—	—	—	—
1398.00	1388.00	1401.00	1420.00	1495.00	—	—	—
1369.00	1368.00	1398.00	1388.00	1300.00	1300.00	—	—
1410.00	1380.00	1398.00	1368.00	1352.00	1296.00	1260.00	—
1360.00	1388.00	1422.00	1328.00	1256.00	1274.00	1319.00	1304.00
1362.00	1358.00	1394.00	1300.00	1242.00	1244.00	1228.00	1207.00
1347.00	1349.00	1396.00	1284.00	1248.00	1230.00	1220.00	1242.00
1346.00	1340.00	1380.00	1289.00	1244.00	1221.00	1246.00	1238.00
1361.00	1343.00	1388.00	1289.00	1244.00	1220.00	1206.00	1206.00
1304.00	1314.00	1349.00	1244.00	1184.00	1160.00	1160.00	1164.00
—	1294.00	1305.00	1278.00	1158.00	1174.00	1176.00	1178.00
—	—	1372.00	1274.00	1190.00	1178.00	1174.00	1171.00
—	—	—	1286.00	1192.00	1186.00	1148.00	1136.00
—	—	—	—	1159.00	1142.00	1147.00	1138.00
—	—	—	—	—	1158.00	1134.00	1156.00
—	—	—	—	—	—	1148.00	1166.00
—	—	—	—	—	—	—	1170.00
4346.00	4267.00	—	—	—	—	—	—
4443.00	4310.00	4155.00	—	—	—	—	—
4496.00	4465.00	4442.00	4442.00	—	—	—	—
4502.00	4445.00	4528.00	4587.00	4853.00	—	—	—
4523.00	4499.00	4626.00	4630.00	5014.00	5200.00	—	—
4556.00	4538.00	4539.00	4605.00	5086.00	4492.00	4799.00	—
4581.00	4573.00	4456.00	4565.00	5010.00	4527.00	4514.00	4635.00
4615.00	4526.00	4421.00	4596.00	4969.00	4570.00	4626.00	4786.00
4651.00	4559.00	4459.00	4595.00	4896.00	4620.00	4580.00	4676.00
4670.00	4616.00	4517.00	4540.00	4882.00	4438.00	4530.00	4649.00
4720.00	4640.00	4480.00	4570.00	4880.00	4634.00	4559.00	4750.00
4720.00	4616.00	4477.00	4530.00	4700.00	4479.00	4476.00	4603.00
—	4613.00	4471.00	4578.00	4693.00	4511.00	4473.00	4645.00
—	—	4485.00	4618.00	4767.00	4490.00	4500.00	4635.00
—	—	—	4625.00	4848.00	4572.00	4521.00	4656.00
—	—	—	—	4667.00	4511.00	4519.00	4615.00
—	—	—	—	—	4477.00	4510.00	4693.00
—	—	—	—	—	—	4510.00	4647.00
—	—	—	—	—	—	—	4644.00

5-18 续表 3

单位：元/吨

交易品种 Product	上市交易所 Listed Exchange	合约 Contract	1月 Jan.	2月 Feb.	3月 Mar.	4月 Apr.
苯乙烯 Ethenylbenzene	DCE	eb2004	—	—	—	—
		eb2005	—	—	—	—
		eb2006	—	—	—	—
		eb2007	—	—	—	—
		eb2008	—	—	—	—
		eb2009	—	—	—	—
		eb2010	—	—	—	—
		eb2011	—	—	—	—
		eb2012	—	—	—	—
甲醇 Methanol	ZCE	MA901	2430.00	—	—	—
		MA902	2360.00	2384.00	—	—
		MA903	2454.00	2464.00	2578.00	—
		MA904	2493.00	2479.00	2303.00	2348.00
		MA905	2504.00	2532.00	2390.00	2268.00
		MA906	2514.00	2527.00	2417.00	2325.00
		MA907	2529.00	2590.00	2481.00	2392.00
		MA908	2560.00	2574.00	2467.00	2395.00
		MA909	2546.00	2582.00	2473.00	2402.00
		MA910	2585.00	2607.00	2505.00	2422.00
		MA911	2562.00	2620.00	2516.00	2439.00
		MA912	2598.00	2666.00	2613.00	2520.00
		MA001	2592.00	2653.00	2545.00	2484.00
		MA002	—	2653.00	2573.00	2496.00
		MA003	—	—	2566.00	2546.00
		MA004	—	—	—	2495.00
		MA005	—	—	—	—
		MA006	—	—	—	—
		MA007	—	—	—	—
		MA008	—	—	—	—
		MA009	—	—	—	—
		MA010	—	—	—	—
		MA011	—	—	—	—
		MA012	—	—	—	—
PTA	ZCE	TA901	6286.00	—	—	—
		TA902	6608.00	6658.00	—	—
		TA903	6600.00	6354.00	6574.00	—
		TA904	6584.00	6362.00	6576.00	6674.00
		TA905	6544.00	6360.00	6442.00	6608.00
		TA906	6490.00	6320.00	6394.00	6396.00
		TA907	6398.00	6278.00	6118.00	6260.00
		TA908	6392.00	6224.00	5928.00	6090.00
		TA909	6278.00	6162.00	5902.00	5966.00
		TA910	6262.00	6134.00	5834.00	5890.00
		TA911	6186.00	6076.00	5690.00	5734.00
		TA912	6148.00	6062.00	5672.00	5690.00
		TA001	6072.00	5986.00	5568.00	5608.00
		TA002	—	5956.00	5578.00	5514.00

continued

(yuan/ton)

5月 May	6月 June	7月 July	8月 Aug.	9月 Sept.	10月 Oct.	11月 Nov.	12月 Dec.
—	—	—	—	7978.00	7349.00	7124.00	7278.00
—	—	—	—	7956.00	7331.00	7116.00	7304.00
—	—	—	—	7799.00	7353.00	7117.00	7275.00
—	—	—	—	7687.00	7381.00	7091.00	7384.00
—	—	—	—	7741.00	7413.00	7093.00	7441.00
—	—	—	—	7707.00	7338.00	7125.00	7278.00
—	—	—	—	—	7398.00	7110.00	7318.00
—	—	—	—	—	—	7110.00	7406.00
—	—	—	—	—	—	—	7293.00
—	—	—	—	—	—	—	—
—	—	—	—	—	—	—	—
—	—	—	—	—	—	—	—
—	—	—	—	—	—	—	—
2299.00	—	—	—	—	—	—	—
2298.00	2257.00	—	—	—	—	—	—
2380.00	2191.00	2137.00	—	—	—	—	—
2412.00	2264.00	2040.00	2068.00	—	—	—	—
2428.00	2293.00	2105.00	1998.00	2160.00	—	—	—
2438.00	2334.00	2138.00	2047.00	2288.00	2086.00	—	—
2462.00	2349.00	2178.00	2077.00	2320.00	2031.00	1985.00	—
2516.00	2339.00	2243.00	2037.00	2367.00	2072.00	1939.00	2006.00
2485.00	2376.00	2232.00	2140.00	2377.00	2101.00	1955.00	2137.00
2454.00	2370.00	2229.00	2150.00	2387.00	2158.00	2002.00	2199.00
2469.00	2319.00	2232.00	2157.00	2340.00	2135.00	2012.00	2182.00
2444.00	2337.00	2232.00	2174.00	2327.00	2163.00	2072.00	2175.00
2425.00	2315.00	2223.00	2151.00	2326.00	2164.00	2062.00	2203.00
—	2323.00	2252.00	2193.00	2352.00	2172.00	2100.00	2190.00
—	—	2272.00	2188.00	2329.00	2210.00	2107.00	2209.00
—	—	—	2223.00	2339.00	2191.00	2130.00	2201.00
—	—	—	—	2328.00	2218.00	2153.00	2200.00
—	—	—	—	—	2197.00	2170.00	2203.00
—	—	—	—	—	—	2170.00	2196.00
—	—	—	—	—	—	—	2215.00
—	—	—	—	—	—	—	—
—	—	—	—	—	—	—	—
—	—	—	—	—	—	—	—
—	—	—	—	—	—	—	—
6084.00	—	—	—	—	—	—	—
5616.00	5558.00	—	—	—	—	—	—
5490.00	6406.00	6618.00	—	—	—	—	—
5452.00	6238.00	5438.00	5278.00	—	—	—	—
5374.00	5990.00	5402.00	5108.00	5184.00	—	—	—
5354.00	5730.00	5356.00	5194.00	5074.00	4890.00	—	—
5216.00	5500.00	5288.00	5182.00	5094.00	4822.00	4706.00	—
5236.00	5480.00	5276.00	5188.00	5126.00	4856.00	4744.00	4872.00
5178.00	5344.00	5224.00	5116.00	5110.00	4836.00	4760.00	4912.00
5152.00	5256.00	5186.00	5050.00	5100.00	4824.00	4750.00	4918.00

5-18 续表 4

单位：元/吨

交易品种 Product	上市交易所 Listed Exchange	合约 Contract	1月 Jan.	2月 Feb.	3月 Mar.	4月 Apr.
PTA	ZCE	TA003	—	—	5508.00	5484.00
		TA004	—	—	—	5470.00
		TA005	—	—	—	—
		TA006	—	—	—	—
		TA007	—	—	—	—
		TA008	—	—	—	—
		TA009	—	—	—	—
		TA010	—	—	—	—
		TA011	—	—	—	—
		TA012	—	—	—	—
动力煤 Thermal Coal	ZCE	ZC901	575.20	—	—	—
		ZC902	587.40	594.80	—	—
		ZC903	590.20	607.00	587.80	—
		ZC904	588.00	599.80	628.40	654.60
		ZC905	580.20	603.40	594.20	623.20
		ZC906	582.20	598.80	600.20	622.80
		ZC907	584.40	604.40	588.40	620.60
		ZC908	592.00	587.20	588.00	622.60
		ZC909	578.60	588.00	578.20	613.60
		ZC910	579.40	588.60	579.60	608.20
		ZC911	583.00	590.20	577.60	606.20
		ZC912	575.20	585.60	585.00	603.40
		ZC001	581.80	588.80	575.60	604.80
		ZC002	—	582.00	573.20	599.00
		ZC003	—	—	565.20	590.60
		ZC004	—	—	—	574.80
		ZC005	—	—	—	—
		ZC006	—	—	—	—
		ZC007	—	—	—	—
		ZC008	—	—	—	—
		ZC009	—	—	—	—
		ZC010	—	—	—	—
		ZC011	—	—	—	—
		ZC012	—	—	—	—
玻璃 Glass	ZCE	FG901	1353.00	—	—	—
		FG902	1365.00	1357.00	—	—
		FG903	1350.00	1339.00	1279.00	—
		FG904	1358.00	1323.00	1291.00	1284.00
		FG905	1361.00	1344.00	1293.00	1345.00
		FG906	1334.00	1348.00	1288.00	1375.00
		FG907	1355.00	1327.00	1287.00	1358.00
		FG908	1363.00	1353.00	1304.00	1348.00
		FG909	1350.00	1316.00	1284.00	1355.00
		FG910	1345.00	1305.00	1284.00	1341.00
		FG911	1345.00	1314.00	1275.00	1354.00
		FG912	1339.00	1304.00	1277.00	1355.00
		FG001	1285.00	1274.00	1250.00	1321.00

continued

(yuan/ton)

5月 May	6月 June	7月 July	8月 Aug.	9月 Sept.	10月 Oct.	11月 Nov.	12月 Dec.
5168.00	5268.00	5178.00	5064.00	5060.00	4812.00	4770.00	4962.00
5136.00	5230.00	5156.00	5050.00	5070.00	4820.00	4788.00	4944.00
5154.00	5208.00	5138.00	5044.00	5094.00	4846.00	4806.00	4992.00
—	5194.00	5130.00	5044.00	5058.00	4848.00	4824.00	4962.00
—	—	5112.00	5028.00	5090.00	4864.00	4846.00	5024.00
—	—	—	5022.00	5116.00	4896.00	4860.00	4892.00
—	—	—	—	5128.00	4906.00	4880.00	5040.00
—	—	—	—	—	4964.00	4902.00	5080.00
—	—	—	—	—	—	4888.00	5060.00
—	—	—	—	—	—	—	5074.00
—	—	—	—	—	—	—	—
—	—	—	—	—	—	—	—
—	—	—	—	—	—	—	—
—	—	—	—	—	—	—	—
624.40	—	—	—	—	—	—	—
593.40	607.20	—	—	—	—	—	—
583.80	607.20	608.60	—	—	—	—	—
579.00	597.60	587.20	577.80	—	—	—	—
573.60	600.80	587.60	574.80	583.00	—	—	—
573.60	599.00	590.80	578.40	586.40	580.40	—	—
579.60	598.20	586.40	582.40	580.60	552.80	559.60	—
578.80	590.80	585.40	576.00	577.00	558.00	554.20	558.60
576.80	592.20	582.60	570.40	570.00	547.20	549.20	548.40
579.20	583.20	572.80	559.00	565.00	544.00	544.40	553.20
568.80	579.60	573.00	564.20	563.80	544.60	542.20	558.60
569.40	573.60	573.60	567.20	570.60	546.20	542.00	553.60
564.60	573.40	567.80	558.80	559.60	542.00	538.20	557.40
—	565.80	570.40	570.40	568.40	539.60	540.80	560.40
—	—	570.60	564.00	561.40	544.00	541.20	550.20
—	—	—	567.60	567.60	545.60	543.20	543.60
—	—	—	—	558.40	543.80	542.00	549.60
—	—	—	—	—	551.20	542.60	542.60
—	—	—	—	—	—	540.80	551.20
—	—	—	—	—	—	—	544.80
—	—	—	—	—	—	—	—
—	—	—	—	—	—	—	—
—	—	—	—	—	—	—	—
—	—	—	—	—	—	—	—
1424.00	—	—	—	—	—	—	—
1404.00	1489.00	—	—	—	—	—	—
1373.00	1497.00	1480.00	—	—	—	—	—
1400.00	1504.00	1474.00	1502.00	—	—	—	—
1378.00	1499.00	1478.00	1529.00	1501.00	—	—	—
1383.00	1476.00	1447.00	1469.00	1533.00	1745.00	—	—
1369.00	1477.00	1462.00	1436.00	1446.00	1683.00	1594.00	—
1389.00	1479.00	1463.00	1427.00	1497.00	1546.00	1582.00	1656.00
1331.00	1443.00	1422.00	1384.00	1451.00	1484.00	1470.00	1490.00

5–18 续表 5

单位：元/吨

交易品种 Product	上市交易所 Listed Exchange	合约 Contract	1月 Jan.	2月 Feb.	3月 Mar.	4月 Apr.
玻璃 Glass	ZCE	FG002	—	1251.00	1225.00	1349.00
		FG003	—	—	1243.00	1339.00
		FG004	—	—	—	1302.00
		FG005	—	—	—	—
		FG006	—	—	—	—
		FG007	—	—	—	—
		FG008	—	—	—	—
		FG009	—	—	—	—
		FG010	—	—	—	—
		FG011	—	—	—	—
		FG012	—	—	—	—
尿素 Urea	ZCE	UR001	—	—	—	—
		UR002	—	—	—	—
		UR003	—	—	—	—
		UR004	—	—	—	—
		UR005	—	—	—	—
		UR006	—	—	—	—
		UR007	—	—	—	—
		UR008	—	—	—	—
		UR009	—	—	—	—
		UR010	—	—	—	—
		UR011	—	—	—	—
		UR012	—	—	—	—
纯碱 Soda Ash	ZCE	SA005	—	—	—	—
		SA006	—	—	—	—
		SA007	—	—	—	—
		SA008	—	—	—	—
		SA009	—	—	—	—
		SA010	—	—	—	—
		SA011	—	—	—	—
		SA012	—	—	—	—
燃料油 Fuel Oil	SHFE	fu1902	2542.00	—	—	—
		fu1903	2627.00	2704.00	—	—
		fu1904	2699.00	2828.00	2775.00	—
		fu1905	2741.00	2877.00	2830.00	2757.00
		fu1906	2714.00	2838.00	2822.00	2899.00
		fu1907	2713.00	2837.00	2840.00	2878.00
		fu1908	2623.00	2841.00	2827.00	2906.00
		fu1909	2612.00	2789.00	2792.00	2881.00
		fu1910	2608.00	2752.00	2750.00	2851.00
		fu1911	2604.00	2765.00	2670.00	2837.00
		fu1912	2499.00	2721.00	2560.00	2772.00
		fu2001	2476.00	2623.00	2513.00	2635.00
		fu2002	2497.00	2631.00	2529.00	2674.00
		fu2003	—	—	2537.00	2714.00
		fu2004	—	—	—	2733.00
		fu2005	—	—	—	—

continued

(yuan/ton)

5月 May	6月 June	7月 July	8月 Aug.	9月 Sept.	10月 Oct.	11月 Nov.	12月 Dec.
1348.00	1431.00	1417.00	1375.00	1436.00	1466.00	1444.00	1474.00
1358.00	1421.00	1404.00	1365.00	1423.00	1443.00	1433.00	1473.00
1334.00	1423.00	1429.00	1362.00	1408.00	1428.00	1426.00	1484.00
1323.00	1411.00	1409.00	1344.00	1410.00	1427.00	1410.00	1482.00
—	1382.00	1382.00	1355.00	1390.00	1417.00	1393.00	1458.00
—	—	1375.00	1364.00	1381.00	1404.00	1409.00	1470.00
—	—	—	1368.00	1390.00	1413.00	1408.00	1480.00
—	—	—	—	1381.00	1394.00	1387.00	1466.00
—	—	—	—	—	1377.00	1371.00	1457.00
—	—	—	—	—	—	1384.00	1461.00
—	—	—	—	—	—	—	1456.00
—	—	—	1793.00	1758.00	1691.00	1670.00	1643.00
—	—	—	1789.00	1749.00	1710.00	1679.00	1669.00
—	—	—	1828.00	1795.00	1752.00	1727.00	1703.00
—	—	—	1832.00	1839.00	1760.00	1737.00	1716.00
—	—	—	1840.00	1820.00	1766.00	1731.00	1722.00
—	—	—	1789.00	1800.00	1750.00	1746.00	1731.00
—	—	—	1773.00	1753.00	1728.00	1734.00	1714.00
—	—	—	1755.00	1760.00	1750.00	1747.00	1715.00
—	—	—	—	1735.00	1719.00	1721.00	1706.00
—	—	—	—	—	1756.00	1697.00	1694.00
—	—	—	—	—	—	1690.00	1702.00
—	—	—	—	—	—	—	1743.00
—	—	—	—	—	—	—	1635.00
—	—	—	—	—	—	—	1639.00
—	—	—	—	—	—	—	1676.00
—	—	—	—	—	—	—	1674.00
—	—	—	—	—	—	—	1691.00
—	—	—	—	—	—	—	1654.00
—	—	—	—	—	—	—	1672.00
—	—	—	—	—	—	—	1640.00
—	—	—	—	—	—	—	—
—	—	—	—	—	—	—	—
—	—	—	—	—	—	—	—
—	—	—	—	—	—	—	—
2602.00	—	—	—	—	—	—	—
2685.00	2415.00	—	—	—	—	—	—
2721.00	2703.00	2872.00	—	—	—	—	—
2665.00	2767.00	3076.00	3184.00	—	—	—	—
2641.00	2727.00	2896.00	2607.00	2570.00	—	—	—
2633.00	2699.00	2807.00	2563.00	2650.00	2731.00	—	—
2572.00	2609.00	2697.00	2418.00	2446.00	2409.00	1803.00	—
2451.00	2440.00	2499.00	2234.00	2231.00	2104.00	1824.00	2004.00
2446.00	2354.00	2495.00	2192.00	2224.00	2080.00	1850.00	2157.00
2477.00	2389.00	2401.00	2109.00	2021.00	2050.00	1831.00	2173.00
2441.00	2374.00	2407.00	2122.00	2041.00	2067.00	1863.00	2199.00
2411.00	2341.00	2414.00	2139.00	2073.00	2108.00	1905.00	2210.00

5-18 续表 6

单位：元/吨

交易品种 Product	上市交易所 Listed Exchange	合约 Contract	1月 Jan.	2月 Feb.	3月 Mar.	4月 Apr.
燃料油 Fuel Oil	SHFE	fu2006	—	—	—	—
		fu2007	—	—	—	—
		fu2008	—	—	—	—
		fu2009	—	—	—	—
		fu2010	—	—	—	—
		fu2011	—	—	—	—
		fu2012	—	—	—	—
		fu2101	—	—	—	—
石油沥青 Bitumen	SHFE	bu1901	2538.00	—	—	—
		bu1902	2862.00	3418.00	—	—
		bu1903	3054.00	3404.00	3852.00	—
		bu1904	3134.00	3220.00	3482.00	3468.00
		bu1905	3148.00	3236.00	3390.00	3578.00
		bu1906	3156.00	3250.00	3390.00	3576.00
		bu1907	3120.00	3150.00	3320.00	3566.00
		bu1908	—	3200.00	3352.00	3550.00
		bu1909	3138.00	3236.00	3334.00	3588.00
		bu1910	—	—	—	3606.00
		bu1911	—	—	—	—
		bu1912	3100.00	3200.00	3294.00	3586.00
		bu2001	—	—	—	—
		bu2002	—	—	—	—
		bu2003	2978.00	3056.00	3178.00	3488.00
		bu2004	—	—	—	—
		bu2005	—	—	—	—
		bu2006	2908.00	2960.00	3050.00	3456.00
		bu2009	2798.00	2844.00	2922.00	3352.00
		bu2012	2784.00	2824.00	2874.00	3326.00
		bu2103	—	—	2884.00	3394.00
		bu2106	—	—	—	—
		bu2109	—	—	—	—
		bu2112	—	—	—	—
纸浆 Woodpulp	SHFE	sp1906	5348.00	5562.00	5274.00	5262.00
		sp1907	5402.00	5536.00	5238.00	5346.00
		sp1908	5386.00	5522.00	5262.00	5294.00
		sp1909	5276.00	5518.00	5234.00	5212.00
		sp1910	5250.00	5536.00	5278.00	5222.00
		sp1911	5260.00	5608.00	5244.00	5242.00
		sp1912	5362.00	5556.00	5340.00	5324.00
		sp2001	5222.00	5584.00	5282.00	5226.00
		sp2002	—	5660.00	5336.00	5266.00
		sp2003	—	—	5390.00	5410.00
		sp2004	—	—	—	5420.00
		sp2005	—	—	—	—
		sp2006	—	—	—	—
		sp2007	—	—	—	—
		sp2008	—	—	—	—

continued

(yuan/ton)

5月 May	6月 June	7月 July	8月 Aug.	9月 Sept.	10月 Oct.	11月 Nov.	12月 Dec.
—	2341.00	2386.00	2163.00	2107.00	2136.00	1934.00	2223.00
—	—	2447.00	2198.00	2122.00	2158.00	1971.00	2231.00
—	—	—	2249.00	2157.00	2166.00	2012.00	2253.00
—	—	—	—	2158.00	2187.00	2037.00	2274.00
—	—	—	—	2209.00	2203.00	2102.00	2300.00
—	—	—	—	—	—	2105.00	2279.00
—	—	—	—	—	—	—	2288.00
—	—	—	—	—	—	—	2292.00
—	—	—	—	—	—	—	—
—	—	—	—	—	—	—	—
—	—	—	—	—	—	—	—
—	—	—	—	—	—	—	—
3700.00	—	—	—	—	—	—	—
3372.00	3388.00	—	—	—	—	—	—
3278.00	3232.00	3458.00	—	—	—	—	—
3320.00	3396.00	3404.00	3404.00	—	—	—	—
3248.00	3216.00	3502.00	3406.00	3450.00	—	—	—
3220.00	3150.00	3498.00	3248.00	3146.00	3164.00	—	—
3274.00	3162.00	3480.00	3118.00	3234.00	3016.00	3058.00	—
3126.00	3124.00	3390.00	3068.00	3144.00	2954.00	3026.00	2958.00
—	—	3326.00	2992.00	3050.00	2910.00	2950.00	3072.00
—	—	—	2996.00	3044.00	2970.00	2978.00	3084.00
3028.00	2982.00	3266.00	3122.00	3102.00	2900.00	2950.00	3110.00
—	—	—	—	—	2910.00	2942.00	3068.00
—	—	—	—	—	—	2956.00	3214.00
3024.00	3046.00	3236.00	2934.00	2980.00	2904.00	2928.00	3212.00
2960.00	2934.00	3112.00	2834.00	2868.00	2822.00	2872.00	3164.00
2948.00	2918.00	3090.00	2834.00	2838.00	2808.00	2840.00	3090.00
2954.00	2918.00	3062.00	2810.00	2852.00	2802.00	2836.00	3060.00
—	2858.00	3020.00	2818.00	2824.00	2780.00	2818.00	3056.00
—	—	—	—	2856.00	2790.00	2816.00	3030.00
—	—	—	—	—	—	—	3042.00
4886.00	4500.00	—	—	—	—	—	—
4840.00	4476.00	4500.00	—	—	—	—	—
4886.00	4538.00	4498.00	4498.00	—	—	—	—
4866.00	4616.00	4550.00	4588.00	4566.00	—	—	—
4904.00	4606.00	4574.00	4624.00	4552.00	4554.00	—	—
4906.00	4622.00	4590.00	4642.00	4674.00	4580.00	4280.00	—
4946.00	4692.00	4620.00	4682.00	4692.00	4536.00	4312.00	4300.00
4874.00	4678.00	4636.00	4720.00	4656.00	4656.00	4460.00	4462.00
4894.00	4694.00	4660.00	4790.00	4656.00	4660.00	4556.00	4494.00
5062.00	4670.00	4684.00	4820.00	4688.00	4722.00	4556.00	4546.00
4992.00	4794.00	4690.00	4832.00	4726.00	4726.00	4676.00	4520.00
4946.00	4782.00	4722.00	4806.00	4756.00	4772.00	4588.00	4612.00
—	4812.00	4696.00	4820.00	4766.00	4736.00	4672.00	4658.00
—	—	4792.00	4744.00	4756.00	4700.00	4644.00	4626.00
—	—	—	4786.00	4800.00	4754.00	4648.00	4692.00

5-18 续表 7

单位：元/吨

交易品种 Product	上市交易所 Listed Exchange	合约 Contract	1月 Jan.	2月 Feb.	3月 Mar.	4月 Apr.
纸浆 Woodpulp	SHFE	sp2009	—	—	—	—
		sp2010	—	—	—	—
		sp2011	—	—	—	—
		sp2012	—	—	—	—
20号胶 TSR 20	INE	nr2002	—	—	—	—
		nr2003	—	—	—	—
		nr2004	—	—	—	—
		nr2005	—	—	—	—
		nr2006	—	—	—	—
		nr2007	—	—	—	—
		nr2008	—	—	—	—
		nr2009	—	—	—	—
		nr2010	—	—	—	—
		nr2011	—	—	—	—
		nr2012	—	—	—	—
原油 Crude Oil	INE	sc1902	421.50	—	—	—
		sc1903	431.00	428.30	—	—
		sc1904	429.70	441.50	455.20	—
		sc1905	431.00	444.90	452.80	482.40
		sc1906	432.10	447.20	452.70	485.30
		sc1907	433.40	450.90	452.10	483.40
		sc1908	433.40	452.20	451.60	481.60
		sc1909	434.20	449.80	451.00	479.30
		sc1910	443.00	455.40	453.00	477.30
		sc1911	444.10	456.80	455.60	486.50
		sc1912	433.90	460.30	456.00	475.50
		sc2001	445.70	458.30	456.00	484.10
		sc2002	445.70	456.60	464.30	495.70
		sc2003	445.50	456.00	449.90	471.00
		sc2004	—	—	—	480.50
		sc2005	—	—	—	—
		sc2006	445.70	453.00	452.00	467.00
		sc2007	—	—	—	—
		sc2008	—	—	—	—
		sc2009	456.70	453.30	450.00	463.00
		sc2010	—	—	—	—
		sc2011	—	—	—	—
		sc2012	449.30	450.70	454.60	460.00
		sc2101	—	—	—	—
		sc2103	428.40	434.00	452.00	471.00
		sc2106	460.50	461.40	457.50	468.90
		sc2109	452.30	463.70	457.20	458.70
		sc2112	447.80	464.00	466.50	453.70
		sc2203	—	—	452.50	477.70
		sc2206	—	—	—	—
		sc2209	—	—	—	—
		sc2212	—	—	—	—

continued

(yuan/ton)

5月 May	6月 June	7月 July	8月 Aug.	9月 Sept.	10月 Oct.	11月 Nov.	12月 Dec.
—	—	—	—	4848.00	4852.00	4702.00	4738.00
—	—	—	—	—	4832.00	4754.00	4722.00
—	—	—	—	—	—	4752.00	4698.00
—	—	—	—	—	—	—	4702.00
—	—	—	10010.00	9790.00	10070.00	10605.00	10715.00
—	—	—	9930.00	9830.00	10145.00	10700.00	10815.00
—	—	—	10050.00	9880.00	10220.00	10785.00	10900.00
—	—	—	10190.00	9985.00	10275.00	10835.00	10975.00
—	—	—	10225.00	10500.00	10255.00	10900.00	11040.00
—	—	—	10275.00	10320.00	10285.00	10965.00	11190.00
—	—	—	9970.00	10220.00	10345.00	11085.00	11080.00
—	—	—	—	10385.00	10320.00	11100.00	11355.00
—	—	—	—	—	10255.00	11120.00	11120.00
—	—	—	—	—	—	11040.00	10895.00
—	—	—	—	—	—	—	11005.00
—	—	—	—	—	—	—	—
—	—	—	—	—	—	—	—
—	—	—	—	—	—	—	—
—	—	—	—	—	—	—	—
450.00	—	—	—	—	—	—	—
462.00	441.30	—	—	—	—	—	—
457.70	448.10	442.60	—	—	—	—	—
454.70	447.90	444.30	419.50	—	—	—	—
453.10	445.50	447.60	435.30	440.00	—	—	—
451.70	444.70	447.40	433.90	447.90	445.90	—	—
460.50	445.00	447.90	431.90	442.10	452.20	458.40	—
457.00	440.00	447.50	431.40	437.30	446.80	462.10	467.00
427.90	435.80	433.80	430.60	433.70	439.90	458.00	488.10
447.80	441.00	450.10	428.00	431.40	434.20	453.10	486.70
434.10	429.00	433.80	422.00	428.50	432.10	449.20	483.00
455.80	427.50	433.30	423.00	438.70	430.00	445.60	479.30
444.20	438.00	441.00	423.00	431.00	429.00	442.10	476.50
—	—	446.60	418.10	437.60	434.30	441.00	473.80
—	—	—	422.70	436.60	421.60	436.50	463.30
440.80	435.00	430.10	427.70	437.10	424.70	437.00	465.90
—	—	—	—	439.30	441.60	429.40	459.10
—	—	—	—	—	—	444.10	457.70
447.80	432.50	431.80	432.70	434.00	430.80	435.20	462.00
—	—	—	—	—	—	—	452.70
451.80	438.90	437.60	430.40	435.70	428.80	446.80	453.70
455.80	427.30	436.20	413.30	422.30	436.80	430.20	443.00
444.70	416.20	442.50	420.10	425.00	441.70	437.40	448.00
444.00	439.50	445.00	418.90	432.00	419.60	432.50	452.10
438.20	423.30	404.30	433.60	433.40	433.10	427.20	445.60
—	425.90	444.40	414.10	433.10	421.40	430.20	444.90
—	—	—	—	431.80	439.00	427.40	444.70
—	—	—	—	—	—	—	441.00

5-19 2019年金融期货合约月末结算价

单位：元

交易品种 Product	上市 交易所 Listed Exchange	合约 Contract	1月 Jan.	2月 Feb.	3月 Mar.	4月 Apr.
2年期国债期货 2-Year Treasury Bond Futures	CFFEX	TS1903	100.38	101.00	101.02	—
		TS1906	100.42	100.32	100.32	99.89
		TS1909	100.23	100.85	100.21	99.77
		TS1912	100.84	—	100.84	100.42
		TS2003	—	—	—	—
		TS2006	—	—	—	—
		TS2009	—	—	—	—
5年期国债期货 5-Year Treasury Bond Futures	CFFEX	TF1903	99.88	99.56	100.01	—
		TF1906	99.80	99.13	99.60	98.82
		TF1909	99.84	99.01	99.28	98.53
		TF1912	—	—	99.34	98.56
		TF2003	—	—	—	—
		TF2006	—	—	—	—
		TF2009	—	—	—	—
10年期国债期货 10-Year Treasury Bond Futures	CFFEX	T1903	98.06	98.06	99.22	—
		T1906	97.89	96.97	97.90	96.60
		T1909	97.77	96.55	97.61	96.14
		T1912	—	—	97.51	95.81
		T2003	—	—	—	—
		T2006	—	—	—	—
		T2009	—	—	—	—
沪深300股指期货 CSI 300 Index Futures	CFFEX	IF1901	3157.74	—	—	—
		IF1902	3198.00	3353.40	—	—
		IF1903	3201.40	3677.00	3740.14	—
		IF1904	—	3683.20	3877.60	4091.64
		IF1905	—	—	3881.40	3908.80
		IF1906	3192.20	3693.20	3870.80	3898.00
		IF1907	—	—	—	—
		IF1908	—	—	—	—
		IF1909	3168.60	3678.40	3850.00	3875.00
		IF1910	—	—	—	—
		IF1911	—	—	—	—
		IF1912	—	—	—	3881.80
		IF2001	—	—	—	—

注：如果该合约在月中交割，则该月的月末结算价为交割结算价。
数据来源：中国金融期货交易所
Source：CFFEX

Clearing Price of Financial Futures Contracts in 2019

(yuan)

5月 May	6月 June	7月 July	8月 Aug.	9月 Sept.	10月 Oct.	11月 Nov.	12月 Dec.
—	—	—	—	—	—	—	—
100.19	100.25	—	—	—	—	—	—
99.90	100.13	100.24	100.44	100.43	—	—	—
99.71	99.93	100.06	100.30	100.24	100.07	100.45	100.46
—	99.79	99.87	100.17	100.11	99.92	100.28	100.42
—	—	—	—	99.95	99.77	100.11	100.24
—	—	—	—	—	—	—	100.05
—	—	—	—	—	—	—	—
99.29	99.43	—	—	—	—	—	—
99.02	99.39	99.83	100.33	100.16	—	—	—
98.69	99.14	99.54	100.02	99.76	99.36	100.08	100.11
—	98.84	99.26	99.82	99.55	99.00	99.70	99.95
—	—	—	—	99.25	98.71	99.42	99.61
—	—	—	—	—	—	—	99.30
—	—	—	—	—	—	—	—
97.50	98.11	—	—	—	—	—	—
96.89	97.50	98.37	99.26	99.07	—	—	—
96.48	97.08	97.92	98.97	98.20	97.41	98.41	98.23
—	96.72	97.52	98.67	97.87	96.96	98.06	98.16
—	—	—	—	97.54	96.63	97.73	97.78
—	—	—	—	—	—	—	97.45
—	—	—	—	—	—	—	—
—	—	—	—	—	—	—	—
—	—	—	—	—	—	—	—
—	—	—	—	—	—	—	—
3665.86	—	—	—	—	—	—	—
3601.60	3827.96	—	—	—	—	—	—
3576.40	3805.00	3805.93	—	—	—	—	—
—	3796.20	3836.00	3726.30	—	—	—	—
3556.40	3791.80	3828.40	3780.80	3932.45	—	—	—
—	—	—	3773.60	3822.20	3880.99	—	—
—	—	—	—	3818.80	3874.80	3893.03	—
3537.80	3780.80	3819.20	3764.40	3818.00	3870.40	3826.60	4027.17
—	—	—	—	—	—	3826.20	4105.00

5-19 续表

单位：元

交易品种 Product	上市交易所 Listed Exchange	合约 Contract	1月 Jan.	2月 Feb.	3月 Mar.	4月 Apr.
沪深300股指期货 CSI 300 Index Futures	CFFEX	IF2002	—	—	—	—
		IF2003	—	—	—	—
		IF2006	—	—	—	—
上证50股指期货 SSE 50 Index Futures	CFFEX	IH1901	2411.37	—	—	—
		IH1902	2478.40	2528.25	—	—
		IH1903	2483.20	2754.20	2753.65	—
		IH1904	—	2763.40	2842.20	3023.71
		IH1905	—	—	2848.00	2948.20
		IH1906	2485.40	2764.40	2840.00	2935.40
		IH1907	—	—	—	—
		IH1908	—	—	—	—
		IH1909	2464.60	2755.80	2829.80	2929.20
		IH1910	—	—	—	—
		IH1911	—	—	—	—
		IH1912	—	—	—	2934.20
		IH2001	—	—	—	—
		IH2002	—	—	—	—
		IH2003	—	—	—	—
		IH2006	—	—	—	—
中证500股指期货 CSI 500 Index Futures	CFFEX	IC1901	4334.56	—	—	—
		IC1902	4167.40	4522.88	—	—
		IC1903	4149.40	5023.60	5351.15	—
		IC1904	—	5019.60	5531.40	5779.80
		IC1905	—	—	5512.80	5250.00
		IC1906	4092.00	5008.00	5482.00	5214.80
		IC1907	—	—	—	—
		IC1908	—	—	—	—
		IC1909	4050.40	4985.40	5420.20	5143.60
		IC1910	—	—	—	—
		IC1911	—	—	—	—
		IC1912	—	—	—	5091.60
		IC2001	—	—	—	—
		IC2002	—	—	—	—
		IC2003	—	—	—	—
		IC2006	—	—	—	—

continued

(yuan)

5月 May	6月 June	7月 July	8月 Aug.	9月 Sept.	10月 Oct.	11月 Nov.	12月 Dec.
—	—	—	—	—	—	—	4113.80
—	—	3816.40	3757.00	3819.40	3865.60	3821.00	4119.80
—	—	—	—	—	3857.20	3807.00	4116.40
—	—	—	—	—	—	—	—
—	—	—	—	—	—	—	—
—	—	—	—	—	—	—	—
—	—	—	—	—	—	—	—
2744.42	—	—	—	—	—	—	—
2712.60	2936.44	—	—	—	—	—	—
2689.20	2913.00	2892.30	—	—	—	—	—
—	2906.60	2914.20	2836.81	—	—	—	—
2695.20	2904.00	2912.20	2853.40	2964.29	—	—	—
—	—	—	2844.00	2905.40	2973.91	—	—
—	—	—	—	2908.80	2952.60	2962.92	—
2695.80	2903.00	2912.60	2839.40	2902.20	2949.40	2892.20	3018.42
—	—	—	—	—	—	2888.20	3070.60
—	—	—	—	—	—	—	3077.00
—	—	2915.80	2843.40	2909.00	2950.60	2888.60	3080.40
—	—	—	—	—	2946.20	2882.80	3078.20
—	—	—	—	—	—	—	—
—	—	—	—	—	—	—	—
—	—	—	—	—	—	—	—
—	—	—	—	—	—	—	—
4984.19	—	—	—	—	—	—	—
4812.40	5011.95	—	—	—	—	—	—
4750.60	4906.40	4881.20	—	—	—	—	—
—	4858.60	4879.80	4741.78	—	—	—	—
4657.40	4813.60	4825.80	4837.20	5204.08	—	—	—
—	—	—	4792.00	4936.40	4975.13	—	—
—	—	—	—	4895.00	4896.40	4899.27	—
4561.60	4705.00	4700.60	4709.00	4854.40	4853.80	4871.20	5209.64
—	—	—	—	—	—	4834.60	5266.80
—	—	—	—	—	—	—	5249.60
—	—	4611.20	4611.20	4764.00	4755.80	4757.00	5231.60
—	—	—	—	—	4669.60	4652.60	5164.40

5-20　2019年农产品期货实物交割情况
Physical Delivery of Agricultural Products Futures in 2019

交易品种 Product	上市交易所 Listed Exchange	合约 Contract	交割量(手) Delivery Quantity (lot)	交割金额(万元) Delivery Amount (10 thousand yuan)	成交量(手) Trading Volume (lot)	成交金额(万元) Trading Turnover(10 thousand yuan)	结算价(元/吨) Clearing Price (yuan/ton)	交割率(%) Delivery Rate (%)
玉米 Corn	DCE	c1901	20694	36099.79	3827	6977.64	1823.00	3.46
		c1903	3520	5870.39	595074	1076047.82	1758.00	21.81
		c1905	56353	102849.43	11894373	21797602.82	1872.00	8.75
		c1907	31479	59730.44	2988231	5639675.97	1896.00	15.06
		c1909	30681	55508.84	30729089	59281904.52	1821.00	4.43
		c1911	9688	17715.16	2793834	5361863.06	1837.00	5.24
玉米淀粉 Corn Starch	DCE	cs1901	3035	7035.79	2910	6799.12	2336.00	1.79
		cs1903	10	22.84	70	161.30	2284.00	58.82
		cs1905	3306	7597.13	4472112	10237325.13	2276.00	2.48
		cs1907	1	2.24	128	297.32	2236.00	5.26
		cs1909	640	1455.32	5592587	13285764.22	2263.00	0.57
		cs1911	—	—	136	317.97	2260.00	0.00
黄大豆1号 No.1 Soybean	DCE	a1901	11361	36098.91	3067	9832.13	3205.00	7.35
		a1903	1127	3686.73	3445	11329.09	3277.00	94.31
		a1905	7404	24721.49	4247038	14412774.87	3353.00	8.95
		a1907	297	1003.86	2156	7457.94	3380.00	64.71
		a1909	6765	23641.67	5855636	20288778.86	3498.00	7.87
		a1911	124	405.86	2379	8229.97	3276.00	47.15
黄大豆2号 No.2 Soybean	DCE	b1901	300	824.10	981	2695.13	2747.00	0.58
		b1902	—	—	1	2.89	2889.00	0.00
		b1903	—	—	459	1359.90	2799.00	0.00
		b1904	—	—	7	21.24	3071.00	0.00
		b1905	2900	8172.20	3302075	9595631.07	2818.00	2.41
		b1906	400	1240.00	856753	2391436.48	3062.00	0.38
		b1907	100	322.80	1468863	4371344.37	3228.00	0.10
		b1908	100	305.80	1081846	3377566.12	3058.00	0.08
		b1909	400	1382.00	3929554	11942407.41	3861.00	0.31
		b1910	2500	7769.20	1445511	4711867.43	3148.00	1.87
		b1911	600	2317.20	1431078	4653530.54	3862.00	0.49
		b1912	900	2816.10	1228084	4092632.72	3129.00	0.71
豆粕 Soybean Meal	DCE	m1901	4545	12901.17	5500	15604.30	2837.00	0.34
		m1903	1327	3222.78	2389191	6392790.18	2444.00	1.43
		m1905	776	1957.85	39075603	99882463.26	2523.00	0.07
		m1907	2207	6224.21	3696879	9707938.66	2786.00	1.70
		m1908	352	981.38	994378	2860471.14	2788.00	0.37
		m1909	4289	12716.10	98290011	273356287.90	3007.00	0.35
		m1911	64	190.85	3451882	9979576.68	2982.00	0.04
		m1912	1500	4204.60	1120169	3273252.99	2777.00	1.17

注：1.结算价为最后交易日交割结算价。
2.交割量、交割金额包含期转现部分。
3.自2019年12月02日起，纤维板报价单位由元/张改为元/立方米。
数据来源：上海期货交易所、郑州商品交易所、大连商品交易所
Source: SHFE、ZCE、DCE

5-20 续表 1 continued

交易品种 Product	上市交易所 Listed Exchange	合约 Contract	交割量(手) Delivery Quantity (lot)	交割金额(万元) Delivery Amount (10 thousand yuan)	成交量(手) Trading Volume (lot)	成交金额(万元) Trading Turnover(10 thousand yuan)	结算价(元/吨) Clearing Price (yuan/ton)	交割率(%) Delivery Rate (%)
豆油 Soybean Oil	DCE	y1901	21155	107026.10	3492	17592.95	5038.00	4.64
		y1903	69	363.35	268	1423.37	5266.00	65.71
		y1905	15228	79597.63	10996165	61905521.77	5228.00	4.08
		y1907	—	—	297	1626.37	5330.00	0.00
		y1908	16	83.01	418	2293.39	5338.00	44.44
		y1909	23796	142391.13	19095031	105478805.06	5974.00	5.68
		y1911	4	25.34	252	1456.43	6334.00	28.57
		y1912	14	85.71	1038	6033.83	6122.00	40.00
棕榈油 RBD Palm Oil	DCE	p1901	3943	16536.58	4279	17925.09	4188.00	1.24
		p1902	—	—	41	180.67	4600.00	0.00
		p1903	—	—	17	79.15	4714.00	0.00
		p1904	—	—	14	64.81	4330.00	0.00
		p1905	7825	33366.90	12748952	58744282.07	4184.00	2.54
		p1906	—	—	401	1874.69	4076.00	0.00
		p1907	—	—	284	1313.47	4000.00	0.00
		p1908	—	—	107	482.19	4270.00	0.00
		p1909	4488	21596.26	19944367	88532673.52	4712.00	1.26
		p1910	—	—	984	4428.63	4880.00	0.00
		p1911	—	—	472	2221.67	4990.00	0.00
		p1912	—	—	504	2459.61	5500.00	0.00
鸡蛋 (元/500千克) Egg (yuan/500kg)	DCE	jd1901	87	367.51	1231	5240.22	4207.00	0.09
		jd1902	54	171.23	6733	23731.30	3118.00	3.36
		jd1903	33	102.01	17563	56736.37	3310.00	1.15
		jd1904	7	25.61	6798	22060.74	3658.00	0.95
		jd1905	1	4.03	3723644	12776820.09	4132.00	0.00
		jd1906	127	457.93	84928	308610.57	3615.00	2.81
		jd1907	106	428.59	320563	1205994.51	4726.00	0.59
		jd1908	117	505.94	318395	1513608.28	4389.00	0.64
		jd1909	135	643.58	8682392	38631875.53	4657.00	0.11
		jd1910	12	62.16	266994	1101285.08	4855.00	0.13
		jd1911	83	399.66	169302	768612.35	4679.00	1.20
		jd1912	40	170.82	742194	3672404.93	4171.00	0.18
胶合板 (元/张) Blockboard (yuan/piece)	DCE	bb1901	—	—	0	—	142.00	0.00
		bb1902	—	—	—	—	142.00	0.00
		bb1903	—	—	148	1040.33	158.00	0.00
		bb1904	—	—	16	125.05	178.00	0.00
		bb1905	—	—	2	13.15	180.00	0.00
		bb1906	—	—	0	—	189.00	0.00
		bb1907	—	—	—	—	131.00	0.00
		bb1908	—	—	—	—	133.00	0.00
		bb1909	—	—	3	24.01	155.00	0.00
		bb1910	—	—	194	1542.36	180.00	0.00
		bb1911	—	—	—	—	134.00	0.00
		bb1912	—	—	—	—	136.00	0.00
纤维板 (元/立方米) Fiberboard (yuan/cubic metres)	DCE	fb1901	122	589.87	54	247.59	92.00	18.77
		fb1902	132	438.57	1261	4542.00	61.00	49.44
		fb1903	197	481.67	72438	242348.86	44.00	15.24
		fb1904	131	498.78	74495	265671.87	71.00	5.21
		fb1905	174	551.58	75087	247124.82	58.00	14.27

5-20 续表 2 continued

交易品种 Product	上市交易所 Listed Exchange	合约 Contract	交割量(手) Delivery Quantity (lot)	交割金额(万元) Delivery Amount (10 thousand yuan)	成交量(手) Trading Volume (lot)	成交金额(万元) Trading Turnover(10 thousand yuan)	结算价(元/吨) Clearing Price (yuan/ton)	交割率(%) Delivery Rate (%)
纤维板(元/立方米) Fiberboard (yuan/cubic metres)	DCE	fb1906	26	77.42	16045	48102.98	55.00	4.63
		fb1907	89	218.94	19511	54757.69	44.00	15.42
		fb1908	48	168.24	25488	84257.97	65.00	9.54
		fb1909	25	81.63	3656	11674.44	60.00	14.12
		fb1910	17	83.05	9274	30921.62	93.00	4.43
		fb1911	72	360.72	29382	108733.50	95.00	8.65
		fb1912	—	—	2	7.30	96.00	0.00
白糖 White Sugar	ZCE	SR901	1470	7095.74	5430	26248.15	4823.00	27.18
		SR903	209	1067.37	3576	18069.11	5108.00	68.52
		SR905	12396	63457.93	15767924	79527973.11	5108.00	4.86
		SR907	223	1125.59	8690	43964.67	5049.00	10.12
		SR909	6302	33790.04	42343708	218627978.88	5604.00	1.55
		SR911	795	4548.20	733472	3911440.71	5721.00	4.05
		SR001	5466	30446.90	43743797	239244872.87	—	1.28
		SR003	0	0.00	766776	4226539.64	—	—
		SR005	0	0.00	8587511	46371971.40	—	—
		SR007	0	0.00	11030	59368.62	—	—
		SR009	0	0.00	524114	2883922.05	—	—
		SR011	0	0.00	88	485.00	—	—
棉花 Cotton No.1	ZCE	CF901	12320	88225.78	27181	195510.96	14375.00	2.95
		CF903	208	1510.60	950	6953.67	14525.00	47.82
		CF905	51688	384649.54	6740533	51417597.44	14400.00	19.79
		CF907	3264	21649.38	27033	187341.35	13210.00	67.34
		CF909	28652	177779.60	22491752	157433371.03	12180.00	8.26
		CF911	4560	28718.78	823924	5375770.92	12590.00	19.00
		CF001	15240	99174.02	23800318	155236984.36	—	3.98
		CF003	5000	32925.00	533837	3508582.25	—	16.90
		CF005	63440	437902.02	9032853	60487054.35	—	10.87
		CF007	0	0.00	9340	62482.55	—	0.00
		CF009	31760	215806.14	319859	2224819.03	—	49.20
		CF011	0	0.00	3957	27736.66	—	0.00
普麦 Wheat PM	ZCE	PM901	0	0.00	4	47.60	2247.00	0.00
		PM903	0	0.00	0	0.00	2365.00	—
		PM905	0	0.00	24	268.92	2248.00	0.00
		PM907	0	0.00	11	124.62	2188.00	0.00
		PM909	0	0.00	8	86.46	2294.00	0.00
		PM911	0	0.00	3	36.23	2309.00	—
		PM001	0	0.00	0	0.00	—	—
		PM003	0	0.00	20	226.50	—	—
		PM005	0	0.00	0	0.00	—	—
		PM007	0	0.00	4	47.12	—	0.00
		PM009	0	0.00	0	0.00	—	—
		PM011	0	0.00	0	0.00	—	—

5-20 续表 3 continued

交易品种 Product	上市交易所 Listed Exchange	合约 Contract	交割量(手) Delivery Quantity (lot)	交割金额(万元) Delivery Amount (10 thousand yuan)	成交量(手) Trading Volume (lot)	成交金额(万元) Trading Turnover(10 thousand yuan)	结算价(元/吨) Clearing Price (yuan/ton)	交割率(%) Delivery Rate (%)
强麦 Wheat WH	ZCE	WH901	0	0.00	77	375.71	2452.00	0.00
		WH903	0	0.00	1	4.80	2490.00	0.00
		WH905	0	0.00	4881	24358.27	2828.00	0.00
		WH907	0	0.00	0	0.00	2813.00	—
		WH909	10	42.20	5936	28236.64	2110.00	1.42
		WH911	0	0.00	25	128.62	2422.00	0.00
		WH001	0	0.00	1185	5653.71	—	0.00
		WH003	0	0.00	214	1070.45	—	0.00
		WH005	0	0.00	69	345.65	—	0.00
		WH007	0	0.00	9	43.11	—	0.00
		WH009	0	0.00	8	38.17	—	—
		WH011	0	0.00	0	0.00	—	—
早籼稻 Early Rice	ZCE	RI901	0	0.00	0	0.00	2198.00	—
		RI903	0	0.00	0	0.00	2300.00	—
		RI905	0	0.00	13	56.79	2201.00	0.00
		RI907	0	0.00	0	0.00	2325.00	—
		RI909	0	0.00	2792	13360.71	2723.00	0.00
		RI911	0	0.00	8	38.98	2788.00	0.00
		RI001	0	0.00	0	0.00	—	—
		RI003	0	0.00	0	0.00	—	—
		RI005	0	0.00	113	597.25	—	0.00
		RI007	0	0.00	0	0.00	—	—
		RI009	0	0.00	0	0.00	—	—
		RI011	0	0.00	0	0.00	—	—
晚籼稻 Late Indica Rice	ZCE	LR901	0	0.00	0	0.00	2635.00	—
		LR903	82	424.92	17523	93948.30	2591.00	1.09
		LR905	28	133.62	527	2670.73	2386.00	33.33
		LR907	0	0.00	393	1921.79	2165.00	0.00
		LR909	0	0.00	35	175.76	2596.00	0.00
		LR911	0	0.00	226	1180.26	2640.00	0.00
		LR001	0	0.00	37	196.65	—	0.00
		LR003	0	0.00	2	11.15	—	0.00
		LR005	0	0.00	39	209.77	—	0.00
		LR007	0	0.00	10	55.49	—	0.00
粳稻 Japonica Rice	ZCE	JR901	0	0.00	0	0.00	2788.00	—
		JR903	0	0.00	0	0.00	3025.00	—
		JR905	0	0.00	0	0.00	3146.00	—
		JR907	0	0.00	2434	13973.59	2952.00	0.00
		JR909	0	0.00	198	1257.42	3494.00	0.00
		JR911	0	0.00	25	154.13	3659.00	0.00
		JR001	0	0.00	58	341.60	—	0.00
		JR003	0	0.00	0	0.00	—	—
		JR005	0	0.00	6	36.54	—	—
		JR007	0	0.00	9	52.84	—	0.00
		JR009	0	0.00	0	0.00	—	—
		JR011	0	0.00	0	0.00	—	—

5-20 续表 4 continued

交易品种 Product	上市交易所 Listed Exchange	合约 Contract	交割量（手） Delivery Quantity (lot)	交割金额（万元） Delivery Amount (10 thousand yuan)	成交量（手） Trading Volume (lot)	成交金额（万元） Trading Turnover(10 thousand yuan)	结算价（元/吨） Clearing Price (yuan/ton)	交割率 (%) Delivery Rate (%)
菜籽粕 Rapeseed Meal	ZCE	RM901	312	654.58	1627	3403.70	2098.00	0.09
		RM903	34	71.98	11893	25097.97	2117.00	0.04
		RM905	900	1962.90	30026376	65052485.10	2181.00	0.24
		RM907	38	92.91	23002	49530.75	2445.00	0.07
		RM908	0	0.00	37752	83312.29	2557.00	0.00
		RM909	1400	3354.40	61023304	147295210.62	2396.00	0.34
		RM911	293	653.90	60778	132983.91	2206.00	1.21
		RM001	0	0.00	36545203	83654017.14	—	0.00
		RM003	0	0.00	22516	50461.55	—	0.00
		RM005	0	0.00	9651251	22206770.20	—	0.00
		RM007	0	0.00	3896	9085.85	—	0.00
		RM008	0	0.00	43	101.51	—	0.00
		RM009	0	0.00	662176	1535486.66	—	0.00
		RM011	0	0.00	15543	35367.25	—	0.00
油菜籽 Rapeseed	ZCE	RS907	10	41.13	63	268.20	4113.00	62.50
		RS908	0	0.00	160	798.29	3787.00	0.00
		RS909	500	1791.00	23538	101013.91	3582.00	33.42
		RS911	182	668.67	39651	151213.66	3674.00	12.32
		RS007	0	0.00	207	899.33	—	0.00
		RS008	0	0.00	16	66.47	—	0.00
		RS009	0	0.00	10	41.25	—	0.00
		RS011	0	0.00	0	0.00	—	—
菜籽油 Rapeseed Oil	ZCE	OI901	21779	138272.13	7579	48159.05	6349.00	10.21
		OI903	0	0.00	72	465.38	6779.00	0.00
		OI905	12208	84785.56	9022541	62104106.20	6945.00	6.58
		OI907	0	0.00	2254	15573.02	6915.00	0.00
		OI909	9466	69168.06	11926772	83405362.89	7307.00	6.39
		OI911	0	0.00	7912	55476.48	7589.00	0.00
		OI001	0	0.00	13087216	96200027.64	—	0.00
		OI003	0	0.00	4790	34493.45	—	0.00
		OI005	1500	10803.00	3612163	26874570.10	—	1.24
		OI007	0	0.00	147	1090.36	—	0.00
		OI009	0	0.00	113485	840585.36	—	0.00
		OI011	0	0.00	70	511.68	—	0.00
棉纱 Cotton Yarn	ZCE	CY901	8	90.16	11	123.50	22540.00	0.74
		CY902	0	0.00	0	0.00	21930.00	—
		CY903	0	0.00	0	0.00	22290.00	—
		CY904	0	0.00	4	47.06	24585.00	0.00
		CY905	0	0.00	9977	121964.83	21485.00	0.00
		CY906	0	0.00	18	196.77	19345.00	0.00
		CY907	0	0.00	42	450.81	22545.00	0.00
		CY908	0	0.00	89	958.00	19795.00	0.00
		CY909	0	0.00	760	8798.03	22045.00	0.00
		CY910	0	0.00	89	1064.09	22665.00	0.00

5-20 续表 5 continued

交易品种 Product	上市交易所 Listed Exchange	合约 Contract	交割量（手） Delivery Quantity (lot)	交割金额（万元） Delivery Amount (10 thousand yuan)	成交量（手） Trading Volume (lot)	成交金额（万元） Trading Turnover(10 thousand yuan)	结算价（元/吨） Clearing Price (yuan/ton)	交割率（%） Delivery Rate (%)
棉纱 Cotton Yarn	ZCE	CY911	0	0.00	6	72.28	23725.00	0.00
		CY912	0	0.00	34	397.93	22070.00	0.00
		CY001	0	0.00	1554627	16537981.26	—	0.00
		CY002	0	0.00	5	52.02	—	0.00
		CY003	0	0.00	18	194.05	—	0.00
		CY004	0	0.00	18	195.11	—	—
		CY005	0	0.00	133484	1431057.78	—	0.00
		CY006	0	0.00	6	63.44	—	0.00
		CY007	0	0.00	1	10.18	—	0.00
		CY008	0	0.00	4	41.83	—	—
		CY009	0	0.00	8	89.37	—	0.00
		CY010	0	0.00	0	0.00	—	—
		CY011	0	0.00	0	0.00	—	—
		CY012	0	0.00	0	0.00	—	—
苹果 Apple	ZCE	AP901	213	2285.21	607	6612.82	10610.00	0.14
		AP903	60	663.17	24996	273881.25	11035.00	0.12
		AP905	88	1109.84	4308923	47523125.86	13207.00	0.07
		AP907	22	349.32	229195	2820969.96	15878.00	0.13
		AP910	213	1900.01	18499448	169438802.71	8944.00	0.24
		AP911	154	1365.59	222401	1827901.96	9086.00	1.36
		AP912	56	483.03	249296	2069728.20	8640.00	0.47
		AP001	0	0.00	11325655	91527182.05	—	0.00
		AP003	0	0.00	252937	2106367.72	—	0.00
		AP005	0	0.00	2280138	18409491.17	—	0.00
		AP007	0	0.00	34055	276336.55	—	0.00
		AP010	0	0.00	22134	176691.07	—	0.00
		AP011	0	0.00	7465	58248.91	—	0.00
		AP012	0	0.00	4336	33278.61	—	0.00
红枣 Chinese Jujube	ZCE	CJ912	95	533.45	23888247	122042054.66	11375.00	0.11
		CJ001	0	0.00	2623602	13890837.40	—	0.00
		CJ003	0	0.00	38757	196417.06	—	0.00
		CJ005	0	0.00	1164739	6225765.12	—	0.00
		CJ007	0	0.00	5672	30607.83	—	0.00
		CJ009	0	0.00	12876	70465.98	—	0.00
		CJ012	0	0.00	121	665.77	—	0.00
天然橡胶 Natural Rubber	SHFE	ru1901	4420	50653.20	19795335	238703965.40	11230.00	2.45
		ru1903	48	568.32	1568	19177.64	11740.00	57.14
		ru1904	20	228.30	617	7694.60	11280.00	40.00
		ru1905	8945	103091.13	14940636	176476375.18	11410.00	4.89
		ru1906	98	1180.41	3628	42727.88	11700.00	24.50
		ru1907	85	906.10	2554	30485.09	10475.00	52.15
		ru1908	89	920.71	2579	30302.94	10300.00	44.28
		ru1909	8464	93459.64	20248690	235981650.70	11115.00	3.60
		ru1910	46	486.22	2867	32533.55	10600.00	30.46
		ru1911	1244	13707.88	93643	1036716.17	11090.00	16.62

5-21 2019年金属期货实物交割情况

Physical Delivery of Metal Products Futures in 2019

交易品种 Product	上市交易所 Listed Exchange	合约 Contract	交割量（手）Delivery Quantity (lot)	交割金额（万元）Delivery Amount (10 thousand yuan)	成交量（手）Trading Volume (lot)	成交金额（万元）Trading Turnover (10 thousand yuan)	结算价（元/吨）Clearing Price (yuan/ton)	交割率(%) Delivery Rate (%)
铜 Copper	SHFE	cu1901	1075	25198.00	4211707	103958264.52	46880.00	1.08
		cu1902	12535	300840.00	3776486	91977966.89	48000.00	12.17
		cu1903	19065	473383.95	3699261	89028084.53	49660.00	17.99
		cu1904	11305	278668.25	3322215	81551974.08	49300.00	8.77
		cu1905	7805	185290.70	3805418	93405124.90	47480.00	6.42
		cu1906	2850	65607.00	3088892	75205549.10	46040.00	2.98
		cu1907	2495	58096.08	2999025	71318484.97	46570.00	2.08
		cu1908	3865	89378.13	3008788	70628562.63	46250.00	3.10
		cu1909	3470	82811.55	3305161	77425052.59	47730.00	2.33
		cu1910	5750	134837.50	2988228	69869866.92	46900.00	4.52
		cu1911	3645	85274.78	2517963	59144971.27	46790.00	3.25
		cu1912	2935	71336.75	2620159	61710928.87	48620.00	2.48
铝 Aluminum	SHFE	al1901	17705	116764.48	3513955	24471405.33	13190.00	12.95
		al1902	19000	126682.50	2869879	19681631.01	13335.00	16.16
		al1903	30885	213569.78	3135915	21264313.96	13830.00	21.89
		al1904	30085	207962.56	2238583	15257780.37	13825.00	24.98
		al1905	29485	211260.03	3902028	26724028.28	14330.00	17.71
		al1906	14410	100185.53	2934388	20470628.70	13905.00	8.54
		al1907	5785	40003.28	2700180	18958850.26	13830.00	4.44
		al1908	7150	50747.13	2615001	18186119.22	14195.00	5.32
		al1909	10580	76678.55	2467959	17215646.76	14495.00	8.60
		al1910	9025	62092.00	3194718	22603535.78	13760.00	4.97
		al1911	12530	89871.43	2676644	18910158.40	14345.00	8.85
		al1912	2610	18204.75	2426675	16932241.99	13950.00	2.16
锌 Zinc	SHFE	zn1901	540	5802.30	9962907	104597137.88	21490.00	0.48
		zn1902	4870	52096.83	9232462	96029010.15	21395.00	3.98
		zn1903	9820	109861.25	8393569	88563817.50	22375.00	7.82
		zn1904	7060	80078.05	5525789	59493068.05	22685.00	5.85
		zn1905	5300	56339.00	8078114	88649468.12	21260.00	3.41
		zn1906	10960	112668.80	7404870	80339320.65	20560.00	7.27
		zn1907	5675	54423.25	7349603	76380197.35	19180.00	3.07
		zn1908	3530	32943.73	6644069	66270517.80	18665.00	2.12
		zn1909	2665	25657.29	6046243	58664672.86	19255.00	1.97
		zn1910	2785	26353.06	5088317	48055027.27	18925.00	2.41
		zn1911	1965	18183.71	3817790	36083847.29	18495.00	1.85
		zn1912	485	4453.51	3823608	36007582.23	18365.00	0.45
铅 Lead	SHFE	pb1901	4965	44200.91	978666	8939553.12	17805.00	13.95
		pb1902	2370	19872.45	634150	5643848.23	16770.00	7.73
		pb1903	1695	14827.01	482714	4182616.72	17495.00	7.17
		pb1904	1760	14414.40	450426	3877986.17	16380.00	7.33
		pb1905	1205	9615.90	473417	3993287.48	15960.00	5.32
		pb1906	1745	13973.09	523627	4295411.49	16015.00	5.97
		pb1907	3315	26503.43	598113	4823858.67	15990.00	11.89
		pb1908	2215	18268.21	593763	4786149.22	16495.00	7.84
		pb1909	1970	17043.20	871147	7199520.17	17295.00	5.77

注：1.结算价为最后交易日交割结算价。
　　2.交割金额、交割量包含期转现部分。

数据来源：上海期货交易所、郑州商品交易所、大连商品交易所

Source：SHFE、ZCE、DCE

5-21 续表 1 continued

交易品种 Product	上市交易所 Listed Exchange	合约 Contract	交割量(手) Delivery Quantity (lot)	交割金额(万元) Delivery Amount (10 thousand yuan)	成交量(手) Trading Volume (lot)	成交金额(万元) Trading Turnover (10 thousand yuan)	结算价(元/吨) Clearing Price (yuan/ton)	交割率(%) Delivery Rate (%)
铅 Lead	SHFE	pb1910	1870	15754.75	832543	7093160.42	16850.00	4.98
		pb1911	4340	34459.60	660225	5598397.10	15880.00	13.90
		pb1912	2180	16644.30	566936	4674955.74	15270.00	7.08
黄金(元/克) Gold (yuan/g)	SHFE	au1901	0	0.00	765	21297.09	285.65	0.00
		au1902	0	0.00	865	24013.92	289.00	0.00
		au1903	0	0.00	30	856.05	283.25	0.00
		au1904	219	6172.52	498942	14156015.21	281.65	0.77
		au1905	0	0.00	618	17606.44	281.00	0.00
		au1906	252	7520.94	9614105	273102437.37	307.45	0.15
		au1907	0	0.00	258	7592.78	314.65	0.00
		au1908	1254	41287.95	1359472	39327588.80	343.90	1.91
		au1909	3	107.19	966	31956.26	342.50	12.00
		au1910	27	930.29	1227213	36579379.43	348.55	0.05
		au1911	0	0.00	368	12921.39	339.15	0.00
		au1912	408	13630.87	28755157	958903794.74	332.00	0.13
白银(元/千克) Silver (yuan/kg)	SHFE	ag1901	370	2032.41	11818	63255.44	3662.00	40.57
		ag1902	190	1045.95	1365	7485.54	3670.00	100.00
		ag1903	110	597.63	1984	10825.98	3622.00	37.54
		ag1904	488	2574.44	4743	26222.04	3517.00	77.09
		ag1905	192	1015.20	8439	46151.94	3525.00	58.01
		ag1906	8666	46718.41	22672023	123359519.59	3594.00	2.15
		ag1907	118	638.09	1967	10603.26	3605.00	59.00
		ag1908	64	400.32	1714	9482.50	4170.00	36.57
		ag1909	368	2423.83	26591	151731.83	4391.00	42.99
		ag1910	406	2619.31	7227	45111.36	4301.00	87.50
		ag1911	162	998.97	3057	19549.44	4111.00	80.20
		ag1912	32608	200290.17	90507365	575425387.58	4094.00	4.59
螺纹钢 Steel Rebar	SHFE	rb1901	3510	12674.61	164988155	663518988.65	3611.00	0.24
		rb1902	1980	7367.58	42630	156290.16	3721.00	38.95
		rb1903	1710	6561.27	49339	179935.08	3837.00	25.80
		rb1904	810	3337.20	20301	74970.18	4120.00	35.54
		rb1905	2670	11176.62	160704559	578990433.25	4186.00	0.19
		rb1906	1440	5355.36	39283	145676.20	3719.00	29.68
		rb1907	1080	4041.36	25828	96856.14	3742.00	36.21
		rb1908	150	598.50	32162	122551.57	3990.00	4.62
		rb1909	1770	6731.31	305868	1170179.86	3803.00	35.67
		rb1910	13710	49520.52	185023984	700960264.52	3612.00	1.00
		rb1911	420	1554.00	20236	72369.55	3700.00	20.63
		rb1912	30	119.55	18266	63824.74	3985.00	3.60
线材 Steel Wire Rod	SHFE	wr1903	0	0.00	136	550.94	3579.00	0.00
		wr1904	0	0.00	15	53.44	3705.00	0.00
		wr1905	0	0.00	306353	1162993.87	4843.00	0.00
		wr1906	0	0.00	296	1071.87	4161.00	0.00
		wr1907	0	0.00	10743	43863.27	4525.00	0.00
		wr1908	0	0.00	0	0.00	4469.00	0.00
		wr1909	0	0.00	83	342.44	4009.00	0.00
		wr1910	0	0.00	1207	4947.15	4128.00	0.00
		wr1911	0	0.00	0	0.00	4442.00	0.00
		wr1912	0	0.00	11	45.57	3948.00	0.00

5-21 续表 2 continued

交易品种 Product	上市交易所 Listed Exchange	合约 Contract	交割量(手) Delivery Quantity (lot)	交割金额(万元) Delivery Amount (10 thousand yuan)	成交量(手) Trading Volume (lot)	成交金额(万元) Trading Turnover (10 thousand yuan)	结算价(元/吨) Clearing Price (yuan/ton)	交割率(%) Delivery Rate (%)
热轧卷板 Hot Rolled Coils	SHFE	hc1901	4170	14986.98	27750246	107506187.73	3594.00	0.95
		hc1902	240	912.00	1854	6831.15	3800.00	84.21
		hc1903	0	0.00	137	495.74	3871.00	0.00
		hc1904	30	112.59	639	2312.15	3753.00	44.78
		hc1905	3630	14712.39	28203372	100095242.82	4053.00	1.03
		hc1906	0	0.00	2871	10707.61	3945.00	0.00
		hc1907	0	0.00	341	1183.58	3755.00	0.00
		hc1908	720	2736.00	2901	11026.76	3800.00	97.17
		hc1909	2160	8121.60	33101	124671.64	3760.00	86.47
		hc1910	14700	51552.90	29662926	109970855.33	3507.00	3.30
		hc1911	210	745.50	1259	4526.06	3550.00	100.00
		hc1912	30	105.57	997	3525.89	3519.00	29.13
锡 Tin	SHFE	sn1901	2636	38635.85	926028	13631639.85	146570.00	12.30
		sn1902	2	29.29	107	1567.65	146440.00	22.22
		sn1903	0	0.00	12	176.50	150010.00	0.00
		sn1904	0	0.00	72	1094.03	147880.00	0.00
		sn1905	3454	49861.94	807761	11939142.58	144360.00	17.95
		sn1906	0	0.00	159	2349.61	143500.00	0.00
		sn1907	0	0.00	70	1018.25	138340.00	0.00
		sn1908	0	0.00	49	696.18	132900.00	0.00
		sn1909	1988	27154.09	914062	12723705.09	136590.00	8.06
		sn1910	6	81.29	436	5901.52	135490.00	24.00
		sn1911	6	81.57	343	4716.76	135950.00	18.75
		sn1912	0	0.00	246	3456.05	136650.00	0.00
镍 Nickel	SHFE	ni1901	2946	26985.36	16292237	160339786.73	91600.00	1.59
		ni1902	24	232.78	3208	32480.94	96990.00	8.60
		ni1903	2532	25932.74	2252323	21041741.40	102420.00	4.36
		ni1904	1464	14861.06	648148	6181460.53	101510.00	5.94
		ni1905	2796	26998.18	23468782	227874018.05	96560.00	1.50
		ni1906	8196	81935.41	11310062	112492068.10	99970.00	5.54
		ni1907	9144	96350.33	11850621	116549409.81	105370.00	6.14
		ni1908	7092	87217.42	13411162	138459845.77	122980.00	5.66
		ni1909	4008	55891.56	4687197	49518701.14	139450.00	4.11
		ni1910	10020	134568.60	20599560	245193849.93	134300.00	4.20
		ni1911	17610	228789.12	24662431	332715062.28	129920.00	7.53
		ni1912	1968	21895.97	14887120	196188650.45	111260.00	1.05
铁矿石 Iron Ore	DCE	i1901	800	4408.00	5651	31146.37	551.00	0.18
		i1902	0	0.00	52	289.71	614.50	0.00
		i1903	0	0.00	2609175	14748482.19	652.00	0.00
		i1904	0	0.00	95	586.68	679.50	0.00
		i1905	2600	18720.00	50276492	304514911.93	720.00	0.43
		i1906	3100	24490.00	1394845	9192378.13	790.00	5.85
		i1907	0	0.00	2602039	17303471.00	963.50	0.00
		i1908	400	3480.00	1418757	10874808.54	870.00	0.76
		i1909	1600	12176.00	96861806	713907005.82	761.00	0.16
		i1910	900	7227.00	2599103	19422583.46	803.00	1.33
		i1911	900	6147.00	761312	5402527.29	683.00	1.34
		i1912	1200	7949.00	1073937	7009375.67	666.50	1.88

5-21 续表 3 continued

交易品种 Product	上市交易所 Listed Exchange	合约 Contract	交割量（手） Delivery Quantity (lot)	交割金额（万元） Delivery Amount (10 thousand yuan)	成交量（手） Trading Volume (lot)	成交金额（万元） Trading Turnover (10 thousand yuan)	结算价（元/吨） Clearing Price (yuan/ton)	交割率（%） Delivery Rate (%)
硅铁 Ferrosilicon	ZCE	SF901	2695	7814.28	3989	11481.33	5760.00	3.26
		SF902	0	0.00	2	5.58	5702.00	—
		SF903	0	0.00	0	0.00	5908.00	—
		SF904	0	0.00	5	14.66	5864.00	0.00
		SF905	4152	12098.04	2423392	7224017.88	5790.00	6.34
		SF906	15	41.00	194	553.45	5466.00	37.50
		SF907	0	0.00	14	42.21	6062.00	0.00
		SF908	7	20.30	75	222.94	5800.00	50.00
		SF909	9475	28510.43	3782476	11432089.20	6098.00	9.92
		SF910	0	0.00	47	141.69	5766.00	0.00
		SF911	0	0.00	61	183.16	5810.00	0.00
		SF912	0	0.00	3016	9005.49	5698.00	0.00
		SF001	780	2261.00	2743156	7985500.06	—	0.96
		SF002	0	0.00	3138	9167.08	—	0.00
		SF003	0	0.00	10	28.97	—	0.00
		SF004	0	0.00	6	17.20	—	0.00
		SF005	0	0.00	342900	994404.66	—	0.00
		SF006	0	0.00	2	5.71	—	0.00
		SF007	0	0.00	2	6.12	—	0.00
		SF008	0	0.00	0	0.00	—	—
		SF009	0	0.00	4531	13055.47	—	0.00
		SF010	0	0.00	0	0.00	—	—
		SF011	0	0.00	0	0.00	—	—
		SF012	0	0.00	0	0.00	—	—
锰硅 Manganese Silicon	ZCE	SM901	4436	17690.77	5064	20210.68	7976.00	4.09
		SM902	0	0.00	2	8.05	8076.00	0.00
		SM903	0	0.00	1	4.20	8578.00	0.00
		SM904	0	0.00	172	654.41	7566.00	0.00
		SM905	1491	5402.25	3143074	11866367.58	7238.00	1.65
		SM906	0	0.00	22	81.18	7274.00	0.00
		SM907	0	0.00	0	0.00	8060.00	—
		SM908	0	0.00	14	52.89	7524.00	0.00
		SM909	287	1059.89	3556948	13202073.00	7386.00	0.33
		SM910	0	0.00	796	2887.38	6994.00	0.00
		SM911	0	0.00	906	3336.90	6334.00	0.00
		SM912	0	0.00	8063	28968.80	6214.00	0.00
		SM001	0	0.00	3482965	11215683.47	—	0.00
		SM002	0	0.00	1007	3661.97	—	0.00
		SM003	0	0.00	157	559.58	—	0.00
		SM004	0	0.00	66	211.58	—	0.00
		SM005	0	0.00	955070	3014916.04	—	0.00
		SM006	0	0.00	35	116.07	—	0.00
		SM007	0	0.00	0	0.00	—	—
		SM008	0	0.00	0	0.00	—	—
		SM009	0	0.00	17389	53991.68	—	0.00
		SM010	0	0.00	4	12.24	—	—
		SM011	0	0.00	8	25.35	—	0.00
		SM012	0	0.00	0	0.00	—	—

5-22 2019年能源、化工及其他期货实物交割情况

Physical Delivery of Energy & Chemical Products & Others Futures in 2019

交易品种 Product	上市交易所 Listed Exchange	合约 Contract	交割量(手) Delivery Quantity (lot)	交割金额(万元) Delivery Amount (10 thousand yuan)	成交量(手) Trading Volume (lot)	成交金额(万元) Trading Turnover(10 thousand yuan)	结算价(元/吨) Clearing Price (yuan/ton)	交割率(%) Delivery Rate (%)
聚乙烯 LLDPE	DCE	l1901	342	1541.57	3103	13989.83	9015.00	0.14
		l1902	0	0.00	0	0.00	8840.00	0.00
		l1903	0	0.00	1	4.23	8450.00	0.00
		l1904	0	0.00	0	0.00	9195.00	0.00
		l1905	2592	10439.28	7502580	32272639.12	8055.00	1.01
		l1906	1	3.95	152	653.95	7900.00	20.00
		l1907	2	7.69	106	435.59	7685.00	50.00
		l1908	1	3.72	239	928.42	7445.00	4.35
		l1909	3116	11092.96	23125031	91331074.58	7120.00	0.84
		l1910	0	0.00	309	1210.52	7455.00	0.00
		l1911	60	213.00	674	2538.77	7100.00	70.59
		l1912	0	0.00	361	1302.41	7185.00	0.00
聚氯乙烯 PVC	DCE	v1901	161	535.33	1709	5684.62	6650.00	0.10
		v1902	0	0.00	3	10.18	6800.00	0.00
		v1903	3	8.10	46	148.14	5400.00	15.00
		v1904	0	0.00	0	0.00	6665.00	0.00
		v1905	7664	28146.04	5785233	18734351.61	7345.00	4.46
		v1906	0	0.00	109	372.69	7090.00	0.00
		v1907	0	0.00	28	95.52	7200.00	0.00
		v1908	0	0.00	48	165.23	6975.00	0.00
		v1909	7199	24098.65	15151124	51571682.95	6695.00	2.62
		v1910	1	2.98	363	1225.13	5950.00	33.33
		v1911	0	0.00	363	1226.39	6200.00	0.00
		v1912	0	0.00	31	101.99	6780.00	0.00
聚丙烯 PP	DCE	pp1901	2338	10787.71	6462	29830.92	9232.00	0.78
		pp1902	0	0.00	29	133.62	9430.00	0.00
		pp1903	0	0.00	149	692.04	9069.00	0.00
		pp1904	0	0.00	103	456.39	9144.00	0.00
		pp1905	3397	14846.57	14978428	65361663.55	8751.00	1.36
		pp1906	1	4.30	1207	5288.20	8590.00	1.11
		pp1907	0	0.00	58	244.98	8123.00	0.00
		pp1908	1	4.36	330	1426.16	8713.00	7.14
		pp1909	1638	6995.09	36294000	154240530.24	8618.00	0.46
		pp1910	0	0.00	789	3353.71	8603.00	0.00
		pp1911	0	0.00	284	1196.41	8410.00	0.00
		pp1912	0	0.00	1807	7394.74	8916.00	0.00
焦炭 Coke	DCE	j1901	600	13209.00	3004	66141.74	2202.00	0.27
		j1902	0	0.00	215	4672.35	2212.00	0.00
		j1903	0	0.00	37	802.48	2242.00	0.00
		j1904	0	0.00	174	3740.79	2357.00	0.00
		j1905	830	17745.40	14452441	293356608.58	2138.00	0.38
		j1906	0	0.00	532	11162.97	2364.00	0.00

注：1.结算价为最后交易日交割结算价。
2.交割金额、交割量包含期转现部分。
3.上海期货交易所数据包含上海国际能源交易中心。

数据来源：上海期货交易所、郑州商品交易所、大连商品交易所

Source: SHFE、ZCE、DCE

5-22 续表 1 continued

交易品种 Product	上市交易所 Listed Exchange	合约 Contract	交割量（手）Delivery Quantity (lot)	交割金额（万元）Delivery Amount (10 thousand yuan)	成交量（手）Trading Volume (lot)	成交金额（万元）Trading Turnover(10 thousand yuan)	结算价（元/吨）Clearing Price (yuan/ton)	交割率(%) Delivery Rate (%)
焦炭 Coke	DCE	j1907	200	4075.00	1078	22794.33	2038.00	82.30
		j1908	0	0.00	246	4993.92	2231.00	0.00
		j1909	350	6594.00	19508777	412962361.10	1884.00	0.19
		j1910	0	0.00	2107	44106.80	1714.00	0.00
		j1911	0	0.00	211	4040.70	1699.00	0.00
		j1912	10	182.60	352	6840.60	1826.00	58.82
焦煤 Coking Coal	DCE	jm1901	1400	12142.20	2341	20305.46	1446.00	0.83
		jm1902	0	0.00	8	67.18	1322.00	0.00
		jm1903	0	0.00	31	236.85	1321.00	0.00
		jm1904	0	0.00	10	75.93	1258.00	0.00
		jm1905	0	0.00	7536820	56250993.69	1178.00	0.00
		jm1906	0	0.00	320	2443.40	1363.00	0.00
		jm1907	400	3354.00	7355	61219.65	1398.00	34.39
		jm1908	0	0.00	129	1082.09	1466.00	0.00
		jm1909	0	0.00	8188028	67671005.57	1495.00	0.00
		jm1910	0	0.00	705	5711.67	1300.00	0.00
		jm1911	0	0.00	18	143.62	1260.00	0.00
		jm1912	0	0.00	173	1344.66	1304.00	0.00
乙二醇 Ethylene Glycol	DCE	eg1906	14562	62240.71	13112161	65633205.65	4267.00	6.38
		eg1907	0	0.00	263	1328.72	4155.00	0.00
		eg1908	0	0.00	198	923.95	4442.00	0.00
		eg1909	3112	14430.29	21384520	96109710.74	4853.00	1.11
		eg1910	11	57.20	1170	5312.58	5200.00	23.91
		eg1911	142	704.26	3275	15561.66	4799.00	22.36
		eg1912	20	92.70	1946	9399.32	4635.00	8.89
甲醇 Methanol	ZCE	MA901	5013	11948.77	7589	17796.80	2375	0.83
		MA902	10	23.77	193	470.70	2377	31.25
		MA903	10	25.92	239	589.32	2592	20.41
		MA904	0	0.00	573	1430.99	2372	0.00
		MA905	7535	17252.05	68641246	172245720.91	2290	0.83
		MA906	226	509.40	2866	7012.68	2254	90.04
		MA907	2	4.40	7838	19316.43	2198	0.02
		MA908	9	18.33	9276	23653.03	2037	0.22
		MA909	10019	20865.35	85954965	199507016.49	2085	0.87
		MA910	18	39.46	22773	56347.82	2192	0.20
		MA911	8152	16300.29	7648058	17615629.42	1989	6.88
		MA912	0	0.00	71222	180982.34	1978	0.00
		MA001	0	0.00	83122695	178389101.37	—	0.00
		MA002	0	0.00	3615	7936.44	—	0.00
		MA003	0	0.00	687080	1446751.27	—	0.00
		MA004	0	0.00	3193	7090.40	—	0.00
		MA005	2000	4100.00	18667692	39955558.13	—	0.24
		MA006	0	0.00	2648	5832.25	—	0.00
		MA007	0	0.00	11106	24318.50	—	0.00
		MA008	0	0.00	6237	13728.24	—	0.00
		MA009	0	0.00	212812	465940.65	—	0.00

5-22 续表 2 continued

交易品种 Product	上市交易所 Listed Exchange	合约 Contract	交割量（手）Delivery Quantity (lot)	交割金额（万元）Delivery Amount (10 thousand yuan)	成交量（手）Trading Volume (lot)	成交金额（万元）Trading Turnover(10 thousand yuan)	结算价（元/吨）Clearing Price (yuan/ton)	交割率（%）Delivery Rate (%)
甲醇 Methanol	ZCE	MA010	0	0.00	4189	9214.40	—	0.00
		MA011	0	0.00	6109	13542.05	—	0.00
		MA012	0	0.00	0	0.00	—	—
PTA	ZCE	TA901	15285	46863.81	37268	113381.57	6132	2.12
		TA902	23	76.43	718	2201.38	6646	17.97
		TA903	18419	61077.40	534962	1652877.15	6632	20.68
		TA904	32	106.94	167	529.40	6684	100.00
		TA905	54344	176944.06	72675857	231967918.76	6512	9.01
		TA906	4	10.98	4035	12925.23	5490	0.40
		TA907	11252	37562.56	5348747	16377445.98	6678	9.66
		TA908	77	200.82	2051	6253.90	5216	25.33
		TA909	19957	51090.49	129650447	374070129.90	5140	2.15
		TA910	21	53.17	28758	82919.38	5064	0.26
		TA911	12688	30562.61	8314959	22299235.76	4758	4.46
		TA912	15	36.02	39954	112622.26	4802	0.15
		TA001	0	0.00	75201965	190510383.05	—	0.00
		TA002	0	0.00	2328	6097.30	—	0.00
		TA003	0	0.00	3695725	9105873.01	—	0.00
		TA004	0	0.00	3062	7925.93	—	0.00
		TA005	6400	15136.00	16356429	40450303.19	—	0.83
		TA006	0	0.00	396	1011.57	—	0.00
		TA007	0	0.00	176614	439340.41	—	0.00
		TA008	0	0.00	551	1366.33	—	0.00
		TA009	0	0.00	380879	945705.04	—	0.00
		TA010	0	0.00	57	140.92	—	0.00
		TA011	0	0.00	14289	35484.31	—	0.00
		TA012	0	0.00	4	10.16	—	0.00
动力煤 Thermal Coal	ZCE	ZC901	5000	29051.60	3796	22013.08	581	3.37
		ZC902	0	0.00	9	51.11	589.4	0.00
		ZC903	5000	30240.40	204623	1201989.63	603	16.94
		ZC904	0	0.00	7	41.72	637.4	0.00
		ZC905	8202	50875.62	7010447	41462215.96	620.8	4.21
		ZC906	0	0.00	180	1078.21	597	0.00
		ZC907	3800	23022.80	2104614	12539473.62	605.2	6.30
		ZC908	0	0.00	526	3152.64	584	0.00
		ZC909	7608	44064.26	7080430	41840610.48	578.2	4.79
		ZC910	0	0.00	244	1437.93	584.4	0.00
		ZC911	8400	46668.80	2765546	16205097.02	555.4	8.91
		ZC912	0	0.00	1099	6233.91	554.4	0.00
		ZC001	0	0.00	5158877	28941824.18	—	0.00
		ZC002	0	0.00	86	488.47	—	0.00
		ZC003	0	0.00	1412186	7758873.56	—	0.00
		ZC004	0	0.00	10	55.03	—	0.00
		ZC005	0	0.00	1643375	8997072.36	—	0.00
		ZC006	0	0.00	37	202.81	—	0.00
		ZC007	0	0.00	45996	251904.35	—	0.00

5-22 续表 3 continued

交易品种 Product	上市交易所 Listed Exchange	合约 Contract	交割量(手) Delivery Quantity (lot)	交割金额(万元) Delivery Amount (10 thousand yuan)	成交量(手) Trading Volume (lot)	成交金额(万元) Trading Turnover(10 thousand yuan)	结算价(元/吨) Clearing Price (yuan/ton)	交割率(%) Delivery Rate (%)
动力煤 Thermal Coal	ZCE	ZC008	0	0.00	9	49.24	—	0.00
		ZC009	0	0.00	57553	314132.45	—	0.00
		ZC010	0	0.00	11	59.77	—	0.00
		ZC011	0	0.00	3503	19157.83	—	0.00
		ZC012	0	0.00	0	0.00	—	—
玻璃 Glass	ZCE	FG901	430	1154.12	2264	6036.07	1342	0.32
		FG902	0	0.00	27	70.86	1359	0.00
		FG903	0	0.00	13	34.78	1299	—
		FG904	0	0.00	7	17.98	1292	0.00
		FG905	900	2448.00	4331139	11408508.87	1360	0.80
		FG906	0	0.00	146	391.56	1446	0.00
		FG907	0	0.00	16	42.76	1490	0.00
		FG908	51	150.96	172	489.03	1480	98.08
		FG909	240	731.04	9452754	27148144.43	1523	0.13
		FG910	0	0.00	589	1703.81	1694	0.00
		FG911	0	0.00	24084	66492.08	1614	0.00
		FG912	0	0.00	46806	129237.04	1613	0.00
		FG001	0	0.00	14332086	41716272.63	—	0.00
		FG002	0	0.00	1832	5219.11	—	0.00
		FG003	0	0.00	10357	28254.87	—	0.00
		FG004	0	0.00	2303	6130.25	—	0.00
		FG005	0	0.00	2568876	7380861.40	—	0.00
		FG006	0	0.00	173	482.84	—	0.00
		FG007	0	0.00	89	249.85	—	0.00
		FG008	0	0.00	23	64.79	—	0.00
		FG009	0	0.00	142647	401694.16	—	0.00
		FG010	0	0.00	153	424.50	—	0.00
		FG011	0	0.00	23	64.52	—	0.00
		FG012	0	0.00	20	57.24	—	0.00
尿素 Urea	ZCE	UR001	0	0.00	4125017	14325736.82	—	0.00
		UR002	0	0.00	3532	12239.27	—	0.00
		UR003	0	0.00	1457	5172.56	—	0.00
		UR004	0	0.00	249	874.98	—	0.00
		UR005	0	0.00	549180	1912124.44	—	0.00
		UR006	0	0.00	268	940.97	—	0.00
		UR007	0	0.00	5900	20629.31	—	0.00
		UR008	0	0.00	30	103.61	—	0.00
		UR009	0	0.00	7780	26597.18	—	0.00
		UR010	0	0.00	40	136.83	—	0.00
		UR011	0	0.00	0	0.00	—	—
		UR012	0	0.00	10	34.05	—	0.00
纯碱 Soda Ash	ZCE	SA005	0	0.00	1527761	4955350.93	—	0.00
		SA006	0	0.00	15	48.94	—	0.00
		SA007	0	0.00	47	152.45	—	0.00
		SA008	0	0.00	38	124.36	—	0.00
		SA009	0	0.00	35889	117305.70	—	—

5-22 续表 4 continued

交易品种 Product	上市交易所 Listed Exchange	合约 Contract	交割量（手）Delivery Quantity (lot)	交割金额（万元）Delivery Amount (10 thousand yuan)	成交量（手）Trading Volume (lot)	成交金额（万元）Trading Turnover(10 thousand yuan)	结算价（元/吨）Clearing Price (yuan/ton)	交割率（%）Delivery Rate (%)
纯碱 Soda Ash	ZCE	SA010	0	0.00	110	358.26	—	0.00
		SA011	0	0.00	967	3182.76	—	0.00
		SA012	0	0.00	5	16.13	—	0.00
燃料油 Fuel Oil	SHFE	fu1901	4800	10824.00	29001582	93510750.13	2201.00	4.98
		fu1902	7	17.62	489	1256.77	2542.00	41.18
		fu1903	3	8.41	504	1315.29	2704.00	23.08
		fu1904	7	19.78	496	1408.88	2775.00	87.50
		fu1905	14010	40306.77	45820469	126095378.76	2757.00	6.70
		fu1906	164	441.16	5745	16319.09	2602.00	66.40
		fu1907	3	7.43	2495	7370.03	2415.00	4.62
		fu1908	18	53.19	354	964.54	2872.00	72.00
		fu1909	479	1382.87	42749327	120026171.12	3184.00	0.29
		fu1910	0	0.00	3637	9704.40	2570.00	0.00
		fu1911	0	0.00	1293	3464.17	2731.00	0.00
		fu1912	0	0.00	2196	5478.36	1803.00	0.00
石油沥青 Bitumen	SHFE	bu1901	0	0.00	138768	437336.57	2538.00	0.00
		bu1902	0	0.00	1858	5335.23	3418.00	0.00
		bu1903	92	317.95	4285	13574.85	3852.00	47.18
		bu1904	0	0.00	325	989.58	3468.00	0.00
		bu1905	909	3306.94	148180	470615.71	3700.00	52.18
		bu1906	4366	15342.12	43734668	137316024.13	3388.00	1.13
		bu1907	0	0.00	508	1713.91	3458.00	0.00
		bu1908	0	0.00	198	666.94	3404.00	0.00
		bu1909	5503	18600.14	676796	2248546.32	3450.00	32.69
		bu1910	0	0.00	2014	6654.45	3164.00	0.00
		bu1911	0	0.00	522	1678.69	3058.00	0.00
		bu1912	646	1981.93	61708676	195354340.43	2958.00	0.17
纸浆 Woodpulp	SHFE	sp1906	2492	11373.49	20868799	110306342.44	4500.00	2.40
		sp1907	6	26.95	921	4832.29	4500.00	16.22
		sp1908	8	36.21	689	3522.38	4498.00	29.63
		sp1909	4210	19307.06	11053737	51927192.17	4566.00	2.44
		sp1910	98	448.25	3387	16740.79	4554.00	48.76
		sp1911	136	597.31	1695	8421.69	4280.00	76.40
		sp1912	100	432.80	1163	5515.98	4300.00	97.09
原油 Crude Oil	INE	sc1901	2513	95946.34	5157081	221654539.01	380.10	12.02
		sc1902	42	1750.56	156979	6604579.93	421.50	0.63
		sc1903	1793	78049.29	8487375	349934788.99	428.30	6.04
		sc1904	1263	57908.55	3020254	134170230.79	455.20	5.30
		sc1905	2503	122421.73	2892361	134069678.94	482.40	10.22
		sc1906	2812	131179.80	2867518	140788217.08	450.00	10.77
		sc1907	446	19490.20	3141950	142060361.20	441.30	2.30
		sc1908	893	38827.64	3898110	171640261.60	442.60	3.53
		sc1909	745	31550.75	3076881	132512928.02	419.50	2.93
		sc1910	2102	100517.64	2086589	89732017.89	440.00	10.34
		sc1911	303	13759.23	2630506	120736557.65	445.90	1.45
		sc1912	2203	100544.92	1939857	87666647.66	458.40	10.48

5-23 2019年金融期货交割情况
Cash Delivery of Financial Futures in 2019

交易品种 Product	上市交易所 Listed Exchange	合约 Contract	交割量（手） Delivery Quantity (lot)	交割金额（亿元） Delivery Amount (100 million yuan)	成交量（手） Trading Volume (lot)	成交金额（亿元） Trading Turnover (100 million yuan)	结算价（元） Clearing Price (yuan)	交割率（%） Delivery Rate (%)
2年期国债期货 2-Year Treasury Bond Futures	CFFEX	TS1903	213	4.35	3825	76.86	101.02	21.52
		TS1906	308	6.18	4790	95.91	100.25	32.32
		TS1909	535	10.78	128077	2569.06	100.43	9.64
		TS1912	162	3.27	859071	17222.04	100.46	1.21
		TS2003	—	—	934606	18738.84	100.42	—
		TS2006	—	—	52359	1047.67	100.24	—
		TS2009	—	—	4838	96.73	100.05	—
5年期国债期货 5-Year Treasury Bond Futures	CFFEX	TF1903	215	2.15	159051	1586.50	100.01	1.18
		TF1906	517	5.22	358011	3548.86	99.43	2.46
		TF1909	323	3.28	381982	3803.53	100.16	1.26
		TF1912	3170	31.81	578605	5773.37	100.11	8.72
		TF2003	—	—	314765	3136.71	99.95	—
		TF2006	—	—	5674	56.36	99.61	—
		TF2009	—	—	242	2.40	99.30	—
10年期国债期货 10-Year Treasury Bond Futures	CFFEX	T1903	1407	13.75	1268038	12428.72	99.22	2.18
		T1906	353	3.63	2465917	23948.34	98.11	0.51
		T1909	610	6.05	2105658	20585.92	99.07	0.81
		T1912	91	0.91	2255247	22175.37	98.23	0.10
		T2003	—	—	1130293	11059.92	98.16	—
		T2006	—	—	19326	188.33	97.78	—
		T2009	—	—	1727	16.79	97.45	—

数据来源：中国金融期货交易所
Source: CFFEX

5-23 续表 1 continued

交易品种 Product	上市交易所 Listed Exchange	合约 Contract	交割量(手) Delivery Quantity (lot)	交割金额(亿元) Delivery Amount (100 million yuan)	成交量(手) Trading Volume (lot)	成交金额(亿元) Trading Turnover (100 million yuan)	结算价(元) Clearing Price (yuan)	交割率(%) Delivery Rate (%)
沪深300股指期货 CSI 300 Index Futures	CFFEX	IF1901	3248	30.77	592486	5437.32	3157.74	6.17
		IF1902	3107	31.26	690310	6646.81	3353.40	7.85
		IF1903	5640	63.28	2026967	21792.93	3740.14	7.87
		IF1904	4236	52.00	2034080	23823.05	4091.64	6.05
		IF1905	4826	53.07	1888127	21755.15	3665.86	5.96
		IF1906	5495	63.10	3733844	41256.35	3827.96	5.43
		IF1907	5279	60.27	1916673	21857.50	3805.93	6.01
		IF1908	5108	57.10	1563719	17552.88	3726.30	6.76
		IF1909	6058	71.47	3034096	34582.99	3932.45	5.90
		IF1910	4413	51.38	1107621	12930.39	3880.99	6.01
		IF1911	4420	51.62	1356428	15942.73	3893.03	6.12
		IF1912	7224	87.28	2550301	29771.44	4027.17	7.09
		IF2001	—	—	697535	8431.15	4105.00	—
		IF2002	—	—	6215	75.67	4113.80	—
		IF2003	—	—	368507	4363.04	4119.80	—
		IF2006	—	—	71605	852.21	4116.40	—
上证50股指期货 SSE 50 Index Futures	CFFEX	IH1901	2413	17.46	267585	1868.04	2411.37	9.37
		IH1902	1500	11.38	334139	2463.20	2528.25	7.11
		IH1903	3899	32.21	892750	7198.01	2753.65	11.05
		IH1904	2269	20.58	900685	7737.86	3023.71	7.01
		IH1905	4041	33.27	823700	7096.25	2744.42	10.24
		IH1906	3306	29.12	1468641	12194.60	2936.44	7.07
		IH1907	3052	26.48	748841	6512.53	2892.30	7.08
		IH1908	3584	30.50	577297	4929.04	2836.81	10.82
		IH1909	2468	21.95	1204742	10376.11	2964.29	5.74

5-23 续表 2 continued

交易品种 Product	上市交易所 Listed Exchange	合约 Contract	交割量（手）Delivery Quantity (lot)	交割金额（亿元）Delivery Amount (100 million yuan)	成交量（手）Trading Volume (lot)	成交金额（亿元）Trading Turnover (100 million yuan)	结算价（元）Clearing Price (yuan)	交割率（%）Delivery Rate (%)
上证50股指期货 SSE 50 Index Futures	CFFEX	IH1910	1969	17.57	450239	3991.13	2973.91	6.15
		IH1911	2816	25.03	533774	4779.30	2962.92	9.02
		IH1912	3097	28.04	999682	8832.08	3018.42	6.72
		IH2001	—	—	238390	2160.60	3070.60	—
		IH2002	—	—	3482	31.72	3077.00	—
		IH2003	—	—	187797	1672.60	3080.40	—
		IH2006	—	—	37252	333.39	3078.20	—
中证500股指期货 CSI 500 Index Futures	CFFEX	IC1901	2847	24.68	340547	2897.55	4334.56	6.97
		IC1902	2053	18.57	418862	3624.15	4522.88	6.71
		IC1903	3339	35.73	1280940	12737.17	5351.15	5.31
		IC1904	3844	44.44	1528538	17068.65	5779.80	6.26
		IC1905	4896	48.81	1391670	14540.58	4984.19	7.37
		IC1906	4896	49.08	2819570	27919.08	5011.95	5.58
		IC1907	4771	46.58	1497328	14694.51	4881.20	6.19
		IC1908	3764	35.70	1234881	11733.05	4741.78	5.08
		IC1909	6037	62.83	2570922	25356.72	5204.08	5.75
		IC1910	4246	42.25	1162498	11746.87	4975.13	5.21
		IC1911	5250	51.44	1315058	13006.99	4899.27	7.23
		IC1912	6543	68.17	2757080	27134.96	5209.64	5.38
		IC2001	—	—	724565	7482.19	5266.80	—
		IC2002	—	—	10203	105.35	5249.60	—
		IC2003	—	—	646200	6338.93	5231.60	—
		IC2006	—	—	244939	2404.07	5164.40	—

5-24 2019年农产品期货合约汇总

交易品种 Product	交易单位 Contract Size	报价单位 Quotation Unit	最小变动价位 Minimum Tick Size	涨跌停板幅度 Daily Price Limit	最低交易保证金 Minimum Trading Margin	合约月份 Contract Months	交易时间 Trading Hours
玉米 Corn	10吨/手	元(人民币)/吨	1元/吨	上一交易日结算价的4%	合约价值的5%	1、3、5、7、9、11月	每周一至周五上午9:00-11:30，下午13:30-15:00
玉米淀粉 Corn Starch	10吨/手	元(人民币)/吨	1元/吨	上一交易日结算价的4%	合约价值的5%	1、3、5、7、9、11月	每周一至周五上午9:00-11:30，下午13:30-15:00，以及交易所公布的其他时间
黄大豆1号 No.1 Soybean	10吨/手	元(人民币)/吨	1元/吨	上一交易日结算价的4%	合约价值的5%	1、3、5、7、9、11月	每周一至周五上午9:00-11:30，下午13:30-15:00，以及交易所公布的其他时间
黄大豆2号 No.2 Soybean	10吨/手	元(人民币)/吨	1元/吨	上一交易日结算价的4%	合约价值的5%	1-12月	每周一至周五上午9:00-11:30，下午13:30-15:00，以及交易所规定的其他时间
豆粕 Soybean Meal	10吨/手	元(人民币)/吨	1元/吨	上一交易日结算价的4%	合约价值的5%	1、3、5、7、8、9、11、12月	每周一至周五上午9:00-11:30，下午13:30-15:00，以及交易所公布的其他时间
豆油 Soybean Oil	10吨/手	元(人民币)/吨	2元/吨	上一交易日结算价的4%	合约价值的5%	1、3、5、7、8、9、11、12月	每周一至周五上午9:00-11:30，下午13:30-15:00，以及交易所公布的其他时间
棕榈油 RBD Palm Oil	10吨/手	元(人民币)/吨	2元/吨	上一交易日结算价的4%	合约价值的5%	1-12月	每周一至周五上午9:00-11:30,下午13:30-15:00，以及交易所公布的其他时间
纤维板 Fiberboard	10立方米/手	元(人民币)/立方米	0.5元/立方米	上一交易日结算价的4%	合约价值的5%	1-12月	每周一至周五上午9:00-11:30，下午13:30-15:00，以及交易所规定的其他时间
胶合板 Blockboard	500张/手	元(人民币)/张	0.05元/张	上一交易日结算价的4%	合约价值的5%	1-12月	每周一至周五上午9:00-11:30，下午13:30-15:00，以及交易所规定的其他时间
鸡蛋 Egg	5吨/手	元(人民币)/500千克	1元/500千克	上一交易日结算价的4%	合约价值的5%	1-12月	每周一至周五上午9:00-11:30，下午13:30-15:00，以及交易所规定的其他时间
粳米 Polished Round-grained Rice	10吨/手	元(人民币)/吨	1元/吨	上一交易日结算价的4%	合约价值的5%	1-12月	每周一至周五上午9:00-11:30，下午13:30-15:00，以及交易所规定的其他时间
强麦 Wheat WH	20吨/手	元(人民币)/吨	1元/吨	上一交易日结算价±4%及《郑州商品交易所期货交易风险控制管理办法》相关规定	合约价值的5%	1、3、5、7、9、11月	每周一至周五(北京时间 法定节假日除外)上午9:00-11:30 下午1:30-3:00

数据来源：上海期货交易所、郑州商品交易所、大连商品交易所

Source：SHFE、ZCE、DCE

Collection of Agricultural Products Futures Contracts in 2019

最后交易日 Last Trading Day	最后交割日 Last Delivery Day	交割品级 Delivery Grade	交割地点 Delivery Venue	交割方式 Delivery Form	交易代码 Trading Code	上市交易所 Listed Exchange
合约月份第10个交易日	最后交易日后第3个交易日	大连商品交易所玉米交割质量标准(FC/DCE D001-2015)	大连商品交易所玉米指定交割仓库	实物交割	C	大连商品交易所
合约月份第10个交易日	最后交易日后第3个交易日	大连商品交易所玉米淀粉交割质量标准（F/DCE CS002-2018)	大连商品交易所玉米淀粉指定交割仓库	实物交割	CS	大连商品交易所
合约月份第10个交易日	最后交易日后第3个交易日	大连商品交易所黄大豆1号交割质量标准(F/DCE A001-2018)	大连商品交易所指定交割仓库	实物交割	A	大连商品交易所
合约月份第10个交易日	最后交易日后第3个交易日	大连商品交易所黄大豆2号交割质量标准(F/DCE B003-2017)	大连商品交易所指定交割仓库	实物交割	B	大连商品交易所
合约月份第10个交易日	最后交易日后第3个交易日	大连商品交易所豆粕交割质量标准(F/DCE D001-2006)	大连商品交易所指定交割仓库	实物交割	M	大连商品交易所
合约月份第10个交易日	最后交易日后第3个交易日	大连商品交易所豆油交割质量标准	大连商品交易所指定交割仓库	实物交割	Y	大连商品交易所
合约月份第10个交易日	最后交易日后第3个交易日	大连商品交易所棕榈油交割质量标准(F/DCE P002-2011)	大连商品交易所棕榈油指定交割仓库	实物交割	P	大连商品交易所
合约月份第10个交易日	最后交易日后第3个交易日	大连商品交易所纤维板交割质量标准(F/DCE FB001-2019)	大连商品交易所纤维板指定交割仓库	实物交割	FB	大连商品交易所
合约月份第10个交易日	最后交易日后第3个交易日	大连商品交易所胶合板交割质量标准(F/DCE BB002-2018)	大连商品交易所胶合板指定交割仓库	实物交割	BB	大连商品交易所
合约月份倒数第4个交易日	最后交易日后第3个交易日	大连商品交易所鸡蛋交割质量标准(F/DCE JD002-2015)	大连商品交易所鸡蛋指定交割仓库、指定车板交割场所	实物交割	JD	大连商品交易所
合约月份第10个交易日	最后交易日后第3个交易日	大连商品交易所粳米交割质量标准(F/DCE RR001-2019)	大连商品交易所粳米指定交割仓库名录	实物交割	RR	大连商品交易所
合约交割月份的第10个交易日	合约交割月份的次月20日	符合《中华人民共和国国家标准 小麦》(GB 1351-2008)的三等及以上小麦，且容重、稳定时间、湿面筋等指标符合《郑州商品交易所期货交割细则》规定要求	交易所指定交割地点	实物交割	WH	郑州商品交易所

5-24 续表 1

交易品种 Product	交易单位 Contract Size	报价单位 Quotation Unit	最小变动价位 Minimum Tick Size	涨跌停板幅度 Daily Price Limit	最低交易保证金 Minimum Trading Margin	合约月份 Contract Months	交易时间 Trading Hours
普麦 Wheat PM	50吨/手	元(人民币)/吨	1元/吨	上一交易日结算价±4%及《郑州商品交易所期货交易风险控制管理办法》相关规定	合约价值的5%	1、3、5、7、9、11月	每周一至周五(北京时间 法定节假日除外)上午9:00-11:30 下午1:30-3:00
菜籽油 Rapeseed Oil	10吨/手	元(人民币)/吨	1元/吨	上一交易日结算价±4%及《郑州商品交易所期货交易风险控制管理办法》相关规定	合约价值的5%	1、3、5、7、9、11月	每周一至周五(北京时间 法定节假日除外)上午9:00-11:30 下午1:30-3:00及交易所规定的其他交易时间
早籼稻 Early Rice	20吨/手	元(人民币)/吨	1元/吨	上一交易日结算价±4%及《郑州商品交易所期货交易风险控制管理办法》相关规定	合约价值的5%	1、3、5、7、9、11月	每周一至周五(北京时间 法定节假日除外)上午9:00-11:30 下午1:30-3:00
油菜籽 Rapeseed	10吨/手	元(人民币)/吨	1元/吨	上一交易日结算价±4%及《郑州商品交易所期货交易风险控制管理办法》相关规定	合约价值的5%	7、8、9、11月	每周一至周五(北京时间 法定节假日除外)上午9:00-11:30 下午1:30-3:00
菜籽粕 Rapeseed Meal	10吨/手	元(人民币)/吨	1元/吨	上一交易日结算价±4%及《郑州商品交易所期货交易风险控制管理办法》相关规定	合约价值的5%	1、3、5、7、8、9、11月	每周一至周五(北京时间 法定节假日除外)上午9:00-11:30，下午1:30-3:00及交易所规定的其他交易时间
粳稻 Japonica Rice	20吨/手	元(人民币)/吨	1元/吨	上一交易日结算价±4%及《郑州商品交易所风险控制管理办法》相关规定	合约价值的5%	1、3、5、7、9、11月	每周一至周五(北京时间 法定节假日除外)上午9:00-11:30 下午1:30-3:00
晚籼稻 Late Indica Rice	20吨/手	元(人民币)/吨	1元/吨	上一交易日结算价±4%及《郑州商品交易所风险控制管理办法》相关规定	合约价值的5%	1、3、5、7、9、11月	每周一至周五(北京时间 法定节假日除外)上午9:00-11:30 下午1:30-3:00

continued

最后交易日 Last Trading Day	最后交割日 Last Delivery Day	交割品级 Delivery Grade	交割地点 Delivery Venue	交割方式 Delivery Form	交易代码 Trading Code	上市交易所 Listed Exchange
合约交割月份的第10个交易日	仓单交割：合约交割月份的第13个交易日 车(船)板交割：合约交割月份的次月20日	符合《中华人民共和国国家标准　小麦》(GB1351-2008)的三等及以上小麦，且物理指标等符合《郑州商品交易所期货交割细则》规定要求	交易所指定交割仓库及指定交割计价点	实物交割	PM	郑州商品交易所
合约交割月份的第10个交易日	合约交割月份的第13个交易日	基准交割品：符合《中华人民共和国国家标准菜籽油》(GB1536-2004)四级质量指标的菜油。替代品及升贴水见《郑州商品交易所期货交割细则》	交易所指定交割地点	实物交割	OI	郑州商品交易所
合约交割月份的第10个交易日	合约交割月份的第13个交易日	基准交割品：符合《中华人民共和国国家标准　稻谷》(GB1350-2009)三等及以上等级质量指标及《郑州商品交易所期货交割细则》规定的早籼稻谷　。替代品及升贴水见《郑州商品交易所期货交割细则》	交易所指定交割仓库	实物交割	RI	郑州商品交易所
合约交割月份的第10个交易日	仓单交割：合约交割月份的第13个交易日 车(船)板交割：合约交割月份的次月20日	见《郑州商品交易所期货交割细则》	交易所指定交割地点	实物交割	RS	郑州商品交易所
合约交割月份的第10个交易日	合约交割月份的第13个交易日	见《郑州商品交易所期货交割细则》	交易所指定交割地点	实物交割	RM	郑州商品交易所
合约交割月份的第10个交易日	合约交割月份的第13个交易日	见《郑州商品交易所期货交割细则》	交易所指定交割地点	实物交割	JR	郑州商品交易所
合约交割月份的第10个交易日	合约交割月份的第13个交易日	见《郑州商品交易所期货交割细则》	交易所指定交割地点	实物交割	LR	郑州商品交易所

5-24 续表 2

交易品种 Product	交易单位 Contract Size	报价单位 Quotation Unit	最小变动价位 Minimum Tick Size	涨跌停板幅度 Daily Price Limit	最低交易保证金 Minimum Trading Margin	合约月份 Contract Months	交易时间 Trading Hours
棉花 Cotton No.1	5吨/手(公定重量)	元(人民币)/吨	5元/吨	上一交易日结算价±4%及《郑州商品交易所期货交易风险控制管理办法》相关规定	合约价值的5%	1、3、5、7、9、11月	每周一至周五(北京时间 法定节假日除外)上午9:00-11:30 ，下午1:30-3:00及交易所规定的其他交易时间
白糖 White Sugar	10吨/手	元(人民币)/吨	1元/吨	上一交易日结算价±4%及《郑州商品交易所期货交易风险控制管理办法》相关规定	合约价值的5%	1、3、5、7、9、11月	每周一至周五(北京时间 法定节假日除外)上午9:00-11:30 ，下午1:30-3:00及交易所规定的其他交易时间
棉纱 Cotton Yarn	5吨/手(公定重量)	元(人民币)/吨	5元/吨	上一交易日结算价±4%及《郑州商品交易所期货交易风险控制管理办法》相关规定	合约价值的5%	1-12月	每周一至周五(北京时间 法定节假日除外)上午9:00-11:30 下午1:30-3:00及交易所规定的其他交易时间
苹果 Apple	10吨/手	元(人民币)/吨	1元/吨	上一交易日结算价±5%及《郑州商品交易所期货交易风险控制管理办法》相关规定	合约价值的7%	1、3、5、7、10、11、12月	每周一至周五(北京时间 法定节假日除外)上午9:00-11:30，下午1:30-3:00及交易所规定的其他交易时间
红枣 Chinese Jujube	5吨/手	元(人民币)/吨	5元/吨	上一交易日结算价±5%及《郑州商品交易所期货交易风险控制管理办法》相关规定	合约价值的7%	1、3、5、7、9、12月	每周一至周五(北京时间 法定节假日除外)上午9:00-11:30 ，下午1:30-3:00及交易所规定的其他交易时间
天然橡胶 Natural Rubber	10吨/手	元(人民币)/吨	5元/吨	上一交易日结算价±3%	合约价值的5%	1、3、4、5、6、7、8、9、10、11月	上午9:00-11:30 下午1:30-3:00及交易所规定的其他交易时间

continued

最后交易日 Last Trading Day	最后交割日 Last Delivery Day	交割品级 Delivery Grade	交割地点 Delivery Venue	交割方式 Delivery Form	交易代码 Trading Code	上市交易所 Listed Exchange
合约交割月份的第10个交易日	合约交割月份的第13个交易日	基准交割品：符合GB1103.1-2012《棉花 第1部分：锯齿加工细绒棉》规定的3128B级，且长度整齐度为U3档，断裂比强度为S3档，轧工质量为P2档的国产棉花。替代品详见交易所交割细则。替代品升贴水由交易所另行制定并公告	交易所指定棉花交割仓库	实物交割	CF	郑州商品交易所
合约交割月份的第10个交易日	合约交割月份的第13个交易日	见《郑州商品交易所期货交割细则》	交易所指定交割仓库	实物交割	SR	郑州商品交易所
合约交割月份的第10个交易日	合约交割月份的第13个交易日	见《郑州商品交易所期货交割细则》	交易所指定交割地点	实物交割	CY	郑州商品交易所
合约交割月份的第10个交易日	仓单交割：合约交割月份的第13个交易日 车(船)板交割：合约交割月份的次月20日	见《郑州商品交易所期货交割细则》	交易所指定交割仓库	实物交割	AP	郑州商品交易所
合约交割月份的第10个交易日	合约交割月份的第13个交易日	见《郑州商品交易所期货交割细则》	交易所指定交割仓库	实物交割	CJ	郑州商品交易所
合约月份的15日(遇国家法定节假日顺延，春节月份等最后交易日交易所可另行调整并通知)	最后交易日后连续5个工作日	标准品：1.国产天然橡胶(SCR WF)，质量符合国标GB/T 8081-2008。 2.进口3号烟胶片(RSS3)，质量符合《天然橡胶等级的品质与包装国际标准(绿皮书)》(1979年版)	交易所指定交割仓库	实物交割	RU	上海期货交易所

5-25 2019年金属期货合约汇总

交易品种 Product	交易单位 Contract Size	报价单位 Quotation Unit	最小变动价位 Minimum Tick Size	涨跌停板幅度 Daily Price Limit	最低交易保证金 Minimum Trading Margin	合约月份 Contract Months	交易时间 Trading Hours	最后交易日 Last Trading Day
铜 Copper	5吨/手	元（人民币）/吨	10元/吨	上一交易日结算价 ± 3%	合约价值的5%	1-12月	上午9:00-11:30，下午1:30-3:00和交易所规定的其他交易时间	合约月份的15日（遇国家法定节假日顺延，春节月份等最后交易日交易所可另行调整并通知）
铝 Aluminum	5吨/手	元（人民币）/吨	5元/吨	上一交易日结算价 ± 3%	合约价值的5%	1-12月	上午9:00-11:30，下午1:30-3:00和交易所规定的其他交易时间	合约月份的15日（遇国家法定节假日顺延，春节月份等最后交易日交易所可另行调整并通知）
锌 Zinc	5吨/手	元（人民币）/吨	5元/吨	上一交易日结算价 ± 4%	合约价值的5%	1-12月	上午9:00-11:30，下午1:30-3:00和交易所规定的其他交易时间	合约月份的15日（遇国家法定节假日顺延，春节月份等最后交易日交易所可另行调整并通知）
铅 Lead	5吨/手	元（人民币）/吨	5元/吨	上一交易日结算价 ± 4%	合约价值的5%	1-12月	上午9:00-11:30，下午1:30-3:00和交易所规定的其他交易时间	合约月份的15日（遇国家法定节假日顺延，春节月份等最后交易日交易所可另行调整并通知）
镍 Nickel	1吨/手	元（人民币）/吨	10元/吨	上一交易日结算价 ± 4%	合约价值的5%	1-12月	上午9:00-11:30，下午1:30-3:00和交易所规定的其他交易时间	合约月份的15日（遇国家法定节假日顺延，春节月份等最后交易日交易所可另行调整并通知）
锡 Tin	1吨/手	元（人民币）/吨	10元/吨	上一交易日结算价 ± 4%	合约价值的5%	1-12月	上午9:00-11:30，下午1:30-3:00和交易所规定的其他交易时间	合约月份的15日（遇国家法定节假日顺延，春节月份等最后交易日交易所可另行调整并通知）
黄金 Gold	1000克/手	元(人民币)/克	0.02元/克	上一交易日结算价 ± 3%	合约价值的4%	最近三个连续月份的合约以及最近13个月以内的双月合约	上午9:00-11:30，下午1:30-3:00和交易所规定的其他交易时间	合约月份的15日（遇国家法定节假日顺延，春节月份等最后交易日交易所可另行调整并通知）
白银 Silver	15千克/手	元（人民币）/千克	1元/千克	上一交易日结算价 ± 3%	合约价值的4%	1-12月	上午9:00-11:30，下午1:30-3:00和交易所规定的其他交易时间	合约月份的15日（遇国家法定节假日顺延，春节月份等最后交易日交易所可另行调整并通知）

数据来源：上海期货交易所、郑州商品交易所、大连商品交易所

Source：SHFE、ZCE、DCE

Collection of Metal Products Futures Contracts in 2019

最后交割日 Last Delivery Date	交割品级 Delivery Grade	交割地点 Delivery Venue	最小交割单位 Minimum Delivery Unit	交割方式 Delivery Form	交易代码 Trading Code	上市交易所 Listed Exchange
最后交易日后连续5个工作日	标准品：阴极铜，符合国标GB/T467-2010中1号标准铜(Cu-CATH-2)规定，其中主成份铜加银含量不小于99.95%。 替代品：阴极铜，符合国标GB/T467-2010中A级铜(Cu-CATH-1)规定；或符合BS EN 1978:1998中A级铜(Cu-CATH-1)规定	上海期货交易所指定交割仓库	25吨	实物交割	CU	上海期货交易所
最后交易日后连续5个工作日	标准品：铝锭，符合国标GB/T1196-2008AL99.70规定，其中铝含量不低于99.70%。 替代品：1、铝锭，符合国标GB/T1196-2008 AL99.85、AL99.90规定。2、铝锭，符合P1020A标准	上海期货交易所指定交割仓库	25吨	实物交割	AL	上海期货交易所
最后交易日后连续5个工作日	标准品：锌锭，符合国标GB/T470-2008 ZN99.995规定，其中锌含量不小于99.995%。 替代品：锌锭，符合BS EN 1179:2003 Z1规定，其中锌含量不小于99.995%	上海期货交易所指定交割仓库	25吨	实物交割	ZN	上海期货交易所
最后交易日后连续5个工作日	标准品：铅锭，符合国标GB/T 469-2013 Pb99.994规定，其中铅含量不小于99.994%	上海期货交易所指定交割仓库	25吨	实物交割	PB	上海期货交易所
最后交易日后连续5个工作日	标准品：电解镍，符合国标GB/T 6516-2010Ni9996规定，其中镍和钴的总含量不小于99.96%。替代品：电解镍，符合国标GB/T 6516-2010Ni9999规定，其中镍和钴的总含量不小于99.99%；或符合ASTMB39-79(2013)规定，其中镍的含量不小于99.8%	上海期货交易所指定交割仓库	6吨	实物交割	NI	上海期货交易所
最后交易日后连续5个工作日	标准品：锡锭，符合国标GB/T 728-2010 Sn99.90A牌号规定，其中锡含量不小于99.90%。 替代品：锡锭，符合国标GB/T 728-2010 Sn99.90AA牌号规定，其中锡含量不小于99.90%；Sn99.95A、Sn99.95AA牌号规定，其中锡含量不小于99.95%；Sn99.99A牌号规定，其中锡含量不小于99.99%	上海期货交易所指定交割仓库	2吨	实物交割	SN	上海期货交易所
最后交易日后连续5个工作日	金含量不小于99.95%的国产金锭及经交易所认可的伦敦金银市场协会（LBMA）认定的合格供货商或精炼厂生产的标准金锭	上海期货交易所指定交割金库	3000克	实物交割	AU	上海期货交易所
最后交易日后连续5个工作日	标准品：符合国标GB/T 4135-2016 IC-Ag99.99规定，其中银含量不低于99.99%	上海期货交易所指定交割仓库	30千克	实物交割	AG	上海期货交易所

5-25 续表

交易品种 Product	交易单位 Contract Size	报价单位 Quotation Unit	最小变动价位 Minimum Tick Size	涨跌停板幅度 Daily Price Limit	最低交易保证金 Minimum Trading Margin	合约月份 Contract Months	交易时间 Trading Hours	最后交易日 Last Trading Day
螺纹钢 Steel Rebar	10吨/手	元（人民币）/吨	1元/吨	上一交易日结算价±3%	合约价值的5%	1-12月	上午9:00-11:30，下午1:30-3:00和交易所规定的其他交易时间	合约月份的15日（遇国家法定节假日顺延，春节月份等最后交易日交易所可另行调整并通知）
线材 Steel Wire Rod	10吨/手	元（人民币）/吨	1元/吨	上一交易日结算价±5%	合约价值的7%	1-12月	上午9:00-11:30，下午1:30-3:00和交易所规定的其他交易时间	合约月份的15日（遇国家法定节假日顺延，春节月份等最后交易日交易所可另行调整并通知）
热轧卷板 Hot Rolled Coils	10吨/手	元（人民币）/吨	1元/吨	上一交易日结算价±3%	合约价值的4%	1-12月	上午9:00-11:30，下午1:30-3:00和交易所规定的其他交易时间	合约月份的15日（遇国家法定节假日顺延，春节月份等最后交易日交易所可另行调整并通知）
不锈钢 Stainless Steel	5吨/手	元（人民币）/吨	5元/吨	上一交易日结算价±4%	合约价值的5%	1-12月	上午9:00-11:30，下午1:30-3:00和交易所规定的其他交易时间	合约月份的15日（遇国家法定节假日顺延，春节月份等最后交易日交易所可另行调整并通知）
硅铁 Ferrosi-licon	5吨/手	元(人民币)/吨	2元/吨	上一交易日结算价±4%及《郑州商品交易所期货交易风险控制管理办法》相关规定	合约价值的5%	1-12月	每周一至周五（北京时间 法定节假日除外）上午9:00-11:30，下午1:30-3:00及交易所规定的其他交易时间	合约交割月份的第10个交易日
锰硅 Manganese Silicon	5吨/手	元(人民币)/吨	2元/吨	上一交易日结算价±4%及《郑州商品交易所期货交易风险控制管理办法》相关规定	合约价值的5%	1-12月	每周一至周五（北京时间 法定节假日除外）上午9:00-11:30，下午1:30-3:00及交易所规定的其他交易时间	合约交割月份的第10个交易日
铁矿石 Iron Ore	100吨/手	元（人民币）/吨	0.5元/吨	上一交易日结算价的4%	合约价值的5%	1-12月	每周一至周五上午9:00-11:30,下午13:30-15:00，以及交易所公布的其他时间	合约月份的第10个交易日

continued

最后交割日 Last Delivery Date	交割品级 Delivery Grade	交割地点 Delivery Venue	最小交割单 位 Minimum Delivery Unit	交割方式 Delivery Form	交 易 代 码 Trading Code	上 市 交易所 Listed Exchange
最后交易日后连续5个工作日	标准品：符合国标GB/T 1499.2-2018《钢筋混凝土用钢 第2部分：热轧带肋钢筋》HRB400牌号的ϕ16mm、ϕ18mm、ϕ20mm、ϕ22mm、ϕ25mm螺纹钢。 替代品：符合国标GB/T 1499.2-2018《钢筋混凝土用钢 第2部分：热轧带肋钢筋》的HRB400E牌号的ϕ16mm、ϕ18mm、ϕ20mm、ϕ22mm、ϕ25mm螺纹钢	上海期货交易所指定交割仓库	300吨	实物交割	RB	上海期货交易所
最后交易日后连续5个工作日	标准品：符合国标GB/T 1499.1-2017《钢筋混凝土用钢 第1部分：热轧光圆钢筋》HPB300牌号的 ϕ8mm 线材。 替代品：符合国标GB/T 1499.1-2017《钢筋混凝土用钢 第1部分：热轧光圆钢筋》HPB300牌号的ϕ10mm线材	上海期货交易所指定交割仓库	300吨	实物交割	WR	上海期货交易所
最后交易日后连续5个工作日	标准品：符合GB/T 3274-2017《碳素结构钢和低合金结构钢热轧厚钢板和钢带》的Q235B或符合JIS G 3101-2015《一般结构用轧制钢材》的SS400，厚度5.75mm、宽度1500mm热轧卷板。 替代品：符合GB/T 3274-2017《碳素结构钢和低合金结构钢热轧厚钢板和钢带》的Q235B或符合JIS G 3101-2015《一般结构用轧制钢材》的SS400，厚度9.75mm、9.5mm、7.75mm、7.5mm、5.80mm、5.70mm、5.60mm、5.50mm、5.25mm、4.75mm、4.50mm、4.25mm、3.75mm、3.50mm，宽度1500mm热轧卷板	上海期货交易所指定交割仓库	300吨	实物交割	HC	上海期货交易所
最后交易日后连续5个工作日	标准品为厚度2.0mm、宽度1219mm、表面加工类型为2B、边部状态为切边的304奥氏体不锈钢冷轧卷板。 替代交割品厚度可选0.5 mm、0.6 mm、0.7 mm、0.8 mm、0.9 mm、1.0 mm、1.2 mm、1.5 mm、3.0mm，宽度可选1000mm、1500mm，边部状态可选毛边（厚度升贴水、边部状态升贴水由交易所另行规定并公告）。质量符合GB/T3280-2015《不锈钢冷轧钢板和钢带》要求的06Cr19Ni10，或者符合JIS G 4305：2012《冷轧不锈钢钢板及钢带》的SUS304。	上海期货交易所指定交割仓库	60吨	实物交割	SS	上海期货交易所
合约交割月份的第13个交易日	见《郑州商品交易所期货交割细则》	交易所指定交割地点	—	实物交割	SF	郑州商品交易所
合约交割月份的第13个交易日	见《郑州商品交易所期货交割细则》	交易所指定交割地点	—	实物交割	SM	郑州商品交易所
最后交易日后第3个交易日	大连商品交易所铁矿石交割质量标准（F/DCE I001-2019）	大连商品交易所铁矿石指定交割仓库及指定交割地点	—	实物交割	I	大连商品交易所

5-26　2019年能源、化工及其他期货合约汇总

交易品种 Product	交易单位 Contract Size	报价单位 Quotation Unit	最小变动价位 Minimum Tick Size	涨跌停板幅度 Daily Price Limit	最低交易保证金 Minimum Trading Margin	合约月份 Contract Months	交易时间 Trading Hours
聚乙烯 LLDPE	5吨/手	元(人民币)/吨	5元/吨	上一交易日结算价的4%	合约价值的5%	1-12月	每周一至周五上午9:00-11:30,下午13:30-15:00，以及交易所公布的其他时间
聚氯乙烯 PVC	5吨/手	元(人民币)/吨	5元/吨	上一交易日结算价的4%	合约价值的5%	1-12月	每周一至周五上午9:00-11:30,下午13:30-15:00，以及交易所公布的其他时间
聚丙烯 PP	5吨/手	元(人民币)/吨	1元/吨	上一交易日结算价的4%	合约价值的5%	1-12月	每周一至周五上午9:00-11:30,下午13:30-15:00，以及交易所公布的其他时间
焦炭 Coke	100吨/手	元(人民币)/吨	0.5元/吨	上一交易日结算价的4%	合约价值的5%	1-12月	每周一至周五上午9:00-11:30,下午13:30-15:00，以及交易所公布的其他时间
焦煤 Coking Coal	60吨/手	元(人民币)/吨	0.5元/吨	上一交易日结算价的4%	合约价值的5%	1-12月	每周一至周五上午9:00-11:30,下午13:30-15:00，以及交易所公布的其他时间
乙二醇 Ethylene Glycol	10吨/手	元（人民币）/吨	1元/吨	上一交易日结算价的4%	合约价值的5%	1-12月	每周一至周五上午9:00-11:30,下午13:30-15:00，以及交易所公布的其他时间
苯乙烯 Ethenylbenzene	5吨/手	元（人民币）/吨	1元/吨	上一交易日结算价的4%	合约价值的5%	1-12月	每周一至周五上午9:00-11:30,下午13:30-15:00，以及交易所公布的其他时间
燃料油 Fuel Oil	10吨/手	元(人民币)/吨(交易报价为不含税价格)	1元/吨	上一交易日结算价±5%	合约价值的8%	1-12月	上午9:00-11:30，下午1:30-3:00和交易所规定的其他交易时间
石油沥青 Bitumen	10吨/手	元(人民币)/吨	2元/吨	上一交易日结算价±3%	合约价值的4%	24个月以内，其中最近1-6个月为连续月份合约，6个月以后为季月合约	上午9:00-11:30，下午1:30-3:00和交易所规定的其他交易时间

数据来源：上海期货交易所、郑州商品交易所、大连商品交易所
Source：SHFE、ZCE、DCE

Collection of Energy & Chemical Products & Others Futures Contracts in 2019

最后交易日 Last Trading Day	最后交割日 Last Delivery Day	交割品级 Delivery Grade	交割地点 Delivery Venue	交割方式 Trading Form	交易代码 Trading Code	上市交易所 Listed Exchange
合约月份第10个交易日	最后交易日后第3个交易日	大连商品交易所线型低密度聚乙烯交割质量标准	大连商品交易所线型低密度聚乙烯指定交割仓库	实物交割	L	大连商品交易所
合约月份第10个交易日	最后交易日后第3个交易日	质量标准符合《悬浮法通用型聚氯乙烯树脂（GB/T 5761-2006）》规定的SG5型一等品和优等品	大连商品交易所指定交割仓库	实物交割	V	大连商品交易所
合约月份第10个交易日	最后交易日后第3个交易日	大连商品交易所聚丙烯交割质量标准	大连商品交易所聚丙烯指定交割仓库	实物交割	PP	大连商品交易所
合约月份第10个交易日	最后交易日后第3个交易日	大连商品交易所焦炭交割质量标准	大连商品交易所焦炭指定交割仓库	实物交割	J	大连商品交易所
合约月份第10个交易日	最后交易日后第3个交易日	大连商品交易所焦煤交割质量标准（F/DCE JM001-2018）	大连商品交易所焦煤指定交割仓库	实物交割	JM	大连商品交易所
合约月份倒数第4个交易日	最后交易日后第3个交易日	大连商品交易所乙二醇交割质量标准（F/DCE EG001-2018）	大连商品交易所乙二醇指定交割仓库	实物交割	EG	大连商品交易所
合约月份倒数第4个交易日	最后交易日后第3个交易日	大连商品交易所苯乙烯交割质量标准（F/DCE EB001-2019）	大连商品交易所苯乙烯指定交割仓库	实物交割	EB	大连商品交易所
合约月份前一月份的最后一个交易日；交易所可以根据国家法定节假日调整最后交易日	最后交易日后连续五个工作日	RMG 380船用燃料油（硫含量为I级、II级）或者质量优于该标准的船用燃料油	交易所指定交割地点	实物交割	FU	上海期货交易所
合约月份的15日（遇国家法定节假日顺延，春节月份等最后交易日交易所可另行调整并通知）	最后交易日后连续五个工作日	70号A级道路石油沥青，具体内容见《上海期货交易所石油沥青期货交割实施细则（试行）》	交易所指定交割地点	实物交割	BU	上海期货交易所

5-26 续表

交易品种 Product	交易单位 Contract Size	报价单位 Quotation Unit	最小变动价位 Minimum Tick Size	涨跌停板幅度 Daily Price Limit	最低交易保证金 Minimum Trading Margin	合约月份 Contracts Months	交易时间 Trading Hours
纸浆 Woodpulp	10吨/手	元(人民币)/吨	2元/吨	上一交易日结算价±3%	合约价值的4%	1-12月	上午9:00-11:30，下午1:30-3:00和交易所规定的其他交易时间
20号胶 TSR 20	10吨/手	元(人民币)/吨	5元/吨	不超过上一交易日结算价±5%	合约价值的7%	1、2、3、4、5、6、7、8、9、10、11、12月	上午9:00-11:30，下午1:30-3:00和上海国际能源交易中心规定的其他交易时间
原油 Crude Oil	1000桶/手	元(人民币)/桶（交易报价为不含税价格）	0.1元（人民币）/桶	上一交易日结算价±4%	合约价值的5%	最近1-12个月为连续月份以及随后八个季月	上午9:00-11:30，下午1:30-3:00和上海国际能源交易中心规定的其他交易时间
甲醇 Menthanol	10吨/手	元(人民币)/吨	1元/吨	上一交易日结算价±4%及《郑州商品交易所期货交易风险控制管理办法》相关规定	合约价值的5%	1-12月	每周一至周五（北京时间 法定节假日除外）上午9:00-11:30 下午1:30-3:00及交易所规定的其他交易时间
玻璃 Glass	20吨/手	元(人民币)/吨	1元/吨	上一交易日结算价±4%及《郑州商品交易所期货交易风险控制管理办法》相关规定	合约价值的5%	1-12月	每周一至周五（北京时间 法定节假日除外）上午9:00-11:30；下午1:30-3:00及交易所规定的其他交易时间
动力煤 Thermal Coal	100吨/手	元(人民币)/吨	0.2元/吨	上一交易日结算价±4%及《郑州商品交易所期货交易风险控制管理办法》相关规定	合约价值的5%	1-12月	每周一至周五（北京时间 法定节假日除外）上午9:00-11:30，下午1:30-3:00及交易所规定的其他交易时间
尿素 Urea	20吨/手	元(人民币)/吨	1元/吨	上一交易日结算价±4%及《郑州商品交易所期货交易风险控制管理办法》相关规定	合约价值的5%	1-12月	每周一至周五（北京时间 法定节假日除外）上午9:00-11:30 下午1:30-3:00及交易所规定的其他交易时间
纯碱 Soda Ash	20吨/手	元(人民币)/吨	1元/吨	上一交易日结算价±4%及《郑州商品交易所期货交易风险控制管理办法》相关规定	合约价值的5%	1-12月	每周一至周五（北京时间 法定节假日除外）上午9:00-11:30，下午1:30-3:00及交易所规定的其他交易时间

continued

最后交易日 Last Trading Day	最后交割日 Last Delivery Day	交割品级 Delivery Grade	交割地点 Delivery Venue	交割方式 Trading Form	交易代码 Trading Code	上市交易所 Listed Exchange
合约月份的15日（遇国家法定节假日顺延，春节月份等最后交易日交易所可另行调整并通知）	最后交易日后连续五个工作日	漂白硫酸盐针叶木浆，具体质量规定见《上海期货交易所漂白硫酸盐针叶木浆期货合约附件》	交易所指定交割仓库	实物交割	SP	上海期货交易所
交割月份的15日（遇国家法定节假日顺延，上海国际能源交易中心可以根据国家法定节假日、休息日调整最后交易日）	最后交易日后连续5个工作日	用于实物交割的20号胶，质量应当符合上海国际能源交易中心20号胶质量标准，具体质量规定见附件。	上海国际能源交易中心指定交割仓库	实物交割	NR	上海国际能源交易中心
交割月份前第一月的最后一个交易日	最后交易日后连续五个交易日	中质含硫原油，基准品质为API度32.0，硫含量1.5%，具体可交割油种及升贴水由上海国际能源交易中心另行规定	上海国际能源交易中心指定交割仓库	实物交割	SC	上海国际能源交易中心
合约交割月份的第10个交易日	合约交割月份的第13个交易日	见《郑州商品交易所期货交割细则》	交易所指定交割地点	实物交割	MA	郑州商品交易所
合约交割月份的第10个交易日	合约交割月份的第13个交易日	见《郑州商品交易所期货交割细则》	交易所指定交割地点	实物交割	FG	郑州商品交易所
合约交割月份的第5个交易日	车（船）板交割：合约交割月份的最后1个日历日 仓单交割：合约交割月份的第8个交易日	见《郑州商品交易所期货交割细则》	交易所指定交割地点	实物交割	ZC	郑州商品交易所
合约交割月份的第10个交易日	合约交割月份的第13个交易日	见《郑州商品交易所期货交割细则》	交易所指定交割地点	实物交割	UR	郑州商品交易所
合约交割月份的第10个交易日	合约交割月份的第13个交易日	见《郑州商品交易所期货交割细则》	交易所指定交割地点	实物交割	SA	郑州商品交易所

5-27 2019年金融期货合约汇总

合约标的 Underlying Bond	合约乘数 Contract Multiplier	报价单位 Quotation Unit	最小变动价位 Minimum Tick Size	合约月份 Contract Months	交易时间 Trading Hours
中证500指数 CSI 500 Index	每点200元	指数点	0.2点	当月、下月及随后两个季月	上午：9:30-11:30 下午：13:00-15:00
沪深300指数 CSI 300 Index	每点300元	指数点	0.2点	当月、下月及随后两个季月	上午：9:30-11:30 下午：13:00-15:00
上证50指数 SSE 50 Index	每点300元	指数点	0.2点	当月、下月及随后两个季月	上午：9:30-11:30 下午：13:00-15:00
合约标的 Underlying Bond	可交割国债 Deliverable Treasury Bond	报价方式 Quotation Method	最小变动价位 Minimum Tick Size	合约月份 Contract Months	交易时间 Trading Hours
面值为200万元人民币、票面利率为3%的名义中短期国债 Nominal Medium-term and Short-term Treasury Bond With Face Value of RMB 2 Million and Coupon Rate of 3%	发行期限不高于5年、合约到期月份首日剩余期限为1.5-2.25年的记账式附息国债	百元净价报价	0.005元	最近的三个季月(3月、6月、9月、12月中的最近三个月循环)	上午：9:15-11:30 下午：13:00-15:15
面值为100万元人民币、票面利率为3%的名义中期国债 Nominal Medium-term Treasury Bond With Face Value of RMB 1 Million and Coupon Rate of 3%	发行期限不高于7年、合约到期月份首日剩余期限为4-5.25年的记账式附息国债	百元净价报价	0.005元	最近的三个季月(3月、6月、9月、12月中的最近三个月循环)	上午：9:15-11:30 下午：13:00-15:15
面值为100万元人民币、票面利率为3%的名义长期国债 Nominal Long-term Treasury Bond With Face Value of RMB 1 Million and Coupon Rate of 3%	发行期限不高于10年、合约到期月份首日剩余期限不低于6.5年的记账式附息国债	百元净价报价	0.005元	最近的三个季月(3月、6月、9月、12月中的最近三个月循环)	上午：9:15-11:30 下午：13:00-15:15

数据来源：中国金融期货交易所
Source：CFFEX

Collection of Financial Futures Contracts in 2019

最后交易日交易时间 Trading Hours on Last Trading Day	每日价格最大波动限制 Daily Price Limit	最低交易保证金 Minimum Trading Margin	最后交易日 Last Trading Day	交割日期 Delivery Date	交割方式 Delivery Method	交易代码 Trading Code	上市交易所 Listed Exchange
上午：9:30–11:30 下午：13:00–15:00	上一个交易日结算价的±10%	合约价值的8%	合约到期月份的第三个周五，遇国家法定假日顺延	同最后交易日	现金交割	IC	中国金融期货交易所
上午：9:30–11:30 下午：13:00–15:00	上一个交易日结算价的±10%	合约价值的8%	合约到期月份的第三个周五，遇国家法定假日顺延	同最后交易日	现金交割	IF	中国金融期货交易所
上午：9:30–11:30 下午：13:00–15:00	上一个交易日结算价的±10%	合约价值的8%	合约到期月份的第三个周五，遇国家法定假日顺延	同最后交易日	现金交割	IH	中国金融期货交易所

最后交易日交易时间 Trading Hours on Last Trading Day	每日价格最大波动限制 Daily Price Limit	最低交易保证金 Minimum Trading Margin	最后交易日 Last Trading Day	交割日期 Delivery Date	交割方式 Delivery Method	交易代码 Trading Code	上市交易所 Futures Exchange
上午：9:15–11:30	上一个交易日结算价的±0.5%	合约价值的0.5%	合约到期月份的第二个星期五	最后交易日后的第三个交易日	实物交割	TS	中国金融期货交易所
上午：9:15–11:30	上一个交易日结算价的±1.2%	合约价值的1%	合约到期月份的第二个星期五	最后交易日后的第三个交易日	实物交割	TF	中国金融期货交易所
上午：9:15–11:30	上一个交易日结算价的±2%	合约价值的2%	合约到期月份的第二个星期五	最后交易日后的第三个交易日	实物交割	T	中国金融期货交易所

5-28 商品期权交易概况
Overview of Commodity Options Transaction

年份 Year	成交金额(亿元) Trading Turnover (100 million yuan)	成交量(万手) Trading Volume (10 thousand lots)	持仓金额(亿元) Value of Positions (10 thousand lots)	持仓量(万手) Positions (10 thousand lots)	行权金额(亿元) Value of Delivery (100 million yuan)	行权量(万手) Delivery Quantity (10 thousand lots)
2017	38.24	512.81	12.74	23.61	37.89	7.15
2018	210.16	1836.35	4.23	31.56	63.24	15.39
2019	333.27	4059.51	11.12	127.46	184.21	34.51

注：1.上海期货交易所数据包含上海国际能源交易中心。
2.郑商所对2018年持仓金额、行权金额数据进行了调整。
数据来源：上海期货交易所、郑州商品交易所、大连商品交易所
Source: SHFE、ZCE、DCE

5-29 2019年商品期权品种交易情况
Statistics for Commodity Options by Options Products in 2019

交易品种 Product	交易所 Exchange	成交金额(亿元) Trading Turnover (100 million yuan)		成交量(万手) Trading Volume (10 thousand lots)		持仓金额(亿元) Value of Positions (100 million yuan)		持仓量(万手) Positions (10 thousand lots)		行权金额(亿元) Value of Delivery (100 million yuan)		行权量(万手) Delivery Quantity (10 thousand lots)	
		2018	2019	2018	2019	2018	2019	2018	2019	2018	2019	2018	2019
豆粕期权 Soybean Meal	DCE	92.66	73.15	1257.63	1780.92	1.56	2.62	18.70	43.55	34.45	30.05	11.10	10.63
玉米期权 Corn Options	DCE	—	16.62	—	676.02	—	1.05	—	41.05	—	20.93	—	10.96
铁矿石期权 Iron Ore Options	DCE	—	8.83	—	36.39	—	1.98	—	9.15	—	0.03	—	0.01
铜期权 Copper Options	SHFE	82.89	113.55	119.38	419.75	1.67	1.02	2.79	3.23	6.67	67.21	0.27	2.76
黄金期权 Gold Options	SHFE	—	3.20	—	4.09	—	0.91	—	1.00	—	0.00	—	0.00
天胶期权 Natural Rubber	SHFE	—	22.38	—	82.21	—	0.62	—	1.99	—	8.60	—	0.71
白糖期权 White Sugar	ZCE	34.61	53.37	459.34	677.27	1.00	0.97	10.07	9.07	22.12	27.43	4.02	5.22
棉花期权 Cotton No.1	ZCE	—	40.37	—	346.35	—	1.51	—	10.71	—	29.95	—	4.21
PTA期权 PTA Options	ZCE	—	0.86	—	19.37	—	0.22	—	4.35	—	—	—	0.00
甲醇期权 Methanol Options	ZCE	—	0.94	—	17.14	—	0.21	—	3.36	—	—	—	0.00

注：郑商所对2018年持仓金额、行权金额数据进行了调整。
数据来源：上海期货交易所、郑州商品交易所、大连商品交易所
Source: SHFE、ZCE、DCE

5-30　2019年商品期权合约汇总
Collection of Commodity Options Contracts in 2019

合约标的物 Underlying Instrument	合约类型 Contracts Type	交易单位 Contract Size	报价单位 Quotation Unit	最小变动价位 Minimum Tick Size	涨跌停板幅度 Daily Price Limit	合约月份 Contracts Months	交易时间 Trading Hours
豆粕期货合约 Soybean Meal Futures Contract	看涨期权、看跌期权	1手(10吨)豆粕期货合约	元(人民币)/吨	0.5元/吨	与豆粕期货合约涨跌停板幅度相同	1、3、5、7、8、9、11、12月	每周一至周五上午9:00-11:30，下午13:30-15:00，以及交易所规定的其他时间
玉米期货合约 Corn Futures Contract	看涨期权、看跌期权	1手(10吨)玉米期货合约	元(人民币)/吨	0.5元/吨	与玉米期货合约涨跌停板幅度相同	1、3、5、7、9、11月	每周一至周五上午9:00-11:30，下午13:30-15:00，以及交易所规定的其他时间
铁矿石期货合约 Iron Ore Futures Contract	看涨期权、看跌期权	1手(100吨)铁矿石期货合约	元(人民币)/吨	0.1元/吨	与铁矿石期货合约涨跌停板幅度相同	1、2、3、4、5、6、7、8、9、10、11、12月	每周一至周五上午9:00-11:30，下午13:30-15:00，以及交易所规定的其他时间
阴极铜期货合约(5吨) Copper cathode futures contract(five metric tons(MT))	看涨期权，看跌期权	1手阴极铜期货合约	元(人民币)/吨	1 元/吨	与阴极铜期货合约涨跌停板幅度相同	与上市标的期货合约相同	上午9:00-11:30下午13:30-15:00及交易所规定的其他时间
黄金期货合约(1000克) Gold futures contract(1 kilogram)	看涨期权，看跌期权	1手黄金期货合约	元(人民币)/克	0.02 元/克	与黄金期货合约涨跌停板幅度相同	与上市标的期货合约相同	上午9:00-11:30下午13:30-15:00及交易所规定的其他时间
天然橡胶期货合约(10吨) Natural Rubber futures contract(10 metric tons(MT))	看涨期权，看跌期权	1手天然橡胶期货合约	元(人民币)/吨	1 元/吨	与天然橡胶期货合约涨跌停板幅度相同	与上市标的期货合约相同	上午9:00-11:30下午13:30-15:00及交易所规定的其他时间
白糖期货合约 White Sugar Futures Contract	看涨期权、看跌期权	1手(10吨)白糖期货合约	元(人民币)/吨	0.5元/吨	与白糖期货合约涨跌停板幅度相同	标的期货合约中的连续两个近月，其后月份在标的期货合约结算后持仓量达到5000手(单边)之后的第二个交易日挂牌	每周一至周五上午9:00-11:30，下午1:30-3:00及交易所规定的其他交易时间
一号棉花期货合约 Cotton No.1 Futures Contract	看涨期权、看跌期权	1手一号棉花期货合约	元(人民币)/吨	1元/吨	与棉花期货合约涨跌停板幅度相同	标的期货合约中的连续两个近月，其后月份在标的期货合约结算后持仓量达到5000手(单边)之后的第二个交易日挂牌	每周一至周五上午9:00-11:30，下午1:30-3:00及交易所规定的其他交易时间
精对苯二甲酸(PTA)期货合约 Purified Terephthalic Acid(PTA) Futures Contract	看涨期权、看跌期权	1手PTA期货合约	元(人民币)/吨	0.5元/吨	与PTA期货合约涨跌停板幅度相同	标的期货合约中的连续两个近月，其后月份在标的期货合约结算后持仓量达到10000手(单边)之后的第二个交易日挂牌	每周一至周五上午9:00-11:30，下午1:30-3:00及交易所规定的其他交易时间
甲醇期货合约 Methanol Futures Contract	看涨期权、看跌期权	1手甲醇期货合约	元(人民币)/吨	0.5元/吨	与甲醇期货合约涨跌停板幅度相同	标的期货合约中的连续两个近月，其后月份在标的期货合约结算后持仓量达到10000手(单边)之后的第二个交易日挂牌	每周一至周五上午9:00-11:30，下午1:30-3:00及交易所规定的其他交易时间

数据来源：上海期货交易所、郑州商品交易所、大连商品交易所
Source：SHFE、ZCE、DCE

5-30 续表 1 continued

合约标的物 Underlying Instrument	合约类型 Contracts Type	最后交易日 Last Trading Day	到期日 Expiration Day	行权价格 Strike Price	行权方式 Exercise Style	交易代码 Trading Code	上市交易所 Listed Exchange
豆粕期货合约 Soybean Meal Futures Contract	看涨期权、看跌期权	标的期货合约交割月份前一个月的第5个交易日	同最后交易日	行权价格覆盖豆粕期货合约上一交易日结算价上下浮动1.5倍当日涨跌停板幅度对应的价格范围。行权价格≤2000元/吨，行权价格间距为25元/吨；2000元/吨＜行权价格≤5000元/吨，行权价格间距为50元/吨；行权价格＞5000元/吨，行权价格间距为100元/吨	美式。买方可以在到期日之前任一交易日的交易时间，以及到期日15:30之前提出行权申请	看涨期权：M-合约月份-C-行权价格 看跌期权：M-合约月份-P-行权价格	大连商品交易所
玉米期货合约 Corn Futures Contract	看涨期权、看跌期权	标的期货合约交割月份前一个月的第5个交易日	同最后交易日	行权价格覆盖玉米期货合约上一交易日结算价上下浮动1.5倍当日涨跌停板幅度对应的价格范围。行权价格≤1000元/吨，行权价格间距为10元/吨；1000元/吨＜行权价格≤3000元/吨，行权价格间距为20元/吨；行权价格＞3000元/吨，行权价格间距为40元/吨	美式。买方可以在到期日之前任一交易日的交易时间，以及到期日15:30之前提出行权申请	看涨期权：C-合约月份-C-行权价格 看跌期权：C-合约月份-P-行权价格	大连商品交易所
铁矿石期货合约 Iron Ore Futures Contract	看涨期权、看跌期权	标的期货合约交割月份前一个月的第5个交易日	同最后交易日	行权价格覆盖铁矿石期货合约上一交易日结算价上下浮动1.5倍当日涨跌停板幅度对应的价格范围。行权价格≤300元/吨，行权价格间距为5元/吨；300元/吨＜行权价格≤1000元/吨，行权价格间距为10元/吨；行权价格＞1000元/吨，行权价格间距为20元/吨	美式。买方可以在到期日之前任一交易日的交易时间，以及到期日15:30之前提出行权申请	看涨期权：I-合约月份-C-行权价格 看跌期权：I-合约月份-P-行权价格	大连商品交易所
阴极铜期货合约(5吨) Copper cathode futures contract(five metric tons(MT))	看涨期权，看跌期权	标的期货合约交割月前第一月的倒数第五个交易日，交易所可以根据国家法定节假日调整最后交易日	同最后交易日	行权价格覆盖阴极铜期货合约上一交易日结算价上下1倍当日涨跌停板幅度对应的价格范围。行权价格≤40000元/吨，行权价格间距为500元/吨；40000元/吨＜行权价格≤80000元/吨，行权价格间距为1000元/吨；行权价格＞80000元/吨，行权价格间距为2000元/吨	欧式。到期日买方可以在15:30之前提出行权申请、放弃申请	看涨期权：CU-合约月份-C-行权价格 看跌期权：CU-合约月份-P-行权价格	上海期货交易所
黄金期货合约(1000克) Gold futures contract(1 kilogram)	看涨期权，看跌期权	标的期货合约交割月前第一月的倒数第五个交易日，交易所可以根据国家法定节假日调整最后交易日	同最后交易日	行权价格覆盖黄金期货合约上一交易日结算价上下浮动1.5倍当日涨跌停板幅度对应的价格范围。行权价格≤200元/克，行权价格间距为2元/克；200元/克＜行权价格≤400元/克，行权价格间距为4元/克；行权价格＞400元/克，行权价格间距为8元/克	欧式。到期日买方可以在15:30之前提出行权申请、放弃申请	看涨期权：AU-合约月份-C-行权价格 看跌期权：AU-合约月份-P-行权价格	上海期货交易所

5-30 续表 2 continued

合约标的物 Underlying Instrument	合约类型 Contracts Type	最后交易日 Last Trading Day	到期日 Expiration Day	行权价格 Strike Price	行权方式 Exercise Style	交易代码 Trading Code	上市交易所 Listed Exchange
天然橡胶期货合约(10吨) Natural Rubber futures contract(10 metric tons(MT))	看涨期权，看跌期权	标的期货合约交割月前第一月的倒数第五个交易日，交易所可以根据国家法定节假日调整最后交易日	同最后交易日	行权价格覆盖天然橡胶期货合约上一交易日结算价上下浮动1.5倍当日涨跌停板幅度对应的价格范围。行权价格≤10000元/吨，行权价格间距为100元/吨；10000元/吨＜行权价格≤25000元/吨，行权价格间距为250元/吨；行权价格＞25000元/吨，行权价格间距为500元/吨	美式。买方可在到期日前任一交易日的交易时间提交行权申请；买方可在到期日15:30之前提交行权申请、放弃申请	看涨期权：RU-合约月份-C-行权价格 看跌期权：RU-合约月份-P-行权价格	上海期货交易所
白糖期货合约 White Sugar Futures Contract	看涨期权、看跌期权	标的期货合约交割月份前一个月的第3个交易日，以及交易所规定的其他日期	同最后交易日	以白糖期货前一交易日结算价为基准，按行权价格间距挂出5个实值期权、1个平值期权和5个虚值期权。行权价格≤3000元/吨，行权价格间距为50元/吨；3000元/吨≤行权价格≤10000元/吨，行权价格间距为100元/吨；行权价格＞10000元/吨，行权价格间距为200元/吨	美式。买方可在到期日前任一交易日的交易时间提交行权申请；买方可在到期日15:30之前提交行权申请、放弃申请	看涨期权：SR-合约月份-C-行权价格 看跌期权：SR-合约月份-P-行权价格	郑州商品交易所
一号棉花期货合约 Cotton No.1 Futures Contract	看涨期权、看跌期权	标的期货合约交割月份前一个月的第3个交易日，以及交易所规定的其他日期	同最后交易日	以棉花期货前一交易日结算价为基准，按行权价格间距挂出6个实值期权、1个平值期权和6个虚值期权。行权价格≤10000元/吨，行权价格间距为100元/吨；10000元/吨≤行权价格≤20000元/吨，行权价格间距为200元/吨；行权价格＞20000元/吨，行权价格间距为400元/吨	美式。买方可在到期日前任一交易日的交易时间提交行权申请；买方可在到期日15:30之前提交行权申请、放弃申请	看涨期权：CF-合约月份-C-行权价格 看跌期权：CF-合约月份-P-行权价格	郑州商品交易所
精对苯二甲酸(PTA)期货合约 Purified Terephthalic Acid(PTA) Futures Contract	看涨期权、看跌期权	标的期货合约交割月份前一个月的第3个交易日，以及交易所规定的其他日期	同最后交易日	以PTA期货前一交易日结算价为基准，按行权价格间距挂出6个实值期权、1个平值期权和5个虚值期权。行权价格≤5000元/吨，行权价格间距为50元/吨；5000元/吨≤行权价格≤10000元/吨，行权价格间距为100元/吨；行权价格＞10000元/吨，行权价格间距为200元/吨	美式。买方可在到期日前任一交易日的交易时间提交行权申请；买方可在到期日15:30之前提交行权申请、放弃申请	看涨期权：TA-合约月份-C-行权价格 看跌期权：TA-合约月份-P-行权价格	郑州商品交易所
甲醇期货合约 Methanol Futures Contract	看涨期权、看跌期权	标的期货合约交割月份前一个月的第3个交易日，以及交易所规定的其他日期	同最后交易日	以甲醇期货前一交易日结算价为基准，按行权价格间距挂出6个实值期权、1个平值期权和5个虚值期权。行权价格≤2500元/吨，行权价格间距为25元/吨；2500元/吨≤行权价格≤5000元/吨，行权价格间距为50元/吨；行权价格＞5000元/吨，行权价格间距为100元/吨	美式。买方可在到期日前任一交易日的交易时间提交行权申请；买方可在到期日15:30之前提交行权申请、放弃申请	看涨期权：MA-合约月份-C-行权价格 看跌期权：MA-合约月份-P-行权价格	郑州商品交易所

5-31 2019年金融期权品种交易情况
Statistics for Financial Options in 2019

交易品种 Product	交易所 Exchange	成交金额(亿元) Trading Turnover (100 million yuan)	成交量(万手) Trading Volume (10 thousand lots)	持仓金额(亿元) Value of Positions (100 million yuan)	持仓量(万手) Positions (10 thousand lots)	行权金额(亿元) Value of Delivery (100 million yuan)	行权量(万手) Delivery Quantity (10 thousand lots)
沪深300股指期权 CSI300 Index Options	CFFEX	13.02	12.70	3.54	2.72	—	—

数据来源：中国金融期货交易所
Source: CFFEX

5-32 2019年金融期权合约汇总
Collection of Financial Options Contracts in 2019

合约标的物 Underlying Instrument	合约乘数 Contract Multiplier	合约类型 Contracts Type	报价单位 Quotation Unit	最小变动价位 Minimum Tick Size	每日价格最大波动限制 Daily Price Limit	合约月份 Contracts Months
沪深300指数 CSI 300 Index	每点人民币100元	看涨期权、看跌期权	指数点	0.2点	上一交易日沪深300指数收盘价的±10%	当月、下2个月及随后3个季月

数据来源：中国金融期货交易所
Source: CFFEX

5-32 续表 continued

行权价格 Strike Price	行权方式 Exercise Style	交易时间 Trading Hours	最后交易日 Last Trading Day	到期日 Expiration Day	交割方式 Delivery Method	交易代码 Trading Code	上市交易所 Listed Exchange
行权价格覆盖沪深300指数上一交易日收盘价上下浮动10%对应的价格范围 对当月与下2个月合约：行权价格≤2500点时，行权价格间距为25点；2500点<行权价格≤5000点时，行权价格间距为50点；5000点<行权价格≤10000点时，行权价格间距为100点；行权价格>10000点时，行权价格间距为200点 对随后3个季月合约：行权价格≤2500点时，行权价格间距为50点；2500点<行权价格≤5000点时，行权价格间距为100点；5000点<行权价格≤10000点时，行权价格间距为200点；行权价格>10000点时，行权价格间距为400点	欧式	9:30-11:30，13:00-15:00	合约到期月份的第三个星期五，遇国家法定假日顺延	同最后交易日	现金交割	看涨期权：IO合约月份-C-行权价格 看跌期权：IO合约月份-P-行权价格	中国金融期货交易所

主要统计指标解释

Explanatory Notes on Main Statistical Indicators

交易保证金 指统计期末已被合约占用的保证金。

公式: 交易保证金=合约价值×期货交易所规定的交易保证金比率

期货账户数 指统计期末在中国期货市场监控中心有限责任公司办理登记的期货账户数量合计。

期货客户数 指统计期末已在期货市场开户，按照"客户全称相同且证件代码相同"原则合并的客户数量。

涨跌幅 指统计期内期货合约的结算价与前结算价变动幅度。

公式: 涨跌幅=（区间最后交易日结算价-区间前一交易日结算价）/区间前一交易日结算价×100%

指标说明: 1.期货交易品种的涨跌幅以其对应的主力合约进行计算，即通过主力合约的涨跌幅反映期货品种的价格变动幅度。

2.主力合约通常选用统计期末各期货合约中持仓量最大的合约，如持仓量相同则选取成交量最大合约为主力合约。如统计期末该品种的所有合约均无成交和持仓，则选用与统计期末最近且持仓量最大的合约为主力合约。

3.若统计期包括主力合约挂牌日，则区间前一交易日结算价取合约挂牌价。

成交量 指统计期内全部期货（期权）合约成交数量合计。除备注中注明双边口径外，其余均按单边口径统计。

成交金额 指统计期内全部期货（期权）合约成交金额合计。除备注中注明双边口径外，其余均按单边口径统计。

持仓量 指统计期末未平仓期货（期权）合约数量的合计。除备注中注明双边口径外，其余均按单边口径统计。

持仓金额 指统计期末未平仓期货（期权）合约的金额合计。除备注中注明双边口径外，其余均按单边口径统计。

交割量 交割是指期货投资者了结到期未平仓合约的过程，交割量即进行交割的期货合约数量。除备注中注明双边口径外，其余均按单边口径统计。

公式: 交割量＝交割合约数量×合约单位

交割率 指统计期内期货品种的交割量与合约最大日持仓量的比率。

公式:交割率=交割量/统计期内合约最大日持仓量×100%

指标说明: 定义中合约最大日持仓量指的是合约存续周期内的最大持仓量。

贰 零 贰 零

六. 上市和挂牌公司

Listed Companies

贰 零 贰 零

2019年上市公司及挂牌公司综述

一、公司规模情况

（一）上市公司规模。2019年末，沪深两市共有上市公司3777家。其中，沪市1572家，深市2205家；主板、中小板、创业板、科创板上市公司数量分别为1973家、943家、791家和70家，总市值分别为42.45万亿元、9.87万亿元、6.13万亿元和0.86万亿元，流通市值分别为36.83万亿元、7.37万亿元、4.02万亿元和0.13万亿元。公司家数前3的行业是制造业，信息传输、软件和信息技术服务业，批发零售业，合计占比75.11%；公司家数前3的辖区是江苏、浙江（不含宁波）、北京，合计占比30.47%。

（二）挂牌公司规模。2019年末，新三板共有挂牌公司8953家。其中，公司家数前3的行业是制造业，信息传输、软件和信息技术服务业，租赁和商务服务业，分别为4409家、1725家和465家，合计占比73.71%；公司家数前3的地区是广东（含深圳）、北京、江苏，分别为1319家、1190家和1072家，合计占比40.00%。

2019年，新挂牌公司249家，总股本104.18亿股。其中，制造业，信息传输、软件和信息技术服务业新挂牌公司最多，分别为144家和22家。

二、上市公司现金分红情况

2019年，共有2626家上市公司实施了现金分红，占上市公司总数的69.53%。现金分红总额10226.90亿元，较2018年增加8.79%。分红公司家数前3的行业是制造业，信息传输、软件和信息技术服务业，批发零售业，分别为1659家、185家和110家，合计占比74.41%；分红金额前3的行业是制造业、金融业、采矿业，分别为3453.02亿元、3412.87亿元和1014.84亿元，合计占比77.06%。

三、公司财务状况

（一）上市公司。2019年，沪深两市上市公司实现营业收入50.48万亿元，归属于母公司股东净利润3.75万亿元，较2018年分别增加11.51%和11.57%。上市公司总资产收益率1.34%，净资产收益率9.59%，较2018年分别下降0.05个百分点和0.16个百分点。每股收益为0.54元，每股经营活动现金流量净额为0.82元。2019年末，上市公司总资产为280.78万亿元，归属于母公司股东净资产41.30万亿元，较2018年末分别增加16.37%和14.73%，每股净资产为5.93元；全部上市公司整体资产负债率83.69%，非金融上市公司整体资产负债率67.11%，较2018年末分别上升0.15个百分点和6.35个百分点。

（二）挂牌公司。2019年，挂牌公司实现营业收入17039.88亿元，利润总额807.05亿元，净利润647.00亿元，较2018年分别减少8.03%、19.43%和19.94%；经营活动产生的现金流量净额1214.23亿元，较2018年增加37.08%；平均净资产收益率5.88%，较2018年减少0.65个百分点。2019年末，挂牌公司总资产26906.24亿元，净资产11280.42亿元，较2018年分别减少4.66%和8.80%；挂牌公司资产负债率58.08%，较2018年末上升1.91个百分点。

6-1　上市公司数量
Number of Listed Companies

单位：家　　(unit)

年份 Year	上交所 SSE 小计 Total	上交所 SSE 主板 Main Board	上交所 SSE 科创板 STAR Market	深交所 SZSE 小计 Total	深交所 SZSE 主板 Main Board	深交所 SZSE 中小板 SME Board	深交所 SZSE 创业板 ChiNext Board	合计 Total
1991	7	7	—	6	6	—	—	13
1992	29	29	—	24	24	—	—	53
1993	106	106	—	77	77	—	—	183
1994	171	171	—	120	120	—	—	291
1995	188	188	—	135	135	—	—	323
1996	293	293	—	237	237	—	—	530
1997	383	383	—	362	362	—	—	745
1998	438	438	—	414	414	—	—	852
1999	484	484	—	465	465	—	—	949
2000	572	572	—	516	516	—	—	1088
2001	646	646	—	514	514	—	—	1160
2002	715	715	—	509	509	—	—	1224
2003	780	780	—	507	507	—	—	1287
2004	837	837	—	540	502	38	—	1377
2005	834	834	—	547	497	50	—	1381
2006	842	842	—	592	490	102	—	1434
2007	860	860	—	690	488	202	—	1550
2008	864	864	—	761	488	273	—	1625
2009	870	870	—	848	485	327	36	1718
2010	894	894	—	1169	485	531	153	2063
2011	931	931	—	1411	484	646	281	2342
2012	954	954	—	1540	484	701	355	2494
2013	953	953	—	1536	480	701	355	2489
2014	995	995	—	1618	480	732	406	2613
2015	1081	1081	—	1746	478	776	492	2827
2016	1182	1182	—	1870	478	822	570	3052
2017	1396	1396	—	2089	476	903	710	3485
2018	1450	1450	—	2134	473	922	739	3584
2019	1572	1502	70	2205	471	943	791	3777

注：上市公司数量按上市日口径统计。
数据来源：上海证券交易所、深圳证券交易所
Source:SSE、SZSE

6-2 分行业上市公司数量
Number of Listed Companies by Industry

单位：家 (unit)

行业 Industry	上交所 SSE		深交所 SZSE		合计 Total	
	2018	2019	2018	2019	2018	2019
农、林、牧、渔 Agriculture,Forestry,Animal Husbandry and Fishery	15	15	26	27	41	42
采矿业 Mining	51	52	27	26	78	78
制造业 Manufacturing	809	897	1444	1477	2253	2374
电力、热力、燃气及水生产和供应业 Production and Supply of Electricity,Gas and Water	64	64	45	45	109	109
建筑业 Construction	49	48	48	48	97	96
批发和零售业 Wholesale and Retail Trades	98	97	66	68	164	165
交通运输、仓储和邮政业 Transport,Storage and Post	68	71	33	33	101	104
住宿和餐饮业 Hotels and Catering Services	3	3	6	6	9	9
信息传输、软件和信息技术服务业 Information Transmission,Computer Services and Software	60	80	205	218	265	298
金融业 Financial Intermediation	64	72	28	36	92	108
房地产业 Real Estate	68	69	58	59	126	128
租赁和商务服务业 Leasing and Business Services	17	17	35	38	52	55
科学研究和技术服务业 Scientific Research,Technical Service	20	22	30	36	50	58
水利、环境和公共设施管理业 Management of Water Conservancy,Environment and Public Facilities	17	18	32	33	49	51
居民服务、修理和其他服务业 Resident Services,Repairing and Other Services	0	0	1	1	1	1
教育 Education	2	3	4	5	6	8
卫生和社会工作 Health and Social Works	3	3	7	9	10	12
文化、体育和娱乐业 Culture,Sports and Entertainment	26	26	32	33	58	59
综合 Others	16	15	7	7	23	22

注：上市公司数量按上市日口径统计。
数据来源：上海证券交易所、深圳证券交易所
Source:SSE、SZSE

6-3　分辖区上市公司数量
Number of Listed Companies by Jurisdiction

单位：家　(unit)

辖区	Jurisdiction	上交所 SSE		深交所 SZSE		合计 Total	
		2018	2019	2018	2019	2018	2019
北京	Beijing	140	159	176	184	316	343
天津	Tianjin	26	28	25	25	51	53
河北	Hebei	22	22	34	36	56	58
山西	Shanxi	20	20	18	18	38	38
内蒙古	Inner Mongolia	16	16	10	10	26	26
辽宁	Liaoning	18	19	27	28	45	47
吉林	Jilin	17	17	24	25	41	42
黑龙江	Heilongjiang	25	26	11	11	36	37
上海	Shanghai	209	228	78	81	287	309
江苏	Jiangsu	173	194	228	234	401	428
浙江	Zhejiang	147	164	210	216	357	380
安徽	Anhui	47	48	56	57	103	105
福建	Fujian	35	37	51	52	86	89
江西	Jiangxi	17	17	26	27	43	44
山东	Shandong	56	62	110	111	166	173
河南	Henan	30	31	49	51	79	82
湖北	Hubei	41	42	61	64	102	106
湖南	Hunan	30	30	74	75	104	105
广东	Guangdong	59	67	243	252	302	319
广西	Guangxi	17	17	20	21	37	38
海南	Hainan	11	11	20	20	31	31
重庆	Chongqing	26	29	24	26	50	55
四川	Sichuan	40	43	80	82	120	125
贵州	Guizhou	14	14	15	15	29	29
云南	Yunnan	13	14	20	22	33	36
西藏	Tibet	9	9	8	10	17	19
陕西	Shaanxi	22	26	27	28	49	54
甘肃	Gansu	16	16	17	18	33	34
青海	Qinghai	8	8	4	4	12	12
宁夏	Ningxia	5	6	8	8	13	14
新疆	Xinjiang	29	29	26	26	55	55
深圳	Shenzhen	22	28	263	271	285	299
大连	Dalian	15	14	14	14	29	28
宁波	Ningbo	45	46	30	31	75	77
厦门	Xiamen	16	17	31	32	47	49
青岛	Qingdao	14	18	16	20	30	38

注：1.上市公司数量按上市日口径统计。
　　2.上市公司辖区按公司注册地划分，以沪深交易所股东大会公告为准。
数据来源：上海证券交易所、深圳证券交易所
Source:SSE、SZSE

6-4 2019年分辖区上市公司数量按行业分布
Number of Listed Companies by Jurisdiction and by Industry in 2019

单位：家 (unit)

辖区	Jurisdiction	农、林、牧、渔 Agriculture, Forestry, Animal Husbandry and Fishery	采矿业 Mining	制造业 Manufacturing	电力、热力、燃气及水生产和供应业 Production and Supply of Electricity, Gas and Water	建筑业 Construction	批发和零售业 Wholesale and Retail Trades	交通运输、仓储和邮政业 Transport, Storage and Post
北京	Beijing	2	14	119	11	21	14	3
天津	Tianjin	0	3	30	1	0	4	4
河北	Hebei	1	2	43	2	0	1	2
山西	Shanxi	0	7	22	3	0	2	2
内蒙古	Inner Mongolia	0	6	17	1	0	0	0
辽宁	Liaoning	0	1	33	3	0	2	2
吉林	Jilin	0	0	23	4	1	2	1
黑龙江	Heilongjiang	2	0	23	2	2	2	2
上海	Shanghai	2	4	153	3	11	21	18
江苏	Jiangsu	1	0	316	6	8	17	9
浙江	Zhejiang	0	2	279	3	7	10	1
安徽	Anhui	2	3	70	2	4	4	2
福建	Fujian	3	1	55	4	0	5	2
江西	Jiangxi	0	1	36	2	0	1	2
山东	Shandong	6	5	130	3	3	5	5
河南	Henan	2	4	62	3	1	1	2
湖北	Hubei	0	0	68	5	5	10	3
湖南	Hunan	3	1	68	3	0	6	2
广东	Guangdong	2	1	230	9	2	5	12
广西	Guangxi	1	0	18	3	0	3	2
海南	Hainan	3	3	12	0	1	0	3
重庆	Chongqing	0	1	30	5	2	3	2
四川	Sichuan	0	0	82	10	3	4	2
贵州	Guizhou	0	1	19	2	0	1	1
云南	Yunnan	2	1	21	2	0	2	0
西藏	Tibet	0	3	11	0	0	0	0
陕西	Shaanxi	0	3	34	1	1	1	0
甘肃	Gansu	3	3	22	1	0	2	0
青海	Qinghai	0	2	8	0	1	0	0
宁夏	Ningxia	0	0	10	2	0	1	1
新疆	Xinjiang	5	5	24	5	2	5	2
深圳	Shenzhen	0	0	177	5	17	17	7
大连	Dalian	1	0	11	2	0	5	3
宁波	Ningbo	0	0	59	1	4	3	3
厦门	Xiamen	0	1	31	0	0	5	2
青岛	Qingdao	1	0	28	0	0	1	2

注：1.上市公司数量按上市日口径统计。
2.上市公司辖区按公司注册地划分，以沪深交易所股东大会公告为准。
数据来源：上海证券交易所、深圳证券交易所
Source:SSE、SZSE

6-4　续表 1　continued

单位：家　　　　(unit)

辖区	Jurisdiction	住宿和餐饮业 Hotels and Catering Services	信息传输、软件和信息技术服务业 Information Transmission, Computer Services and Software	金融业 Financial Intermediation	房地产业 Real Estate	租赁和商务服务业 Leasing and Business Services	科学研究和技术服务业 Scientific Research, Technical Service
北京	Beijing	3	78	19	15	13	11
天津	Tianjin	0	0	0	7	0	2
河北	Hebei	0	2	0	3	0	0
山西	Shanxi	0	0	1	0	0	0
内蒙古	Inner Mongolia	0	0	1	0	0	0
辽宁	Liaoning	0	3	0	0	0	0
吉林	Jilin	0	5	1	3	0	0
黑龙江	Heilongjiang	0	2	2	0	0	0
上海	Shanghai	1	38	14	22	5	5
江苏	Jiangsu	1	20	13	8	2	10
浙江	Zhejiang	0	30	7	11	9	2
安徽	Anhui	0	5	3	2	0	1
福建	Fujian	0	11	2	4	0	1
江西	Jiangxi	0	0	1	0	0	0
山东	Shandong	0	6	0	2	0	1
河南	Henan	0	2	3	0	0	1
湖北	Hubei	0	3	3	4	0	0
湖南	Hunan	1	5	4	0	0	2
广东	Guangdong	1	19	4	9	7	6
广西	Guangxi	0	6	1	1	0	0
海南	Hainan	1	1	1	3	0	0
重庆	Chongqing	0	2	2	6	0	0
四川	Sichuan	0	12	3	1	2	2
贵州	Guizhou	0	2	1	1	0	1
云南	Yunnan	0	1	2	3	0	0
西藏	Tibet	0	1	1	1	0	1
陕西	Shaanxi	1	1	4	2	1	0
甘肃	Gansu	0	0	0	1	0	1
青海	Qinghai	0	1	0	0	0	0
宁夏	Ningxia	0	0	0	0	0	0
新疆	Xinjiang	0	2	2	0	1	1
深圳	Shenzhen	0	30	8	16	12	6
大连	Dalian	0	2	0	1	0	1
宁波	Ningbo	0	1	1	2	2	1
厦门	Xiamen	0	5	1	0	1	2
青岛	Qingdao	0	2	3	0	0	0

6-4 续表 2 continued

单位：家 (unit)

辖区	Jurisdiction	水利、环境和公共设施管理业 Management of Water Conservancy, Environment and Public Facilities	居民服务、修理和其他服务业 Resident Services, Repairing and Other Services	教育 Education	卫生和社会工作 Health and Social Works	文化、体育和娱乐业 Culture, Sports and Entertainment	综合 Others
北京	Beijing	5	1	3	0	10	1
天津	Tianjin	1	0	0	0	1	0
河北	Hebei	1	0	0	0	0	1
山西	Shanxi	0	0	0	0	1	0
内蒙古	Inner Mongolia	1	0	0	0	0	0
辽宁	Liaoning	1	0	0	0	2	0
吉林	Jilin	2	0	0	0	0	0
黑龙江	Heilongjiang	0	0	0	0	0	0
上海	Shanghai	3	0	1	0	6	2
江苏	Jiangsu	6	0	0	1	5	5
浙江	Zhejiang	4	0	0	4	10	1
安徽	Anhui	4	0	1	0	2	0
福建	Fujian	0	0	0	0	1	0
江西	Jiangxi	0	0	0	0	1	0
山东	Shandong	0	0	0	0	2	5
河南	Henan	0	0	0	0	1	0
湖北	Hubei	2	0	0	0	3	0
湖南	Hunan	3	0	1	1	5	0
广东	Guangdong	4	0	0	3	3	2
广西	Guangxi	2	0	0	0	0	1
海南	Hainan	0	0	0	1	1	1
重庆	Chongqing	1	0	0	0	1	0
四川	Sichuan	1	0	0	0	2	1
贵州	Guizhou	0	0	0	0	0	0
云南	Yunnan	2	0	0	0	0	0
西藏	Tibet	1	0	0	0	0	0
陕西	Shaanxi	3	0	0	1	0	1
甘肃	Gansu	0	0	0	0	1	0
青海	Qinghai	0	0	0	0	0	0
宁夏	Ningxia	0	0	0	0	0	0
新疆	Xinjiang	0	0	0	1	0	0
深圳	Shenzhen	3	0	0	0	0	1
大连	Dalian	1	0	1	0	0	0
宁波	Ningbo	0	0	0	0	0	0
厦门	Xiamen	0	0	1	0	0	0
青岛	Qingdao	0	0	0	0	1	0

6-5　分股份类型上市公司数量
Number of Listed Companies by Stock Type

单位：家 (unit)

年份 Year	仅发A股 Only A-Shares	仅发B股 Only B-Shares	仅发A、B股 Only A&B Shares	仅发A、H股 Only A&H Shares	发A、B、H股 A,B&H Shares	仅发B、H股 Only B&H Shares	A股合计 Total of A-Shares	B股合计 Total of B-Shares	合计 Total
1994	227	4	54	6	0	0	287	58	291
1995	242	12	58	11	0	0	311	70	323
1996	431	16	69	14	0	0	514	85	530
1997	627	25	76	17	0	0	720	101	745
1998	728	26	80	18	0	0	826	106	852
1999	822	26	82	19	0	0	923	108	949
2000	955	28	86	19	0	0	1060	114	1088
2001	1025	24	88	23	0	0	1136	112	1160
2002	1085	24	87	28	0	0	1200	111	1224
2003	1146	24	87	30	0	0	1263	111	1287
2004	1236	24	86	31	0	0	1353	110	1377
2005	1240	23	86	32	0	0	1358	109	1381
2006	1287	23	86	38	0	0	1411	109	1434
2007	1389	23	86	52	0	0	1527	109	1550
2008	1459	23	85	57	1	0	1602	109	1625
2009	1549	22	85	61	1	0	1696	108	1718
2010	1892	22	85	63	1	0	2041	108	2063
2011	2162	22	85	72	1	0	2320	108	2342
2012	2306	21	84	81	1	1	2472	107	2494
2013	2300	20	84	83	1	1	2468	106	2489
2014	2424	20	82	85	1	1	2592	104	2613
2015	2640	18	81	86	1	1	2808	101	2827
2016	2861	17	81	91	1	1	3034	100	3052
2017	3288	17	81	97	1	1	3467	100	3485
2018	3379	16	81	106	1	1	3567	99	3584
2019	3560	16	79	120	1	1	3760	97	3777

注：1.上市公司数量按上市日口径统计。
2.本表H股上市公司指在香港上市、在内地注册的公司。
数据来源：上海证券交易所、深圳证券交易所
Source:SSE、SZSE

6-6 上海证券交易所分股份类型上市公司数量
Number of Listed Companies by Stock Type of SSE

单位：家 (unit)

年份 Year	仅发A股 Only A-Shares	仅发B股 Only B-Shares	仅发A、B股 Only A&B Shares	仅发A、H股 Only A&H Shares	发A、B、H股 A,B&H Shares	仅发B、H股 Only B&H Shares	A股合计 Total of A-Shares	B股合计 Total of B-Shares	合计 Total
1994	131	2	32	6	0	0	169	34	171
1995	142	4	32	10	0	0	184	36	188
1996	240	6	36	11	0	0	287	42	293
1997	321	11	39	12	0	0	372	50	383
1998	373	13	39	13	0	0	425	52	438
1999	417	13	41	13	0	0	471	54	484
2000	504	13	42	13	0	0	559	55	572
2001	573	10	44	19	0	0	636	54	646
2002	639	10	44	22	0	0	705	54	715
2003	702	10	44	24	0	0	770	54	780
2004	759	10	44	24	0	0	827	54	837
2005	755	10	44	25	0	0	824	54	834
2006	756	10	44	32	0	0	832	54	842
2007	761	10	44	45	0	0	850	54	860
2008	760	10	44	50	0	0	854	54	864
2009	762	10	44	54	0	0	860	54	870
2010	784	10	44	56	0	0	884	54	894
2011	816	10	44	61	0	0	921	54	931
2012	833	9	44	67	0	1	944	54	954
2013	832	8	44	68	0	1	944	53	953
2014	873	8	44	69	0	1	986	53	995
2015	959	7	44	70	0	1	1073	52	1081
2016	1056	6	44	75	0	1	1175	51	1182
2017	1265	6	44	80	0	1	1389	51	1396
2018	1312	6	44	87	0	1	1443	51	1450
2019	1425	6	43	97	0	1	1565	50	1572

注：1.上市公司数量按上市日口径统计。
2.本表H股上市公司指在香港上市、在内地注册的公司。

数据来源：上海证券交易所

Source：SSE

6-7　深圳证券交易所分股份类型上市公司数量
Number of Listed Companies by Stock Type of SZSE

单位：家　　(unit)

年份 Year	仅发A股 Only A-Shares	仅发B股 Only B-Shares	仅发A、B股 Only A&B Shares	仅发A、H股 Only A&H Shares	发A、B、H股 A,B&H Shares	仅发B、H股 Only B&H Shares	A股合计 Total of A-Shares	B股合计 Total of B-Shares	合计 Total
1994	96	2	22	0	0	0	118	24	120
1995	100	8	26	1	0	0	127	34	135
1996	191	10	33	3	0	0	227	43	237
1997	306	14	37	5	0	0	348	51	362
1998	355	13	41	5	0	0	401	54	414
1999	405	13	41	6	0	0	452	54	465
2000	451	15	44	6	0	0	501	59	516
2001	452	14	44	4	0	0	500	58	514
2002	446	14	43	6	0	0	495	57	509
2003	444	14	43	6	0	0	493	57	507
2004	477	14	42	7	0	0	526	56	540
2005	485	13	42	7	0	0	534	55	547
2006	531	13	42	6	0	0	579	55	592
2007	628	13	42	7	0	0	677	55	690
2008	699	13	41	7	1	0	748	55	761
2009	787	12	41	7	1	0	836	54	848
2010	1108	12	41	7	1	0	1157	54	1169
2011	1346	12	41	11	1	0	1399	54	1411
2012	1473	12	40	14	1	0	1528	54	1540
2013	1468	12	40	15	1	0	1524	53	1536
2014	1551	12	38	16	1	0	1606	51	1618
2015	1681	11	37	16	1	0	1735	49	1746
2016	1805	11	37	16	1	0	1859	49	1870
2017	2023	11	37	17	1	0	2078	49	2089
2018	2067	10	37	19	1	0	2124	48	2134
2019	2135	10	36	23	1	0	2195	47	2205

注：1.上市公司数量按上市日口径统计。
　　2.本表H股上市公司指在香港上市、在内地注册的公司。
数据来源：深圳证券交易所
Source：SZSE

6-8 按股本规模划分上市公司数量
Number of Listed Companies by Equity Scale

单位：家 (unit)

年份 Year	1亿股以下 Below 100 million shares			1-2亿股 100-200 million shares			2-3亿股 200-300 million shares		
	合计 Total	上交所 SSE	深交所 SZSE	合计 Total	上交所 SSE	深交所 SZSE	合计 Total	上交所 SSE	深交所 SZSE
2001	64	35	29	384	204	180	285	153	132
2002	75	50	25	394	224	170	280	152	128
2003	78	55	23	392	240	152	297	163	134
2004	102	51	51	399	250	149	306	181	125
2005	88	41	47	393	236	157	304	182	122
2006	80	29	51	385	211	174	296	174	122
2007	113	22	91	365	172	193	297	169	128
2008	91	17	74	346	136	210	308	152	156
2009	103	16	87	352	118	234	313	137	176
2010	191	11	180	459	109	350	332	115	217
2011	197	10	187	495	82	413	379	112	267
2012	148	8	140	513	70	443	410	107	303
2013	65	5	60	436	55	381	420	103	317
2014	80	12	68	342	61	281	419	97	322
2015	74	15	59	286	80	206	299	91	208
2016	120	24	96	290	80	210	303	106	197
2017	200	54	146	421	148	273	324	135	189
2018	122	40	82	458	163	295	344	136	208
2019	134	55	79	472	185	287	368	148	220

注：1.上市公司数量按上市日口径统计。
2.上表分组遵循“上组限不在内”的原则，如“1-2亿股”包括1亿股，不包括2亿股。

数据来源：上海证券交易所、深圳证券交易所

Source:SSE、SZSE

6-8　续表　continued

单位：家　　(unit)

年份 Year	3-5亿股 300-500 million shares			5-10亿股 500-1000 million shares			10亿股及以上 Above 1000 million shares		
	合计 Total	上交所 SSE	深交所 SZSE	合计 Total	上交所 SSE	深交所 SZSE	合计 Total	上交所 SSE	深交所 SZSE
2001	263	149	114	112	70	42	52	35	17
2002	285	167	118	128	78	50	62	44	18
2003	300	180	120	143	86	57	77	56	21
2004	309	191	118	169	98	71	92	66	26
2005	319	202	117	174	103	71	103	70	33
2006	344	221	123	195	113	82	134	94	40
2007	365	228	137	231	139	92	179	130	49
2008	379	232	147	269	164	105	232	163	69
2009	391	233	158	292	176	116	267	190	77
2010	425	229	196	333	203	130	323	227	96
2011	485	235	250	411	226	185	375	266	109
2012	515	220	295	479	247	232	429	302	127
2013	556	216	340	534	255	279	478	319	159
2014	604	210	394	628	267	361	540	348	192
2015	610	196	414	812	275	537	746	420	326
2016	597	202	395	834	285	549	908	485	423
2017	638	240	398	866	294	572	1036	525	511
2018	640	245	395	905	309	596	1115	557	558
2019	678	268	410	941	323	618	1184	593	591

6-9 按市值规模划分上市公司数量
Number of Listed Companies by Market Capitalization

单位：家 (unit)

年份 Year	1亿元以下 Below 100 million yuan			1-5亿元 100-500 million yuan			5-10亿元 500-1000 million yuan		
	合计 Total	上交所 SSE	深交所 SZSE	合计 Total	上交所 SSE	深交所 SZSE	合计 Total	上交所 SSE	深交所 SZSE
2001	5	5	0	1	0	1	30	14	16
2002	4	4	0	13	5	8	75	35	40
2003	1	1	0	33	19	14	267	142	125
2004	1	0	1	96	48	48	399	237	162
2005	4	2	2	204	107	97	479	270	209
2006	8	7	1	113	57	56	339	174	165
2007	11	10	1	12	1	11	34	11	23
2008	9	8	1	70	33	37	350	151	199
2009	8	8	0	10	2	8	28	10	18
2010	11	11	0	9	2	7	19	7	12
2011	6	6	0	15	5	10	74	24	50
2012	3	3	0	11	3	8	89	23	66
2013	4	2	2	6	2	4	20	9	11
2014	5	1	4	6	2	4	8	4	4
2015	4	2	2	1	0	1	6	0	6
2016	5	2	3	1	0	1	5	1	4
2017	2	2	0	3	0	3	8	3	5
2018	2	2	0	11	2	9	9	4	5
2019	2	2	0	12	3	9	9	6	3

注：1.暂停上市的上市公司市值记为0。
2.上市公司数量按上市日口径统计。
3.上表分组遵循“上组限不在内”的原则，如“10-20亿元”包括10亿元，不包括20亿元。

数据来源：上海证券交易所、深圳证券交易所

Source:SSE、SZSE

6-9 续表 continued

单位：家　　　　(unit)

年份 Year	10-20亿元 1000-2000 million yuan			20-30亿元 2000-3000 million yuan			30-50亿元 3000-5000 million yuan			50亿元及以上 Above 5000 million yuan		
	合计 Total	上交所 SSE	深交所 SZSE	合计 Total	上交所 SSE	深交所 SZSE	合计 Total	上交所 SSE	深交所 SZSE	合计 Total	上交所 SSE	深交所 SZSE
2001	306	145	161	357	199	158	286	163	123	175	120	55
2002	536	307	229	290	166	124	177	106	71	129	92	37
2003	496	305	191	196	120	76	142	90	52	152	103	49
2004	486	300	186	149	94	55	123	74	49	123	84	39
2005	383	248	135	113	76	37	93	61	32	105	70	35
2006	423	258	165	173	98	75	156	96	60	222	152	70
2007	220	99	121	271	137	134	321	173	148	681	429	252
2008	498	241	257	225	127	98	180	100	80	293	204	89
2009	236	97	139	309	138	171	389	176	213	738	439	299
2010	192	79	113	339	111	228	541	198	343	952	486	466
2011	584	151	433	496	169	327	470	183	287	697	393	304
2012	650	135	515	503	172	331	496	199	297	742	419	323
2013	456	115	341	490	157	333	592	205	387	921	463	458
2014	135	45	90	380	97	283	693	201	492	1386	645	741
2015	12	5	7	63	32	31	666	203	463	2075	806	1269
2016	11	6	5	14	2	12	510	172	338	2506	999	1507
2017	40	14	26	419	149	270	857	301	556	2156	927	1229
2018	473	179	294	733	245	488	908	328	580	1448	690	758
2019	316	117	199	622	216	406	924	353	571	1892	875	1017

6-10 2019年主板上市公司分行业规模
Industry Scale of Main Board Listed Companies in 2019

行业 Industry	上市公司家数（家） Number of Listed Companies (unit)	上市公司股本（亿股） Share Capital of Listed Companies (100 million shares)	其中：流通股本（亿股） Thereinto: Negotiable Shares (100 million shares)	上市公司市值（亿元） Market Capitalization of Listed Companies (100 million yuan)	其中：流通市值（亿元） Thereinto: Negotiable Market Capitalization (100 million yuan)
农、林、牧、渔 Agriculture,Forestry,Animal Husbandry and Fishery	21	199.21	194.23	1230.04	1170.26
采矿业 Mining	66	4683.02	4465.46	28457.42	27286.37
制造业 Manufacturing	1084	13928.91	12156.73	167706.12	143691.37
电力、热力、燃气及水生产和供应业 Production and Supply of Electricity,Gas and Water	96	2785.98	2506.91	16248.08	14899.88
建筑业 Construction	56	1851.43	1693.56	10524.18	9672.45
批发和零售业 Wholesale and Retail Trades	131	1458.40	1231.30	10982.40	9106.41
交通运输、仓储和邮政业 Transport,Storage and Post	88	2718.40	2335.72	16946.18	13871.47
住宿和餐饮业 Hotels and Catering Services	7	47.98	43.18	598.82	563.96
信息传输、软件和信息技术服务业 Information Transmission,Computer Services and Software	79	1142.05	873.94	12910.79	9109.89
金融业 Financial Intermediation	87	15436.94	13382.52	124093.87	108327.66
房地产业 Real Estate	116	2452.16	2244.59	21194.61	19779.16
租赁和商务服务业 Leasing and Business Services	25	364.13	299.23	3668.10	3193.74
科学研究和技术服务业 Scientific Research,Technical Service	23	94.10	76.24	2371.44	1710.44
水利、环境和公共设施管理业 Management of Water Conservancy,Environment and Public Facilities	28	190.50	141.27	1717.98	1328.38
居民服务、修理和其他服务业 Resident Services,Repairing and Other Services	0	0.00	0.00	0.00	0.00
教育 Education	4	15.58	15.30	215.59	210.87
卫生和社会工作 Health and Social Works	5	44.97	42.05	738.12	641.34
文化、体育和娱乐业 Culture,Sports and Entertainment	35	362.74	297.25	3080.45	2494.29
综合 Others	22	282.62	224.15	1583.96	1222.30

注：上市公司数量按上市日口径统计。
数据来源：上海证券交易所、深圳证券交易所
Source:SSE、SZSE

6-11　2019年科创板上市公司分行业规模
Industry Scale of STAR Market Listed Companies in 2019

行业 Industry	上市公司家数（家）Number of Listed Companies (unit)	上市公司股本（亿股）Share Capital of Listed Companies (100 million shares)	其中：流通股本（亿股）Thereinto: Negotiable Shares (100 million shares)	上市公司市值（亿元）Market Capitalization of Listed Companies (100 million yuan)	其中：流通市值（亿元）Thereinto: Negotiable Market Capitalization (100 million yuan)
农、林、牧、渔 Agriculture,Forestry,Animal Husbandry and Fishery	0	0.00	0.00	0.00	0.00
采矿业 Mining	0	0.00	0.00	0.00	0.00
制造业 Manufacturing	52	212.63	31.18	6412.07	904.76
电力、热力、燃气及水生产和供应业 Production and Supply of Electricity,Gas and Water	0	0.00	0.00	0.00	0.00
建筑业 Construction	0	0.00	0.00	0.00	0.00
批发和零售业 Wholesale and Retail Trades	0	0.00	0.00	0.00	0.00
交通运输、仓储和邮政业 Transport,Storage and Post	0	0.00	0.00	0.00	0.00
住宿和餐饮业 Hotels and Catering Services	0	0.00	0.00	0.00	0.00
信息传输、软件和信息技术服务业 Information Transmission,Computer Services and Software	16	24.41	4.11	2110.43	366.92
金融业 Financial Intermediation	0	0.00	0.00	0.00	0.00
房地产业 Real Estate	0	0.00	0.00	0.00	0.00
租赁和商务服务业 Leasing and Business Services	0	0.00	0.00	0.00	0.00
科学研究和技术服务业 Scientific Research,Technical Service	2	4.67	0.59	115.14	16.38
水利、环境和公共设施管理业 Management of Water Conservancy,Environment and Public Facilities	0	0.00	0.00	0.00	0.00
居民服务、修理和其他服务业 Resident Services,Repairing and Other Services	0	0.00	0.00	0.00	0.00
教育 Education	0	0.00	0.00	0.00	0.00
卫生和社会工作 Health and Social Works	0	0.00	0.00	0.00	0.00
文化、体育和娱乐业 Culture,Sports and Entertainment	0	0.00	0.00	0.00	0.00
综合 Others	0	0.00	0.00	0.00	0.00

注：上市公司数量按上市日口径统计。
数据来源：上海证券交易所
Source:SSE

6-12 2019年中小板上市公司分行业规模
Industry Scale of SME Board Listed Companies in 2019

行业 Industry	上市公司家数（家） Number of Listed Companies (unit)	上市公司股本（亿股） Share Capital of Listed Companies (100 million shares)	其中：流通股本（亿股） Thereinto: Negotiable Shares (100 million shares)	上市公司市值（亿元） Market Capitalization of Listed Companies (100 million yuan)	其中：流通市值（亿元） Thereinto: Negotiable Market Capitalization (100 million yuan)
农、林、牧、渔 Agriculture,Forestry,Animal Husbandry and Fishery	13	87.63	66.48	2808.41	1754.22
采矿业 Mining	7	57.56	49.44	473.97	413.44
制造业 Manufacturing	697	5837.44	4761.44	64889.67	50126.53
电力、热力、燃气及水生产和供应业 Production and Supply of Electricity,Gas and Water	11	488.51	77.76	2126.30	490.39
建筑业 Construction	33	322.50	258.72	1864.76	1460.85
批发和零售业 Wholesale and Retail Trades	26	335.51	289.49	2620.50	2134.40
交通运输、仓储和邮政业 Transport,Storage and Post	14	143.15	102.91	3142.83	1949.16
住宿和餐饮业 Hotels and Catering Services	2	11.08	11.01	51.96	51.75
信息传输、软件和信息技术服务业 Information Transmission,Computer Services and Software	61	651.83	536.91	7652.13	6081.97
金融业 Financial Intermediation	18	573.53	359.59	6605.66	4629.69
房地产业 Real Estate	12	194.31	148.39	1068.69	850.67
租赁和商务服务业 Leasing and Business Services	17	329.34	304.02	2094.46	1840.56
科学研究和技术服务业 Scientific Research,Technical Service	10	46.24	36.82	417.64	255.63
水利、环境和公共设施管理业 Management of Water Conservancy,Environment and Public Facilities	8	55.67	45.12	375.88	295.27
居民服务、修理和其他服务业 Resident Services,Repairing and Other Services	0	0.00	0.00	0.00	0.00
教育 Education	3	72.57	18.66	1198.54	237.68
卫生和社会工作 Health and Social Works	3	48.91	42.87	665.80	584.67
文化、体育和娱乐业 Culture,Sports and Entertainment	8	66.33	56.64	624.12	504.44
综合 Others	0	0.00	0.00	0.00	0.00

注：上市公司数量按上市日口径统计。
数据来源：深圳证券交易所
Source:SZSE

6-13　2019年创业板上市公司分行业规模
Industry Scale of ChiNext Board Listed Companies in 2019

行业 Industry	上市公司家数(家) Number of Listed Companies (unit)	上市公司股本(亿股) Share Capital of Listed Companies (100 million shares)	其中：流通股本(亿股) Negotiable Shares (100 million shares)	上市公司市值(亿元) Market Capitalization of Listed Companies (100 million yuan)	其中：流通市值(亿元) Negotiable Market Capitalization (100 million yuan)
农、林、牧、渔 Agriculture,Forestry,Animal Husbandry and Fishery	8	90.34	67.99	2204.43	1519.27
采矿业 Mining	5	19.70	16.13	178.50	124.53
制造业 Manufacturing	541	2505.19	1858.92	38675.78	25118.82
电力、热力、燃气及水生产和供应业 Production and Supply of Electricity,Gas and Water	2	12.43	9.84	56.91	44.80
建筑业 Construction	7	42.98	37.63	238.19	188.56
批发和零售业 Wholesale and Retail Trades	8	40.73	22.19	610.97	201.82
交通运输、仓储和邮政业 Transport,Storage and Post	2	8.12	7.71	64.82	61.10
住宿和餐饮业 Hotels and Catering Services	142	754.01	573.45	11036.15	7251.64
信息传输、软件和信息技术服务业 Information Transmission,Computer Services and Software	3	79.18	63.57	1123.86	905.50
金融业 Financial Intermediation	13	73.38	54.20	594.67	329.71
房地产业 Real Estate	0	0.00	0.00	0.00	0.00
租赁和商务服务业 Leasing and Business Services	23	89.98	57.40	1632.31	874.16
科学研究和技术服务业 Scientific Research,Technical Service	15	146.72	113.62	884.51	660.99
水利、环境和公共设施管理业 Management of Water Conservancy,Environment and Public Facilities	1	1.31	0.80	14.21	8.70
居民服务、修理和其他服务业 Resident Services,Repairing and Other Services	0	0.00	0.00	0.00	0.00
教育 Education	1	3.43	1.86	36.39	19.69
卫生和社会工作 Health and Social Works	4	50.14	39.40	1887.46	1463.34
文化、体育和娱乐业 Culture,Sports and Entertainment	16	179.48	137.18	2108.45	1459.10
综合 Others	0	0.00	0.00	0.00	0.00

注：上市公司数量按上市日口径统计。
数据来源：深圳证券交易所
Source:SZSE

6-14　2019年分行业新上市的上市公司数量

行业 Industry	上交所 SSE		
	新上市公司家数（家） Number of Newly Listed Companies (unit)	新上市公司市值（亿元） Market Capitalization of Newly Listed Companies (100 million yuan)	占上交所新上市公司市值比重（%） Proportion (%)
农、林、牧、渔 Agriculture,Forestry,Animal Husbandry and Fishery	0	0.00	0.00
采矿业 Mining	1	297.84	1.41
制造业 Manufacturing	89	10228.41	48.54
电力、热力、燃气及水生产和供应业 Production and Supply of Electricity,Gas and Water	1	172.62	0.82
建筑业 Construction	1	86.68	0.41
批发和零售业 Wholesale and Retail Trades	0	0.00	0.00
交通运输、仓储和邮政业 Transport,Storage and Post	2	413.10	1.96
住宿和餐饮业 Hotels and Catering Services	0	0.00	0.00
信息传输、软件和信息技术服务业 Information Transmission,Computer Services and Software	19	2955.66	14.03
金融业 Financial Intermediation	7	6596.10	31.30
房地产业 Real Estate	1	208.35	0.00
租赁和商务服务业 Leasing and Business Services	0	0.00	0.00
科学研究和技术服务业 Scientific Research,Technical Service	2	115.14	0.55
水利、环境和公共设施管理业 Management of Water Conservancy,Environment and Public Facilities	0	0.00	0.00
居民服务、修理和其他服务业 Resident Services,Repairing and Other Services	0	0.00	0.00
教育 Education	0	0.00	0.00
卫生和社会工作 Health and Social Works	0	0.00	0.00
文化、体育和娱乐业 Culture,Sports and Entertainment	0	0.00	0.00
综合 Others	0	0.00	0.00

注：上市公司数量按上市日口径统计。
数据来源：上海证券交易所、深圳证券交易所
Source:SSE、SZSE

Number of Newly Listed Companies by Industry in 2019

深交所 SZSE			合计 Total		
新上市公司家数（家）Number of Newly Listed Companies (unit)	新上市公司市值（亿元）Market Capitalization of Newly Listed Companies (100 million yuan)	占深交所新上市公司市值比重（%）Proportion (%)	新上市公司家数（家）Number of Newly Listed Companies (unit)	新上市公司市值（亿元）Market Capitalization of Newly Listed Companies (100 million yuan)	占新上市公司市值比重（%）Proportion (%)
1	239.90	2.66	1	239.90	0.80
0	0	0	1	297.84	0.99
47	3294.00	36.55	136	13522.41	44.95
1	1416.06	15.71	2	1588.68	5.28
1	51.54	0.57	2	138.22	0.46
2	352.57	3.91	2	352.57	1.17
0	0	0	2	413.10	1.37
0	0	0	0	0.00	0
10	1298.81	14.41	29	4254.47	14.14
5	1428.58	15.85	12	8024.68	26.67
1	49.41	0.55	2	257.76	0.86
3	171.62	1.90	3	171.62	0.57
6	612.46	6.80	8	727.60	2.42
0	0.00	0.00	0	0.00	0.00
0	0.00	0.00	0	0.00	0.00
0	0.00	0.00	0	0.00	0.00
0	0.00	0.00	0	0.00	0.00
1	96.98	1.08	1	96.98	0.32
0	0	0	0	0.00	0.00

6-15 2019年分辖区新上市的上市公司数量

单位：家

辖区	Jurisdiction	上交所 SSE		
		新上市公司家数（家） Number of Newly Listed Companies (unit)	新上市公司市值（亿元） Market Capitalization of Newly Listed Companies (100 million yuan)	占上交所新上市公司市值比例（%） Proportion (%)
北京	Beijing	18	7000.06	33.22
天津	Tianjin	2	135.52	0.64
河北	Hebei	0	0.00	0.00
山西	Shanxi	0	0.00	0.00
内蒙古	Inner Mongolia	0	0.00	0.00
辽宁	Liaoning	1	61.56	0.29
吉林	Jilin	0	0.00	0.00
黑龙江	Heilongjiang	1	41.97	0.20
上海	Shanghai	20	3154.57	14.97
江苏	Jiangsu	21	1829.05	8.68
浙江	Zhejiang	18	2400.36	11.39
安徽	Anhui	1	86.68	0.41
福建	Fujian	3	193.78	0.92
江西	Jiangxi	0	0.00	0.00
山东	Shandong	10	1320.33	6.27
河南	Henan	1	27.45	0.13
湖北	Hubei	1	44.66	0.21
湖南	Hunan	0	0.00	0.00
广东	Guangdong	14	1718.52	8.15
广西	Guangxi	0	0.00	0.00
海南	Hainan	0	0.00	0.00
重庆	Chongqing	3	672.74	3.19
四川	Sichuan	3	475.18	2.25
贵州	Guizhou	0	0.00	0.00
云南	Yunnan	1	609.32	2.89
西藏	Tibet	0	0.00	0.00
陕西	Shaanxi	4	604.75	2.87
甘肃	Gansu	0	0.00	0.00
青海	Qinghai	0	0.00	0.00
宁夏	Ningxia	1	697.40	3.31
新疆	Xinjiang	0	0.00	0.00
深圳	Shenzhen	0	0.00	0.00
大连	Dalian	0	0.00	0.00
宁波	Ningbo	0	0.00	0.00
厦门	Xiamen	0	0.00	0.00
青岛	Qingdao	0	0.00	0.00

注：1.上市公司数量按上市日口径统计。
　　2.上市公司辖区按公司注册地划分，以沪深交易所股东大会公告为准。
数据来源：上海证券交易所、深圳证券交易所
Source:SSE、SZSE

Number of Newly Listed Companies by Jurisdiction in 2019

(unit)

深交所 SZSE			合计 Total		
新上市公司家数（家）Number of Newly Listed Companies (unit)	新上市公司市值（亿元）Market Capitalization of Newly Listed Companies (100 million yuan)	占深交所新上市公司市值比例(%) Proportion (%)	新上市公司家数（家）Number of Newly Listed Companies (unit)	新上市公司市值（亿元）Market Capitalization of Newly Listed Companies (100 million yuan)	占全部新上市公司市值比重(%) Proportion (%)
10	1297.66	14.40	28	8297.72	30.48
0	0.00	0.00	2	135.52	0.50
2	136.22	1.51	0	0.00	0.00
0	0.00	0.00	0	0.00	0.00
0	0.00	0.00	0	0.00	0.00
2	74.20	0.82	3	135.77	0.50
0	0.00	0.00	0	0.00	0.00
0	0.00	0.00	1	41.97	0.15
2	122.28	1.36	22	3276.85	12.04
9	1382.64	15.34	30	3211.70	11.80
6	528.74	5.87	24	2929.09	10.76
2	371.68	4.12	3	458.35	1.68
0	0.00	0.00	3	193.78	0.71
1	80.03	0.89	0	0.00	0.00
2	76.92	0.85	12	1397.25	5.13
1	37.03	0.41	2	64.48	0.24
3	259.07	2.87	4	303.73	1.12
1	60.79	0.67	0	0.00	0.00
11	806.92	8.95	25	2525.44	9.28
1	43.75	0.49	0	0.00	0.00
0	0.00	0.00	0	0.00	0.00
1	49.41	0.55	4	722.15	2.65
4	251.73	2.79	7	726.91	2.67
0	0.00	0.00	0	0.00	0.00
2	142.85	1.59	3	752.18	2.76
2	440.60	4.89	0	0.00	0.00
1	165.35	1.83	5	770.10	2.83
0	0.00	0.00	0	0.00	0.00
0	0.00	0.00	0	0.00	0.00
0	0.00	0.00	1	697.40	2.56
0	0.00	0.00	0	0.00	0.00
9	1905.02	21.14	0	0.00	0.00
0	0.00	0.00	0	0.00	0.00
1	33.22	0.37	0	0.00	0.00
1	163.27	1.81	0	0.00	0.00
4	582.54	6.46	4	582.54	2.14

6-16 上市公司现金分红情况
Summary of Cash Dividend of Listed Companies

年份 Year	上市公司数量(家) Number of Listed Companies (unit)	其中：分红公司数量(家) Thereinto: Have Distributed Dividend (unit)	现金分红总额(亿元) Total Amount of Dividends Actually Distributed (100 million yuan)
2006	1434	643	784.50
2007	1550	726	1180.05
2008	1625	816	2524.51
2009	1718	855	2526.74
2010	2063	1031	3023.97
2011	2342	1347	3900.69
2012	2494	1688	4764.21
2013	2489	1831	5323.82
2014	2613	1887	7638.62
2015	2827	1977	7876.03
2016	3052	2054	8301.09
2017	3485	2451	9792.79
2018	3584	2832	9400.49
2019	3777	2626	10226.90

注：1.上市公司数量按上市日口径统计。
2.分红数据按除权除息日口径，基于上市公司境内总股本计算。

数据来源：中证数据

Source:CSDATA

6-17　分行业上市公司现金分红情况
Summary of Cash Dividend of Listed Companies by Industry

行业 Industry	上市公司数量(家) Number of Listed Companies (unit)		其中：分红公司数量(家) Thereinto: Have Distributed Dividend(unit)		现金分红总额(亿元) Total Amount of Dividends Actually Distributed (100 million yuan)	
	2018	2019	2018	2019	2018	2019
农、林、牧、渔 Agriculture,Forestry,Animal Husbandry and Fishery	41	42	20	22	42.05	79.25
采矿业 Mining	78	78	49	51	956.51	1014.84
制造业 Manufacturing	2253	2374	1813	1659	3152.93	3453.02
电力、热力、燃气及水生产和供应业 Production and Supply of Electricity,Gas and Water	109	109	79	79	396.81	431.81
建筑业 Construction	97	96	83	74	251.29	263.51
批发和零售业 Wholesale and Retail Trades	164	165	132	110	187.95	194.99
交通运输、仓储和邮政业 Transport,Storage and Post	101	104	93	91	337.49	360.37
住宿和餐饮业 Hotels and Catering Services	9	9	5	5	9.37	9.50
信息传输、软件和信息技术服务业 Information Transmission,Computer Services and Software	265	298	197	185	138.31	160.31
金融业 Financial Intermediation	92	108	79	89	3155.77	3412.87
房地产业 Real Estate	126	128	100	91	576.27	636.04
租赁和商务服务业 Leasing and Business Services	52	55	37	33	65.92	59.28
科学研究和技术服务业 Scientific Research,Technical Service	50	58	37	40	16.22	23.37
水利、环境和公共设施管理业 Management of Water Conservancy,Environment and Public Facilities	49	51	34	39	22.12	22.74
居民服务、修理和其他服务业 Resident Services,Repairing and Other Services	1	1	1	1	0.37	0.25
教育 Education	6	8	1	5	1.26	18.94
卫生和社会工作 Health and Social Works	10	12	8	6	8.59	10.54
文化、体育和娱乐业 Culture,Sports and Entertainment	58	59	53	37	77.04	67.58
综合 Others	23	22	11	9	4.21	7.70

注：1.上市公司数量按上市日口径统计。
　　2.分红数据按除权除息日口径，基于上市公司境内总股本计算。
数据来源：中证数据
Source:CSDATA

6-18 分类别上市公司现金分红情况
Summary of Cash Dividend of Listed Companies by Category

	2018	2019
分红上市公司数量(家)	2832	2626
Number of Listed Companies Have Distributed Dividend (unit)		
其中：主板	1487	1399
Main Board		
科创板	--	0
STAR Market		
中小板	721	653
SME Board		
创业板	624	574
ChiNext Board		
其中：上交所	1167	1123
SSE		
深交所	1665	1503
SZSE		
上市公司实际分红总额(亿元)	9400.49	10226.90
Total Amount of Dividends Actually Distributed (100 million yuan)		
其中：主板	8226.01	8870.94
Main Board		
科创板	--	0.00
STAR Market		
中小板	889.45	1016.57
SME Board		
创业板	285.03	339.39
ChiNext Board		
其中：上交所	7110.13	7695.41
SSE		
深交所	2290.36	2531.49
SZSE		

注：1.上市公司数量按上市日口径统计。
2.分红数据按除权除息日口径，基于上市公司境内总股本计算。

数据来源：中证数据

Source:CSDATA

6-19　上市公司主要财务指标
Financial Indicators of Listed Companies

年份 Year	资产规模 Asset Size				经营情况 Business Circumstance	
	总资产(亿元) Total Asset (100 million yuan)	其中：非金融上市公司总资产(亿元) Thereinto:Total Asset of Non-financial Listed Companies (100 million yuan)	归属母公司股东净资产(亿元) Net Asset Attributable to Parent Company Shareholders (100 million yuan)	其中：非金融上市公司归属母公司净资产(亿元) Thereinto:Net Asset Attributable to Parent Company Shareholders of Non-financial Listed Companies (100 million yuan)	营业收入(亿元) Revenue (100 million yuan)	利润总额(亿元) Total Profit (100 million yuan)
1995	4301.61	4024.03	1951.20	1914.24	2202.05	264.91
1996	6346.68	5962.19	2944.35	2895.20	3253.04	347.84
1997	9681.16	9202.94	4828.11	4725.17	5117.70	580.43
1998	12404.86	11836.01	6237.42	6120.51	6246.24	613.45
1999	16174.41	14485.64	7651.99	7458.82	7961.96	795.93
2000	21676.39	18778.83	10068.08	9798.93	10715.19	997.02
2001	30457.30	25862.66	12929.06	12663.01	15398.83	1000.46
2002	41539.86	30653.72	14603.34	14167.44	18908.60	1289.65
2003	53302.61	36167.56	16989.94	16307.99	24874.35	1844.36
2004	63277.29	42776.28	19078.26	18314.86	33885.96	2552.87
2005	72769.33	47907.48	20402.38	19546.93	40784.35	2535.22
2006	221069.33	61114.65	34120.86	24119.59	55555.63	5256.47
2007	414286.97	93475.93	63548.44	40477.95	91931.90	13446.40
2008	487007.21	114899.25	71131.38	46349.41	113233.89	10718.78
2009	617738.72	146061.96	85135.77	55180.06	121654.87	14553.27
2010	862290.24	185015.50	114091.20	69977.02	173389.61	22208.16
2011	1028873.51	228335.20	135847.32	83479.44	221275.29	26107.86
2012	1193598.71	266291.64	156762.70	94557.84	246104.25	26986.96
2013	1330017.51	300540.26	174511.40	108491.44	270556.52	30914.63
2014	1501082.96	339763.64	204689.62	118591.68	289130.24	33287.47
2015	1724649.05	394828.33	243815.18	138978.54	294081.84	34545.36
2016	2019170.62	464045.20	284311.36	163658.63	323793.93	37658.75
2017	2205062.02	540920.63	325028.73	189800.69	391171.88	44941.10
2018	2412856.04	609412.82	359922.26	207529.42	452680.62	46832.22
2019	2807826.22	926671.12	412953.37	262292.94	504793.39	51617.72

注：1.每股指标按境内股本数量计算。
2.每股指标采用整体法计算。
3.财务数据按2019年12月31日的上市公司为样本进行统计。

数据来源：中证数据
Source:CSDATA

6-19 续表 1 continued

年份 Year	归属母公司股东净利润(亿元) Net Profit Attributable to Parent Company Shareholders (100 million yuan)	其中：非金融上市公司归属母公司股东净利润(亿元) Thereinto:Net Profit Attributable to Parent Company Shareholders of Non-financial Listed Companies (100 million yuan)	经营活动产生的现金流量净额(亿元) Net Cash Flow from Operating Activities (100 million yuan)	资产负债率(%) Asset-liability Ratio (%)	其中：非金融上市公司资产负债率(%) Thereinto:Asset-liability Ratio of Non-financial Listed Companies (%)	总资产收益率(%) ROA (%)	其中：非金融上市公司总资产收益率(%) Thereinto:ROA of Non-financial Listed Companies (%)
1995	210.99	204.24	—	52.20	49.82	4.90	5.08
1996	281.75	271.02	—	51.32	49.01	4.44	4.55
1997	469.86	453.62	—	48.06	46.49	4.85	4.93
1998	465.91	450.48	449.69	47.58	46.05	3.76	3.81
1999	617.94	601.50	793.72	50.51	46.08	3.82	4.15
2000	758.50	736.57	1180.28	51.18	45.09	3.50	3.92
2001	687.38	666.16	2266.94	54.50	47.45	2.26	2.58
2002	807.84	766.06	3337.57	61.56	49.33	1.94	2.50
2003	1221.10	1156.98	3376.18	65.03	50.35	2.29	3.20
2004	1649.80	1571.88	3808.47	66.69	52.53	2.61	3.67
2005	1584.55	1496.59	4625.05	68.88	54.55	2.18	3.12
2006	3469.29	2362.05	11737.86	83.21	56.22	1.57	3.86
2007	9332.14	5748.67	19916.13	83.60	52.48	2.25	6.15
2008	8178.61	4193.81	26207.73	84.14	54.70	1.68	3.65
2009	10666.19	5510.23	28406.09	85.02	57.55	1.73	3.77
2010	16455.95	8729.75	26158.81	85.74	57.66	1.91	4.72
2011	19116.22	9608.09	30092.22	85.72	59.06	1.86	4.21
2012	19652.78	8795.95	45527.09	85.77	60.05	1.65	3.30
2013	22494.88	9984.22	30509.23	85.75	60.87	1.78	3.52
2014	24189.85	10222.51	48693.60	85.25	60.69	1.71	3.18
2015	24719.78	9140.10	84691.48	84.66	60.16	1.43	2.31
2016	27319.72	12044.25	74060.11	84.64	60.01	1.35	2.60
2017	33266.58	16779.57	32742.70	83.87	60.07	1.51	3.10
2018	33644.69	16496.76	46308.72	83.54	60.76	1.39	2.71
2019	37536.39	20793.30	57069.92	83.69	67.11	1.34	2.25

6-19　续表 2　continued

年份 Year	平均净资产收益率 (%) Average ROE (%)	其中：非金融上市公司平均净资产收益率 (%) Thereinto:Average ROE of Non-financial Listed Companies (%)	每股指标 Share Index 每股净资产（元） BPS (yuan)	每股收益（元） EPS (yuan)	每股经营活动现金流量净额（元） Net Cash Flow from Operating Activities Per Share (yuan)
1995	11.26	11.11	2.29	0.25	—
1996	10.63	10.40	2.42	0.23	—
1997	11.31	11.15	2.47	0.24	—
1998	8.14	8.02	2.46	0.18	0.18
1999	8.62	8.59	2.47	0.20	0.26
2000	8.29	8.26	2.65	0.20	0.31
2001	5.53	5.47	2.48	0.13	0.43
2002	5.73	5.58	2.48	0.14	0.57
2003	7.61	7.49	2.64	0.19	0.52
2004	9.08	9.01	2.66	0.23	0.53
2005	7.99	7.87	2.67	0.21	0.61
2006	11.52	10.63	2.30	0.23	0.79
2007	16.73	15.98	2.85	0.42	0.89
2008	12.07	9.57	2.92	0.34	1.08
2009	13.60	10.81	3.25	0.41	1.08
2010	16.04	13.75	3.43	0.49	0.79
2011	15.19	12.39	3.75	0.53	0.83
2012	13.35	9.78	4.07	0.51	1.18
2013	13.58	10.06	4.29	0.55	0.75
2014	12.71	9.14	4.66	0.55	1.11
2015	9.47	6.10	4.87	0.49	1.69
2016	10.27	7.92	5.73	0.55	1.49
2017	10.84	9.40	5.98	0.61	0.60
2018	9.75	8.26	5.53	0.52	0.71
2019	9.59	8.29	5.93	0.54	0.82

6-20 2019年上市公司分行业主要财务指标

行业 Industry	资产规模 Asset Size	
	总资产 (亿元) Total Asset (100 million yuan)	归属母公司股东净资产 (亿元) Net Asset Attributable to Parent Company Shareholders (100 million yuan)
农、林、牧、渔 Agriculture,Forestry,Animal Husbandry and Fishery	2893.54	1649.83
采矿业 Mining	74438.55	32159.33
制造业 Manufacturing	241615.53	103880.83
电力、热力、燃气及水生产和供应业 Production and Supply of Electricity,Gas and Water	47755.90	13879.01
建筑业 Construction	86005.90	16089.74
批发和零售业 Wholesale and Retail Trades	29978.88	9451.86
交通运输、仓储和邮政业 Transport,Storage and Post	36656.13	14406.61
住宿和餐饮业 Hotels and Catering Services	738.27	311.47
信息传输、软件和信息技术服务业 Information Transmission,Computer Services and Software	19602.49	9312.68
金融业 Financial Intermediation	2126513.59	184952.81
房地产业 Real Estate	117793.37	16949.48
租赁和商务服务业 Leasing and Business Services	8794.26	2866.73
科学研究和技术服务业 Scientific Research,Technical Service	2390.45	1190.24
水利、环境和公共设施管理业 Management of Water Conservancy,Environment and Public Facilities	5095.42	1815.99
居民服务、修理和其他服务业 Resident Services,Repairing and Other Services	3.47	2.71
教育 Education	331.12	130.19
卫生和社会工作 Health and Social Works	811.07	382.20
文化、体育和娱乐业 Culture,Sports and Entertainment	4406.20	2681.68
综合 Others	2002.09	839.98

注：1.每股指标按境内股本数量计算。
2.每股指标采用整体法计算。
3.财务数据按2019年12月31日的上市公司为样本进行统计。

数据来源：中证数据
Source:CSDATA

Financial Indicators of Listed Companies by Industry in 2019

经营情况 Business Circumstance				每股指标 Share Index	
营业收入（亿元） Revenue (100 million yuan)	归属母公司股东净利润（亿元） Net Profit Attributable to Parent Company Shareholders (100 million yuan)	资产负债率（%） Asset-liability Ratio (%)	平均净资产收益率（%） Average ROE (%)	每股净资产（元） BPS (yuan)	每股收益（元） EPS (yuan)
1963.58	301.89	38.05	20.04	4.36	0.80
72164.80	2159.81	49.28	6.84	5.83	0.39
168021.82	7304.96	53.16	7.30	4.52	0.32
13695.60	958.65	63.15	7.31	3.92	0.27
55345.55	1526.79	75.14	10.16	6.87	0.65
42100.70	659.77	64.26	7.25	5.13	0.36
15978.39	1195.57	55.03	8.65	4.47	0.37
358.67	23.25	54.82	7.65	5.27	0.39
10936.53	37.28	41.57	0.41	3.61	0.01
86810.38	20673.35	90.97	11.97	8.39	0.94
24868.41	2272.34	79.28	14.27	6.34	0.85
6648.03	203.54	62.42	7.36	3.70	0.26
1148.13	103.85	48.68	9.41	5.00	0.44
1461.84	110.49	61.20	6.46	4.57	0.28
3.53	-0.93	21.91	-27.58	2.08	-0.71
186.87	15.62	55.68	11.76	1.42	0.17
424.79	-13.65	47.52	-3.57	2.65	-0.09
2019.92	-26.65	37.31	-0.99	4.38	-0.04
655.83	30.46	49.74	3.69	2.97	0.11

6-21 2019年上市公司分辖区主要财务指标

辖区	Jurisdiction	资产规模 Asset Size			
		总资产（亿元） Total Asset (100 million yuan)	归属母公司股东净资产（亿元） Net Asset Attributable to Parent Company Shareholders (100 million yuan)	营业收入（亿元） Revenue (100 million yuan)	利润总额（亿元） Total Profit (100 million yuan)
北京	Beijing	1636271.22	180737.44	189269.88	23158.67
天津	Tianjin	10633.40	3311.32	7969.54	362.79
河北	Hebei	17948.64	5303.37	7911.23	770.53
山西	Shanxi	9641.09	3672.69	4723.36	404.42
内蒙古	Inner Mongolia	7153.41	2748.96	3594.56	303.76
辽宁	Liaoning	4479.23	2159.03	3685.54	91.44
吉林	Jilin	4618.92	1658.29	1784.08	-53.03
黑龙江	Heilongjiang	6898.33	1465.24	1618.12	-33.11
上海	Shanghai	294798.27	42284.47	50584.34	4964.88
江苏	Jiangsu	92508.32	19606.78	23175.75	2086.54
浙江	Zhejiang	59117.95	15912.02	21694.70	1639.28
安徽	Anhui	13631.82	5957.62	9650.98	894.60
福建	Fujian	86400.72	9760.99	8506.11	1222.71
江西	Jiangxi	5120.62	2279.23	5450.49	202.48
山东	Shandong	23212.29	9135.42	16127.95	1114.31
河南	Henan	15863.38	4482.48	5782.97	410.85
湖北	Hubei	17994.69	5875.22	8704.82	633.01
湖南	Hunan	17121.59	4543.47	6234.67	374.96
广东	Guangdong	50814.17	16855.00	23539.83	2426.76
广西	Guangxi	4238.16	1500.72	2589.33	118.35
海南	Hainan	4171.63	1471.80	1483.18	4.97
重庆	Chongqing	21130.73	3823.82	4972.20	374.55
四川	Sichuan	20724.54	6202.01	7482.04	785.97
贵州	Guizhou	10421.16	2690.96	2111.49	708.98
云南	Yunnan	7425.21	2411.83	3551.71	205.68
西藏	Tibet	1021.06	498.07	412.01	68.23
陕西	Shaanxi	10195.03	3637.01	3182.08	371.33
甘肃	Gansu	2934.94	1256.94	1863.89	-4.58
青海	Qinghai	1360.48	55.25	868.13	-473.87
宁夏	Ningxia	890.18	532.88	374.66	29.73
新疆	Xinjiang	22793.36	4455.80	5140.72	472.97
深圳	Shenzhen	278389.80	36424.68	46487.68	6689.02
大连	Dalian	8851.40	2286.66	5096.36	265.76
宁波	Ningbo	20253.62	3758.67	4134.63	448.70
厦门	Xiamen	6881.94	1698.55	11010.29	249.28
青岛	Qingdao	11914.93	2498.68	4024.06	326.80

注：1.每股指标按境内股本数量计算。
2.每股指标采用整体法计算。
3.财务数据按2019年12月31日的上市公司为样本进行统计。
4.上市公司辖区按公司注册地划分，以沪深交易所股东大会公告为准。

数据来源：中证数据

Source:CSDATA

Financial Indicators of Listed Companies by Jurisdiction in 2019

经营情况 Business Circumstance				每股指标 Share Index		
归属母公司股东净利润（亿元） Net Profit Attributable to Parent Company Shareholders (100 million yuan)	经营活动产生的现金流量净额（亿元） Net Cash Flow from Operating Activities (100 million yuan)	资产负债率（%） Asset-liability Ratio (%)	平均净资产收益率（%） Average ROE (%)	每股净资产（元） BPS (yuan)	每股收益（元） EPS (yuan)	每股经营活动现金流量净额（元） Net Cash Flow from Operating Activities Per Share (yuan)
17164.32	29720.81	87.86	10.06	6.71	0.64	1.10
229.62	583.97	62.89	7.29	4.58	0.32	0.81
513.03	235.40	65.61	10.17	5.28	0.51	0.23
262.61	636.70	58.88	7.32	4.56	0.33	0.79
224.59	-164.37	53.74	8.42	2.80	0.23	-0.17
64.92	369.12	50.64	3.07	3.81	0.11	0.65
-84.02	233.59	60.43	-4.90	3.69	-0.19	0.52
-82.28	89.40	75.44	-5.45	2.89	-0.16	0.18
3728.18	3561.73	84.32	9.29	7.51	0.66	0.63
1576.99	2120.31	77.31	8.40	5.04	0.41	0.55
1226.82	2200.68	71.53	8.04	4.42	0.34	0.61
652.37	1194.14	53.33	11.44	4.83	0.53	0.97
964.26	-4832.96	87.84	10.46	7.23	0.71	-3.58
148.06	396.21	52.21	6.67	6.06	0.39	1.05
818.11	2083.53	55.91	9.32	5.00	0.45	1.14
322.53	579.99	69.22	7.60	3.97	0.29	0.51
443.24	1132.94	63.51	8.13	5.02	0.38	0.97
252.18	595.35	72.03	5.78	4.40	0.24	0.58
1777.08	4091.90	62.38	11.07	5.11	0.54	1.24
74.49	243.33	61.49	5.08	3.35	0.17	0.54
-13.96	195.52	59.79	-0.92	2.94	-0.03	0.39
263.99	496.50	79.54	7.20	4.50	0.31	0.58
571.91	1068.74	67.31	9.61	4.68	0.43	0.81
510.52	734.83	72.57	20.19	9.17	1.74	2.50
162.54	322.97	64.65	7.36	3.82	0.26	0.51
54.45	110.48	47.62	11.23	3.58	0.39	0.79
249.80	448.26	60.85	7.17	4.76	0.33	0.59
-29.72	226.34	54.10	-2.36	2.66	-0.06	0.48
-455.53	93.72	88.77	-157.77	0.39	-3.25	0.67
20.01	62.49	39.43	4.29	2.63	0.10	0.31
281.28	957.56	75.43	6.59	4.66	0.29	1.00
4793.01	5421.51	84.48	14.09	8.24	1.08	1.23
139.68	700.90	65.53	6.27	3.43	0.21	1.05
354.95	731.49	80.45	9.95	5.68	0.54	1.11
135.09	240.45	67.39	8.31	5.79	0.46	0.82
221.26	186.39	76.79	9.32	5.31	0.47	0.40

6-22 货币金融服务类上市公司与其他上市公司主要财务指标对比
Financial Indicator of Monetary Financial Listed Companies and Others

年份 Year	总资产(亿元) Total Asset (100 million yuan)		归属母公司股东净利润(亿元) Net Profit Attributable to Parent Company Shareholders (100 million yuan)		平均净资产收益率(%) Average ROE (%)	
	货币金融服务类上市公司 Monetary Financial Listed Companies	其他上市公司 Others	货币金融服务类上市公司 Monetary Financial Listed Companies	其他上市公司 Others	货币金融服务类上市公司 Monetary Financial Listed Companies	其他上市公司 Others
2001	4327.16	26130.14	21.11	666.27	12.31	5.43
2002	10634.08	30905.79	43.43	764.40	15.79	5.53
2003	16756.94	36545.67	63.05	1158.04	14.03	7.43
2004	20123.09	43154.21	84.19	1565.61	14.76	8.89
2005	24438.87	48330.46	106.09	1478.46	15.77	7.72
2006	158639.16	62430.17	1076.63	2392.65	14.02	10.67
2007	298402.19	115884.78	2809.64	6522.50	16.99	16.62
2008	349114.31	137892.90	3734.00	4444.61	18.89	9.26
2009	439733.86	178004.86	4348.33	6317.86	19.20	11.32
2010	638362.13	223928.11	6773.89	9682.06	20.69	13.86
2011	744953.81	283919.70	8750.06	10366.15	21.35	12.21
2012	859022.11	334576.59	10269.28	9383.51	20.98	9.55
2013	951375.30	378642.22	11584.11	10910.76	20.28	10.05
2014	1057628.16	443454.80	12473.85	11716.00	18.59	9.51
2015	1188446.68	536951.56	12696.67	12075.64	14.77	7.42
2016	1393070.19	632689.64	13270.64	14354.96	14.16	10.49
2017	1480171.96	724890.06	13910.26	19356.31	13.32	9.56
2018	1591159.84	821696.20	14825.18	18819.50	12.70	8.24
2019	1881155.09	926671.12	16743.09	20793.30	11.91	8.29

注：1.每股指标按境内股本数量计算。
2.每股指标采用整体法计算。
3.财务数据按2019年12月31日的上市公司为样本进行统计。
数据来源：中证数据
Source:CSDATA

6-22　续表　continued

年份 Year	每股收益(元) EPS (yuan)		每股净资产(元) BPS (yuan)		每股经营活动现金流量净额(元) Net Cash Flow from Operating Activities Per Share (yuan)	
	货币金融服务类上市公司 Monetary Financial Listed Companies	其他上市公司 Others	货币金融服务类上市公司 Monetary Financial Listed Companies	其他上市公司 Others	货币金融服务类上市公司 Monetary Financial Listed Companies	其他上市公司 Others
2001	0.32	0.13	2.44	2.48	4.89	0.38
2002	0.31	0.13	2.44	2.49	5.85	0.44
2003	0.34	0.19	2.81	2.63	2.50	0.47
2004	0.38	0.23	2.79	2.66	0.91	0.52
2005	0.38	0.20	2.63	2.67	1.27	0.58
2006	0.17	0.28	1.56	2.83	0.95	0.68
2007	0.29	0.52	1.92	3.56	0.93	0.86
2008	0.38	0.30	2.16	3.42	1.66	0.69
2009	0.44	0.39	2.47	3.72	1.12	1.06
2010	0.47	0.51	2.61	4.04	0.77	0.80
2011	0.60	0.48	3.07	4.21	1.22	0.57
2012	0.70	0.39	3.62	4.35	1.75	0.83
2013	0.77	0.42	4.08	4.42	0.80	0.72
2014	0.82	0.41	4.82	4.57	1.63	0.83
2015	0.83	0.35	5.59	4.55	3.75	0.78
2016	0.84	0.66	6.26	4.64	0.30	0.67
2017	1.27	0.45	10.01	4.96	0.91	0.53
2018	0.89	0.39	7.38	4.89	0.52	0.78
2019	0.92	0.40	8.29	5.09	0.37	0.98

6-23 2019年上市公司分行业每股收益

单位：家

行业 Industry	1.00元以上 Above 1.00 yuan	0.80-1.00元 0.80-1.00 yuan	0.50-0.80元 0.50-0.80 yuan
农、林、牧、渔 Agriculture,Forestry,Animal Husbandry and Fishery	7	0	2
采矿业 Mining	6	2	14
制造业 Manufacturing	311	54	391
电力、热力、燃气及水生产和供应业 Production and Supply of Electricity,Gas and Water	3	2	16
建筑业 Construction	6	5	10
批发和零售业 Wholesale and Retail Trades	24	1	32
交通运输、仓储和邮政业 Transport,Storage and Post	11	3	18
住宿和餐饮业 Hotels and Catering Services	1	1	0
信息传输、软件和信息技术服务业 Information Transmission,Computer Services and Software	35	9	39
金融业 Financial Intermediation	24	4	30
房地产业 Real Estate	24	4	16
租赁和商务服务业 Leasing and Business Services	5	1	7
科学研究和技术服务业 Scientific Research,Technical Service	10	1	20
水利、环境和公共设施管理业 Management of Water Conservancy,Environment and Public Facilities	5	1	8
居民服务、修理和其他服务业 Resident Services,Repairing and Other Services	0	0	0
教育 Education	0	0	0
卫生和社会工作 Health and Social Works	2	0	2
文化、体育和娱乐业 Culture,Sports and Entertainment	3	3	10
综合 Others	0	0	2

注：1.每股指标按境内股本数量计算。
2.每股指标采用整体法计算。
3.财务数据按2019年12月31日的上市公司为样本进行统计。
4.上表分组遵循“上组限不在内”的原则，如“0.80-1.00元”包括0.80元，不包括1.00元。

数据来源：中证数据
Source:CSDATA

EPS of Listed Companies by Industry in 2019

(unit)

0.20-0.50元 0.20-0.50 yuan	0.10-0.20元 0.10-0.20 yuan	0.05-0.10元 0.05-0.10 yuan	0.00-0.05元 0.00-0.05 yuan	亏损 Deficit	合计 Total
5	4	2	11	11	42
17	13	10	9	7	78
610	310	199	205	293	2373
42	21	5	12	8	109
37	9	8	10	10	95
43	21	10	15	19	165
34	22	5	7	4	104
2	1	0	2	2	9
79	35	20	27	53	297
22	13	8	2	5	108
35	15	10	11	13	128
12	8	10	6	6	55
14	4	4	3	2	58
18	5	5	5	4	51
0	0	0	0	1	1
3	2	1	0	2	8
1	1	0	0	6	12
14	6	3	6	14	59
5	4	4	3	4	22

6-24 2019年上市公司分辖区每股收益

单位：家

辖区	Jurisdiction	1.00元以上 Above 1.00 yuan	0.80-1.00元 0.80-1.00 yuan	0.50-0.80元 0.50-0.80 yuan
北京	Beijing	41	12	61
天津	Tianjin	7	0	6
河北	Hebei	7	3	11
山西	Shanxi	1	1	9
内蒙古	Inner Mongolia	4	1	0
辽宁	Liaoning	3	0	6
吉林	Jilin	4	0	2
黑龙江	Heilongjiang	1	2	3
上海	Shanghai	44	7	53
江苏	Jiangsu	53	10	85
浙江	Zhejiang	55	13	80
安徽	Anhui	13	2	17
福建	Fujian	11	1	8
江西	Jiangxi	7	2	5
山东	Shandong	30	6	27
河南	Henan	12	1	11
湖北	Hubei	11	3	22
湖南	Hunan	8	3	14
广东	Guangdong	41	8	48
广西	Guangxi	4	1	5
海南	Hainan	1	0	0
重庆	Chongqing	7	0	6
四川	Sichuan	14	5	22
贵州	Guizhou	3	2	4
云南	Yunnan	4	0	6
西藏	Tibet	4	0	3
陕西	Shaanxi	3	1	5
甘肃	Gansu	2	0	3
青海	Qinghai	0	0	0
宁夏	Ningxia	1	0	2
新疆	Xinjiang	3	0	8
深圳	Shenzhen	46	4	43
大连	Dalian	3	0	2
宁波	Ningbo	11	1	19
厦门	Xiamen	11	2	13
青岛	Qingdao	7	0	8

注：1.每股指标按境内股本数量计算。
2.每股指标采用整体法计算。
3.财务数据按2019年12月31日的上市公司为样本进行统计。
4.上市公司辖区按上市公司注册地统计。
5.上表分组遵循“上组限不在内”的原则，如“0.80-1.00元”包括0.80元，不包括1.00元。
6.上市公司辖区按公司注册地划分，以沪深交易所股东大会公告为准。

数据来源：中证数据

Source:CSDATA

EPS of Listed Companies by Jurisdiction in 2019

(unit)

0.20–0.50元 0.20-0.50 yuan	0.10–0.20元 0.10-0.20 yuan	0.05–0.10元 0.05-0.10 yuan	0.00–0.05元 0.00-0.05 yuan	亏损 Deficit	合计 Total
84	46	26	35	37	342
12	13	4	4	7	53
13	7	3	9	5	58
8	3	4	6	6	38
6	6	2	5	2	26
7	10	6	6	9	47
10	5	3	8	10	42
12	4	1	7	7	37
81	44	24	27	29	309
118	44	35	32	51	428
108	39	23	25	37	380
41	13	7	3	9	105
31	11	13	5	9	89
15	4	0	4	7	44
36	22	18	18	16	173
22	10	11	7	8	82
27	15	4	12	12	106
24	18	11	11	16	105
88	36	29	30	39	319
6	7	3	4	8	38
1	6	5	7	11	31
20	8	6	0	8	55
29	23	11	8	13	125
10	7	0	1	2	29
7	5	6	5	3	36
4	5	2	0	1	19
17	11	2	4	11	54
6	7	4	5	7	34
2	2	2	2	4	12
1	2	2	2	4	14
14	8	7	7	7	54
88	35	21	23	38	298
4	3	3	3	10	28
20	9	4	4	9	77
7	5	0	3	8	49
14	1	2	2	4	38

6-25 2019年上市公司分行业每股净资产

单位：家

行业 Industry	5.00元以上 Above 5.00 yuan	3.00-5.00元 3.00-5.00 yuan	2.00-3.00元 2.00-3.00 yuan
农、林、牧、渔 Agriculture,Forestry,Animal Husbandry and Fishery	9	10	10
采矿业 Mining	27	27	10
制造业 Manufacturing	932	749	361
电力、热力、燃气及水生产和供应业 Production and Supply of Electricity,Gas and Water	36	42	15
建筑业 Construction	34	32	17
批发和零售业 Wholesale and Retail Trades	73	47	25
交通运输、仓储和邮政业 Transport,Storage and Post	44	41	10
住宿和餐饮业 Hotels and Catering Services	2	3	1
信息传输、软件和信息技术服务业 Information Transmission,Computer Services and Software	107	83	47
金融业 Financial Intermediation	75	20	5
房地产业 Real Estate	51	37	19
租赁和商务服务业 Leasing and Business Services	16	17	9
科学研究和技术服务业 Scientific Research,Technical Service	29	17	7
水利、环境和公共设施管理业 Management of Water Conservancy,Environment and Public Facilities	19	20	8
居民服务、修理和其他服务业 Resident Services,Repairing and Other Services	0	0	1
教育 Education	0	5	1
卫生和社会工作 Health and Social Works	4	1	3
文化、体育和娱乐业 Culture,Sports and Entertainment	21	20	8
综合 Others	4	5	8

注：1.每股指标按境内股本数量计算。
2.每股指标采用整体法计算。
3.财务数据按2019年12月31日的上市公司为样本进行统计。
4.上表分组遵循“上组限不在内”的原则，如“0.50-1.00元”包括0.50元，不包括1.00元。

数据来源：中证数据
Source:CSDATA

BPS of Listed Companies by Industry in 2019

(unit)

1.00–2.00元 1.00-2.00 yuan	0.50–1.00元 0.50-1.00 yuan	0.00–0.50元 0.00-0.50 yuan	小于0.00元 Below 0.00 yuan	合计 Total
10	0	3	0	42
8	2	4	0	78
215	47	45	24	2373
11	1	4	0	109
4	4	4	0	95
10	3	2	5	165
4	2	1	2	104
1	0	2	0	9
33	14	9	4	297
6	2	0	0	108
11	5	5	0	128
7	2	3	1	55
3	0	2	0	58
4	0	0	0	51
0	0	0	0	1
1	1	0	0	8
3	1	0	0	12
6	0	2	2	59
2	2	1	0	22

6-26 2019年上市公司分辖区每股净资产

单位：家

辖区	Jurisdiction	5.00元以上 Above 5.00 yuan	3.00-5.00元 3.00-5.00 yuan	2.00-3.00元 2.00-3.00 yuan
北京	Beijing	141	118	45
天津	Tianjin	22	10	12
河北	Hebei	28	12	9
山西	Shanxi	10	10	9
内蒙古	Inner Mongolia	9	5	8
辽宁	Liaoning	13	19	5
吉林	Jilin	10	14	8
黑龙江	Heilongjiang	10	10	7
上海	Shanghai	138	98	31
江苏	Jiangsu	191	119	61
浙江	Zhejiang	166	125	41
安徽	Anhui	47	32	15
福建	Fujian	32	23	17
江西	Jiangxi	20	15	2
山东	Shandong	75	51	24
河南	Henan	32	25	11
湖北	Hubei	49	28	13
湖南	Hunan	35	29	21
广东	Guangdong	124	99	55
广西	Guangxi	9	13	4
海南	Hainan	4	9	6
重庆	Chongqing	18	22	9
四川	Sichuan	43	39	24
贵州	Guizhou	11	10	6
云南	Yunnan	10	12	8
西藏	Tibet	4	8	5
陕西	Shaanxi	18	22	7
甘肃	Gansu	6	8	9
青海	Qinghai	1	4	5
宁夏	Ningxia	4	4	1
新疆	Xinjiang	15	15	14
深圳	Shenzhen	105	106	49
大连	Dalian	5	10	5
宁波	Ningbo	31	28	13
厦门	Xiamen	25	14	3
青岛	Qingdao	22	10	3

注：1.每股指标按境内股本数量计算。
2.每股指标采用整体法计算。
3.财务数据按2019年12月31日的上市公司为样本进行统计。
4.上市公司辖区按上市公司注册地统计。
5.上表分组遵循“上组限不在内”的原则，如“0.50-1.00元”包括0.50元，不包括1.00元。
6.上市公司辖区按公司注册地划分，以沪深交易所股东大会公告为准。

数据来源：中证数据
Source:CSDATA

BPS of Listed Companies by Jurisdiction in 2019

(unit)

1.00-2.00元 1.00-2.00 yuan	0.50-1.00元 0.50-1.00 yuan	0.00-0.50元 0.00-0.50 yuan	小于0.00元 Below 0.00 yuan	合计 Total
22	5	9	2	342
4	1	3	1	53
5	1	2	1	58
5	2	1	1	38
4	0	0	0	26
7	1	1	1	47
5	2	1	2	42
4	2	1	3	37
23	11	6	2	309
37	10	6	4	428
38	3	5	2	380
7	3	0	1	105
13	3	0	1	89
3	2	1	1	44
13	1	7	2	173
10	2	2	0	82
4	3	8	1	106
11	3	4	2	105
32	6	1	2	319
6	1	5	0	38
8	2	1	1	31
4	1	1	0	55
9	2	4	4	125
1	1	0	0	29
4	0	2	0	36
1	0	1	0	19
5	1	1	0	54
7	1	3	0	34
1	0	0	1	12
3	0	2	0	14
6	1	3	0	54
23	10	3	2	298
3	2	2	1	28
4	1	0	0	77
4	2	1	0	49
3	0	0	0	38

6-27 2019年上市公司分行业平均净资产收益率

单位：家

行业 Industry	100%以上 Above 100%	60%-100%	40%-60%
农、林、牧、渔 Agriculture,Forestry,Animal Husbandry and Fishery	0	2	1
采矿业 Mining	1	1	0
制造业 Manufacturing	17	4	16
电力、热力、燃气及水生产和供应业 Production and Supply of Electricity,Gas and Water	0	0	0
建筑业 Construction	0	0	0
批发和零售业 Wholesale and Retail Trades	4	0	0
交通运输、仓储和邮政业 Transport,Storage and Post	0	0	0
住宿和餐饮业 Hotels and Catering Services	0	0	0
信息传输、软件和信息技术服务业 Information Transmission,Computer Services and Software	4	1	1
金融业 Financial Intermediation	0	0	0
房地产业 Real Estate	0	0	2
租赁和商务服务业 Leasing and Business Services	1	0	0
科学研究和技术服务业 Scientific Research,Technical Service	1	0	0
水利、环境和公共设施管理业 Management of Water Conservancy,Environment and Public Facilities	0	0	0
居民服务、修理和其他服务业 Resident Services,Repairing and Other Services	0	0	0
教育 Education	0	0	1
卫生和社会工作 Health and Social Works	0	0	0
文化、体育和娱乐业 Culture,Sports and Entertainment	1	0	0
综合 Others	0	0	0

注：1.每股指标按境内股本数量计算。
2.每股指标采用整体法计算。
3.财务数据按2019年12月31日的上市公司为样本进行统计。
4.上表分组遵循“上组限不在内”的原则，如“0%-5%”包括0%，不包括5%。

数据来源：中证数据
Source:CSDATA

ROE of Listed Companies by Industry in 2019

(unit)

30%-40%	20%-30%	10%-20%	5%-10%	0%-5%	小于0% Below 0%	合计 Total
4	1	6	3	14	11	42
0	5	13	22	29	7	78
26	134	658	613	628	277	2373
0	5	20	45	31	8	109
0	1	29	33	21	11	95
1	3	52	46	44	15	165
1	6	28	37	27	5	104
0	0	1	3	3	2	9
5	16	71	79	69	51	297
1	1	37	44	20	5	108
4	12	32	32	33	13	128
0	2	15	10	21	6	55
0	2	24	20	9	2	58
0	1	15	16	15	4	51
0	0	0	0	0	1	1
0	0	2	1	2	2	8
0	3	1	2	0	6	12
0	0	18	13	14	13	59
0	0	4	5	9	4	22

6-28　2019年上市公司分辖区平均净资产收益率

单位：家

辖区	Jurisdiction	100%以上 Above 100%	60%-100%	40%-60%
北京	Beijing	2	1	0
天津	Tianjin	1	0	0
河北	Hebei	0	0	0
山西	Shanxi	0	0	0
内蒙古	Inner Mongolia	0	0	0
辽宁	Liaoning	1	0	0
吉林	Jilin	2	0	0
黑龙江	Heilongjiang	1	0	0
上海	Shanghai	1	0	1
江苏	Jiangsu	1	0	2
浙江	Zhejiang	1	1	2
安徽	Anhui	1	0	1
福建	Fujian	0	0	2
江西	Jiangxi	1	0	0
山东	Shandong	1	2	1
河南	Henan	2	0	0
湖北	Hubei	0	0	0
湖南	Hunan	2	0	0
广东	Guangdong	0	0	2
广西	Guangxi	1	0	3
海南	Hainan	1	0	0
重庆	Chongqing	1	0	2
四川	Sichuan	4	0	2
贵州	Guizhou	0	0	0
云南	Yunnan	0	0	0
西藏	Tibet	0	0	0
陕西	Shaanxi	0	1	0
甘肃	Gansu	0	0	1
青海	Qinghai	1	0	0
宁夏	Ningxia	0	0	0
新疆	Xinjiang	1	0	0
深圳	Shenzhen	2	2	2
大连	Dalian	1	0	0
宁波	Ningbo	0	1	0
厦门	Xiamen	0	0	0
青岛	Qingdao	0	0	0

注：1.每股指标按境内股本数量计算。
2.每股指标采用整体法计算。
3.财务数据按2019年12月31日的上市公司为样本进行统计。
4.上表分组遵循“上组限不在内”的原则，如“0%-5%”包括0%，不包括5%。
5.上市公司辖区按公司注册地划分，以沪深交易所股东大会公告为准。

数据来源：中证数据
Source:CSDATA

ROE of Listed Companies by Jurisdiction in 2019

(unit)

30%-40%	20%-30%	10%-20%	5%-10%	0%-5%	小于0% Below 0%	合计 Total
1	14	103	89	97	35	342
0	2	10	17	17	6	53
1	4	17	14	17	5	58
0	4	8	9	11	6	38
0	2	5	8	9	2	26
0	2	7	12	17	8	47
0	1	7	10	14	8	42
1	0	8	8	13	6	37
1	13	85	100	80	28	309
5	19	125	124	103	49	428
7	22	135	94	81	37	380
2	8	27	35	23	8	105
0	4	24	25	25	9	89
2	3	11	10	11	6	44
1	10	54	43	46	15	173
3	3	23	20	23	8	82
4	4	22	36	28	12	106
2	3	21	28	34	15	105
5	19	85	81	86	41	319
0	2	9	7	9	7	38
0	1	0	2	17	10	31
0	5	12	19	8	8	55
1	8	35	33	33	9	125
1	1	7	10	8	2	29
0	2	7	12	12	3	36
0	2	8	4	4	1	19
0	4	11	11	16	11	54
0	0	7	5	13	8	34
0	0	1	3	4	3	12
0	1	1	3	5	4	14
0	0	8	18	20	7	54
0	19	83	87	67	36	298
2	0	2	6	8	9	28
1	4	26	21	15	9	77
2	5	19	7	8	8	49
0	1	13	13	7	4	38

6-29 2019年上市公司分行业每股经营活动产生的现金流量净额

单位：家

行业 Industry	3.00元以上 Above 3.00 yuan	2.50-3.00元 2.50-3.00 yuan	2.00-2.50元 2.00-2.50 yuan
农、林、牧、渔 Agriculture,Forestry,Animal Husbandry and Fishery	6	1	0
采矿业 Mining	4	1	1
制造业 Manufacturing	58	36	51
电力、热力、燃气及水生产和供应业 Production and Supply of Electricity,Gas and Water	3	1	3
建筑业 Construction	0	3	0
批发和零售业 Wholesale and Retail Trades	10	2	5
交通运输、仓储和邮政业 Transport,Storage and Post	3	5	4
住宿和餐饮业 Hotels and Catering Services	0	1	0
信息传输、软件和信息技术服务业 Information Transmission,Computer Services and Software	5	4	6
金融业 Financial Intermediation	21	3	8
房地产业 Real Estate	10	1	3
租赁和商务服务业 Leasing and Business Services	1	0	0
科学研究和技术服务业 Scientific Research,Technical Service	0	0	2
水利、环境和公共设施管理业 Management of Water Conservancy,Environment and Public Facilities	0	0	2
居民服务、修理和其他服务业 Resident Services,Repairing and Other Services	0	0	0
教育 Education	0	1	0
卫生和社会工作 Health and Social Works	0	0	1
文化、体育和娱乐业 Culture,Sports and Entertainment	0	0	0
综合 Others	0	0	0

注：1.每股指标按境内股本数量计算。
2.每股指标采用整体法计算。
3.财务数据按2019年12月31日的上市公司为样本进行统计。
4.上表分组遵循“上组限不在内”的原则，如“0.50-1.00元”包括0.50元，不包括1.00元。

数据来源：中证数据

Source:CSDATA

Net Cash Flow from Operating Activities Per Share of Listed Companies by Industry in 2019

(unit)

1.50−2.00元 1.50-2.00 yuan	1.00−1.50元 1.00-1.50 yuan	0.50−1.00元 0.50-1.00 yuan	0.00−0.50元 0.00-0.50 yuan	小于0.00元 below 0.00 yuan	合计 Total
0	1	4	17	13	42
9	12	15	26	10	78
117	243	561	988	319	2373
9	22	38	28	5	109
1	9	22	32	28	95
8	24	26	54	36	165
3	20	25	37	7	104
1	0	0	5	2	9
6	15	52	151	58	297
7	9	13	17	30	108
10	9	18	31	46	128
2	8	11	22	11	55
3	4	17	26	6	58
6	6	10	20	7	51
0	0	0	0	1	1
0	0	1	4	2	8
0	1	3	5	2	12
4	6	19	22	8	59
1	1	4	5	11	22

6-30 2019年上市公司分辖区每股经营活动产生的现金流量净额

单位：家

辖区	Jurisdiction	3.00元以上 Above 3.00 yuan	2.50-3.00元 2.50-3.00 yuan	2.00-2.50元 2.00-2.50 yuan
北京	Beijing	10	8	5
天津	Tianjin	2	1	1
河北	Hebei	1	1	0
山西	Shanxi	1	0	1
内蒙古	Inner Mongolia	1	0	2
辽宁	Liaoning	0	0	1
吉林	Jilin	3	1	0
黑龙江	Heilongjiang	0	0	0
上海	Shanghai	9	4	5
江苏	Jiangsu	13	5	7
浙江	Zhejiang	5	4	15
安徽	Anhui	2	0	2
福建	Fujian	5	1	3
江西	Jiangxi	2	0	1
山东	Shandong	10	1	6
河南	Henan	1	2	4
湖北	Hubei	4	4	2
湖南	Hunan	4	3	1
广东	Guangdong	16	8	6
广西	Guangxi	0	0	2
海南	Hainan	0	0	0
重庆	Chongqing	1	0	2
四川	Sichuan	3	0	1
贵州	Guizhou	2	0	2
云南	Yunnan	0	1	0
西藏	Tibet	0	1	1
陕西	Shaanxi	0	0	2
甘肃	Gansu	1	1	0
青海	Qinghai	0	0	0
宁夏	Ningxia	0	0	1
新疆	Xinjiang	4	1	0
深圳	Shenzhen	12	5	7
大连	Dalian	1	0	1
宁波	Ningbo	4	1	3
厦门	Xiamen	3	5	1
青岛	Qingdao	1	1	1

注：1.每股指标按境内股本数量计算。
2.每股指标采用整体法计算。
3.财务数据按2019年12月31日的上市公司为样本进行统计。
4.上表分组遵循“上组限不在内”的原则，如“0.50-1.00元”包括0.50元，不包括1.00元。
5.上市公司辖区按公司注册地划分，以沪深交易所股东大会公告为准。
数据来源：中证数据
Source:CSDATA

Net Cash Flow from Operating Activities Per Share of Listed Companies by Jurisdiction in 2019

(unit)

1.50–2.00元 1.50-2.00 yuan	1.00–1.50元 1.00-1.50 yuan	0.50–1.00元 0.50-1.00 yuan	0.00–0.50元 0.00-0.50 yuan	小于0.00元 below 0.00 yuan	合计 Total
18	33	75	132	61	342
3	5	11	19	11	53
4	5	10	25	12	58
2	5	8	18	3	38
2	1	3	10	7	26
3	5	9	22	7	47
0	3	7	23	5	42
2	3	6	17	9	37
19	38	71	110	53	309
17	34	107	171	74	428
20	47	93	142	54	380
10	16	26	36	13	105
2	5	13	44	16	89
4	7	9	17	4	44
8	20	41	67	20	173
2	7	25	32	9	82
6	13	21	44	12	106
7	6	18	49	17	105
13	42	62	140	32	319
3	2	11	12	8	38
0	0	5	13	13	31
2	3	14	26	7	55
4	9	38	51	19	125
2	1	8	11	3	29
2	5	9	8	11	36
2	1	6	8	0	19
4	1	10	21	16	54
1	1	6	12	12	34
1	1	2	4	4	12
0	1	3	5	4	14
2	9	8	17	13	54
13	32	65	115	49	298
1	2	7	14	2	28
4	16	17	24	8	77
3	8	7	15	7	49
1	3	8	16	7	38

6-31 按股本规模划分挂牌公司数量
Number of Listed NEEQ Companies by Equity Scale

单位：家 (unit)

年份 Year	合计 Total	1000万股以下 Below 10 million	1000-5000万股 10-50 million	5000万-1亿股 50-100 million	1亿股以上 Above 100 million
2012	200	40	131	25	4
2013	356	68	237	42	9
2014	1572	215	944	324	89
2015	3565	624	1906	709	326
2016	10163	879	5948	2275	1061
2017	11630	922	6844	2627	1237
2018	10691	802	6185	2510	1194
2019	8953	640	5016	2203	1094

注：上表分组遵循“上组限不在内”的原则，如“1000-5000万股”包括1000万股，不包括5000万股。
数据来源：全国中小企业股份转让系统
Source:NEEQ

6-32 2019年分辖区挂牌公司数量按行业分布
Number of Listed NEEQ Companies by Jurisdiction and by Industry in 2019

单位：家 (unit)

辖区	Jurisdiction	农、林、牧、渔 Agriculture, Forestry, Animal Husbandry and Fishery	采矿业 Mining	制造业 Manufacturing	电力、热力、燃气及水生产和供应业 Production and Supply of Electricity, Gas and Water	建筑业 Construction
北京	Beijing	2	6	250	6	21
天津	Tianjin	0	1	75	3	9
河北	Hebei	8	0	128	6	5
山西	Shanxi	3	0	38	1	6
内蒙古	Inner Mongolia	7	1	25	1	2
辽宁	Liaoning	6	1	94	4	11
吉林	Jilin	4	0	36	1	5
黑龙江	Heilongjiang	7	0	34	1	2
上海	Shanghai	5	0	266	3	21
江苏	Jiangsu	15	1	708	10	37
浙江	Zhcjiang	8	0	485	8	20
安徽	Anhui	13	1	204	6	11
福建	Fujian	11	0	148	4	14
江西	Jiangxi	5	0	84	1	2
山东	Shandong	11	5	315	9	17
河南	Henan	16	0	173	5	25
湖北	Hubei	9	0	162	6	14
湖南	Hunan	5	2	91	3	6
广东	Guangdong	14	0	703	11	32
广西	Guangxi	4	0	28	1	2
海南	Hainan	4	0	7	1	0
重庆	Chongqing	2	0	47	2	7
四川	Sichuan	9	4	129	6	6
贵州	Guizhou	3	0	16	3	4
云南	Yunnan	6	0	27	0	11
西藏	Tibet	0	2	2	1	0
陕西	Shaanxi	2	1	73	4	4
甘肃	Gansu	7	0	17	0	1
青海	Qinghai	1	0	3	1	0
宁夏	Ningxia	8	0	20	1	2
新疆	Xinjiang	5	7	21	2	7
深圳	Shenzhen	0	0	0	0	0
大连	Dalian	0	0	0	0	0
宁波	Ningbo	0	0	0	0	0
厦门	Xiamen	0	0	0	0	0
青岛	Qingdao	0	0	0	0	0

注：1.挂牌公司数量按挂牌日口径统计。
2.挂牌公司辖区按挂牌公司注册地划分。
数据来源：全国中小企业股份转让系统
Source:NEEQ

6-32 续表 1 continued

单位：家 (unit)

辖区	Jurisdiction	批发和零售业 Wholesale and Retail Trades	交通运输、仓储和邮政业 Transport, Storage and Post	住宿和餐饮业 Hotels and Catering Services	信息传输、软件和信息技术服务业 Information Transmission, Computer Services and Software	金融业 Financial Intermediation
北京	Beijing	62	10	1	479	12
天津	Tianjin	7	10	0	26	1
河北	Hebei	3	4	1	30	3
山西	Shanxi	2	0	0	15	1
内蒙古	Inner Mongolia	2	2	1	6	0
辽宁	Liaoning	7	2	0	33	4
吉林	Jilin	3	1	0	10	0
黑龙江	Heilongjiang	5	1	0	14	1
上海	Shanghai	41	14	3	193	8
江苏	Jiangsu	35	24	2	116	20
浙江	Zhejiang	33	10	4	102	12
安徽	Anhui	12	2	2	24	6
福建	Fujian	13	7	0	80	3
江西	Jiangxi	8	2	0	14	1
山东	Shandong	19	17	1	77	8
河南	Henan	8	3	2	44	1
湖北	Hubei	17	3	3	46	1
湖南	Hunan	7	5	1	22	1
广东	Guangdong	78	24	4	242	19
广西	Guangxi	6	1	0	9	0
海南	Hainan	2	1	0	4	3
重庆	Chongqing	4	5	0	16	2
四川	Sichuan	8	3	0	61	1
贵州	Guizhou	3	1	0	8	1
云南	Yunnan	4	3	0	8	1
西藏	Tibet	1	0	0	2	0
陕西	Shaanxi	2	0	1	23	3
甘肃	Gansu	1	0	0	1	1
青海	Qinghai	0	0	0	0	0
宁夏	Ningxia	1	1	0	10	0
新疆	Xinjiang	6	0	2	10	1
深圳	Shenzhen	0	0	0	0	0
大连	Dalian	0	0	0	0	0
宁波	Ningbo	0	0	0	0	0
厦门	Xiamen	0	0	0	0	0
青岛	Qingdao	0	0	0	0	0

6-32　续表 2　continued

单位：家　　(unit)

辖区	Jurisdiction	房地产业 Real Estate	租赁和商务服务业 Leasing and Business Services	科学研究和技术服务业 Scientific Research, Technical Service	水利、环境和公共设施管理业 Management of Water Conservancy, Environment and Public Facilities
北京	Beijing	5	115	81	21
天津	Tianjin	1	10	9	5
河北	Hebei	2	8	10	4
山西	Shanxi	1	3	8	4
内蒙古	Inner Mongolia	1	1	2	2
辽宁	Liaoning	0	8	8	1
吉林	Jilin	1	3	3	1
黑龙江	Heilongjiang	1	5	6	0
上海	Shanghai	7	60	48	5
江苏	Jiangsu	5	27	34	19
浙江	Zhejiang	5	30	33	11
安徽	Anhui	1	8	10	5
福建	Fujian	1	12	6	2
江西	Jiangxi	1	1	5	1
山东	Shandong	4	21	24	6
河南	Henan	3	6	10	5
湖北	Hubei	2	10	18	12
湖南	Hunan	1	9	8	10
广东	Guangdong	13	78	63	14
广西	Guangxi	0	3	8	1
海南	Hainan	1	3	2	1
重庆	Chongqing	0	12	4	6
四川	Sichuan	5	12	14	8
贵州	Guizhou	1	1	5	3
云南	Yunnan	1	2	8	2
西藏	Tibet	0	6	0	1
陕西	Shaanxi	6	8	6	3
甘肃	Gansu	0	0	2	0
青海	Qinghai	0	0	1	1
宁夏	Ningxia	1	2	5	1
新疆	Xinjiang	1	1	1	6
深圳	Shenzhen	0	0	0	0
大连	Dalian	0	0	0	0
宁波	Ningbo	0	0	0	0
厦门	Xiamen	0	0	0	0
青岛	Qingdao	0	0	0	0

6-32 续表 3 continued

单位：家 (unit)

辖区	Jurisdiction	居民服务、修理和其他服务业 Resident Services, Repairing and Other Services	教育 Education	卫生和社会工作 Health and Social Works	文化、体育和娱乐业 Culture, Sports and Entertainment
北京	Beijing	8	31	6	74
天津	Tianjin	1	0	0	4
河北	Hebei	0	1	0	3
山西	Shanxi	0	1	0	0
内蒙古	Inner Mongolia	0	1	0	0
辽宁	Liaoning	0	1	1	2
吉林	Jilin	1	0	0	1
黑龙江	Heilongjiang	0	0	0	0
上海	Shanghai	6	8	5	22
江苏	Jiangsu	1	2	4	12
浙江	Zhejiang	1	2	1	21
安徽	Anhui	0	2	0	1
福建	Fujian	1	2	0	6
江西	Jiangxi	0	0	0	0
山东	Shandong	0	2	5	6
河南	Henan	0	1	1	6
湖北	Hubei	0	4	1	6
湖南	Hunan	0	3	1	4
广东	Guangdong	2	3	4	15
广西	Guangxi	1	0	1	1
海南	Hainan	0	0	0	2
重庆	Chongqing	0	1	1	3
四川	Sichuan	2	2	1	1
贵州	Guizhou	0	0	1	0
云南	Yunnan	0	2	0	4
西藏	Tibet	0	0	0	1
陕西	Shaanxi	0	0	2	5
甘肃	Gansu	0	0	1	1
青海	Qinghai	0	0	0	0
宁夏	Ningxia	0	0	1	1
新疆	Xinjiang	0	1	1	0
深圳	Shenzhen	0	0	0	0
大连	Dalian	0	0	0	0
宁波	Ningbo	0	0	0	0
厦门	Xiamen	0	0	0	0
青岛	Qingdao	0	0	0	0

6-33　2019年新挂牌的挂牌公司数量按行业分布
Dimensions of Newly Listed NEEQ Companies by Industry in 2019

行业 Industry	新挂牌公司家数 （家） Number of Newly Listed Companies (unit)	新挂牌公司总股本 （万股） Share Capital of Newly Listed Companies (10 thousand shares)
农、林、牧、渔 Agriculture,Forestry,Animal Husbandry and Fishery	3	12525.00
采矿业 Mining	0	0.00
制造业 Manufacturing	144	464424.47
电力、热力、燃气及水生产和供应业 Production and Supply of Electricity,Gas and Water	8	313717.40
建筑业 Construction	7	29776.00
批发和零售业 Wholesale and Retail Trades	12	46976.00
交通运输、仓储和邮政业 Transport,Storage and Post	4	15496.89
住宿和餐饮业 Hotels and Catering Services	1	810.00
信息传输、软件和信息技术服务业 Information Transmission,Computer Services and Software	22	53552.49
金融业 Financial Intermediation	2	3500.00
房地产业 Real Estate	5	6305.00
租赁和商务服务业 Leasing and Business Services	19	44532.05
科学研究和技术服务业 Scientific Research,Technical Service	11	11787.45
水利、环境和公共设施管理业 Management of Water Conservancy,Environment and Public Facilities	5	23857.00
居民服务、修理和其他服务业 Resident Services,Repairing and Other Services	0	0.00
教育 Education	2	3383.76
卫生和社会工作 Health and Social Works	1	2000.00
文化、体育和娱乐业 Culture,Sports and Entertainment	3	9122.00

注：挂牌公司数量按挂牌日口径统计。
数据来源：全国中小企业股份转让系统
Source: NEEQ

6-34 挂牌公司主要财务指标

年份 Year	总资产（万元） Total Asset (10 thousand yuan)	净资产（万元） Net Asset (10 thousand yuan)	营业收入（万元） Revenue (10 thousand yuan)
2012	2396509.15	1230003.81	1885665.05
2013	3451286.14	1856674.82	2535383.84
2014	32328521.69	14694414.03	21740968.67
2015	116089056.38	47867502.29	63925367.58
2016	282666261.14	128133393.51	174287986.28
2017	308055148.44	137271835.00	198190248.16
2018	282206872.96	123685698.05	185272574.19
2019	269062353.96	112804211.57	170398766.20

注：2019年财务数据按披露年报的8252家挂牌公司为样本进行统计。
数据来源：全国中小企业股份转让系统
Source:NEEQ

Financial Indicators of NEEQ Companies

利润总额 (万元) Total Profit (10 thousand yuan)	净利润 (万元) Net Profit (10 thousand yuan)	经营活动产生的现金流量净额 (万元) Net Cash Flow from Operating Activities (10 thousand yuan)	资产负债率 (%) Asset-liability Ratio (%)	净资产收益率 (%) ROE (%)
195736.85	164453.11	37091.32	48.68	13.37
255608.29	210861.25	67789.13	46.00	11.36
1918414.18	1601986.14	1898356.54	54.55	10.90
6488455.22	5239269.01	6313965.66	57.79	13.02
14289384.59	11606612.42	5506942.66	54.67	9.06
14240108.68	11548443.03	5405796.18	55.44	8.41
10016919.33	8081649.88	8857981.81	56.17	6.53
8070527.91	6470035.46	12142290.93	58.08	5.88

6-35 2019年挂牌公司分行业主要财务指标

行业 Industry	总资产 (万元) Total Asset (10 thousand yuan)	净资产 (万元) Net Asset (10 thousand yuan)
农、林、牧、渔 Agriculture,Forestry,Animal Husbandry and Fishery	6421093.44	3291266.20
采矿业 Mining	1161148.34	507007.80
制造业 Manufacturing	91636256.32	50105280.97
电力、热力、燃气及水生产和供应业 Production and Supply of Electricity,Gas and Water	6466021.23	2387240.33
建筑业 Construction	14397149.05	4393100.40
批发和零售业 Wholesale and Retail Trades	9513387.25	3990560.78
交通运输、仓储和邮政业 Transport,Storage and Post	4460066.19	2209609.81
住宿和餐饮业 Hotels and Catering Services	440703.88	247442.92
信息传输、软件和信息技术服务业 Information Transmission,Computer Services and Software	24214805.42	13929229.66
金融业 Financial Intermediation	78322377.35	16402472.68
房地产业 Real Estate	1564521.21	976573.09
租赁和商务服务业 Leasing and Business Services	12382111.90	5163815.86
科学研究和技术服务业 Scientific Research,Technical Service	5943681.09	3380169.78
水利、环境和公共设施管理业 Management of Water Conservancy,Environment and Public Facilities	5019472.56	2643183.01
居民服务、修理和其他服务业 Resident Services,Repairing and Other Services	155150.90	73884.25
教育 Education	691530.24	341756.25
卫生和社会工作 Health and Social Works	685497.41	345424.28
文化、体育和娱乐业 Culture,Sports and Entertainment	5587380.18	2416193.51

注：财务数据按披露年报的8252家挂牌公司为样本进行统计。
数据来源：全国中小企业股份转让系统
Source:NEEQ

Financial Indicators of NEEQ Companies by Industry in 2019

营业收入 (万元) Revenue (10 thousand yuan)	利润总额 (万元) Total Profit (10 thousand yuan)	净利润 (万元) Net Profit (10 thousand yuan)	经营活动产生的现金流量净额 (万元) Net Cash Flow from Operating Activities (10 thousand yuan)	资产负债率 (%) Assetliability Ratio (%)	净资产收益率 (%) ROE (%)
3410103.16	63956.88	57467.86	422019.78	48.74	1.75
945262.81	128582.28	122131.93	32694.34	56.34	24.09
72083532.32	4176195.09	3489094.90	5980930.83	45.32	6.96
1841313.51	126563.57	94519.79	278922.21	63.08	3.96
8967813.19	101158.55	30127.33	118720.56	69.49	0.69
17339115.16	316764.82	218572.06	218339.19	58.05	5.48
4516376.69	134943.97	86074.97	299831.14	50.46	3.90
477477.05	4476.82	325.14	40910.20	43.85	0.13
33113273.56	881622.81	733685.46	826792.91	42.48	5.27
8961687.09	1272102.41	1048238.40	2776527.57	79.06	6.39
1092070.44	93813.87	69281.37	82592.40	37.58	7.09
8314589.99	373454.25	280856.07	260891.77	58.30	5.44
3876371.61	397794.52	332191.89	293527.41	43.13	9.83
2191489.69	341336.69	287664.64	383674.71	47.34	10.88
202964.60	5449.99	3929.72	7266.81	52.38	5.32
473560.35	14056.71	4124.95	53280.83	50.58	1.21
565034.18	20710.53	9668.70	68143.38	49.61	2.80
2026730.81	125291.29	153005.57	62613.56	56.76	6.33

6–36　2019年挂牌公司分行业每股收益

单位：家

行业 Industry	1.00元及以上 Above 1.00 yuan	0.80–1.00元 0.80-1.00 yuan	0.50–0.80元 0.50-0.80 yuan
农、林、牧、渔 Agriculture,Forestry,Animal Husbandry and Fishery	8	5	12
采矿业 Mining	1	0	4
制造业 Manufacturing	173	105	379
电力、热力、燃气及水生产和供应业 Production and Supply of Electricity,Gas and Water	5	1	7
建筑业 Construction	7	2	15
批发和零售业 Wholesale and Retail Trades	15	7	28
交通运输、仓储和邮政业 Transport,Storage and Post	4	6	10
住宿和餐饮业 Hotels and Catering Services	2	0	2
信息传输、软件和信息技术服务业 Information Transmission,Computer Services and Software	72	42	151
金融业 Financial Intermediation	0	0	7
房地产业 Real Estate	10	4	6
租赁和商务服务业 Leasing and Business Services	27	13	26
科学研究和技术服务业 Scientific Research,Technical Service	29	12	52
水利、环境和公共设施管理业 Management of Water Conservancy,Environment and Public Facilities	8	6	21
居民服务、修理和其他服务业 Resident Services,Repairing and Other Services	0	0	2
教育 Education	6	1	4
卫生和社会工作 Health and Social Works	3	1	2
文化、体育和娱乐业 Culture,Sports and Entertainment	3	4	13

注：1.每股指标按境内股本数量计算。
　　2.每股指标采用整体法计算。
　　3.财务数据按披露年报的8252家挂牌公司为样本进行统计。
　　4.上表分组遵循“上组限不在内”的原则，如“0.80–1.00元”包括0.80元，不包括1.00元。

数据来源：全国中小企业股份转让系统
Source:NEEQ

EPS of Listed NEEQ Companies by Industry in 2019

(unit)

0.20−0.50元 0.20-0.50 yuan	0.10−0.20元 0.10-0.20 yuan	0.05−0.10元 0.05-0.10 yuan	0.00−0.05元 0.00-0.05 yuan	亏损 Deficit	合计 Total
39	15	12	18	75	184
7	3	2	4	6	27
964	546	373	411	1104	4055
18	16	10	14	32	103
64	35	31	55	80	289
56	47	34	45	124	356
32	26	15	11	48	152
1	5	1	2	15	28
291	163	127	178	584	1608
12	22	22	23	21	107
16	6	6	3	15	66
77	50	26	38	167	424
88	51	27	30	109	398
38	17	15	19	31	155
5	1	2	4	5	19
8	4	4	8	26	61
8	0	5	2	17	38
18	17	16	15	96	182

6-37 2019年挂牌公司分行业每股净资产

单位：家

行业 Industry	5.00元及以上 Above 5.00 yuan	3.00-5.00元 3.00-5.00 yuan	2.00-3.00元 2.00-3.00 yuan
农、林、牧、渔 Agriculture,Forestry,Animal Husbandry and Fishery	9	26	51
采矿业 Mining	2	3	5
制造业 Manufacturing	241	544	845
电力、热力、燃气及水生产和供应业 Production and Supply of Electricity,Gas and Water	4	13	20
建筑业 Construction	16	23	48
批发和零售业 Wholesale and Retail Trades	15	29	57
交通运输、仓储和邮政业 Transport,Storage and Post	7	19	25
住宿和餐饮业 Hotels and Catering Services	2	3	6
信息传输、软件和信息技术服务业 Information Transmission,Computer Services and Software	65	178	293
金融业 Financial Intermediation	6	7	9
房地产业 Real Estate	8	13	11
租赁和商务服务业 Leasing and Business Services	14	40	73
科学研究和技术服务业 Scientific Research,Technical Service	25	52	96
水利、环境和公共设施管理业 Management of Water Conservancy,Environment and Public Facilities	11	22	26
居民服务、修理和其他服务业 Resident Services,Repairing and Other Services	0	0	2
教育 Education	4	6	8
卫生和社会工作 Health and Social Works	2	7	4
文化、体育和娱乐业 Culture,Sports and Entertainment	11	17	27

注：1.每股指标按境内股本数量计算。
2.每股指标采用整体法计算。
3.财务数据按披露年报的8252家挂牌公司为样本进行统计。
4.上表分组遵循“上组限不在内”的原则，如“0.50-1.00元”包括0.50元，不包括1.00元。

数据来源：全国中小企业股份转让系统
Source:NEEQ

BPS of Listed NEEQ Companies by Industry in 2019

(unit)

1.00−2.00元 1.00-2.00 yuan	0.50−1.00元 0.50-1.00 yuan	0.00−0.50元 0.00-0.50 yuan	小于0.00元 Below 0.00 yuan	合计 Total
64	24	10	0	184
11	2	4	0	27
1821	390	165	49	4055
50	11	4	1	103
162	27	8	5	289
160	56	34	5	356
78	18	2	3	152
8	6	2	1	28
646	222	145	59	1608
72	8	4	1	107
30	2	2	0	66
162	85	36	14	424
149	50	21	5	398
76	16	4	0	155
14	2	0	1	19
22	10	9	2	61
17	3	2	3	38
64	31	21	11	182

6-38 2019年挂牌公司分行业净资产收益率

单位：家

行业 Industry	100%及以上 Above 100%	60%-100%	40%-60%
农、林、牧、渔 Agriculture,Forestry,Animal Husbandry and Fishery	1	2	3
采矿业 Mining	0	0	0
制造业 Manufacturing	2	17	44
电力、热力、燃气及水生产和供应业 Production and Supply of Electricity,Gas and Water	0	0	2
建筑业 Construction	1	0	3
批发和零售业 Wholesale and Retail Trades	5	3	4
交通运输、仓储和邮政业 Transport,Storage and Post	0	0	2
住宿和餐饮业 Hotels and Catering Services	0	0	0
信息传输、软件和信息技术服务业 Information Transmission,Computer Services and Software	1	10	43
金融业 Financial Intermediation	1	0	0
房地产业 Real Estate	0	0	4
租赁和商务服务业 Leasing and Business Services	1	6	13
科学研究和技术服务业 Scientific Research,Technical Service	0	0	14
水利、环境和公共设施管理业 Management of Water Conservancy,Environment and Public Facilities	0	0	3
居民服务、修理和其他服务业 Resident Services,Repairing and Other Services	0	0	0
教育 Education	0	2	1
卫生和社会工作 Health and Social Works	0	1	2
文化、体育和娱乐业 Culture,Sports and Entertainment	0	1	2

注：1.财务数据按披露年报的8252家挂牌公司为样本进行统计。
2.上表分组遵循“上组限不在内”的原则，如“5%-10%”包括5%，不包括10%。

数据来源：全国中小企业股份转让系统
Source:NEEQ

ROE of Listed NEEQ Companies by Industry in 2019

(unit)

30%-40%	20%-30%	10%-20%	5%-10%	0%-5%	小于0% Below 0%	净资产为负 Negative Net Asset	合计 Total
4	7	32	31	28	76	0	184
1	2	8	4	5	6	1	27
115	381	976	678	724	1068	50	4055
3	7	20	18	22	30	1	103
3	18	56	42	85	76	5	289
10	26	63	59	61	120	5	356
3	10	35	34	21	44	3	152
1	2	5	2	3	15	0	28
62	170	295	169	266	532	60	1608
2	1	17	27	37	21	1	107
8	8	16	7	8	15	0	66
19	36	78	48	59	151	13	424
23	50	96	46	62	102	5	398
7	21	35	26	32	31	0	155
2	5	0	2	5	4	1	19
4	3	7	7	9	26	2	61
0	4	7	2	5	14	3	38
4	5	29	15	31	84	11	182

6-39 2019年挂牌公司分行业每股经营活动产生的现金流量净额

单位：家

行业 Industry	3.00元及以上 Above 3.00 yuan	2.50-3.00元 2.50-3.00 yuan	2.00-2.50元 2.00-2.50 yuan
农、林、牧、渔 Agriculture,Forestry,Animal Husbandry and Fishery	2	1	2
采矿业 Mining	0	0	0
制造业 Manufacturing	28	9	22
电力、热力、燃气及水生产和供应业 Production and Supply of Electricity,Gas and Water	0	1	1
建筑业 Construction	0	1	1
批发和零售业 Wholesale and Retail Trades	4	0	5
交通运输、仓储和邮政业 Transport,Storage and Post	0	1	2
住宿和餐饮业 Hotels and Catering Services	0	0	1
信息传输、软件和信息技术服务业 Information Transmission,Computer Services and Software	15	5	8
金融业 Financial Intermediation	0	2	2
房地产业 Real Estate	4	0	5
租赁和商务服务业 Leasing and Business Services	2	2	5
科学研究和技术服务业 Scientific Research,Technical Service	4	2	4
水利、环境和公共设施管理业 Management of Water Conservancy,Environment and Public Facilities	3	0	1
居民服务、修理和其他服务业 Resident Services, Repairing and Other Services	0	0	0
教育 Education	2	1	2
卫生和社会工作 Health and Social Works	0	0	1
文化、体育和娱乐业 Culture,Sports and Entertainment	1	0	1

注：1.每股指标按境内股本数量计算。
2.每股指标采用整体法计算。
3.财务数据按披露年报的8252家挂牌公司为样本进行统计。
4.上表分组遵循“上组限不在内”的原则，如“0.50-1.00元”包括0.50元，不包括1.00元。

数据来源：全国中小企业股份转让系统

Source:NEEQ

Net Cash Flow from Operating Activities Per Share of Listed NEEQ Companies by Industry in 2019

(unit)

1.50−2.00元 1.50-2.00 yuan	1.00−1.50元 1.00-1.50 yuan	0.50−1.00元 0.50-1.00 yuan	0.00−0.50元 0.00-0.50 yuan	小于0.00元 below 0.00 yuan	合计 Total
5	6	24	85	59	184
0	4	3	12	8	27
64	150	582	2190	1010	4055
2	5	12	56	26	103
1	6	22	139	119	289
10	17	28	165	127	356
4	7	24	72	42	152
2	0	7	9	9	28
13	55	156	668	688	1608
3	3	9	49	39	107
3	1	7	21	25	66
10	27	37	174	167	424
10	15	48	194	121	398
1	8	24	73	45	155
1	1	0	10	7	19
2	3	2	29	20	61
3	2	4	19	9	38
1	8	14	57	100	182

主要统计指标解释

Explanatory Notes on Main Statistical Indicators

上市公司家数 指在统计期末其发行的股票在沪、深交易所上市的股份有限公司的数量。以股票上市日进行统计，同时发行 A、B 股的上市公司，按一家计算。

挂牌公司家数 指统计期末其股票在全国股转公司挂牌的股份有限公司的数量。

上市公司股本 也称上市公司总股本，是指统计期末上市公司在境内发行的全部股份数量合计，包括 A 股股本、B 股股本和其他不流通的境内股本。

挂牌公司股本 也称挂牌公司总股本，是指统计期末挂牌公司全部股份数量合计。

非限售股本 非限售股本通常也称为流通股本。

计算公式为：非限售股本=上市公司股本-限售股本

股票市值 指统计期末根据上市公司股票价格和对应股票数量计算的股权价值合计。具体统计口径和计算方法如下：如当日无交易价格，采用最后交易日的收盘价；暂停上市股票的价格以零计算；未股改公司的非流通股以流通 A 股价格计算市值；仅发行 B 股的上市公司，其非流通股不进行股票市值计算；对当日除权股票进行市值计算时需要包含在途股份（已登记未上市）的市值。

上市公司市值 指统计期末根据上市公司股票价格和对应股本计算的股权价值合计。

计算公式为: 上市公司市值=A 股价格 × A 股股本+B 股价格 × B 股股本

上市公司流通市值 指上市公司 A 股流通市值和 B 股流通市值的合计。

贰 零 贰 零

七. 证券期货经营机构

Securities and Futures Institutions

贰 零 贰 零

2019 年证券期货经营机构综述

一、证券经营机构发展概况

2019 年末，全国 133 家证券公司（其中新设证券公司 2 家）总资产 7.26 万亿元，净资产 2.02 万亿元，负债 5.24 万亿元。2019 年，证券公司累计营业收入 3599.76 亿元，累计净利润 1194.51 亿元，分别较 2018 年增加 36.88%和 91.46%。2 家证券公司上市，1 起证券公司并购重组（涉及 2 家证券公司），行业资本实力进一步提升。

二、基金经营机构发展概况

2019 年末，全国 128 家基金管理公司（其中新设基金公司 8 家）总资产 2096.27 亿元，净资产 1634.71 亿元。管理资产中，公募基金 14.36 万亿元，社保基金 11837 亿元，企业年金 6583 亿元，基本养老金 3954 亿元，职业年金 2205 亿元，基金公司及基金子公司管理的基金专户 8.50 万亿元。2019 年，基金管理公司累计管理费收入 726.74 亿元，累计净利润 235.55 亿元。

三、期货经营机构发展概况

2019 年末，全国 149 家期货公司总资产（含客户资产）6452.46 亿元，净资产 1214.28 亿元，客户保证金 5070.36 亿元。2019 年，期货公司累计实现营业收入 275.59 亿元，净利润 60.55 亿元，分别较 2018 年增加 5.24%和 344.57%。

四、证券期货经营机构国际化发展概况

2019 年，证券基金行业双向开放积极推进。“引进来”方面，放宽外资持有合资证券基金经营机构股比限制，已核准 2 家外资控股证券公司、1 家外资控股基金公司；修订 QFII、RQFII 监管规则并完成公开征求意见，促进提升外资投资 A 股的积极性和便利性。“走出去”方面，2019 年批准 2 家证券公司在境外收购子公司、7 家证券公司向境外子公司增资、4 家证券公司的境外子公司再设机构，同时督促证券基金经营机构加强对境外子公司的管控，有效防范风险，提升跨境金融服务能力。

2019 年，证监会有序推进《外商投资期货公司管理办法》相关落地工作，明确自 2020 年 1 月 1 日起取消外资投资期货公司股比限制。积极支持期货公司“走出去”，2019 年共办理 7 家期货公司新设或增资境外经营机构备案，支持符合条件的期货公司在“一带一路”沿线国家和地区设立子公司。2019 年末，21 家期货公司在境外设立子公司，其中 20 家位于香港，1 家位于新加坡；6 家期货公司在境外设立期货业务持牌孙公司，注册地在香港、新加坡、美国等地。

总的看，2019 年，证券期货经营机构向高质量发展逐步转型。一是行业机构责任能力进一步提升，以资管计划、金融衍生品等多种形式，服务民营企业股权债权融资。二是探索差异化发展，行业格局逐步优化，通过市场化并购重组增强整体竞争力。三是行业自我约束机制加强，风险资本约束引导行业机构根据资本实力审慎开展业务。四是行业机构组织架构更加规范，法人治理体系更加完善，内部管控的主体责任更加明确。五是行业文化建设受到重视，政策引导加速行业文化形成。六是关注金融科技发展，行业数字化能力提升。

7-1 证券期货经营机构数量

Number of Securities and Futures Institutions

单位：家 (unit)

年份 Year	证券公司家数 Number of Securities Companies			证券营业部家数 Number of Securities Business Departments	证券投资咨询机构家数 Number of Security Investment Consulting Institutions
	合计 Total	中资 China-funded	中外合资 Sino-foreign Joint Venture		
1994	91	—	—	2262	—
1995	97	—	—	—	—
1996	94	—	—	2420	—
1997	90	—	—	2412	—
1998	90	—	—	2412	—
1999	90	—	—	2412	—
2000	100	—	—	2680	—
2001	109	—	—	2700	—
2002	127	—	—	2936	—
2003	133	—	—	3020	111
2004	133	—	—	3075	116
2005	116	—	—	3090	109
2006	104	—	—	3105	102
2007	106	—	—	3060	101
2008	107	—	—	3170	100
2009	106	—	—	3956	98
2010	106	97	9	4644	91
2011	109	97	12	5008	88
2012	114	101	13	5261	89
2013	115	102	13	5821	86
2014	121	110	11	6969	84
2015	125	114	11	7705	84
2016	129	116	13	9061	84
2017	131	118	13	10528	84
2018	131	118	13	11013	84
2019	133	118	15	11390	84

数据来源：中国证券监督管理委员会、中国证券投资基金业协会
Source: CSRC、AMAC

7-1 续表 1 continued

单位：家 (unit)

年份 Year	基金管理公司家数 Number of Fund Management Companies			基金管理公司 专户子公司家数 Number of Subsidiaries of Fund Management Companies	已登记 私募基金 管理人 Registered Private Fund Manager
	合计 Total	中资 China-funded	中外合资 Sino-foreign Joint Venture		
1994	—	—	—	—	—
1995	—	—	—	—	—
1996	—	—	—	—	—
1997	—	—	—	—	—
1998	6	3	3	—	—
1999	10	4	6	—	—
2000	10	4	6	—	—
2001	15	8	7	—	—
2002	21	10	11	—	—
2003	33	15	18	—	—
2004	44	20	24	—	—
2005	52	23	29	—	—
2006	57	23	34	—	—
2007	58	23	35	—	—
2008	60	23	37	4	—
2009	60	23	37	7	—
2010	63	24	39	12	—
2011	69	29	40	15	—
2012	77	34	43	33	—
2013	89	41	48	64	—
2014	95	49	46	73	5052
2015	101	56	45	79	25065
2016	109	64	45	79	17433
2017	113	69	44	79	22446
2018	120	76	44	79	24448
2019	128	84	44	79	24471

7-1　续表 2　continued

单位：家　　(unit)

年份 Year	期货公司家数 Number of Futures Companies			期货资管子公司家数 Number of Subsidiaries With Asset Management of Futures Company	期货风险管理公司家数 Number of Subsidiaries with Risk Management of Futures Company	期货营业部家数 Number of Future Business Departments
	合计 Total	中资 China-funded	中外合资 Sino-foreign Joint Venture			
1994	—	—	—	—	—	—
1995	—	—	—	—	—	—
1996	329	—	—	—	—	—
1997	294	—	—	—	—	—
1998	278	—	—	—	—	—
1999	213	—	—	—	—	—
2000	178	—	—	—	—	—
2001	200	—	—	—	—	—
2002	179	—	—	—	—	—
2003	186	—	—	—	—	—
2004	188	—	—	—	—	—
2005	183	—	—	—	—	—
2006	183	—	—	—	—	—
2007	177	—	—	—	—	—
2008	171	—	—	—	—	—
2009	167	—	—	—	—	—
2010	163	—	—	—	—	—
2011	163	160	3	—	—	1186
2012	161	158	3	—	—	1330
2013	156	153	3	—	20	1469
2014	152	149	3	—	33	1547
2015	150	148	2	11	51	1618
2016	149	147	2	11	62	1603
2017	149	147	2	11	70	1725
2018	149	147	2	10	79	1909
2019	149	147	2	10	86	1957

7-2　2019年证券期货经营机构按监管辖区分布
Regulatory Jurisdiction Distribution of Securities and Futures Institutions in 2019

单位：家 (unit)

辖区	Jurisdiction	证券公司 Securities Companies	基金管理公司 Fund Management Companies	已登记私募基金管理人 Registered Private Fund Manager	期货公司 Futures Companies	合计 Total
北京	Beijing	18	34	4367	19	4438
天津	Tianjin	1	1	474	6	482
河北	Hebei	1	0	134	1	136
山西	Shanxi	2	0	61	3	66
内蒙古	Inner Mongolia	2	0	45	0	47
辽宁	Liaoning	2	0	73	1	76
吉林	Jilin	2	0	76	2	80
黑龙江	Heilongjiang	1	0	64	2	67
上海	Shanghai	27	57	4709	34	4827
江苏	Jiangsu	6	0	1126	9	1141
浙江	Zhejiang	5	1	2056	11	2073
安徽	Anhui	2	0	211	3	216
福建	Fujian	3	0	228	3	234
江西	Jiangxi	2	0	255	1	258
山东	Shandong	1	0	316	3	320
河南	Henan	1	0	137	2	140
湖北	Hubei	2	0	373	2	377
湖南	Hunan	3	0	253	3	259
广东	Guangdong	6	4	1698	8	1716
广西	Guangxi	1	0	86	0	87
海南	Hainan	2	0	53	2	57
重庆	Chongqing	1	1	211	4	217
四川	Sichuan	4	0	430	3	437
贵州	Guizhou	2	0	83	0	85
云南	Yunnan	2	0	91	2	95
西藏	Tibet	2	0	219	0	221
陕西	Shaanxi	3	0	241	3	247
甘肃	Gansu	1	0	34	1	36
青海	Qinghai	1	0	15	1	17
宁夏	Ningxia	0	0	58	0	58
新疆	Xinjiang	2	0	154	2	158
深圳	Shenzhen	22	30	4566	14	4632
大连	Dalian	1	0	91	1	93
宁波	Ningbo	0	0	853	1	854
厦门	Xiamen	1	0	359	2	362
青岛	Qingdao	1	0	271	0	272
合计	Total	133	128	24471	149	24881

注：证券公司和期货公司按照公司注册地所在辖区统计，基金管理公司按照公司办公地所在辖区统计。
数据来源：中国证券监督管理委员会、中国证券投资基金业协会
Source: CSRC、AMAC

7-3　证券期货经营机构业务资格情况
Qualification of Securities and Futures Institutions

单位：家　　(unit)

年份 Year	证券公司家数 Number of Securities Companies	其中具有： Which having: 资产管理业务资格 Qualification for Asset Management Business	保荐机构资格 Qualification for Sponsor Institution	基金代销业务资格 Qualification for Fund Sales Agency Business	全国中小企业股份转让系统主办券商业务资格 Qualification for Broker-dealer Business on NEEQ	融资融券业务资格 Qualification for Margin Financing and Securities Lending Business	转融通业务资格 Qualification for Refinancing Business
1995	97	-	-	-	-	-	-
1996	94	-	-	-	-	-	-
1997	90	-	-	-	-	-	-
1998	90	-	-	-	-	-	-
1999	90	-	-	-	-	-	-
2000	100	-	-	-	-	-	-
2001	109	-	-	6	-	-	-
2002	127	61	-	13	-	-	-
2003	133	70	-	17	-	-	-
2004	133	71	75	28	-	-	-
2005	116	62	76	10	-	-	-
2006	104	53	68	2	-	-	-
2007	106	54	67	2	-	-	-
2008	107	55	67	22	-	-	-
2009	106	69	71	17	-	-	-
2010	106	70	72	18	-	25	-
2011	109	76	74	18	-	25	-
2012	114	87	77	27	66	74	30
2013	115	89	79	98	80	84	74
2014	121	93	80	77	87	92	81
2015	125	95	86	77	95	95	80
2016	129	98	92	77	100	93	92
2017	131	99	96	96	101	94	92
2018	131	99	98	97	102	95	92
2019	133	99	99	99	102	94	91

数据来源：中国证券监督管理委员会、全国中小企业股份转让系统、中国证券金融公司
Source: CSRC、NEEQ、CSF

7-3 续表 continued

单位：家 (unit)

年份 Year	基金管理公司家数 Number of Fund Management Companies	其中具有: Which having: 私募资产管理业务资格 Qualification for Account Management Business	QDII业务资格 QDII Qualification	期货公司家数 Number of Future Companies	其中具有: Which having: 金融期货经纪业务资格 Qualification for Financial Futures Brokerage Business	期货投资咨询业务资格 Qualification for Futures Investment Consulting Business	资产管理业务资格 Qualification for Futures Asset Management Business	风险管理业务试点备案 Qualification for Futures Risk Management Business
1995	-	-	-	-	-	-	-	-
1996	-	-	-	329	-	-	-	-
1997	-	-	-	294	-	-	-	-
1998	6	-	-	278	-	-	-	-
1999	10	-	-	213	-	-	-	-
2000	10	-	-	178	-	-	-	-
2001	15	-	-	200	-	-	-	-
2002	21	-	-	179	-	-	-	-
2003	33	-	-	186	-	-	-	-
2004	44	-	-	188	-	-	-	-
2005	52	-	-	183	-	-	-	-
2006	57	-	1	183	-	-	-	-
2007	58	-	15	177	-	-	-	-
2008	60	32	26	171	-	-	-	-
2009	60	35	31	167	-	-	-	-
2010	63	35	31	163	-	-	-	-
2011	69	63	32	163	-	-	-	-
2012	77	76	32	161	152	83	18	-
2013	89	88	32	156	149	88	29	20
2014	95	95	32	152	147	97	46	33
2015	101	101	38	150	148	103	123	50
2016	109	109	42	149	147	102	129	61
2017	113	93	45	149	147	113	129	68
2018	120	110	45	149	147	117	129	66
2019	128	112	48	149	147	120	129	84

7-4　证券公司重要指标情况
Important Indicators of Securities Companies

单位：亿元　　(100 million yuan)

年份 Year	总资产 Total Assets	净资产 Net Assets	净资本 Net Capital	营业收入 Operating Revenue	营业利润 Operating Profit	利润总额 Total Profit	净利润 Net Profit	期末风险资本准备 Risk Capital Reserves at the End of This Period
2007	17313.39	3446.91	2976.83	2847.49	1909.42	1910.69	1320.46	—
2008	11912.23	3584.83	2916.62	1247.28	603.88	609.16	500.43	625.25
2009	20286.91	4840.38	3819.54	2052.95	1195.79	1209.43	933.87	975.60
2010	19686.13	5674.36	4338.22	1926.29	999.24	1010.29	783.05	1105.18
2011	15722.53	6298.25	4648.71	1359.32	482.85	503.37	389.06	1071.54
2012	17209.32	6946.15	4964.36	1301.21	401.76	422.88	331.40	604.02
2013	20803.46	7538.15	5193.74	1593.43	571.79	570.70	440.47	850.03
2014	40340.65	9046.75	6645.61	2553.80	1204.08	1238.24	948.50	1216.47
2015	64170.00	14515.42	12523.03	5751.55	3179.84	3189.87	2447.63	1767.00
2016	57934.47	16457.94	14753.54	3286.09	1514.69	1547.44	1232.31	5871.78
2017	61413.53	18482.25	15742.63	3127.65	1388.75	1407.16	1119.74	6473.05
2018	62592.58	18808.32	15704.31	2632.87	831.51	839.93	708.24	6233.45
2019	72586.78	20156.08	16176.61	3599.76	1491.51	1481.87	1194.51	6383.71

注：1.根据监管要求，风险资本准备的口径曾于2016年做过调整。
　　2.因会计准则变动，以及部分机构未及时上报数据，现对2018年数据追溯调整。

数据来源：中国证券监督管理委员会

Source: CSRC

7-5 2019年证券公司资产负债表
Balance Sheet of Securities Companies in 2019

单位：亿元 (100 million yuan)

资产	Assets	期初余额 Beginning Balance	期末余额 Ending Balance
资产	**Assets:**		
货币资金	Monetary Assets	10131.49	14603.55
其中：自有资金存款	Thereinto: Self-Owned Fund Deposit	2664.33	3539.03
自有信用资金存款	Self-Owned Credit Fund Deposit	81.55	71.75
客户资金存款	Clients' Capital Deposit	6492.63	9743.17
客户信用资金存款	Clients' Credit Fund Deposit	877.71	1227.65
结算备付金	Transaction Settlement Funds	2835.94	3022.06
其中：自有备付金	Thereinto: Self-Owned Reserve for Settlement	627.55	787.25
客户备付金	Clients' Reserve for Settlement	1914.98	1942.70
信用备付金	Credit Reserve for Settlement	287.54	284.96
拆出资金	Inter-bank Lending Capital	28.82	41.30
融出资金	Capital Lending	7695.87	10247.16
衍生金融资产	Derivative Financial Assets	162.97	165.78
存出保证金	Margin Paid	292.12	430.47
其中：交易保证金	Thereinto:Trading Margin	128.11	194.12
信用保证金	Credit Margin	51.80	55.93
履约保证金	Performance Bond Margin	91.56	140.78
应收款项	Accounts Receivable	409.40	509.90
其中：应收清算款	Thereinto: Clearing accounts receivable	99.56	61.13
合同资产	Contract Assets	0.29	0.76
买入返售金融资产	Financial Assets Purchased under Agreements to Resell	8744.50	5941.81
其中：约定购回融出资金	Thereinto:Capital Lending of Pre-arranged Repo	28.68	16.57
股票质押回购融出资金	Capital Lending of Pledge-style Repo	6232.23	4307.81
其中：减值准备	Thereinto: Provision for impairment	153.78	267.82
债券质押回购融出资金	Bond Pledge Repurchase Financing Funds	2005.93	1398.34
债券买断式回购融出资金	Bond Outright Repo Financing Funds	404.73	196.04
持有待售资产	Assets Held for Trade	0.00	7.28
交易性金融资产	Financial Assets Held for Trade	17363.51	21507.73
其中：流动性受限证券	Thereinto: Liquidity Restricted Securities	4107.83	5832.15
债权投资	Debt Investment	746.34	727.71
其他债权投资	Other Debt Investment	7528.80	8095.38
其他权益工具投资	Investment in Other Equity Instruments	1576.57	1727.46
长期股权投资	Long-term Equity Investment	3662.59	3921.59
投资性房地产	Investment Real Estate	40.88	39.34
固定资产	Fixed Assets	288.38	295.35
在建工程	Construction in Progress	47.46	40.64
无形资产	Intangible Assets	141.01	147.29
商誉	Goodwill	6.25	42.89
递延所得税资产	Deferred Income Tax Assets	315.68	300.14
其他资产	Other Assets	573.68	771.19
其中：应收利息	Thereinto: Interest Receivable	22.84	9.11
其他应收款	Other Receivable	394.73	477.63
应收股利	Dividends Receivable	36.38	36.59
抵债资产	Debt- expiated Assets	0.38	0.38
长期待摊费用	Proxy Cashing Bonds	45.20	44.52
资产总计	Total Assets	62592.58	72586.78
负债	**Liabilities:**		
短期借款	Short-term Loan	43.45	4.10

注：因会计准则变动，以及部分机构未及时上报数据，现对2019年期初数据追溯调整。
数据来源：中国证券监督管理委员会
Source: CSRC

7-5 续表 continued

单位：亿元 (100 million yuan)

资产	Assets	期初余额 Beginning Balance	期末余额 Ending Balance
其中：质押借款	Thereinto: Pledge Loan	0.00	0.00
信用借款	Credit Loan	36.45	1.00
应付短期融资款	Short Term Financing Payable	3393.10	3983.86
其中：短期次级债	Thereinto:Short-term Subordinated Debt	46.83	56.87
收益凭证	Income Certificate	1847.76	2040.93
拆入资金	Money Borrowing	1851.14	2121.67
其中：转融通融入资金	Thereinto: Money Borrowing from Refinancing Business	511.59	725.40
交易性金融负债	Financial Liabilities Held for Trade	639.04	794.71
衍生金融负债	Derivative Financial Liabilities	143.97	232.73
卖出回购金融资产款	Money from Selling Repo Financial Assets	12259.80	14495.82
其中：报价回购融入资金	Thereinto:Money Borrowing from Quotation-based Repo	546.08	845.79
质押式卖出回购融入资金	Money Borrowing from Pledged Repurchase	9999.74	12179.67
买断式卖出回购融入资金	Money Borrowing from Bonds Outright Repo	1085.71	579.34
代理买卖证券款	Money from Acting Securities Trading	8321.35	11570.20
信用交易代理买卖证券款	Money from Acting Securities Trading for Credit Transaction	1056.53	1439.02
代理承销证券款	Money from Acting to Underwrite Securities	2.02	223.03
应付职工薪酬	Employee Salary Payable	775.36	970.70
应交税费	Tax Payable	164.22	191.08
应付款项	Accounts Payable	745.97	1000.68
其中：应付清算款	Clearing Accounts Payable	202.20	133.90
合同负债	Contractual Liabilities	0.89	2.04
持有待售负债	Liabilities Held for Trade	0.00	0.00
预计负债	Estimated Liabilities	6.55	50.28
长期借款	Long-term Equity Loan	143.43	124.82
应付债券	Bonds Payable	13674.72	14607.60
其中：优先股	Thereinto: Preferred Stock	0.00	0.00
永续债	Perpetual Debt	0.00	0.00
公司债券	Corporate Bonds	7753.22	8641.41
长期次级债	Long-term Subordinated Debt	4489.05	4759.51
长期收益凭证	Long-term Income Certificate	1257.53	840.11
递延所得税负债	Deferred Income Tax Liabilities	40.81	64.75
其他负债	Other Liabilities	521.91	553.62
其中：应付利息	Thereinto: Interest Payable	17.18	3.48
负债合计	Total Liabilities	43784.26	52430.70
所有者(或股东)权益	**Equities:**		
实收资本(或股本)	Paid in Capital	5025.65	5165.88
其他权益工具	Other Equity Instruments	494.07	597.05
其中：优先股	Thereinto: Preferred Stock	0.00	0.00
永续债	Perpetual Debt	473.51	571.81
资本公积	Capital Reserve	6828.05	7070.58
减：库存股	Less:Treasury Stock	0.65	7.41
其他综合收益	Other Comprehensive Income	-20.12	77.76
盈余公积	Surplus Reserve	991.56	1089.84
一般风险准备	General Contingency Reserve	1117.61	1255.80
交易风险准备	Risk Reserves for Exchange	1081.55	1203.62
未分配利润	Undistributed Profits	3290.60	3702.96
所有者(或股东)权益合计	Total Equity	18808.32	20156.08
负债和所有者(或股东)权益合计	Total Liability & Equity	62592.58	72586.78

7-6 2019年证券公司利润表
Income Statement of Securities Companies in 2019

单位：亿元 (100 million yuan)

项目	Item	上期金额 Beginning Balance	本期金额 Ending Balance
一、营业收入	**Operating Revenue:**	**2632.87**	**3599.76**
手续费及佣金净收入(净损失以“－”号填列)	Net Income from Commissions	1373.25	1666.30
其中：证券经纪业务净收入	Thereinto:Net Income from Brokerage Business	673.57	842.44
其中：代理买卖证券业务净收入	Thereinto: Net Income from Acting Securities Trading	524.66	685.75
交易单元席位租赁净收入	Net Income from Trading unit seat lease	97.29	99.44
代理销售金融产品净收入	Net Income from Financial Sales Agency Business	51.17	53.94
投资银行业务净收入	Net Income from Investment banking Business	367.57	483.17
其中：承销业务净收入	Thereinto: Net Income from Securities Underwriting Business	245.52	360.43
保荐业务净收入	Net Income from Sponsor Business	10.41	16.48
财务顾问业务净收入	Net Income from Financial Advisory Business	111.20	105.48
其中：并购重组财务顾问业务净收入	Thereinto:Net Income from Merger and Reorganization	28.88	28.09
投资咨询业务净收入	Net Income from Investment Consulting Business	31.68	38.17
资产管理业务净收入	Net Income from Asset Management Business	274.21	274.53
其中：公募基金管理业务净收入(含大集合)	Thereinto:Net Income from Public Funds Management Business	99.69	100.90
集合资产管理业务净收入	Net Income from Aggregate Asset Management Business	54.76	62.80
定向资产管理业务净收入	Net Income from Directional Asset Management Business	106.67	100.10
专项资产管理业务净收入	Net Income from Specific Asset Management Business	12.72	10.15
利息净收入(净损失以“－”号填列)	Net Interests Income	335.35	458.29
其中：1.利息收入(收入以“+”号填列)	Thereinto: Interests Income	1715.33	1779.37
其中：货币资金及结算备付金利息收入	Thereinto: Interests Income of Monetary Funds and Settlement Provisions	339.52	366.82
其中：自有资金存款利息收入	Thereinto:Interests Income of Self-Owned Fund Deposit	121.27	114.56
客户资金存款利息收入	Interests Income of Clients' Capital Deposit	218.57	251.95
融资业务利息收入	Interests Income of Financing Business	1164.51	1026.53
其中：融资融券业务利息收入	Thereinto:Interests Income of Margin Requirement	672.82	651.73
约定购回利息收入	Interests Income of Pre-arranged Repo	3.19	2.04
股票质押回购利息收入	Interests Income of Pledge-style Repo	463.50	352.64
债权投资利息收入	Interests Income of Investments in Debt	21.14	29.62
其他债权投资利息收入	Interests Income of Other Debt Investments	153.22	326.35
2.利息支出(支出以“－”号填列)	Interests Expense	-1340.23	-1289.98
其中：卖出回购金融资产利息支出	Thereinto: Interests Expense of Repurchase of Financial Assets	-361.81	-353.61
其中：报价回购利息支出	Thereinto: Interests Expense of Price Repurchase	-17.52	-20.52

注：1.净损失以“－”号填列，冲回以“－”列示。
2.因会计准则变动，以及部分机构未及时上报数据，现对2019年期初数据追溯调整。
数据来源：中国证券监督管理委员会
Source: CSRC

7-6　续表　continued

单位：亿元　(100 million yuan)

项目	Item	上期金额 Beginning Balance	本期金额 Ending Balance
拆入资金利息支出	Interests Expense of Money Borrowing	-83.03	-60.47
其中：转融通利息支出	Thereinto: Interests Expense of Refinancing	-40.89	-15.57
债券利息支出	Interests Expense of Bonds	-783.63	-761.26
投资收益(净损失以“－”号填列)	Investment Income	917.93	1095.61
其中：成本法核算的长期股权投资收益	Thereinto:Return of Long-term Investment on Stocks Accounted by Cost Method	157.34	121.64
权益法核算的长期股权投资收益	Return of Long-term Investment on Stocks Accounted by Equity Method	46.65	58.04
处置长期股权投资产生的投资收益	Return of Investment on Trading Long-term Investment on Stocks	18.15	14.25
股权类金融工具投资确认的投资收益	Return of Investment on Financial Assets on Stocks	-258.86	204.44
固定收益类投资确认的投资收益	Return of Investment on Financial Assets on Debts	666.30	647.63
衍生金融工具投资确认的投资收益	Return of Investment on Derivative Financial Instrument	140.81	-75.42
其他金融工具投资确认的投资收益	Return of Investment on Other Financial Assets	142.19	125.09
净敞口套期收益(净损失以“－”号填列)	Net Exposure Hedging Gains	0.00	0.00
其他收益	Other Incomes	30.08	34.80
公允价值变动收益(净损失以“－”号填列)	Profit from Fair Value Change	-49.47	322.47
汇兑收益(净损失以“－”号填列)	Net Exchange Gain	7.36	4.23
其他业务收入	Other Business Income	13.97	16.35
资产处置收益(净损失以“－”号填列)	Return on Disposal of Fixed Assets	4.40	1.70
二、营业支出	**Operating Cost:**	**1801.36**	**2108.24**
税金及附加	Business Tax and Surcharges	23.08	26.05
业务及管理费	General and Administrative Expenses	1548.52	1862.55
其中：职工薪酬	Thereinto:Employee Salary	994.60	1278.65
折旧及摊销	Depreciation and Amortization	81.68	130.02
投资者保护基金	Securities Investor Protection Fund	22.10	18.66
信用减值损失(冲回以“－”号列示)	Credit Impairment Loss	174.33	182.25
其中：股票质押回购融出资金减值损失	Thereinto: Impairment Loss on Financing Funds of Pledge-style Repo	96.50	120.67
其他资产减值损失(冲回以“－”号列示)	Asset Impairment Loss	52.62	34.57
其他业务成本	Cost of Other Businesses	2.80	2.83
三、营业利润	**Operating Profit:**	**831.51**	**1491.51**
加：营业外收入	Add: Non-operating Income	17.27	14.37
减：营业外支出	Less: Non-operating Expenditure	8.85	24.02
四、利润总额	**Total Profit:**	**839.93**	**1481.87**
减：所得税费用	Less: Income Tax	131.69	287.36
五、净利润	**Net Profit**	**708.24**	**1194.51**

7-7 2019年证券公司净资本表
Net Capital Sheet of Securities Companies in 2019

单位：亿元 (100 million yuan)

项目	Item	期初余额 Beginning Balance	期末余额 Ending Balance
净资产	Net assets	18830.48	20156.08
减：优先股及永续次级债等	Less:Preferred stock perpetual subordinated debt etc.	472.00	571.81
减：资产项目的风险调整合计	Less: Risk Adjustment of Derivative Financial Assets	4839.14	5255.25
减：或有负债的风险调整合计	Less: Risk Adjustment of Contingent Liabilities	456.23	491.65
加：中国证监会认定或核准的其他调整项目合计	Add: Other Adjustment of CSRC	339.58	374.08
减：中国证监会认定或核准的其他调整项目合计	Less: Other Adjustment of CSRC	43.26	59.11
核心净资本	Core Net Capital	13359.43	14152.34
加：附属净资本	Add: Additional Net Capital	2339.87	2024.26
净资本	Net Capital	15704.31	16176.61

注：1.2016年6月16日，我会发布了《证券公司风险控制指标计算标准规定》(证监会公告[2016]10号)，自2016年10月1日起施行。自2016年10月起，证券公司净资本按新的风控指标口径计算。
2.因会计准则变动，以及部分机构未及时上报数据，现对2019年期初数据追溯调整。

数据来源：中国证券监督管理委员会
Source: CSRC

7-8 2019年证券公司风险资本准备表
Risk Capital Reserve Sheet of Securities Companies in 2019

单位：亿元 (100 million yuan)

项目	Item	期初余额 Beginning Balance	期末余额 Ending Balance
1. 市场风险资本准备	Market Risk Capital Reserves	3786.14	4514.16
2. 信用风险资本准备	Credit Risk Capital Reserves	2289.23	2238.01
3. 操作风险资本准备	Operational Risk Capital Reserves	573.05	504.63
4. 特定风险资本准备	Specific Risk Capital Reserves	1019.90	811.23
分类调整前的各项风险资本准备合计	Total Risk Capital Reserves(Before the adjustment)	7818.45	8240.54
分类调整后的各项风险资本准备合计	Total Risk Capital Reserves(After the adjustment)	6233.45	6383.71

注：1.根据监管要求，风险资本准备的口径曾于2016年做过调整。
2.因会计准则变动，以及部分机构未及时上报数据，现对2019年期初数据追溯调整。

数据来源：中国证券监督管理委员会
Source: CSRC

7-9　期货公司重要指标情况

Important Indicators of Futures Companies

单位：亿元　(100 million yuan)

年份 Year	总资产 Total Assets	净资产 Net Assets	净资本 Net Capital	营业收入 Operating Revenue	营业利润 Operating Profit	利润总额 Total Profit	净利润 Net Profit	期末风险资本准备 Risk Capital Reserves at the end of This Period
2013	2569.82	521.87	439.37	184.85	46.77	48.15	35.69	116.57
2014	3431.99	612.74	472.47	198.04	52.91	54.58	40.73	144.45
2015	4749.67	783.41	596.65	236.2	76.87	78.18	59.13	203.44
2016	5438.31	910.54	684.8	233.45	82.13	84.96	64.75	267.76
2017	5247.48	1060.11	750.51	275.47	103.31	104.57	80.79	145.15
2018	5142.50	1100.71	752.04	261.87	32.19	33.65	13.62	133.59
2019	6451.18	1210.16	717.46	272.67	74.70	75.23	56.57	171.63

数据来源：中国证券监督管理委员会
Source: CSRC

7-10　2019年期货公司资产负债表

Balance Sheet of Futures Companies in 2019

单位：亿元　(100 million yuan)

资产	Assets	期初余额 Beginning Balance	期末余额 Ending Balance
资产：	**Assets:**		
货币资金	Monetary Assets	2792.41	3144.11
其中：期货保证金存款	Thereinto:Futures Margin Deposit	2604.70	3005.39
应收货币保证金	Monetary Margin Receivable	1544.30	2239.01
应收质押保证金	Pledged Margin Receivable	135.48	226.92
存出保证金	Margin Paid	0.63	5.88
交易性金融资产	Financial Assets Held for Trade	225.33	396.24
应收结算担保金	Receivable Guaranty Money for Settlement	15.41	17.78
应收风险损失款	Receivable Money for Risk Loss	0.87	0.97
应收利息	Interests Receivable	17.34	11.50
应收佣金	Commission Receivable	0.22	0.37
其他应收款	Other Receivable	22.03	18.65
可供出售金融资产	Financial Assets Available for Sales	111.20	27.82
持有至到期投资	Held-to-Maturity Investment	8.36	20.17
长期股权投资	Long-term Equity Investment	198.65	265.23
期货会员资格投资	Futures Membership Investment	2.20	2.20
固定资产	Fixed Assets	15.87	18.29
无形资产	Intangible Assets	12.47	12.29
递延所得税资产	Deferred Income Tax Assets	6.61	5.82
其他资产	Other Assets	33.14	37.93
资产总计	Total Assets	5142.50	6451.18

数据来源：中国证券监督管理委员会
Source: CSRC

7-10 续表 continued

单位：亿元 (100 million yuan)

负债和所有者权益	Liabilities and Owner's Equity	期初余额 Beginning Balance	期末余额 Ending Balance
负债：	**Liabilities:**		
短期借款	Short-term Loan	3.00	0.00
应付货币保证金	Monetary Margin Payable	3757.24	4840.28
应付质押保证金	Pledged Margin Payable	136.39	230.08
交易性金融负债	Financial Liabilities Held for Trade	3.38	8.02
期货风险准备金	Capital Reserve for Futures	60.09	66.26
应付期货投资者保障基金	Futures Investors Protection Fund Payable	0.33	0.42
应付职工薪酬	Employee Salary Payable	29.21	29.80
应交税费	Tax Payable	9.13	6.78
应付利息	Interests Payable	0.80	0.23
应付手续费及佣金	Fees and Commission Payable	1.22	1.17
其他应付款	Other Payable	10.60	14.76
预计负债	Estimated Liabilities	0.08	0.62
长期借款	Long-term Equity Loan	18.17	14.91
递延所得税负债	Deferred Income Tax Liabilities	0.79	3.37
其他负债	Other Liabilities	11.36	24.32
负债合计	Total Liabilities	4041.80	5241.02
所有者权益(或股东权益)：	**Owners' Equity**		
实收资本(或股本)	Equity	704.32	773.14
资本公积	Capital Reserve	163.96	176.45
减：库存股	less:Treasury Stock	0.00	0.00
盈余公积	Surplus Reserve	42.93	49.15
一般风险准备	General Contingency Reserve	41.02	47.50
未分配利润	Undistributed Profits	148.48	163.93
所有者权益(或股东权益)合计	Owner's Equity-Total	1100.71	1210.16
负债和所有者权益总计	Total Liabilities and Owner's Equity	5142.50	6451.18

7-11 2019年期货公司利润表
Income Statement of Futures Companies in 2019

单位：亿元 (100 million yuan)

项目	Item	上期金额 Beginning Balance	本期金额 Ending Balance
营业收入：	**Operating Revenue:**	**261.87**	**272.67**
手续费收入	Net Income from Fees	131.92	135.84
佣金净收入	Net Income from Commissions	-0.55	-1.82
利息净收入	Net Interests Income	112.68	95.49
投资收益	Investment Income	17.76	22.54
公允价值变动收益	Profit from Fair Value Change	-5.26	13.79
汇兑净收益	Net Exchange Gain	0.02	0.02
其他业务收入	Other Business Income	5.30	6.82
营业支出：	**Operating Cost:**	**229.68**	**197.97**
提取期货风险准备金	Reserve for Futures Risk	6.03	6.20
营业税金及附加	Business Tax and Surcharges	0.70	0.68
业务及管理费	General and Administrative Expenses	169.84	187.56
资产减值损失	Asset Impairment Loss	51.96	2.33
其他业务成本	Cost of Other Businesses	1.16	1.20
营业利润：	**Operating Profit:**	**32.19**	**74.70**
加：营业外收入	Add: Non-operating Income	2.41	2.23
减：营业外支出	Less: Non-operating Expenditure	0.95	1.70
利润总额：	**Total Profit:**	**33.65**	**75.23**
减：所得税费用	Less: Income Tax	20.03	18.66
净利润	**Net Profit**	**13.62**	**56.57**

数据来源：中国证券监督管理委员会
Source: CSRC

7-12　2019年证券公司财务情况前20排名表

Top 20 Securities Companies Ranked by Pecuniary Condition in 2019

排名 Rank	总资产 Total Assets			排名 Rank	净利润 Net Profit		
	公司名称 Company Name	金额(亿元) Amount (100 million yuan)	占比(%) Proportion (%)		公司名称 Company Name	金额(亿元) Amount (100 million yuan)	占比(%) Proportion (%)
1	中信证券	6032.16	8.31	1	中信证券	117.01	9.80
2	华泰证券	4226.01	5.82	2	国泰君安	87.47	7.32
3	国泰君安	4016.22	5.53	3	海通证券	67.45	5.65
4	招商证券	3465.31	4.77	4	华泰证券	62.89	5.26
5	广发证券	3446.97	4.75	5	广发证券	59.29	4.96
6	海通证券	3419.39	4.71	6	招商证券	57.38	4.80
7	申万宏源	3131.10	4.31	7	中信建投	53.97	4.52
8	银河证券	2774.52	3.82	8	申万宏源	49.11	4.11
9	中信建投	2666.56	3.67	9	国信证券	48.55	4.06
10	东方证券	2198.95	3.03	10	银河证券	48.37	4.05
11	国信证券	2093.22	2.88	11	东方证券	24.02	2.01
12	中金公司	1725.14	2.38	12	平安证券	23.25	1.95
13	光大证券	1598.74	2.20	13	长江证券	22.42	1.88
14	平安证券	1328.80	1.83	14	安信证券	21.88	1.83
15	兴业证券	1308.88	1.80	15	中金公司	20.41	1.71
16	安信证券	1305.32	1.80	16	中泰证券	20.30	1.70
17	中泰证券	1272.63	1.75	17	兴业证券	18.07	1.51
18	方正证券	1123.02	1.55	18	东方财富	14.17	1.19
19	长江证券	1035.68	1.43	19	财通证券	13.28	1.11
20	东吴证券	829.64	1.14	20	华西证券	13.10	1.10
合计		48998.26	67.50	合计		842.39	70.52

注：“占比”是指单个公司数据占全行业公司数据的比重。

数据来源：中国证券监督管理委员会

Source:CSRC

7-13 2019年证券公司股票成交金额前20排名表
Top 20 Securities Companies Ranked by Stock Trading Turnover in 2019

排名 Rank	A股 A-Shares			排名 Rank	B股 B-Shares		
	公司名称 Company Name	金额(亿元) Amount (100 million yuan)	占比(%) Proportion (%)		公司名称 Company Name	金额(亿元) Amount (100 million yuan)	占比(%) Proportion (%)
1	华泰证券	174079.08	8.17	1	申万宏源	138.95	12.07
2	中信证券	111773.46	5.25	2	华泰证券	72.33	6.28
3	国泰君安	102005.77	4.79	3	国泰君安	72.25	6.28
4	广发证券	97834.14	4.59	4	招商证券	71.60	6.22
5	招商证券	94126.60	4.42	5	中信证券	70.96	6.16
6	平安证券	80258.44	3.77	6	海通证券	69.85	6.07
7	银河证券	74564.67	3.50	7	广发证券	61.20	5.32
8	申万宏源	74126.93	3.48	8	银河证券	59.57	5.17
9	东方财富	70619.01	3.31	9	国信证券	47.04	4.09
10	海通证券	69704.25	3.27	10	光大证券	30.28	2.63
11	国信证券	69378.48	3.26	11	中金公司	26.68	2.32
12	中泰证券	62741.12	2.95	12	中投证券	26.65	2.31
13	中信建投	62632.79	2.94	13	方正证券	25.77	2.24
14	安信证券	52528.36	2.47	14	安信证券	25.29	2.20
15	方正证券	49880.68	2.34	15	中信建投	24.46	2.12
16	中投证券	42350.74	1.99	16	东方证券	24.14	2.10
17	长江证券	42264.19	1.98	17	上海证券	21.64	1.88
18	财通证券	38112.23	1.79	18	中银国际	16.31	1.42
19	兴业证券	32585.94	1.53	19	长江证券	16.30	1.42
20	光大证券	31293.20	1.47	20	平安证券	14.08	1.22
合计		1432860.09	67.26	合计		915.34	79.51

注：1."占比"是指单个公司数据占全行业公司数据的比重。
2.股票成交金额按双边计算。

数据来源：中国证券业协会

Source:SAC

7-14　2019年证券公司债券交易金额前20排名表

Top 20 Securities Companies Ranked by Bond Trading Turnover in 2019

排名 Rank	现货 Spot Transaction		
	公司名称 Company Name	金额(亿元) Amount(100 million yuan)	占比(%) Proportion(%)
1	中信证券	4181.65	10.13
2	光大证券	3042.88	7.37
3	中信建投	2946.68	7.14
4	华泰证券	2831.82	6.86
5	银河证券	2554.40	6.19
6	广发证券	2410.12	5.84
7	国泰君安	2211.69	5.36
8	招商证券	1339.64	3.24
9	东方财富	921.07	2.23
10	国金证券	920.71	2.23
11	中金公司	885.62	2.14
12	江海证券	860.65	2.08
13	长江证券	804.92	1.95
14	兴业证券	767.56	1.86
15	东方证券	760.88	1.84
16	华宝证券	736.27	1.78
17	申万宏源	699.58	1.69
18	海通证券	662.36	1.60
19	平安证券	635.09	1.54
20	财通证券	634.72	1.54
合计		30808.31	74.60

注：1.本表仅统计交易所债券的交易情况。
2.“占比”是指单个公司数据占全行业公司数据的比重。
3.债券交易金额按双边口径计算。
数据来源：中国证券业协会
Source:SAC

7-14　续表　continued

排名 Rank	回购 Repo Transaction		
	公司名称 Company Name	金额(亿元) Amount(100 million yuan)	占比(%) Proportion(%)
1	中信证券	126668.62	8.42
2	华泰证券	99640.36	6.63
3	广发证券	71190.75	4.73
4	国泰君安	67496.86	4.49
5	申万宏源	63496.40	4.22
6	招商证券	62260.83	4.14
7	银河证券	60561.23	4.03
8	中信建投	58198.29	3.87
9	安信证券	52765.43	3.51
10	平安证券	48397.81	3.22
11	长江证券	46759.43	3.11
12	海通证券	46287.11	3.08
13	兴业证券	34773.19	2.31
14	光大证券	30668.38	2.04
15	国信证券	30554.66	2.03
16	中泰证券	25527.18	1.70
17	东方证券	24875.04	1.65
18	中投证券	23704.87	1.58
19	中金公司	23261.33	1.55
20	方正证券	21349.20	1.42
合计		1018436.97	67.73

7-15 2019年证券公司经纪业务前20排名表
Top 20 Securities Companies Ranked by Brokerage Business in 2019

排名 Rank	代理买卖证券业务净收入(含席位租赁) Net Income from Acting Securities Trading		
	公司名称 Company Name	金额(亿元) Amount(100 million yuan)	占比(%) Proportion(%)
1	国泰君安	45.28	5.77
2	银河证券	37.29	4.75
3	国信证券	36.75	4.68
4	广发证券	36.21	4.61
5	华泰证券	36.19	4.61
6	中信证券	35.60	4.53
7	招商证券	34.83	4.44
8	申万宏源	29.11	3.71
9	海通证券	28.17	3.59
10	中信建投	24.50	3.12
11	方正证券	22.97	2.93
12	中泰证券	22.21	2.83
13	平安证券	21.53	2.74
14	安信证券	18.37	2.34
15	光大证券	18.33	2.33
16	长江证券	16.89	2.15
17	东方财富	15.82	2.01
18	中金财富	13.82	1.76
19	兴业证券	12.43	1.58
20	东方证券	11.44	1.46
合计		517.73	65.94

注："占比"是指单个公司数据占全行业公司数据的比重。
数据来源：中国证券业协会
Source: SAC

7-16 2019年证券公司承销业务前20排名表
Top 20 Securities Companies Ranked by Underwriting Business in 2019

排名 Rank	承销与保荐业务净收入 Net Income of Underwritings and Sponsors		
	公司名称 Company Name	金额(亿元) Amount (100 million yuan)	占比(%) Proportion(%)
1	中信证券	30.30	8.04
2	中信建投	30.28	8.03
3	中金公司	22.41	5.95
4	国泰君安	16.07	4.26
5	海通证券	15.23	4.04
6	招商证券	13.99	3.71
7	国信证券	12.74	3.38
8	光大证券	12.08	3.20
9	广发证券	11.98	3.18
10	华泰联合	10.38	2.75
11	平安证券	9.63	2.55
12	中泰证券	7.52	2.00
13	东兴证券	7.45	1.98
14	国金证券	7.34	1.95
15	安信证券	6.18	1.64
16	民生证券	5.94	1.58
17	开源证券	5.58	1.48
18	天风证券	5.50	1.46
19	中山证券	5.45	1.45
20	兴业证券	5.30	1.41
合计		241.36	64.04

注："占比"是指单个公司数据占全行业公司数据的比重。
数据来源：中国证券业协会
Source: SAC

7-16　续表 continued

排名 Rank	并购重组财务顾问业务净收入 Net Income of Take Over Consultants		
	公司名称 Company Name	金额(亿元) Amount(100 million yuan)	占比(%) Proportion(%)
1	中金公司	3.92	13.94
2	华泰联合	3.69	13.15
3	中信证券	3.56	12.68
4	中信建投	2.99	10.65
5	招商证券	1.70	6.06
6	国泰君安	1.21	4.32
7	国金证券	1.06	3.78
8	申万宏源	0.89	3.16
9	国信证券	0.57	2.04
10	中天国富	0.56	2.01
11	西南证券	0.48	1.69
12	东方花旗	0.47	1.66
13	海通证券	0.46	1.65
14	广发证券	0.45	1.60
15	中德证券	0.43	1.54
16	民生证券	0.39	1.40
17	中原证券	0.37	1.31
18	长江保荐	0.30	1.08
19	东吴证券	0.30	1.07
20	华西证券	0.29	1.03
合计		24.11	85.82

7-17　2019年证券公司资产管理业务前20排名表
Top 20 Securities Companies Ranked by Asset Management Business in 2019

排名 Rank	受托管理资金本金总额 Total Collocation Capital		
	公司名称 Company Name	金额(亿元) Amount(100 million yuan)	占比(%) Proportion(%)
1	中信证券	14517.19	11.82
2	华泰资管	7047.11	5.74
3	国君资管	6853.10	5.58
4	招商资管	6808.41	5.54
5	中银国际	6052.88	4.93
6	中信建投	5477.69	4.46
7	申万宏源	5439.31	4.43
8	中金公司	3993.20	3.25
9	广发资管	2865.94	2.33
10	海通资管	2474.73	2.01
11	光证资管	2328.01	1.89
12	银河金汇	2136.66	1.74
13	平安证券	2101.81	1.71
14	安信证券	2046.40	1.67
15	方正证券	2007.85	1.63
16	长城证券	1699.39	1.38
17	东证资管	1695.69	1.38
18	德邦证券	1657.73	1.35
19	第一创业	1586.77	1.29
20	天风证券	1575.82	1.28
合计		80365.70	65.42

注："占比"是指单个公司数据占全行业公司数据的比重。
数据来源：中国证券业协会
Source: SAC

7-17 续表 continued

排名 Rank	受托客户资产管理业务净收入 Net Income from Asset Management Business		
	公司名称 Company Name	金额(亿元) Amount(100 million yuan)	占比(%) Proportion(%)
1	华泰资管	17.98	6.55
2	东证资管	17.72	6.45
3	国君资管	17.56	6.40
4	中信证券	16.19	5.90
5	申万宏源	13.81	5.03
6	广发资管	13.29	4.84
7	光证资管	11.85	4.32
8	财通资管	10.51	3.83
9	招商资管	10.49	3.82
10	海通资管	9.70	3.53
11	中信建投	9.39	3.42
12	中银国际	7.15	2.60
13	中金公司	6.96	2.54
14	天风证券	6.77	2.47
15	银河金汇	6.31	2.30
16	安信证券	5.56	2.03
17	方正证券	5.32	1.94
18	中泰资管	4.61	1.68
19	东兴证券	4.35	1.58
20	华融证券	4.34	1.58
合计		199.87	72.81

7-18　2019年证券公司客户交易结算资金余额前20排名表

Top 20 Securities Companies Ranked by Balance of Clients' Transaction Settlement Funds in 2019

排名 Rank	客户交易结算资金余额 Balance of Clients' Transaction Settlement Funds		
	公司名称 Company Name	金额(亿元) Amount(100 million yuan)	占比(%) Proportion(%)
1	华泰证券	575.61	5.14
2	广发证券	560.15	5.00
3	中信证券	531.76	4.75
4	国泰君安	529.55	4.73
5	海通证券	486.98	4.35
6	银河证券	479.07	4.28
7	中信建投	420.22	3.75
8	国信证券	411.55	3.67
9	招商证券	405.30	3.62
10	申银万国	334.05	2.98
11	平安证券	295.65	2.64
12	安信证券	248.27	2.22
13	中泰证券	228.33	2.04
14	光大证券	223.04	1.99
15	中投证券	221.56	1.98
16	方正证券	205.96	1.84
17	兴业证券	203.95	1.82
18	长江证券	198.57	1.77
19	东方财富	165.36	1.48
20	东方证券	157.81	1.41
合计		6882.74	61.45

注：1．“占比”是指单个公司数据占全行业公司数据的比重。
2．“证券交易结算资金”是指“证券市场交易结算资金监控系统”获取的有经纪业务的证券公司全部经纪业务客户(含部分采取证券公司结算模式的资产管理计划)从事证券交易等的人民币交易结算资金，不包括投资者从事B股交易、融资融券业务等的资金，也不包括证券公司自营、QFII以及采用托管人结算模式的证券公司资产管理计划和公开募集证券投资基金等从事证券交易的资金。

数据来源：中国证券投资者保护基金有限责任公司
Source: SIPF

7–19 2019年期货公司期货成交金额前20排名表
Top 20 Futures Companies Ranked by Futures Trading Turnover in 2019

排名 Rank	商品期货 Commodity Futures			排名 Rank	金融期货 Financial Futures		
	公司名称 Company Name	金额(亿元) Amount (100 million yuan)	占比(%) Proportion (%)		公司名称 Company Name	金额(亿元) Amount (100 million yuan)	占比(%) Proportion (%)
1	上海东证期货有限公司	34.17	7.77	1	中信期货有限公司	13.14	9.43
2	海通期货股份有限公司	30.22	6.87	2	海通期货股份有限公司	9.42	6.76
3	华泰期货有限公司	25.45	5.79	3	国泰君安期货有限公司	7.07	5.07
4	中信期货有限公司	21.86	4.97	4	上海东证期货有限公司	5.99	4.30
5	国投安信期货有限公司	13.01	2.96	5	华泰期货有限公司	5.88	4.22
6	国泰君安期货有限公司	12.66	2.88	6	兴证期货有限公司	4.72	3.39
7	方正中期期货有限公司	11.49	2.61	7	申银万国期货有限公司	4.30	3.09
8	光大期货有限公司	10.58	2.41	8	国投安信期货有限公司	4.15	2.98
9	银河期货有限公司	9.78	2.22	9	银河期货有限公司	4.12	2.96
10	徽商期货有限责任公司	9.72	2.21	10	西部期货有限公司	3.42	2.45
11	永安期货股份有限公司	9.29	2.11	11	永安期货股份有限公司	3.33	2.39
12	国富期货有限公司	8.58	1.95	12	国信期货有限责任公司	3.03	2.17
13	兴证期货有限公司	8.38	1.91	13	光大期货有限公司	2.99	2.15
14	申银万国期货有限公司	8.11	1.84	14	华西期货有限责任公司	2.95	2.12
15	华安期货有限责任公司	8.06	1.83	15	中信建投期货有限公司	2.29	1.64
16	国信期货有限责任公司	7.56	1.72	16	广发期货有限公司	2.26	1.62
17	广发期货有限公司	6.28	1.43	17	方正中期期货有限公司	2.23	1.60
18	上海东方财富期货有限公司	5.60	1.27	18	招商期货有限公司	2.20	1.58
19	中信建投期货有限公司	5.57	1.27	19	五矿经易期货有限公司	2.16	1.55
20	新湖期货有限公司	5.46	1.24	20	中融汇信期货有限公司	2.05	1.47
合计		251.82	57.28	合计		87.71	62.97

注：1．“占比”是指单个公司数据占全行业公司数据的比重。
2．期货成交金额按双边口径计算。

数据来源:中国证券监督管理委员会

Source: CSRC

7-20　2019年期货公司期末客户权益总额前20排名表
Top 20 Futures Companies Ranked by Total Value of Customer Equity in 2019

排名 Rank	公司名称 Company Name	金额(亿元) Amount(100 million yuan)	占比(%) Proportion(%)
1	中信期货有限公司	373.76	7.37
2	永安期货股份有限公司	250.71	4.94
3	国泰君安期货有限公司	246.59	4.86
4	上海东证期货有限公司	230.80	4.55
5	华泰期货有限公司	219.89	4.34
6	海通期货股份有限公司	209.40	4.13
7	银河期货有限公司	175.89	3.47
8	国投安信期货有限公司	133.87	2.64
9	申银万国期货有限公司	109.95	2.17
10	广发期货有限公司	105.68	2.08
11	兴证期货有限公司	101.41	2.00
12	光大期货有限公司	98.33	1.94
13	中粮期货有限公司	87.39	1.72
14	方正中期期货有限公司	86.12	1.70
15	五矿经易期货有限公司	81.85	1.61
16	南华期货股份有限公司	78.10	1.54
17	一德期货有限公司	74.50	1.47
18	浙商期货有限公司	73.77	1.45
19	国信期货有限责任公司	69.62	1.37
20	中信建投期货有限公司	68.73	1.36
合计		2876.36	56.73

注："占比"是指单个公司数据占全行业公司数据的比重。
数据来源：中国期货业协会
Source: CFA

7-21　2019年期货公司财务情况前20排名表
Top 20 Futures Companies Ranked by Pecuniary Condition in 2019

排名 Rank	总资产 Total Assets			排名 Rank	净利润 Net Profit		
	公司名称 Company Name	金额(亿元) Amount (100 million yuan)	占比(%) Proportion (%)		公司名称 Company Name	金额(亿元) Amount (100 million yuan)	占比(%) Proportion (%)
1	中信期货	443.94	6.88	1	永安期货	10.12	17.89
2	永安期货	325.89	5.05	2	中信期货	3.43	6.06
3	国泰君安	286.14	4.44	3	海通期货	2.66	4.70
4	东证期货	268.30	4.16	4	国泰君安	2.24	3.96
5	华泰期货	250.39	3.88	5	银河期货	2.19	3.88
6	海通期货	240.45	3.73	6	申银万国	1.84	3.25
7	银河期货	201.87	3.13	7	光大期货	1.82	3.22
8	国投安信期货	157.25	2.44	8	混沌天成	1.71	3.03
9	申银万国	141.80	2.20	9	国信期货	1.65	2.92
10	广发期货	131.95	2.05	10	国投安信期货	1.60	2.83
11	五矿经易期货	124.75	1.93	11	招商期货	1.49	2.63
12	中粮期货	121.43	1.88	12	浙商期货	1.31	2.31
13	光大期货	119.56	1.85	13	五矿经易期货	1.30	2.30
14	兴证期货	117.23	1.82	14	中信建投	1.30	2.30
15	南华期货	107.05	1.66	15	广发期货	1.23	2.18
16	方正中期期货	105.83	1.64	16	金汇期货	1.21	2.15
17	国信期货	98.69	1.53	17	中粮期货	1.14	2.02
18	浙商期货	96.90	1.50	18	瑞达期货	1.12	1.98
19	鲁证期货	91.11	1.41	19	中衍期货	1.10	1.95
20	中信建投	89.82	1.39	20	东证期货	1.04	1.84
合计		3520.35	54.57	合计		41.51	73.39

注：“占比”是指单个公司数据占全行业公司数据的比重。
数据来源：中国期货业协会
Source: CFA

7-22　2019年期货公司经纪业务收入前20排名表
Top 20 Futures Companies Ranked by Brokerage Business Income in 2019

排名 Rank	期货公司经纪业务收入 Futures Companies Brokerage Business Income		
	公司名称 Company Name	金额(亿元) Amount(100 million yuan)	占比(%) Proportion(%)
1	新纪元期货	7.07	5.49
2	国泰君安	4.54	3.52
3	永安期货	3.81	2.96
4	方正中期期货	3.24	2.51
5	中信期货	3.22	2.50
6	徽商期货	3.16	2.45
7	银河期货	2.96	2.29
8	上海大陆	2.95	2.29
9	创元期货	2.90	2.25
10	海通期货	2.75	2.13
11	东证期货	2.63	2.04
12	华泰期货	2.41	1.87
13	申银万国	2.19	1.70
14	东方财富期货	2.19	1.70
15	中信建投	2.19	1.70
16	宁证期货	2.15	1.67
17	平安期货	2.13	1.65
18	广发期货	2.06	1.60
19	华安期货	2.03	1.57
20	光大期货	1.90	1.47
合计		58.47	45.35

注：1.“占比”是指单个公司数据占全行业公司数据的比重。
2.按合并口径统计。
数据来源：中国期货业协会
Source: CFA

7-23　2019年期货公司投资咨询业务收入前20排名表
Top 20 Futures Companies Ranked by Investment Consultant Business Income in 2019

排名 Rank	投资咨询业务收入 Investment Consultant Business Income		
	公司名称 Company Name	金额(亿元) Amount(100 million yuan)	占比(%) Proportion(%)
1	申银万国	0.52	35.31
2	国富期货	0.16	11.03
3	中融汇信	0.15	9.76
4	南华期货	0.11	7.12
5	建信期货	0.06	4.17
6	新纪元期货	0.05	3.43
7	瑞达期货	0.05	3.21
8	先锋期货	0.04	2.60
9	金元期货	0.03	2.34
10	中银国际期货	0.03	2.00
11	国信期货	0.03	1.98
12	永安期货	0.03	1.85
13	中信期货	0.03	1.83
14	招商期货	0.02	1.42
15	广州期货	0.02	1.28
16	西南期货	0.02	1.26
17	国联期货	0.01	0.72
18	中粮期货	0.01	0.72
19	西部期货	0.01	0.70
20	创元期货	0.01	0.69
合计		1.39	93.44

注：1."占比"是指单个公司数据占全行业公司数据的比重。
　　2.按合并口径统计。
数据来源：中国期货业协会
Source: CFA

7-24　2019年期货公司资产管理业务收入前20排名表
Top 20 Futures Companies Ranked by Asset Management Business Income in 2019

排名 Rank	资产管理业务收入 Asset Management Business Income		
	公司名称 Company Name	金额(亿元) Amount(100 million yuan)	占比(%) Proportion(%)
1	永安期货股份有限公司	1.28	16.56
2	国投安信期货有限公司	0.57	7.40
3	中电投先融期货股份有限公司*	0.49	6.30
4	和合期货有限公司*	0.37	4.84
5	五矿经易期货有限公司	0.37	4.73
6	海通期货股份有限公司	0.36	4.70
7	中信期货有限公司	0.36	4.69
8	天风期货股份有限公司*	0.35	4.49
9	国贸期货有限公司*	0.29	3.71
10	迈科期货股份有限公司	0.22	2.89
11	上海东证期货有限公司	0.20	2.55
12	瑞达期货股份有限公司	0.20	2.54
13	银河期货有限公司	0.14	1.81
14	申银万国期货有限公司	0.14	1.81
15	首创京都期货有限公司	0.13	1.69
16	浙商期货有限公司	0.13	1.64
17	中原期货股份有限公司	0.12	1.61
18	兴业期货有限公司	0.12	1.61
19	华信期货股份有限公司	0.09	1.13
20	中银国际期货有限责任公司	0.09	1.11
合计		6.01	77.81

注：1.“占比”是指单个公司数据占全行业公司数据的比重。
2.按合并口径统计。
3.*号四家公司以子公司形式开展业务
数据来源：中国期货业协会
Source: CFA

7-25 2019年期货公司风险管理业务收入前20排名表
Top 20 Futures Companies Ranked by Risk Management Business Income in 2019

排名 Rank	风险管理业务收入 Risk Management Business Income		
	公司名称 Company Name	金额(亿元) Amount(100 million yuan)	占比(%) Proportion(%)
1	浙江永安资本管理有限公司	202.08	11.35
2	上期资本管理有限公司	163.76	9.20
3	东证润和资本管理有限公司	93.31	5.24
4	浙江南华资本管理有限公司	89.74	5.04
5	中信中证资本管理有限公司	75.41	4.24
6	上海滇晟商贸有限公司	72.72	4.09
7	宏源恒利(上海)实业有限公司	69.12	3.88
8	上海海通资源管理有限公司	67.65	3.80
9	五矿产业金融服务(深圳)有限公司	63.45	3.56
10	国贸启润资本管理有限公司	61.13	3.43
11	上海新湖瑞丰金融服务有限公司	55.98	3.14
12	中电投先融(天津)风险管理有限公司	52.57	2.95
13	国泰君安风险管理有限公司	47.44	2.67
14	兴证风险管理有限公司	47.37	2.66
15	浙江济海贸易发展有限公司	46.60	2.62
16	平安商贸有限公司	43.78	2.46
17	渤海融盛资本管理有限公司	39.45	2.22
18	上海夯石商贸有限公司	33.95	1.91
19	广期资本管理(深圳)有限公司	31.76	1.78
20	银河德睿资本管理有限公司	27.82	1.56
合计		1385.08	77.81

注：1."占比"是指单个公司数据占全行业公司数据的比重。
2.按合并口径统计。
3.本表中期货公司指期货公司风险管理子公司。

数据来源：中国期货业协会

Source: CFA

7-26　2019年全国股转系统主办券商推荐业务前20排名表
Top 20 Lead Brokers in the NEEQ System of IPO Recommendation in 2019

排名 Rank	推荐业务 IPO Recommendation		
	主办券商名称 Name of Lead Brokers	推荐家数 Number of IPO Recommendations	占比(%) Proportion(%)
1	申万宏源证券有限公司	566	6.3
2	安信证券股份有限公司	431	4.8
3	中泰证券股份有限公司	352	3.9
4	东吴证券股份有限公司	294	3.3
5	中信建投证券股份有限公司	285	3.2
6	长江证券股份有限公司	256	2.9
7	东北证券股份有限公司	246	2.7
8	兴业证券股份有限公司	243	2.7
9	招商证券股份有限公司	240	2.7
10	西南证券股份有限公司	240	2.7
11	开源证券股份有限公司	234	2.6
12	广发证券股份有限公司	221	2.5
13	国融证券股份有限公司	209	2.3
14	国信证券股份有限公司	198	2.2
15	西部证券股份有限公司	179	2.0
16	东莞证券股份有限公司	179	2.0
17	国泰君安证券股份有限公司	174	1.9
18	财通证券股份有限公司	174	1.9
19	光大证券股份有限公司	173	1.9
20	方正证券股份有限公司	172	1.9
合计		5066	56.6

注：1.“占比”是指单个公司数据占全行业公司数据的比重。
2.以年末存量挂牌公司的推荐券商进行统计。
数据来源：全国中小企业股份转让系统
Source:NEEQ

7-27 2019年全国股转系统主办券商做市业务前20排名表
Top 20 Lead Brokers in the NEEQ System of Market Making in 2019

排名 Rank	做市业务 Market Making		
	主办券商名称 Name of Lead Brokers	做市交易金额(亿元) Trading Turnover of Market Making(100 Million Yuan)	占比(%) Proportion(%)
1	国泰君安证券股份有限公司	39.94	17.45
2	中泰证券股份有限公司	38.19	16.69
3	上海证券有限责任公司	18.07	7.90
4	广发证券股份有限公司	11.17	4.88
5	九州证券股份有限公司	8.98	3.92
6	中山证券有限责任公司	8.35	3.65
7	粤开证券股份有限公司	7.75	3.38
8	天风证券股份有限公司	7.70	3.37
9	东北证券股份有限公司	7.20	3.14
10	国信证券股份有限公司	7.16	3.13
11	安信证券股份有限公司	6.24	2.72
12	中信证券股份有限公司	6.15	2.69
13	海通证券股份有限公司	4.72	2.06
14	东莞证券股份有限公司	4.36	1.91
15	申万宏源证券有限公司	4.10	1.79
16	中天证券股份有限公司	3.78	1.65
17	中国国际金融股份有限公司	3.10	1.35
18	湘财证券股份有限公司	2.60	1.14
19	东方证券股份有限公司	2.57	1.12
20	财通证券股份有限公司	2.08	0.91
合计		194.19	84.85

注：1.“占比”是指单个公司数据占全行业公司数据的比重。
2.做市交易金额按双边口径计算。

数据来源：全国中小企业股份转让系统

Source:NEEQ

7-28　2019年全国股转系统主办券商经纪业务前20排名表
Top 20 Lead Brokers in the NEEQ System of Brokerage in 2019

排名 Rank	经纪业务 Brokerage		
	主办券商名称 Name of Lead Brokers	代理买卖证券交易金额(亿元) Amount of Acting Trading Securities (100 Million Yuan)	占比(%) Proportion(%)
1	中信建投证券股份有限公司	107.43	7.68
2	中信证券股份有限公司	91.50	6.54
3	申万宏源证券有限公司	75.04	5.37
4	广发证券股份有限公司	71.11	5.09
5	国泰君安证券股份有限公司	67.11	4.80
6	招商证券股份有限公司	65.65	4.70
7	华泰证券股份有限公司	64.27	4.60
8	中国银河证券股份有限公司	52.21	3.73
9	兴业证券股份有限公司	50.51	3.61
10	中泰证券股份有限公司	43.75	3.13
11	光大证券股份有限公司	40.30	2.88
12	国信证券股份有限公司	34.85	2.49
13	中国国际金融股份有限公司	30.54	2.18
14	安信证券股份有限公司	30.08	2.15
15	海通证券股份有限公司	28.76	2.06
16	长江证券股份有限公司	24.70	1.77
17	华林证券股份有限公司	21.96	1.57
18	财通证券股份有限公司	19.67	1.41
19	国金证券股份有限公司	19.54	1.40
20	东方证券股份有限公司	19.08	1.36
合计		958.05	68.53

注：1.“占比”是指单个公司数据占全行业公司数据的比重。
　　2.代理买卖证券交易金额按双边口径计算。

数据来源：全国中小企业股份转让系统
Source:NEEQ

主要统计指标解释

Explanatory Notes on Main Statistical Indicators

证券公司家数 指统计期末已获得中国证监会颁发经营证券业务许可证的证券公司数量合计。证券公司家数以获得经营证券业务许可证为标准，已办理机构注销的证券公司从统计中剔除。

证券公司分公司家数 指统计期末经中国证监会批准，依法设立的从事证券业务的证券公司分公司数量合计。

证券公司营业部家数 指统计期末经中国证监会批准，依法设立的从事证券业务的营业网点数量合计。证券营业部家数以获得经营证券业务许可证为标准，已办理机构注销的证券营业部从统计中剔除。

期货公司家数 指统计期末经中国证监会批准，并获得中国证监会颁发经营期货业务许可证的期货公司数量合计。期货公司家数以获得经营期货业务许可证为标准，已办理机构注销的期货公司从统计中剔除。

期货公司营业部家数 指统计期末经中国证监会批准，依法设立的从事期货业务的营业网点数量合计。期货营业部家数以获得经营期货业务许可证为标准，已办理机构注销的期货营业部从统计中剔除。

基金管理公司家数 指统计期末经中国证监会批准，并获得证券期货经营许可证的基金管理公司的数量合计。基金管理公司家数以获得基金管理资格证书为标准，已办理取消基金管理资格证书的基金管理公司从统计中剔除。

基金管理公司子公司家数 指统计期末经中国证监会批准，依法设立的从事基金管理业务的基金管理公司子公司数量合计。

证券投资咨询机构家数 指统计期末取得中国证监会业务许可证的证券投资咨询机构的数量合计。指为证券投资人或者客户提供证券投资分析、预测或者建议等直接或者间接有偿咨询服务的机构的数量合计。

总资产 指统计期末证券期货经营机构全部资产总额合计。

净资产 指统计期末证券期货经营机构净资产合计。

净资本 指统计期末证券公司和期货公司净资本金额的合计。

营业收入 指统计期内证券期货经营机构营业收入金额合计。包括手续费及佣金净收入、受托客户资产管理业务净收入、利息净收入、投资收益、公允价值变动收益、汇兑净收益及其他业务收入等。

利润总额 指统计期内证券期货经营机构利润总额的合计。

净利润 指统计期内证券期货经营机构净利润的合计。

风险资本准备总额 指统计期末全部证券公司风险资本准备的合计。

代理买卖证券业务净收入 指统计期内证券公司代理投资者进行证券买卖的金额合计。代理买卖证券总额包含证券公司出租交易单元上所发生的证券买卖金额。

资产管理业务规模 指统计期末证券公司、基金管理公司和期货公司提供专业资产管理服务的资产金额合计，一般按公允价值计算。

期货公司客户权益总额 指统计期末由期货公司带来进行期货交易的客户的资产总额合计，包括被合约占用的保证金以及未被合约占用的可用资金。

就业人员数量 指统计期末在证券公司、基金管理公司和期货公司工作的人员数量合计。

证券交易结算资金 指有经纪业务的证券公司全部经纪业务客户（含部分采取证券公司结算模式的资产管理计划）从事证券交易等的人民币交易结算资金。

期货公司资产管理业务 是指期货公司可以接受客户委托，根据《期货公司监督管理办法》《私募投资基金监督管理暂行办法》规定和合同约定，运用客户资产进行投资，并按照合同约定收取费用或者报酬的业务活动。

期货公司风险管理公司 是指由一家期货公司控股 50%以上的子公司，根据《公司法》设立的以开展风险管理服务为主要业务的有限责任公司或股份有限公司。

期货风险资本准备 是指期货公司在开展各项业务过程中，为应对可能发生的风险损失所需要的资本。

期货经纪业务 是指代理客户进行期货交易并收取交易佣金的业务。

期货投资咨询业务 是指期货公司基于客户委托，期货公司及其从业人员向客户提供风险管理顾问、研究分析、交易咨询等服务并获得合理报酬。

主办券商推荐业务 是指证券公司在全国中小企业股份转让系统推荐申请挂牌公司挂牌，持续督导挂牌公司，为挂牌公司股票发行、并购重组提供的相关服务。

主办券商做市业务 是指证券公司在全国中小企业股份转让系统发布买卖双向报价，并在其报价数量范围内按其报价履行与投资者成交义务的相关业务。

主办券商经纪业务 是指证券公司在全国中小企业股份转让系统代理开立证券账户、代理买卖股票等业务。

贰 零 贰 零

附 录

Appendix

贰 零 贰 零

附录1-1 2019年世界主要国家（地区）的证券化率

Securitisation Ratio of the World's Major Countries (Regions) in 2019

中文名称 Chinese Name	英文名称 English Name	2018			2019		
		市值（十亿美元） Market Capitalization (In Billions)	GDP（十亿美元） GDP (In Billions)	证券化率 (%) Securitisation Ratio (%)	市值（十亿美元） Market Capitalization (In Billions)	GDP（十亿美元） GDP (In Billions)	证券化率 (%) Securitisation Ratio (%)
中国内地	China Mainland	6324.88	13608.15	46.48	8515.50	14342.90	59.37
美国	America	30436.31	20494.10	148.51	37482.23	21427.70	174.92
日本	Japan	5296.81	4970.92	106.56	6191.07	5081.77	121.83
英国	Britain	3638.00	2825.21	128.77	4182.87	2827.11	147.96
法国	French	3730.40	2777.54	134.31	4701.71	2715.52	173.14
德国	Germany	1755.17	3996.76	43.91	2098.17	3845.63	54.56
俄罗斯	Russia	576.12	1657.55	34.76	791.52	1699.88	46.56
印度	India	2083.48	2726.32	76.42	2179.78	2875.14	75.81
巴西	Brazil	916.82	1868.63	49.06	1187.36	1839.76	64.54
南非	South Africa	865.33	366.30	236.23	1056.34	351.43	300.58
韩国	Korea	1413.72	1619.42	87.30	1484.84	1642.38	90.41

注：计算证券化率所使用各国（地区）股市市值数据来自世界交易所联合会。

数据来源：世界交易所联合会、世界银行。

Source: WFE、IBRD

附录1-2　2019年世界主要交易所业务量排名表
Ranking of the World's Major Exchanges by Volume of Business in 2019

中文名称 Chinese Name	英文名称 English Name	2018			
		市值 Market Capitalization		成交金额 Trading Turnover	
		交易所市值（十亿美元） Market Capitalization of Exchange(In Billions)	排名 Ranking	成交金额（十亿美元） Trading Turnover (In Billions)	排名 Ranking
纽约证券交易所	NYSE Euronext(US)	20679.48	1	22940.79	2
纳斯达克证券交易所	NASDAQ OMX	9756.84	2	43656.06	1
日本交易所集团	Japan Exchange Group	5296.81	3	7207.44	4
上海证券交易所	Shanghai Stock Exchange	3919.42	4	6140.33	5
香港证券交易所	Hong Kong Exchanges and Clearing	3819.22	5	2483.00	8
泛欧证券交易所	NYSE Euronext(Europe)	3730.40	6	2263.20	10
伦敦证券交易所	London SE Group	3638.00	7	4767.73	6
深圳证券交易所	Shenzhen Stock Exchange	2405.46	8	7600.36	3
多伦多证券交易所集团	TMX Group	1937.90	11	1447.56	11
孟买证券交易所	BSE India Limited	2083.48	9	121.17	20
印度国家证券交易所	National Stock Exchange of India Limited	2056.34	10	1165.83	12
法兰克福证券交易所	Deutsche Börse	1755.17	12	2348.70	9
瑞士证券交易所	SIX Swiss Exchange	1441.16	13	1100.08	13
纳斯达克(北欧)证券交易所	Nasdaq Nordic Exchanges	1322.82	15	920.75	16
澳大利亚证券交易所	Australian Securities Exchange	1262.80	16	982.03	15
韩国证券交易所	Korea Exchange	1413.72	14	2559.16	7
台湾证券交易所	Taiwan Stock Exchange	959.22	17	982.90	14
巴西证券交易所	B3 - Brasil Bolsa Balcão	916.82	18	816.90	17
约翰内斯堡证券交易所	Johannesburg Stock Exchange	865.33	19	422.26	19
西班牙马德里交易所	BME Spanish Exchanges	723.69	20	691.88	18

注：1.此表样本选用2019年末股票市值全球排名前20位的交易所。
　　2.因wfe提供的成交金额不全，故个别数据存在缺失情况。
数据来源：世界交易所联合会
Source: WFE

附录1-2 续表 continued

中文名称 Chinese Name	英文名称 English Name	2019			
		市值 Market Capitalization		成交金额 Trading Turnover	
		交易所市值（十亿美元） Market Capitalization of Exchange(In Billions)	排名 Ranking	成交金额（十亿美元） Trading Turnover (In Billions)	排名 Ranking
纽约证券交易所	NYSE Euronext(US)	24480.18	1	—	—
纳斯达克证券交易所	NASDAQ OMX	13002.05	2	39683.15	1
日本交易所集团	Japan Exchange Group	6191.07	3	5879.44	4
上海证券交易所	Shanghai Stock Exchange	5105.84	4	7959.14	3
香港证券交易所	Hong Kong Exchanges and Clearing	4899.23	5	1990.61	6
泛欧证券交易所	NYSE Euronext(Europe)	4701.71	6	1981.80	7
伦敦证券交易所	London SE Group	4182.87	7	4185.00	5
深圳证券交易所	Shenzhen Stock Exchange	3409.66	8	11491.85	2
多伦多证券交易所集团	TMX Group	2409.10	9	1415.44	10
孟买证券交易所	BSE India Limited	2179.78	10	92.74	19
印度国家证券交易所	National Stock Exchange of India Limited	2162.70	11	1181.64	11
法兰克福证券交易所	Deutsche Börse	2098.17	12	1609.53	9
瑞士证券交易所	SIX Swiss Exchange	1834.45	13	276.73	16
纳斯达克(北欧)证券交易所	Nasdaq Nordic Exchanges	1612.58	14	206.28	17
澳大利亚证券交易所	Australian Securities Exchange	1487.60	15	1009.87	13
韩国证券交易所	Korea Exchange	1484.84	16	1955.18	8
台湾证券交易所	Taiwan Stock Exchange	1217.27	17	857.80	14
巴西证券交易所	B3 - Brasil Bolsa Balcão	1187.36	18	1065.52	12
约翰内斯堡证券交易所	Johannesburg Stock Exchange	1056.34	19	355.01	15
西班牙马德里交易所	BME Spanish Exchanges	797.29	20	142.66	18

附录1-3 2019年全球主要经济体资本市场业务量排名表
Ranking of the World's Major Economies by Volume of Business in Capital Markets in 2019

中文名称 Chinese Name	英文名称 English Name	2018				2019			
		市值 Market Capitalization		成交金额 Trading Turnover		市值 Market Capitalization		成交金额 Trading Turnover	
		市值（十亿美元）Market Capitalization (In Billions)	排名 Ranking	成交金额（十亿美元）Trading Turnover (In Billions)	排名 Ranking	市值（十亿美元）Market Capitalization (In Billions)	排名 Ranking	成交金额（十亿美元）Trading Turnover (In Billions)	排名 Ranking
美国	America	30436.31	1	66596.85	1	37482.23	1	—	—
中国内地	China Mainland	6324.88	2	13740.69	2	8515.50	2	19450.98	1
日本	Japan	5296.81	3	7207.44	3	6191.07	3	5879.44	2
中国香港	Hong Kong, China	3819.22	4	2483.00	6	4899.23	4	1990.61	4
法国	French	3730.40	5	2263.20	8	4701.71	5	1981.80	5
英国	Britain	3638.00	6	4767.73	4	4182.87	6	4185.00	3
加拿大	Cananda	1937.90	8	1447.56	9	2409.10	7	1415.44	8
印度	India	2083.48	7	121.17	20	2179.78	8	92.74	19
德国	Germany	1755.17	9	2348.70	7	2098.17	9	1609.53	7
瑞士	Switzerland	1441.16	10	1100.08	10	1834.45	10	276.73	14
瑞典	Sweden	1322.82	12	920.75	13	1612.58	11	206.28	16
澳大利亚	Australia	1262.80	13	982.03	12	1487.60	12	1009.87	10
韩国	Korea	1413.72	11	2559.16	5	1484.84	13	1955.18	6
中国台湾	Taiwan, China	959.22	14	982.90	11	1217.27	14	857.80	11
巴西	Brazil	916.82	15	816.90	14	1187.36	15	1065.52	9
南非	South Africa	865.33	16	422.26	16	1056.34	16	355.01	13
西班牙	Spain	723.69	17	691.88	15	797.29	17	142.66	18
俄罗斯	Russia	576.12	19	231.50	18	791.52	18	221.65	15
新加坡	Singapore	687.26	18	222.42	19	697.27	19	194.42	17
泰国	Thailand	500.74	20	405.41	17	569.23	20	366.65	12

注：1.各主要经济体市值为所在地在各经济体的会员交易所国内市值合计。
2.此表样本选用2019年末股票市值全球排名前20位的经济体。
3.法国市值为泛欧交易所市值，包含法国、荷兰、比利时、葡萄牙四个国家的市值，因为无法单独提取，所以使用泛欧交易所市值作为法国市值进行计算，法国实际市值应为泛欧交易所市值60%左右。
4.由于印度国家证券交易所和孟买证券交易所市值存在重复统计，因此，世界交易所联合会只将孟买证券交易所市值作为印度市值。(成交金额相应也只计算孟买交易所)
5.因wfe提供的成交金额不全，个别数据存在缺失情况。

数据来源：世界交易所联合会
Source: WFE

附录1-4　2019年全球期货及期权市场前30大交易所排名表
Ranking of Top 30 Exchanges in Global Futures and Options Markets in 2019

中文名称 Chinese Name	英文名称 English Name	2018		2019	
		期货和期权成交量(百万手) Futures and Option Trading Volume (in millions)	排名 Ranking	期货和期权成交量(百万手) Futures and Option Trading Volume (in millions)	排名 Ranking
印度国家证券交易所	National Stock Exchange of India	3790.09	2	5960.65	1
芝加哥商业交易所集团	CME Group	4844.86	1	4830.05	2
巴西期货交易所	B3 - Brasil Bolsa Balcão	2574.07	3	3880.62	3
洲际交易所	Intercontinental Exchange	2474.22	4	2256.76	4
欧洲期权与期货交易所	Eurex	1951.76	6	1947.14	5
芝加哥期权交易所集团	CBOE Holdings	2050.88	5	1912.08	6
纳斯达克证券交易所	Nasdaq	1894.71	7	1785.34	7
韩国交易所	Korea Exchange	1408.26	9	1546.72	8
莫斯科交易所	Moscow Exchange	1500.38	8	1455.04	9
上海期货交易所	Shanghai Futures Exchange	1201.90	10	1447.60	10
大连商品交易所	Dalian Commodity Exchange	981.93	12	1355.59	11
郑州商品交易所	Zhengzhou Commodity Exchange	817.97	13	1092.70	12
孟买证券交易所	BSE	1032.69	11	1026.43	13
迈阿密洲际证券交易所	Miami International Holdings1	421.32	15	440.05	14
香港交易所	Hong Kong Exchanges and Clearing	480.97	14	438.69	15
伊斯坦布尔证券交易所	Borsa Istanbul	236.39	19	388.00	16
日本交易所集团	Japan Exchange	388.30	16	361.06	17
印度多种商品交易所	Multi Commodity Exchange of India	230.34	20	306.59	18
台湾期货交易所	Taiwan Futures Exchange	308.08	17	260.77	19
澳大利亚证券交易所	ASX	248.00	18	260.48	20
新加坡交易所	Singapore Exchange	217.39	22	239.87	21
加拿大TMX集团	TMX Group	218.99	21	228.77	22
罗萨里奥期货交易所	Rosario Futures Exchange	192.34	23	210.14	23
约翰内斯堡证券交易所	JSE Securities Exchange	190.70	24	156.86	24
泛欧衍生品市场	Euronext	149.25	25	144.08	25
泰国期货交易所	Thailand Futures Exchange	104.42	26	104.52	26
西班牙金融期货交易所	MEFF	43.50	29	44.92	27
伦敦证券交易所集团	London Stock Exchange Group	46.11	28	38.86	28
特拉维夫证券交易所	Tel-Aviv Stock Exchange	48.11	27	35.56	29
东京金融交易所	Tokyo Financial Exchange	38.83	30	33.46	30

注：1.排名不包括未向FIA报告交易数据的交易所。
2.此表样本选用2019年期货和期权成交量全球排名前30位的交易所。
3.东京证券交易所与大阪证券交易所合并为日本交易所集团，洲际交易所集团收购纽约泛欧交易所。

数据来源：美国期货业协会

Source: FIA

附录1-5 历年退市公司名录

序号 No.	股票代码 Stock Code	退市公司全称 Delisting Company Name	股票简称 Stock Abbreviation
1	600747.SH	大连大福控股股份有限公司	退市大控
2	002143.SZ	印纪娱乐传媒股份有限公司	印纪退
3	002680.SZ	长生生物科技股份有限公司	长生退
4	002018.SZ	安徽华信国际控股股份有限公司	华信退
5	002477.SZ	雏鹰农牧集团股份有限公司	雏鹰退
6	600732.SH	上海新梅置业股份有限公司	ST新梅
7	600556.SH	广西慧金科技股份有限公司	ST慧球
8	600401.SH	海润光伏科技股份有限公司	退市海润
9	000693.SZ	成都华泽钴镍材料股份有限公司	华泽退
10	002070.SZ	福建众和股份有限公司	众和退
11	000418.SZ	无锡小天鹅股份有限公司	小天鹅A
12	200418.SZ	无锡小天鹅股份有限公司	小天鹅B
13	600680.SH	上海普天邮通科技股份有限公司	*ST上普
14	900930.SH	上海普天邮通科技股份有限公司	*ST沪普B
15	002015.SZ	江苏霞客环保色纺股份有限公司	霞客环保
16	002059.SZ	云南旅游股份有限公司	云南旅游
17	002053.SZ	云南能源投资股份有限公司	云南能投
18	600877.SH	中国嘉陵工业股份有限公司(集团)	*ST嘉陵
19	600270.SH	中外运空运发展股份有限公司	外运发展
20	000979.SZ	中弘控股股份有限公司	中弘退
21	000511.SZ	银基烯碳新材料集团股份有限公司	烯碳退
22	600806.SH	沈机集团昆明机床股份有限公司	退市昆机
23	600432.SH	吉林吉恩镍业股份有限公司	退市吉恩
24	200053.SZ	深圳赤湾石油基地股份有限公司	深基地B
25	000916.SZ	华北高速公路股份有限公司	华北高速(退市)
26	300372.SZ	丹东欣泰电气股份有限公司	欣泰退(退市)
27	000033.SZ	深圳新都酒店股份有限公司	新都退(退市)
28	600005.SH	武汉钢铁股份有限公司	武钢股份(退市)
29	000748.SZ	长城信息产业股份有限公司	长城信息(退市)
30	900935.SH	上海阳晨投资股份有限公司	阳晨B股(退市)
31	600656.SH	珠海市博元投资股份有限公司	退市博元(退市)
32	000024.SZ	招商局地产控股股份有限公司	招商地产(退市)
33	200024.SZ	招商局地产控股股份有限公司	招商局B(退市)
34	900950.SH	江苏新城地产股份有限公司	新城B股(退市)
35	300186.SZ	广东大华农动物保健品股份有限公司	大华农(退市)
36	200770.SZ	武汉锅炉股份有限公司	武锅B(退市)
37	000594.SZ	天津国恒铁路控股股份有限公司	国恒(退市)
38	601268.SH	国机重型装备集团股份有限公司	*ST二重(退市)
39	600832.SH	上海东方明珠(集团)股份有限公司	东方明珠(退市)
40	601299.SH	中国北车股份有限公司	中国北车(退市)
41	000562.SZ	宏源证券股份有限公司	宏源证券(退市)

注：1.同时发A、B股公司所用股票代码、简称、股价和净资产数据均为其A股对应数据。
2.从2019年开始，退市公司在原有范围基础上增加重组退市-重组上市和重组退市-出清式资产置换。出清式资产置换是指在上市公司实际控制人未发生变更的前提下，上市公司将原有主要业务置出，同时置入新业务。

数据来源：上海证券交易所、深圳证券交易所

Source:SSE、SZSE

List of Delisting Companies

退市日期 Delisting Date	退市时股价 Delisting Share Price	退市时每股净资产 Delisting Book Value Per Share	退市原因 Delisting Reason
2019/12/12	0.26	0.2848	其它不符合挂牌的情形
2019/11/29	0.25	0.6090	连续20个交易日收盘价低于1元
2019/11/27	0.77	3.8467	重大违法强制退市
2019/11/1	0.26	-0.5249	连续20个交易日收盘价低于1元
2019/10/16	0.17	-0.1420	连续20个交易日收盘价低于1元
2019/9/6	8.68	1.0299	重组退市-重组上市
2019/9/6	7.92	-0.0119	重组退市-重组上市
2019/7/12	0.15	-0.8366	连续三年亏损
2019/7/9	0.37	-2.9437	暂停上市后未披露定期报告
2019/7/9	0.71	-1.9063	连续三年亏损
2019/6/21	57.39	14.1189	吸收合并
2019/5/27	51.65	14.1189	吸收合并
2019/5/23	7.69	0.3704	其它不符合挂牌的情形
2019/5/23	0.402	0.3704	其它不符合挂牌的情形
2019/4/25	6.33	1.3204	重组退市-重组上市
2019/3/29	6.93	2.7159	重组退市-重组上市
2019/2/27	7.62	4.3348	重组退市-重组上市
2019/1/30	4.48	-0.2804	重组退市-出清式资产置换
2018/12/28	20.99	9.0350	吸收合并
2018/12/28	0.22	0.8731	连续20个交易日收盘价低于1元
2018/7/18	0.61	0.8440	连续三年亏损
2018/7/13	1.47	-0.0720	连续三年亏损
2018/7/13	1.38	-0.1237	连续三年亏损
2018/6/15	22.75	7.3792	吸收合并
2017/12/25	8.82	4.4121	吸收合并
2017/8/28	1.48	2.8728	其它不符合挂牌的情形
2017/7/7	1.7	0.0448	连续三年亏损
2017/2/14	3.71	-	吸收合并
2017/1/18	20.31	5.1469	吸收合并
2016/12/16	2.922	2.6470	吸收合并
2016/5/13	4.49	2.3633	其它不符合挂牌的情形
2015/12/30	40.5	12.7608	吸收合并
2015/12/11	35.3	12.7608	吸收合并
2015/11/23	2.216	5.3324	吸收合并
2015/11/2	45.72	3.9355	吸收合并
2015/7/13	2.05	-4.8625	连续四年亏损
2015/7/13	1.29	1.7278	连续四年亏损
2015/5/21	2.35	-2.7793	连续四年亏损
2015/5/20	23.18	3.1361	吸收合并
2015/5/20	29.98	4.0638	吸收合并
2015/1/26	30.5	3.9770	吸收合并

附录1-5　续表 1

序号 No.	股票代码 Stock Code	退市公司全称 Delisting Company Name	股票简称 Stock Abbreviation
42	200002.SZ	万科企业股份有限公司	万科B(退市)
43	600087.SH	中国长江航运集团南京油运股份有限公司	长油(退市)
44	200513.SZ	丽珠医药集团股份有限公司	丽珠B(退市)
45	900949.SH	浙江东南发电股份有限公司	东电B股(退市)
46	000527.SZ	广东美的电器股份有限公司	美的电器(退市)
47	000602.SZ	广东金马旅游集团股份有限公司	金马集团(退市)
48	600253.SH	河南天方药业股份有限公司	天方药业(退市)
49	000522.SZ	广州白云山制药股份有限公司	白云山A(退市)
50	000805.SZ	江苏高能时代在线股份有限公司	*ST炎黄(退市)
51	000787.SZ	创智信息科技股份有限公司	*ST创智(退市)
52	200039.SZ	中国国际海运集装箱(集团)股份有限公司	中集B(退市)
53	600991.SH	广汽长丰汽车股份有限公司	广汽长丰(退市)
54	600263.SH	路桥集团国际建设股份有限公司	路桥建设(退市)
55	600102.SH	莱芜钢铁股份有限公司	莱钢股份(退市)
56	600631.SH	上海百联集团股份有限公司(原)	百联股份(退市)
57	000578.SZ	青海盐湖工业集团股份有限公司	盐湖集团(退市)
58	600553.SH	河北太行水泥股份有限公司	太行水泥(退市)
59	600003.SH	东北高速公路股份有限公司	ST东北高(退市)
60	600607.SH	上海实业医药投资股份有限公司	上实医药(退市)
61	600842.SH	上海中西药业股份有限公司	中西药业(退市)
62	600591.SH	上海航空股份有限公司	*ST上航(退市)
63	600001.SH	邯郸钢铁股份有限公司	邯郸钢铁(退市)
64	600357.SH	承德新新钒钛股份有限公司	承德钒钛(退市)
65	200041.SZ	深圳本鲁克斯实业股份有限公司	*ST本实B(退市)
66	600840.SH	浙江新湖创业投资股份有限公司	新湖创业(退市)
67	000515.SZ	攀钢集团重庆钛业股份有限公司	攀渝钛业(退市)
68	000569.SZ	攀钢集团四川长城特殊钢股份有限公司	长城股份(退市)
69	600627.SH	上海输配电股份有限公司	上电股份(退市)
70	600786.SH	东方电气集团东方锅炉股份有限公司	东方锅炉(退市)
71	600472.SH	包头铝业股份有限公司	包头铝业(退市)
72	600065.SH	大庆联谊石化股份有限公司	*ST联谊(退市)
73	600762.SH	衡阳市金荔科技农业股份有限公司	S*ST金荔(退市)
74	600181.SH	云大科技股份有限公司	*ST云大(退市)
75	600286.SH	湖南国光瓷业集团股份有限公司	S*ST国瓷(退市)
76	000583.SZ	四川托普软件投资股份有限公司	S*ST托普(退市)
77	600205.SH	山东铝业股份有限公司	S山东铝(退市)
78	600296.SH	兰州铝业股份有限公司	S兰铝(退市)
79	000549.SZ	湘火炬汽车集团股份有限公司	S湘火炬(退市)
80	000699.SZ	佳木斯金地造纸股份有限公司	S*ST佳纸(退市)
81	600772.SH	中油龙昌股份有限公司	S*ST龙昌(退市)
82	600092.SH	陕西精密合金股份有限公司	S*ST精密(退市)
83	T00018.SH	上海港集装箱股份有限公司	上港集箱(退市)
84	000832.SZ	黑龙江龙涤股份有限公司	*ST龙涤(退市)
85	600002.SH	中国石化齐鲁股份有限公司	齐鲁石化(退市)
86	000406.SZ	中国石化胜利油田大明(集团)股份有限公司	石油大明(退市)
87	000866.SZ	中国石化扬子石油化工股份有限公司	扬子石化(退市)

continued

退市日期 Delisting Date	退市时股价 Delisting Share Price	退市时每股净资产 Delisting Book Value Per Share	退市原因 Delisting Reason
2014/6/19	12.41	6.6800	转板上市
2014/6/5	0.83	-0.7026	连续三年亏损
2014/1/10	37.92	11.3100	转板上市
2013/11/7	0.825	5.1473	吸收合并
2013/9/18	14.02	6.6685	吸收合并
2013/8/14	13.41	3.5977	私有化
2013/7/15	6.26	2.1200	吸收合并
2013/4/26	23.27	3.5533	吸收合并
2013/3/27	1.88	0.2365	连续三年亏损
2013/2/8	4.68	0.0389	连续三年亏损
2012/12/14	9.7	7.1644	转板上市
2012/3/20	17.82	4.4700	吸收合并
2012/3/1	16.43	5.2700	吸收合并
2012/2/28	7.13	6.7000	吸收合并
2011/8/23	15.68	6.1100	吸收合并
2011/3/22	24.44	2.9223	吸收合并
2011/2/18	14.98	2.4900	吸收合并
2010/2/26	3.87	3.1100	证券置换
2010/2/12	23.52	6.2826	吸收合并
2010/2/12	13.96	1.7120	吸收合并
2010/1/25	7.27	0.8360	吸收合并
2009/12/29	5.29	4.4100	吸收合并
2009/12/29	7.4	3.5500	吸收合并
2009/12/4	1.16	-6.4500	暂停上市后未披露定期报告
2009/8/27	23.8	2.8000	吸收合并
2009/5/6	15.29	1.3400	吸收合并
2009/5/6	7.05	0.0460	吸收合并
2008/11/26	28.73	5.4000	吸收合并
2008/3/18	82.2	6.4400	私有化
2007/12/26	51.82	4.9747	吸收合并
2007/12/13	1.7	0.6133	连续三年亏损
2007/11/20	0.77	-3.4300	连续三年亏损
2007/6/1	1.02	-0.6700	连续四年亏损
2007/5/31	0.67	-4.2000	连续三年亏损
2007/5/21	0.76	-6.0800	连续三年亏损
2007/4/30	25.41	6.0300	吸收合并
2007/4/30	14.61	5.8520	吸收合并
2007/4/27	8.9	2.1700	吸收合并
2007/4/4	0.81	-3.1355	连续三年亏损
2006/11/30	1.3	1.8200	暂停上市后未披露定期报告
2006/11/30	0.96	-	暂停上市后未披露定期报告
2006/10/20	16.37	4.0637	吸收合并
2006/6/29	1.45	-1.8569	连续三年亏损
2006/4/24	10.09	3.9200	私有化
2006/4/21	10.12	5.2000	私有化
2006/4/21	13.84	6.1300	私有化

附录1-5　续表 2

序号 No.	股票代码 Stock Code	退市公司全称 Delisting Company Name	股票简称 Stock Abbreviation
88	000956.SZ	中国石化中原油气高新股份有限公司	中原油气(退市)
89	600659.SH	辽宁闽越花雕股份有限公司	*ST花雕(退市)
90	000618.SZ	吉林化学工业股份有限公司	吉林化工(退市)
91	000763.SZ	锦州石化股份有限公司	锦州石化(退市)
92	600799.SH	黑龙江省科利华网络股份有限公司	*ST龙科(退市)
93	000817.SZ	辽河金马油田股份有限公司	辽河油田(退市)
94	600752.SH	哈慈股份有限公司	*ST哈慈(退市)
95	000827.SZ	大连长兴实业股份有限公司	*ST长兴(退市)
96	000769.SZ	沈阳菲菲澳家现代农业股份有限公司	*ST大菲(退市)
97	600899.SH	浙江信联股份有限公司	*ST信联(退市)
98	200057.SZ	深圳大洋海运股份有限公司	*ST大洋B(退市)
99	000535.SZ	猴王股份有限公司	*ST猴王(退市)
100	600700.SH	陕西煤航数码测绘(集团)股份有限公司	*ST数码(退市)
101	600852.SH	中国四川国际合作股份有限公司	*ST中川(退市)
102	600672.SH	广东华圣科技投资股份有限公司	*ST华圣(退市)
103	000765.SZ	汇绿生态科技集团股份有限公司	*ST华信(退市)
104	600788.SH	西安达尔曼实业股份有限公司	*ST达曼(退市)
105	600632.SH	上海华联商厦股份有限公司	华联商厦(退市)
106	000621.SZ	比特科技控股股份有限公司	*ST比特(退市)
107	600670.SH	长春高斯达生物科技集团股份有限公司	*ST斯达(退市)
108	000730.SZ	沈阳天创信息科技股份有限公司	*ST环保(退市)
109	000013.SZ	深圳石化工业集团股份有限公司	*ST石化A(退市)
110	200013.SZ	深圳石化工业集团股份有限公司	*ST石化B(退市)
111	600878.SH	大连北大科技(集团)股份有限公司	*ST北科(退市)
112	600669.SH	鞍山合成(集团)股份有限公司	*ST鞍成(退市)
113	000660.SZ	广州大通资源开发股份有限公司	*ST南华(退市)
114	000405.SZ	珠海金马控股股份有限公司	ST鑫光(退市)
115	000542.SZ	TCL通讯设备股份有限公司	TCL通讯(退市)
116	600646.SH	上海国嘉实业股份有限公司	ST国嘉(退市)
117	000412.SZ	长春北方五环实业股份有限公司	ST五环(退市)
118	000047.SZ	深圳市中侨发展股份有限公司	ST中侨(退市)
119	600709.SH	湖北洪湖生态农业股份有限公司	ST生态(退市)
120	000658.SZ	厦门海洋实业(集团)股份有限公司	ST海洋(退市)
121	600813.SH	辽宁华夏大地生态技术股份有限公司	ST鞍一工(退市)
122	000653.SZ	福建九州集团股份有限公司	ST九州(退市)
123	000689.SZ	汕头宏业(集团)股份有限公司	ST宏业(退市)
124	000675.SZ	四川银山化工(集团)股份有限公司	ST银山(退市)
125	200003.SZ	金田实业(集团)股份有限公司	PT金田B(退市)
126	000003.SZ	金田实业(集团)股份有限公司	PT金田A(退市)
127	000556.SZ	南洋航运集团股份有限公司	PT南洋(退市)
128	200015.SZ	深圳中浩(集团)股份有限公司	PT中浩B(退市)
129	000015.SZ	深圳中浩(集团)股份有限公司	PT中浩A(退市)
130	000588.SZ	广东金曼集团股份有限公司	PT粤金曼(退市)
131	600625.SH	上海水仙电器股份有限公司	PT水仙(退市)
132	900931.SH	上海水仙电器股份有限公司	PT水仙B(退市)
133	000508.SZ	海南民源现代农业发展股份有限公司	琼民源A(退市)

continued

退市日期 Delisting Date	退市时股价 Delisting Share Price	退市时每股净资产 Delisting Book Value Per Share	退市原因 Delisting Reason
2006/4/21	11.91	6.2534	私有化
2006/3/23	1.41	0.8800	暂停上市后未披露定期报告
2006/2/20	5.24	1.6000	私有化
2006/1/4	4.22	1.0070	私有化
2006/1/4	0.54	-1.1960	连续三年亏损
2006/1/4	8.75	2.9500	私有化
2005/9/22	0.84	0.2700	连续三年亏损
2005/9/21	1.16	0.1890	连续三年亏损
2005/9/21	0.9	0.2870	连续三年亏损
2005/9/21	1.13	-1.1370	连续三年亏损
2005/9/21	0.27	-1.2100	连续三年亏损
2005/9/21	0.5	-2.2300	连续三年亏损
2005/9/20	0.64	-1.7600	连续三年亏损
2005/9/16	0.72	-3.1800	连续三年亏损
2005/8/5	0.7	-1.0900	连续三年亏损
2005/7/4	2.36	-1.1500	连续三年亏损
2005/3/25	0.91	-3.0700	连续三年亏损
2004/11/18	9.53	4.0000	吸收合并
2004/9/27	2.66	-1.4200	连续三年亏损
2004/9/24	2.87	-0.8830	连续三年亏损
2004/9/24	2.6	0.1045	连续三年亏损
2004/9/20	2.47	-8.8000	连续三年亏损
2004/9/20	1.47	-8.8000	连续三年亏损
2004/9/15	2.64	-1.7800	连续三年亏损
2004/9/15	2.19	-2.2000	连续三年亏损
2004/9/13	2.38	-5.3200	连续三年亏损
2004/3/19	2.86	-0.3100	连续三年亏损
2004/1/13	27.34	3.2940	吸收合并
2003/9/22	5.82	-2.7431	连续三年亏损
2003/9/19	2.89	-0.1597	连续三年亏损
2003/5/30	8.03	-	连续三年亏损
2003/5/23	3.02	-0.2270	连续三年亏损
2002/9/20	4.24	-3.2160	连续三年亏损
2002/9/16	3.83	-3.5020	连续三年亏损
2002/9/13	2.51	-4.4500	连续三年亏损
2002/9/5	4.88	-4.1540	连续三年亏损
2002/8/20	7.94	-1.5400	连续三年亏损
2002/6/14	1.6	-2.9935	连续三年亏损
2002/6/14	2.71	-2.9935	连续三年亏损
2002/5/29	1.5	0.7262	连续三年亏损
2001/10/22	1.95	-6.5000	连续三年亏损
2001/10/22	6.85	-6.5000	连续三年亏损
2001/6/15	4.37	-	连续三年亏损
2001/4/23	4.8	-0.2500	连续三年亏损
2001/4/23	0.176	-0.2500	连续三年亏损
1999/7/12	23.5	4.0300	证券置换

附录1-6　2019年境外上市公司名录

List of Overseas Listed Company in 2019

序号 No.	股票代码 Stock Code	上市场所 Listed Exchange	公司全称 Company Name	对应A股代码 Corresponding A Stock Code
1	2202.HK	香港联交所	万科企业股份有限公司	000002.SZ
2	1635.HK	香港联交所	上海大众公用事业(集团)股份有限公司	600635.SH
3	3606.HK	香港联交所	福耀玻璃工业集团股份有限公司	600660.SH
4	0168.HK	香港联交所	青岛啤酒股份有限公司	600600.SH
5	1513.HK	香港联交所	丽珠医药集团股份有限公司	000513.SZ
6	0317.HK	香港联交所	中船海洋与防务装备股份有限公司	600685.SH
7	0338.HK	香港联交所	中国石化上海石油化工股份有限公司	600688.SH
8	0323.HK	香港联交所	马鞍山钢铁股份有限公司	600808.SH
9	6837.HK	香港联交所	海通证券股份有限公司	600837.SH
10	2607.HK	香港联交所	上海医药集团股份有限公司	601607.SH
11	2039.HK	香港联交所	中国国际海运集装箱(集团)股份有限公司	000039.SZ
12	0187.HK	香港联交所	北京京城机电股份有限公司	600860.SH
13	1033.HK	香港联交所	中石化石油工程技术服务股份有限公司	600871.SH
14	1065.HK	香港联交所	天津创业环保集团股份有限公司	600874.SH
15	1072.HK	香港联交所	东方电气股份有限公司	600875.SH
16	1108.HK	香港联交所	洛阳玻璃股份有限公司	600876.SH
17	0042.HK	香港联交所	东北电气发展股份有限公司	000585.SZ
18	0553.HK	香港联交所	南京熊猫电子股份有限公司	600775.SH
19	1776.HK	香港联交所	广发证券股份有限公司	000776.SZ
20	0719.HK	香港联交所	山东新华制药股份有限公司	000756.SZ
21	0670.HK	香港联交所	中国东方航空股份有限公司	600115.SH
22	0763.HK	香港联交所	中兴通讯股份有限公司	000063.SZ
23	0347.HK	香港联交所	鞍钢股份有限公司	000898.SZ
24	1171.HK	香港联交所	兖州煤业股份有限公司	600188.SH
25	2196.HK	香港联交所	上海复星医药(集团)股份有限公司	600196.SH
26	0921.HK	香港联交所	海信家电集团股份有限公司	000921.SZ
27	1157.HK	香港联交所	中联重科股份有限公司	000157.SZ
28	1812.HK	香港联交所	山东晨鸣纸业集团股份有限公司	000488.SZ
29	1988.HK	香港联交所	中国民生银行股份有限公司	600016.SH
30	0177.HK	香港联交所	江苏宁沪高速公路股份有限公司	600377.SH
31	0874.HK	香港联交所	广州白云山医药集团股份有限公司	600332.SH
32	0386.HK	香港联交所	中国石油化工股份有限公司	600028.SH
33	0902.HK	香港联交所	华能国际电力股份有限公司	600011.SH

备注：1.序号4、7、14、21、23、30、32、33、35、41、49、50、54、59、61、114、121、133的公司在美国发行上市ADR；
2.序号7、45、75、114的公司在英国发行上市GDR；2019年，“沪伦通”下华泰证券(序号75)在英国发行上市GDR。

数据来源：中国证监会

Source: CSRC

附录1-6 续表 1 continued

序号 No.	股票代码 Stock Code	上市场所 Listed Exchange	公司全称 Company Name	对应A股代码 Corresponding A Stock Code
34	0548.HK	香港联交所	深圳高速公路股份有限公司	600548.SH
35	0358.HK	香港联交所	江西铜业股份有限公司	600362.SH
36	0914.HK	香港联交所	安徽海螺水泥股份有限公司	600585.SH
37	3968.HK	香港联交所	招商银行股份有限公司	600036.SH
38	1138.HK	香港联交所	中远海运能源运输股份有限公司	600026.SH
39	6030.HK	香港联交所	中信证券股份有限公司	600030.SH
40	0995.HK	香港联交所	安徽皖通高速公路股份有限公司	600012.SH
41	1055.HK	香港联交所	中国南方航空股份有限公司	600029.SH
42	1787.HK	香港联交所	山东黄金矿业股份有限公司	600547.SH
43	1071.HK	香港联交所	华电国际电力股份有限公司	600027.SH
44	3988.HK	香港联交所	中国银行股份有限公司	601988.SH
45	0753.HK	香港联交所	中国国际航空股份有限公司	601111.SH
46	0588.HK	香港联交所	北京北辰实业股份有限公司	601588.SH
47	1398.HK	香港联交所	中国工商银行股份有限公司	601398.SH
48	0991.HK	香港联交所	大唐国际发电股份有限公司	601991.SH
49	0525.HK	香港联交所	广深铁路股份有限公司	601333.SH
50	2628.HK	香港联交所	中国人寿保险股份有限公司	601628.SH
51	1053.HK	香港联交所	重庆钢铁股份有限公司	601005.SH
52	2318.HK	香港联交所	中国平安保险(集团)股份有限公司	601318.SH
53	0998.HK	香港联交所	中信银行股份有限公司	601998.SH
54	2600.HK	香港联交所	中国铝业股份有限公司	601600.SH
55	2338.HK	香港联交所	潍柴动力股份有限公司	000338.SZ
56	3328.HK	香港联交所	交通银行股份有限公司	601328.SH
57	1919.HK	香港联交所	中远海运控股股份有限公司	601919.SH
58	0939.HK	香港联交所	中国建设银行股份有限公司	601939.SH
59	2883.HK	香港联交所	中海油田服务股份有限公司	601808.SH
60	1088.HK	香港联交所	中国神华能源股份有限公司	601088.SH
61	0857.HK	香港联交所	中国石油天然气股份有限公司	601857.SH
62	0390.HK	香港联交所	中国中铁股份有限公司	601390.SH
63	2866.HK	香港联交所	中远海运发展股份有限公司	601866.SH
64	2601.HK	香港联交所	中国太平洋保险(集团)股份有限公司	601601.SH
65	2208.HK	香港联交所	新疆金风科技股份有限公司	002202.SZ
66	1898.HK	香港联交所	中国中煤能源股份有限公司	601898.SH
67	1186.HK	香港联交所	中国铁建股份有限公司	601186.SH
68	2899.HK	香港联交所	紫金矿业集团股份有限公司	601899.SH
69	1766.HK	香港联交所	中国中车股份有限公司	601766.SH
70	2727.HK	香港联交所	上海电气集团股份有限公司	601727.SH
71	0107.HK	香港联交所	四川成渝高速公路股份有限公司	601107.SH

附录1-6 续表 2 continued

序号 No.	股票代码 Stock Code	上市场所 Listed Exchange	公司全称 Company Name	对应A股代码 Corresponding A Stock Code
72	6178.HK	香港联交所	光大证券股份有限公司	601788.SH
73	1618.HK	香港联交所	中国冶金科工股份有限公司	601618.SH
74	6099.HK	香港联交所	招商证券股份有限公司	600999.SH
75	6886.HK	香港联交所	华泰证券股份有限公司	601688.SH
76	1288.HK	香港联交所	中国农业银行股份有限公司	601288.SH
77	0564.HK	香港联交所	郑州煤矿机械集团股份有限公司	601717.SH
78	1772.HK	香港联交所	江西赣锋锂业股份有限公司	002460.SZ
79	6818.HK	香港联交所	中国光大银行股份有限公司	601818.SH
80	0568.HK	香港联交所	山东墨龙石油机械股份有限公司	002490.SZ
81	2880.HK	香港联交所	大连港股份有限公司	601880.SH
82	2009.HK	香港联交所	北京金隅集团股份有限公司	601992.SH
83	1211.HK	香港联交所	比亚迪股份有限公司	002594.SZ
84	2333.HK	香港联交所	长城汽车股份有限公司	601633.SH
85	1336.HK	香港联交所	新华人寿保险股份有限公司	601336.SH
86	1800.HK	香港联交所	中国交通建设股份有限公司	601800.SH
87	2238.HK	香港联交所	广州汽车集团股份有限公司	601238.SH
88	0895.HK	香港联交所	东江环保股份有限公司	002672.SZ
89	0038.HK	香港联交所	第一拖拉机股份有限公司	601038.SH
90	3993.HK	香港联交所	洛阳栾川钼业集团股份有限公司	603993.SH
91	1057.HK	香港联交所	浙江世宝股份有限公司	002703.SZ
92	3958.HK	香港联交所	东方证券股份有限公司	600958.SH
93	2611.HK	香港联交所	国泰君安证券股份有限公司	601211.SH
94	0811.HK	香港联交所	新华文轩出版传媒股份有限公司	601811.SH
95	1375.HK	香港联交所	中原证券股份有限公司	601375.SH
96	6881.HK	香港联交所	中国银河证券股份有限公司	601881.SH
97	3369.HK	香港联交所	秦皇岛港股份有限公司	601326.SH
98	6116.HK	香港联交所	上海拉夏贝尔服饰股份有限公司	603157.SH
99	1533.HK	香港联交所	兰州庄园牧场股份有限公司	002910.SZ
100	1528.HK	香港联交所	红星美凯龙家居集团股份有限公司	601828.SH
101	2359.HK	香港联交所	无锡药明康德新药开发股份有限公司	603259.SH
102	1330.HK	香港联交所	绿色动力环保集团股份有限公司	601330.SH
103	6066.HK	香港联交所	中信建投证券股份有限公司	601066.SH
104	6869.HK	香港联交所	长飞光纤光缆股份有限公司	601869.SH
105	2068.HK	香港联交所	中铝国际工程股份有限公司	601068.SH
106	6196.HK	香港联交所	郑州银行股份有限公司	002936.SZ
107	1339.HK	香港联交所	中国人民保险集团股份有限公司	601319.SH
108	6806.HK	香港联交所	申万宏源集团股份有限公司	000166.SZ
109	3759.HK	香港联交所	康龙化成(北京)新药技术股份有限公司	300759.SZ

附录1-6 续表 3 continued

序号 No.	股票代码 Stock Code	上市场所 Listed Exchange	公司全称 Company Name	对应A股代码 Corresponding A Stock Code
110	0300.HK	香港联交所	沈机集团昆明机床股份有限公司	—
111	1122.HK	香港联交所	庆铃汽车股份有限公司	—
112	1202.HK	香港联交所	成都普天电缆股份有限公司	—
113	1133.HK	香港联交所	哈尔滨电气股份有限公司	—
114	0576.HK	香港联交所	浙江沪杭甬高速公路股份有限公司	—
115	0161.HK	香港联交所	中航国际控股股份有限公司	—
116	0747.HK	香港联交所	沈阳公用发展股份有限公司	—
117	0694.HK	香港联交所	北京首都国际机场股份有限公司	—
118	8095.HK	香港联交所	北京北大青鸟环宇科技股份有限公司	—
119	1385.HK	香港联交所	上海复旦微电子集团股份有限公司	—
120	1666.HK	香港联交所	北京同仁堂科技发展股份有限公司	—
121	0696.HK	香港联交所	中国民航信息网络股份有限公司	—
122	8045.HK	香港联交所	江苏南大苏富特科技股份有限公司	—
123	8049.HK	香港联交所	吉林省辉南长龙生化药业股份有限公司	—
124	1075.HK	香港联交所	首都信息发展股份有限公司	—
125	8197.HK	香港联交所	北斗嘉药业股份有限公司	—
126	8106.HK	香港联交所	浙江升华兰德科技股份有限公司	—
127	8189.HK	香港联交所	天津泰达生物医学工程股份有限公司	—
128	0954.HK	香港联交所	常茂生物化学工程股份有限公司	—
129	8205.HK	香港联交所	上海交大慧谷信息产业股份有限公司	—
130	1349.HK	香港联交所	上海复旦张江生物医药股份有限公司	—
131	2488.HK	香港联交所	深圳市元征科技股份有限公司	—
132	8211.HK	香港联交所	浙江永安融通控股股份有限公司	—
133	0728.HK	香港联交所	中国电信股份有限公司	—
134	0357.HK	香港联交所	瑞港国际机场集团股份有限公司	—
135	8235.HK	香港联交所	赛迪顾问股份有限公司	—
136	8236.HK	香港联交所	宝德科技集团股份有限公司	—
137	2218.HK	香港联交所	烟台北方安德利果汁股份有限公司	—
138	2868.HK	香港联交所	首创置业股份有限公司	—
139	0980.HK	香港联交所	联华超市股份有限公司	—
140	2355.HK	香港联交所	宝业集团股份有限公司	—
141	8258.HK	香港联交所	陕西西北新技术实业股份有限公司	—
142	2698.HK	香港联交所	魏桥纺织股份有限公司	—
143	2308.HK	香港联交所	研祥智能科技股份有限公司	—
144	2357.HK	香港联交所	中国航空科技工业股份有限公司	—
145	8227.HK	香港联交所	西安海天天实业股份有限公司	—
146	2328.HK	香港联交所	中国人民财产保险股份有限公司	—
147	8243.HK	香港联交所	大贺传媒股份有限公司	—

附录1-6 续表 4 continued

序号 No.	股票代码 Stock Code	上市场所 Listed Exchange	公司全称 Company Name	对应A股代码 Corresponding A Stock Code
148	8249.HK	香港联交所	浙江瑞远智控科技股份有限公司	—
149	1265.HK	香港联交所	天津津燃公用事业股份有限公司	—
150	8273.HK	香港联交所	浙江展望股份有限公司	—
151	1066.HK	香港联交所	山东威高集团医用高分子制品股份有限公司	—
152	8286.HK	香港联交所	山西长城微光器材股份有限公司	—
153	1708.HK	香港联交所	南京三宝科技股份有限公司	—
154	8115.HK	香港联交所	上海青浦消防器材股份有限公司	—
155	8301.HK	香港联交所	深圳市明华澳汉科技股份有限公司	—
156	0438.HK	香港联交所	彩虹集团新能源股份有限公司	—
157	1000.HK	香港联交所	北青传媒股份有限公司	—
158	1103.HK	香港联交所	上海大生农业金融科技股份有限公司	—
159	2777.HK	香港联交所	广州富力地产股份有限公司	—
160	8329.HK	香港联交所	深圳市海王英特龙生物技术股份有限公司	—
161	3399.HK	香港联交所	广东粤运交通股份有限公司	—
162	0489.HK	香港联交所	东风汽车集团股份有限公司	—
163	3378.HK	香港联交所	厦门国际港务股份有限公司	—
164	3330.HK	香港联交所	灵宝黄金集团股份有限公司	—
165	1292.HK	香港联交所	重庆长安民生物流股份有限公司	—
166	8247.HK	香港联交所	中生北控生物科技股份有限公司	—
167	0840.HK	香港联交所	新疆天业节水灌溉股份有限公司	—
168	3323.HK	香港联交所	中国建材股份有限公司	—
169	2345.HK	香港联交所	上海集优机械股份有限公司	—
170	0814.HK	香港联交所	北京京客隆商业集团股份有限公司	—
171	3983.HK	香港联交所	中海石油化学股份有限公司	—
172	0552.HK	香港联交所	中国通信服务股份有限公司	—
173	1818.HK	香港联交所	招金矿业股份有限公司	—
174	2006.HK	香港联交所	上海锦江国际酒店(集团)股份有限公司	—
175	3898.HK	香港联交所	株洲中车时代电气股份有限公司	—
176	3833.HK	香港联交所	新疆新鑫矿业股份有限公司	—
177	8348.HK	香港联交所	天津滨海泰达物流集团股份有限公司	—
178	2722.HK	香港联交所	重庆机电股份有限公司	—
179	1099.HK	香港联交所	国药控股股份有限公司	—
180	0916.HK	香港联交所	龙源电力集团股份有限公司	—
181	0956.HK	香港联交所	新天绿色能源股份有限公司	—
182	3618.HK	香港联交所	重庆农村商业银行股份有限公司	—
183	1798.HK	香港联交所	中国大唐集团新能源股份有限公司	—
184	0958.HK	香港联交所	华能新能源股份有限公司	—
185	0579.HK	香港联交所	北京京能清洁能源电力股份有限公司	—

附录1-6 续表 5 continued

序号 No.	股票代码 Stock Code	上市场所 Listed Exchange	公司全称 Company Name	对应A股代码 Corresponding A Stock Code
186	1296.HK	香港联交所	国电科技环保集团股份有限公司	—
187	0816.HK	香港联交所	华电福新能源股份有限公司	—
188	3948.HK	香港联交所	内蒙古伊泰煤炭股份有限公司	—
189	1829.HK	香港联交所	中国机械设备工程股份有限公司	—
190	2386.HK	香港联交所	中石化炼化工程(集团)股份有限公司	—
191	1963.HK	香港联交所	重庆银行股份有限公司	—
192	3698.HK	香港联交所	徽商银行股份有限公司	—
193	1359.HK	香港联交所	中国信达资产管理股份有限公司	—
194	1819.HK	香港联交所	富贵鸟股份有限公司	—
195	1353.HK	香港联交所	福建诺奇股份有限公司	—
196	3332.HK	香港联交所	南京中生联合股份有限公司	—
197	3636.HK	香港联交所	保利文化集团股份有限公司	—
198	6138.HK	香港联交所	哈尔滨银行股份有限公司	—
199	3903.HK	香港联交所	瀚华金控股份有限公司	—
200	1588.HK	香港联交所	畅捷通信息技术股份有限公司	—
201	1599.HK	香港联交所	北京城建设计发展集团股份有限公司	—
202	6188.HK	香港联交所	北京迪信通商贸股份有限公司	—
203	1289.HK	香港联交所	无锡盛力达科技股份有限公司	—
204	1816.HK	香港联交所	中国广核电力股份有限公司	—
205	1958.HK	香港联交所	北京汽车股份有限公司	—
206	2066.HK	香港联交所	盛京银行股份有限公司	—
207	6866.HK	香港联交所	佐力科创小额贷款股份有限公司	—
208	8139.HK	香港联交所	浙江长安仁恒科技股份有限公司	—
209	1858.HK	香港联交所	北京市春立正达医疗器械股份有限公司	—
210	6826.HK	香港联交所	上海昊海生物科技股份有限公司	—
211	6839.HK	香港联交所	云南水务投资股份有限公司	—
212	3396.HK	香港联交所	联想控股股份有限公司	—
213	1456.HK	香港联交所	国联证券股份有限公司	—
214	1461.HK	香港联交所	鲁证期货股份有限公司	—
215	3969.HK	香港联交所	中国铁路通信信号股份有限公司	—
216	1527.HK	香港联交所	浙江天洁环境科技股份有限公司	—
217	1476.HK	香港联交所	恒泰证券股份有限公司	—
218	1508.HK	香港联交所	中国再保险(集团)股份有限公司	—
219	2799.HK	香港联交所	中国华融资产管理股份有限公司	—
220	3908.HK	香港联交所	中国国际金融股份有限公司	—
221	2120.HK	香港联交所	温州康宁医院股份有限公司	—
222	0416.HK	香港联交所	锦州银行股份有限公司	—
223	3996.HK	香港联交所	中国能源建设股份有限公司	—

附录1-6 续表 6 continued

序号 No.	股票代码 Stock Code	上市场所 Listed Exchange	公司全称 Company Name	对应A股代码 Corresponding A Stock Code
224	2289.HK	香港联交所	创美药业股份有限公司	—
225	1786.HK	香港联交所	中国铁建高新装备股份有限公司	—
226	1543.HK	香港联交所	广东中盈盛达融资担保投资股份有限公司	—
227	1558.HK	香港联交所	宜昌东阳光长江药业股份有限公司	—
228	1799.HK	香港联交所	新特能源股份有限公司	—
229	3678.HK	香港联交所	弘业期货股份有限公司	—
230	1459.HK	香港联交所	巨匠建设集团股份有限公司	—
231	1578.HK	香港联交所	天津银行股份有限公司	—
232	2016.HK	香港联交所	浙商银行股份有限公司	—
233	1606.HK	香港联交所	国银金融租赁股份有限公司	—
234	1658.HK	香港联交所	中国邮政储蓄银行股份有限公司	—
235	1577.HK	香港联交所	泉州汇鑫小额贷款股份有限公司	—
236	3689.HK	香港联交所	广东康华医疗股份有限公司	—
237	1272.HK	香港联交所	大唐环境产业集团股份有限公司	—
238	6189.HK	香港联交所	广东爱得威建设(集团)股份有限公司	—
239	1596.HK	香港联交所	河北翼辰实业集团股份有限公司	—
240	6122.HK	香港联交所	吉林九台农村商业银行股份有限公司	—
241	2281.HK	香港联交所	泸州市兴泸水务(集团)股份有限公司	—
242	3768.HK	香港联交所	昆明滇池水务股份有限公司	—
243	8252.HK	香港联交所	扬州市广陵区泰和农村小额贷款股份有限公司	—
244	8452.HK	香港联交所	富银融资租赁(深圳)股份有限公司	—
245	1551.HK	香港联交所	广州农村商业银行股份有限公司	—
246	1649.HK	香港联交所	内蒙古能源建设投资股份有限公司	—
247	1216.HK	香港联交所	中原银行股份有限公司	—
248	6060.HK	香港联交所	众安在线财产保险股份有限公司	—
249	6885.HK	香港联交所	河南金马能源股份有限公司	—
250	1697.HK	香港联交所	山东省国际信托股份有限公司	—
251	1727.HK	香港联交所	河北建设集团股份有限公司	—
252	2139.HK	香港联交所	甘肃银行股份有限公司	—
253	3319.HK	香港联交所	雅居乐雅生活服务股份有限公司	—
254	1671.HK	香港联交所	天津天保能源股份有限公司	—
255	1916.HK	香港联交所	江西银行股份有限公司	—
256	1749.HK	香港联交所	杉杉品牌运营股份有限公司	—
257	1763.HK	香港联交所	中国同辐股份有限公司	—
258	6190.HK	香港联交所	九江银行股份有限公司	—
259	1576.HK	香港联交所	齐鲁高速公路股份有限公司	—
260	0788.HK	香港联交所	中国铁塔股份有限公司	—
261	1835.HK	香港联交所	上海瑞威资产管理股份有限公司	—

附录1-6 续表 7 continued

序号 No.	股票代码 Stock Code	上市场所 Listed Exchange	公司全称 Company Name	对应A股代码 Corresponding A Stock Code
262	1983.HK	香港联交所	泸州市商业银行股份有限公司	—
263	1877.HK	香港联交所	上海君实生物医药科技股份有限公司	—
264	1713.HK	香港联交所	四川能投发展股份有限公司	—
265	3866.HK	香港联交所	青岛银行股份有限公司	—
266	0598.HK	香港联交所	中国外运股份有限公司	—
267	6198.HK	香港联交所	青岛港国际股份有限公司	—
268	6865.HK	香港联交所	福莱特玻璃集团股份有限公司	—
269	1743.HK	香港联交所	浙江苍南仪表集团股份有限公司	—
270	1785.HK	香港联交所	成都高速公路股份有限公司	—
271	1158.HK	香港联交所	浙江开元酒店管理股份有限公司	—
272	6185.HK	香港联交所	康希诺生物股份公司	—
273	2718.HK	香港联交所	上海东正汽车金融股份有限公司	—
274	1905.HK	香港联交所	海通恒信国际租赁股份有限公司	—
275	6117.HK	香港联交所	日照港裕廊股份有限公司	—
276	1839.HK	香港联交所	中集车辆(集团)股份有限公司	—
277	2558.HK	香港联交所	晋商银行股份有限公司	—
278	2559.HK	香港联交所	上海复宏汉霖生物技术股份有限公司	—
279	2560.HK	香港联交所	四川蓝光嘉宝股份有限公司	—
280	2561.HK	香港联交所	吉林春城热力股份有限公司	—
281	1847.HK	香港联交所	云南建投绿色高性能混凝土股份有限公司	—
282	2163.HK	香港联交所	长沙远大住宅工业集团股份有限公司	—
283	1501.HK	香港联交所	上海康德莱医疗器械股份有限公司	—
284	2500.HK	香港联交所	杭州启明医疗器械股份有限公司	—
285	6049.HK	香港联交所	保利物业发展股份有限公司	—
286	6199.HK	香港联交所	贵州银行股份有限公司	—
287	1542.HK	香港联交所	台州市水务集团股份有限公司	—
288	690D.F	中欧所D股市场	青岛海尔股份有限公司	600690.SH
289	T14.SG	新加坡交易所	天津中新药业集团股份有限公司	—
290	690D.F	中欧所D股市场	青岛海尔股份有限公司	600690.SH
291	T14.SG	新加坡交易所	天津中新药业集团股份有限公司	—

附录1-7　2019年境内公司境外发行股票情况表

序号 No.	股票代码 Stock Code	公司名称 Company Name	上市地点 Listing Place
1	1743.HK	浙江苍南仪表集团股份有限公司	香港联交所主板
2	1785.HK	成都高速公路股份有限公司	香港联交所主板
3	1158.HK	浙江开元酒店管理股份有限公司	香港联交所主板
4	6185.HK	康希诺生物股份公司	香港联交所主板
5	2718.HK	上海东正汽车金融股份有限公司	香港联交所主板
6	2202.HK	万科企业股份有限公司	香港联交所主板
7	2611.HK	国泰君安证券股份有限公司	香港联交所主板
8	6806.HK	申万宏源集团股份有限公司	香港联交所主板
9	2208.HK	新疆金风科技股份有限公司	香港联交所主板
10	1905.HK	海通恒信国际租赁股份有限公司	香港联交所主板
11	6117.HK	日照港裕廊股份有限公司	香港联交所主板
12	1551.HK	广州农村商业银行股份有限公司	香港联交所主板
13	1839.HK	中集车辆(集团)股份有限公司	香港联交所主板
14	2558.HK	晋商银行股份有限公司	香港联交所主板
15	0670.HK	中国东方航空股份有限公司	香港联交所主板
16	2696.HK	上海复宏汉霖生物技术股份有限公司	香港联交所主板
17	2606.HK	四川蓝光嘉宝股份有限公司	香港联交所主板
18	1853.HK	吉林春城热力股份有限公司	香港联交所主板
19	3908.HK	中国国际金融股份有限公司	香港联交所主板
20	1847.HK	云南建投绿色高性能混凝土股份有限公司	香港联交所主板
21	2163.HK	长沙远大住宅工业集团股份有限公司	香港联交所主板
22	1501.HK	上海康德莱医疗器械股份有限公司	香港联交所主板
23	3759.HK	康龙化成（北京）新药技术股份有限公司	香港联交所主板
24	2066.HK	盛京银行股份有限公司	香港联交所主板
25	2500.HK	杭州启明医疗器械股份有限公司	香港联交所主板
26	6049.HK	保利物业发展股份有限公司	香港联交所主板
27	2777.HK	广州富力地产股份有限公司	香港联交所主板
28	6199.HK	贵州银行股份有限公司	香港联交所主板
29	1542.HK	台州市水务集团股份有限公司	香港联交所主板

数据来源：中国证券监督管理委员会
Source:CSRC

List of Domestic Companies Issued Overseas in 2019

上市时间 Listing Date	发行价格 (港元) Issue Price (HKD)	发行数量 (百万股) The Number of Issued (million shares)	筹资金额 (百万港元) Proceeds Raised through Offering of Shares (million HKD)	发行方式 Issue Mode
2019/01/04	15.8港元	1729.67	2.73亿港元	IPO
2019/01/15	2.2港元	45600.00	10.03亿港元	IPO
2019/03/11	16.5港元	7000.00	11.55亿港元	IPO
2019/03/28	22港元	5724.86	12.59亿港元	IPO
2019/04/03	3.06港元	53333.60	16.32亿港元	IPO
2014/06/25	29.68港元	26299.10	78.06亿港元	增发
2017/04/11	16.34港元	19400.00	31.7亿港元	增发
2019/04/26	3.63港元	250400.00	90.9亿港元	IPO
2010/10/08	8.21港元	12351.16	10.14亿港元	配股
2019/06/03	1.88港元	123530.00	23.22亿港元	IPO
2019/06/19	1.5港元	40000.00	6亿港元	IPO
2017/06/20	20美元	7150.00	14.3亿美元	优先股
2019/07/11	6.38港元	26500.00	16.91亿港元	IPO
2019/07/18	3.82港元	86000.00	37.08亿港元	IPO
1997/02/05	4.29港元	51800.00	22.22亿港元	增发
2019/09/25	49.6港元	6906.18	34.25亿港元	IPO
2019/10/18	37港元	4935.37	18.26亿港元	IPO
2019/10/24	2.35港元	11670.00	2.74亿港元	IPO
2015/11/09	14.4港元	17600.00	25.34亿港元	增发
2019/10/31	3.36港元	13388.20	4.5亿港元	IPO
2019/11/06	9.68港元	12200.00	11.81亿港元	IPO
2019/11/08	20.8港元	4600.00	9.57亿港元	IPO
2019/11/28	39.5港元	13401.65	52.94亿港元	IPO
2014/12/29	6.82港元	80000.00	54.55亿港元	增发
2019/12/10	33港元	9031.80	29.8亿港元	IPO
2019/12/19	35.1港元	15333.34	53.82亿港元	IPO
2005/07/14	13.68港元	27300.00	37.35亿港元	增发
2019/12/30	2.48港元	220000.00	54.56亿港元	IPO
2019/12/31	4.22港元	5000.00	2.11亿港元	IPO

附录1-8 2019年证券公司名录
List of Securities Companies in 2019

序号 No.	公司名称 Company Name	注册资本（亿元）Registered Capital (100 million yuan)	注册地 Place of Registration	2019年分类评级 Category Rating for 2019	从业人员数量（个）Number of Practitioner (unit)	是否具有以下业务资格: Business Qualification Available			
						融资融券 Margin Requirement Business	转融通 Refinancing Business	全国中小企业股份转让系统主办券商 Broker-dealer Business on NEEQ	股票质押式回购 Pledge-style Repo Business
1	渤海证券股份有限公司	80.37	天津	A	1616	是	是	是	是
2	长城证券股份有限公司	31.03	深圳	BBB	2913	是	是	是	是
3	长江证券股份有限公司	55.29	湖北	CCC	5127	否	否	否	否
4	东海证券股份有限公司	16.70	江苏	BB	1646	否	否	否	是
5	国金证券股份有限公司	30.24	四川	A	2900	是	是	是	否
6	大同证券有限责任公司	7.30	山西	CCC	990	是	是	是	是
7	东北证券股份有限公司	23.40	吉林	A	2898	是	是	是	是
8	东方证券股份有限公司	69.94	上海	A	4015	是	是	是	是
9	上海东方证券资产管理有限公司	3.00	上海	A	247	否	否	否	否
10	东莞证券股份有限公司	15.00	广东	B	2638	是	是	是	是
11	第一创业证券股份有限公司	35.02	深圳	BB	2780	是	是	是	是
12	光大证券股份有限公司	46.11	上海	A	4736	是	是	是	是
13	广发证券股份有限公司	76.21	广东	BBB	9878	是	是	是	是
14	国海证券股份有限公司	54.45	广西	BBB	2055	否	否	否	否
15	中信证券华南股份有限公司	53.60	广东	BBB	2023	是	是	是	是
16	国泰君安证券股份有限公司	89.08	上海	AA	8964	是	是	是	是
17	上海国泰君安证券资产管理有限公司	20.00	上海	AA	189	否	否	是	否
18	招商证券股份有限公司	66.99	深圳	AA	6263	是	是	是	是
19	国信证券股份有限公司	82.00	深圳	AA	9846	是	是	是	是
20	海通证券股份有限公司	115.02	上海	AA	5712	是	是	是	是
21	申万宏源西部证券有限公司	47.00	新疆	A	937	是	是	是	是
22	华安证券股份有限公司	36.21	安徽	A	3458	是	是	是	是
23	华龙证券股份有限公司	63.35	甘肃	BBB	1796	否	否	是	否
24	华泰证券股份有限公司	90.77	江苏	AA	7169	否	否	否	否
25	华西证券股份有限公司	26.25	四川	A	3749	是	是	是	是
26	华鑫证券有限责任公司	36.00	深圳	BBB	1215	否	否	否	否
27	民生证券股份有限公司	96.19	北京	BBB	2250	是	是	是	是
28	粤开证券股份有限公司	31.26	广东	CCC	1293	是	是	是	是
29	华林证券股份有限公司	27.00	西藏	A	1317	否	否	否	否
30	世纪证券有限责任公司	15.84	深圳	CCC	1050	是	是	是	是
31	华泰联合证券有限责任公司	9.97	深圳	AA	730	是	是	是	是
32	南京证券股份有限公司	32.99	江苏	A	1587	是	是	是	是
33	平安证券股份有限公司	138.00	深圳	AA	3418	是	是	是	是

注：1.全国中小企业股份转让系统主办券商资格指可开展推荐业务、经纪业务或做市业务的任意一项业务。
2.转融通业务资格指可开展转融资、转融券、代理转融资或代理转融券的任意一项业务。

数据来源：中国证监会、中国证券业协会、全国中小企业股份转让系统、中国证券金融公司

Source: CSRC、SAC 、NEEQ、CSF

附录1-8 续表 1 continued

序号 No.	公司名称 Company Name	注册资本（亿元）Registered Capital (100 million yuan)	注册地 Place of Registration	2019年分类评级 Category Rating for 2019	从业人员数量（个）Number of Practitioner (unit)	是否具有以下业务资格: Business Qualification Available			
						融资融券 Margin Requirement Business	转融通 Refinancing Business	全国中小企业股份转让系统主办券商 Broker-dealer Business on NEEQ	股票质押式回购 Pledge-style Repo Business
34	山西证券股份有限公司	28.29	山西	BBB	2355	是	是	是	是
35	华金证券股份有限公司	34.50	上海	BBB	1043	是	是	是	是
36	上海证券有限责任公司	26.10	上海	AA	1332	是	是	是	是
37	申万宏源证券有限公司	470.00	上海	A	6421	是	是	是	是
38	五矿证券有限公司	72.92	深圳	BBB	1162	否	否	否	否
39	网信证券有限责任公司	5.00	辽宁	D	362	是	是	是	是
40	首创证券有限责任公司	6.50	北京	BB	1707	是	是	是	是
41	天风证券股份有限公司	5.18	湖北	AA	2879	是	是	是	是
42	中信证券(山东)有限责任公司	25.00	青岛	AA	2568	是	是	是	是
43	英大证券有限责任公司	23.94	深圳	B	600	否	否	否	否
44	西部证券股份有限公司	35.02	陕西	B	2375	是	是	是	是
45	西藏东方财富证券股份有限公司	66.00	西藏	A	1635	是	是	是	是
46	西南证券股份有限公司	56.45	重庆	BB	2101	是	是	是	是
47	长城国瑞证券有限公司	33.50	厦门	BBB	602	是	是	是	是
48	湘财证券股份有限公司	36.83	湖南	A	1552	是	是	是	是
49	兴业证券股份有限公司	66.97	福建	A	7214	是	是	是	是
50	联储证券有限责任公司	25.73	深圳	BB	1310	是	是	是	是
51	方正证券股份有限公司	82.32	湖南	A	6746	是	是	是	是
52	中国国际金融股份有限公司	43.69	北京	AA	3252	否	否	是	否
53	中山证券有限责任公司	17.00	深圳	BBB	1329	是	是	是	是
54	中信证券股份有限公司	121.17	深圳	AA	9200	是	是	是	是
55	川财证券有限责任公司	6.50	四川	B	407	是	是	是	是
56	大通证券股份有限公司	33.00	大连	BBB	707	否	否	是	否
57	国元证券股份有限公司	33.65	安徽	A	3002	否	否	否	否
58	宏信证券有限责任公司	10.00	四川	B	1086	是	是	是	是
59	开源证券股份有限公司	27.55	陕西	BB	1932	是	是	是	是
60	万联证券股份有限公司	59.54	广东	BB	1632	是	是	是	是
61	国都证券股份有限公司	53.00	北京	BB	1293	否	否	否	否
62	中泰证券股份有限公司	62.72	山东	A	6693	否	否	否	否

附录1-8 续表 2 continued

序号 No.	公司名称 Company Name	注册资本（亿元） Registered Capital (100 million yuan)	注册地 Place of Regis-tration	2019年分类评级 Category Rating for 2019	从业人员数量（个） Number of Practi-tioner (unit)	是否具有以下业务资格: Business Qualification Available 融资融券 Margin Require-ment Business	转融通 Refinan-cing Business	全国中小企业股份转让系统主办券商 Broker-dealer Business on NEEQ	股票质押式回购 Pledge-style Repo Business
63	国融证券股份有限公司	17.83	内蒙古	C	1321	是	是	是	是
64	华宝证券有限责任公司	40.00	上海	BBB	578	否	否	否	否
65	华创证券有限责任公司	92.26	贵州	A	2086	是	是	是	是
66	红塔证券股份有限公司	36.33	云南	BBB	1221	是	是	是	是
67	国联证券股份有限公司	19.02	江苏	A	1317	是	是	是	是
68	方正证券承销保荐有限责任公司	8.00	北京	A	410	是	是	是	是
69	财达证券股份有限公司	27.45	河北	BBB	2460	是	是	是	是
70	东吴证券股份有限公司	30.00	江苏	A	2288	是	是	是	是
71	万和证券股份有限公司	22.73	海南	BBB	859	否	否	否	否
72	浙商证券股份有限公司	33.33	浙江	A	2690	是	是	是	是
73	中银国际证券股份有限公司	25.00	上海	A	2554	是	是	是	是
74	财信证券有限责任公司	39.65	湖南	BBB	1693	否	否	否	否
75	爱建证券有限责任公司	11.00	上海	B	729	是	否	否	否
76	中邮证券有限责任公司	50.60	陕西	BBB	786	是	是	是	是
77	金元证券股份有限公司	40.31	海南	BBB	1149	否	否	否	否
78	中航证券有限公司	36.34	江西	B	1488	否	否	否	否
79	恒泰长财证券有限责任公司	2.00	吉林	CCC	109	否	否	否	否
80	恒泰证券股份有限公司	26.05	内蒙古	CCC	1534	否	否	否	否
81	国盛证券有限责任公司	46.95	江西	BB	2405	否	否	是	是
82	九州证券股份有限公司	33.70	青海	CC	619	是	是	是	是
83	中原证券股份有限公司	38.69	河南	BBB	2478	否	否	是	是
84	德邦证券股份有限公司	39.67	上海	BBB	1103	是	否	是	是
85	财通证券股份有限公司	35.89	浙江	A	2659	否	否	否	否
86	新时代证券股份有限公司	29.10	北京	CC	1412	是	是	是	是
87	江海证券有限公司	67.67	黑龙江	BBB	1500	是	是	是	是
88	长江证券承销保荐有限公司	3.00	上海	CCC	278	是	是	是	是
89	国开证券股份有限公司	95.00	北京	A	696	是	是	是	是
90	太平洋证券股份有限公司	68.16	云南	B	2517	是	是	是	是
91	华福证券有限责任公司	33.00	福建	BBB	3557	是	是	是	是
92	中天证券股份有限公司	22.25	辽宁	BB	751	是	是	是	是
93	中天国富证券有限公司	32.80	贵州	A	691	否	否	是	是
94	北京高华证券有限责任公司	10.72	北京	A	178	是	是	是	是
95	中国中金财富证券有限公司	80.00	深圳	AA	3715	是	是	是	是
96	中信建投证券股份有限公司	76.46	北京	AA	8498	是	是	是	是
97	高盛高华证券有限责任公司	8.00	北京	A	95	是	是	是	是
98	银泰证券有限责任公司	14.00	深圳	BB	649	是	是	是	是

附录1-8 续表 3 continued

序号 No.	公司名称 Company Name	注册资本 (亿元) Registered Capital (100 million yuan)	注册地 Place of Regis-tration	2019年分类评级 Category Rating for 2019	从业人员数量(个) Number of Practi-tioner (unit)	是否具有以下业务资格: Business Qualification Available 融资融券 Margin Require-ment Business	转融通 Refinan-cing Business	全国中小企业股份转让系统主办券商 Broker-dealer Business on NEEQ	股票质押式回购 Pledge-style Repo Business
99	安信证券股份有限公司	70.00	深圳	BBB	4250	是	是	是	是
100	瑞银证券有限责任公司	14.90	北京	BBB	371	是	是	是	是
101	上海华信证券有限责任公司	112.00	上海	D	316	是	是	是	是
102	中国银河证券股份有限公司	101.37	北京	A	8702	否	否	否	否
103	信达证券股份有限公司	25.69	北京	A	2083	否	否	否	否
104	华融证券股份有限公司	58.41	北京	BBB	1614	是	是	是	是
105	东兴证券股份有限公司	27.58	北京	A	2927	是	是	是	是
106	瑞信方正证券有限责任公司	8.00	北京	A	154	是	是	是	是
107	中德证券有限责任公司	10.00	北京	BBB	251	是	是	是	是
108	华英证券有限责任公司	8.00	江苏	A	276	否	否	是	否
109	第一创业证券承销保荐有限责任公司	4.00	北京	BB	132	否	否	否	否
110	摩根士丹利华鑫证券有限责任公司	10.20	上海	BBB	165	是	是	否	是
111	东方花旗证券有限公司	8.00	上海	A	495	是	是	是	是
112	上海光大证券资产管理有限公司	2.00	上海	A	163	否	否	否	否
113	上海海通证券资产管理有限公司	22.00	上海	AA	161	否	否	否	否
114	浙江浙商证券资产管理有限公司	12.00	浙江	A	144	是	是	是	是
115	广发证券资产管理(广东)有限公司	10.00	广东	BBB	196	否	否	否	否
116	兴证证券资产管理有限公司	8.00	福建	A	115	是	是	是	是
117	银河金汇证券资产管理有限公司	5.00	深圳	A	116	是	是	是	是
118	中泰证券(上海)资产管理有限公司	1.67	上海	A	138	是	是	是	是
119	金通证券有限责任公司	1.35	浙江	AA	10	是	是	是	是
120	华泰证券(上海)资产管理有限公司	26.00	上海	AA	226	是	是	是	是
121	长江证券(上海)资产管理有限公司	23.00	上海	CCC	156	是	是	是	是
122	财通证券资产管理有限公司	2.00	浙江	A	220	否	否	否	否
123	申万宏源证券承销保荐有限责任公司	10.00	新疆	A	414	是	是	是	是
124	招商证券资产管理有限公司	10.00	深圳	AA	120	否	否	是	否
125	国盛证券资产管理有限公司	4.00	深圳	BB	78	是	是	是	是
126	东证融汇证券资产管理有限公司	7.00	上海	A	89	是	是	是	是
127	申港证券股份有限公司	43.15	上海	BBB	596	是	是	是	否
128	华菁证券有限公司	30.24	上海	BB	173	否	否	是	否
129	渤海汇金证券资产管理有限公司	11.00	深圳	A	132	否	否	否	否
130	汇丰前海证券有限责任公司	18.00	深圳	B	195	是	是	是	是
131	东亚前海证券有限责任公司	15.00	深圳	B	262	是	是	是	是
132	野村东方国际证券有限公司	20.00	上海	-	105	是	否	是	是
133	摩根大通证券(中国)有限公司	8.00	上海	-	127	是	是	是	是

注：1.全国中小企业股份转让系统主办券商资格指可开展推荐业务、经纪业务或做市业务的任意一项业务。
2.转融通业务资格指可开展转融资、转融券、代理转融资或代理转融券的任意一项业务。

数据来源：中国证监会、中国证券业协会、全国中小企业股份转让系统、中国证券金融公司

Source: CSRC、SAC 、NEEQ、CSF

附录1-9　2019年具有外资股业务资格的境外证券经营机构名录

List of Overseas Securities Institutions with Foreign Business Qualification in 2019

序号 No.	公司名称 Company Name	注册地 Place of Registration	资格种类 Qualification Type
1	星展唯高达香港有限公司	香港	经纪商、主承销商
2	ING霸菱证券(香港)有限公司	香港	经纪商、主承销商
3	百德能证券有限公司	香港	经纪商、主承销商
4	宝来证券(香港)有限公司	香港	经纪商、主承销商
5	倍利证券(香港)有限公司	香港	主承销商
6	大福证券有限公司	香港	经纪商、主承销商
7	大和证券住银资本市场(香港)有限公司	香港	经纪商、主承销商
8	德意志证券亚洲有限公司	香港	经纪商、主承销商
9	帝杰亚洲有限公司	香港	经纪商、主承销商
10	东方惠嘉证券有限公司	香港	经纪商、主承销商
11	东亚证券有限公司	香港	经纪商
12	东洋证券亚洲有限公司	香港	经纪商
13	东洋证券株式会社	香港	经纪商、主承销商
14	发展证券香港有限公司	香港	经纪商
15	法国巴黎融资(亚太)有限公司	香港	主承销商
16	法国巴黎证券(亚洲)有限公司	香港	经纪商、主承销商
17	法国兴业证券(香港)有限公司	香港	经纪商、主承销商
18	高盛(亚洲)有限责任公司	香港	经纪商、主承销商
19	东盛证券(经纪)有限公司	香港	经纪商、主承销商
20	广利证券有限公司	香港	经纪商
21	联昌国际(香港)有限公司	香港	经纪商
22	和升国际有限公司	香港	经纪商、主承销商
23	荷银融资亚洲有限公司	香港	主承销商
24	荷银证券亚洲有限公司	香港	经纪商
25	亨泰证券有限公司	香港	经纪商
26	恒生证券有限公司	香港	经纪商
27	汇富证券有限公司	香港	经纪商、主承销商
28	极讯亚太有限公司	香港	经纪商
29	加拿大怡东融资有限公司	香港	主承销商
30	加怡证券经纪有限公司	香港	经纪商
31	嘉诚亚洲有限公司	香港	经纪商、主承销商
32	嘉佳证券有限公司	香港	经纪商
33	永丰金证券(亚洲)有限公司	香港	经纪商、主承销商
34	京华山一国际(香港)有限公司	香港	经纪商、主承销商
35	京华证券国际有限公司	香港	经纪商、主承销商
36	凯基证券亚洲有限公司	香港	经纪商、主承销商

数据来源：中国证券监督管理委员会
Source: CSRC

附录1-9 续表 continued

序号 No.	公司名称 Company Name	注册地 Place of Registration	资格种类 Qualification Type
37	乐金投资证券公司	香港	经纪商、主承销商
38	里昂证券有限公司	香港	经纪商、主承销商
39	摩根士丹利亚洲有限公司	香港	经纪商
40	内藤证券株式会社	香港	经纪商
41	培基证券有限公司	香港	主承销商
42	群益证券(香港)有限公司	香港	经纪商、主承销商
43	软库金汇投资服务有限公司	香港	经纪商、主承销商
44	瑞士信贷(香港)有限公司	香港	经纪商、主承销商
45	三星证券株式会社	香港	经纪商、主承销商
46	顺隆证券行有限公司	香港	经纪商
47	所罗门美邦香港有限公司	香港	经纪商
48	万信证券有限公司	香港	经纪商
49	联昌国际(香港)有限公司	香港	经纪商
50	新鸿基投资服务有限公司	香港	经纪商、主承销商
51	新加坡大华亚洲(香港)有限公司	香港	主承销商
52	新加坡发展亚洲融资有限公司	香港	主承销商
53	新日本证券国际(香港)有限公司	香港	经纪商、主承销商
54	信诚证券有限公司	香港	经纪商
55	野村国际(香港)有限公司	香港	经纪商、主承销商
56	怡富证券有限公司	香港	经纪商、主承销商
57	英明证券有限公司	香港	经纪商
58	元富证券(香港)有限公司	香港	经纪商、主承销商
59	中银国际证券有限公司	香港	经纪商
60	周生生证券有限公司	香港	经纪商
61	大华继显(香港)有限公司	香港	经纪商
62	东海东京证券公司	香港	经纪商
63	中国国际金融香港有限公司	香港	经纪商
64	美林远东有限公司	香港	经纪商
65	敦沛证券有限公司	香港	经纪商
66	瑞银证券亚洲有限公司	香港	经纪商
67	日本日联飞翼证券股份有限公司	香港	经纪商
68	香港上海汇丰银行有限公司	香港	经纪商
69	国泰君安证券(香港)有限公司	香港	经纪商
70	致富证券有限公司	香港	经纪商
71	申银万国证券(香港)有限公司	香港	经纪商
72	国信证券(香港)经纪有限公司	香港	经纪商

附录1-10 2019年公募基金管理人名录
List of Public Fund Management Companies in 2019

序号 No.	公募基金管理人 Public Fund Management Company	注册资本(亿元) Registered Capital (100 million yuan)	注册地 Place of Registration	成立时间 Established Time	从业人员数量 Number of Practitioner (unit)	管理基金只数(只) Number of Funds (unit)	管理基金份额(亿份) Fund units (100 million units)	管理基金资产规模(亿元) Fund Asset Value(100 million yuan)
1	国泰基金管理有限公司	1.10	上海	1998年3月	291	129	2627.00	2825.42
2	南方基金管理股份有限公司	3.62	深圳	1998年3月	764	205	5576.00	6212.50
3	华夏基金管理有限公司	2.38	北京	1998年3月	816	166	4221.82	5233.24
4	华安基金管理有限公司	1.50	上海	1998年5月	363	133	3083.77	3496.57
5	博时基金管理有限公司	2.50	深圳	1998年7月	596	204	5926.42	6282.81
6	鹏华基金管理有限公司	1.50	深圳	1998年12月	441	175	3640.57	3847.67
7	嘉实基金管理有限公司	1.50	上海	1999年3月	763	176	4710.11	5335.43
8	长盛基金管理有限公司	2.06	深圳	1999年3月	169	59	305.67	316.07
9	大成基金管理有限公司	2.00	深圳	1999年4月	311	89	2129.86	2191.25
10	富国基金管理有限公司	5.20	上海	1999年4月	479	147	3012.20	3379.88
11	易方达基金管理有限公司	1.32	广东	2001年4月	784	173	6179.15	7287.29
12	宝盈基金管理有限公司	1.00	深圳	2001年5月	157	33	281.28	301.77
13	融通基金管理有限公司	1.25	深圳	2001年5月	258	69	1183.63	1258.64
14	银华基金管理股份有限公司	2.22	深圳	2001年5月	476	127	2784.39	3002.81
15	长城基金管理有限公司	1.50	深圳	2001年12月	186	52	1038.70	1075.18
16	银河基金管理有限公司	2.00	上海	2002年5月	176	75	897.95	970.88
17	泰达宏利基金管理有限公司	1.80	北京	2002年6月	147	58	374.49	400.96
18	国投瑞银基金管理有限公司	1.00	上海	2002年6月	195	69	795.58	811.09
19	万家基金管理有限公司	3.00	上海	2002年8月	199	69	1170.39	1216.34
20	金鹰基金管理有限公司	5.10	广东	2002年12月	178	47	360.22	373.40
21	招商基金管理有限公司	13.10	深圳	2002年12月	455	152	3564.13	3777.35
22	华宝基金管理有限公司	1.50	上海	2003年2月	263	81	1596.30	1610.28
23	摩根士丹利华鑫基金管理有限公司	2.28	深圳	2003年3月	123	25	178.32	233.71
24	国联安基金管理有限公司	1.50	上海	2003年3月	147	52	453.26	483.07
25	海富通基金管理有限公司	3.00	上海	2003年4月	261	63	995.98	1106.92
26	长信基金管理有限责任公司	1.65	上海	2003年4月	204	66	592.91	619.65
27	泰信基金管理有限公司	2.00	上海	2003年5月	99	21	33.94	28.65
28	天治基金管理有限公司	1.60	上海	2003年5月	75	14	29.40	26.70
29	景顺长城基金管理有限公司	1.30	深圳	2003年6月	245	80	2108.89	2417.19
30	广发基金管理有限公司	1.27	广东	2003年7月	566	206	4645.34	5018.15
31	兴证全球基金管理有限公司	1.50	上海	2003年9月	260	27	2820.70	3062.24
32	诺安基金管理有限公司	1.50	深圳	2003年12月	205	60	869.25	930.20
33	申万菱信基金管理有限公司	1.50	上海	2003年12月	167	37	350.11	342.58
34	中海基金管理有限公司	1.47	上海	2004年3月	116	31	120.30	119.30
35	华富基金管理有限公司	2.50	上海	2004年3月	118	39	539.71	558.35
36	上投摩根基金管理有限公司	2.50	上海	2004年4月	305	69	1232.95	1294.15
37	光大保德信基金管理有限公司	1.60	上海	2004年4月	174	48	832.10	861.80
38	东方基金管理有限责任公司	3.00	北京	2004年6月	145	44	194.00	221.14
39	中银基金管理有限公司	1.00	上海	2004年6月	338	113	3668.64	3797.33
40	东吴基金管理有限公司	1.00	上海	2004年8月	132	29	204.38	202.18
41	国海富兰克林基金管理有限公司	2.20	南宁	2004年9月	127	33	236.58	277.71
42	天弘基金管理有限公司	5.14	天津	2004年10月	509	67	12791.01	12826.50
43	华泰柏瑞基金管理有限公司	2.00	上海	2004年11月	212	63	696.11	1077.15
44	新华基金管理股份有限公司	2.18	重庆	2004年12月	185	51	201.07	234.48
45	汇添富基金管理股份有限公司	1.33	上海	2005年1月	611	140	4639.19	5165.23
46	工银瑞信基金管理有限公司	2.00	北京	2005年6月	594	142	5142.10	5337.66
47	交银施罗德基金管理有限公司	2.00	上海	2005年7月	298	83	1885.02	2180.58

数据来源：中国证券监督管理委员会
Source: CSRC

附录1-10 续表 1 continued

序号 No.	公募基金管理人 Public Fund Management Company	注册资本（亿元）Registered Capital (100 million yuan)	注册地 Place of Registration	成立时间 Established Time	从业人员数量 Number of Practitioner (unit)	管理基金只数（只）Number of Funds (unit)	管理基金份额（亿份）Fund units (100 million units)	管理基金资产规模（亿元）Fund Asset Value(100 million yuan)
48	中信保诚基金管理有限公司	2.00	上海	2005年8月	180	68	829.08	853.73
49	建信基金管理有限责任公司	2.00	北京	2005年9月	491	116	5133.90	5275.07
50	华商基金管理有限公司	1.00	北京	2005年9月	158	49	232.35	265.29
51	汇丰晋信基金管理有限公司	2.00	上海	2005年10月	168	21	190.40	238.51
52	益民基金管理有限公司	1.00	重庆	2005年12月	53	9	20.86	15.62
53	中邮创业基金管理股份有限公司	3.04	北京	2006年2月	189	42	349.36	340.34
54	信达澳银基金管理有限公司	1.00	深圳	2006年4月	117	26	101.01	125.50
55	诺德基金管理有限公司	1.00	上海	2006年5月	131	24	153.14	166.71
56	中欧基金管理有限公司	2.20	上海	2006年7月	279	73	2163.40	2409.28
57	金元顺安基金管理有限公司	3.40	上海	2006年11月	103	15	190.52	197.33
58	浦银安盛基金管理有限公司	19.10	上海	2007年7月	189	52	1608.88	1646.96
59	农银汇理基金管理有限公司	17.50	上海	2008年2月	193	57	2174.31	2312.94
60	民生加银基金管理有限公司	3.00	深圳	2008年10月	214	53	1406.15	1442.50
61	西部利得基金管理有限公司	3.50	上海	2010年7月	145	35	411.74	418.73
62	浙商基金管理有限公司	3.00	杭州	2010年10月	98	24	252.56	264.91
63	平安基金管理有限公司	13.00	深圳	2011年1月	309	100	3196.57	3380.07
64	富安达基金管理有限公司	8.18	上海	2011年4月	68	12	25.43	36.72
65	财通基金管理有限公司	2.00	上海	2011年6月	158	28	199.23	224.72
66	方正富邦基金管理有限公司	6.60	北京	2011年7月	91	21	197.11	203.08
67	长安基金管理有限公司	2.70	上海	2011年9月	78	19	162.30	184.43
68	国金基金管理有限公司	3.60	北京	2011年11月	117	16	378.71	381.65
69	安信基金管理有限责任公司	5.06	深圳	2011年12月	208	48	486.61	560.99
70	德邦基金管理有限公司	5.90	上海	2012年3月	115	21	214.01	217.27
71	红塔红土基金管理有限公司	4.96	深圳	2012年6月	55	10	65.22	66.60
72	华宸未来基金管理有限公司	2.00	上海	2012年6月	48	1	1.32	1.48
73	英大基金管理有限公司	3.16	北京	2012年8月	54	8	93.92	100.48
74	华润元大基金管理有限公司	6.00	深圳	2013年1月	53	11	28.53	34.32
75	太平基金管理有限公司	4.00	上海	2013年1月	90	8	171.33	168.59
76	前海开源基金管理有限公司	2.00	深圳	2013年1月	218	86	551.93	635.66
77	江信基金管理有限公司	1.80	北京	2013年1月	65	9	21.05	22.12
78	东海基金管理有限责任公司	1.50	上海	2013年2月	87	6	10.49	11.18
79	中加基金管理有限公司	4.65	北京	2013年3月	130	38	898.46	921.37
80	兴业基金管理有限公司	12.00	福建	2013年4月	248	55	1883.98	1929.04
81	中融基金管理有限公司	11.50	深圳	2013年5月	170	54	852.63	861.61
82	国开泰富基金管理有限责任公司	3.60	北京	2013年7月	47	4	3.01	3.12
83	鑫元基金管理有限公司	17.00	上海	2013年8月	116	39	337.11	348.31
84	上银基金管理有限公司	3.00	上海	2013年8月	91	13	599.47	607.31
85	中信建投基金管理有限公司	3.00	北京	2013年9月	121	21	168.74	172.07
86	兴银基金管理有限责任公司	1.43	福建	2013年10月	105	25	309.70	313.35
87	国寿安保基金管理有限公司	12.88	上海	2013年10月	218	52	1739.65	1771.44
88	永赢基金管理有限公司	9.00	浙江	2013年11月	172	50	1530.14	1574.44
89	圆信永丰基金管理有限公司	2.00	福建	2014年1月	91	19	113.72	127.52
90	中金基金管理有限公司	4.00	北京	2014年2月	79	32	232.30	237.83
91	北信瑞丰基金管理有限公司	1.70	北京	2014年3月	100	19	102.45	103.51
92	红土创新基金管理有限公司	1.50	深圳	2014年6月	71	9	79.94	80.89
93	九泰基金管理有限公司	3.00	北京	2014年7月	169	15	60.89	64.53
94	创金合信基金管理有限公司	2.33	深圳	2014年7月	244	46	225.04	235.47
95	嘉合基金管理有限公司	3.00	上海	2014年7月	98	11	90.24	92.05

附录1-10　续表 2　continued

序号 No.	公募基金管理人 Public Fund Management Company	注册资本（亿元） Registered Capital (100 million yuan)	注册地 Place of Registration	成立时间 Established Time	从业人员数量 Number of Practitioner (unit)	管理基金只数（只） Number of Funds (unit)	管理基金份额（亿份） Fund units (100 million units)	管理基金资产规模（亿元） Fund Asset Value(100 million yuan)
96	泓德基金管理有限公司	1.43	西藏	2015年3月	99	25	315.85	379.22
97	金信基金管理有限公司	1.00	深圳	2015年7月	41	12	11.12	12.31
98	新疆前海联合基金管理有限公司	2.00	新疆	2015年8月	111	26	364.76	378.83
99	新沃基金管理有限公司	1.00	上海	2015年8月	44	3	21.88	21.90
100	中科沃土基金管理有限公司	1.42	珠海	2015年9月	56	8	4.91	4.87
101	富荣基金管理有限公司	2.00	广州	2016年1月	74	13	113.32	114.76
102	汇安基金管理有限责任公司	1.00	上海	2016年4月	90	31	161.09	169.46
103	先锋基金管理有限公司	1.50	深圳	2016年5月	70	9	8.25	8.74
104	中航基金管理有限公司	1.00	北京	2016年6月	49	5	9.92	10.30
105	恒生前海基金管理有限公司	5.00	深圳	2016年7月	61	6	2.14	2.25
106	鹏扬基金管理有限公司	1.18	上海	2016年7月	122	22	421.53	441.44
107	华泰保兴基金管理有限公司	1.80	上海	2016年7月	76	17	176.14	191.41
108	格林基金管理有限公司	1.50	北京	2016年11月	64	6	16.95	17.01
109	南华基金管理有限公司	1.50	浙江	2016年11月	54	8	46.86	47.64
110	凯石基金管理有限公司	1.50	上海	2017年5月	62	7	12.53	13.48
111	博道基金管理有限公司	1.00	上海	2017年6月	57	11	51.86	55.72
112	国融基金管理有限公司	1.30	上海	2017年6月	44	7	7.71	8.13
113	东方阿尔法基金管理有限公司	1.00	深圳	2017年7月	26	2	13.75	14.92
114	合煦智远基金管理有限公司	1.05	深圳	2017年8月	43	2	0.86	0.95
115	恒越基金管理有限公司	2.00	上海	2017年9月	29	2	0.56	0.62
116	弘毅远方基金管理有限公司	1.70	上海	2018年1月	40	4	8.30	9.58
117	蜂巢基金管理有限公司	1.00	上海	2018年5月	39	5	73.67	74.26
118	中庚基金管理有限公司	2.00	上海	2018年6月	68	2	53.35	61.63
119	湘财基金管理有限公司	1.00	上海	2018年7月	60	2	7.86	8.13
120	惠升基金管理有限责任公司	1.10	西藏	2018年9月	30	2	41.78	42.03
121	同泰基金管理有限公司	1.00	深圳	2018年10月	45	3	6.83	6.95
122	睿远基金管理有限公司	1.00	上海	2018年10月	78	1	98.88	119.35
123	朱雀基金管理有限公司	1.50	陕西	2018年10月	77	2	13.63	14.51
124	西藏东财基金管理有限公司	2.00	西藏	2018年10月	34	1	3.25	3.42
125	淳厚基金管理有限公司	1.00	上海	2018年11月	24	2	7.45	7.67
126	博远基金管理有限公司	1.00	深圳	2018年12月	35	1	10.95	11.09
127	明亚基金管理有限责任公司	1.00	深圳	2019年2月	23	0	0.00	0.00
128	华融基金管理有限公司	1.00	河北	2019年3月	37	3	30.09	30.11
129	国都证券股份有限公司	53.00	北京	2001年12月	54	6	2.88	2.67
130	中银国际证券股份有限公司	25.00	上海	2002年2月	158	16	996.67	1059.29
131	中国人保资产管理有限公司	12.98	上海	2003年7月	60	23	221.15	223.75
132	北京高华证券有限责任公司	10.72	北京	2004年10月	0	0	0.00	0.00
133	泰康资产管理有限责任公司	10.00	北京	2006年2月	128	39	517.05	551.62
134	山西证券股份有限公司	28.29	山西	2008年2月	41	8	69.81	70.83
135	东兴证券股份有限公司	27.58	北京	2008年5月	59	13	105.86	105.15
136	上海东方证券资产管理有限公司	3.00	上海	2010年6月	247	37	829.52	1170.47
137	浙江浙商证券资产管理有限公司	12.00	浙江	2013年4月	144	14	73.41	75.01
138	中泰证券(上海)资产管理有限公司	1.67	上海	2014年8月	138	6	17.52	19.17
139	长江证券(上海)资产管理有限公司	23.00	上海	2014年9月	156	11	166.79	168.62
140	华泰证券(上海)资产管理有限公司	26.00	上海	2014年10月	226	10	217.31	227.37
141	财通证券资产管理有限公司	2.00	浙江	2014年12月	139	17	432.06	440.42
143	渤海汇金证券资产管理有限公司	11.00	深圳	2016年5月	132	5	1.62	1.65

附录1-11 2019年基金托管人名录

List of Fund Custodians in 2019

序号 No.	托管人名称 Fund Custodian	注册地 Place of Registration	取得托管资格时间 Custody Qualification-obtaining Time	托管基金只数(只) Number of Funds under Custody (unit)	托管基金份额(亿份) Fund Units under Custody (100 million units)	托管基金资产规模(亿元) Fund Asset Value under Custody (100 million yuan)
1	中国工商银行股份有限公司	北京	1998年2月	1061	18704.77	21874.71
2	中国农业银行股份有限公司	北京	1998年5月	486	8772.87	9962.90
3	中国银行股份有限公司	北京	1998年7月	751	10105.25	11629.54
4	中国建设银行股份有限公司	北京	1998年3月	949	16941.10	19159.95
5	交通银行股份有限公司	上海	1998年7月	434	13882.78	14537.51
6	华夏银行股份有限公司	北京	2005年2月	41	1099.17	1103.02
7	中国光大银行股份有限公司	北京	2002年10月	168	3575.61	3723.36
8	招商银行股份有限公司	深圳	2002年11月	490	7176.13	8139.21
9	中信银行股份有限公司	北京	2004年8月	145	16709.37	16867.44
10	中国民生银行股份有限公司	北京	2004年7月	223	6139.08	6252.39
11	平安银行股份有限公司	深圳	2008年8月	148	3431.36	3604.72
12	兴业银行股份有限公司	福建	2005年4月	277	11521.51	11780.34
13	上海浦东发展银行股份有限公司	上海	2003年9月	185	5768.06	5961.15
14	上海银行股份有限公司	上海	2009年8月	38	683.93	704.42
15	北京银行股份有限公司	北京	2008年6月	43	484.27	391.77
16	广发银行股份有限公司	广东	2009年5月	39	1211.13	1254.51
17	宁波银行股份有限公司	浙江	2012年11月	59	747.21	788.52
18	中国邮政储蓄银行有限责任公司	北京	2009年7月	101	1734.26	1823.18
19	渤海银行股份有限公司	天津	2010年6月	21	197.42	203.85
20	浙商银行股份有限公司	浙江	2013年11月	94	1636.50	1679.02
21	徽商银行股份有限公司	安徽	2014年1月	21	264.36	268.81
22	海通证券股份有限公司	上海	2013年12月	8	27.25	26.95
23	恒丰银行股份有限公司	上海	2014年2月	4	78.01	82.55
24	广州农村商业银行股份有限公司	广东	2014年1月	12	100.34	109.04
25	包商银行股份有限公司	内蒙古	2014年2月	12	50.89	52.85
26	杭州银行股份有限公司	浙江	2014年3月	35	775.72	791.80
27	中国证券登记结算有限责任公司	北京	2014年3月	-	-	-
28	南京银行股份有限公司	南京	2014年4月	32	545.81	568.42
29	国泰君安证券股份有限公司	上海	2014年5月	30	775.10	780.09
30	招商证券股份有限公司	深圳	2014年1月	37	426.30	446.96
31	广发证券股份有限公司	广东	2014年5月	24	87.49	91.06
32	国信证券股份有限公司	深圳	2013年12月	5	8.70	10.87
33	江苏银行股份有限公司	南京	2014年5月	76	2370.61	2417.35
34	华泰证券股份有限公司	南京	2014年9月	6	64.97	75.79
35	中国银河证券股份有限公司	北京	2014年6月	17	30.70	33.34
36	中信证券股份有限公司	深圳	2014年10月	9	48.27	50.84
37	兴业证券股份有限公司	福建	2014年11月	2	24.62	25.69
38	中国国际金融股份有限公司	北京	2015年6月	5	10.29	11.28
39	中信建投证券股份有限公司	北京	2015年2月	8	375.70	377.61
40	中国证券金融股份有限公司	北京	2015年6月	-	-	-
41	恒泰证券股份有限公司	内蒙古	2015年8月	-	-	-
42	中泰证券股份有限公司	山东	2015年12月	1	4.19	4.30
43	安信证券股份有限公司	深圳	2018年9月	-	-	-
44	国金证券股份有限公司	成都	2017年6月	1	7.62	7.63
45	东方证券股份有限公司	上海	2018年10月	-	-	-
46	申万宏源证券有限公司	上海	2019年7月	-	-	-

数据来源：中国证券监督管理委员会
Source: CSRC

附录1-12　2019年基金销售机构名录
List of Fund Sales Institutions in 2019

序号 No.	销售机构名称 Sales Institution Name	销售机构类型 Sales Institution Type	取得销售资格时间 Sales Qualification-Obtaining Time	注册地 Place of Registration
1	中国工商银行	商业银行	2001年8月	北京
2	中国农业银行	商业银行	2001年12月	北京
3	中国银行	商业银行	2001年12月	北京
4	中国建设银行	商业银行	2001年7月	北京
5	交通银行	商业银行	2001年9月	上海
6	中信银行	商业银行	2002年1月	北京
7	平安银行	商业银行	2002年5月	深圳
8	上海浦东发展银行	商业银行	2002年7月	上海
9	招商银行	商业银行	2001年12月	深圳
10	兴业银行	商业银行	2002年8月	福建
11	中国民生银行	商业银行	2002年9月	北京
12	中国光大银行	商业银行	2003年1月	北京
13	华夏银行	商业银行	2004年11月	北京
14	广发银行	商业银行	2005年7月	广东
15	中国邮政储蓄银行	商业银行	2006年7月	北京
16	浙商银行	商业银行	2008年8月	浙江
17	渤海银行	商业银行	2009年10月	天津
18	恒丰银行	商业银行	2014年1月	山东
19	北京银行	商业银行	2004年10月	北京
20	上海银行	商业银行	2005年1月	上海
21	宁波银行	商业银行	2008年2月	浙江
22	青岛银行	商业银行	2008年5月	山东
23	徽商银行	商业银行	2008年7月	安徽
24	东莞银行	商业银行	2008年10月	广东
25	南京银行	商业银行	2008年10月	江苏
26	杭州银行	商业银行	2009年1月	浙江
27	临商银行	商业银行	2009年2月	山东
28	温州银行	商业银行	2009年5月	浙江
29	汉口银行	商业银行	2009年6月	湖北
30	江苏银行	商业银行	2009年9月	江苏
31	洛阳银行	商业银行	2010年1月	河南
32	乌鲁木齐商业银行	商业银行	2010年2月	新疆
33	烟台银行	商业银行	2010年6月	山东
34	齐商银行	商业银行	2010年9月	山东
35	浙江民泰商业银行	商业银行	2010年10月	浙江
36	大连银行	商业银行	2010年10月	辽宁
37	哈尔滨银行	商业银行	2010年10月	黑龙江
38	重庆银行	商业银行	2010年11月	重庆
39	浙江稠州商业银行	商业银行	2010年11月	浙江
40	天津银行	商业银行	2011年2月	天津
41	河北银行	商业银行	2011年5月	河北
42	嘉兴银行	商业银行	2011年6月	浙江
43	广州银行	商业银行	2011年7月	广东
44	西安银行	商业银行	2011年9月	陕西
45	长沙银行	商业银行	2011年9月	湖南
46	金华银行	商业银行	2011年9月	浙江
47	包商银行	商业银行	2011年9月	内蒙古

数据来源：中国证券监督管理委员会
Source: CSRC

附录1-12 续表 1 continued

序号 No.	销售机构名称 Sales Institution Name	销售机构类型 Sales Institution Type	取得销售资格时间 Sales Qualification-Obtaining Time	注册地 Place of Registration
48	郑州银行	商业银行	2012年4月	河南
49	厦门银行	商业银行	2012年5月	厦门
50	吉林银行	商业银行	2012年10月	吉林
51	苏州银行	商业银行	2012年12月	江苏
52	珠海华润银行	商业银行	2012年12月	广东
53	威海市商业银行	商业银行	2013年2月	山东
54	四川天府银行	商业银行	2013年2月	四川
55	长安银行	商业银行	2013年6月	陕西
56	晋商银行	商业银行	2013年8月	山西
57	富滇银行	商业银行	2013年8月	云南
58	昆仑银行	商业银行	2013年9月	新疆
59	日照银行	商业银行	2013年12月	山东
60	江西银行	商业银行	2013年12月	江西
61	潍坊银行	商业银行	2013年12月	山东
62	福建海峡银行	商业银行	2013年12月	福建
63	绍兴银行	商业银行	2013年12月	浙江
64	攀枝花市商业银行	商业银行	2013年3月	四川
65	广东华兴银行	商业银行	2014年4月	广东
66	成都银行	商业银行	2014年7月	四川
67	龙江银行	商业银行	2014年8月	黑龙江
68	泉州银行	商业银行	2014年8月	福建
69	浙江泰隆商业银行	商业银行	2014年10月	浙江
70	兰州银行	商业银行	2014年11月	甘肃
71	锦州银行	商业银行	2015年1月	辽宁
72	辽阳银行	商业银行	2015年2月	辽宁
73	华融湘江银行	商业银行	2015年4月	湖南
74	长城华西银行	商业银行	2015年5月	四川
75	贵阳银行	商业银行	2015年5月	贵州
76	盛京银行	商业银行	2015年5月	辽宁
77	深圳前海微众银行	商业银行	2015年7月	深圳
78	广东南粤银行	商业银行	2015年8月	广东
79	晋城银行	商业银行	2015年8月	山西
80	桂林银行	商业银行	2015年9月	广西
81	德州银行	商业银行	2015年10月	山东
82	浙江网商银行股份有限公司	商业银行	2015年11月	浙江
83	焦作中旅银行股份有限公司	商业银行	2016年1月	河南
84	云南红塔银行	商业银行	2016年3月	云南
85	青海银行	商业银行	2016年3月	青海
86	中原银行	商业银行	2016年4月	河南
87	湖北银行股份有限公司	商业银行	2016年5月	湖北
88	厦门国际银行股份有限公司	商业银行	2016年6月	福建
89	宁夏银行	商业银行	2016年7月	宁夏
90	内蒙古银行	商业银行	2016年7月	内蒙古
91	营口银行	商业银行	2016年7月	辽宁
92	贵州银行股份有限公司	商业银行	2016年8月	贵州
93	丹东银行	商业银行	2016年9月	辽宁
94	阜新银行	商业银行	2016年9月	辽宁

附录1-12 续表 2 continued

序号 No.	销售机构名称 Sales Institution Name	销售机构类型 Sales Institution Type	取得销售资格时间 Sales Qualification-Obtaining Time	注册地 Place of Registration
95	九江银行股份有限公司	商业银行	2016年10月	江西
96	晋中银行股份有限公司	商业银行	2016年12月	山西
97	唐山银行股份有限公司	商业银行	2016年12月	河北
98	赣州银行股份有限公司	商业银行	2017年11月	江西
99	上饶银行股份有限公司	商业银行	2017年12月	江西
100	上海农商银行	商业银行	2008年2月	上海
101	北京农商银行	商业银行	2008年4月	北京
102	张家港农村商业银行	商业银行	2009年12月	江苏
103	深圳农村商业银行	商业银行	2010年1月	深圳
104	东莞农村商业银行	商业银行	2011年2月	广东
105	常熟农村商业银行	商业银行	2011年7月	江苏
106	顺德农村商业银行	商业银行	2011年8月	广东
107	重庆农村商业银行	商业银行	2011年8月	重庆
108	江苏苏州农村商业银行	商业银行	2011年9月	江苏
109	江南农村商业银行	商业银行	2011年9月	江苏
110	江阴农村商业银行	商业银行	2011年9月	江苏
111	昆山农村商业银行	商业银行	2011年10月	江苏
112	广州农村商业银行	商业银行	2012年7月	广东
113	成都农村商业银行	商业银行	2012年9月	四川
114	杭州联合农村商业银行	商业银行	2013年2月	浙江
115	山东寿光农村商业银行	商业银行	2013年9月	山东
116	无锡农村商业银行	商业银行	2013年11月	江苏
117	浙江绍兴瑞丰农村商业银行	商业银行	2014年1月	浙江
118	浙江温州龙湾农村商业银行	商业银行	2014年2月	浙江
119	广东南海农村商业银行	商业银行	2014年3月	广东
120	长春农村商业银行	商业银行	2014年10月	吉林
121	浙江温州鹿城农村商业银行	商业银行	2015年1月	浙江
122	天津农村商业银行	商业银行	2015年4月	天津
123	浙江乐清农村商业银行	商业银行	2015年5月	浙江
124	浙江临海农村商业银行	商业银行	2015年7月	浙江
125	青岛农村商业银行	商业银行	2015年9月	山东
126	浙江义乌农村商业银行	商业银行	2015年11月	浙江
127	浙江新昌农村商业银行	商业银行	2015年11月	浙江
128	江苏紫金农村商业银行	商业银行	2015年11月	江苏
129	天津滨海农村商业银行	商业银行	2015年12月	天津
130	吉林九台农村商业银行	商业银行	2016年2月	吉林
131	浙江杭州余杭农村商业银行	商业银行	2016年2月	浙江
132	浙江瑞安农村商业银行股份有限公司	商业银行	2016年2月	浙江
133	宁波慈溪农村商业银行	商业银行	2016年4月	浙江
134	浙江德清农村商业银行	商业银行	2016年6月	浙江
135	武汉农村商业银行	商业银行	2016年6月	湖北
136	佛山农村商业银行	商业银行	2016年7月	广东
137	浙江富阳农村商业银行	商业银行	2016年7月	浙江
138	浙江温州瓯海农村商业银行股份有限公司	商业银行	2016年8月	浙江
139	福建漳州农村商业银行	商业银行	2016年9月	福建
140	浙江萧山农村商业银行	商业银行	2016年9月	浙江
141	长春发展农村商业银行股份有限公司	商业银行	2017年1月	吉林

附录1-12 续表 3 continued

序号 No.	销售机构名称 Sales Institution Name	销售机构类型 Sales Institution Type	取得销售资格时间 Sales Qualification-Obtaining Time	注册地 Place of Registration
142	福建石狮农村商业银行股份有限公司	商业银行	2017年1月	福建
143	宁波鄞州农村商业银行股份有限公司	商业银行	2017年4月	浙江
144	渣打银行	商业银行	2013年6月	上海
145	大华银行	商业银行	2013年6月	上海
146	花旗银行	商业银行	2013年6月	上海
147	东亚银行	商业银行	2013年6月	上海
148	恒生银行	商业银行	2013年6月	上海
149	星展银行	商业银行	2013年6月	上海
150	汇丰银行	商业银行	2013年6月	上海
151	南洋商业银行	商业银行	2013年6月	上海
152	摩根大通银行	商业银行	2013年9月	北京
153	华侨永亨银行	商业银行	2013年10月	上海
154	华商银行	商业银行	2016年9月	深圳
155	瑞士银行(中国)有限公司	商业银行	2018年1月	北京
156	国泰君安证券	证券公司	2002年7月	上海
157	广发证券	证券公司	2002年8月	广东
158	国信证券	证券公司	2002年8月	深圳
159	招商证券	证券公司	2002年8月	深圳
160	华泰联合证券	证券公司	2002年8月	深圳
161	中信证券	证券公司	2002年8月	北京
162	海通证券	证券公司	2002年10月	上海
163	西南证券	证券公司	2003年1月	重庆
164	华龙证券	证券公司	2003年1月	甘肃
165	大同证券	证券公司	2003年1月	山西
166	民生证券	证券公司	2003年1月	北京
167	山西证券	证券公司	2003年1月	山西
168	长江证券	证券公司	2003年2月	湖北
169	中信华南	证券公司	2003年2月	广东
170	兴业证券	证券公司	2003年2月	福建
171	华泰证券	证券公司	2003年2月	江苏
172	渤海证券	证券公司	2003年2月	天津
173	万联证券	证券公司	2003年2月	广东
174	国元证券	证券公司	2003年2月	安徽
175	湘财证券	证券公司	2003年3月	湖南
176	东吴证券	证券公司	2003年12月	江苏
177	东方证券	证券公司	2004年4月	上海
178	光大证券	证券公司	2004年4月	上海
179	上海证券	证券公司	2004年5月	上海
180	国联证券	证券公司	2004年6月	江苏
181	浙商证券	证券公司	2004年6月	浙江
182	平安证券	证券公司	2004年8月	深圳
183	华安证券	证券公司	2004年8月	安徽
184	东北证券	证券公司	2004年7月	吉林
185	南京证券	证券公司	2004年8月	江苏
186	长城证券	证券公司	2004年8月	深圳
187	国海证券	证券公司	2004年9月	广西
188	财信证券	证券公司	2004年9月	湖南

附录1-12 续表 4 continued

序号 No.	销售机构名称 Sales Institution Name	销售机构类型 Sales Institution Type	取得销售资格时间 Sales Qualification-Obtaining Time	注册地 Place of Registration
189	东莞证券	证券公司	2004年9月	广东
190	中原证券	证券公司	2004年10月	河南
191	国都证券	证券公司	2004年11月	北京
192	恒泰证券	证券公司	2004年11月	内蒙古
193	中银国际	证券公司	2004年11月	上海
194	中泰证券	证券公司	2004年11月	山东
195	华西证券	证券公司	2004年11月	四川
196	国盛证券	证券公司	2004年11月	江西
197	新时代证券	证券公司	2004年11月	北京
198	华林证券	证券公司	2004年11月	深圳
199	中金公司	证券公司	2004年12月	北京
200	申万宏源	证券公司	2004年12月	上海
201	华福证券	证券公司	2005年1月	福建
202	世纪证券	证券公司	2005年2月	深圳
203	德邦证券	证券公司	2005年2月	上海
204	金元证券	证券公司	2005年4月	海南
205	西部证券	证券公司	2005年4月	陕西
206	东海证券	证券公司	2004年9月	上海
207	中航证券	证券公司	2005年4月	江西
208	第一创业证券	证券公司	2005年3月	深圳
209	中信建投证券	证券公司	2005年12月	北京
210	财通证券	证券公司	2006年7月	浙江
211	安信证券	证券公司	2007年4月	深圳
212	银河证券	证券公司	2007年5月	北京
213	华鑫证券	证券公司	2008年1月	深圳
214	瑞银证券	证券公司	2008年2月	北京
215	国金证券	证券公司	2008年3月	四川
216	中金财富	证券公司	2008年3月	深圳
217	中山证券	证券公司	2008年3月	深圳
218	红塔证券	证券公司	2008年3月	云南
219	国融证券	证券公司	2008年5月	内蒙古
220	东方财富证券	证券公司	2008年5月	西藏
221	方正证券	证券公司	2008年6月	湖南
222	联讯证券	证券公司	2008年6月	广东
223	九州证券	证券公司	2008年8月	青海
224	江海证券	证券公司	2008年8月	黑龙江
225	银泰证券	证券公司	2008年12月	深圳
226	民族证券	证券公司	2008年12月	北京
227	华宝证券	证券公司	2009年1月	上海
228	长城国瑞证券	证券公司	2009年1月	厦门
229	爱建证券	证券公司	2009年1月	上海
230	英大证券	证券公司	2009年3月	深圳
231	信达证券	证券公司	2009年7月	北京
232	东兴证券	证券公司	2009年7月	北京
233	华融证券	证券公司	2009年9月	北京
234	天风证券	证券公司	2009年11月	湖北
235	大通证券	证券公司	2009年12月	辽宁

附录1-12 续表 5 continued

序号 No.	销售机构名称 Sales Institution Name	销售机构类型 Sales Institution Type	取得销售资格时间 Sales Qualification-Obtaining Time	注册地 Place of Registration
236	财达证券	证券公司	2009年12月	河北
237	中天证券	证券公司	2010年1月	辽宁
238	上海华信证券	证券公司	2010年2月	上海
239	五矿证券	证券公司	2010年4月	深圳
240	高华证券	证券公司	2010年5月	北京
241	华创证券	证券公司	2010年6月	贵州
242	恒泰长财证券	证券公司	2010年7月	吉林
243	万和证券	证券公司	2010年9月	深圳
244	中邮证券	证券公司	2010年11月	陕西
245	首创证券	证券公司	2011年2月	北京
246	国开证券	证券公司	2011年5月	北京
247	太平洋证券	证券公司	2012年11月	云南
248	开源证券	证券公司	2012年12月	陕西
249	网信证券	证券公司	2013年2月	辽宁
250	宏信证券	证券公司	2013年6月	四川
251	川财证券	证券公司	2014年1月	四川
252	申万宏源西部证券	证券公司	2015年1月	新疆
253	联储证券	证券公司	2015年11月	深圳
254	华金证券	证券公司	2018年10月	上海
255	中信建投期货有限公司	期货公司	2013年9月	重庆
256	中国国际期货有限公司	期货公司	2013年11月	北京
257	兴证期货有限公司	期货公司	2014年7月	福建
258	中信期货有限公司	期货公司	2014年11月	深圳
259	中州期货有限公司	期货公司	2014年11月	山东
260	海通期货有限公司	期货公司	2015年1月	上海
261	安粮期货有限公司	期货公司	2015年3月	安徽
262	徽商期货有限责任公司	期货公司	2015年7月	安徽
263	广发期货有限公司	期货公司	2015年7月	广州
264	东海期货有限责任公司	期货公司	2015年7月	上海
265	浙江中大期货有限公司	期货公司	2015年7月	浙江
266	中投天琪期货有限公司	期货公司	2015年8月	深圳
267	上海东证期货有限公司	期货公司	2015年10月	上海
268	申银万国期货有限公司	期货公司	2015年12月	上海
269	银河期货有限公司	期货公司	2016年1月	北京
270	南华期货股份有限公司	期货公司	2016年2月	浙江
271	西部期货有限责任公司	期货公司	2017年3月	陕西
272	永安期货股份有限公司	期货公司	2016年3月	浙江
273	弘业期货股份有限公司	期货公司	2016年4月	江苏
274	华泰期货有限公司	期货公司	2016年8月	广东
275	华信期货股份有限公司	期货公司	2016年8月	河南
276	大有期货有限公司	期货公司	2016年8月	湖南
277	长江期货股份有限公司	期货公司	2016年9月	湖北
278	中衍期货有限公司	期货公司	2016年11月	北京
279	和合期货有限公司	期货公司	2016年12月	山西
280	新纪元期货股份有限公司	期货公司	2017年1月	江苏
281	光大期货有限公司	期货公司	2017年1月	上海
282	泰康人寿保险有限公司	保险公司	2014年1月	北京

附录1-12 续表 6 continued

序号 No.	销售机构名称 Sales Institution Name	销售机构类型 Sales Institution Type	取得销售资格时间 Sales Qualification-Obtaining Time	注册地 Place of Registration
283	阳光人寿保险股份有限公司	保险公司	2014年6月	北京
284	中国平安人寿保险股份有限公司	保险公司	2014年7月	深圳
285	中宏人寿保险有限公司	保险公司	2014年12月	上海
286	中国人寿保险股份有限公司	保险公司	2015年3月	北京
287	华瑞保险销售有限公司	保险代理公司和保险经纪公司	2014年11月	上海
288	玄元保险代理有限公司	保险代理公司和保险经纪公司	2014年12月	上海
289	和谐保险销售有限公司	保险代理公司和保险经纪公司	2015年9月	北京
290	永鑫保险销售服务有限公司	保险代理公司和保险经纪公司	2015年12月	上海
291	金惠家保险代理有限公司	保险代理公司和保险经纪公司	2016年4月	北京
292	天相投资顾问有限公司	证券投资咨询机构	2004年7月	北京
293	江苏金百临投资咨询有限公司	证券投资咨询机构	2012年5月	江苏
294	鼎信汇金(北京)投资管理有限公司	证券投资咨询机构	2012年5月	北京
295	和讯信息科技有限公司	证券投资咨询机构	2012年6月	北京
296	深圳市新兰德证券投资咨询有限公司	证券投资咨询机构	2012年9月	深圳
297	厦门市鑫鼎盛控股有限公司	证券投资咨询机构	2013年2月	厦门
298	江苏天鼎证券投资咨询有限公司	证券投资咨询机构	2016年8月	江苏
299	河南和信证券投资顾问股份有限公司	证券投资咨询机构	2016年8月	河南
300	沈阳麟龙投资顾问有限公司	证券投资咨询机构	2016年9月	辽宁
301	诺亚正行基金销售有限公司	独立基金销售机构	2012年2月	上海
302	深圳众禄基金销售股份有限公司	独立基金销售机构	2012年2月	深圳
303	上海天天基金销售有限公司	独立基金销售机构	2012年2月	上海
304	上海好买基金销售有限公司	独立基金销售机构	2012年2月	上海
305	蚂蚁(杭州)基金销售有限公司	独立基金销售机构	2012年4月	浙江
306	上海长量基金销售有限公司	独立基金销售机构	2012年4月	上海
307	浙江同花顺基金销售有限公司	独立基金销售机构	2012年4月	浙江
308	北京展恒基金销售股份有限公司	独立基金销售机构	2012年6月	北京
309	上海利得基金销售有限公司	独立基金销售机构	2012年8月	上海
310	天津市凤凰财富基金销售有限公司	独立基金销售机构	2012年10月	深圳
311	北京中期时代基金销售有限公司	独立基金销售机构	2012年11月	北京
312	浙江金观诚财富管理有限公司	独立基金销售机构	2012年12月	浙江
313	北京创金启富基金销售有限公司	独立基金销售机构	2012年12月	北京
314	嘉实财富管理有限公司	独立基金销售机构	2012年12月	上海
315	浦领基金销售有限公司	独立基金销售机构	2013年2月	北京
316	北京中天嘉华基金销售有限公司	独立基金销售机构	2013年2月	北京
317	北京增财基金销售有限公司	独立基金销售机构	2013年2月	北京
318	泛华普益基金销售有限公司	独立基金销售机构	2013年2月	四川
319	宜信普泽(北京)基金销售有限公司	独立基金销售机构	2013年2月	北京
320	深圳腾元基金销售有限公司	独立基金销售机构	2013年3月	深圳
321	通华财富(上海)基金销售有限公司	独立基金销售机构	2013年6月	上海
322	北京恒天明泽基金销售有限公司	独立基金销售机构	2013年8月	北京
323	深圳宜投基金销售有限公司	独立基金销售机构	2013年9月	深圳
324	深圳前海汇联基金销售有限公司	独立基金销售机构	2013年9月	深圳
325	北京晟视天下基金销售有限公司	独立基金销售机构	2013年9月	北京
326	北京钱景基金销售有限公司	独立基金销售机构	2013年11月	北京
327	北京植信基金销售有限公司	独立基金销售机构	2013年12月	北京
328	一路财富(北京)基金销售股份有限公司	独立基金销售机构	2013年12月	北京
329	成都华羿恒信基金销售有限公司	独立基金销售机构	2014年1月	四川

附录1-12 续表 7 continued

序号 No.	销售机构名称 Sales Institution Name	销售机构类型 Sales Institution Type	取得销售资格时间 Sales Qualification-Obtaining Time	注册地 Place of Registration
330	海银基金销售有限公司	独立基金销售机构	2014年1月	上海
331	上海久富财富基金销售有限公司	独立基金销售机构	2014年1月	上海
332	北京唐鼎耀华基金销售有限公司	独立基金销售机构	2014年3月	北京
333	上海财咖啡基金销售有限公司	独立基金销售机构	2014年3月	上海
334	北京新浪仓石基金销售有限公司	独立基金销售机构	2014年3月	北京
335	上海大智慧基金销售有限公司	独立基金销售机构	2014年3月	上海
336	北京加和基金销售有限公司	独立基金销售机构	2014年4月	北京
337	北京辉腾汇富基金销售有限公司	独立基金销售机构	2014年4月	北京
338	济安财富(北京)基金销售有限公司	独立基金销售机构	2014年5月	北京
339	上海国金理益财富基金销售有限公司	独立基金销售机构	2014年6月	上海
340	佳泓(北京)基金销售有限公司	独立基金销售机构	2014年8月	北京
341	深圳市锦安基金销售有限公司	独立基金销售机构	2014年9月	深圳
342	扬州国信嘉利基金销售有限公司	独立基金销售机构	2014年9月	江苏
343	上海联泰基金销售有限公司	独立基金销售机构	2014年10月	上海
344	上海钜派钰茂基金销售有限公司	独立基金销售机构	2014年11月	上海
345	深圳市金海九州基金销售有限公司	独立基金销售机构	2014年12月	深圳
346	上海汇付基金销售有限公司	独立基金销售机构	2014年12月	上海
347	江西正融基金销售有限公司	独立基金销售机构	2014年12月	江西
348	北京坤元基金销售有限公司	独立基金销售机构	2014年12月	北京
349	泰诚财富基金销售(大连)有限公司	独立基金销售机构	2014年12月	辽宁
350	北京微动利基金销售有限公司	独立基金销售机构	2015年2月	北京
351	北京富国大通基金销售有限公司	独立基金销售机构	2015年3月	北京
352	上海基煜基金销售有限公司	独立基金销售机构	2015年3月	上海
353	泰信财富基金销售有限公司	独立基金销售机构	2015年3月	北京
354	利和财富(上海)基金销售有限公司	独立基金销售机构	2015年6月	上海
355	上海凯石财富基金销售有限公司	独立基金销售机构	2015年7月	上海
356	上海景谷基金销售有限公司	独立基金销售机构	2015年7月	上海
357	北京恒宇天泽基金销售有限公司	独立基金销售机构	2015年7月	北京
358	上海朝阳永续基金销售有限公司	独立基金销售机构	2015年7月	上海
359	上海中正达广基金销售有限公司	独立基金销售机构	2015年8月	上海
360	深圳安见基金销售有限公司	独立基金销售机构	2015年8月	深圳
361	北京虹点基金销售有限公司	独立基金销售机构	2015年8月	北京
362	上海攀赢基金销售有限公司	独立基金销售机构	2015年8月	上海
363	深圳新华信通基金销售有限公司	独立基金销售机构	2015年8月	深圳
364	上海陆金所基金销售有限公司	独立基金销售机构	2015年8月	上海
365	武汉市伯嘉基金销售有限公司	独立基金销售机构	2015年9月	湖北
366	深圳富济基金销售有限公司	独立基金销售机构	2015年9月	深圳
367	中欧钱滚滚基金销售(上海)有限公司	独立基金销售机构	2015年9月	上海
368	大泰金石基金销售有限公司	独立基金销售机构	2015年9月	江苏
369	珠海盈米基金销售有限公司	独立基金销售机构	2015年9月	广东
370	成都万华源基金销售有限责任公司	独立基金销售机构	2015年9月	四川
371	九泰基金销售(北京)有限公司	独立基金销售机构	2015年9月	北京
372	和耕传承基金销售有限公司	独立基金销售机构	2015年10月	河南
373	南京途牛基金销售有限公司	独立基金销售机构	2015年10月	江苏
374	中证金牛(北京)投资咨询有限公司	独立基金销售机构	2015年11月	北京
375	北京懒猫金融信息服务有限公司	独立基金销售机构	2015年11月	北京
376	深圳秋实惠智基金销售有限公司	独立基金销售机构	2015年12月	深圳

附录1-12 续表 8 continued

序号 No.	销售机构名称 Sales Institution Name	销售机构类型 Sales Institution Type	取得销售资格时间 Sales Qualification-Obtaining Time	注册地 Place of Registration
377	深圳市小牛基金销售有限公司	独立基金销售机构	2015年12月	深圳
378	万家财富基金销售(天津)有限公司	独立基金销售机构	2015年12月	北京
379	尚智逢源(北京)基金销售有限公司	独立基金销售机构	2016年1月	北京
380	北京电盈基金销售有限公司	独立基金销售机构	2016年1月	北京
381	奕丰基金销售有限公司	独立基金销售机构	2016年1月	深圳
382	北京肯特瑞基金销售有限公司	独立基金销售机构	2016年1月	北京
383	上海爱建基金销售有限公司	独立基金销售机构	2016年1月	上海
384	中民财富基金销售(上海)有限公司	独立基金销售机构	2016年1月	上海
385	大连网金基金销售有限公司	独立基金销售机构	2016年1月	大连
386	北京蛋卷基金销售有限公司	独立基金销售机构	2016年2月	北京
387	上海云湾基金销售有限公司	独立基金销售机构	2016年1月	上海
388	上海华夏财富投资管理有限公司	独立基金销售机构	2016年1月	北京
389	深圳市金斧子基金销售有限公司	独立基金销售机构	2016年2月	深圳
390	深圳市前海排排网基金销售有限责任公司	独立基金销售机构	2016年2月	深圳
391	深圳前海财厚基金销售有限公司	独立基金销售机构	2016年2月	深圳
392	深圳前海凯恩斯基金销售有限公司	独立基金销售机构	2016年2月	深圳
393	深圳市华融基金销售有限公司	独立基金销售机构	2016年2月	深圳
394	深圳信诚基金销售有限公司	独立基金销售机构	2016年3月	深圳
395	南京苏宁基金销售有限公司	独立基金销售机构	2016年3月	江苏
396	北京汇成基金销售有限公司	独立基金销售机构	2016年3月	北京
397	乾道盈泰基金销售(北京)有限公司	独立基金销售机构	2016年2月	北京
398	北京格上富信基金销售有限公司	独立基金销售机构	2016年3月	北京
399	深圳盈信基金销售有限公司	独立基金销售机构	2016年4月	深圳
400	北京广源达信基金销售有限公司	独立基金销售机构	2016年4月	北京
401	杭州科地瑞富基金销售有限公司	独立基金销售机构	2016年6月	浙江
402	上海万得基金销售有限公司	独立基金销售机构	2016年6月	上海
403	天津国美基金销售有限公司	独立基金销售机构	2016年6月	天津
404	上海陆享基金销售有限公司	独立基金销售机构	2016年7月	上海
405	上海有鱼基金销售有限公司	独立基金销售机构	2016年8月	上海
406	上海挖财基金销售有限公司	独立基金销售机构	2016年8月	上海
407	众惠基金销售有限公司	独立基金销售机构	2016年8月	贵州
408	凤凰金信(银川)基金销售有限公司	独立基金销售机构	2016年8月	宁夏
409	江苏汇林保大基金销售有限公司	独立基金销售机构	2016年9月	江苏
410	大河财富基金销售有限公司	独立基金销售机构	2016年10月	贵州
411	民商基金销售(上海)有限公司	独立基金销售机构	2017年10月	上海
412	苏州财路基金销售有限公司	独立基金销售机构	2016年12月	江苏
413	河南安存基金销售有限公司	独立基金销售机构	2016年12月	河南
414	嘉晟瑞信(天津)基金销售公司	独立基金销售机构	2016年12月	天津
415	资舟基金销售有限公司	独立基金销售机构	2017年1月	辽宁
416	洪泰财富(青岛)基金销售有限责任公司	独立基金销售机构	2017年1月	山东
417	青岛乐弘基金销售有限公司	独立基金销售机构	2017年1月	北京
418	贵州省贵文文化基金销售有限公司	独立基金销售机构	2017年7月	贵州
419	喜鹊财富基金销售有限公司	独立基金销售机构	2017年2月	西藏
420	腾安基金销售(深圳)有限公司	独立基金销售机构	2018年1月	深圳
421	北京百度百盈基金销售有限公司	独立基金销售机构	2018年11月	北京
422	青岛意才基金销售有限公司	独立基金销售机构	2019年10月	山东

附录1-13 2019年合格境外机构投资者(QFII)名录

List of QFII in 2019

序号 No.	QFII公司名称 Company Name	取得资格时间 Qualification-obtaining Time
1	瑞士银行	2003年5月
2	野村证券株式会社	2003年5月
3	摩根士丹利国际股份有限公司	2003年6月
4	花旗环球金融有限公司	2003年6月
5	高盛公司	2003年7月
6	德意志银行	2003年7月
7	香港上海汇丰银行有限公司	2003年8月
8	摩根大通银行	2003年9月
9	瑞士信贷(香港)有限公司	2003年10月
10	渣打银行(香港)有限公司	2003年12月
11	日兴资产管理有限公司	2003年12月
12	美林国际	2004年4月
13	恒生银行有限公司	2004年5月
14	大和证券株式会社	2004年5月
15	比尔及梅林达盖茨信托基金会	2004年7月
16	景顺资产管理有限公司	2004年8月
17	法国兴业银行	2004年9月
18	巴克莱银行	2004年9月
19	德国商业银行	2004年9月
20	法国巴黎银行	2004年9月
21	加拿大鲍尔公司	2004年10月
22	东方汇理银行	2004年10月
23	高盛国际资产管理公司	2005年5月
24	马丁可利投资管理有限公司	2005年10月
25	新加坡政府投资有限公司	2005年10月
26	柏瑞投资有限责任公司	2005年11月
27	淡马锡富敦投资有限公司	2005年11月
28	JF资产管理有限公司	2005年12月
29	日本第一生命保险株式会社	2005年12月
30	星展银行有限公司	2006年2月
31	安保资本投资有限公司	2006年4月
32	加拿大丰业银行	2006年4月
33	比联金融产品英国有限公司	2006年4月
34	爱德蒙得洛希尔(法国)	2006年4月
35	耶鲁大学	2006年4月
36	摩根士丹利投资管理公司	2006年7月
37	瀚亚投资(香港)有限公司	2006年7月
38	斯坦福大学	2006年8月
39	大华银行有限公司	2006年8月
40	施罗德投资管理有限公司	2006年8月
41	汇丰环球投资管理(香港)有限公司	2006年9月
42	瑞穗证券株式会社	2006年9月
43	瑞银资产管理(新加坡)有限公司	2006年9月
44	三井住友德思资产管理株式会社	2006年9月
45	挪威中央银行	2006年10月

数据来源：中国证券监督管理委员会
Source: CSRC

附录1-13 续表 1 continued

序号 No.	QFII公司名称 Company Name	取得资格时间 Qualification-obtaining Time
46	百达资产管理有限公司	2006年10月
47	哥伦比亚大学	2008年3月
48	荷宝基金管理公司	2008年5月
49	道富环球投资管理亚洲有限公司	2008年5月
50	铂金投资管理有限公司	2008年6月
51	比利时联合资产管理有限公司	2008年6月
52	未来资产基金管理公司	2008年7月
53	安达国际控股有限公司	2008年8月
54	魁北克储蓄投资集团	2008年8月
55	哈佛大学	2008年8月
56	三星资产运用株式会社	2008年8月
57	联博有限公司	2008年8月
58	华侨银行有限公司	2008年8月
59	首域投资管理(英国)有限公司	2008年9月
60	大和证券投资信托株式会社	2008年9月
61	壳牌资产管理有限公司	2008年9月
62	普信投资公司	2008年9月
63	瑞士信贷银行股份有限公司	2008年10月
64	大华资产管理有限公司	2008年11月
65	阿布达比投资局	2008年12月
66	安联环球投资有限公司	2008年12月
67	资本国际公司	2008年12月
68	三菱日联摩根士丹利证券股份有限公司	2008年12月
69	韩华资产运用株式会社	2009年2月
70	安石股票投资管理(美国)有限公司	2009年2月
71	韩国产业银行	2009年4月
72	韩国友利银行股份有限公司	2009年5月
73	马来西亚国家银行	2009年5月
74	罗祖儒投资管理(香港)有限公司	2009年5月
75	邓普顿投资顾问有限公司	2009年6月
76	东亚联丰投资管理有限公司	2009年6月
77	三井住友信托银行股份有限公司	2009年6月
78	韩国投资信托运用株式会社	2009年7月
79	霸菱资产管理有限公司	2009年8月
80	安石投资管理有限公司	2009年9月
81	纽约梅隆资产管理国际有限公司	2009年11月
82	宏利资产管理(香港)有限公司	2009年11月
83	野村资产管理株式会社	2009年11月
84	东洋资产运用(株)	2009年12月
85	加拿大皇家银行	2009年12月
86	英杰华投资集团全球服务有限公司	2009年12月
87	常青藤资产管理公司	2010年2月
88	顶峰资产管理有限公司	2010年4月
89	法国欧菲资产管理公司	2010年5月
90	安本亚洲资产管理公司	2010年7月
91	KB资产运用	2010年8月

附录1-13 续表 2 continued

序号 No.	QFII公司名称 Company Name	取得资格时间 Qualification-obtaining Time
92	富达基金(香港)有限公司	2010年9月
93	美盛投资(欧洲)有限公司	2010年10月
94	香港金融管理局	2010年10月
95	富邦证券投资信托股份有限公司	2010年10月
96	群益证券投资信托股份有限公司	2010年10月
97	蒙特利尔银行投资公司	2010年12月
98	瑞士宝盛银行	2010年12月
99	科提比资产运用株式会社	2010年12月
100	领先资产管理	2011年2月
101	元大证券投资信托股份有限公司	2011年3月
102	忠利保险有限公司	2011年3月
103	西班牙对外银行有限公司	2011年5月
104	国泰证券投资信托股份有限公司	2011年6月
105	复华证券投资信托股份有限公司	2011年6月
106	亢简资产管理公司	2011年6月
107	东方汇理资产管理香港有限公司	2011年7月
108	贝莱德机构信托公司	2011年7月
109	GMO有限责任公司	2011年8月
110	新加坡金融管理局	2011年10月
111	中国人寿保险股份有限公司(台湾)	2011年10月
112	新光人寿保险股份有限公司	2011年10月
113	普林斯顿大学	2011年11月
114	加拿大年金计划投资委员会	2011年12月
115	泛达公司	2011年12月
116	瀚博环球投资公司	2011年12月
117	安耐德合伙人有限公司	2011年12月
118	泰国银行	2011年12月
119	科威特政府投资局	2011年12月
120	北美信托环球投资公司	2011年12月
121	台湾人寿保险股份有限公司	2011年12月
122	韩国银行	2011年12月
123	安大略省教师养老金计划委员会	2011年12月
124	韩国投资公司	2011年12月
125	罗素投资爱尔兰有限公司	2011年12月
126	迈世勒资产管理有限责任公司	2011年12月
127	华宜资产运用有限公司	2011年12月
128	新韩法国巴黎资产运用株式会社	2012年1月
129	家庭医生退休基金	2012年1月
130	国民年金公团(韩国)	2012年1月
131	三商美邦人寿保险股份有限公司	2012年1月
132	保德信证券投资信托股份有限公司	2012年1月
133	信安环球投资有限公司	2012年1月
134	医院管理局公积金计划	2012年1月
135	全球人寿保险股份有限公司	2012年2月
136	大众信托基金有限公司	2012年2月
137	明治安田资产管理有限公司	2012年2月

附录1-13 续表 3 continued

序号 No.	QFII公司名称 Company Name	取得资格时间 Qualification-obtaining Time
138	国泰人寿保险股份有限公司	2012年2月
139	三井住友银行株式会社	2012年2月
140	富邦人寿保险股份有限公司	2012年3月
141	友邦保险有限公司	2012年3月
142	纽伯格伯曼欧洲有限公司	2012年3月
143	马来西亚国库控股公司	2012年3月
144	资金研究与管理公司	2012年3月
145	日本东京海上资产管理株式会社	2012年3月
146	韩亚金融投资株式会社	2012年3月
147	兴元资产管理有限公司	2012年3月
148	伦敦市投资管理有限公司	2012年3月
149	摩根资产管理(英国)有限公司	2012年3月
150	冈三资产管理股份有限公司	2012年3月
151	预知投资管理公司	2012年4月
152	东部资产运用株式会社	2012年4月
153	骏利资产管理有限公司	2012年4月
154	瀚森全球投资有限公司	2012年4月
155	欧利盛资产管理有限公司	2012年5月
156	中银国际英国保诚资产管理有限公司	2012年5月
157	富敦资金管理有限公司	2012年5月
158	利安资金管理公司	2012年5月
159	忠利银行基金管理卢森堡有限责任公司	2012年5月
160	威廉博莱公司	2012年5月
161	天达资产管理有限公司	2012年5月
162	安智投资管理亚太(香港)有限公司	2012年6月
163	三菱日联国际资产管理公司	2012年6月
164	中银集团人寿保险有限公司	2012年7月
165	霍尔资本有限公司	2012年8月
166	得克萨斯大学体系董事会	2012年8月
167	南山人寿保险股份有限公司	2012年8月
168	SUVA瑞士国家工伤保险机构	2012年8月
169	不列颠哥伦比亚省投资管理公司	2012年8月
170	惠理基金管理香港有限公司	2012年8月
171	安大略退休金管理委员会	2012年8月
172	教会养老基金	2012年8月
173	麦格理银行有限公司	2012年9月
174	瑞典第二国家养老金	2012年9月
175	海通国际资产管理(香港)有限公司	2012年9月
176	IDG资本管理(香港)有限公司	2012年9月
177	杜克大学	2012年9月
178	卡塔尔控股有限责任公司	2012年9月
179	瑞士盈丰银行股份有限公司	2012年9月
180	海拓投资管理公司	2012年10月
181	奥博医疗顾问有限公司	2012年10月
182	新思路投资有限公司	2012年10月

附录1-13 续表 4 continued

序号 No.	QFII公司名称 Company Name	取得资格时间 Qualification-obtaining Time
183	贝莱德资产管理北亚有限公司	2012年10月
184	摩根证券投资信托股份有限公司	2012年11月
185	全球保险集团美国投资管理有限公司	2012年11月
186	鼎晖投资咨询新加坡有限公司	2012年11月
187	瑞典北欧斯安银行有限公司	2012年11月
188	嘉实国际资产管理有限公司	2012年11月
189	灰石投资管理有限公司	2012年11月
190	统一证券投资信托股份有限公司	2012年11月
191	毕盛资产管理有限公司	2012年11月
192	中信里昂另类投资管理有限公司	2012年12月
193	太平洋投资策略有限公司	2012年12月
194	易方达资产管理(香港)有限公司	2012年12月
195	高瓴资本管理有限公司	2012年12月
196	永丰证券投资信托股份有限公司	2012年12月
197	华夏基金(香港)有限公司	2012年12月
198	宜思投资管理有限责任公司	2013年1月
199	第一金证券投资信托股份有限公司	2013年1月
200	太平洋投资管理公司亚洲私营有限公司	2013年1月
201	瑞银资产管理(香港)有限公司	2013年1月
202	南方东英资产管理有限公司	2013年1月
203	EJS投资管理有限公司	2013年1月
204	国泰君安资产管理(亚洲)有限公司	2013年2月
205	泰康资产管理(香港)有限公司	2013年2月
206	招商证券资产管理(香港)有限公司	2013年2月
207	国民证券株式会社	2013年3月
208	工银亚洲投资管理有限公司	2013年3月
209	亚洲资本再保险集团私人有限公司	2013年4月
210	AZ基金管理股份有限公司	2013年4月
211	台新证券投资信托股份有限公司	2013年4月
212	海富通资产管理(香港)有限公司	2013年5月
213	汇丰中华证券投资信托股份有限公司	2013年5月
214	太平资产管理(香港)有限公司	2013年5月
215	中国国际金融香港资产管理有限公司	2013年5月
216	中国光大资产管理有限公司	2013年5月
217	博时基金(国际)有限公司	2013年6月
218	兆丰国际证券投资信托股份有限公司	2013年6月
219	法国巴黎投资管理亚洲有限公司	2013年6月
220	圣母大学	2013年6月
221	纽堡亚洲	2013年7月
222	华南永昌证券投资信托股份有限公司	2013年7月
223	景林资产管理香港有限公司	2013年7月
224	中国信托人寿保险股份有限公司	2013年8月
225	凯思博投资管理(香港)有限公司	2013年8月
226	富邦产物保险股份有限公司	2013年8月
227	欧特咨询有限公司	2013年8月

附录1-13 续表 5 continued

序号 No.	QFII公司名称 Company Name	取得资格时间 Qualification-obtaining Time
228	盛树投资管理有限公司	2013年8月
229	广发国际资产管理有限公司	2013年9月
230	梅奥诊所	2013年9月
231	国信证券(香港)资产管理有限公司	2013年9月
232	新加坡科技资产管理有限公司	2013年10月
233	政府养老基金(泰国)	2013年10月
234	狮诚控股国际私人有限公司	2013年10月
235	CSAM资产管理有限公司	2013年10月
236	中国人寿富兰克林资产管理有限公司	2013年10月
237	瑞银韩亚资产运用株式会社	2013年10月
238	国泰世华商业银行股份有限公司	2013年11月
239	立陶宛银行	2013年11月
240	富兰克林华美证券投资信托股份有限公司	2013年11月
241	中国信托商业银行股份有限公司	2013年11月
242	华盛顿大学	2014年1月
243	澳门金融管理局	2014年1月
244	史帝夫尼可洛司股份有限公司	2014年1月
245	职总英康保险合作社有限公司	2014年1月
246	Invesco PowerShares资产管理有限公司	2014年1月
247	瑞士再保险私人有限公司	2014年1月
248	Nordea投资管理公司	2014年1月
249	国票华顿证券投资信托股份有限公司	2014年3月
250	喀斯喀特有限责任公司	2014年3月
251	铭基国际投资公司	2014年3月
252	奥本海默基金公司	2014年3月
253	高观投资有限公司	2014年4月
254	台新国际商业银行股份有限公司	2014年6月
255	花旗集团基金管理有限公司	2014年6月
256	爱斯普乐基金管理公司	2014年7月
257	彭博家族基金会	2014年7月
258	石溪集团	2014年7月
259	麻省理工学院	2014年9月
260	万金全球香港有限公司	2014年9月
261	高盛国际	2014年9月
262	安盛基金管理有限公司	2014年10月
263	国投瑞银资产管理(香港)有限公司	2014年12月
264	工银瑞信资产管理(国际)有限公司	2014年12月
265	申万宏源投资管理(亚洲)有限公司	2014年12月
266	宾夕法尼亚大学校董会	2015年1月
267	广发资产管理(香港)有限公司	2015年1月
268	麦盛资产管理(亚洲)有限公司	2015年1月
269	玉山商业银行股份有限公司	2015年2月
270	汇添富资产管理(香港)有限公司	2015年2月
271	加利福尼亚大学校董会	2015年3月
272	富国资产管理(香港)有限公司	2015年4月

附录1-13 续表 6 continued

序号 No.	QFII公司名称 Company Name	取得资格时间 Qualification-obtaining Time
273	文莱投资局	2015年5月
274	台湾银行股份有限公司	2015年5月
275	淡水泉(香港)投资管理有限公司	2015年5月
276	安联证券投资信托股份有限公司	2015年5月
277	安信资产管理(香港)有限公司	2015年6月
278	日盛证券投资信托股份有限公司	2015年6月
279	泛亚投资管理有限公司	2015年6月
280	建银国际资产管理有限公司	2015年7月
281	忠诚保险有限公司	2015年8月
282	挚信投资顾问(香港)有限公司	2015年10月
283	瀚亚证券投资信托股份有限公司	2015年11月
284	柏瑞证券投资信托股份有限公司	2015年11月
285	农银国际资产管理有限公司	2015年11月
286	融通国际资产管理有限公司	2016年1月
287	国泰全球投资管理有限公司	2016年3月
288	第一商业银行股份有限公司	2016年5月
289	元大证券股份有限公司	2016年7月
290	工银国际资产管理有限公司	2016年7月
291	中国光大证券资产管理有限公司	2016年8月
292	领航集团有限公司	2016年9月
293	中邮创业国际资产管理有限公司	2016年9月
294	财通国际资产管理有限公司	2016年9月
295	摩根大通证券股份有限公司	2016年9月
296	大成国际资产管理有限公司	2016年12月
297	招银国际资产管理有限公司	2017年1月
298	中加国际资产管理有限公司	2017年1月
299	国家第一养老金信托公司	2017年1月
300	海通银行股份有限公司	2017年2月
301	中银香港资产管理有限公司	2017年5月
302	兴证国际资产管理有限公司	2017年6月
303	山证国际资产管理有限公司	2017年8月
304	上投摩根资产管理(香港)有限公司	2017年10月
305	荷兰汇盈资产管理公司	2017年11月
306	中泰国际资产管理有限公司	2018年8月
307	长盛基金(香港)有限公司	2018年8月
308	雪湖资本(香港)有限公司	2018年12月
309	野村新加坡有限公司	2019年3月
310	兴元投资管理有限公司	2019年6月
311	国际金融公司	2019年7月
312	中信资本投资管理有限公司	2019年7月
313	马歇尔·伟世有限责任公司	2019年8月
314	思佰益资产管理株式会社	2019年11月
315	范德堡大学	2019年11月
316	高都管理有限责任公司	2019年12月

附录1-14 2019年人民币合格境外机构投资者(RQFII)名录
List of RQFII in 2019

序号 NO.	RQFII公司名称 Company Name	取得资格时间 Qualification-obtaining Time
1	南方东英资产管理有限公司	2011年12月
2	易方达资产管理(香港)有限公司	2011年12月
3	嘉实国际资产管理有限公司	2011年12月
4	华夏基金(香港)有限公司	2011年12月
5	大成国际资产管理有限公司	2011年12月
6	汇添富资产管理(香港)有限公司	2011年12月
7	博时基金(国际)有限公司	2011年12月
8	海富通资产管理(香港)有限公司	2011年12月
9	华安资产管理(香港)有限公司	2011年12月
10	申万宏源(国际)集团有限公司	2011年12月
11	安信国际金融控股有限公司	2011年12月
12	中国国际金融(香港)有限公司	2011年12月
13	国信证券(香港)金融控股有限公司	2011年12月
14	光大证券金融控股有限公司	2011年12月
15	华泰金融控股(香港)有限公司	2011年12月
16	国泰君安金融控股有限公司	2011年12月
17	海通国际控股有限公司	2011年12月
18	广发控股(香港)有限公司	2011年12月
19	招商证券国际有限公司	2011年12月
20	中信证券国际有限公司	2011年12月
21	国元证券(香港)有限公司	2011年12月
22	工银瑞信资产管理(国际)有限公司	2012年8月
23	广发国际资产管理有限公司	2012年8月
24	上投摩根资产管理(香港)有限公司	2012年10月
25	国投瑞银资产管理(香港)有限公司	2012年12月
26	富国资产管理(香港)有限公司	2012年12月
27	诺安基金(香港)有限公司	2013年2月
28	泰康资产管理(香港)有限公司	2013年3月
29	建银国际资产管理有限公司	2013年3月
30	兴证(香港)金融控股有限公司	2013年4月
31	中国人寿富兰克林资产管理有限公司	2013年5月
32	农银国际资产管理有限公司	2013年5月
33	中投证券(香港)金融控股有限公司	2013年5月
34	东方金融控股(香港)有限公司	2013年5月
35	工银亚洲投资管理有限公司	2013年6月
36	恒生投资管理有限公司	2013年6月
37	太平资产管理(香港)有限公司	2013年6月
38	中银香港资产管理有限公司	2013年7月
39	南华资产管理(香港)有限公司	2013年7月
40	长江证券控股(香港)有限公司	2013年7月
41	中国平安资产管理(香港)有限公司	2013年7月

数据来源：中国证券监督管理委员会
Source: CSRC

附录1-14 续表 1 continued

序号 NO.	RQFII公司名称 Company Name	取得资格时间 Qualification-obtaining Time
42	信达国际资产管理有限公司	2013年7月
43	丰收投资管理(香港)有限公司	2013年7月
44	汇丰环球投资管理(香港)有限公司	2013年7月
45	东亚银行有限公司	2013年8月
46	永丰金资产管理(亚洲)有限公司	2013年8月
47	交银国际资产管理有限公司	2013年8月
48	中国东方国际资产管理有限公司	2013年8月
49	惠理基金管理香港有限公司	2013年8月
50	柏瑞投资香港有限公司	2013年9月
51	创兴银行有限公司	2013年9月
52	JF资产管理有限公司	2013年10月
53	未来资产环球投资(香港)有限公司	2013年10月
54	香港沪光国际投资管理有限公司	2013年10月
55	中国光大资产管理有限公司	2013年10月
56	中信建投(国际)金融控股有限公司	2013年10月
57	国金证券(香港)有限公司	2013年12月
58	中国银河国际金融控股有限公司	2013年12月
59	安石投资管理有限公司	2013年12月
60	瑞银资产管理(香港)有限公司	2013年12月
61	永隆资产管理有限公司	2013年12月
62	景林资产管理香港有限公司	2014年1月
63	华宝兴业资产管理(香港)有限公司	2014年1月
64	易亚投资管理有限公司	2014年1月
65	麦格理基金管理(香港)有限公司	2014年1月
66	道富环球投资管理亚洲有限公司	2014年1月
67	嘉理资产管理有限公司	2014年3月
68	施罗德投资管理(香港)有限公司	2014年3月
69	贝莱德资产管理北亚有限公司	2014年3月
70	交银施罗德资产管理(香港)有限公司	2014年3月
71	越秀资产管理有限公司	2014年3月
72	润晖投资管理香港有限公司	2014年3月
73	赤子之心资本亚洲有限公司	2014年4月
74	招商资产(香港)有限公司	2014年5月
75	富达基金(香港)有限公司	2014年5月
76	日兴资产管理亚洲有限公司	2014年5月
77	毕盛资产管理有限公司	2014年5月
78	富敦资金管理有限公司	2014年5月
79	辉立资本管理(香港)有限公司	2014年6月
80	长盛基金(香港)有限公司	2014年6月
81	贝莱德顾问(英国)有限公司	2014年6月
82	汇丰环球资产管理(英国)有限公司	2014年6月
83	中泰金融国际有限公司	2014年6月

附录1-14 续表 2 continued

序号 NO.	RQFII公司名称 Company Name	取得资格时间 Qualification-obtaining Time
84	三星资产运用(香港)有限公司	2014年6月
85	新思路投资有限公司	2014年7月
86	新华资产管理(香港)有限公司	2014年7月
87	元富证券(香港)有限公司	2014年7月
88	国泰君安基金管理有限公司	2014年8月
89	财通国际资产管理有限公司	2014年8月
90	联博香港有限公司	2014年8月
91	元大宝来证券(香港)有限公司	2014年8月
92	安本亚洲资产管理有限公司	2014年8月
93	法国巴黎投资管理	2014年8月
94	天达资产管理有限公司	2014年8月
95	凯敏雅克资产管理公司	2014年9月
96	星展银行有限公司	2014年9月
97	利安资金管理公司	2014年9月
98	融通国际资产管理有限公司	2014年10月
99	上海商业银行有限公司	2014年10月
100	法国巴黎投资管理亚洲有限公司	2014年10月
101	新韩法国巴黎资产运用株式会社	2014年10月
102	中诚国际资本有限公司	2014年10月
103	百达资产管理有限公司	2014年11月
104	亨茂资产管理有限公司	2014年11月
105	赛德堡资本(英国)有限公司	2014年11月
106	霸菱资产管理(亚洲)有限公司	2014年11月
107	信安环球投资(香港)有限公司	2014年11月
108	施罗德投资管理(新加坡)有限公司	2014年12月
109	未来资产基金管理公司	2014年12月
110	威灵顿投资管理国际有限公司	2014年12月
111	加拿大丰业亚洲有限公司	2014年12月
112	摩根资产管理(新加坡)有限公司	2014年12月
113	东洋资产运用(株)	2014年12月
114	NH-AMUNDI资产管理有限公司	2014年12月
115	富舜资产管理(香港)有限公司	2014年12月
116	东部资产运用株式会社	2014年12月
117	韩亚金融投资株式会社	2014年12月
118	瑞银韩亚资产运用株式会社	2015年1月
119	CSAM资产管理有限公司	2015年1月
120	东亚联丰投资管理有限公司	2015年1月
121	新加坡政府投资有限公司	2015年1月
122	纽伯格曼新加坡	2015年1月
123	TRUSTON资产管理有限公司	2015年1月
124	大信资产运用株式会社	2015年1月
125	三星资产运用株式会社	2015年1月

附录1-14 续表 3 continued

序号 NO.	RQFII公司名称 Company Name	取得资格时间 Qualification-obtaining Time
126	韩国投资信托运用株式会社	2015年1月
127	景顺投资管理有限公司	2015年2月
128	MY Asset投资管理有限公司	2015年2月
129	德意志资产及财富管理投资有限公司	2015年2月
130	新韩金融投资公司	2015年2月
131	凯思博投资管理(香港)有限公司	2015年2月
132	兴国资产管理公司	2015年2月
133	英杰华投资亚洲私人有限公司	2015年2月
134	中国建设银行(伦敦)有限公司	2015年2月
135	达杰资金管理有限公司	2015年2月
136	KKR新加坡有限公司	2015年3月
137	领航投资澳洲有限公司	2015年3月
138	兴元投资管理有限公司	2015年3月
139	大华资产管理有限公司	2015年3月
140	苏尔斯英国服务有限公司	2015年3月
141	领先资产管理	2015年3月
142	未来资产大宇株式会社	2015年3月
143	信诚资产管理(新加坡)有限公司	2015年3月
144	三星生命保险株式会社	2015年3月
145	教保安盛资产运用(株)	2015年4月
146	迈睿思资产管理有限公司	2015年4月
147	安联环球投资新加坡有限公司	2015年4月
148	方圆投资管理(香港)有限公司	2015年4月
149	三星证券株式会社	2015年4月
150	GAM国际管理有限公司	2015年4月
151	华宜资产运用株式会社	2015年5月
152	华侨银行有限公司	2015年5月
153	嘉实国际资产管理(英国)有限公司	2015年5月
154	东方汇理资产管理香港有限公司	2015年5月
155	瑞士再保险股份有限公司	2015年6月
156	蓝海资产管理公司	2015年6月
157	爱斯普乐基金管理公司	2015年6月
158	KB资产运用有限公司	2015年6月
159	韩国产业银行	2015年6月
160	瑞银资产管理(新加坡)有限公司	2015年6月
161	CI投资管理公司	2015年6月
162	元大证券株式会社	2015年7月
163	UBI资产管理公司	2015年7月
164	韩华资产运用株式会社	2015年7月
165	大信证券(株)	2015年7月
166	韩国投资证券株式会社	2015年8月

附录1-14 续表 4 continued

序号 NO.	RQFII公司名称 Company Name	取得资格时间 Qualification-obtaining Time
167	IBK投资证券株式会社	2015年8月
168	三星火灾海上保险公司	2015年8月
169	东方汇理资产管理新加坡有限公司	2015年8月
170	Multi Asset基金管理公司	2015年8月
171	东方汇理	2015年9月
172	Kiwoom投资资产管理有限公司	2015年9月
173	现代投资公司(株)	2015年10月
174	中国工商银行(欧洲)有限公司	2015年11月
175	中国银行(卢森堡)有限公司	2015年11月
176	广发国际资产管理(英国)有限公司	2015年12月
177	安大略退休金管理委员会	2015年12月
178	加拿大年金计划投资委员会	2015年12月
179	保宁资产有限公司	2016年1月
180	贝莱德(新加坡)有限公司	2016年1月
181	野村资产管理德国有限公司	2016年2月
182	太平洋投资管理公司亚洲私营有限公司	2016年2月
183	法国工商信贷银行有限公司	2016年2月
184	忠利投资卢森堡有限公司	2016年2月
185	OCTO资产管理公司	2016年2月
186	Avanda投资管理私人有限公司	2016年3月
187	瀚亚投资(新加坡)有限公司	2016年3月
188	广发金融交易(英国)有限公司	2016年4月
189	安盛投资管理有限公司(巴黎)	2016年4月
190	高盛国际资产管理公司	2016年4月
191	辉立资金管理有限公司	2016年4月
192	安联环球投资有限公司	2016年4月
193	迈达思基金管理有限公司	2016年5月
194	富达投资管理(新加坡)有限公司	2016年6月
195	荷宝卢森堡股份有限公司	2016年6月
196	爱德蒙得洛希尔资产管理(法国)有限公司	2016年6月
197	新加坡科技资产管理有限公司	2016年6月
198	海汇通资产管理有限公司	2016年7月
199	有进投资证券公司	2016年8月
200	株式会社新韩银行	2016年8月
201	凯恩国际基金管理股份有限公司(卢森堡)	2016年9月
202	开泰基金管理有限公司	2016年9月
203	罗素投资管理(澳大利亚)有限公司	2016年10月
204	贝莱德基金顾问公司	2016年11月
205	Lemanik资产管理股份有限公司	2016年11月
206	锋裕资产管理公司	2016年12月
207	联昌信安资产管理有限公司	2017年1月

附录1-14 续表 5 continued

序号 NO.	RQFII公司名称 Company Name	取得资格时间 Qualification-obtaining Time
208	范达投资有限公司	2017年2月
209	首域投资管理(英国)有限公司	2017年5月
210	古根海姆基金投资顾问有限责任公司	2017年6月
211	申万宏源新加坡私人有限公司	2017年7月
212	Acadian资产管理有限责任公司	2017年7月
213	新盟投资管理公司	2017年8月
214	贝莱德机构信托公司	2017年9月
215	霸菱资产管理有限公司	2017年9月
216	WisdomTree资产管理	2017年10月
217	海克利尔国际投资有限责任合伙	2018年1月
218	中加国际资产管理有限公司	2018年5月
219	美国桥水投资公司	2018年5月
220	道富环球投资有限公司	2018年5月
221	道富环球投资信托公司	2018年5月
222	道富环球投资资产管理有限公司	2018年5月
223	道富环球投资爱尔兰有限公司	2018年5月
224	富善国际资产管理(香港)有限公司	2018年7月
225	WisdomTree管理有限公司	2018年8月
226	耀之国际资产管理有限公司	2018年9月
227	三井住友银行股份有限公司	2018年9月
228	银华国际资本管理公司	2018年10月
229	中国人保香港资产管理有限公司	2018年10月
230	中邮国际(英国)有限公司	2018年10月
231	瑞士嘉盛银行有限公司	2018年11月
232	东吴中新资产管理(亚洲)有限公司	2018年12月
233	FMR有限公司	2018年12月
234	盘谷资产管理有限公司	2019年2月
235	柏瑞投资爱尔兰有限公司	2019年2月
236	思达资本(香港)有限公司	2019年2月
237	国际货币基金组织	2019年3月
238	乐瑞资产管理(香港)有限公司	2019年4月
239	时和资产管理有限公司	2019年4月
240	三菱日联银行股份有限公司	2019年4月
241	新分享资产管理有限公司	2019年4月
242	山证国际资产管理有限公司	2019年6月
243	新永安国际资产管理有限公司	2019年8月
244	方正资产管理(香港)有限公司	2019年8月
245	熵一资产管理有限公司	2019年11月
246	同方证券有限公司	2019年11月
247	复星恒利证券有限公司	2019年12月

附录1-15　2019年期货公司名录

序号 No.	公司名称 Company Name	注册资本 (亿元) Registered Capital (100 million yuan)	注册地 Place of Registration	成立时间 Established Time
1	安粮期货股份有限公司	5.00	安徽	1996/7/9
2	宝城期货有限责任公司	6.00	浙江	1993/3/27
3	北京首创期货有限责任公司	2.00	北京	1996/1/12
4	倍特期货有限公司	3.20	四川	1993/2/8
5	渤海期货股份有限公司	5.00	上海	1996/1/12
6	财达期货有限公司	5.00	天津	1996/3/1
7	晟鑫期货经纪有限公司	1.42	山西	1995/11/22
8	创元期货股份有限公司	2.60	江苏	1995/2/25
9	大地期货有限公司	2.40	浙江	1995/9/5
10	大连良运期货经纪有限公司	1.00	大连	1996/3/21
11	大通期货经纪有限公司	1.12	黑龙江	1996/3/1
12	大有期货有限公司	5.80	湖南	2002/7/28
13	大越期货股份有限公司	1.20	浙江	1995/9/14
14	道通期货经纪有限公司	3.00	江苏	1995/9/10
15	德盛期货有限公司	4.73	湖南	2005/8/1
16	第一创业期货有限责任公司	1.70	北京	1993/3/31
17	东方汇金期货有限公司	1.50	吉林	2004/12/28
18	东海期货有限责任公司	5.00	江苏	1995/2/25
19	东航期货有限责任公司	4.50	上海	1995/2/21
20	东吴期货有限公司	7.70	上海	1993/3/18
21	东兴期货有限责任公司	5.18	上海	1995/10/23
22	方正中期期货有限公司	4.22	北京	2005/8/9
23	福能期货股份有限公司	3.00	福建	1995/5/18
24	乾坤期货有限公司	1.50	深圳	1993/11/5
25	格林大华期货有限公司	8.00	北京	1993/2/28
26	冠通期货股份有限公司	1.90	北京	1996/12/3
27	光大期货有限公司	15.00	上海	1993/4/8
28	广发期货有限公司	14.00	广东	1993/3/23
29	广州金控期货有限公司	8.00	广东	2003/6/13
30	广州期货股份有限公司	5.50	广东	2003/8/22
31	国都期货有限公司	2.00	北京	1992/9/24
32	国富期货有限公司	3.65	上海	1992/12/16
33	国海良时期货有限公司	5.00	浙江	1996/5/22
34	国金期货有限责任公司	3.00	四川	1993/7/28
35	国联期货股份有限公司	4.50	江苏	1993/4/30
36	国贸期货有限公司	5.30	厦门	1995/12/7
37	国盛期货有限责任公司	1.23	上海	1995/7/1

数据来源：中国证券监督管理委员会
Source: CSRC

List of Futures Companies in 2019

员工数量（个）Number of Practitioner (unit)	2019年分类评级 Category Rating for 2019	是否具有以下业务资格: Business Qualification Available			
		金融期货经纪业务资格 Qualification for Financial Futures Brokerage Business	期货投资咨询业务资格 Qualification for Futures Investment Consulting Business	资产管理业务资格 Qualification for Asset Management Business	风险管理业务试点备案 Qualification for Futures Risk Management Business
219	BBB	是	是	是	是
240	BBB	是	是	是	是
223	BBB	是	是	是	否
170	BBB	是	是	是	是
169	A	是	是	是	是
127	BB	是	是	是	是
80	B	否	否	否	否
161	BBB	是	是	是	是
238	BBB	是	是	是	是
49	B	是	是	是	否
37	D	是	否	是	否
186	BBB	是	是	是	是
144	B	是	是	是	否
101	BB	是	是	是	是
159	B	是	是	是	否
41	B	是	是	是	否
102	D	是	否	是	否
304	A	是	是	是	是
121	A	是	是	是	是
250	BB	是	是	是	是
110	BBB	是	是	是	是
647	AA	是	是	是	是
205	BB	是	是	是	是
29	B	是	否	否	否
318	A	是	是	是	是
127	BB	是	是	是	否
523	AA	是	是	是	是
443	AA	是	是	是	是
186	BB	是	是	是	是
243	BBB	是	是	是	是
95	BB	是	是	是	否
89	CC	是	是	是	否
362	A	是	是	是	是
137	BBB	是	是	是	否
261	BBB	是	是	是	是
288	BBB	是	是	是	是
79	CCC	是	否	否	否

附录1-15 续表 1

序号 No.	公司名称 Company Name	注册资本 (亿元) Registered Capital (100 million yuan)	注册地 Place of Registration	成立时间 Established Time
38	国泰君安期货有限公司	20.00	上海	2000/4/6
39	国投安信期货有限公司	10.86	上海	1993/4/23
40	国信期货有限责任公司	20.00	上海	1995/5/4
41	国元期货有限公司	6.10	北京	1996/4/17
42	海航期货股份有限公司	5.00	深圳	1993/2/22
43	海通期货股份有限公司	13.02	上海	1993/3/18
44	海证期货有限公司	5.60	上海	1995/12/14
45	和合期货有限公司	3.90	山西	1993/4/22
46	和融期货有限责任公司	0.85	天津	2001/4/24
47	河北恒银期货经纪有限公司	2.32	河北	1995/9/21
48	恒泰期货股份有限公司	1.25	上海	1992/12/20
49	弘业期货股份有限公司	9.07	江苏	1995/7/31
50	红塔期货有限责任公司	10.00	云南	1993/4/13
51	宏源期货有限公司	10.00	北京	1995/5/2
52	华安期货有限责任公司	2.70	安徽	1995/5/15
53	华创期货有限责任公司	1.00	重庆	1995/8/23
54	华金期货有限公司	6.00	天津	1995/6/26
55	华联期货有限公司	3.76	广东	1993/4/10
56	华龙期货股份有限公司	5.00	甘肃	1992/11/12
57	华融期货有限责任公司	3.20	海南	1993/9/22
58	华泰期货有限公司	16.09	广东	1994/3/28
59	华闻期货有限公司	3.00	上海	1995/7/31
60	华西期货有限责任公司	6.00	四川	1993/3/20
61	华鑫期货有限公司	2.00	上海	1992/12/23
62	华信期货股份有限公司	18.30	河南	1993/4/8
63	徽商期货有限责任公司	4.10	安徽	1996/2/14
64	混沌天成期货股份有限公司	8.10	深圳	1995/1/3
65	建信期货有限责任公司	5.61	上海	1993/4/26
66	江海汇鑫期货有限公司	2.80	辽宁	1995/5/2
67	江苏东华期货有限公司	0.50	江苏	1993/10/19
68	江西瑞奇期货有限公司	3.46	江西	1993/4/10
69	金鹏期货经纪有限公司	1.01	北京	1991/5/15
70	金瑞期货股份有限公司	6.12	深圳	1996/3/18
71	金石期货有限公司	2.40	新疆	1995/3/31
72	金信期货有限公司	1.80	湖南	1995/10/23
73	金元期货股份有限公司	1.50	海南	1991/12/3
74	津投期货经纪有限公司	2.00	天津	2004/5/31
75	锦泰期货有限公司	5.07	江苏	1995/9/28

continued

员工数量(个) Number of Practitioner (unit)	2019年分类评级 Category Rating for 2019	是否具有以下业务资格: Business Qualification Available			
		金融期货经纪业务资格 Qualification for Financial Futures Brokerage Business	期货投资咨询业务资格 Qualification for Futures Investment Consulting Business	资产管理业务资格 Qualification for Asset Management Business	风险管理业务试点备案 Qualification for Futures Risk Management Business
490	AA	是	是	是	是
363	AA	是	是	是	是
273	A	是	是	是	是
226	BBB	是	是	是	是
127	BBB	是	是	是	是
602	AA	是	是	是	是
173	BB	是	是	是	否
132	D	是	是	是	是
45	B	是	否	否	否
82	B	是	是	否	否
95	BB	是	是	是	否
591	A	是	是	是	是
154	BBB	是	是	是	是
411	A	是	是	是	是
283	BBB	是	是	是	是
68	BBB	是	是	是	否
117	BB	是	是	是	是
176	BBB	是	是	是	是
88	BBB	是	是	是	是
67	B	是	否	是	是
855	AA	是	是	是	是
206	BB	是	是	是	是
94	BBB	是	是	是	是
139	CCC	是	是	是	否
322	A	是	是	是	是
465	BBB	是	是	是	是
132	BBB	是	是	是	是
258	BBB	是	是	是	是
104	B	是	是	是	否
125	B	是	否	是	否
212	BB	是	否	否	是
65	BB	是	是	是	否
253	CC	是	是	是	是
135	BB	是	是	是	否
119	CCC	是	是	是	否
104	BB	是	是	是	否
58	B	是	否	否	否
165	BBB	是	是	是	是

附录1-15 续表 2

序号 No.	公司名称 Company Name	注册资本(亿元) Registered Capital (100 million yuan)	注册地 Place of Registration	成立时间 Established Time
76	九州期货有限公司	8.98	北京	1993/4/18
77	鲁证期货股份有限公司	10.02	山东	1995/6/5
78	迈科期货股份有限公司	3.28	陕西	1993/12/20
79	美尔雅期货有限公司	3.00	湖北	1995/5/15
80	民生期货有限公司	4.36	北京	1996/1/29
81	摩根大通期货有限公司	4.60	广东	1996/5/27
82	南华期货股份有限公司	5.80	浙江	1996/5/28
83	宁证期货有限责任公司	3.00	江苏	1995/5/18
84	平安期货有限公司	4.20	深圳	1996/4/10
85	前海期货有限公司	1.00	深圳	1995/7/7
86	瑞达期货股份有限公司	4.45	厦门	1993/3/24
87	瑞银期货有限责任公司	2.20	上海	1995/7/10
88	山金期货有限公司	6.00	天津	1992/11/24
89	山西三立期货经纪有限公司	0.45	山西	1993/12/20
90	上海大陆期货有限公司	1.50	上海	1993/4/21
91	上海东方财富期货有限公司	1.14	上海	1995/5/15
92	上海东方期货经纪有限责任公司	0.35	上海	1993/4/14
93	上海东亚期货有限公司	1.00	上海	1993/4/17
94	上海东证期货有限公司	23.00	上海	1995/12/8
95	上海浙石期货经纪有限公司	7.00	上海	1995/5/19
96	上海中期期货股份有限公司	6.00	上海	1995/9/19
97	申银万国期货有限公司	11.19	上海	1993/1/7
98	深圳金汇期货经纪有限公司	5.60	深圳	1993/3/19
99	神华期货有限公司	0.84	深圳	1995/1/6
100	盛达期货有限公司	3.00	浙江	2003/7/7
101	首创京都期货有限公司	2.00	北京	1993/3/6
102	天风期货股份有限公司	3.14	上海	1996/3/29
103	天富期货有限公司	1.50	吉林	1996/4/17
104	天鸿期货经纪有限公司	1.60	上海	1996/6/13
105	通惠期货有限公司	1.25	上海	1995/10/30
106	铜冠金源期货有限公司	1.00	上海	1992/11/30
107	五矿经易期货有限公司	27.15	深圳	1993/4/21
108	西部期货有限公司	5.00	陕西	1993/3/29
109	西南期货有限公司	5.00	重庆	1995/6/26
110	先锋期货有限公司	1.30	深圳	1993/3/26
111	新晟期货有限公司	1.20	广东	1996/1/18
112	新湖期货有限公司	2.25	上海	1995/10/23
113	新纪元期货股份有限公司	3.75	江苏	1995/3/15

continued

员工数量（个） Number of Practitioner (unit)	2019年分类评级 Category Rating for 2019	是否具有以下业务资格: Business Qualification Available			
		金融期货经纪业务资格 Qualification for Financial Futures Brokerage Business	期货投资咨询业务资格 Qualification for Futures Investment Consulting Business	资产管理业务资格 Qualification for Asset Management Business	风险管理业务试点备案 Qualification for Futures Risk Management Business
35	B	是	是	是	否
412	B	是	是	是	是
192	CCC	是	是	是	是
294	B	是	是	是	是
138	BBB	是	是	是	是
28	A	是	否	否	否
660	AA	是	是	是	是
137	BB	是	是	是	否
93	A	是	是	是	是
197	B	是	是	否	否
369	A	是	是	是	是
22	CCC	是	否	否	否
135	BB	是	是	是	否
80	B	是	否	否	否
143	BBB	是	是	是	否
123	BB	是	否	否	否
29	CCC	否	否	否	否
76	B	是	是	是	否
582	A	是	是	是	是
43	BB	是	否	是	否
254	A	是	是	是	是
462	AA	是	是	是	是
60	D	是	否	是	是
53	B	是	否	否	否
55	BB	是	否	是	否
48	CC	是	否	是	否
128	A	是	是	是	是
78	CCC	是	是	是	否
47	B	是	否	否	否
36	B	是	是	是	否
83	BBB	是	是	是	否
385	A	是	是	是	是
177	BB	是	是	是	是
118	BBB	是	是	是	是
136	B	是	是	是	否
113	B	是	是	是	否
426	A	是	是	是	是
186	D	是	是	是	是

附录1–15 续表 3

序号 No.	公司名称 Company Name	注册资本（亿元） Registered Capital (100 million yuan)	注册地 Place of Registration	成立时间 Established Time
114	鑫鼎盛期货有限公司	1.80	福建	1995/10/4
115	信达期货有限公司	5.00	浙江	1995/10/5
116	兴业期货有限公司	5.00	宁波	1993/3/22
117	兴证期货有限公司	12.00	福建	1995/12/14
118	一德期货有限公司	2.15	天津	1995/7/10
119	银河期货有限公司	12.00	北京	2006/12/25
120	英大期货有限公司	5.00	北京	1996/4/17
121	永安期货股份有限公司	13.10	浙江	1992/9/7
122	永商期货有限公司	0.60	黑龙江	1996/2/12
123	云财富期货有限公司	3.00	新疆	1993/5/29
124	云晨期货有限责任公司	3.00	云南	2002/3/7
125	长安期货有限公司	3.50	陕西	1993/4/6
126	长城期货股份有限公司	1.47	广东	1996/4/10
127	长江期货股份有限公司	5.88	湖北	1996/7/24
128	招金期货有限公司	1.05	山东	1993/4/9
129	招商期货有限公司	6.30	深圳	1993/1/4
130	浙江新世纪期货有限公司	1.50	浙江	1993/9/18
131	浙商期货有限公司	10.00	浙江	1995/9/7
132	中财期货有限公司	1.90	上海	1995/2/25
133	中大期货有限公司	3.60	浙江	1993/9/18
134	中电投先融期货股份有限公司	10.10	重庆	1995/8/23
135	中钢期货有限公司	2.80	北京	1996/7/10
136	中国国际期货股份有限公司	10.00	北京	1995/10/30
137	中航期货有限公司	2.80	深圳	1993/4/7
138	中辉期货有限公司	1.43	上海	1993/12/4
139	中金期货有限公司	3.50	青海	2004/7/22
140	中粮期货有限公司	8.46	北京	1996/3/1
141	中融汇信期货有限公司	3.00	上海	1995/12/14
142	中天期货有限责任公司	1.86	北京	1997/1/16
143	中投天琪期货有限公司	3.00	深圳	1996/3/1
144	中信建投期货有限公司	7.00	重庆	1993/3/16
145	中信期货有限公司	36.00	深圳	1993/3/30
146	中衍期货有限公司	2.50	北京	1996/3/29
147	中银国际期货有限责任公司	3.50	上海	2008/1/21
148	中原期货股份有限公司	3.30	河南	1993/4/18
149	中州期货有限公司	2.70	山东	1995/9/21

continued

员工数量(个) Number of Practitioner (unit)	2019年分类评级 Category Rating for 2019	是否具有以下业务资格: Business Qualification Available			
		金融期货经纪业务资格 Qualification for Financial Futures Brokerage Business	期货投资咨询业务资格 Qualification for Futures Investment Consulting Business	资产管理业务资格 Qualification for Asset Management Business	风险管理业务试点备案 Qualification for Futures Risk Management Business
129	BB	是	否	是	否
304	BBB	是	是	是	否
173	BBB	是	是	是	是
378	A	是	否	是	是
353	BB	是	是	是	否
679	AA	是	是	是	是
159	BBB	是	是	是	否
884	AA	是	是	是	是
24	B	是	否	否	否
63	B	是	否	否	否
78	BB	是	否	否	是
147	BB	是	是	是	否
87	BB	是	否	否	否
283	A	是	是	是	是
190	BB	是	是	是	否
151	A	是	是	是	是
190	BB	是	是	是	否
429	AA	是	是	是	是
283	BBB	是	是	是	是
313	D	是	是	是	是
133	C	是	是	是	是
104	BBB	是	是	是	否
284	A	是	是	是	是
120	CCC	是	是	是	否
345	C	是	是	是	否
45	A	是	否	是	否
352	AA	是	是	是	是
105	BBB	是	是	是	是
101	B	是	是	否	否
117	D	是	否	是	是
477	A	是	是	是	是
995	AA	是	是	是	是
105	CC	是	是	是	是
125	BBB	是	是	是	否
181	BB	是	是	是	是
147	BB	是	是	是	否

附录1-16　2019年证券投资咨询机构名录
List of Securities Investment Consulting Institutions in 2019

序号 No.	机构名称 Company Name	注册地 Place of Registration
1	鼎信汇金(北京)投资管理有限公司	北京
2	和讯信息科技有限公司	北京
3	天一星辰(北京)科技有限公司	北京
4	北京指南针科技发展股份有限公司	北京
5	北京中富金石咨询有限公司	北京
6	北京盛世创富证券投资顾问有限公司	北京
7	北京博星证券投资顾问有限公司	北京
8	北京东方高圣投资顾问有限公司	北京
9	北京海问咨询有限公司	北京
10	北京金美林投资顾问有限公司	北京
11	北京股商证券投资咨询有限公司	北京
12	上海益学投资咨询有限公司	上海
13	北京中方信富投资管理咨询有限公司	北京
14	北京中和应泰财务顾问有限公司	北京
15	北京中资北方投资顾问有限公司	北京
16	北京首证投资顾问有限公司	北京
17	北京和众汇富科技股份有限公司	北京
18	北京天相财富管理顾问有限公司	北京
19	辽宁弘历投资咨询有限公司	辽宁
20	沈阳麟龙投资顾问有限公司	辽宁
21	四川省钱坤证券投资咨询有限公司	四川
22	成都汇阳投资顾问有限公司	四川
23	四川大决策证券投资顾问有限公司	四川
24	杭州顶点财经网络传媒有限公司	浙江
25	浙江同花顺云软件有限公司	浙江
26	广州市万隆证券咨询顾问有限公司	广东
27	上海汇正财经顾问有限公司	上海
28	广州越声理财咨询有限公司	广东
29	广东科德投资顾问有限公司	广东
30	广东博众证券投资咨询有限公司	广东
31	广州广证恒生证券研究所有限公司	广东
32	湖南金证投资咨询顾问有限公司	湖南
33	湖南巨景证券投资顾问有限公司	湖南
34	广州经传多赢投资咨询有限公司	广东
35	深圳市国诚投资咨询有限公司	深圳
36	深圳市珞珈投资咨询有限公司	深圳
37	深圳市启富证券投资顾问有限公司	深圳
38	深圳市中证投资资讯有限公司	深圳
39	深圳市尊悦证券资讯有限公司	深圳
40	深圳大德汇富咨询顾问有限公司	深圳
41	深圳怀新企业投资顾问股份有限公司	深圳
42	深圳市中广资本管理有限公司	深圳

数据来源：中国证券监督管理委员会
Source: CSRC

附录1-16 续表 continued

序号 No.	机构名称 Company Name	注册地 Place of Registration
43	民众证券投资咨询有限公司	山西
44	深圳市新兰德证券投资咨询有限公司	深圳
45	上海东方财富证券研究所有限公司	上海
46	上海海能证券投资顾问有限公司	上海
47	深圳市优品投资顾问有限公司	深圳
48	上海凯石证券投资咨询有限公司	上海
49	上海迈步投资管理有限公司	上海
50	上海荣正投资咨询股份有限公司	上海
51	上海森洋投资咨询有限公司	上海
52	上海证券之星综合研究有限公司	上海
53	上海申银万国证券研究所有限公司	上海
54	上海世基投资顾问有限公司	上海
55	上海新兰德证券投资咨询顾问有限公司	上海
56	江苏百瑞赢证券咨询有限公司	江苏
57	上海亚商投资顾问有限公司	上海
58	益盟股份有限公司	上海
59	上海智蚁理财顾问有限公司	上海
60	上海证券通投资资讯科技有限公司	上海
61	陕西巨丰投资资讯有限责任公司	陕西
62	联合信用投资咨询有限公司	天津
63	北部资产经营股份有限公司	大连
64	大连华讯投资股份有限公司	大连
65	海南港澳资讯产业股份有限公司	海南
66	海顺证券投资咨询有限公司	宁波
67	重庆东金投资顾问有限公司	重庆
68	河南和信证券投资顾问股份有限公司	河南
69	云南产业投资管理有限公司	云南
70	安徽华安新兴证券投资咨询有限责任公司	安徽
71	安徽大时代证券投资咨询有限公司	安徽
72	青岛大摩证券投资有限公司	青岛
73	河北源达信息技术股份有限公司	河北
74	山东神光咨询服务有限责任公司	山东
75	山东点掌资本管理有限公司	山东
76	江苏金百临投资咨询股份有限公司	江苏
77	江苏天鼎证券投资咨询有限公司	江苏
78	厦门市鑫鼎盛控股有限公司	厦门
79	上海新汇通投资顾问有限公司	上海
80	厦门高能投资咨询有限公司	厦门
81	武汉中证通投资咨询有限公司	湖北
82	福建天信投资咨询顾问股份有限公司	福建
83	福建中讯证券研究有限责任公司	福建
84	黑龙江省容维证券数据程序化有限公司	黑龙江

附录1-17　2019年区域性股权市场运营机构名录
Participants of Regional Stock Market in 2019

序号 No.	名称 Company Name	注册地 Place of Registration	注册资本(亿元) Registered Capital (100 million yuan)	营业收入(亿元) Revenue (100 million yuan)
1	北京股权交易中心有限公司	北京	4.00	0.06
2	天津滨海柜台交易市场股份公司	天津	2.20	0.12
3	石家庄股权交易所股份有限公司	河北	0.45	0.21
4	山西股权交易中心有限公司	山西	1.00	0.21
5	内蒙古股权交易中心股份有限公司	内蒙古	1.94	0.10
6	辽宁股权交易中心股份有限公司	辽宁	1.00	0.24
7	吉林股权交易所股份有限公司	吉林	1.00	-
8	哈尔滨股权交易中心有限责任公司	黑龙江	0.10	0.03
9	上海股权托管交易中心股份有限公司	上海	2.68	0.52
10	江苏股权交易中心有限责任公司	江苏	2.00	0.83
11	浙江省股权交易中心有限公司	浙江	1.00	0.37
12	安徽省股权托管交易中心有限责任公司	安徽	2.00	0.92
13	海峡股权交易中心(福建)有限公司	福建	2.10	0.10
14	江西联合股权交易中心有限公司	江西	2.21	0.83
15	齐鲁股权交易中心有限公司	山东	2.25	0.76
16	中原股权交易中心股份有限公司	河南	3.50	0.41
17	武汉股权托管交易中心有限公司	湖北	1.00	0.23
18	湖南股权交易所有限公司	湖南	1.00	0.11
19	广东股权交易中心股份有限公司	广东	3.11	0.55
20	广西北部湾股权交易所股份有限公司	广西	2.20	0.16
21	海南股权交易中心有限责任公司	海南	0.50	0.12
22	重庆股份转让中心有限责任公司	重庆	1.56	1.19
23	天府(四川)联合股权交易中心股份有限公司	四川	1.00	0.09
24	贵州股权交易中心有限公司	贵州	0.50	0.94
25	陕西股权交易中心股份有限公司	陕西	1.20	0.11
26	甘肃股权交易中心股份有限公司	甘肃	4.38	0.29
27	青海股权交易中心有限公司	青海	2.36	0.25
28	宁夏股权托管交易中心(有限公司)	宁夏	0.60	0.05
29	新疆股权交易中心有限公司	新疆	1.10	0.03
30	深圳前海股权交易中心有限公司	深圳	5.00	0.54
31	大连股权交易中心股份有限公司	辽宁	0.50	-
32	宁波股权交易中心有限公司	浙江	0.80	0.10
33	厦门两岸股权交易中心有限公司	福建	0.90	0.19
34	青岛蓝海股权交易中心有限责任公司	山东	0.50	0.22

数据来源：中国证券监督管理委员会
Source: CSRC

附录1-18　2019年外资证券经营机构驻华代表处名录
List of Chinese Representative Offices of Foreign Securities Institutions in 2019

序号 No.	机构名称 Company Name	所在地 Location
1	日本野村证券株式会社北京代表处	北京
2	法国巴黎资本(亚洲)有限公司北京代表处	北京
3	美林国际有限公司北京代表处	北京
4	摩根士丹利亚洲有限公司北京代表处	北京
5	高盛(中国)有限责任公司北京代表处	北京
6	台湾元大证券股份有限公司北京代表处	北京
7	韩国三星证券株式会社北京代表处	北京
8	香港上海汇丰银行有限公司(证券业务)北京代表处	北京
9	香港摩根大通证券(亚太)有限公司北京代表处	北京
10	富达基金(香港)有限公司北京代表处	北京
11	瑞士信贷(香港)有限公司北京代表处	北京
12	日本瑞穗证券股份有限公司北京代表处	北京
13	台湾富邦综合证券股份有限公司北京代表处	北京
14	德意志银行股份有限公司(证券业务)北京代表处	北京
15	美国富瑞金融集团北京代表处	北京
16	香港致富证券有限公司北京代表处	北京
17	花旗环球金融中国有限公司北京代表处	北京
18	日本大和证券株式会社北京代表处	北京
19	三菱日联证券控股股份有限公司北京代表处	北京
20	中银国际控股有限公司北京代表处	北京
21	汇富金融服务有限公司北京代表处	北京
22	京华山一国际(香港)有限公司北京代表处	北京
23	香港第一上海融资有限公司北京代表处	北京
24	蒙特利尔银行利时证券公司北京代表处	北京
25	韩国未来资产大宇股份有限公司北京代表处	北京
26	日本三井住友信托银行股份有限公司(证券业务)北京代表处	北京
27	交银国际控股有限公司北京代表处	北京
28	日本摩乃科斯证券股份有限公司北京代表处	北京
29	韩国韩亚金融投资株式会社北京代表处	北京
30	宏富投资管理有限公司北京代表处	北京
31	信安环球投资有限公司北京代表处	北京
32	法国东方汇理基金管理公司北京代表处	北京
33	香港摩根资产管理有限公司北京代表处	北京
34	威灵顿管理香港有限公司北京代表处	北京
35	法国法盛投资管理公司北京代表处	北京
36	新加坡摩根士丹利投资管理公司北京代表处	北京
37	美国桥水投资公司北京代表处	北京
38	法国安盛投资管理巴黎公司北京代表处	北京
39	邓普顿国际股份有限公司北京代表处	北京
40	领航投资香港有限公司北京代表处	北京
41	德国商业银行股份有限公司(证券业务)北京代表处	北京
42	美国科本资本市场公司北京代表处	北京
43	迈凯希金融公司北京代表处	北京
44	韩国投资证券株式会社北京代表处	北京
45	盛华日兴证券株式会社北京代表处	北京
46	野村证券株式会社上海代表处	上海

数据来源：中国证券监督管理委员会
Source: CSRC

附录1-18 续表 continued

序号 No.	机构名称 Company Name	所在地 Location
47	法国巴黎资本(亚洲)有限公司上海代表处	上海
48	美国美林国际有限公司上海代表处	上海
49	中信里昂证券有限公司上海代表处	上海
50	高盛(中国)有限责任公司上海代表处	上海
51	群益国际控股有限公司上海代表处	上海
52	台湾元大证券股份有限公司上海代表处	上海
53	韩国国民证券公司上海代表处	上海
54	新鸿基投资服务有限公司上海代表处	上海
55	星展唯高达香港有限公司上海代表处	上海
56	永丰金证券(亚洲)有限公司上海代表处	上海
57	日盛嘉富证券国际有限公司上海代表处	上海
58	凯基证券亚洲有限公司上海代表处	上海
59	海通国际证券有限公司上海代表处	上海
60	香港上海汇丰银行有限公司(证券业务)上海代表处	上海
61	内藤证券公司上海代表处	上海
62	香港摩根大通证券(亚太)有限公司上海代表处	上海
63	法国兴业证券(香港)有限公司上海代表处	上海
64	韩国农协投资证券公司上海代表处	上海
65	富达基金(香港)有限公司上海代表处	上海
66	香港大和投资管理(香港)有限公司上海代表处	上海
67	瑞士信贷(香港)有限公司上海代表处	上海
68	日本三井住友资产管理股份有限公司上海代表处	上海
69	日本瑞穗证券股份有限公司上海代表处	上海
70	德意志银行股份有限公司(证券业务)上海代表处	上海
71	冈三证券股份有限公司上海代表处	上海
72	英国马丁可利投资管理有限公司上海代表处	上海
73	麦格理证券(澳大利亚)股份有限公司上海代表处	上海
74	致富证券有限公司上海代表处	上海
75	东洋证券股份有限公司上海代表处	上海
76	富兰克林华美证券投资信托股份有限公司上海代表处	上海
77	韩国新韩金融投资股份有限公司上海代表处	上海
78	蓝泽证券股份有限公司上海代表处	上海
79	韩国爱思开证券股份有限公司上海代表处	上海
80	香港联昌证券有限公司上海代表处	上海
81	华南永昌综合证券股份有限公司上海代表处	上海
82	韩国投资信托运用株式会社上海代表处	上海
83	韩国未来资产大宇股份有限公司上海代表处	上海
84	马来西亚城市信贷投资银行有限公司上海代表处	上海
85	坤信国际证券有限公司上海代表处	上海
86	香港新鸿基投资服务有限公司深圳代表处	深圳
87	香港致富证券有限公司深圳代表处	深圳
88	香港中信里昂证券有限公司深圳代表处	深圳
89	凯基证券亚洲有限公司深圳代表处	深圳
90	元大证券(香港)有限公司深圳代表处	深圳
91	香港中国泛海证券有限公司沈阳代表处	沈阳
92	台湾统一综合证券股份有限公司厦门代表处	厦门

附录1-19　2019年境外证券交易所驻华代表处名录
List of Chinese Representative Offices of Foreign Exchanges in 2019

序号 No.	中文名称 Chinese Name	英文名称 English Name	代表处名称 Office Name	代表处所在地 Location
1	香港交易及结算所有限公司	HONG KONG EXCHANGES AND CLEARING LIMITED	香港交易及结算所有限公司北京代表处	北京
2	纽约证券交易所有限责任公司	NEW YORK STOCK EXCHANGE LLC	美国纽约证券交易所有限责任公司北京代表处	北京
3	纳斯达克股票市场有限责任公司	NASDAQ STOCK MARKET LLC	美国纳斯达克股票市场有限责任公司北京代表处	北京
4	东京证券交易所株式会社	TOKYO STOCK EXCHANGE INC	日本东京证券交易所株式会社北京代表处	北京
5	韩国交易所	KOREA EXCHANGE INC	韩国交易所北京代表处	北京
6	新加坡交易所有限公司	SINGAPORE EXCHANGE LTD	新加坡交易所有限公司北京代表处	北京
7	伦敦证券交易所有限责任公司	LONDON STOCK EXCHANGE PLC	英国伦敦证券交易所有限责任公司北京代表处	北京
8	德意志交易所股份有限公司	DEUTSCHE BOERSE AG	德国德意志交易所股份有限公司北京代表处	北京
9	多伦多证券交易所公司	TORONTO STOCK EXCHANGE INC	加拿大多伦多证券交易所公司北京代表处	北京
10	巴西证券期货交易所股份有限公司	BM&FBOVESPA｜B3 S.A.	巴西证券期货交易所上海代表处	上海

数据来源：中国证券监督管理委员会
Source: CSRC

附录1-20　交易所市场证券登记存管情况
Depository Securities Statistics of Stock Exchange Market

年份 Year	登记存管证券只数(只) Number of Securities in Deposit (unit)				
	股票 Stock	权证 Warrants	债券现货(不含资产证券化产品) Bond(Asset Backed Securities Not Included)	基金 Fund	资产证券化产品 Asset Backed Securities
2005	1468	7	162	68	4
2006	1532	27	179	79	27
2007	1637	14	179	71	20
2008	1713	17	200	71	17
2009	1775	12	352	91	10
2010	2160	4	462	146	4
2011	2432	0	640	226	6
2012	2579	0	1170	330	15
2013	2575	0	2034	436	26
2014	2697	0	3007	516	119
2015	2911	0	4088	750	795
2016	3150	0	6995	778	2132
2017	3570	0	8288	804	2787
2018	3669	0	9351	917	3407
2019	3861	0	11257	1014	4653

注：1.登记存管证券包括A股、B股、权证、国债、地方债、政策性金融债、企业债、公司债、可转债、分离式可转债、中小企业私募债、封闭式基金、ETF、LOF和资产证券化产品，不包括开放式基金和债券回购。
2.登记存管证券只数中，包括已在中国结算办理发行登记但尚未在交易所上市的证券和已从交易所退市但尚未在中国结算办理退市登记的证券；总市值计算中,纯B股上市公司的非流通股暂未纳入计算。
3.非限售市值按期末收盘价计算。
4.B股市值以国际外汇管理局公布的每年最后一个月汇率期平均价换算成人民币。
5.表中数据为沪深两市合计数。
6.登记存管证券只数不包括存管面值为零的证券。

数据来源：中国证券登记结算公司
Source：CSDC

附录1-20 续表 1 continued

年份 Year	登记存管证券总市值(亿元) Market Capitalization of Depository Securities(100 million yuan)				
	股票 Stock	权证 Warrants	债券现货 (不含资产 证券化产品) Bond(Asset Backed Securities Not Included)	基金 Fund	资产证券化产品 Asset Backed Securities
2005	32448.52	60.62	4796.24	608.64	58.08
2006	90294.17	329.37	3499.79	1424.70	163.63
2007	327970.22	494.10	3169.92	4356.91	109.39
2008	121778.98	174.50	4365.83	816.80	82.10
2009	244783.34	209.27	4698.97	1784.06	42.24
2010	266492.22	14.51	6300.53	1965.20	10.68
2011	215223.68	0.00	8252.59	1821.49	8.72
2012	230554.55	0.00	11882.23	2662.00	32.33
2013	239584.89	0.00	19542.91	2873.61	64.52
2014	374481.66	0.00	26667.00	4381.27	307.12
2015	532001.64	0.00	40016.03	7027.27	1423.98
2016	508759.22	0.00	70984.64	5804.87	4226.04
2017	568204.05	0.00	83035.95	4616.80	7482.43
2018	435066.16	0.00	91066.07	6014.39	11627.46
2019	593341.27	0.00	107604.49	8229.29	15331.21

附录1-20 续表 2 continued

年份 Year	登记存管证券非限售市值(亿元) Negotiable Market Capitalization of Depository Securities(100 million yuan)			
	股票 Stock	权证 Warrants	基金 Fund	资产证券化产品 Asset Backed Securities
2005	14702.47	60.61	603.99	58.08
2006	87034.97	281.19	1413.46	162.58
2007	325326.79	477.73	4330.98	108.40
2008	121115.56	171.86	812.62	81.17
2009	151879.52	2537.70	1777.42	41.32
2010	196097.02	2342.79	1958.95	9.75
2011	166975.06	0.00	1817.36	8.00
2012	184256.53	0.00	2657.84	32.33
2013	206303.34	0.00	2870.00	64.52
2014	326384.35	0.00	4380.25	307.12
2015	439028.12	0.00	7025.96	1423.98
2016	410049.21	0.00	5804.06	4226.04
2017	465444.49	0.00	4616.80	7482.43
2018	366374.18	0.00	6014.39	11627.46
2019	500768.51	0.00	8229.29	15331.21

附录1-21　2019年上海证券交易所收费标准
Shanghai Stock Exchange Charging Standard in 2019

<table>
<tr><th colspan="2">业务类别
Business Lines</th><th>收费项目
Charging Item</th><th>收费标准
Fee Standard</th><th>收费对象
Fee Standard</th><th>备注
Remarks</th></tr>
<tr><td rowspan="17">交易</td><td rowspan="3">人民币普通股票（A股）竞价交易</td><td>经手费</td><td>成交金额的0.00487%（双向）</td><td>会员等交上交所</td><td>含科创板股票盘后固定价格交易</td></tr>
<tr><td>证管费</td><td>成交金额的0.002%（双向）</td><td>会员等交中国证监会（上交所代收）</td><td></td></tr>
<tr><td>印花税</td><td>成交金额的0.1%（出让方单向）</td><td>投资者交税务机关（上交所代收）</td><td></td></tr>
<tr><td rowspan="2">人民币特种股票（B股）竞价交易</td><td>经手费</td><td>成交金额的0.00487%（双向）</td><td>会员等交上交所</td><td></td></tr>
<tr><td>证管费</td><td>成交金额的0.002%（双向）</td><td>会员等交中国证监会（上交所代收）</td><td></td></tr>
<tr><td rowspan="3">优先股竞价交易</td><td>经手费</td><td>成交金额的0.0001%（双向）</td><td>会员等交上交所</td><td></td></tr>
<tr><td>证管费</td><td>成交金额的0.002%（双向）</td><td>会员等交中国证监会（上交所代收）</td><td></td></tr>
<tr><td>印花税</td><td>成交金额的0.1%（出让方单向）</td><td>投资者交税务机关（上交所代收）</td><td></td></tr>
<tr><td>存托凭证竞价交易</td><td>经手费</td><td>成交金额的 0.00487%（双向）</td><td>会员等交上交所</td><td>含科创板存托凭证盘后固定价格交易</td></tr>
<tr><td>科创板存托凭证竞价交易</td><td>印花税</td><td>成交金额的0.1%（出让方单向）</td><td>投资者交税务机关（上交所代收）</td><td></td></tr>
<tr><td>基金（封闭式基金、ETF、LOF）竞价交易</td><td>经手费</td><td>成交金额的 0.0045%（双向），货币ETF、债券ETF暂免</td><td>会员等交上交所</td><td></td></tr>
<tr><td>债券现券（含资产支持证券）竞价、报价、询价和协议交易</td><td>经手费</td><td>成交金额的0.0001%（双向），最高不超过100元/笔</td><td>会员等交上交所</td><td>债券现券包括国债、地方政府债、政策性金融债、公司债、企业债、可转债、可分离交易可转债、可交换债及其他债券</td></tr>
<tr><td rowspan="2">债券质押式三方回购</td><td rowspan="2">经手费</td><td>一天期按成交金额的千万分之5收取（双向），其他期限按成交金额的百万分之1.5收取（双向），单笔超过200元的，按200元收取;</td><td rowspan="2">会员等交上交所</td><td rowspan="2"></td></tr>
<tr><td>试点期间暂免</td></tr>
<tr><td>债券质押式回购</td><td>经手费</td><td>暂免</td><td>会员等交上交所</td><td>债券质押式回购期限包括1天、2天、3天、4天、7天、14天、28天、28天以上</td></tr>
<tr><td>国债买断式回购</td><td>经手费</td><td>暂免</td><td>会员等交上交所</td><td>国债买断式回购期限包括7天、28天和91天</td></tr>
</table>

备注：1.本表收费标准为价税合计数。
　　2.本表所称“股票”包括主板股票、科创板股票。

数据来源：上海证券交易所

Source:SSE

附录1-21　续表 1　continued

<table>
<tr><th colspan="3">业务类别
Business Lines</th><th>收费项目
Charging Item</th><th>收费标准
Fee Standard</th><th>收费对象
Fee Standard</th><th>备注
Remarks</th></tr>
<tr><td rowspan="21">交易</td><td colspan="2">债券质押式协议回购</td><td>经手费</td><td>暂免</td><td>会员等交上交所</td><td></td></tr>
<tr><td colspan="2" rowspan="2">信用保护工具</td><td rowspan="2">经手费</td><td>按成交名义本金金额的百万分之1.5收取（双向），单笔超过200元的，按200元收取</td><td rowspan="2">会员等交上交所</td><td rowspan="2">含信用保护合约业务和信用保护凭证业务</td></tr>
<tr><td>试点期间暂免</td></tr>
<tr><td colspan="2">质押式报价回购</td><td>经手费</td><td>暂免</td><td>会员等交上交所</td><td></td></tr>
<tr><td colspan="2" rowspan="2">股票质押式回购</td><td rowspan="2">经手费</td><td>按每笔初始交易金额的0.001%收取;</td><td rowspan="2">会员等交上交所</td><td rowspan="2"></td></tr>
<tr><td>起点5元人民币，最高不超过100元人民币</td></tr>
<tr><td colspan="2">约定购回式证券交易</td><td>经手费</td><td>按现有股票、基金或债券现券交易收费标准在初始交易及购回交易中收取</td><td>会员等交上交所</td><td></td></tr>
<tr><td colspan="2">股份协议转让</td><td>经手费</td><td>同二级市场交易经手费，双向收取，单向每笔最低50元、最高10万元</td><td>协议双方交上交所</td><td>含科创板上市公司股东非公开转让、配售方式转让首发前股份</td></tr>
<tr><td rowspan="3">股份协议转让</td><td>人民币普通股票（A股）</td><td>印花税</td><td>同同品种竞价交易</td><td>投资者交税务机关（上交所代收）</td><td></td></tr>
<tr><td>优先股</td><td>印花税</td><td>同同品种竞价交易</td><td>投资者交税务机关（上交所代收）</td><td></td></tr>
<tr><td>科创板存托凭证</td><td>印花税</td><td>同同品种竞价交易</td><td>投资者交税务机关（上交所代收）</td><td></td></tr>
<tr><td rowspan="10">大宗交易（含大宗专场）</td><td rowspan="3">人民币普通股票（A股）</td><td>经手费</td><td>相对于竞价市场同品种费率下浮30%</td><td>会员等交上交所</td><td></td></tr>
<tr><td>证管费</td><td>同同品种竞价交易</td><td>会员等交中国证监会（上交所代收）</td><td></td></tr>
<tr><td>印花税</td><td>同同品种竞价交易</td><td>投资者交税务机关（上交所代收）</td><td></td></tr>
<tr><td rowspan="2">人民币特种股票（B股）</td><td>经手费</td><td>相对于竞价市场同品种费率下浮30%</td><td>会员等交上交所</td><td></td></tr>
<tr><td>证管费</td><td>同同品种竞价交易</td><td>会员等交中国证监会（上交所代收）</td><td></td></tr>
<tr><td rowspan="3">优先股</td><td>经手费</td><td>成交金额的0.0001%的90%，最高不超过100元/笔(双向)</td><td>会员等交上交所</td><td></td></tr>
<tr><td>证管费</td><td>同同品种竞价交易</td><td>会员等交中国证监会（上交所代收）</td><td></td></tr>
<tr><td>印花税</td><td>同同品种竞价交易</td><td>投资者交税务机关（上交所代收）</td><td></td></tr>
<tr><td>存托凭证</td><td>经手费</td><td>相对于竞价市场同品种费率下浮30%</td><td>会员等交上交所</td><td></td></tr>
</table>

附录1-21 续表 2 continued

业务类别 Business Lines			收费项目 Charging Item	收费标准 Fee Standard	收费对象 Fee Standard	备注 Remarks
交易	大宗交易（含大宗专场）	科创板存托凭证	印花税	同同品种竞价交易	投资者交税务机关（上交所代收）	
		基金（封闭式基金、ETF、LOF）	经手费	相对于竞价市场同品种费率下浮 50%（双向）	会员等交上交所	
		债券现券（含资产支持证券）	经手费	成交金额的0.0001%（双向）（最高不超过100元/笔）	会员等交上交所	
	期权		经手费	合约标的为股票的，每张3元；合约标的为交易所交易基金的，每张1.3元；暂免收取卖出开仓交易经手费	期权经营机构等交上交所	
	资产管理计划份额转让		经手费	按转让金额的0.00009%向转让双方收取转让经手费，最高不超过100元/笔	会员等交上交所	
	国债预发行		经手费	参照国债现券交易的收费标准执行，试点期间暂免	会员等交上交所	
发行	新股认购、优先股认购、存托凭证认购、可转换公司债券认购		经手费	暂免	会员等交上交所	
	配股、公开增发		经手费	暂免	会员等交上交所	
上市	主板人民币普通股票（A股）、人民币特种股票（B股）、存托凭证		上市初费	A、B股总股本（总份数）≤2亿的，7万元，暂免；	上市公司交上交所	优先股收费标准按表中标准的80%确定，并适用同板块免收规定
				2亿＜总股本（总份数）≤4亿的，10万元，暂免；		
				4亿＜总股本（总份数）≤6亿的，12.5万元；		
				6亿＜总股本（总份数）≤8亿的，15万元；		
				总股本（总份数）＞8亿的，17.5万元		
			上市年费	上年末A、B股总股本（总份数）≤2亿的，2.5万元/年，暂免；	上市公司交上交所	优先股收费标准按表中标准的80%确定，并适用同板块免收规定
				2亿＜总股本（总份数）≤4亿的，4万元/年，暂免；		
				4亿＜总股本（总份数）≤6亿的，5万元/年；		
				6亿＜总股本（总份数）≤8亿的，6万元/年；		
				总股本（总份数）＞8亿的，7.5万元/年；		
				上市不足1年的，按实际上市月份计算，上市当月为1个月		

附录1-21 续表 3 continued

<table>
<tr><th colspan="2">业务类别
Business Lines</th><th>收费项目
Charging Item</th><th>收费标准
Fee Standard</th><th>收费对象
Fee Standard</th><th>备注
Remarks</th></tr>
<tr><td rowspan="15">上市</td><td rowspan="11">科创板人民币普通股票、存托凭证</td><td rowspan="5">上市初费</td><td>普通股总股本（总份数）≤2亿的，3.5万元，暂免;</td><td rowspan="5">上市公司交上交所</td><td rowspan="5">优先股收费标准按表中标准的80%确定，并适用同板块免收规定</td></tr>
<tr><td>2亿＜总股本（总份数）≤4亿的，5万元，暂免;</td></tr>
<tr><td>4亿＜总股本（总份数）≤6亿的，6.25万元，暂免;</td></tr>
<tr><td>6亿＜总股本（总份数）≤8亿的，7.5万元，暂免;</td></tr>
<tr><td>总股本（总份数）＞8亿的，8.75万元，暂免</td></tr>
<tr><td rowspan="6">上市年费</td><td>上年末普通股总股本（总份数）≤2亿的，1.25万元/年，暂免;</td><td rowspan="6">上市公司交上交所</td><td rowspan="6">优先股收费标准按表中标准的80%确定，并适用同板块免收规定</td></tr>
<tr><td>2亿＜总股本（总份数）≤4亿的，2万元/年，暂免;</td></tr>
<tr><td>4亿＜总股本（总份数）≤6亿的，2.5万元/年，暂免;</td></tr>
<tr><td>6亿＜总股本（总份数）≤8亿的，3万元/年，暂免;</td></tr>
<tr><td>总股本（总份数）＞8亿的，3.75万元/年，暂免;</td></tr>
<tr><td>上市不足1年的，按实际上市月份计算，上市当月为1个月</td></tr>
<tr><td rowspan="2">基金（封闭式基金、ETF、LOF）</td><td>上市初费</td><td>3万元，普通LOF暂免，ETF暂免</td><td>基金管理人交上交所</td><td></td></tr>
<tr><td>上市年费</td><td>6万元/年，普通LOF暂免，ETF暂免</td><td>基金管理人交上交所</td><td></td></tr>
<tr><td rowspan="2">债券（含资产支持证券）</td><td>上市初费</td><td>暂免</td><td>发行人交上交所</td><td></td></tr>
<tr><td>上市年费</td><td>暂免</td><td>发行人交上交所</td><td></td></tr>
</table>

附录1-21 续表 4 continued

业务类别 Business Lines	收费项目 Charging Item	收费标准 Fee Standard	收费对象 Fee Standard	备注 Remarks
交易单元	使用费	会员等机构拥有的每个席位可抵免一个交易单元的使用费；对超出其席位数量的部分，本所收取每个交易单元每年5万元的交易单元使用费（2010年12月1日起，暂免收取债券现券及回购交易专用的交易单元使用费）	会员等交上交所	计费期间为上年12月1日至当年11月30日
	流速费	会员等机构接入交易系统流速之和超出其免费流速额度时，超出部分每年按每个标准流速计收1万元流速费（2010年12月1日起，暂免收取债券现券及回购交易专用的交易单元流速费）		
	流量费	(该机构所用交易单元的年交易类申报笔数总和-3万笔/年×持有席位数）×0.10 元 +（该机构所用交易单元的年非交易类申报笔数总和-3万笔/年×持有席位数）×0.01元		
		暂免:		
		1. 各交易参与人参与债券现券及回购交易的流量费（2010年12月1日起）；		
		2. 货币ETF、债券ETF的交易单元流量费;		
		3. 期权经营机构流量费;		
		4. 基金做市商为提供流动性服务产生的交易单元流量费（2019年12月31日起）		
其他业务	费用项目、标准、收取方式按照相关业务规定执行			

附录1-22　2019年深圳证券交易所收费标准

Shenzhen Stock Exchange Charging Standard in 2019

收费对象 Charge Members	收费项目 Charging Item	收费标的 Charging Object	收费标准 Fee Standard	备注 Remarks
投资者	证券交易经手费	A股	按成交额双边收取0.0487‰	1.大宗交易收费：A股大宗交易按标准费率下浮30%收取；B股、基金大宗交易按标准费率下浮50%收取；债券大宗交易费率标准维持不变；债券回购大宗交易费率暂免。2.约定购回式证券交易参照相应品种大宗交易收费标准执行。3.债券ETF、货币ETF暂免收取证券交易经手费。
		B股		
		基金		
		优先股	试点期间按普通股标准的80%收取	
		权证	按成交额双边收取0.045‰	
		国债现货	成交金额在100万元以下（含）每笔收0.1元；成交金额在100万元以上每笔收10元。	
		企业债/公司债现货		
		专项资产管理计划		
		中小企业私募债		
		债券质押式回购（含国债回购与其他债券回购）	成交金额在100万元以下（含）每笔收0.1元，反向交易不再收取；成交金额在100万元以上每笔收1元，反向交易不再收取。（暂免收取）	
		股票质押式回购	按每笔初始交易质押标的证券面值1‰收取，最高不超过100元	
		可转债	按成交金额双边收取0.04‰	
	证券交易监管费	A股	按成交额双边收取0.02‰	
		B股		
		优先股		
	证券交易印花税	A股	对出让方按成交金额的1‰征收，对受让方不再征税。	代国家税务局扣缴
		B股		
		优先股		

注：1.经手费和证券交易监管费包含在佣金之中，证券交易所风险基金由交易所自行计提，不另外收取。

2.从2012年6月1日起，A股交易经手费收取标准下调至0.0087%，股票上市初费和年费按分档收取。

3.从2012年9月1日起，A股交易经手费收取标准下调至0.00696%，A、B股的监管规费收取标准下调至0.002%，基金、债券、权证和专项资产管理计划免收监管规费。

数据来源：深圳证券交易所

Source:SZSE

附录1-22 续表 continued

收费对象 Charge members	收费项目 Charging Item	收费标的 Charging Object	收费标准 Fee Standard	备注 Remarks
发行人	上市初费	A股、B股	总股本2亿以下（含），30万元；总股本2亿至4亿（含），45万元；总股本4亿至6亿（含），55万元；总股本6亿至8亿（含），60万元；总股本8亿以上，65万元。	本所在此标准上减半取整收取，创业板再减半。总股本为A、B股合计。
		优先股	试点期间按普通股标准的80%收取	
		基金	3万元	
		权证	20万元	
		企业债/公司债	暂免收取	
		可转债	上市债券总额0.01%，最高不超过3万元（暂免收取）	
		专项资产管理计划	暂免收取	
		中小企业私募债券	暂免收取	
	上市年费	A股、B股	总股本2亿以下（含），5万元；总股本2亿至4亿（含），8万元；总股本4亿至6亿（含），10万元；总股本6亿至8亿（含），12万元；总股本8亿以上，15万元。	创业板减半征收。总股本为A、B股合计。
		优先股	试点期间按普通股标准的80%收取	
		基金	6万元	
		债券	暂免收取	
		可转债	以1亿元为基数，每年缴纳6000元；超过1亿元的，每增加2000万元，年费增加1200元，最高不超过24000元。（暂免收取）	
		专项资产管理计划	暂免收取	
		中小企业私募债券	暂免收取	
会员	席位费	席位	普通60万元/个，特别席位20万元/个	
	交易单元费用	交易单元	1. 交易单元使用费：对会员使用超出交费席位（指已交席位初费的席位）数量以外的交易单元，每年收取30000元/个的交易单元使用费。	
			2. 流速费：对会员使用超出交费席位（指已交席位初费的席位）数量以外的流速，每年收取9600元/份的流速费。每份流速为50笔/秒。	2014年7月1日起，由深圳证券通信公司收取。
			3. 流量费：每笔交易类申报（指买入、卖出、撤单申报）收取0.1元，每笔非交易类申报（指除买入、卖出、撤单以外的申报）收取0.01元。	1.2014年7月1日起，本所与深圳证券通信公司按6:4比例分别收取；2.债券ETF、货币ETF免收交易单元流量费。

附录1-23　2019年全国中小企业股份转让系统收费标准
NEEQ Charging Standard in 2019

收费对象 Charge Members	收费项目 Charging Item	收费标准 Fee Standard	备注 Remarks
挂牌公司	挂牌初费	总股本2000万股（含）以下，3万元; 总股本2000-5000万股（含），5万元; 总股本5000万-1亿股（含），8万元; 总股本1亿股以上，10万元。	1.自2015年1月1日起暂免征收注册地在内蒙古、广西、西藏、宁夏和新疆5个民族自治地区的挂牌公司挂牌初费; 2.自2017年1月1日起暂免征收注册地在贫困地区的挂牌公司挂牌初费; 3.两网及退市公司暂免征收。
	挂牌年费	总股本2000万股（含）以下，2万元; 总股本2000-5000万股（含），3万元; 总股本5000万-1亿股（含），4万元; 总股本1亿股以上，5万元。	1.自2015年1月1日起暂免征收注册地在内蒙古、广西、西藏、宁夏和新疆5个民族自治地区的挂牌公司挂牌年费; 2.两网及退市公司暂免征收。
投资者	转让经手费	挂牌公司股票，按成交金额的0.5‰双边收取; 两网及退市公司A股，按成交金额的0.6‰双边收取; 两网及退市公司B股,按成交金额的0.8‰双边收取。	
主办券商	交易单元费	1.交易单元开设初费：50万元，首次申请开通交易单元时收取; 2.交易单元使用费：每个交易单元每年3万元; 3.流速费：每个交易单元每年享受1个免费标准流速(10笔/秒）。主办券商申请使用的总流速超出其享有的免费标准流速之和的部分，按每个标准流速每年5000元收取; 4.流量费：每个交易单元享受的年免费申报笔数为交易类申报、非交易类申报各5000笔；超出免费部分，按每笔交易类申报收费单价为 0.15元，每笔非交易类申报收费单价为0.01元的标准收取。计算的流量费每年不足2000元的，按2000元收取。	
主办券商	介质服务费	1.介质初始化服务费、解锁费：50元/个; 2.介质年服务费：1000元/个。	

数据来源：全国中小企业股份转让系统
Source:NEEQ

编委会

Editorial Committee

后　记

Postscript

在年鉴的编写过程中，我们得到了中国证监会领导的关心和指导，得到了会内外有关单位的大力支持和配合。他们是：中国证监会发行监管部、非上市公众公司监管部、证券基金机构监管部、上市公司监管部、期货监管部、会计部、国际合作部、投资者保护局、债券监管部、市场监管二部、中国人民银行调查统计司、上海证券交易所、深圳证券交易所、中国证券登记结算公司、全国中小企业股份转让系统有限责任公司、上海期货交易所、郑州商品交易所、大连商品交易所、中国金融期货交易所、中国证券金融股份有限公司、中国证券投资者保护基金有限责任公司、中国期货市场监控中心有限责任公司、中国证券业协会、中国基金业协会、中国期货业协会、中证指数有限公司。中国统计出版社在年鉴的编辑、出版及发行过程中给予了大力的支持。在此，我们对上述单位表示衷心的感谢！

参与年鉴数据提供及核对的人员有：

刘　佳　李孙珊　姜若楠　刘秀毓　朱　翔　潘明阳　张瀛月　叶百晶　岳红池
付　鹏　王　潇　郑冰梅　陈志鹏　雷梦瑶　李　方　邱昱芳　周诗洋　陈　刚
宁艺晴　张心驰　陈　通　张　冬　李海波　张凤文　方钰涵　刘超平　李　莉
陈柏峰　吴卫良　费永健　马铭阳　张文璋　郑　轶　邱显宏　张瀛文　武　杨
冯　靖　李　萌　向春丞　廖静怡　鲍佳毅　施利敏　薛瑞远　丁晓红　胡刚旭
王星凯　曹　曦　蔡向辉　唐　兵　冯　波　叶凌云　石　乔　李天姝　邱亦文
马莉媛　张韶闻　张　倩　张　程　范　佳　李伟博　仙　妍　耿丹凤　张倩云
张欣煜　师　潭　蔡恒培　王春卿　贾昆鹏　余秋霞　奚荣建　赵永刚

《中国证券期货统计年鉴》编委会

2020 年 10 月